Deutsches Weihnachtsbuch

Aus den Landschaften
ausgewählt von Gundel Paulsen

Husum

Umschlagbild: Martin Schongauer, „Anbetung der Hirten", um 1475–1480
(Abdruck mit freundlicher Erlaubnis des Bildarchivs Preußischer Kulturbesitz, Berlin)

Die Deutsche Bibliothek – CIP-Einheitsaufnahme

Deutsches Weihnachtsbuch / aus den Landschaften ausgew. von
Gundel Paulsen. - Husum : Husum, 1994
ISBN 3-88042-710-0
NE: Paulsen, Gundel [Hrsg.]

Satz: Fotosatz Husum GmbH
Druck und Verarbeitung: Husum Druck- und Verlagsgesellschaft
Postfach 1480, D-25804 Husum
ISBN 3-88042-710-0

Vorwort

Dieses Weihnachtsbuch möchte gleichsam zu einer Reise mit Dichtern und Schriftstellern einladen, zu einer Reise, die vornehmlich in die Vergangenheit, in deutsche Vergangenheit führt. Sie beginnt im Norden und führt jeweils von Westen nach Osten in den Süden. Dabei ist zu erfahren, wie unterschiedlich Fest und Festabläufe nicht nur in aller Welt – dazu liegen eine Reihe von Anthologien vor – sondern auch in den verschiedenen deutschen Kulturkreisen und Landschaften sind. Gleichzeitig lassen Dichter und Schriftsteller in weihnachtlichen Erzählungen ein Stück ihrer Heimat lebendig werden.

So steht der Schilderung des Weihnachtsfestes in der von Sturmflut bedrängten Halligkirche der gefahrvolle Mettengang im Gebirge gegenüber, das weltabgeschiedene Weihnachten auf einem Feuerschiff einer Notschicht von Bergleuten tief unten im Stollen, und denen der berühmten Weihnachtsmärkte in Berlin und Frankfurt diejenigen von verschneiter Landschaft, in denen sich dem Wanderer das Wunder der Weihnacht offenbart.

Mag auch der Kern der Weihnachtsbotschaft nichts mit einzelnen Landschaften zu tun haben, so bilden die Festabläufe, die stark durch unterschiedliche Heimat geprägt werden, doch den nicht wegzudenkenden Rahmen. Nicht wenige Schriftsteller heben heraus, wie sehr Weihnachten ihrer Kindheit, ihrer Heimat verbunden ist. „Wärst du, Kindchen, doch bei uns geboren!“ lautet die wiederholte Bitte in einem der bekanntesten Gedichte Bergengruens. Dieses Bedürfnis, sich das weihnachtliche Geschehen in die Nähe, das persönlich Vorstellbare zu holen, ist jahrhundertealt. In der ersten Hälfte des 9. Jahrhunderts übertrug ein Geistlicher die Lebensgeschichte Jesu mit dem Kernstück der Christgeburt ins Altsächsische; er holte den ‚Heiland‘ in die Vorstellungswelt seiner Zeit und in die heimatliche Umgebung. Auch die Weihnachtsspiele der folgenden Jahrhunderte, früheste Weihnachtsdichtung, wurden mehr oder weniger stark ins heimatliche Milieu eingebettet, häufig so sehr, daß die Frohe Botschaft darin nicht selten in die Gefahr geriet, zur Nebensache zu werden.

Die Weihnachtsfeier hat im Laufe der Jahrhunderte starke Wandlungen durchgemacht. Im 18. Jahrhundert war sie noch ein weitgehend rein kirchliches Fest. Erst mit der Verbreitung des Tannenbaumes im Laufe des 19. wurde sie mehr und mehr zur häuslichen Familienfeier und in der Gegenwart nicht selten zum bloßen Geschenkfest. Auch diese Entwicklung, die das Weihnachtsschrifttum insgesamt stärker widerspiegelt als aus der hier vorliegenden Anthologie ersichtlich wird – ihr eigentliches Anliegen ist ein anderes –, ist aber dennoch spürbar.

Diese Sammlung enthält in der Mehrzahl Texte aus dem 20. Jahrhundert, darunter viele weniger bekannte. Das 19. Jahrhundert ist dagegen mit einer Anzahl fast schon klassisch zu nennender Weihnachtsdichtungen vertreten. In die Jahrhunderte davor führen nur wenige, wie die Verse von Angelus Silesius und die von Dürer illustrierten Seiten aus dem Gebetbuch Kaiser Maximilians I. Die kurzgefaßten Biographien der Schriftsteller im Anhang können auch bei der zeitlichen und regionalen Einordnung der Texte eine Hilfe sein.

Die Beiträge dieser Sammlung, schlichte Erzählungen ebenso wie anspruchsvolle Dichtung, – hier weitgehend in Ergänzung ausgewählt zu den im Laufe von 20 Jahren in der Reihe Husum-Taschenbuch herausgegebenen Weihnachtsgeschichten aus den einzelnen Regionen –, wurden in jahrzehntelanger Sammeltätigkeit zusammengetragen, ebenso wie Holzschnitte, Radierungen, Lithographien und Zeichnungen, von denen hier, den Texten möglichst nahe zugeordnet, 150 ausgewählt wurden.Diese Anthologie, in der zum Nachdenken anregende Texte wechseln mit spannenden und besinnlichen, möchte ein gerne in die Hand genommener Begleiter in der Weihnachtszeit sein.

Danken möchte ich Verlagen und Autoren für die Abdruckerlaubnis der Texte. Gerade die Texte einiger Autoren der Gegenwart zeigen, daß auch heute noch „Spuren“ nach Bethlehem führen. „Heute würde ich auch mit meiner Mutter und Christus zu dritt in einem schönen Schlitten den Niederrhein rauf und runter fahren, überall aussteigen, ‚Fürchtet euch nicht‘ sagen, wiedereinsteigen und dann weiterfahren . . .“ bekennt Hanns Dieter Hüsch.

Gundel Paulsen

Noch ist Herbst nicht ganz entflohn /
Aber als Knecht Ruprecht schon
Kommt der Winter hergeschritten /
Und alsbald aus Schneees Mitten
Klingt des Schlittenglöckleins Ton.

Und was jüngst noch / fern und nah /
Bunt auf uns hernieder sah /
Weiß sind Türme / Dächer / Zweige /
Und das Jahr geht auf die Neige /
Und das schönste Fest ist da.

Tag du der Geburt des Herrn /
Heute bist du uns noch fern /
Aber Tannen / Engel / Fahnen
Lassen uns den Tag schon ahnen /
Und wir sehen schon den Stern.

THEODOR FONTANE

Landschaft der Weihnacht

Otto Heuschele

Weihnacht, das wird immer wie Musik und Märchen um uns sein. Sie kehrt wieder und bringt ihren Zauber und ihr Geheimnis mit, und ihr Wunder berührt uns immer neu. Und wenn wir Kindheit und Jugend hinter uns gelassen haben, bringt sie die Erinnerung an erste Kinderjahre, an frühe Knabenträume, an den Abschied von der Jugend mit herauf. Aber ist das alles nur Erinnerung, was diese langen, stillen Abende um die Weihnacht heraufbringen? Ist es nicht viel mehr? Das andere, das ständig über die Tage hin in unserem Leben ist, das Vergangene und das Kommende, zwischen dem wir stehen wie auf einer Brücke? Plötzlich kommen die Winterabende wieder mit ihren Spielen und Träumen, mit ihrem wunschlosen Glück, von dem man meint, es könne nicht enden und müsse immer so währen, ein ganzes Leben lang. Die Zinnsoldaten stehen wieder vor mir, die Knabentage erwachen wieder mit den ersten Büchern und der wunderbaren Sehnsucht nach Abenteuern und fernen Ländern, nach Fahrten über fremde Meere auf schwankem Segelschiff in Sturm und Nacht. Fremde Inseln voll zauberhafter Pflanzen und Tiere, bewohnt von fremden Menschen, tauchen aus dunklem Meere. Das alles weht um mich und geht durch mich hin jetzt in den Tagen um die Weihnacht. Die ewige Kindheit schwebt herauf, und ich, der die Jugend hinter sich gelassen hat, der einer ernsten Arbeit lebt, ich werde plötzlich wie von der Hand eines Engels weggeführt von mir selbst zu einem andern hin, den ich kenne, nach dem ich mich manchmal sehne, dem Kind, dem Knaben in mir. So ruft es mich plötzlich, daß ich an einem Abend hinausgehe ganz allein vor die Tore der Stadt.

Ich wandere über Feldwege, auf denen Schnee liegt und keines Menschen Spur sichtbar ist. Der Himmel ist bedeckt und kein Stern erstrahlt. Aber er ist hell, als werde er erleuchtet von einem großen, großen Licht. Er hängt voll Schnee, der niederfallen wird und meines Weges Spur verhüllen. Ich wandere weiter und immer weiter und will nicht umkehren, als suchte ich dort draußen ein Ziel, als ginge ich einem Freund entgegen, dem Freund, den ich in der Jugend hatte, der längst von mir gegangen ist, dessen Spuren ich verloren habe, den ich aber nicht vergessen werde; an den ich denke, jetzt in der Weihnacht. Mein Weg geht in den Winterwald hinein, und die dunklen schneebeladenen Tannen stehen um mich mit ihrer großen Stille. Sie haben mir viel zu sagen, und während ich ihnen lausche, gehe ich weiter und immer weiter, und das Waldstück liegt längst hinter mir, und vor mir dehnen sich wieder weiß und einsam die Felder. Drunten zieht sich ein Tal hin, ein Fluß läuft zwischen Weiden und Schilf, dort liegt ein Dorf und noch eines, jenseits hebt sich wieder ein Hügel auf, er trägt dunklen Wald auf seinem Rücken und die große Stille der Welt. Gehöfte liegen da und dort eingestreut zwischen Wälder und Felder. Ich stehe still und lausche durch die Nacht hin. Das ist Weihnacht, der große Friede über unserm Land. Lichter leuchten aus den Gehöften, aus den Häusern in den Dörfern. Dort sitzen noch Menschen in warmen Stuben, sie sitzen um Tische und warten auf die Weihnacht. Sie tragen das Geheimnis in sich, Erinnerungen an vergangene Seligkeit erwacht in ihnen. Die Alten denken an vergangene Jugend, und die Kinder träumen, als warte kein Alter und keine Reife auf sie. Ich stehe hier und warte, wie das Kind einst auf den Engel der Weihnacht gewartet hat. Er wird nicht kommen, ich weiß es, und auch der Freund meiner Jugend wird nicht am Weg stehen, den ich durch die Nacht weiterwandere ohne Ziel und doch voll der tausend namenlosen Ziele meiner eigenen Sehnsucht.

Ich müßte jetzt zu Hause sitzen bei den Büchern, bei den Menschen, denen ich verbunden bin. Aber ich gehe hier wie ein Heimatloser oder wie einer, der etwas sucht. Den Stern der Weihnacht? Die Engel, die zu den Hirten kommen, ihnen eine Botschaft zu sagen? Ich wandere durch die Winternacht, als wolle ich den Königen entgegenwandern, die dem Stern nachfolgen, das heilige Kind zu suchen. Das alles ist wunderbar, der Stern, das heilige Kind, die Engel, die Hirten und die Könige. Das ist so wunderbar, daß man als Jüngling und als Mann unerschöpfliches Glück daraus nehmen kann, und wenn man einmal alt sein wird und sein Werk getan hat, dann wird das alles noch immer Glück geben. Aber durch die Winternacht zu gehen, ganz allein zu sein mit dem Land, den Wiesen und den Feldern, den Bergen und Wäldern, den Dörfern und den Gehöften, dem Schnee unter den Füßen und dem Schnee in den Wolken, der Dunkelheit und dem Licht, das ist gleich wunderbar. Das ist die Landschaft der Weihnacht, über der der Friede liegt, aus der in jeder Stunde ein Engel treten könnte und ein König, über der ein Stern erstrahlen könnte, dem ein längst verlorener Freund nachwanderte, daß er die Heimkehr finde zu meinem Herzen.

Landschaft der Weihnacht, das ist Landschaft meiner Heimat, Landschaft des Märchens und des Friedens, Landschaft der Sehnsucht und der Einkehr. Man muß einmal ganz allein vor der Weihnacht durch die Nacht und das Land gegangen sein, durch einen Wald oder über einen Hügel, durch ein schlafendes Dorf oder an einem Gehöft vorbei, in dem der Hund aufwachte und einem zurief, dann wird man alles fühlen können, was Weihnacht heißt. Wenn die Weihnacht naht, machen sich die Menschen, die einander verbunden sind, auf, daß sie zusammenkommen. Sie scharen sich um die Tanne mit den Lichtern, und ein Leuchten ist in ihren Augen. Draußen aber vor ihren Städten und Dörfern, vor ihren Häusern und Fenstern, liegt die Landschaft, zu der jeder allein gehen müßte auf langer Wanderung durch die Nacht, daß er von ihr erfahre das Wunder der Weihnacht.

Kaschubisches Weihnachtslied

Werner Bergengruen

Wärst du, Kindchen, im Kaschubenlande,
Wärst du, Kindchen, doch bei uns geboren!
Sieh, du hättest nicht auf Heu gelegen,
Wärst auf Daunen weich gebettet worden.

Nimmer wärst du in den Stall gekommen,
Dicht am Ofen stünde warm dein Bettchen,
Der Herr Pfarrer käme selbst gelaufen,
Dich und deine Mutter zu verehren.

Kindchen, wie wir dich gekleidet hätten!
Müßtest eine Schaffellmütze tragen,
Blauen Mantel von kaschubischem Tuche,
Pelzgefüttert und mit Bänderschleifen.

Hätten dir den eignen Gurt gegeben
Rote Schuhchen für die kleinen Füße,
Fest und blank mit Nägelchen beschlagen!
Kindchen, wie wir dich gekleidet hätten!

Kindchen, wie wir dich gefüttert hätten!
Früh am Morgen weißes Brot mit Honig,
Frische Butter, wunderweiches Schmorfleisch,
Mittags Gerstengrütze, gelbe Tunke,

Gänsefleisch und Kuttelfleck mit Ingwer,
Fette Wurst und goldnen Eierkuchen,
Krug um Krug das starke Bier aus Putzig!
Kindchen, wie wir dich gefüttert hätten!

Und wie wir das Herz dir schenken wollten!
Sieh, wir wären alle fromm geworden,
Alle Knie würden sich dir beugen,
Alle Füße Himmelswege gehen.

Niemals würde eine Scheune brennen,
Sonntags nie ein trunkner Schädel bluten, –
Wärst du, Kindchen, im Kaschubenlande,
Wärst du, Kindchen, doch bei uns geboren!

Die Krippe zu Bethlehem

Leo Weismantel

Die Krippe, an die ich jetzt denke, stand vor dem Hause meines Vaters, das ein Wirtshaus war. Wenn Fuhrknechte durch das Dorf kamen und zur Vesperzeit einkehren wollten, leiteten sie ihr Gespann etwas zur Seite, daß andere Fuhrwerke noch vorüber konnten, dann holten sie aus einem Winkel des Hofes, der ihnen allen bekannt war, die alte Holzkrippe, stellten sie vor ihre Gäule und schütteten Hafer hinein. Wir Kinder standen oft dabei und sahen, wie die Pferde ihr Futter fraßen, holten wohl auch ein Stück Zucker und ein Stück Brot, um uns damit den Pferden zu nähern und sie uns vertraut zu machen.

Ganz so, den Menschenaugen wohl um nichts anders, geschah das vor fast 2000 Jahren zu Bethlehem in den heiligen Landen. Es kamen schon in aller Frühe viele Fuhrwerke in das Städtchen, so wie bei uns in den kleinen deutschen Landstädtchen an Markttagen oder auch einmal zur Kirchweih; aber es schien mehr werktägig als festlich, was da nach Bethlehem gefahren kam.

Es war das um die Zeit, als Kaiser Augustus einen Befehl ausgegeben hatte, daß alle Leute in ihre Vaterstadt fahren oder wandern und dort einen Zins zahlen mußten. Um Mittag war das Städtchen übervoll von fremden Menschen, und als gegen Abend ein alter Bauer kam, der eine Kuh an einem Strick hinter sich herzog, fand er weder für sich noch das Vieh eine Unterkunft. So fragte er sich durch das Städtchen hindurch und aus dem Städtchen wieder hinaus, kam in das letzte Viertel und in eine Gasse, in der nur Trödler wohnten. Er allein wäre schließlich noch untergekommen, aber er war ganz einsam in der Welt, hatte weder ein Weib noch Kinder, die Kuh war seine ganze fahrende Habe, wer hätte sie ihm füttern, wer hätte sie ihm behüten sollen? So hatte er sie auf seine Fahrt mitgenommen.

Da draußen im letzten Viertel von Bethlehem sagten ihm dann etliche Leute, die er um ein Unterkommen anging, daß wenige Steinwürfe weit von der Stadt noch ein alter Stall läge, der war ehedem einmal ein Palast des Königs David gewesen, in jenen Jahren jedoch ein Trümmerhaufen mit etlichen stallartigen Gewölben, in die kein Mensch mehr hineinging, in denen nur Kinder zeitweise ihre wilden Räuberspiele spielten.

Da ging denn der alte Bauer in den Stall – was sollte er anders tun! Es fand sich darin auch noch eine alte, halbzerfallene Futterkrippe; er schnürte die Heubündel von dem Rücken der Kuh, die das Tier bis hierher geschleppt hatte, und warf ihm etwas von dem Heu vor. Dann ging er hinaus, sich noch eine Weile umzusehen. Da gewahrte er noch ein zweites seltsames Gespann, das gerade wie er sich durch die Stadt hindurchgefragt hatte nach einem Quartier.

Es war ein mittelstarker Mann, so Mitte der Dreißig, der führte einen Esel am Halfter, war aber übermüde und zog das Tier mehr, als daß er es lenkte, und auf dem Esel saß – war das ein junges Mädchen, war das ein junges Weib? – Sie mochte wohl an sechzehn Jahre zählen. Sie hatte sich ganz in ihren blauen Mantel eingehüllt, und der Bauer hatte, wie er sie so sah, den Gedanken, daß sie krank sein müsse.

Die Fremden kamen heran, und der Bauer kam mit ihnen in ein Gespräch, schon um des Unterkommens willen, das die Neuangekommenen suchten. So frug er den Mann, wer sie seien. Er sei ein Zimmermann, käme aus Nazareth und hieße Joseph. Und ob das junge Weib wohl krank sei? „Nein."

Da sah der Bauer selbst, daß sie gesegneten Leibes war, und empfand Mitleid mit ihnen. Ja, als Joseph ihm sagte, daß sein Weib Maria ihrer schweren Stunde entgegensehe, da warf der Bauer sein zweites Heubündel auf den Boden, half dem Zimmermann von Nazareth dem jungen Weib ein Lager bereiten, bat dann den Zimmermann, er möge nur achthaben auf seine Kuh, er wolle sie schon allein in dem Stalle lassen, er selbst finde wohl ein Unterkommen draußen bei den Hirten auf dem Felde, die bei den Tieren wachten.

Des anderen Tages ging ein Gerücht durch die Stadt, die Hirten auf dem Felde hätten Erscheinungen gehabt; aus dem Stall draußen vor der Stadt sei der Palast des Königs David wieder aufgestiegen, doch nur den Hirten in Gesichten erkennbar; ein Engel sei unter ihnen erschienen und habe ihnen verkündet, daß in dieser Stunde der Messias, der Retter der Welt, geboren sei, dann auch hätten sie den Himmel offen und Engelscharen ohne Zahl gesehen und sie auch singen gehört, und sie hätten gesungen: „Ehre sei Gott in der Höhe und Friede den Menschen, die eines guten Willens sind." Die Hirten seien dann zu jenem Stall, jenem alten Gemäuer aufgebrochen in jener Nacht. Dort hätten sie alles gefunden, was ihnen der Engel verkündet habe.

Das ging so als Gerede durch die Stadt, und etliche wunderten sich, andere spotteten und zuckten die Achseln und sagten, was nicht schon alles von den Hirten an Mären und Legenden umgegangen sei, die Hirten seien einsame Leute, und sie stünden in dem Rufe, daß ihnen in der Einsamkeit ihres Lebens oft das zweite Gesicht käme, wer könnte wissen, was Wahres daran sei, was Lug. Dann hieß es wieder, es sei etwas ganz Alltägliches da draußen geschehen: ein Zimmermann aus Nazareth mit Namen Joseph habe mit seinem jungen gesegneten Weib kein Nachtquartier in der Stadt gefunden, habe die Nacht sich dort aufgehalten, das junge Weib habe auch ein Knäblein geboren, aber sie seien arme Leute, die in Nazareth gar wohl bekannt seien, jedoch etwas Überirdisches, Gewaltiges habe noch kein Menschenauge an ihnen gesehen.

In jener Nacht war es geschehen, daß die Jungfrau Maria ein Kindlein geboren, es in Windeln gewickelt und in die Krippe gelegt hatte. Dort lag es nun durch etliche Tage und Wochen, und das Leben ging so seinen Gang, bis eines Tages eine seltsame Mär durch das Städtchen ging: fremde Könige aus dem Morgenlande seien, von einem Stern geführt, viele tausend Meilen von Indien hergekommen, sie hätten den Stern des Messias gesehen, des neugeborenen Königs der Juden, sie seien auch da draußen vor der Stadt in jenem Stalle gewesen und hätten Maria von Nazareth gegrüßt und ihr Kindlein wie einen Gott angebetet. Dann waren auch die Züge der Könige verschwunden, wie ein Traum entschwunden, wäre nicht das Furchtbare geschehen, daß Reiter des Königs Herodes in die Stadt Bethlehem eingebrochen waren und alle Kinder bis zum zweiten Jahr ermordet hatten.

Da stieg die Angst und die Not auf in den Gassen und Häusern von Bethlehem, und wenn nachher einer in die Nähe des Stalles kam, aus dem Joseph und Maria mit dem Kinde entflohen waren, da hoben die Leute von Bethlehem, Männer und Frauen, Greise und Kinder, Steine auf und warfen sie gegen den Stall und sprachen Verwünschungen, damit die Späher des Königs Herodes, die umherstanden, dies sehen möchten. Viele taten dies nur aus Furcht vor Herodes und dachten im geheimen Heiliges von jenem Kinde. Aber von den vielen Steinen wurde der Eingang zu jenem Stall und jener denkwürdigen Krippe ganz und gar verschüttet.

Seit jenem Tag nun sehen die Menschen jene Krippe und jenen Stall verschieden. Die einen sehen ein altes, zerfallenes Gemäuer, so wie die äußeren Augen es sehen, sehen auch den Alltag, wie er ehedem war und wie er heute ist – und andere sehen durch das Gemäuer hindurch, denen erscheint es, als ob der Palast Davids in geheimnisvollem Prunk aufgestiegen sei, so wie die Hirten ihn gesehen hatten, und sie sehen alle die Gestalten und Erscheinungen der Zeit auf dem Goldgrund der Ewigkeit. Und die einen sehen nur einen Zimmermann aus Nazareth und sein junges Weib und ein Knäblein. Und andere sehen die Königin des Himmels und der Erde und im Kinde Gott Sohn, den Erlöser der Welt. Und so bilden die Menschen beide Gesichte ab, und es sind beide Gesichte wahr.

Vom Himmel in die tiefsten Klüfte
Ein milder Stern herniederlacht;
Vom Tannenwalde steigen Düfte
Und hauchen durch die Winterlüfte/
Und kerzenhelle wird die Nacht.

Mir ist das Herz so froh erschrocken/
Das ist die liebe Weihnachtszeit!
Ich höre fernher Kirchenglocken
Mich lieblich heimatlich verlocken
In märchenstille Herrlichkeit.

Ein frommer Zauber hält mich wieder/
Anbetend/staunend muß ich stehn;
Es sinkt auf meine Augenlider
Ein goldner Kindertraum hernieder/
Ich fühls/ein Wunder ist geschehn.

THEODOR STORM

Marthe und ihre Uhr

Theodor Storm

Während der letzten Jahre meines Schulbesuchs wohnte ich in einem kleinen Bürgerhause der Stadt, worin aber von Vater, Mutter und vielen Geschwistern nur eine alternde unverheiratete Tochter zurückgeblieben war. Die Eltern und zwei Brüder waren gestorben, die Schwestern bis auf die jüngste, welche einen Arzt am selbigen Ort geheiratet hatte, ihren Männern in entfernte Gegenden gefolgt. So blieb denn Marthe allein in ihrem elterlichen Hause, worin sie sich durch das Vermieten des früheren Familienzimmers und mit Hülfe einer kleinen Rente spärlich durch's Leben brachte. Doch kümmerte es sie wenig, daß sie nur Sonntags ihren Mittagstisch decken konnte; denn ihre Ansprüche an das äußere Leben waren fast keine; eine Folge der strengen und sparsamen Erziehung, welche der Vater sowohl aus Grundsatz, als auch in Rücksicht seiner beschränkten bürgerlichen Verhältnisse allen seinen Kindern gegeben hatte. Wenn aber Marthen in ihrer Jugend nur die gewöhnliche Schulbildung zu Teil geworden war, so hatte das Nachdenken ihrer späteren einsamen Stunden, vereinigt mit einem behenden Verstande und dem sittlichen Ernst ihres Charakters, sie doch zu der Zeit, in welcher ich sie kennen lernte, auf eine für Frauen, namentlich des Bürgerstandes, ungewöhnlich hohe Bildungsstufe gehoben. Freilich sprach sie nicht immer grammatisch richtig, obgleich sie viel und mit Aufmerksamkeit las, am liebsten geschichtlichen oder poetischen Inhalts; aber sie wußte sich dafür meistens über das Gelesene ein richtiges Urteil zu bilden, und, was so Wenigen gelingt, selbständig das Gute vom Schlechten zu unterscheiden. Mörikes „Maler Nolten", welcher damals erschien, machte großen Eindruck auf sie, so daß sie ihn immer wieder las; erst das Ganze, dann diese oder jene Partie, wie sie ihr eben zusagte. Die Gestalten des Dichters wurden für sie selbstbestimmende lebende Wesen, deren Handlungen nicht mehr an die Notwendigkeit des dichterischen Organismus gebunden waren; und sie konnte stundenlang darüber nachsinnen, auf welche Weise das hereinbrechende Verhängnis von so vielen geliebten Menschen dennoch hätte abgewandt werden können.

Die Langeweile drückte Marthen in ihrer Einsamkeit nicht, wohl aber zuweilen ein Gefühl der Zwecklosigkeit ihres Lebens nach außen hin; sie bedurfte Jemandes, für den sie hätte arbeiten und sorgen können. Bei dem Mangel näher Befreundeter kam dieser löbliche Trieb ihren jeweiligen Mietern zu Gute, und auch ich habe manche Freundlichkeit und Aufmerksamkeit von ihrer Hand erfahren. – An Blumen hatte sie eine große Freude, und es schien mir ein Zeichen ihres anspruchslosen und resignierten Sinnes, daß sie unter ihnen die weißen und von diesen wieder die einfachen am liebsten hatte. Es war immer ihr erster Festtag im Jahr, wenn ihr die Kinder der Schwester aus deren Garten die ersten Schneeglöckchen und Märzblumen brachten; dann wurde ein kleines Porzellankörbchen aus dem Schranke herabgenommen, und die Blumen zierten unter ihrer sorgsamen Pflege wochenlang die kleine Kammer.

Da Marthe seit dem Tode ihrer Eltern wenig Menschen um sich sah, und namentlich die langen Winterabende fast immer allein zubrachte, so lieh die regsame und gestaltende Phantasie, welche ihr ganz besonders eigen war, den Dingen um sie her eine Art von Leben und Bewußtsein. Sie borgte Teilchen ihrer Seele aus an die alten Möbeln ihrer Kammer, und die alten Möbeln erhielten so die Fähigkeit, sich mit ihr zu unterhalten; meistens freilich war diese Unterhaltung eine stumme, aber sie war dafür desto inniger und ohne Mißverständnis. Ihr Spinnrad, ihr braungeschnitzer Lehnstuhl, waren gar sonderbare Dinge, die oft die eigentümlichsten Grillen hatten; vorzüglich war dies aber der Fall mit einer altmodischen Stutzuhr, welche ihr verstorbener Vater vor über funfzig Jahren, auch damals schon als ein uraltes Stück, auf dem Trödelmarkt zu Amsterdam gekauft hatte. Das Ding sah freilich seltsam genug aus: zwei Meerweiber, aus Blech geschnitten und dann übermalt, lehnten zu jeder Seite ihr langhaariges Antlitz an das vergilbte Zifferblatt; die schuppigen Fischleiber, welche von einstiger Vergoldung zeugten, umschlossen dasselbe nach unten zu; die Weiser schienen dem Schwanze eines Skorpions nachgebildet zu sein. Vermutlich war das Räderwerk durch langen Gebrauch verschlissen; denn der Perpendikelschlag war hart und ungleich, und die Gewichte schossen zuweilen mehrere Zoll mit einem Mal hinunter. – Diese Uhr war die beredteste Gesellschaft ihrer Besitzerin; sie mischte sich aber auch in alle ihre Gedanken. Wenn Marthe in ein Hinbrüten über ihre Einsamkeit verfallen wollte, dann ging der Perpendikel tick, tack! tick, tack! immer härter, immer eindringlicher; er ließ ihr keine Ruh, er schlug immer mitten in ihre Gedanken hinein. Endlich mußte sie aufsehen; – da schien die Sonne so warm in die Fensterscheiben, die Nelken auf dem Fensterbrett dufteten so süß;

draußen schossen die Schwalben singend durch den Himmel. Sie mußte wieder fröhlich sein, die Welt um sie her war gar zu freundlich.

Die Uhr hatte aber auch wirklich ihren eigenen Kopf; sie war alt geworden und kehrte sich nicht mehr so gar viel an die neue Zeit; daher schlug sie oft sechs, wenn sie zwölf schlagen sollte, und ein ander Mal, um es wieder gut zu machen, wollte sie nicht aufhören zu schlagen, bis Marthe das Schlaglot von der Kette nahm. Das Wunderlichste war, daß sie zuweilen gar nicht dazu kommen konnte; dann schnurrte und schnurrte es zwischen den Rädern, aber der Hammer wollte nicht ausholen; und das geschah meistens mitten in der Nacht. Marthe wurde jedesmal wach; und mochte es im klingendsten Winter und in der dunkelsten Nacht sein, sie stand auf und ruhte nicht, bis sie die alte Uhr aus ihren Nöten erlöst hatte. Dann ging sie wieder zu Bette und dachte sich allerlei, warum die Uhr sie wohl geweckt habe, und fragte sich, ob sie in ihrem Tagewerk auch etwas vergessen, ob sie es auch mit guten Gedanken beschlossen habe.

Nun war es Weihnachten. Den Christabend, da ein übermäßiger Schneefall mir den Weg zur Heimat versperrte, hatte ich in einer befreundeten, kinderreichen Familie zugebracht; der Tannenbaum hatte gebrannt, die Kinder waren jubelnd in die langverschlossene Weihnachtsstube gestürzt; nachher hatten wir die unerläßlichen Karpfen gegessen und Bischof dazu getrunken; nichts von der herkömmlichen Feierlichkeit war versäumt worden. – Am andern Morgen trat ich zu Marthe in die Kammer, um ihr den gebräuchlichen Glückwunsch zum Feste abzustatten. Sie saß mit untergestütztem Arm am Tische; ihre Arbeit schien längst geruht zu haben.

„Und wie haben Sie denn gestern Ihren Weihnachtabend zugebracht?" fragte ich.

Sie sah zu Boden und antwortete: „Zu Hause."

„Zu Hause? Und nicht bei Ihren Schwesterkindern?"

„Ach", sagte sie, „seit meine Mutter gestern vor zehn Jahren hier in diesem Bette starb, bin ich am Weihnachtabend nicht ausgegangen. Meine Schwester schickte gestern wohl zu mir, und als es dunkel wurde, dachte ich wohl daran, einmal hinzugehen; aber – die alte Uhr war auch wieder so drollig; es war akkurat, als wenn sie immer sagte: Tu es nicht, tu es nicht! Was willst du da? Deine Weihnachtsfeier gehört ja nicht dahin!"

Und so blieb sie denn zu Haus in dem kleinen Zimmer, wo sie als Kind gespielt, wo sie später ihren Eltern die Augen zugedrückt hatte, und wo die alte Uhr pickte ganz wie dazumalen. Aber jetzt, nachdem sie ihren Willen bekommen und Marthe das schon hervorgezogene Festkleid wieder in den Schrank verschlossen hatte, pickte sie so leise, ganz leise und immer leiser, zuletzt unhörbar. – Marthe durfte sich ungestört der Erinnerung aller Weihnachtabende ihres Lebens überlassen: Ihr Vater saß wieder in dem braungeschnitzten Lehnstuhl; er trug das feine Sammetkäppchen und den schwarzen Sonntagsrock; auch blickten seine ernsten Augen heute so freundlich; denn es war Weihnachtabend, Weihnachtabend vor – ach vor sehr, sehr vielen Jahren! Ein Weihnachtbaum zwar brannte nicht auf dem Tisch – das war ja nur für reiche Leute –; aber statt dessen zwei hohe dicke Lichter; und davon wurde das kleine Zimmer so hell, daß die Kinder ordentlich die Hand vor die Augen halten mußten, als sie aus der dunkeln Vordiele hineintreten durften. Dann gingen sie an den Tisch, aber nach der Weise des Hauses ohne Hast und laute Freudenäußerung, und betrachteten, was ihnen das Christkind einbeschert hatte. Das waren nun freilich keine teuren Spielsachen, auch nicht einmal wohlfeile; sondern lauter nützliche und notwendige Dinge, ein Kleid, ein Paar Schuhe, eine Re-

chentafel, ein Gesangbuch und dergleichen mehr; aber die Kinder waren gleichwohl glücklich mit ihrer Rechentafel und ihrem neuen Gesangbuch, und sie gingen eins ums andere dem Vater die Hand zu küssen, der während dessen zufrieden lächelnd in seinem Lehnstuhl geblieben war. Die Mutter mit ihrem milden freundlichen Gesicht unter dem enganliegenden Scheiteltuch band ihnen die neue Schürze vor und malte ihnen Zahlen und Buchstaben zum Nachschreiben auf die neue Tafel. Doch sie hatte nicht gar lange Zeit, sie mußte in die Küche und Apfelkuchen backen; denn das war für die Kinder eine Hauptbescherung am Weihnachtabend; die mußten notwendig gebacken werden. Da schlug der Vater das neue Gesangbuch auf, und stimmte mit seiner klaren Stimme an: Frohlockt, lobsinget Gott; die Kinder aber, die alle Melodien kannten, stimmten ein: der Heiland ist gekommen; und so sangen sie den Gesang zu Ende, indem sie alle um des Vaters Lehnstuhl herumstanden. Nur in den Pausen hörte man in der Küche das Hantieren der Mutter und das Prasseln der Apfelkuchen. – –

Tick, tack! ging es wieder; tick, tack! immer härter und eindringlicher. Marthe fuhr empor; da war es fast dunkel um sie her, draußen auf dem Schnee nur lag trüber Mondschein. Außer dem Pendelschlag der Uhr war es totenstill im Hause. Keine Kinder sangen in der kleinen Stube, kein Feuer prasselte in der Küche. Sie war ja ganz allein zurückgeblieben; die Andern waren alle, alle fort. – Aber was wollte die alte Uhr denn wieder? – Ja, da warnte es auf Elf – und ein anderer Weihnachtabend tauchte in Marthens Erinnerung auf, ach! ein ganz anderer; viele, viele Jahre später. Der Vater und die Brüder waren tot, die Schwestern verheiratet; die Mutter, welche nun mit Marthen allein geblieben war, hatte schon längst des Vaters Platz im braunen Lehnstuhl eingenommen und ihrer Tochter die kleinen Wirtschaftsorgen übertragen; denn sie kränkelte seit des Vaters Tode, ihr mildes Antlitz wurde immer blässer, und ihre freundlichen Augen blickten immer matter; endlich mußte sie auch den Tag über im Bette bleiben. Das war schon über drei Wochen, und nun war es Weihnachtabend. Marthe saß an ihrem Bett und horchte auf den Atem der Schlummernden; es war totenstill in der Kammer, nur die Uhr pickte. Da warnte es auf Elf, die Mutter schlug die Augen auf und verlangte zu trinken. „Marthe“, sagte sie, „wenn es erst Frühling wird, und ich wieder zu Kräften gekommen bin, dann wollen wir Deine Schwester Hanne besuchen; ich habe ihre Kinder eben im Traume gesehen; – Du hast hier gar zu wenig Vergnügen.“ – Die Mutter hatte ganz vergessen, daß Schwester

Hannes Kinder im Spätherbst gestorben waren; Marthe erinnerte sie auch nicht daran, sie nickte schweigend mit dem Kopf, und faßte ihre abgefallnen Hände. Die Uhr schlug Elf. –

Auch jetzt schlug sie Elf, aber leise, wie aus weiter, weiter Ferne. –

Da hörte Marthe einen tiefen Atemzug; sie dachte, die Mutter wolle wieder schlafen. So blieb sie sitzen, lautlos, regungslos, die Hand der Mutter noch immer in der ihren; am Ende verfiel sie in einen schlummerähnlichen Zustand. Es mochte so eine Stunde vergangen sein; da schlug die Uhr Zwölf! – Das Licht war ausgebrannt, der Mond schien hell ins Fenster; aus den Kissen sah das bleiche Gesicht der Mutter. Marthe hielt eine kalte Hand in der ihrigen. Sie ließ diese kalte Hand nicht los, sie saß die ganze Nacht bei der toten Mutter. –

So saß sie jetzt bei ihren Erinnerungen in derselben Kammer, und die alte Uhr pickte halb laut, halb leise; sie wußte von Allem, sie hatte Alles mit erlebt, sie erinnerte Marthe an Alles, an ihre Leiden, an ihre kleinen Freuden. –

Ob es noch so gesellig in Marthens einsamer Kammer ist? Ich weiß es nicht; es sind viele Jahre her, seit ich in ihrem Hause wohnte, und jene kleine Stadt liegt weit von meiner Heimat. – Was Menschen, die das Leben lieben, nicht auszusprechen wagen, pflegte sie laut und ohne Scheu zu äußern: „Ich bin niemals krank gewesen; ich werde gewiß sehr alt werden." – Ist ihr Glaube ein richtiger gewesen, und sollten diese Blätter den Weg in ihre Kammer finden, so möge sie sich beim Lesen auch meiner erinnern. Die alte Uhr wird helfen; sie weiß ja von Allem Bescheid.

Es rauscht die Flut

Wilhelm Lobsien

Nebelfeuchte Dämmerung lag schwer und grau über der kleinen Hallig und tropfte eintönig von den tief herabhängenden Strohdächern auf die Aak, den meterbreiten, aus Steinen zusammengefügten Weg, der die niedrigen Häuser umgab und sie alle sowohl untereinander als mit der kleinen Kirche verband. Von der Seekante herüber kam das dumpfe Murren und Grollen des Meeres, das unter den Stößen des aufkommenden Sturmes ab und zu hoch aufklatschte und seinen weißen Schaum über die weiten Fennen schleuderte. Windverwehte Haffvögel taumelten vor den drängenden Wolken her und suchten Schutz in der Nähe der Warft.

Pastor Cornils stand, zum Gottesdienst fertig, in seinem kleinen Arbeitsstübchen, lehnte sich unschlüssig an seinen Schreibtisch, ließ sein Barett spielend und doch unbewußt durch die leise zitternden Finger gleiten, strich sich dann und wann über das weiße, dünne Haar und blickte durch die unverhängten Fenster in die dunkler und schwerer werdende Dämmerung hinaus.

In kurzen Zwischenräumen kam ein klappernder Schritt unter den Fenstern vorbei; schwerfällig, tief gebückt, kämpften die Halligleute gegen den Sturm, um den Weg zu ihrer kleinen Kirche zu finden. Es war ja Weihnachtsabend, und da wollte niemand zu Hause bleiben.

Weihnachten! Weihnachtsabend!

Pastor Cornils reckte seinen alterskrummen Rücken grade und seufzte leise auf. Nahezu fünfzig Jahre war er auf der Hallig und hatte allzeit Freud und Leid mit den Halligleuten geteilt, war ihnen nicht nur Seelsorger, sondern Freund und Berater in allen irdischen Dingen gewesen, und so war er einer der ihren geworden, der so gut wie jeder Halligmann mit Wind und Wetter Bescheid wußte. Und so hörte er aus dem heller und heller werdenden Heulen des Windes, dem dumpfer und dumpfer werdenden Brausen des Meeres und sah aus den dunklen Rauch- und Nebelschwaden, die zerfetzt zwischen den Hütten und unter den Fenstern entlangjagten, daß eine böse Nacht kommen würde. Sie erlebten es fast in jedem Herbst oder Winter, daß der blanke Hans gegen sie anrannte, und fanden sich in sicherem Gottvertrauen drein.

Aber heute war Weihnachtsabend, Tag des Friedens und der Freude; konnten sie da nicht verschont bleiben?

Noch etwas anderes kam hinzu. Zum ersten Male sollte drüben in dem kleinen, wind- und seeumbrausten Halligkirchlein ein Weihnachtsbaum den süßen Duft seiner grünen Zweige verbreiten, sollten zum erstenmal all die vielen bunten Kerzen ihr strahlendes Licht bis in den letzten Winkel, bis in das letzte sehnsüchtige Menschenherz senden und alt und jung erfreuen. Zum erstenmal!

Noch nie hatten sie hier draußen ein Christbäumchen gehabt; aber in diesem Jahr hatte Melf Paulsen, der im vorigen Jahre seine Weihnacht bei einer auf dem Festland verheirateten Tochter gefeiert hatte, einen Baum mit allem, was dazu gehörte, hinter dem festen Wall geholt, und der sollte am heutigen Abend brennen.

Ein ganz feines Lächeln glitt über das alte, gütige Gesicht des Pastors, als in diesem Augenblick die Glocke zu tönen anhub und der Sturm ihr hastiges Rufen und Mahnen über die Warft schleuderte. Es war ja nicht wie sonst, wenn sie an stillen Sommertagen lockend rief, o nein, heute war ängstliche Hast und schreckhaftes Aufschreien in ihren Klängen; aber nirgends auf der Welt waren die Menschen ihrem Gott näher und inniger mit ihm vereint als hier in der Einsamkeit des tosenden Meeres, und diese Gewißheit machte Pastor Cornils stark und sicher, daß er lächeln konnte, als er, sein Gewand fest um sich pressend, in den Sturm hinausschritt.

Fast hätte das Wetter ihn in die Tür zurückgeschleudert, und nur mit Aufbietung aller Kraft konnte er seinen Weg fortsetzen. Am Aufgang zum Kirchhof traf er die alte Beke Pauls; sie hielt sich am Gitter fest und verpustete sich nach schwerem Kampf.

„Na, Beke, geht's nicht weiter?"

„Ach, Pastor", keuchte sie, „man wird alt und stackelig. Pastor ist auch nicht mehr der Jüngste und macht doch auch immer mit."

„Gewiß, Beke, solange es geht, mache ich mit. Aber komm, ich will Beke stützen, vereint kommen wir wohl gegen den Wind an."

Entsetzt hob sie die Hände.

„O nein doch, Pastor, was sollen die andern denken ... nein, nein, es geht schon allein. Fröhliche Weihnacht, wollt ich Pastor noch sagen, aber ich glaube nicht recht dran."

Damit humpelte sie schon, so gut sie konnte, davon, um im Schutz des kleinen Gotteshauses sich an die Süder-Kirchtür zu schleichen.

Pastor Cornils blickte ihr lächelnd nach ... Alte Beke, du hast immer wieder, wie viele von euch Frauen hier draußen, deinen Weg allein erkämpft, seitdem der blanke Hans dir Führer und Stütze genommen hat und du dein Geschick in die Hände des Ewigen gelegt hast; woher käme dir sonst dein Mut? Was aber wirst du sagen, wenn du heute das helle Bäumchen auf der Kirchdiele brennen siehst? Denn niemand weiß davon außer Melf Paulsen und mir; euch andern soll es die große Christüberraschung und Weihnachtsfreude werden. –

Als Pastor Cornils ins Karenhaus trat, war es schon dunkel geworden. Als er aber in die Kirche eintrat, strahlte ihm flackerndes Licht entgegen und warf seltsam tanzende Schatten an die weißgetünchten kahlen Wände und über das große, aufgetakelte Vollschiff, das als einziger Schmuck von der Decke herabhing. Die alten Schiffer und Fischer hatten ihre Positionslaternen, ein Andenken an ihre Seefahrtszeit, mitgebracht, und nun blickten die großen roten und grünen Lichter wie große, stumme Augen über die versammelten Halligleute. Hier und da hatte eine Frau oder eins der jungen Mädchen einen Lichtstumpf entzündet, trug ihn in den auf die Banklehne aufgestützten gefalteten Händen und blickte gläubig in den aufzuckenden Glanz.

Sie waren alle versammelt, und darum, als die Tür ging, wußten sie, daß ihr Prediger eingetreten sei, blickten sich nicht um, wie sonst, sondern schauten stumm und groß vor sich hin, horchten auf den Sturm, der polternd gegen Tür und Fenster stieß, sahen im Geist das schäumende, rollende, brüllende Meer gegen ihre kleine Hallig stürmen, und warteten darauf, was wohl ihr alter Pastor dazu sagen würde. Er war ja ein Halligmann wie sie und mußte wohl das Rechte wissen, und wenn er glaubte, daß es mit dem Christgottesdienst noch gehe, so würde es schon gehn, das stand fest.

Pastor Cornils schritt langsam den Gang entlang bis hinter die Kanzel. Hier stand Melf Paulsen mit dem schmuckbehängten Baum und lauschte besorgt auf Sturm und Wetter.

„Meint Pastor nicht auch, daß es schlimm wird?" flüsterte er.

„Wir stehen alle in Gottes Hand, Melf."

„Gewiß, Pastor, aber ich fürchte, das Wasser kommt heute schnell hoch."

„Bei Wind aus dieser Ecke?"

„Er ist umgesprungen. Wenn Pastor mal hinhören will?"

„Es ist so, Melf; aber eine Stunde werden wir wohl noch Zeit haben."

Melf hob ungläubig die Schultern: „Wenn Pastor meint – und wir haben ja auch den Baum. Ich will lieber gleich anzünden."

In diesem Augenblick kam Friech Jansen aus seinem Gestühl gehumpelt. Er war von Melf in das Weihnachtsgeheimnis eingeweiht worden und trat nun besorgt zu den beiden.

„Es wird schlimm, Pastor! Es kommt eine böse Nacht, darum laßt uns eilen."

„Ja, ja", erwiderte Pastor Cornils, „so rüstet den Baum, bis ich euch rufe."

Mit ruhigen Schritten, als drohe nirgends ein Unheil, trat er die Stufen zum Altar hinan, betete einen Augenblick stumm und begann dann mit warmer, klingender Stimme das Weihnachtsevangelium zu sprechen. Kaum waren die Worte: „Ehre sei Gott in der

Höhe und Friede auf Erden und den Menschen ein Wohlgefallen", verklungen, da trugen Melf und Friech den brennenden Baum herbei und stellten ihn in den Kirchengang, grade vor die in stummem Staunen in die Pracht starrende Gemeinde.

Vergessen war in diesem Augenblick das drohende Lied des Sturmes, das dumpfe Grollen der See – in seliger Verzücktheit hingen aller Augen an dem nie geschauten Wunderbild. Und als nun gar von zarten Kinderstimmen die wundervolle Süße des Liedes: „Es ist ein Ros' entsprungen" durch das Kirchlein scholl, da schluchzte leise hier und da ein altes Mütterlein auf, und der Kerzenschein brach sich in mancher Träne, die über ein bärtiges Männerantlitz rann.

So merkten sie nicht, daß der alte Friech sich heimlich durch die Kirche schlich, vorsichtig die Tür öffnete und hinaustrat. Entsetzt prallte er zurück. Vor sich nichts als eine ungeheure rollende, grollende, wild sich überstürzende See, die alle Priele bis oben gefüllt hatte und an manchen Stellen weißstiebend über die Halligfennen jagte, so daß schon jetzt einige Warften durch die strömende See von der Kirchwarft getrennt waren.

Mühsam kämpfte sich Friech um die Kirche herum, um Ausblick nach Nordwesten, von wo jetzt der Sturm kam, zu halten. Er mußte sich an den Grabgittern festhalten, um nicht vom Druck des Wetters zurückgeschleudert zu werden, und stand endlich, festgeklammert an der Nordertür, und blickte mit zusammengekniffenen Augen in Gischt und Wasserschwall hinaus.

Herrgott, war das ein Wetter, war das eine See!

Weißüberschäumt rasten die schwarzen Wogen brüllend heran, überstürzten sich in krachendem Brechen und rasten mit jedem neuen Sprung näher heran. Längst hatten sie die Halligkante überrannt, die Fennen unter sich begraben und sprangen nun beutegierig und zähnefletschend die Kirchwarft hinan.

Friech streckte die Hände aus, als wollte er die Wellen bannen, und seine Zähne knirschten in ohnmächtiger Wut. Was konnte Menschenhand gegen solchen Sturm und solche See machen! Da gab es nur eins: so schnell wie möglich nach der eigenen Warft eilen, um dort zu sichern und zu retten, was noch zu retten war. Größte Eile tat not, und darum ließ Friech sich nicht einmal Zeit, an die Südertür, die im Windschutz lag, zu gehen, sondern riß die Nordertür auf.

Der Sturm sprang vor ihm hinein, schrie und pfiff gellend durch den Raum, griff in die Lichter und Kerzen, daß die Flammen ängst-

lich flackerten und zum Teil erloschen, und brüllte, während die Schaumspritzer klatschend gegen die kleinen Fenster schlugen, was schon alle Männer seit ein paar Minuten wußten, daß die Hallig in Not sei. Mit aller Gewalt und mit Hilfe einiger anderer schloß Friech mühevoll die Tür und trat dann eilig unter die Männer und jammernden Frauen, die angstvoll hinausdrängen wollten.

„Ist's schlimm, Friech?" fragte Pastor Cornils hastig, indem er ihm entgegeneilte.

„Nichts mehr zu machen, Pastor. Wir Männer wollen uns durch das Wasser nach Hause arbeiten, wenn's noch geht, und nach den Kühen und Schafen sehen. Hätten wir nur das Kirchboot hier! So aber muß Pastor mit den Frauen und Kindern in der Kirche bleiben und es hier überdauern. Und nun kommt, ihr andern!"

„Gott mit euch, Friech!"

Ohne ein Wort zu verlieren, lösten sich die Männer von den Frauen und Kindern und eilten hinaus.

Die Zurückbleibenden hörten die Tür hart ins Schloß fallen, und dann war um sie her nichts als das Brüllen und Toben von Sturm und Flut und das Anklatschen der drängenden See an die Fenster. Einige der Kinder wimmerten und schluchzten schreckhaft auf, aber als die Mütter sie begütigend an sich zogen, wurden sie ruhig wie all die alten und jungen Frauen, die mit im Schoß gefalteten Händen starr, nur dann und wann schwer atmend, vor sich hinblickten. Der blanke Hans hatte zu oft an ihren Hütten und Häusern gerüttelt, ohne ihnen großen Schaden zu tun; er würde wohl auch heute vom Herrn über Sturm und Wellen besiegt und in friedevolle Bahnen gelenkt werden ...

Klatsch! Krach! Das waren keine Spritzer, das war eine Welle, die mit täppischen Händen gegen ein Fenster schlug und Einlaß begehrte. Noch eine – und noch eine, daß die Frauen aufschreiend sich dicht aneinanderdrängten und mit aufgerissenen Augen nach den Fenstern blickten, ob wohl neue Schrecken kommen würden.

Herr des Himmels, welch eine Weihnacht!

Da stand plötzlich der alte Pastor Cornils auf der Kanzel, streckte seine Hände aus, als wollte er die Mauern des Kirchleins stützen und sagte ganz laut, ruhig und friedvoll:

„Oh, ihr Kleingläubigen, warum seid ihr so furchtsam?"

Und dann sprach er zu ihnen von Jesus, der auf dem Meere wandelte, der im tobenden Sturm ruhig schlief und über die ängstlichen Jünger lachte: „Und er stand auf und bedrohte den Wind und das Meer, da wurde es ganz stille. Er ist auch heute unter uns und kann auch heute noch Wind und Meer stillmachen. Er ist auch heute mit den Männern, die die Sicherheit unseres Gotteshauses verlassen haben, um unsere Hütten und Häuser, unsere Schafe und Kühe zu sichern. Ich sehe sie, wie sie an des Heilands Hand sicher und ruhig heimschreiten. Bald wird auch der Sturm stillwerden und das Meer einschlafen, und dann kehren wir alle heim."

Dabei gingen seine Blicke durch die Fenster hinaus, aber seine Augen sahen und seine Ohren hörten etwas ganz anderes, sahen den ungeheuren Wogenschwall, der über die Hallig rauschte, sich zwischen den einzelnen Häusern hindurchwühlte, gegen Türen und Fenster klatschte, und hörten das Branden und Brüllen der See, die alles zu verschlingen drohte. Aber, wenn er in die groß und gläubig ihn anblickenden Augen schaute, dann konnte er nicht anders, dann mußte er ihnen ein anderes, ein tröstliches Bild vor die ängstliche Seele zaubern, und so sprach und sprach er, bis sich die stürmische See all der bangen Frauen- und Kinderherzen glättete.

Ein Licht nach dem andern brannte nieder und verknisterte im Grün der duftenden Zweige. Zuletzt brannte nur noch ein einziges Licht, das aus der Spitze des Baumes emporragte und unbekümmert um den krachenden Lärm und der ins Gotteshaus stoßenden Windböen seinen Glanz steil und ruhig zur Höhe sandte, als wollte es dem alten Pastor recht geben, der von dem ewigen Licht sprach, das gekommen sei, der Welt einen neuen Schein zu geben.

Tiefer und dunkler wurden die Schatten, noch ein leises letztes Aufflackern – dann lag das Kirchlein in schwerer Dunkelheit, und die Angst wollte erneut die Herzen der Harrenden packen und die Sorge um die Männer sie von ihren Sitzen aufjagen. Pastor Cornils beschwor sie mit bittenden Worten, zündete die auf dem Altar stehenden Kerzen an und begann aus vollem Herzen zu singen: „Harre meine Seele, harre des Herrn. " Und als das Lied, nachdem es Mut und Vertrauen geweckt hatte, ausgeklungen war, sangen sie ein Weihnachtslied nach dem anderen und vergaßen erneut der Not, die über der Hallig lag.

Schon war Mitternacht vorüber. Auch die Altarkerzen neigten sich dem Ende zu. Feuchte Kälte füllte den ganzen Raum und ließ die Frauen und Kinder erschauern. Aber die meisten von ihnen waren in einen leichten Schlummer gefallen, aus dem sie nur dann und wann durch einen der seltener und schwächer werdenden Windstöße gerissen wurden.

Die alte Beke war noch wach und lauschte angestrengt ins Wetter.

„Nun werden sie gleich kommen“, sagte sie, und es klang klar und hoffnungsfroh.

„Wer, Beke?“

„Die Männer! Das Wasser kentert und der Wind ist umgesprungen; kann Pastor das nicht hören?“

„Beke hat recht, gelobt sei Gott!“

Sie reckten sich alle fröhlich auf; aber gerade in diesem Augenblick warf sich der Sturm mit erneuter Wucht gegen Türen und Fenster, daß alle entsetzt aufschrien.

Es war der letzte gierige Ansprung der See. Murrend und grollend wühlte sie über Fennen und Warften. Aber da der Wind umgesprungen war und ihr nicht mehr half, erlahmte ihre Kraft, und schäumend begann sie, sich ins große, weite Meer zurückzuwälzen.

Vor der Kirche wurde plötzlich helles Rufen laut, Lichtschein tanzte vor den Fenstern, dann wurde die Tür aufgerissen, und herein stürmten in langen Seestiefeln und blanken Südwestern die Männer, allen voran Melf Paulsen und der alte Friech:

„Fröhliche Weihnacht! Fröhliche Weihnacht!“

Sie riefen es beide wie aus einem Munde, und fröhlich kam von allen ihnen entgegendrängenden Frauen die Antwort:

„Fröhliche Weihnacht! Und Gott sei Lob und Dank!“

„In Ewigkeit, Amen! Aber nun sagt, Friech, wie es war.“

„Gern, Pastor“, und in seiner etwas umständlichen Weise erzählte Friech, wie sie schier verzagt seien, als sie durch das drängende, poltrige Wasser hindurch nach ihren Warften gewatet wären. Hätten sie sich nicht gegenseitig aneinander festgehalten, so hätte der blanke Hans gewiß den einen oder andern mit sich gerissen. Ganz ordentlich wären sie vorgegangen, ein Haus nach dem andern hätten sie durch Sandsäcke festgemacht, besonders die Türen, hätten auch Schafe und Kühe gelöst und beruhigt, und wären dann zum nächsten Haus gegangen. Die letzten Warften hätten sie im Boot erreicht, und das sei noch das Schwerste gewesen; denn die See wäre fürchterlich hart angesprungen. Immer aber hätten sie vom tanzenden Boot den Lichtschimmer in den kleinen Kirchenfenstern blinken sehen und wären dadurch mutig und stark geworden.

„Und nun sind wir endlich wieder da. Die Boote ankern vor der Kirchwarft; denn noch drängt die Flut abziehend zwischen den Warften. Aber kommt nur, es wird alles wieder gut.“

Schon wollten sie, der neuen Freiheit froh, zur Tür eilen, als Pastor Cornils vor sie hintrat:

„Nicht also, meine lieben Halligleute! Wir wollen doch unsern Christabend . . . fast ist es eine Christnacht geworden . . . nicht so beschließen, daß wir davonlaufen wie aufgescheuchte Schafe. Nach Sturm und Wasssernot hat Gott uns wieder Ruhe und Frieden übers Meer gesandt und uns eine stille Nacht geschenkt. So laßt uns ihm danken und unser altes liebes Weihnachtslied singen, bevor wir in die Boote steigen und zu unseren Warften fahren."

Sie nickten ihm glücklich zu, und während das Brausen der See stiller und ferner und die Sturmstöße schwächer und seltener wurden, sangen sie aus dankfrohem Herzen:

„Stille Nacht, heilige Nacht!"

Dann drängten sie ihre Boote den Hütten und Warften zu.

Unnd sie gebar ihren erstgebornen Sune / unnd wickelt jn in windel / und leget jn in ain krippen / dann sie hetten sunst kain stat in der herberg. Unnd es waren Hirten in der selbigen gegend auff dem feld wachend und hüteten des nachts jhrer herde.

Unnd sihe / der Engel des Herrn stuond neben jhn: unnd die Klarheit des Herrn hat sie umbleuchtet unnd sie forchten sich seer.

Unnd der Engel sprach zu jhn: fuercht euch nicht. Sehet / ich verkuend euch grosse freud / die allem volck wirdt sein / denn heüt ist euch geboren der Haylandt / welcher ist Christus der Herr / in der Statt David. Unnd das habt euch zum Zaichen: jhr werdet finden das kind in windel gewickelt unnd in ainer krippen ligen.

Unnd alsbald war da bey dem Engel

die menge der himlischen herscharen / die lobeten Got unnd sageten: Ehr sey Got in der hoehe / und frid auff erden den menschen / die ains guten willen seyn.

Unnd es geschach nach dem die Engel von jn gen Himmel furen / sprachen die hirten under ainander / laßt uns geen biß gen Bethleem: unnd schawen von dem wort / das der Herr gemacht hat / unnd uns zaigt. Unnd sie kamen eilend / unnd funden Mariam unnd Joseph unnd das kind in der krippen ligen: Unnd da sie das sahen / erkannten sie das wort / das jn gesagt war von disem kind.

Lucas 2.7–17.

Hanspeters Weihnachtslied

Charlotte Niese

Bei Hanspeter Grimm und seiner Frau wurde Weihnachten gefeiert. Seine Mutter und Geschwister saßen um den großen Tisch, und in der Ecke stand der brennende Weihnachtsbaum. Das ganze Zimmer duftete nach Weihnachten, und als Hanspeters Frau ein Weihnachtslied anstimmte, sangen alle mit. Draußen fiel der Schnee; ganz leise stiebte er ein wenig an die Fenster, als wollte er sagen: ich muß doch da sein, damit es weiße Weihnachten sind, aber ich meine es nicht bös. Nachher will ich wieder aufhören, und dann sage ich den Sternen Bescheid, daß sie auf die weihnachtliche Erde hinabscheinen.

Doch Hanspeters Frau zog die Fenstervorhänge zusammen, rief in die Küche, daß der Punsch gebracht werden sollte, und dann setzte sie sich wieder neben ihren Mann.

„Nun wollen wir uns ein paar Weihnachtsgeschichten erzählen!" sagte sie. Da begannen die jungen Leute zu berichten. Jeder hatte schon Weihnachten etwas erlebt, das er besonders fand, und die Geschichten hörten sich ganz gut an: aber im ganzen waren sie doch ein wenig langweilig, wenigstens fand dies die alte Frau. die still in der Sofaecke gesessen hatte und sich nun an Hanspeter wandte.

„Erzähl' doch mal deine Weihnachtsgeschichte!" meinte sie.

Ihr Sohn schüttelte den Kopf. „Sie ist auch nicht besonders, Mutter! Nur eine Dummejungengeschichte."

„So dumm ist sie gar nicht", erwiderte seine Mutter, „erzähl' sie nur!"

Als dann auch die andern um die Geschichte baten, und noch zwei Freunde dazukamen, die eingeladen waren, den Weihnachtsbaum zu sehen, und sich neben seinen knisternden Kerzen hinsetzten, da warf Hanspeter einen fragenden Blick auf seine Frau, die ihm freundlich zunickte.

Also begann Hanspeter zu erzählen:

„Ja, Kinder, wenn ihr jetzt gemütlich Weihnachten bei mir feiert, und ich mein gutes Auskommen in Altenkirchen habe, vier Kühe im Stall, und dann die gute Bäckerei, dann denkt ihr wohl, daß ich mit 'nem silbernen Löffel im Mund geboren bin. Aber da fragt nur Mutter: es ist uns tüchtig knapp gegangen, als Vater so schnell starb und sie ganz allein mit den fünf Kindern saß. Damals ist sie zum

Arbeiten ausgegangen, und wie ich noch nicht konfirmiert war, mußte ich schon beim Bauern helfen und mit dem Milchwagen durch die Dörfer fahren. Ich tat's nicht ungern, und manchmal war es ganz nett, in den Sonnenschein ganz früh morgens hinauszufahren, aber meistens war's nicht leicht, so früh aus den Federn zu müssen und bei jedem Wetter von einem Haus zum andern zu kutschieren. Ich hatte auch nur einen Anzug, und der wurde so schlecht, daß ich mich freute, wie Ostern kam und der Dorfschneider mir einen neuen machte. Halb hatte ich ihn mir verdient; die andere Hälfte blieb Mutter schuldig, ich sollte sie allmählich abbezahlen. Ich wurde nämlich konfirmiert, und nun kam ich in die große Gutsmeierei, um die Kühe zu melken. Darauf freute ich mich natürlich, und dann noch mehr über meinen neuen Anzug. Natürlich trug ich ihn nur Sonntags, aber dann kam ich mir sehr fein vor. Er war aus blauem Düffel und hatte große blanke Knöpfe; als ich mir von meinem ersten Lohn ein Paar neue Stiefel kaufte und Mutter mir ein selbstgestricktes Paar Strümpfe schenkte, da wollten meine kleineren Geschwister immer dabei sein, wenn ich mich Sonntags feinmachte, und ich selbst kaufte mir einen kleinen Spiegel, den ich auf die Erde stellte, damit ich mich ganz besehen konnte.

Ich kam mir wirklich großartig vor, und den ganzen Sommer hatte ich Spaß an meinen guten Sachen. Schön ist es, sich selbst was zu verdienen: das wißt ihr alle, und wenn ich meinen Wochenlohn an Mutter brachte, dann lobte sie mich immer und sagte: „Hanspeter, du machst mir Freude!" Endlich bildete ich mir denn ordentlich was ein und glaubte, ich wäre ein Hauptkerl, und niemand wäre so klug wie ich.

Das ging so bis in den November, und ich dachte schon darüber nach, was ich Mutter zu Weihnachten schenken wollte, und was ich wohl von der Herrschaft kriegen würde, als der lange Franz nach Altenkirchen kam. Der hatte auch 'ne Stelle in der Meierei, und fragte mich gleich, als er mich zum erstenmal sah, ob wir nicht zusammen nach Hamburg gehen wollten. Ich war noch nie in Hamburg gewesen, obgleich es mit dem Omnibus nur zwei Stunden zu fahren war; aber Mutter sagte, ich sollte nicht allein gehen, und sie hatte keine Zeit mitzukommen.

Der lange Franz konnte es nicht begreifen, daß ich noch nie in Hamburg gewesen war.

„Du bist ja ein Mondkalb!" sagte er: „Liegt dir das feine Hamburg vor der Nase, und du kennst es nicht. Und um diese Zeit fängt doch der Dom an!"

Vom Dom hatte ich natürlich gehört. Das war ein großer Jahrmarkt, und Mutter sagte, da könnte man in einer Sekunde sein Geld loswerden. Als ich dies sagte, lachte Franz noch mehr.

„O was ein Muttersohn! Glaubst alles, was die Frauensleute sagen, und das darf man doch nicht. Der Hamburger Dom ist mehr als großartig, und wenn du noch kein Schwein gesehen hast, das Klavier spielen kann, und 'ne Gans, die sagt, wie alt du bist, und den Flohzirkus, wo die Flöhe Polka tanzen, dann tust du mir leid!"

Franz wußte was zu erzählen! Wie schön es in Hamburg war, wie himmlisch auf dem Hamburger Dom, und ich konnte natürlich nicht genug davon hören.

„Mutter", sagte ich am nächsten Sonnabend, „ich wollt' gern morgen nach dem Hamburger Dom!"

Ich brachte ihr nämlich meinen Wochenlohn, und wollte zwei Mark zurückbehalten.

Aber sie nahm mir das Geld wieder aus der Hand.

„Hanspeter, wart' bis zum andern Jahr! Der Hamburger Dom läuft nicht weg, und dann kannst mit mehr Geld hin. Dein Anzug ist noch nicht ganz bezahlt, und deine Stiefel haben neue Sohlen gekriegt. Hamburg läuft nicht weg!" Aber ich glaubte, daß Hamburg wegliefe, ging brummig zu Bett und zog am andern Morgen verdrießlich meinen neuen Anzug und die frischbesohlten Stiefel an. Franz hatte gesagt, daß er ganz früh nach Hamburg mit dem Omnibus fahren wollte, und ich ärgerte mich, daß ich nicht mitdurfte. Den Omnibus abfahren sehen wollte ich aber jedenfalls, und lief zum Dorfkrug, wo er stand. Er war schon ganz voll; alle Menschen wollten entschieden nach dem Hamburger Dom, und Franz saß zwischen zwei jungen Mädchen und erzählte ihnen so viel, daß er mich nicht sah. Langsam rappelte der alten Kasten davon, und dann fuhr noch ein Leiterwagen vor für die, die im Omnibus keinen Platz gefunden hatten. Ich steh', seh' die Menschen einsteigen, ärgere mich, daß ich nicht mitkann, und sehe mit einem Male mitten auf dem Wege eine Geldtasche liegen. Ich nehm' sie auf, seh' nach, was darin ist, und dann sitz' ich auf dem Leiterwagen und will auch nach Hamburg!"

Hanspeter hielt inne, und seine Stirn war rot geworden. Aber niemand sagte ein Wort, und so sprach er denn bald weiter.

„Da waren zwanzig Mark in Gold im Beutel, und dann noch so viel Silber, daß ich den Kutscher bezahlen konnte. Ach, wie langsam fuhr der Leiterwagen, und wie kalt wurde es! Es war noch kein rechtes Weihnachtswetter, obgleich es der erste Sonntag im Dezember war; aber der Wind wehte scharf, und im Wagen lag kein Stroh. Da wurden alle ganz verklahmt, und wenn die Frauen und Mädchen zuerst vom Hamburger Dom gesprochen und gesagt hatten, was sie sich kaufen und was sie alles besehen wollten, so fingen sie allmählich an zu frieren und wollten irgendwo einkehren, um was Warmes zu trinken. Aber das ging nicht, und endlich hielt der Wagen still, und wir waren auf dem Schweinemarkt in Hamburg. Es liefen dort aber keine Schweine herum; überall standen großmächtige Häuser, und wie ich auf dem Pflaster stand, da taumelte ich etwas, weil ich so verfroren war. Aber ich freute mich doch schrecklich, in Hamburg zu sein, und sah mich um, wo wohl der Hamburger Dom wäre. Ich konnte ihn nicht entdecken, und wie ich mich noch umsehe und mich wundere über die vielen Menschen, und daß keiner nach mir hinsieht – und wie ich gerade jemand fragen will, faßt mich einer am Arm.

„Gun Tag, Peter!"

Ich seh' mich um. Da steht ein junger Mensch, den ich nicht kenne. Er hat 'nen schlechten Rock an und sieht blaß aus. Aber ich freu' mich doch, daß er mit mir spricht.

„Ich heiß' Hanspeter!" sage ich, und er lacht.

„Ich mein' auch Hanspeter! Willst du nach dem Dom?"

„Ja!" sag' ich.

„Hast denn auch Geld?"

„Gewiß!" erwidre ich trotzig, und er hakt mich unter.

„Dann komm nur, Hanspeter, ich will dich wohl hinbringen. Ich wollt' nur erst etwas Warmes trinken, weil es höllisch kalt ist. Willst nicht auch was haben?"

Natürlich wollte ich das. Ich war kalt und hungrig, und dann wollte ich auch vergessen, daß mir das gefundene Geld nicht gehörte.

Da sind wir denn zusammen losgezogen. Mein neuer Freund hieß Albert, und er sagte, daß er letztes Jahr in Altenkirchen gewesen wäre und meine Mutter auch kennte. Und er erzählte vom Wachsfigurenkabinett in Sankt Pauli, wo alle Mörder zu sehen waren, und von einem Neger, der Feuer fraß, und von noch viel mehr, und dann saßen wir zusammen in einer Wirtschaft und tranken Punsch. Ich hatte noch niemals Punsch getrunken, und er schmeckte mir wunderschön. Das war wie Feuer in mir, und ich wurde lustig und erzählte von zu Haus und von meiner Stelle, und daß ich noch nie in Hamburg gewesen wäre. Und Albert sagte, daß ich ein

famoser Kerl wäre und immer bei ihm bleiben sollte. Dann tranken wir Brüderschaft, und was weiter war, weiß ich nicht mehr.

Als ich wieder zur Besinnung kam, da lag ich in einem Bett, und alles war stockfinster um mich her. Schmerzen hatte ich im Kopf, daß ich meinte, er müßte kaputtgehen, und übel war ich, als schaukelte ich auf dem Wasser. Da schlief ich denn endlich wieder ein, und wie ich nun wach wurde, steht eine alte Frau vor meinem Bett und sagt: „Aufstehn, Hanspeter! Du mußt jetzt arbeiten!"

„Wer sind Sie?" frage ich ganz verdöst, und sie lacht.

„Ich bin deine Herrschaft und heiß' Frau Brand. Weißt du nicht mehr, daß du dich bei mir vermietet hast? Du sollst meinen Keller reinmachen und mein Essen kochen!"

„Sie sind wohl verrückt!" rufe ich. Dabei will ich aus dem Bett springen und nach meinem Anzug greifen. Aber da liegt kein Anzug, und meine Stiefel kann ich auch nicht sehen.

Die alte Frau sieht mich boshaft an.

„Ja, Hanspeter, du mußt schon warten, bis ich dir was hole, damit du anständig aussiehst. Du hast nur ein Hemd an, mein Junge; in son Kostüm kann man in Hamburg nicht rumlaufen. Nicht einmal im Zimmer!"

Sie hatte recht: Im Hemd konnte ich nicht herumlaufen, und etwas zum Anziehen war nicht zu finden. Ich weiß nicht mehr, wie laut ich geschrien und geheult hab'; mit einem Male stand der Freund von gestern vor mir, und er trug meinen guten Anzug und meine neubesohlten Stiefel. Ich wollte mich auf ihn stürzen, aber da hielt er mir eine Pistole vors Gesicht. „Wenn du dich muckst, dann schieße ich!" drohte er, und seine Augen funkelten zornig. Da bin ich denn still geworden. Denn erstmal wollte ich mich nicht totschießen lassen, und dann hatte ich solche Schwere in den Gliedern, daß ich meinte, todkrank zu werden. Es war wohl Gift oder was Ähnliches in dem Punsch gewesen, den Albert mir gegeben hatte; und ich fühlte mich schwach wie ein Kranker. Sie warfen mir einen alten roten Weiberrock hin und eine schmutzige Nachtjacke, und dann mußte ich aufstehen und für Frau Brand und ihren Albert Kaffee machen. Dabei lachten sie über mich, und Albert machte nach, wie dumm ich nach Hamburg gekommen wäre, und daß er wollte, noch mehr Schafsköpfe, wie ich, führen mit dem Omnibus hierher, um den Dom zu sehen. Er hatte die Macht über mich. Ich war schwach und krank, und wenn ich mir auch sonst das Weinen abgewöhnt hatte, so saßen mir die Augen jetzt voll von Tränen. Darüber lachte Albert noch mehr, nannte mich eine Heulliese und stieß mich mit meinen eigenen Stiefeln.

Ich war wie betäubt; ich machte den Keller rein, ich schälte Kartoffeln, ich mußte alles tun, was Frau Brand und ihr netter Sohn befahlen, und ich mußte mich stoßen und mir befehlen lassen. Heraus aus dem Keller konnte ich nicht; wo ich war, da wurde die Tür abgeschlossen, und ich wußte ja auch nicht Bescheid in Hamburg. Wenn ich weglief, griff mich die Polizei natürlich gleich auf, und wenn ich sagte, daß ich zwanzig Mark gefunden und nicht abgeliefert hatte, dann steckte die mich wohl ins Loch.

Ja, das war gräßlich, Kinder, und wenn ich jetzt daran denke, dann wird mir noch immer komisch zumute!"

Hanspeter stieß einen tiefen Seufzer aus und sah lange Zeit vor sich hin. Bis seine Frau ihn anlächelte und er weitererzählte.

„Ich bin wohl drei oder vier Tage bei Albert und seiner Mutter gewesen, bis ich mich wieder ordentlich besann. Ich merkte wohl: das waren Verbrecher, denen ich in die Hände gefallen war, und Albert sagte schon einmal, wenn ich artig wäre, dann könnte ich ihm bei einem feinen Geschäft helfen. Ich konnte mir denken, was dies für ein Geschäft war. Ich sollte mit ihm stehlen und betrügen. Aber ich wollte nicht; ich wollte wieder nach Altenkirchen, und ich dachte an meine Mutter, wie sie wohl in Angst um mich war, und was mein Herr sagte, daß ich aus dem Dienst gelaufen war. Aber im roten Unterrock konnte ich nicht auf die Straße, und ich hatte noch immer Furcht vor der Polizei. Albert sagte, das wären alles schlechte Menschen, und wenn sie mich kriegten, würde ich viele Wochen im Gefängnis sitzen müssen. Grade, als ob er gut gewesen wäre, der jeden Tag ausging, um die Menschen zu bestehlen und zu betrügen, und wenn er mit leeren Händen nach Hause kam, dann schlug er seine Mutter. Sie war eine alte greuliche Person, aber als sie einmal laut weinte, da tat sie mir leid, und beinahe wäre ich auf Albert losgegangen, aber ich besann mich noch. Ich wollte nicht zeigen, daß das Gift wieder aus meinem Körper war, und daß ich darüber nachdachte, auszukneifen.

Die Gedanken kamen mir mächtig, als ich an einem Nachmittag allein im Keller war. Die alte Brand war ausgegangen und ihr Sohn auch. Natürlich hatten sie mich eingeschlossen, und die Fenster hatten eiserne Ränder; aus ihnen konnte ich nicht steigen. Aber ich wollte alles versuchen: ich wollte weg; das Leben konnte ich nicht mehr aushalten, und wenn die Polizei mich erwischte, dann mochte sie es tun. Ich war ja doch im Gefängnis, und vielleicht war das wirkliche Gefängnis besser als dieses hier.

Ich saß in der Küche und sollte den Herd reinmachen. Das war ein stickiger Raum und so voll von Sachen gepackt, daß man nicht ans Fenster kommen konnte, das tief unter der Erde lag. Aber ich schob einen großen Schrank zur Seite, und dann suchte ich die Scheibe, die dahinter lag, einzuschlagen. Gerade, wie ich den Arm mit der Kohlenschaufel hob, da höre ich singen.

„Stille Nacht, heilige Nacht, alles schläft, nur einer wacht!"

Das Lied kannte ich auch. Ich hatte es doch vorige Weihnacht mit in der Kirche gesungen, und der Lehrer hatte mich gelobt, weil ich's gut machte. Und nachher hatte ich's Mutter vorgesungen, und sie hatte sich die Augen gewischt, wie sie überhaupt Weihnachten leicht traurig war, weil sie an meinen verstorbenen Vater dachte. Und nun weinte sie wohl auch, weil ihr Hanspeter weggelaufen war, und sie nicht wußte, was er mit sich angefangen hatte. Einen Augenblick dachte ich, mein Herz würde entzweigehen, aber dann sah ich ein, daß mit Heulen nichts zu wollen war. Ich wischte lieber die schmutzige Fensterscheibe ab und versuchte, hinauszusehen. Halbdunkel war's schon, aber ich sah, daß das Fenster auf einen Hof ging. Gradgegenüber lagen Hinterhäuser, zu ebener Erde stand ein Fenster offen, und von dorther kam der Gesang. Ich dachte, wer so singen kann, der hilft dem armen Hanspeter, daß er wieder nach Hause und zu seiner Mutter kommt. Ich vergaß, daß ich noch immer im Weiberrock ging und nur ein Paar alte Strohschuhe an den Füßen hatte; ich schlug die Scheibe ein, bog die eisernen Stangen des Kellerfensters auseinander, drückte mich durch und lief nach dem offenen Fenster. Ich sah in eine saubere Stube, in der ein kleines Mädchen ganz allein saß und eifrig strickte. Dabei sang sie ihr Weihnachtslied, und wie ich plötzlich zu ihr ins Zimmer sprang, da erschrak sie nicht, sondern betrachtete mich nur erstaunt.

„Was bist du für ein?" fragte sie. Bist 'ne Tante oder ein Onkel?" Denn ich sah wohl tüchtig verrückt aus mit meiner Verkleidung und meinem Jungenskopf. Aber ich hörte nicht auf ihre Frage.

„Kannst mir 'ne Hose geben, und einen Rock? Ich geb' es wieder, wenn ich kann!"

Nun sah sie mich noch einmal an.

„Mutter ist auf Arbeit, und Bruder Jochen auch, und ich soll auf alles passen! Und ich sing' ein büschen, weil ich sonst bange bin, und das Fenster hab' ich offen gemacht, weil da ein Sperling war, der so gern reinwollte. Aber er is' doch nicht reingekommen!"

Ich hörte nicht auf sie.

„Kannst mir nicht Rock und Hose geben?"

Mehr konnte ich nicht denken, ich mußte doch aus dem Unterrock heraus. Und vielleicht habe ich ein böses Gesicht gemacht, denn die Kleine ist mit einmal aufgestanden und an einen Schrank gegangen.

„Mutter hat gesagt, wenn die Diebens kämen, dann sollt' ich ihnen man alles geben, weil ich mir noch nicht wehren kann. Hier, lieber Dieb, bedienen Sie sich!"

Da hing ein guter Anzug, und ich weiß nicht, wie ich hineingekommen bin. Und ich hab' nicht danke gesagt und adieu, und bin von dem Zimmer auf die Straße und immer weiter gelaufen. Und wie ich aus Hamburg heraus und wieder nach Altenkirchen gekommen bin, das kann ich heutigen Tages nicht sagen. Aber gegen Morgen am andern Tage war ich vor Mutters Haus, und wie ich leise an die Tür klopfte, und sie mir aufschloß, da hab' ich gehofft, sie würde mir 'ne Ohrfeige geben und mich gehörig schelten. Aber sie sagte kein Wort, und war ganz mager vor Kummer geworden, und ich hätte ihr am liebsten einen Kuß gegeben und sie um Verzeihung gebeten, aber dann schämte ich mich so, daß ich's nicht konnte.

Das Nachhausekommen war schrecklich. Die Leute in Altenkirchen fragten: „Hanspeter, bist du wieder da? Jung', der Hamburger Dom ist dir schlecht bekommen!" und das war auch so. Denn ich war abgefallen, hatte einen bösen Husten und lief noch immer in Strohschuhen, und in der Meierei wollten sie mich zuerst nicht wiedernehmen, weil ich fortgelaufen war; und als sie es endlich aus Gnade und Barmmherzigkeit taten, weil ich so jämmerlich bat, da sagte der Herr gleich, daß er mir kein Weihnachtsgeschenk machen könnte. Dann hörte ich auch, daß ein armes Mädchen ihren mühsam gesparten Lohn auf der Straße verloren habe, und die Leute schalten über den Spitzbuben, der Geld fand und es nicht ablieferte.

Wie der Weihnachtsabend kam, da hatte Mutter einen kleinen Weihnachtsbaum angezündet, und die kleineren Geschwister standen darunter und freuten sich. Mutter aber stand ganz still davor und weinte. Die Kinder sangen: „Stille Nacht, heilige Nacht!" und ich sah ein kleines Mädchen allein in der Stube sitzen, und sie nannte mich „lieber Dieb!" Ich war der Dieb gewesen. Wenn sie an mich dachte und von mir sprach, dann sagte sie natürlich: „der Dieb!"

An diesem Abend konnte ich keinen Weihnachtsbaum sehen und kein Weihnachtslied hören. Aber als die Kleinen zu Bette gegangen waren und Mutter vor ihrer Bibel saß, da kam ich zu ihr und gestand ihr, wie alles gewesen war. Und versprach, daß ich alles wieder gutmachen wollte.

Da wurde Mutters Gesicht wieder freundlich, und wenn sie auch traurig war, daß ich das Geld genommen und nachher mir den Anzug erzwungen hatte, so meinte sie, wenn ich mir Mühe gäbe, so könnte ich alles wiedererstatten. So also habe ich das neue Jahr mit guten Vorsätzen angefangen, und wenn auch sonst der Weg zur Hölle damit gepflastert ist, so habe ich mein Bestes getan, sie auszuführen. Das ist nicht immer ganz leicht gewesen, denn was man in einer Stunde Böses getan hat, dazu braucht's oft Jahre, bis alles wieder gut ist, und manchmal gelingt's überhaupt gar nicht.

Aber ich habe ordentlich gearbeitet, um Geld zu verdienen, und nach einigen Monaten kriegte das arme Mädchen, das ihren Lohn verloren hatte, das Geld mit Zinsen von einem Unbekannten wiedergeschickt, und dann bezahlte ich dem Schneider meinen Anzug, mit dem Albert umherjunkerierte, und ließ mir einen anderen machen. Zwar war er lange nicht so fein wie der erste, und im Spiegel mochte ich mich überhaupt nicht mehr besehen, weil ich das Bild vom „lieben Dieb" nicht mehr leiden mochte.

Und dann bin ich einmal gegen Weihnachten mit meiner Mutter nach Hamburg gefahren, und wir haben versucht, das Haus und die Straße ausfindig zu machen, in dem Albert und seine Mutter mich gefangen hielten. Denn wenn ich nur wußte, wo ich im Keller gesteckt hatte, dann wollte ich auch schon herausbekommen, wo das kleine Mädchen wohnte, dem ich den Anzug vor der Nase weggenommen hatte. Aber wir konnten den Keller nicht finden, und dann haben wir eine Kusine von Mutter besucht, die einen kleinen Gemüseladen hatte, und bei der wir Kaffee tranken. Es war eine redselige Frau, und sie und Mutter hatten sich so viel zu erzählen, daß ich schweigend dabeisaß und nicht recht wußte, was ich anfangen sollte. Bis ich mit einem Male eine Stimme singen höre: „Stille Nacht, heilige Nacht!" Da bin ich in die Höhe gefahren, daß mich Tante ganz verwundert ansah.

„Magst das Lied nicht hören, klein Jung?" fragte sie. „Wir haben neue Mieter gekriegt, und das kleine Mädchen übt ihre Weihnachtslieder. Es sind überhaupt sehr nette Leute: eine Mutter und ihre zwei Kinder. Sie wohnten früher in der Marthastraße, aber da hatten sie solch schreckliches Abenteuer mit einem Dieb. Der kam am hellen Tage zu dem kleinen Mädchen, als sie allein war, und nahm einen Anzug von ihrem Bruder aus dem Schrank. Einen Frauenrock und eine Nachtjacke hatte er dagelassen, und das kleine Mädchen, Anna heißt sie, sagte, sie hätte gar keine Angst vor ihm gehabt. Aber ihre Mutter und ihr Bruder haben doch die Wohnung gekündigt. Es war eine zu schreckliche Nachbarschaft." Und die Tante erzählte weiter, daß eine Frau und ihr Sohn in der Nähe gewohnt hätten, die jetzt beide im Gefängnis wären. Der Sohn hatte fremde junge Leute an sich gelockt, sie betrunken gemacht und sie dann zu seiner Mutter gebracht, die sie eingesperrt und schlecht behandelt hätte, bis sie ebenso schlecht wurden wie ihr Sohn. Die Tante erzählte lang und breit von der Geschichte, und Mutter hörte schweigend zu. Mir aber wollte kein Kaffee mehr schmecken, und ich freute mich, als wir bald aufstanden und auf die Straße gingen.

Tante ging wieder in ihren Laden, in dem viel zu tun war, und wir blieben stehen und wußten nicht recht, was wir tun sollten. Ich merkte, daß es Mutter schwer wurde, zu den Leuten zu gehen, denen ihr Sohn etwas gestohlen hatte, und ich wäre am liebsten weit weggelaufen.

Dann aber hörte ich wieder das Weihnachtslied singen, und ich wußte, daß bald Weihnachten war, und daß es besser war, das Fest zu feiern, wenn das Gewissen ruhig geworden war. So also faßte ich mir ein Herz, und zog an der Glocke von der Wohnung, aus der der Gesang kam. Wie nun ein kleines Mädchen mir öffnete, da trat ich schnell auf den Korridor, freute mich, daß er dunkel war, und sagte ganz schnell und leise:

„Hier sind fünfzig Mark! Ich wollte den Anzug bezahlen, den ich voriges Jahr dir weggenommen hab'. Ich war in großer Not, und ich danke dir noch sehr, daß du mir geholfen hast, und ich werde niemals wieder ein Dieb werden, darauf kannst du dich verlassen!"

Eilig wollte ich wieder weglaufen, da faßte mich eine kräftige Hand.

„Bleib' mal ein büschen hier, mein Jung', ich will dich genau ansehen!" Doch das kleine Mädchen rief laut:

„Jochen, tu' ihm nichts! Ich hab' es immer gesagt, das war kein böser Dieb; er konnte doch nicht im Unterrock auf die Straße laufen!"

Aber Jochen hatte mich gepackt und schüttelte mich derb, und wenn Mutter nicht gekommen wäre und alles erklärt hätte, ich würde wohl noch eine Tracht Prügel besehen haben, und eigentlich hatte ich sie auch verdient. Aber wie Jochen, der ein großer junger Mann war, Mutter sah und ihre bittende Stimme hörte, da ließ er mich los, und die fünfzig Mark nahm er gern, weil er natürlich zum Fest Geld gebrauchen konnte. Er merkte auch, daß es mir ernst mit meiner Reue war, und schließlich wäre er selbst auch ungern mit einem Frauenunterrock gegangen, und Albert kannte er von Ansehen, und wußte, daß er wegen dieser Missetaten im Gefängnis saß, und, wenn er freikam, wahrscheinlich gleich wieder hineinkommen würde. So also hat er uns endlich eingeladen, näherzutreten, und als seine Mutter nach Hause kam, da saßen wir alle um den Tisch, aßen gebratene Äpfel und sangen dabei: „Stille Nacht, heilige Nacht!"

Und wenn die gebratenen Äpfel mir auch nicht besonders schmeckten, denn ich kam mir immer noch wie ein Lumpenhund vor, so sang ich das Lied von Anfang bis Ende, und jedesmal, wenn Weihnachten kommt, freue ich mich, es wieder und wieder zu hören."

Hanspeter schwieg mit einem tiefen Atemzug und wischte sich

die Stirn. Er war heiß bei der Geschichte geworden und sah in die Lichter des Tannenbaums, die ein gut Stück niedergebrannt waren. Der eine von den Freunden stand auf, putzte an den Lichtern und sah dann auf Hanspeters Frau.

„Und wie geht die Geschichte weiter?"

Hanspeter lachte.

„Nun willst du wissen, wie es gekommen ist, daß die kleine Anna meine Frau und ihr Bruder Jochen mein bester Freund geworden ist. Aber das ist eigentlich keine Weihnachtsgeschichte, wenn sie auch Weihnachten begonnen hat. Zwölf Jahre habe ich noch schaffen und arbeiten müssen, ehe ich mein eigenes Haus einrichten konnte. Aber jedermann wird begreifen, daß das Weihnachtslied mir in der größten Dunkelheit geholfen und vielleicht verhindert hat, daß ich schlecht wurde wie Albert. Denn wenn man einmal auf dem schiefen Wege ist, kommt man nicht so leicht wieder auf einen geraden. Deshalb freue ich mich immer, wenn wir das Weihnachtslied singen, meine gute Mutter neben mir sitzt und nicht mehr böse auf ihren Hanspeter ist. Nicht wahr, Mutter?"

Er faßte die Hand der alten Frau und streichelte sie leise.

Dazu knisterten die Weihnachtslichte, aber draußen war es klar geworden, und die Sterne begannen zu glitzern.

Valentin Ruths. Hbg

Das versunkene Festgeschenk

Hans Fallada

Als der Frachtdampfer „Fröhlicher Neptun" nach fast einjähriger Ostasienfahrt beim Asia-Kai in Hamburg am 22. Dezember festmachte, hatte er siebenunddreißig höchst aufgeräumte Männer der Besatzung an Bord – und einen sehr betrübten, nämlich den zweiten Offizier, mit Namen Hein Martens.

Was die siebenunddreißig vergnügten Leute angeht, so bedarf ihre Fröhlichkeit – die noch die des lachenden Neptuns an der Gallion übertraf – keiner weiteren Begründung. Es ist immer herrlich, nach langer Fahrt in den Heimathafen einzulaufen, und wie erst am 22. Dezember, direkt vor dem lieben Weihnachtsfest! Eltern und Kinder, Freunde und Bräute harren mit Sehnsucht, mit Freude, mit Ungeduld der Heimkehrer, und das, was man ihnen allen aus der Seekiste an Geschenken zuteilen kann, ist immer willkommen: denn um ein Geschenk zum Weihnachtsfest strahlt immer ein besonderer Glanz.

Aber das war es ja gerade, was dem zweiten Offizier Hein Martens alle Freude an der Heimkehr verdarb und den frohen Schimmer des nahen Weihnachtsfestes verdunkelte: Er hatte die schönste Seide aus Japan in seinem Koffer, gezuckerten Ingwer, herrliche, hauchdünne Teeschälchen und ein Lacktablett in Schwarz mit Rot und Gold, das jedes Frauenherz höher schlagen lassen mußte. Doch das, was er eigentlich hätte haben müssen, was er sehr wohl gehabt hatte, wonach er mit Ausdauer und Klugheit gejagt hatte, was er die ganze Heimfahrt bei sich in der Tasche getragen und zehntausendmal angesehen, gestreichelt und geliebkost hatte – mit all den sehnsüchtigen Wünschen, die ein junger und sehr verliebter Ehemann in sein kleines, nagelneues Puppenheim schicken kann, das hatte er eben nicht mehr! Gewissermaßen angesichts der Heimat, ein paar Seemeilen vor der Alten Liebe, war es ihm aus den Händen gerutscht, ohne jeden merklichen Plumps hatten sich die trübgrauen Wellen der Nordsee darüber geschlossen: Atjüs kleiner Buddha, auf Nimmerwiedersehen!

*

Der Kapitän ist, wie immer, mehr Freund und Kamerad als Vorgesetzter: Sobald sich der erste Ankunftstrubel gelegt hat, fragt er seinen zweiten Offizier: „Na, Martens, wie ist es denn mit Ihnen?

Wenn mir recht ist, sind Sie diesmal dran mit der Bordwache, und zwar das ganze Fest über."

„Geht in Ordnung, Käpt'n", antwortet Martens, so betrübt wie ein Kabeljau, der auf Land liegt.

„Was?!" ruft der Kapitän und rollt vor Erstaunen seine kugelrunden, ein bißchen vorstehenden Augen. „Geht in Ordnung, sagen Sie, junger Ehemann ? ! Als wir vor über zehn Monaten hier in Hamburg ablegten, waren Sie, wenn ich mich nicht sehr irre, sechs Wochen verheiratet . . . ?"

„Fünf Wochen, vier Tage, Käp'tn."

„Na also ! Und sie schreien nicht Zeter und Mordio, daß Sie das Fest über hier Kahnwache halten müssen? Was ist denn in Sie gefahren?!"

„Gar nichts, Käp'tn. Nur . . ."

„Was nur—?"

„Ich bin nämlich ganz einverstanden, wenn ich hier Wachdienst tue."

„Das Fest über – ?"

„Das Fest über."

Der Kapitän rollte jetzt die Augen und ballte die Fäuste, er schnaufte vor Zorn wie eine Dampfmaschine unter Überdruck.

„Ihr jungen Esel!" rief er wütend, „lernt erst mal euch in der Ehe benehmen! Ich kann mir schon denken, was los ist. Erst schreibt sich das alle Tage die verliebtesten Turteltaubenbriefe – ich habe ja ihre Post in jedem Hafen gesehen, ein Generaldirektor hat keine größere –, und dann schleicht sich irgend so ein Mißverständnis ein oder eine gute Nachbarin schreibt eine hübsche kleine Gemeinheit. Und gleich ist der Pott entzwei, und wo eben noch der Himmel voll lauter Lerchen hing, krähen jetzt bloß noch die Raben . . ."

„Entschuldigen Sie, Käpt'n, wenn ich Ihnen erklären dürfte – "

„Das dürfen Sie eben nicht! Kein Wort will ich von all Ihrem Liebeskummer hören! – Warten Sie, heute und morgen haben wir noch zuviel mit der Entladung zu tun, aber am 24. morgens, vor der ersten Wache, verdünnen Sie sich von dem »Fröhlichen Neptun", fahren schnurstraks nach Haus, fassen ihr Frauchen liebevoll um, und wenn Sie ihr dann in die Augen sehen, werden Sie auf der Stelle begreifen, daß Sie durch die lange Trennung bloß in ein albernes Spintisieren geraten sind, daß Sie aber – "

„Wenn ich Ihnen auseinandersetzen dürfte, Käpt'n . . . Ich möchte wirklich wenigstens das Fest über – "

„Fallen Sie jetzt schon Ihrem Vorgesetzten ins Wort, Herr – ?! Ich erteile Ihnen hiermit den dienstlichen Befehl, Herr Martens, Ihren Mund zu halten und übermorgen um acht Uhr morgens von Bord zu verschwinden. Verstanden, Herr Martens ?"

„Zu Befehl, Käpt'n!" sagte Herr Martens sehr kleinlaut und grüßte mit der Hand am Mützenrand. „Schellfisch!!" brummte der Alte recht vernehmlich hinter ihm drein. „Dorsch!! Katzenhai!!! Ach, nichts weiter wie ein jämmerlicher Stint – !"

*

Und wirklich, ganz wie ein jämmerlicher Stint fühlte sich Hein Martens, als er am Morgen des Weihnachtstages den „Fröhlichen Neptun" verließ, in jeder Hand einen Koffer. In den Koffern waren all die schönen Dinge, die bereits aufgezählt worden sind, vom Lacktablett bis zum Ingwer. Aber der kleine Buddha war nicht darin.

Warum aber war der kleine Buddha für das Lebens- und Eheglück der jungen Martens-Leute so wichtig?

Das muß nun zuerst berichtet werden, sonst versteht kein Mensch, warum der sehr junge zweite Offizier – sonst ein recht fröhlicher, tatkräftiger Mann – trotz der Weisung seines Kapitäns nicht direkt mit seinen Koffern nach Haus fährt, sondern statt dessen durch den nebligen, niesligen, naßkalten Hamburger Morgen zu Tante Paula geht. Das ist ein Seemannshaus, das er in seinen Junggesellentagen regelmäßig aufgesucht hat, ein völlig anständiges Quartier übrigens; aber eigentlich hatte er gedacht, er würde es als Ehemann nie wieder aufsuchen müssen.

Nun sitzt er also dort in der verblakten Gaststube, die andern Gäste haben ihren Kaffee vor sich, er aber einen steifen Grog. Ein wenig früh für diese Morgenstunde, aber ihm ist so, leider. Und wie kam es mit dem kleinen Buddha? Einfach und geheimnisvoll wie die meisten wichtigen Dinge unseres Lebens. Denn daß er seiner Braut und später seiner jungen Frau viel von seinen Fahrten erzählte und von den Ländern und Städten, die er gesehen, und von den Menschen aller Farben und ihrem Leben und von den fremdartigen Dingen, das war einfach und selbstverständlich.

Es war auch weiter einfach und selbstverständlich, daß in der jungen Frau der Wunsch aufwachte, von diesen Dingen nicht nur zu hören, sondern sie auch zu sehen, und so gingen sie denn in die Museen und sahen sie sich an. Es war ganz herrlich, wie ihm da angesichts der aufgestapelten Herrlichkeiten die Erinnerung wieder lebendig wurde. Das Rätselhafte aber hatte damit begonnen, daß seine Frau sich in die Buddhas verguckt hatte.

Hein Martens sagte zu allem ja und hielt auch geduldig aus. Er verstand nicht viel von Mädchen und Frauen, sie waren wohl sehr anders als die Männer, das mußte man eben in Kauf nehmen. Ein bißchen ängstlich wurde er erst, als sie ihm erzählte, sie fange jetzt an, nachts von den Buddhas zu träumen, und immer wieder komme es in ihrem Traum vor, daß sie ganz schnell und heimlich einen klitzkleinen Buddha in die Handtasche steckte. Sie konnte es genau schildern: der Aufseher war im Raum, sah aber gerade fort – und sie war so geschickt!

Ja, da bekam er es mit der Angst. Immerhin ging er auf lange Fahrt, überließ seine Frau für viele Monate sich selbst – das war schon ängstlich. Aber da fiel ihm zur rechten Zeit ein, daß sie ja nach Indien, nach Japan und nach China fahren, alles Länder, in denen es die Buddhas haufenweise gibt. Er schlug also seiner Frau vor, ihr einen Buddha mitzubringen. Diese Aussicht machte sie ganz glücklich. Sicher hatte sie auch schon unter ihrem Verlangen gelitten. Er mußte ihr schwören, auf Ehre und Seligkeit, daß er ihr einen schönen alten Buddha mitbringen würde, keinen nachgemachten aus Meerane oder Birmingham, sondern einen echten!

Er machte sich nicht viel Gedanken deswegen. Der Käpt'n hatte ganz recht, ihn einen jungen Esel zu nennen, und von jungen Frauen hatte er wirklich nur eselhafte Kenntnisse. Doch der Buddhakauf gelang, es war nicht einmal ein Kauf, sondern er lernte zufällig in Nagasaki einen sehr netten gebildeten Japaner, der sogar in Deutschland studiert hatte, kennen. Und wie es eben kam, in einem Gemisch aus Englisch und Deutsch erzählte er Herrn Mikimoto von dem brennenden Wunsch seiner Frau.

Herr Mikimoto lächelte ernst dazu und nickte würdig mit dem Kopf und sagte: „Das ist aber gut! Aber sehr gut ist das!" (was Hein Martens gar nicht fand), und beim nächsten Wiedersehen überreichte er seinem deutschen Freunde einen daumenlangen Buddha, aus rötlichem Speckstein geschnitten. Es war wirklich ein Kleinod, wie Martens nachher Kenner sagten, und Herr Mikimoto wollte um keinen Preis Geld dafür nehmen; mit Mühe und Not brachte es Hein fertig, ihm den schönen neuen Photoapparat dafür zu „schenken".

Drei steife Grogs, am frühen Morgen auf nüchternen Magen genossen, hatten doch ihr Gutes, so kam es wenigstens Hein Martens jetzt vor. Schließlich war es ja gar nicht so schlimm, daß der kleine Buddha des freundlichen, brillenäugigen Herrn Mikimoto abgesoffen war – es mußte auch in Hamburg genug Buddhas zu kaufen geben. Und Geld genug hatte er augenblicklich in seiner Brieftasche stecken, gutes, sorglich gehütetes Heuergeld!

So ganz einfach war die Jagd aber anscheinend nicht. Hein Martens suchte auf und ab, am Baumwall, auf den Vorsetzen, bei den Mühren, am Hopfenmarkt und im Dornbusch, er rannte mit einer löblichen Ausdauer in die unmöglichsten Geschäfte und fragte um einen Buddha, daumenlang, aus rötlichem Speckstein – denn so war es ja seiner Gattin bereits signalisiert! – Aber alles umsonst.

*

Die Buddhas waren in Hamburg nicht so dicht gesät wie in Ostasien, helfende Mikimotos stellte das Geschick auch nicht zum zweitenmal zur Verfügung, und was Hein Martens so zu sehen bekam, das war alles einfach Dreck aus Birmingham oder Meerane, was es ja gerade nicht sein sollte.

Sein Irrweg hatte Hein Martens allmählich immer weiter aus der vertrauten Hafengegend fortgeführt, über den großen Burstah war er so sachte auf dem Jungfernstieg angelangt. Hier herrschte heute – trotz des ungemütlichen Wetters – Großbetrieb: vor den Läden stauten sie sich, und in den Läden quetschten sie sich. In den Schaufenstern aber standen die Weihnachtsmänner mit Brille, Rute und Bart, und alle mit dem roten Mantel. Auch funkelte es in den Fenstern von Weihnachtstannen, strahlend bedeckt mit Flitterkram, und die Kinder drückten sich an den Scheiben noch immer die Nasen weiß und breit, genau wie er es als Junge getan hatte.

Das Herz wurde dem Hein Martens immer schwerer, wenn er an all die seligen Wünsche dachte, die sich heute zur Nacht erfüllen würden, und er sollte seiner Elisabeth ihren Lieblingswunsch nicht erfüllen dürfen! Als er dann ein Geschäft sah, das sich nach seinem Schild mit Ostasienkunst befaßte, trat er ohne Zögern ein, obwohl er sonst nie in dieses Geschäft gegangen wäre: es sah viel zu fein und teuer für ihn aus!

In dem Laden waren auch nur wenig Käufer; sie standen auf dicken Teppichen, und es wurde leise und vornehm mit ihnen geflüstert. Ebenso leise und vornehm wurde Hein Martens von einem bleichen, dunklen Herrn nach seinen Wünschen gefragt. Ein wenig unsicher brachte er sein Verlangen nach einem daumengroßen Buddha aus rötlichem Speckstein vor.

Der dunkle, bleiche Herr dachte einen Augenblick nach, sagte dann: „Ich will einmal nachsehen. Es ist möglich, daß wir so etwas dahaben." Und verschwand. Mit pochendem Herzen wartete Hein

Martens – vielleicht konnte er doch noch den Wunsch seiner Frau erfüllen?

Dann kam der Verkäufer zurück und trug auf einem Tablett, feierlich wie eine Reliquie, einen kleinen, rötlichen Buddha! „Den nehme ich!“ sagte er rasch. „Was kostet er?“

Der Verkäufer hob den Buddha mit zwei spitzen Fingern und sah unter seinen Sockel. Dort war ein Zettel aufgeklebt, und auf dem Zettel standen einige Buchstaben. Die Buchstabenschrift schien nicht ganz leicht zu entziffern zu sein; es dauerte eine Weile, bis der bleiche Herr mit ernstem Blick „Tausendsiebenhundertfünfzig Mark“ sagte.

„Wie? ! ! !“ schrie Hein Martens und tat einen Satz, als sei ihm die Marsstange gegen den Kopf geschlagen.

Eine Weile später saß Hein Martens in einem Lokal an der Reeperbahn.

Doch diesmal tat ihm der Alkohol nicht den Gefallen, sein Herz mit Hoffnungen zu erfüllen, er machte alles nur immer düsterer. Es war aussichtslos, einen Buddha zu kaufen; es war ausgeschlossen, mit leeren Händen vor seine liebe Frau zu treten, sein Leben war verpfuscht, durch seine Schuld, er hätte eben besser aufpassen müssen, das hatte der Verkäufer sehr richtig gesagt.

Er weiß nicht, wie er aus dem Lokal gekommen ist, aber hier ist er nun vor dem Portal des Museums, gerade wie ein Baum, seiner Sinne völlig mächtig – so ein bißchen Grog tut ihm doch nichts !

Immerhin weiß er nicht, warum er hier hineingeht. Der Pförtner schaut auf und sagt: „Wir schließen in einer knappen halben Stunde, mein Herr!“

„Macht nichts !“ ruft er fast fröhlich. „Ich will bloß was nachsehen. In einer Viertelstunde bin ich wieder draußen.“

Er geht schnurstracks auf die Ostasienabteilung, zu den Buddhas. Hier hat er mal Angst gehabt, seine Frau könnte eine Dummheit machen, und darum hat er ihr versprochen . . . Jedenfalls ist hier jetzt kein Mensch. Ein Aufseher (nicht der, den er von früher kennt) geht vorüber und sagt mahnend: „In einer Viertelstunde schließen wir.“

Drei Minuten später verläßt Hein Martens das Museum, einen daumenlangen Buddha aus rotem Speckstein in der Tasche.

Es ist eine ungeheure Veränderung in seinem Leben eingetreten, sein umduselter Schädel versteht es nur langsam, aber eines weiß er schon: Er kann sich nicht mehr freuen. Er kann sich nicht mehr über seine Frau freuen, nicht über das Weihnachtsfest, auch nicht über das eigene Heim, den „Fröhlichen Neptun" – er wird nie wieder mit dem Käpt'n wie früher reden können.

Schließlich nimmt er die Koffer und geht. Er geht den ganzen weiten Weg bis Hammerbrook, in jeder Hand einen Kabinenkoffer. Dabei kann er nachdenken, und damit kann er das Wiedersehen etwas hinausschieben.

Und nun steht er vor dem Haus und sieht hinauf. Dort oben, hinter dem schwach erleuchteten Fenster, sitzt sie und wartet auf ihn. Sie weiß natürlich aus der Zeitung, daß der „Fröhliche Neptun" eingelaufen ist, aber sie haben ausgemacht, daß sie sich nicht vor fremden Leuten, daß sie sich nur im eigenen Heim wiedersehen wollen.

Und nun kommt er in dieses eigene Heim, er stellt es sich genau vor, wie er die Koffer absetzt, sie umfaßt, in ihr Auge sieht . . . Sie küssen sich – aber in der Tasche hat er den gestohlenen Buddha. O du mein lieber Herr und Gott, was ist denn das für ein Wiedersehen! Das ist doch kein Wiedersehen für einen Mann und Gatten – das ist was für feige Lumpen ! Und wenn es die ganze Welt nie erfährt, er weiß es – und sie wird es spüren, von der ersten Minute, vom ersten Blick an!

*

Nein, er geht nicht in das Haus. Er dreht sich um, stellt die Koffer in der nächsten Wirtschaft ab, und winkt einer Taxe. Soll sie warten – soll sie lieber ein halbes Jahr, ja ein ganzes Jahr warten müssen, aber verlogene Feste feiern – nein, er nicht!

Auf der Wache sitzen sie ziemlich gelangweilt herum, sie haben alle Zeit, ihn sich genau anzusehen. Sind auch nicht besonders fröhlicher Stimmung, die Herren Beamten, ein Weihnachtsabend mit den obligaten Festbetrunkenen statt mit lachenden Kindern ist nicht stimmungsfördernd.

„Was wollen Sie denn?" fragt ihn einer ziemlich unfreundlich.

Hein Martens hält den Buddha in der Tasche umklammert, eigentlich wollte er ihn jetzt vorziehen und alles beichten. Aber bei diesem unfreundlichen Ton schreckt er zurück. Im Augenblick fällt ihm etwas anderes ein: Er bittet um die Adresse von dem Leiter der Ostasienabteilung im Museum.

„Wozu wollen Sie die denn wissen?"

„Ich habe ihm was zu bringen."

„Ist denn das so eilig? Heute ist Weihnachten!"

„Gerade darum. Er muß es noch vor dem Fest haben!"

„Sie sind doch Seemann? Was haben Sie denn für ihn?"
„Ich muß ihm was abliefern."
„Gib ihm doch die Adresse!" schlägt ein Freundlicher vor.
„Du siehst doch, er hat einen sitzen", antwortet der Scharfe: „Wenn wir ihm die Adresse geben, kriegen wir womöglich einen auf den Deckel. – Zeigen Sie erstmal, was Sie für ihn haben."
Vorsichtig nimmt Hein Martens den kleinen Buddha aus der Tasche. Nun kommt es darauf an, ob sie hier schon etwas von dem Diebstahl wissen – in einer Minute kann er verhaftet sein! – Aber sie sehen ganz gleichgültig auf den kleinen Gott.
„Ach, so 'ne Puppe!" sagt der Scharfe. „Ja, die sammeln solches Zeugs. Komisch, ich kann bei so was nichts finden. – Du, Hinnerk?"
„Die Menschen sind eben verschieden", antwortet der Freundliche. „Also fahren Sie zu Professor Soundso, die und die Straße . . ."

*

Aber er muß sehr hartnäckig sein, um beim Professor vorgelassen zu werden. Da brennt schon der Baum, da hört er Kindergelächter . . .
„Es muß sein!" beharrt er.
Schließlich, draußen auf der Diele, empfängt ihn der Professor. „Nein, das ist aber zu schlimm!" schilt er. „Heute abend muß man wirklich seine Ruhe haben! Was wollen Sie denn? Aber sagen Sie es in einer Minute!" Hein Martens braucht nicht einmal eine Minute. In der geöffneten Hand hält er dem alten, weißbärtigen Herrn den kleinen Buddha hin . . .
„Da!" sagt er mit ganz leiser, zitternder Stimme. „Den habe ich heute zehn Minuten vor drei aus dem Museum gestohlen." Und er schweigt.
Der Professor starrt durch seine gewölbten Brillengläser den Störenfried an. Er nimmt den Buddha nicht, obwohl er ihn längst erkannt hat. Er sagt: „Mann! Sie werden doch nicht. . . Sie machen sich ja unglücklich . . ."
Dann tut er etwas Seltsames. Er greift in die Tasche, zieht seine Uhr heraus. „Es ist jetzt zwanzig nach sechs. Das machte zweieinhalb Stunden Verzweiflung, Einkehr, Reue. Sehr lange Stunden, wie?"
„Ja, sehr lange."
„Kommen Sie – Sie müssen mir erzählen – Frieda, ich kann jetzt nicht. In einer Viertelstunde, in einer halben Stunde – ganz egal!"

Und er schiebt den Störenfried in ein Zimmer. So – und nun erzählen Sie – von allem Anfang an!"

Und Hein Martens erzählte, erzählte von Braut und junger Frau, den Besuchen im Museum, den immer drängenderen Wünschen von Elisabeth und dem Ehrenwort. Er erzählte von Herrn Mikimotos Geschenk, der fröhlichen Heimfahrt auf dem „Fröhlichen Neptun" – und dem endlichen Sturz des kleinen Buddha in die langsamen, trübgrauen Nordseewellen – drei Seemeilen vor der Alten Liebe.

Der Professor sah nachdenklich auf den jungen Menschen, der da so zerknirscht vor ihm saß, und schließlich fragte er: „Wie alt sind Sie eigentlich?"

„Im Januar werde ich siebenundzwanzig."

„Also!" sagte der Professor. „Ich denke doch, Sie haben etwas gelernt. – Und nun stecken Sie den Buddha wieder ein. – Nein, nur als Leihgabe, morgen nachmittag um fünf liefern Sie ihn mir hier wieder mit Bericht ab. Sie sollen doch heute abend Ihrer Frau einen Buddha schenken können – und da werden Sie merken, Sie ungewöhnlich törichter junger Mann, warum ihre Elisabeth durchaus einen Buddha haben wollte und heute gar keinen mehr braucht! – Und nun machen Sie, daß Sie fortkommen! Fröhliches Weihnachten übrigens!"

*

In der kleinen Wohnung steht der daumenlange Buddha auf dem Flur, auf der Spiegelkonsole, genau so wie er bei einem ersten flüchtigen Ansehen hingestellt wurde mit den Worten: „Ganz reizend – aber nun sollst du mein Geschenk sehen!"

Steht da einsam und verlassen.

Die junge Frau aber sitzt mit ihrem heimgekehrten Mann am Bette des Kindes, und wie einstmals (und doch so ganz anders !) flüstert sie in seine Ohren: „Siehst du nicht, wie herrlich er lächelt, Hein? Wie schön, daß Menschen so lächeln können; es ist das Schönste, was ich je gesehen habe!"

Und er sieht sie dabei lächeln, und dieses mütterliche, stolze Lächeln scheint nun ihm das Herrlichste auf der Welt, und bei diesem Lächeln findet er den Mut, sich ganz nahe zu ihr zu beugen und die Geschichte seiner Irrungen zu erzählen: die Geschichte von dem kleinen ertrunkenen Buddha, der jetzt auf dem Grunde der Nordsee lächelt, sein fernes, fremdes Lächeln, weit fort von Schuld, Liebe und Torheit.

Er aber, Hein Martens, zweiter Offizier vom „Fröhlichen Neptun“, ist ein Mensch; Schuld und Liebe kennt er, und er findet es gut, kein Gott zu sein, sondern bloß ein törichter Mensch . . .

Friedlicher Abend

Heinz Albers

An diesem Abend herrscht bei uns Eintracht, waltet Friede, wird sich, wie auch in den Jahren vorher, später Stille ausbreiten. An diesem Abend ist niemand mehr darauf bedacht, seinen Unmut am anderen auszulassen. Wir wissen inzwischen, wie man diesen Abend richtig verlebt, wie man ihm gerecht wird, wir haben uns darauf eingerichtet. Diesen Abend lassen wir uns nicht nehmen. Vielleicht gibt es Leute, die meinen, daß auch die Sache mit den Geschenken nicht mehr so recht stimme, daß manches doch überholt sei, und was Geschenke denn noch sollten? Aber unsere drei Kinder sind noch im Hause, sie werden noch früh genug, wie mein Vater immer sagte, „ins feindliche Leben“hinaus müssen. Und bis es soweit ist, versuchen wir es ihnen recht zu machen, versuchen wir, ihnen Freude zu bereiten, besonders an diesem Abend versuchen wir, ihre Wünsche zu erfüllen.

Irgendwann, im Laufe des Abends, werden die Kinder den großen Wohnraum verlassen, sie können gehen, wann sie wollen.

Aber meistens gehen sie, wenn sie die Geschenke geprüft haben, so gegen 19 Uhr auf ihre Zimmer. Sie lächeln uns an, sie lächeln zum Baum hinüber, die Kerzen brennen noch. Wir lächeln zurück, wir heben vielleicht die Hand und winken einander zu, bevor die Türen sich schließen. Die Kerzen des Baumes brennen weiter, sie flackern im Luftzug, wenn sich die Türen öffnen, Lichtschatten schneiden ins Zimmer und lagern sich über die Geschenktische. Entfernt hören wir fahrende Züge.

Marianne, die Zwölfjährige, geht in ihr im Dachgeschoß liegendes Zimmer, Michael, der Dreizehnjährige, geht in sein Kellerzimmer, Torsten, der Fünfzehnjährige, in den kleinen Anbau, wo er sein Gelaß hat. Unser Haus ist nicht groß, aber jeder hat seinen Raum für sich, das zu wissen, ist wichtig, auch an diesem Abend.

Wenn die Kinder den Raum verlassen haben, überlege ich, ob auch ich in mein Zimmer gehen soll. Aber vorerst bleibe ich noch bei meiner Frau. Ich sitze ihr schräg gegenüber, wir sehen einander an, und meistens ist es so, daß meine Frau ahnt, was ich denke. Sie greift zu der Programmzeitschrift, blättert darin, reicht sie mir herüber, es ist die stille Aufforderung an mich, bevor ich gehe, den Fernseher einzuschalten, und ich tue es, an diesem Abend der Eintracht und des Friedens, ich schalte ihn ein, bevor ich den Raum verlasse.

Ich gehe zu meiner Tochter ins Dachzimmer hinauf, klopfe an ihre Tür, öffne die Tür, und sie sitzt in ihrem Sessel, der Fernsehapparat läuft. Als ich frage, ob sie das Programm gut findet, nickt sie nur leicht, lautlos, und lautlos schließe ich auch die Tür und gehe die Treppe hinunter, betrete das Kellerzimmer des Dreizehnjährigen. Und auch er sieht fern, abgeschirmt von der Welt, und als ich die Treppe wieder emporsteige, fährt gerade der Fernschnellzug nach Norden an unserem Haus vorbei. Es schüttert im Gemäuer, es rattert auf dem Bahndamm und ich denke an die Leute in diesem Zug, während ich so von Zimmer zu Zimmer gehe und meine Lieben betrachte, mich meiner Lieben vergewissere, wie sie friedlich an diesem friedlichen Abend dasitzen, jeder für sich.

Ich sehe durch das Fenster des Anbaus. Der Fünfzehnjährige trägt Kopfhörer, er hat sich auf sein Bett gelegt, von dort betrachtet er, was auf der Mattscheibe geschieht. Es ist ein kalter Abend, die Nacht wird noch kälter werden, ich gehe durch den Garten zum Gitter, ich schaue auf die Bahnlinie, hinter mir liegt unser Haus; die Fenster sind erleuchtet und mit erleuchteten Fenstern nähert sich aus der Bahnkurve ein stadteinwärts fahrender Vorortzug. Ich bin sicher, daß nicht sehr viele Leute an diesem Tag des Friedens, der Ruhe in ihm sitzen werden, er fährt vorbei, und wirklich: es sitzen nur wenige in ihm, und ich denke an sie, und wie ihnen an diesem Abend zumute sein mag, so allein dahinfahrend, so stumm durch den Abend fahrend.

Zufrieden steige ich in mein Zimmer hinauf, ich ziehe die Gardinen nicht zu. Von der Brücke des Rangierbahnhofs leuchten die elektrischen Kerzen des Baums, den die Eisenbahner schon vor Tagen angebracht haben. Ich kann, wenn ich will, auf den Baum sehen, aber ich will es gar nicht an diesem friedlichen Abend. Und ich schalte meinen Fernsehapparat ein, ich mache es mir im Sessel bequem, bevor der Ton kommt, horche ich noch einmal ins Haus, nur entfernt höre ich Musik, sie mag aus dem Zimmer der Zwöljährigen kommen, aber sicher bin ich nicht, und was geht es mich auch an, solange jeder für sich zufrieden ist und sich nicht gestört fühlt.

Es ist friedlich bei uns, wir sind still, wenn wir vor unseren Fernsehapparaten sitzen, uns braucht man nicht mehr zu sagen, zu lehren, was Stille heißen kann, Frieden, Ruhe, wir wissen es schon, erfahren es an diesem Abend . . .

Eine Weihnachtsgeschichte

Heinrich Seidel

Es hatte vierzehn Tage lang gefroren wie in Sibirien. Auf dem höchsten Berg im Lande saß der alte Wintergreis mit seinem bläulichen Gewande und seinem lang hinstarrenden Schneebart, und ihm war so recht behaglich zu Mute, wie einem Menschengreise, wenn er hinter dem Ofen sitzt und das Essen ihm geschmeckt hat und alles gut geht. Zuweilen rieb der alte Winter sich vor Vergnügen die

Hände – dann stäubte der feine, schimmernde Schnee wie Zuckerpulver über die Erde; bald lachte er wieder still vor sich hin und es gab Sonnenschein mit klingendem Frost. Der schneidende Hauch seines Mundes ging von ihm aus und wo er über die Seen strich, zerspaltete das Eis mit langhindonnerndem Getöse, und wo er durch die Wälder wehte, zerkrachten uralte Bäume von oben bis unten.

„Habe Erbarmen, alter Wintergreis!" flehte ich, „und laß ab, denn es ist Weihnachten und ich muß pelzlos nach Hause reisen." Der Alte fühlte ein menschliches Rühren, lehnte sich mit dem Rücken gegen die uralte Eiche, die auf dem hohen Berge steht, schloß die Augen und drusselte ein wenig. So gelangte ich denn ohne Gefährde in meine Vaterstadt zu meiner Mutter. –

Wohl dem, der noch eine sichere Stätte hat in der Welt, wo er sich geliebt weiß, wo die treuen Augen der Mutter auf ihn sehen, die schon voll Liebe auf ihm ruhten, als er noch klein und hilflos auf ihrem Schoße spielte. – Da bin ich wieder in den kleinen, wohlbekannten Zimmern, und die freundlichen Augen werden nicht müde, mich zu betrachten; ich muß erzählen, wie es mir ergangen ist, und auch das Kleinste ist dabei nicht zu unwichtig. Dann stürmt mein Bruder Hermann ins Zimmer, der Primaner und Naturforscher, und kaum hat er mich begrüßt, so erzählt er schon: „Du, Eduard, die Eislöcher auf dem großen See wimmeln von nordischen Enten, die hier überwintern, und am Schloßgartenbach habe ich wieder Eisvögel beobachtet." – Polly, der braungefleckte Wachtelhund, ein außerordentlich gebildetes Tier und Zögling meines Bruders, springt in ausgelassener Wiedererkennungsfreude an mir empor und muß sofort seine neuerlernten Künste zeigen. Dann kommt auch Murr, der weiße, gelbgestreifte Kater, reserviert wie Katzen sind, leise gegangen und reibt sich schnurrend an meinem Knie, auch er hat mich nicht vergessen. Er hat Menschenverstand, wie meine Mutter sagt, und wenn er zuweilen des Abends würdevoll mit dem um die Vorderfüße geringelten Schwanz auf der Sofalehne sitzt und einen der Sprechenden nach dem andern aufmerksam anblickt, so ruft meine Mutter oft plötzlich, wenn von Geheimnissen die Rede ist: „Sprecht doch leise, der Kater versteht ja alles!" – Und von Geheimnissen wimmelt das Haus jetzt förmlich; da erscheint Paul, der Jüngste, der Obertertianer, der noch gar nicht weiß, daß ich gekommen bin, plötzlich in der Tür, etwas leicht in Papier Geschlagenes in der Hand tragend. Aber kaum hat er mich erblickt, als er, statt mich zu begrüßen, voll Entsetzen wieder hinausspringt und erst nach einiger Zeit ohne das Paket mit vergnügtem Lächeln wieder zurückkehrt. „Feine Schlittschuhbahn", lautet sein Bericht, „wir sind gestern schon nach Nußwerder gelaufen, der große See ist ganz zu."

Dann wird alles revidiert im ganzen Hause, das Alte, ob es noch das Alte ist, und dann das Neue. Alle die bekannten Ecken und Eckchen, aus denen die Erinnerung lächelt, die alten Bücher, aus denen dem Kindersinn der Zauber der Dichtung emporblühte. Selbst der Garten wird aufgesucht, und dann geht es den Gang zwischen bereiften Hecken hinunter zum See, der weit in seiner glänzenden Eisdecke schimmernd daliegt, denn hier hat es gar nicht geschneit, und es ist eine Schlittschuhbahn wie selten. Ich probiere einmal vorläufig das Eis, und dann geht es wieder zurück zu den Stübchen meiner Brüder. Dort sind Hermanns selbst erzogene afrikanische Finken zu bewundern, ausländische Schildkröten und Molche und andere naturhistorische Errungenschaften. Paul hat aus Holz gesägte Sachen vorzuzeigen, und eine heimliche Zigarrenspitze, deren vorzügliche Angerauchtheit, und eine unerlaubte Pfeife, deren echten Weichselholzgeruch ich bewundern muß.

Dann kommt nun der Weihnachtsabend selber, und mit ihm die gute Tante Amalie, die mich schon so oft auf die Strümpfe gebracht hat, denn sie strickt mir immer so schöne, warme, und ihr Dienstmädchen trägt einen höchst verdächtigen Korb, und mit Tante Amalie kommt Cousine Helene, meine kleine Feindin. Sie ist nun eigentlich kaum meine Cousine, denn die Verwandtschaft ist so künstlich, daß Tante Amalie fünf Minuten braucht, um sie auseinanderzusetzen, und ich sie noch nie begriffen habe. Aber wir nennen uns Cousine und Vetter und du, denn wir kennen uns schon von der Zeit an, als Tante Amalie die kleine zehnjährige Waise zu sich nahm, und das ist nun gerade acht Jahre her. „Kinder, vertragt euch!" ist das erste, was Tante Amalie zu uns sagt; sie weiß aus Erfahrung, daß es dieser Warnung bedarf, denn wir stehen im allgemeinen auf dem Kriegsfuß. „O, ich werde schon mit ihm fertig!" sagt Helene mit einem kleinen Trotzblick, der wenig Gutes verspricht.

Die Mutter und Tante Amalie verschwinden zu heimlichen Vorbereitungen in den Festgemächern, und ich petitioniere ebenfalls um Zulassung, da ich – mit einem Blick auf Helene – doch nicht mehr zu den Kindern zu rechnen sei. „Nehmt den alten Meergreis nur mit", meint sie, aber es wird mir nicht gestattet. „Schenkst du mir denn auch etwas, Helenechen, mein Schwänechen?" frage ich mit einem alten Kinderreim. Sie ist immer schlagfertig: „Ich schenke dir kein Tränechen, doch Tante Malchen schenkt dir was für deine langen Benechen", sagt sie schnippisch. – „Ich weiß auch gar nicht", läßt sich der biedere Paul vernehmen, „ihr hackt euch doch immer, wo ihr euch seht."

„Du ahnungsvoller Engel, du", meint Helene und streichelt sein würdiges Haupt. – „Hast du schon mal einen Engel gesehen", fragt Hermann nun ironisch, „der karierte Hosen anhat und heimlich Zigarren raucht?" – „Ihr seid schrecklich, alle miteinander", sagt Helene, „ist das eine Weihnachtsstimmung und sind das Weihnachtsgespräche?" – „Das ist nur äußerlich", meine ich, „innerlich, da sind Lichter in unseren Herzen angezündet und das Gemüt ist voll Weihnachtsduft."

„Um Gottes Willen!" seufzt Helene.

Das Klavier steht geöffnet. „Laßt uns singen", bitte ich. – Helene sieht mich fast dankbar an: „Aber was denn?" – „Unser Weihnachtslied: ‚Morgen Kinder, wird's was geben, morgen werden wir uns freun'." Und nun wird es gesungen, das alte harmlose Lied, das eigentlich gar nicht mehr paßt, da dies ‚Morgen' schon heute ist. Dann singt Helene mit ihrer klaren Stimme: ‚O du fröhliche, o du selige, gnadenbringende Weihnachtszeit. . .' und dann: ‚Es ist ein Ros' entsprungen . . .' und dann mit einmal tönt die Glocke, und der Moment, der so manches Mal mein Herz mit süßem Schauer erfüllt hat, ist da.

Der Weihnachtsbaum, mit Silber- und Goldketten, Fähnchen, Netzen und Sternen und mancher verlockenden Frucht behangen, strahlt mir entgegen, ach, nimmer so herrlich wie einst, da sein Glanz durch das ganze Jahr einen wärmenden Schein breitete und schon lange vorher beim Ausblasen einer Wachskerze das Herz in süßem, ahnungsvollem Schauer erbebte: „Es riecht nach Weihnachten."

Wir suchen nun jeder den Ort, wo ihm die Liebe etwas aufgebaut hat. Selbst Polly und Murr sind nicht vergessen. Jenem ist unter dem Tisch auf einem Schemelchen die delikate Knackwurst in einem Kranz von Pfeffernüssen zugedacht und ein eigenes Lichtlein dabei angezündet. Der würdige Kater dagegen findet seine Bescherung auf seinem Lieblingsplatz, dem Fensterbrett. Sie besteht in einem Schälchen Milch und einem Halsband mit seinem Familiennamen, von Helenes kunstfertiger Hand gestickt. „Es ist eigentlich unchristlich für so unvernünftige Tiere", sagt Tante Amalie, aber sie lächelt doch im stillen darüber. Das heimliche Paket, das

Paul vorhin so schnell verbarg, gibt sich als ein aus Holz künstlich gesägter Gegenstand zu erkennen, der in Gestalt eines lustigen Schweizerhäuschens meiner Taschenuhr zum nächtlichen Wohnplatz dienen soll. Er hat überhaupt diesen Industriezweig auf alle Anwesenden ausgedehnt. Tante Amalie meint: „Du hast uns wohl alle besägt."

Plötzlich wird die Tür aufgerissen und die zu einer unnatürlichen Tiefe verstellte Stimme des Dienstmädchens läßt sich vernehmen: „Julklapp!" und ein in Papier gewickelter Gegenstand fällt ins Zimmer. ‚An Eduard' ist's adressiert. Viel Papier fliegt hastig abgerissen zu Boden und Helene macht sich durch eine schlecht verhehlte Spannung verdächtig. Endlich kommt ein zierlich in Perlen gesticktes Hausschlüsselfutteral zum Vorschein. „Von dir, Helene?"

„Nur aus Bosheit", ist die Antwort, „weil ich weiß, daß du gestickte Sachen verabscheust."

„Das mußt du anerkennen", sagt Tante Amalie, „es ist eine sehr mühsame Arbeit, sie hat drei Wochen daran gearbeitet." – „Ach, nicht doch", meint abwehrend Helene. – „Ich will es dir zu Ehren alle Abende benutzen", sage ich. – Dagegen protestiert nun aber die Mutter: „Was, ihr wollt meinen Ältesten auf Abwege bringen?" – Wieder geht die Türe auf, wieder eine andere Nuance von Dorotheas wandelfähigem Organ: „Julklapp!" und eine große Kiste wird hereingeschoben mit der Adresse: ‚An Helene.' Diese sieht mich voller Verdacht von der Seite an. „Darin ist gewiß eine große Schändlichkeit von dir", meint sie, „ich mache es gar nicht auf", aber sie hat schon den Deckel der Kiste abgeschoben. Ein mächtiges Paket, in Papier gesiegelt, kommt zum Vorschein. Aus dem Papier entwickelt sich eine zweite Kiste. Helenchen wird ganz aufgeregt, denn in dieser Kiste steckt wieder eine und so fort, die Papiere fliegen umher und das ganze Zimmer steht voll Kisten. „Es ist abscheulich", sagt Helene, „gerade wie in dem Märchen von der alten Frau, die ein Haus hatte und in diesem Haus eine Kammer und in der Kammer einen Schrank und in dem Schrank eine Kiste und in der Kiste wieder eine Kiste und so fort und in der letzten eine Schachtel und so weiter, und in der letzten kleinsten Schachtel war ein Papierchen, und in dem Papierchen wieder ein Papierchen und in dem allerletzten Papierchen ein Pfennig, der war ihr einziges Vermögen." Endlich kommt ein runder, in Seidenpapier gewickelter Gegenstand zum Vorschein. „Nun geht's los!" rufen alle. Es ist aber nur eine runde, große Apothekerschachtel. Das Seidenpapier fliegt, eine Schachtel nach der anderen kommt hervor, die Spannung wird fast unerträglich. Endlich in der zehnten Schachtel ein kleiner schwerer, in Papier gewickelter Gegenstand. „Das ist der Pfennig!" ruft Helene, „die gute, alte Frau schenkt mir ihr ganzes Vermögen zu Weihnachten!" Es ist aber kein Pfennig, sondern ein kleines, zierliches, goldenes Kreuz an einer feinen Kette. „Gerade wie ich es mir gewünscht habe!" ruft Helene verwundert, und ein fragender Blick trifft mich. Ich nicke und mit einem Male hat sie meine Hand mit ihren beiden erfaßt und schaut mir herzhaft in die Augen. „Ich danke dir, Eduard." – „So freundlich hast du mich lange nicht angesehen, Helene." – „Wenn du immer ein artiges Kind bist", antwortet sie, „so wirst du noch öfter freundlich angesehen."

„Julklapp!" tönt es wieder in Dorotheas höchsten Fisteltönen; sie sucht uns offenbar einzubilden, daß sich ein ganzes Heer von verschiedenen Geschenkspendern draußen ablöst. Da man jedesmal vor dem Julklappruf die Haustürklingel hört, so habe ich sie sogar in Verdacht, daß sie zur größeren Wahrscheinlichkeit ihrer oratorischen Darstellung jedesmal die Treppe hinabläuft, zuvor einen Eintretenden zu fingieren. - Die Julklappen nehmen endlich ein Ende und Dorothea tritt nun selber ein, ganz rot im Gesicht von der Anstrengung, aber harmlos, als wisse sie von nichts, um auch ihr bescheidenes Weihnachtstischchen aufzusuchen.

Allmählich brennen die Wachskerzen nieder und eine nach der anderen erlischt knisternd in dem Nadelwerk des Baumes. Nach der festlichen Aufregung ist eine beschauliche Stille eingetreten. Die beiden Jungen haben sich über die bescherten Bücher hergemacht und blättern vorkostend darin umher. Im Nebenzimmer hört man die Stimmen der Mutter und der Tante Amalie, die im Hinblick auf das morgige Festgericht in einen interessanten Meinungsaustausch über die Anwendung von saurer Sahne verwickelt sind. Polly und Murr liegen wohlbehaglich an ihren Lieblingsplätzen, im innersten Gemüt befriedigt, ihre Weihnachtsbescherung verdauend, und ich habe mich in meine dunkle Weihnachtslieblingsecke auf den Lehnstuhl hinter dem Tannenbaum zurückgezogen. Dort schweifen meine Blicke bald in das grüne, nur noch stellenweise beleuchtete Geäst des Weihnachtsbaumes nach den niederbrennenden Lichtern, bald nach Helenen, die, noch immer vor ihrem Weihnachtstische stehend, nach Mädchenweise stets von neuem die Geschenke und Geschenkchen zierlich ordnet und eingehend betrachtet. Sie steht abgewendet von mir und nur zuweilen bei einer Bewegung zeigt sich das zierliche Profil ihres

Gesichtes. Die kleinen widerspenstigen Löckchen, die sich nicht dem allgemeinen Gesetz der Haartracht fügen wollen, umgeben wie ein goldener Schimmer das Köpfchen.

Da knistert wieder eines der Lichter am Baume in die Nadeln, ein kurzes Aufleuchten, und es ist erloschen; das ganze Zimmer ist schon von dem Weihnachtsduft der Nadeln und Lichter erfüllt. Meine Blicke wenden sich wieder zu Helene. Sie blättert gerade in einem kleinen Büchlein, das ich ihr für ihre Mädchenminiaturbibliothek geschenkt habe. Meine Gedanken fangen an, eigentümliche Wege zu gehen. Es ist wieder Weihnachten und ein blitzender, strahlender Tannenbaum aufgebaut und zwei Menschen stehen davor Hand in Hand und schauen sich in die Augen, aus denen es noch viel schöner leuchtet, denn das Glück schimmert daraus hervor. Und merkwürdig – diese beiden Menschen sind Helene und ich. Und meine Phantasie arbeitet weiter, denn die Phantasie tut nichts halb, und ich höre ganz deutlich das Blasen von Kindertrompeten und das Stampfen von kleinen Steckenpferdreiterbeinchen und glückseliges Kinderlachen. . .

„Eduard, du schläfst wohl?" fragt Helene plötzlich. – „Ich träume nur", antworte ich mit halbem Seufzer. - „Kinder, kommt zum Essen" ruft die Mutter aus dem Nebenzimmer.

Am zweiten Weihnachtstag war ich zu Mittag bei Tante Amalie eingeladen und nachher wollten Helene und ich auf den großen See zur Einweihung der neuen Schlittschuhe, die sie zu Weihnachten bekommen hatte. Aus den kleinen, zierlichen Zimmerchen der Tante stiegen neue Kindererinnerungen hervor. Ich kannte dort alles, das feine, geblümte Porzellan, die alten Kupferstiche an den Wänden, die alte, schwarze Rokokouhr mit dem Sensenmann, die eine so sonderbare Gangart hatte, daß man alle Augenblicke meinte, sie müsse stille stehen, die alten verblichenen Stickereien und die hundert zierlichen Kleinigkeiten auf der Spiegelkommode. Am Fenster standen dieselben Lieblingsblumen, und derselbe feine Duft herrschte in dem Zimmer, der mich als Kind schon immer so feierlich stimmte und der mir in der Fremde, wenn ich ihm begegne, unwiderruflich meine gute Tante vor Augen zaubert.

Nach Tische zog sich Helene das enganschließende Pelzjäckchen an und hüllte den Kopf in eine blauseidene Kapuze, aus deren weißem Schwanbesatz das frische Gesicht mit dem blonden, widerspenstigen Löckchenkranz gar anmutig hervorschaute.

„Was siehst du mich denn so an?" fragte sie plötzlich.

„Ich freue mich über meine hübsche Cousine", antwortete ich. - Ihr stieg ein klein wenig Rot in die Stirne, und sie sprach rasch: „Du gewöhnst dir wohl auf deine alten Tage das Schmeicheln an."

Wir gelangten nach kurzem Wege an den See. Der alte Wintergreis auf seinem hohen Berg schlief noch immer. Es war noch nicht Tauwetter, allein durch die Stille der Luft erschien es wärmer, als es war, und die Sonne hatte am Tage so viel Macht, daß sie die gefrorene Erde an der Oberfläche auftaute.

„Wir laufen doch zum Nußwerder?" fragte Helene, als wir die Schlittschuhe angeschnallt hatten.

„Wie du willst!" war meine Antwort, „die Bahn ist ja noch weiter abgesteckt."

Unterdes hatten wir uns in Bewegung gesetzt und waren auf die breite, mit Büschen und Stangen angedeutete Bahn gelangt, die jedes Jahr abgesteckt wurde, um einen ungefährlichen Weg zu den beliebten Vergnügungsorten zu bezeichnen.

„Wir bleiben doch nicht auf der langweiligen Bahn?" fragte Helene und ihre Blicke schweiften über die weite, schimmernde Eisfläche hinaus.

Plötzlich ward ein fröhliches Stimmengewirr hinter uns hörbar, und brausend kam ein Schwarm von Schülern herangefahren und zog, die Mütze schwenkend, an uns vorüber. Ein einzelner sonderte sich von ihnen, es war Hermann.

„Ich wollte dir nur sagen, Eduard, geht lieber nicht nach den Entenlöchern und weicht überhaupt nicht weit von der Absteckung ab. Es sind viele von den Vögeln eben verlassene Stellen da, die nur ganz leicht überfroren sind und sich sehr wenig von dem übrigen Eis unterscheiden. Es tut mir nur leid, daß ich jetzt mit meinen Kameraden laufen muß, sonst würde ich euch gern dahin geleiten, ich weiß genau dort Bescheid, denn ich habe manche Stunde daselbst mit dem Fernrohr zugebracht und nach den Enten gesehen. Morgen können wir ja einmal zusammen dorthin laufen!" – Damit eilte er mit doppelter Geschwindigkeit den übrigen nach, und bald hatte ihn das schwarze Häuflein wieder eingeschlungen.

Wir glitten eine Weile schweigend dahin. Manchmal schaute ich seitwärts auf Helenes zierliche Gestalt, wie sie so ebenmäßig und anmutig dahinfuhr und wie der Luftzug die Kleider an die schönen Linien ihres Körpers schmiegte. Endlich standen wir eine Weile. Vor uns lag der Nußwerder noch in ziemlicher Entfernung, von feinem, violetten Duft des Winters angehaucht; seitwärts über den See erblickte man in der Ferne eine dunkle Linie über dem Eise, und darüber schwärmte es ab und zu von unzähligen Möwen.

„Da sind die Enten", sagte Helene, „ich möchte sie gar zu gerne einmal in der Nähe sehen."

„Du hast ja gehört, was Hermann sagte", antwortete ich. „Komm, in einer Viertelstunde können wir auf Nußwerder sein."

„Ich fürchte mich gar nicht", sagte Helene, indem sie einen kleinen, zierlichen Bogen schlug, und mir dann gerade ins Gesicht sah; „du bist doch ein rechter Sicherheitskommissarius." „Ich für meinen Teil würde mich nicht scheuen, das weißt du auch recht gut, Helene, ich bin noch im vorigen Jahr allein dort gewesen und kenne den See, allein ich darf es jetzt deinetwegen nicht, ich bin dafür verantwortlich, wenn ein Unglück geschieht."

„Ich brauche deine Verantwortlichkeit gar nicht", sagte sie, verächtlich das Köpfchen aufwerfend, „und es nützt dir auch gar nicht, deine Furchtsamkeit durch solche Gründe zu bemänteln. Wenn du nicht mit willst, so laufe ich allein!" Und damit setzte sie sich langsam in Bewegung. – „Helene!" rief ich. – Sie wandte sich um und sah mich spöttisch an. „Willst du mitkommen? Ich ziehe dich heraus, wenn du ins Wasser fällst."

„Du kränkst mich mit Absicht, Helene", sagte ich ruhig, „und das ist nicht schön von dir. Ich gebe nach, aber nur unter einer Bedingung, die du mir nicht verweigern wirst. Ich bleibe stets zehn Schritte vor dir, damit ich dich in genügender Sicherheit weiß."

Ihr Auge leuchtete plötzlich auf, jedoch antwortete sie nicht, sondern neigte nur bejahend das Haupt, und wir setzten uns in der verabredeten Weise in Bewegung.

Es war nun doch eine Verstimmung zwischen uns, und niemand wollte anfangen zu reden.

Das Eis war glatt und jungfräulich, wo wir liefen, und von jenem dunklen Glanz, der auf die Tiefe des Wassers deutet. Rings war es still bis auf das unablässige Geräusch der Schlittschuhe; nur zuweilen ging ein klingendes Hallen durch die Eisfläche, oder ein Eisstückchen, von leisem Luftzug getrieben, klirrte vorüber. „Sieh einmal", sagte Helene plötzlich und hielt an, indem sie auf den Grund deutete. Es war eine flachere Stelle des Sees, und durch die klare Eisdecke konnte man bis auf den weißen Sandgrund sehen und die feinen, gefiederten Wassergewächse deutlich erkennen. Zuweilen sah man große Fische vorüberhuschen. Ich bemerkte eine heimliche Ängstlichkeit in Helenes Zügen, denn dieser Anblick des tiefen Grundes, von dem man nur durch eine durchsichtige Decke getrennt ist, hat für den Ungewöhnten etwas Schauerliches.

Wir waren den Enten schon ziemlich nahe gekommen und hörten nun deutlich ihr wirres Geschnatter und das Schreien der Möwen. Nicht weit von uns bemerkte ich den sogenannten ‚großen Stein', einen mächtigen Granitblock, der aus dem Wasser hervorragt und den Kahnschiffern als Wahrzeichen gilt, denn die Gegend um ihn herum ist voller Untiefen. Indem wir darauf zuhielten, trafen wir auf die erste offene, von den Enten bereits verlassene Stelle und umfuhren sie in weitem Bogen. Zugleich erhob sich mit Geschrei und gewaltigem Flügelschlagen eine Anzahl der Vögel und ging in brausendem Flug über den See zu anderen offenen Stellen, die etwa eine Meile weiterhin gelegen waren. Bei dem großen Steine angelangt, standen wir und sahen dem Wirren und Schwirren zu. Die ziemlich große Wasserfläche war bedeckt mit Tausenden von nordischen Enten, vorwiegend Schell- und Eisenten, die hier, unseren Norden als ihren Süden betrachtend, Winterquartiere bezogen hatten. Eine große Anzahl von Möwen tummelte sich zwischen ihnen, aus der Luft auf das Wasser niederstoßend, oder wie helle Punkte zwischen den dunklen Enten schwimmend. In der Nähe auf dem Eise saß ein großer Vogel, zwischen den Klauen mit dem Schnabel etwas zerpflückend, daß die Federn davon stoben. „Siehst du den Seeadler?" sagte ich zu Helene, „der hat jetzt leichtes Spiel, er braucht nur zuzustoßen, wenn er Hunger hat." Unterdessen war ihm wohl unsere Nähe unheimlich geworden, denn plötzlich erhob er sich und flog mit gewaltigen Flügelschlägen über den See dem Lande zu.

Wir hatten eine ziemliche Zeit dort gestanden und, mit dem Betrachten der Enten beschäftigt, auf nichts weiter geachtet, und so fiel es mir jetzt auf, als ich dem Seeadler nachblickte, daß das gegenüberliegende Ufer, das wir vorhin deutlich gesehen hatten, ganz in bläulichem Dämmer verschwunden war. Ich schaute mich um nach Nußwerder – nur noch wie ein matter Schein zeichnete es sich in die dicke Luft, und mit einem Male fing es an, ganz leise und sanft zu schneien.

„Helene!" rief ich, „wir müssen schnell fort, denn wenn der Schnee stärker wird und unsere Spur verdeckt, so können wir uns leicht verirren."

Wir machten uns nun schnell auf, die Spur der Schlittschuhe auf unserem Herwege verfolgend. Langsam und stetig mehrten sich die Flocken, und kaum waren wir eine kurze Strecke vorwärts gelangt, so war das Eis von dem Schnee leicht bedeckt und die Spur verloren. Wir hielten an und schauten nach der Bahn aus. Aber nichts war ringsum zu sehen, überall nur das leise, stetige Niedersinken der großen Flocken, das sich weiterhin in einem weißen, wimmelnden Dämmer verlor. Ich schlug auf Geratewohl die Richtung ein, in der ich die Bahn vermutete, und dann ging es wieder vorwärts. Nach einer Viertelstunde war nichts erreicht, wir mußten die Richtung verfehlt haben. Wir standen nun und horchten, ob nicht ein Laut uns zu Hilfe komme. Aber es war ringsum so totenstill, daß man das leise Geräusch der fallenden Flocken vernehmen konnte. Nun mehrte sich auch schon der Schnee und fing an, beim Laufen hinderlich zu werden, und das Schlimmste war, daß die Gefahr der unsicheren Stellen durch die gleichmäßig alles verhüllende Schneedecke verdoppelt ward. Wir glitten nach einer anderen Richtung vorsichtig weiter. So irrten wir eine Weile umher, und ich bemerkte, daß Helene anfing, müde zu werden. Plötzlich sah ich etwas Dunkles vor mir aus dem Schnee ragen, und da waren wir wieder bei dem großen Stein; wir waren richtig im Kreise gelaufen.

Während wir eine Weile ruhten, fiel mir plötzlich eine Bemerkung ein, die ich vorhin gemacht hatte. Es war mir aufgefallen, daß die Entenkolonie, der große Stein und Nußwerder in einer geraden Linie lagen, danach konnte man die Richtung bestimmen. Gelang es uns, diese gerade Linie einzuhalten, so mußten wir unbedingt auf Nußwerder treffen, von wo aus die Bahn mit Leichtigkeit zu erreichen war.

Wieder glitten wir in den Schnee hinaus, Helene immer etwa zwanzig Schritte hinter mir. Als wir eine Weile gelaufen waren, glaubte ich vor mir in dem Schneegewimmel etwas Dunkles ragen zu sehen wie die Umrisse von Bäumen. Unwillkürlich vermehrte ich meine Schnelligkeit, da plötzlich ertönte hinter mir ein gellender Schrei, und als ich mit scharfem Ruck meinen Lauf anhielt, ward ein Knistern und Senken zu meinen Füßen bemerkbar, das mir kaum Zeit ließ, in schneller Wendung zurückzutaumeln. Wie erstarrt stand Helene hinter mir. Ich sah sie wanken und eilte, sie in meinen Armen aufzufangen. Dann blickte ich unwillkürlich zurück und sah jenen kleinen dunklen Wasserfleck, der in der fast zugefrorenen Öffnung noch frei geblieben war und Helene zu dem Warnungsruf veranlaßt hatte. Sie lag an meiner Brust und schluchzte leise. „Helene", tröstete ich, „es ist ja alles gut." Sie schlang plötzlich den Arm um mich und rief leidenschaftlich: „Ich will dich nie wieder necken, Eduard, niemals wieder."

Ich fühlte die schöne Gestalt in meinen Armen, ihr Busen wogte an meinem, und ich beugte mich zu ihr nieder und fragte leise: „Auch dann nicht, Helene, wenn wir immer beieinander sein werden, immer?" Sie hob fast verwundert den Kopf und schaute mir fragend in die Augen. Dort mochte sie wohl die richtige Deutung lesen, denn langsam stieg ein Rot in ihrem reinen Antlitz auf und sie verbarg es wieder an meiner Brust. Es war eine kleine Pause, indes ich sie sanft an mich drückte. „Auch dann nicht", flüsterte sie.

Wir hatten beide vergessen, daß wir verirrt in der großen Einsamkeit des Schneegestöbers standen; was kümmerte uns, daß wir den Weg verloren hatten, hatten wir doch den schöneren zu unseren Herzen und zu unseren Lippen gefunden!

„Eduard – Helene – Eduard!" rief es plötzlich aus der Ferne, und fast erschreckt fuhren wir auseinander. Und wieder rief es, ich erkannte die Stimme meines Bruders. Ich gab Antwort und ein vielstimmiges Jubelgeschrei war die Folge. Dann nach einer Weile sah ich die dunkle Gestalt Hermanns aus dem Schnee hervortauchen und weiterhin kam dann eine zweite Gestalt und eine dritte und so fort, alle, wie ich beim Näherkommen bemerkte, an ein langes Seil aufgereiht, an das sie sich in Zwischenräumen verteilt hatten, während der letzte Flügelmann die Bahn innehielt. Sie hatten uns von dem hochgelegenen Wirtshaus, das sie besucht hatten, zufällig mit dem Fernrohr beobachtet und wußten, daß wir vom Schnee überrascht, auf dem Eise sein mußten. So hatten sie denn die lange Wäscheleine des Wirtes requiriert, um uns mit Sicherheit aufsuchen zu können.

Als wir zu Hause bei der Mutter, die uns schon mit Sorgen erwartet hatte, anlangten, rief Hermann, der unterwegs eingeweiht war, durch die Türe übermütig hinein: „Julklapp!" und Helene und ich traten Hand in Hand ins Zimmer. Ein Blick der Mutteraugen genügte, und ihre Arme umschlossen uns beide. „Mein Lieblingswunsch", sagte sie glücklich, „und ihr bösen Kinder habt euch so angestellt? Und was wird Tante Amalie sagen?"

Weil Weihnachten ist!

Wolf Spillner

Nach einer ganzen Weile sahen wir die ersten Lichter von Groß Proseken. Viel deutlicher aber waren die Lichtkegel der Autos, die in längeren und dann immer kürzeren Abständen über den Sandberg bei Robitz die Straße herunterkamen. Sie tasteten wie lange Finger über die Felder, und sie waren über dem Schnee so hell, daß die Lichter von den Häusern kaum noch zu sehen waren. Ich staunte, wie viele Autos um diese Zeit fuhren. Als wir vom Holperweg auf die feste Straße einbogen, auf der man viel besser laufen konnte, kam auch bei uns ein Auto vorbei. Wir mußten zur Seite, und der nasse Schnee spritzte unter den Rädern.

„Wo wollen die alle hin?" fragte ich.

„Nu, zur Kirche doch", sagte Oma. „Ich meine, wir sind schon bißchen spät dran!" Sie blieb stehen.

„Tu mal horchen!" Sie hob die Hand.

Da hörte ich die Glocken, erst leise und dann, als das Auto weiter weg war, auch lauter, und das klang sehr schön. So, als käme das Läuten über der nachtweißen Landschaft vom Himmel.

Die Wolke zog weiter, und blaß und dünn hing der Mond wieder da. Und auf einmal wußte ich, was mir nicht einfallen wollte. Genauso, schimmernd und dünn, waren ja die Silbertaler, die zu Hause in der Vase zwischen den bunten Strohblumen stehen. Diese platten Früchte wie aus Pergamentpapier. Mutter hatte sie mitgebracht, als sie von Opas Beerdigung kam. Sie stammten aus Omas Garten, aber ich hatte nie an sie gedacht. Erst bei diesem Mond, und ich starrte zum Himmel hoch, und ich stolperte wieder, und Oma packte mich von neuem am Arm.

„Vor die Füße tu kucken", mahnte sie.

Ein zweites Auto kam noch an uns vorüber, und ich dachte, es könnte anhalten und uns mitnehmen. Aber es hielt nicht an. Das Glockenläuten wurde dröhnend laut. Die Luft schien zu zittern. Die Dorfstraße entlang kamen Leute, auch von den Neubauten her und vom alten Gutshaus. Autotüren klappten, und über dem Schnee am Kirchenberg strahlte helles Licht von den Autoscheinwerfern. Der Schnee blendete nach all der Dämmerung.

Oma schüttelte den Kopf. „Was aber auch Himmel und Leute!"

Ich konnte mir nicht vorstellen, was all die Menschen in der Kirche wollten. Die Tür vom breiten Backsteinturm stand weit offen, und im Turmraum brannten viele Kerzen. Sie flackerten, und die Flammen gaben ein warmes Licht. So hatte ich den Kirchturm noch nie gesehen. Bei Tage ist das ein schwerer Klotz aus dicken Steinen. Er trägt den Turm aus Holz, aus dicken Bohlen, die schon ganz grau sind. Darüber ist ein Dach aus roten Ziegeln. Das konnte ich im Dunkel nicht sehen, aber ich kenne es, denn ich war ja im Sommer öfter mal in Proseken, wenn ich für Oma was aus dem Konsum holen sollte. Da standen auf dem Turmdach die jungen Störche. Sie konnten schon fliegen. Aber in der Kirche war ich nie. Sie war ja auch verschlossen. Nur am Sonntag nicht, wenn die Glocken läuteten. Dann kamen immer mal ein paar alte Leute durch die Holztür. Oma ging nie hin, und Opa auch nicht.

Ein paar Leute kannten Oma. Sie grüßten oder sagten auch: „Ach, Frau Wachtoweit, da staune ich aber!" oder: „Haben Sie den langen Weg gemacht! Ist auch ein Wetter! Na, wenigstens ein bißchen Schnee, gehört doch zu Weihnachten, was?" Und Oma nickte und schob mich vor sich her. Im Turm nahm sie ihr Tuch ab und rückte den schwarzen Hut zurecht.

In der Kirche waren die Holzbänke auf beiden Seiten des breiten Ganges rappelvoll besetzt. Über dem Eingang und an den Wänden rechts und links trugen dicke Holzsäulen so eine Art Balkon. Oma sah sich rasch nach allen Seiten um und auch nach oben. „Nee, nee", murmelte sie, „da mag auch schon alles voll sein!" Sie reckte den Kopf zu dem Geschurre und Murmeln über uns.

Ich spähte nach vorn. Vielleicht gab's da noch Platz. Durch den Turm drängten noch mehr Besucher nach. Ich sah, wie sich auf einer Bank eine Frau umwandte und winkte: Das war die dicke Frau mit den Paketen aus dem Bus. Oma schob mich voran, und dann zwängten wir uns zu der Frau auf die Bank, an den Beinen der Leute vorbei. Nur zwei Männer standen auf, damit Oma und ich besser durchkamen.

„Wird aber Zeit, Frau Wachtoweit", sagte die dicke Frau. „Lange hätte ich den Platz nicht freihalten können. Ich dachte schon, Sie kommen doch nicht!"

„Sei bedankt, Frieda", sagte Oma. „Ist doch ein weiter Weg, und die Beine, Erbarmung, sie wollen nicht mehr so schnell!"

Die Frau beugte sich an Oma vorbei. „Schön, daß du die Oma begleitest! Du bist wohl der Hannes?"

Ich nickte, und sie gab mir einen bedruckten Zettel. Oma hielt sie auch so ein Blatt hin, doch Oma schüttelte den Kopf.

„Brauch ich nicht. Ich kenn die Lieder von früher noch!"

„Ach ja", sagte die dicke Frau Frieda. „Ich nicht. Mal grade noch ‚Stille Nacht'. Viel mehr ist nicht!"

Die anderen Leute lasen auch solche Zettel oder legten sie auf die schräge Lehne der Bank vor sich. Ein paar alte Frauen hielten schwarze Bücher in den Händen.

„Was ist das, Oma?" fragte ich leise.

„Nu, die Lieder, die wir singen werden, Jungche!"

Der Text auf dem grauen Papier war nicht sehr gut zu erkennen, so dünn und blau. Vom süßen Himmelswagen stand da etwas und daß ein Ros' entsprungen ist. Ich legte den Zettel auf die Lehne, wie es die anderen auch getan hatten. Ziemlich eingequetscht saßen wir auf der schmalen Bank. Und warm war es auch nicht gerade in der Kirche. Mir gefiel das alles nicht, aber ich mußte ja sitzen bleiben.

Von innen wirkte die Kirche viel kleiner als von außen. Sie steht in Proseken auf dem Kirchenberg wie ein umgestülptes Riesenschiff aus rotem Backstein, und ihr hohes Dach ist auch rot. Aber der Raum, in dem wir saßen, trug über dicken Balken eine flache graugrüne Holzdecke. Die Wände, grauweiß mit Kalk gestrichen, liefen vorn zu einem Halbrund zusammen, und an den schmalen, hohen Fenstern konnte ich erkennen, wie dick die Mauern waren. Solche großen Ziegelsteine gab es jetzt gar nicht mehr. Die mußten schon ein paar hundert Jahre alt sein!

Zwischen den hohen Fenstern stand an der Wand eine Kanzel mit einem Bild darunter und einem Tisch davor. Darauf brannten zwei Kerzen in großen Leuchtern. Zwei dickbeinige Holzfiguren mit nackten Armen rahmten die Kanzel ein. Aus ihren Rücken wuchsen weiße Flügel. Die Flügel von meiner Taube fand ich besser.

An der Kanzel, das waren Engel, und sie sahen wie Riesenpuppen aus, viel zu fett, um fliegen zu können. Ich dachte an die Geschichte von dem Engel mit dem goldenen Schnurrbart. Der konnte tatsächlich fliegen. Er war vom Himmel gefallen und hatte sich mit einem Mädchen angefreundet, das im Hochhaus wohnte. Aber dann wurde die Geschichte doch traurig. Das Mädchen wollte dem Engel die Flügel beschneiden! Er sollte überhaupt nicht mehr fliegen. Und da ist der Engel einfach abgehauen.

Die Geschichte hatte mir gefallen, und ich wußte doch, daß es gar keine Engel gibt.

Das Kreuz sah ich mir lange an. Es hing mächtig groß neben der Kanzel schräg in die Kirche hinein. An dem Kreuz hing ein Mann.

Er war auch aus Holz geschnitzt, ganz nackt, und um die Hüfte trug er ein Tuch. Er hatte dünne Arme und Beine. Durch seine Hände und Füße waren lange Nägel geschlagen. So hing er an dem Kreuz, und auf dem Kopf trug er einen Kranz aus stachligen Zweigen oder Dornen.

Ich sah mir den Mann am Kreuz genau an. Es war überhaupt das erste Mal, daß ich einen Jesus am Kreuz richtig sah. Bei uns im Dom, der sich in den braunen Scheiben vom Republikpalast spiegelt, hatte ich gar nicht darauf geachtet. Da hatte ich nur gestaunt, wie dieser Dom wieder aufgebaut wird. Der war ja im Krieg völlig kaputt von den Bomben. Im Dom hatte ich auf keinen Mann am Kreuz geachtet, und da gab es bestimmt auch einen. Aber nun saß ich in der Kirche von Groß Proseken, und ich fror, und ich sah das Kreuz mit dem angenagelten Mann, der Jesus hieß.

Ich weiß nur, daß die Römer damals, vor zweitausend Jahren, die Aufständischen ans Kreuz geschlagen haben. Es soll viele solche Kreuze gegeben haben. Frau Mareihn, die hat uns in Geschichte gesagt, das war schon Klassenkampf. Die vielen Sklaven! Spartakus und so. Aber Therese und Sebastian aus meiner Klasse, die tun so, als hätte es nur einen am Kreuz gegeben, diesen Jesus Christus. Sie sagen, er ist Gottes Sohn gewesen. Aber unter Gottes Sohn kann ich mir nichts vorstellen.

Ich fand, der Mann dort am Kreuz müßte ein anderes Gesicht haben. Er müßte schreien! Bei diesen wahnsinnigen Schmerzen!

Die anderen Leute sahen wohl gar nicht mehr richtig hin, weil sie alles schon kannten. Wie beim Fernsehen, wenn die Bilder aus Chile kommen oder aus Salvador oder von den Toten nach dem Erdbeben. Oma flüsterte mit der dicken Frau, und die Männer neben mir drehten sich um und sahen zur Tür. Noch immer kamen Frauen und Männer und auch Kinder von draußen. Sie gingen die Treppe zum Holzbalkon hoch. Und da, zwischen ihnen, drängte sich auch Pinkau. Er trug seine Posaune, hielt sie am ausgestreckten Arm über die Köpfe der anderen. Sein Mantel war offen und weiß von Schnee bestäubt wie seine schwarze Fellmütze. Um seinen dünnen Hals schlenkerte ein langer Schal. Er mußte sich am Geländer festhalten, als er die Treppe hochstieg. Er verschwand hinter der Holzwand, und dann gab es ein ziemliches Rumoren und Poltern unter der Orgel. Ihre Pfeifen ragten lang und silbergrau wie Raketen über die Holzbrüstung.

Ich drehte mich wieder zu Oma um. „Wann geht es denn endlich los hier?" fragte ich. Was losgehen sollte, das wußte ich nicht, aber die vielen Leute mußten ja einen Grund haben, dicht bei dicht auf den unbequemen Bänken zu sitzen.

„Pst", machte Oma. Sie sah mich unwillig an. „Wirst nicht warten können? Kuck mal, was ein schöner Baum!"

Vor der Kanzel, mehr zur Wand hin, stand eine große Tanne. Auf den Zweigen brannte eine Menge weißer Kerzen.

„Unser Weihnachtsbaum zu Hause, der ist schöner", gab ich zurück. „Der hat bunte Kugeln!" Mir gefiel das nicht. Ich war nur wegen Oma mitgekommen. Weil sie den Weg nicht allein gehen sollte. Und vielleicht auch, weil Oma merken sollte, daß ich anders als Mutter war.

Ich dachte wieder, wie schön es wäre, wenn ich Skier bekäme.

Auf einmal war hinter uns, an der Orgel, ein Poltern wie von schweren Stiefeln, und ein Mann sagte ziemlich laut: „Reiß dich zusammen!" Die Leute blickten sich um und nach oben.

„Nee, so was aber auch!" Die dicke Frau Frieda wackelte bedenklich mit dem Kopf. „Wenn Pinkau sich mal nicht wieder feucht gemacht hat."

„Nu, nu", sagte Oma, „wird schon so arg nicht sein!"

Mir schien, als würde es mit einem Male stiller in der Kirche. Das halblaute Murmeln verstummte. Auch die Glocken klangen nicht mehr so laut, und plötzlich setzten von oben, wo die Orgelpfeifen standen, schmetternd Trompeten und Posaunen ein. Das war das Weihnachtslied, das Pinkau auf seinem Dachboden gespielt hatte. Die Feuerwehrkapelle! Und Pinkau mit dabei. Es hörte sich gut an, wie sie von oben bliesen, und zwischen den vollbesetzten Bänken kam langsam ein großer Mann den Gang entlang an uns vorbei. Vor seinem Bauch trug er ein Buch in den gefalteten Händen. Unter dem Kinn hatte er eine weiße Krawatte. Sie hing über einem langen schwarzen Umhang. Seine dunklen Augen sahen ernst aus. Sehr alt war er noch nicht. Er trug ziemlich lange schwarze Haare und einen kleinen Bart.

„Ist das der Pastor?" fragte ich Oma flüsternd.

Oma nickte.

Da stand der Pastor schon unter der Kanzel vor dem großen Tisch, über dem ein weißes Tuch lag. Er beugte sich nach vorn, und mir schien, als würde er leise sprechen. Aber mit wem sollte er da vorn denn reden? Nur sein breiter schwarzer Rücken war zu sehen.

Ich stieß Oma noch mal leise an. „Was macht er da?"

Oma legte einen Finger auf den Mund. Dann war ihr Kopf ganz dicht an meinem Ohr. „Beten tut er!"

Die Feuerwehrmänner schmetterten noch immer, und auf einen Schlag setzte die Orgel dazu ein. Ihr Brausen und Dröhnen kam so überraschend, daß mir ein Schaudern den Rücken hinunterlief. Das ging mächtig los! Aber dann war es still. Ich hörte nur noch, wie da oben Luft aus der Orgel pfiff. Der Pastor wandte sich um. Er nickte zu uns, in die Kirche hinein, hatte sein Buch vor der Brust und fing an zu sprechen.

Heute sei ein Tag großer Freude, sagte er, weil vor tausend und neunhundert und fünfundachtzig Jahren der Heiland geboren wurde. Das sei Gottes Sohn, sagte er, und deshalb hätten wir uns alle versammelt, weil wir uns gemeinsam freuen wollten. Und nun würden wir zusammen das Lied „O du fröhliche . . .“ singen. Die Verse eins bis drei.

Vom Heiland wußte ich nichts und auch nicht, warum ich mich freuen sollte. Ich hätte mich mehr gefreut, wenn ich mit Mutter und Oma am Jammerfeld gesessen hätte. Und am meisten, wenn Vater auch dabeigewesen wäre.

Die Leute griffen nach den Zetteln mit den Liedtexten, die Feuerwehrleute bliesen wieder, und alle fingen an zu singen. Auch Oma sang neben mir, ganz laut und hoch und deutlich. Sie konnte besser singen als die anderen. Dann spielte auch die Orgel wieder mit. Ihre Töne dröhnten gegen die hellen Posaunen und Trompeten, und ich merkte, daß eine Posaune immer ein bißchen zu spät einsetzte. Manchmal kam sogar ein falscher Ton.

Der Pastor schlug das Buch auf und las mit seiner dünnen, hohen Stimme daraus vor. Ein Prophet hatte verkündet, daß von einem Stamm ein Reis aufgehen und ein Zweig von seiner Wurzel Frucht bringen sollte. Und jetzt würden wir singen: „Es ist ein Ros' entsprungen“.

Zu diesem Lied spielte nur die Orgel, und Omas Stimme war über allen anderen Stimmen ganz deutlich zu hören. Ich mußte staunen, wie laut und klar sie war.

Alle sangen. Die alten Frauen, aber auch manche Männer brauchten gar nicht auf die Zettel oder in ihre schwarzen Bücher zu sehen. Sie kannten die Lieder. Als die Orgel dann wieder mit einem Seufzer aussetzte, war mir, als würde der Pastor mit seinen dunklen Augen nur mich ansehen. Aber er hob nur das Buch ein bißchen höher, um weiter vorzulesen.

Die Geschichte sollte in Syrien passiert sein, als der Kaiser Augustus in Rom regierte. Der hatte damals seinem Gouverneur in Syrien befohlen, alle Leute in Steuerlisten zu erfassen. Sie mußten in die Heimat ihrer Vorfahren ziehen, um sich eintragen zu lassen. Ein Mann, der Josef hieß, mußte nach Bethlehem. Seine Frau Maria sollte ein Kind kriegen.

Während der Pastor noch las, kamen ein Mädchen und ein Junge durch die Kirche.

Laienspiel, dachte ich, die machen ja richtig Theater hier! Der Junge trug eine große Anzugjacke und einen schwarzen Schäferhut. Er sollte alt aussehen und ging an einem Stock. Das Mädchen spielte seine Frau. Unter dem weiten Kleid, das bis zur Erde fiel, trug sie einen dicken Leib. Die beiden gingen schleppend nach vorn, und das Mädchen setzte sich auf einen Hocker.

In Bethlehem, sagte der Pastor, war es soweit, daß Maria ihr Kind bekam. Der Junge holte hinter dem Tannenbaum eine Futterkrippe hervor und trug sie zu dem Mädchen, zu seiner Frau Maria. Es war eine Futterraufe, wie sie hinter dem Jammerfeld für die Schafe aufgestellt werden. Jetzt war es ganz still in der Kirche. Die Stimme des Pastors klang laut und deutlich. Er sagte: „Maria brachte ihren Sohn zur Welt, wickelte ihn in Windeln und legte ihn in eine Futterkrippe im Stall. Eine andere Bleibe hatten sie nicht gefunden!"

Das Mädchen stand auf und beugte sich über die Futterraufe. Als

sie sich umdrehte, lag ein weißes Bündel in dem Gestell, und von der Orgel herab spielten zwei oder vielleicht auch drei Flöten. Das war schön, und die Leute fingen wieder an zu singen. Erst nur ein paar, und kräftig. „Lobt Gott, ihr Christen alle gleich", sangen sie. Durch den Gang kamen noch mehr verkleidete Kinder. Sie waren zwei oder drei Jahre älter als ich, aus der siebten oder achten Klasse vielleicht. Henning Kufahl entdeckte ich dabei. Er sah mich nicht, obwohl ich ihn anstarrte. Er hatte sich einen langen, alten Mantel übergezogen.

Mit Henning war ich im Sommer zum Angeln, mit Henning und mit Harald. Harald war schon ein guter Angler, aber Henning war besser. Er holte sogar die Schleie aus dem alten Torfstich. Darüber mußte selbst Opa staunen. Er wollte es gar nicht glauben. Ich hatte ja keine Ahnung vom Angeln, aber Harald und Henning nahmen mich mit. Harald gab mir seine Rute, und von Opa hatte ich eine Angelpose, sie war ganz leicht, aus Kork und einer Hühnerfeder. Mit der zog Henning dann die Schleie raus. Ich hatte nie das richtige Gefühl, wann man anrucken muß. Da sagte er: „Gib mal her, das wird ja doch nichts!" Und er zog einen Schlei nach dem anderen aus dem dunklen Wasser in der Torfkuhle. Es waren schöne Fische, bißchen dunkel und golden. Henning machte sie von den Haken los und schlug ihnen mit einem kleinen Knüppel auf den Kopf, bis sie nicht mehr zuckten.

„Du kannst die einfach so totmachen?" fragte ich.

Henning sah mich an, als wäre ich nicht klar im Kopf. „Was denn sonst", sagte er, „sollen die Fische sich lange quälen? Das ist mal so, wenn du Fisch essen willst!"

Opa sagte später genau dasselbe, als Oma die Fische in der Pfanne hatte. Sie schmeckten sehr gut.

„Du darfst kein falsches Mitleid haben", sagte Opa, „sonst fehlt dir Mitleid, wo es nötig ist!" Auch wieder so ein Spruch von ihm.

Eigentlich seltsam, daß er mir einfiel, als Henning mit seinem langen Mantel in der Kirche nach vorne ging, und die anderen Kinder hinter ihm her. Sie stellten sich neben Maria und Josef um die Krippe. Nur das Mädchen mit den langen blonden Haaren nicht. Sie trug einen langen weißen Umhang und ging weiter, zu der Kanzel. Dahinter mußte eine Treppe sein.

Der Pastor las weiter aus seinem Buch, daß Hirten in der Nacht auf dem Felde waren und ihre Herden bewachten. Ein Engel wäre gekommen, und um sie her hätte Gottes Glanz geleuchtet, und sie fürchteten sich sehr!

Genau, als er das sagte, flammte in der Kanzel über ihm eine Lampe auf. Da stand das Mädchen mit den blonden Haaren, und der weiße Umhang strahlte sehr hell im Licht.

„Fürchtet euch nicht“, rief das Mädchen und streckte die Arme aus. „Siehe, ich verkünde euch große Freude! Denn heute ist euch der Heiland geboren! Das ist Christus, der Herr! Ihr werdet finden das Kindlein in der Krippe liegen!“

Wie ein Engel sah das Mädchen nicht gerade aus, aber es gefiel ihr wohl, den Engel zu spielen. Ich hätte nicht auf der Kanzel stehen und Engel sein wollen.

„Vom Himmel hoch, da komm ich her“, sagte der Pastor, und schon bliesen die Posaunen und die Trompeten wieder. Aber jetzt waren ziemlich viel falsche Töne dabei! Die dicke Frau hob ruckartig ihren Kopf und machte den Mund auf, als ob sie etwas sagen wollte. Doch die Orgel setzte ein, und alle sangen: „Vom Himmel hoch, da komm ich her.“ Ich sang auch mit, den Zettel in der Hand. Das ging ganz gut, und die falschen Töne störten mich nicht. Aber plötzlich war über uns ein heftiges Murmeln und Geschiebe und Gescharre, ein paar unfreundliche Stimmen, und dann polterte jemand die Treppe nach unten.

Alle Köpfe drehten sich um. Auf der Treppe tappte Pinkau herab. Er hatte seine Posaune in der ausgestreckten Hand, und sein Schal baumelte lang über die Schultern.

Der Gesang wurde immer dünner, obwohl die Orgel weiterspielte. Dann sang niemand mehr. Alle starrten zu Pinkau. Er hielt sich an der Tür fest, winkte mit seiner Posaune in die Kirche und verschwand stolpernd und schwankend zwischen den Türflügeln. Sie klappten hinter ihm zu, und die Kerzenflammen flackerten.

„Herregott“, knurrte der Mann neben mir, „so eine Saufnase aber auch! Und noch am Heiligabend!“

Vorn, neben dem Tannenbaum, standen die Kinder, und Henning Kufahl grinste. Der Pastor hatte ein hilfloses Gesicht, als ob er sich schämen müßte. Aber er konnte ja nichts dafür. Dann setzte die Orgel aus. Nur das Tuscheln und Murmeln der Leute war zu hören, und weiter hinten sagte ein kleines Kind ganz laut: „Mama, was ist mit dem Onkel?“

Der Pastor breitete die Arme aus, und er nickte den Kindern zu, die sich mit weißen Laken über den Schultern um die Krippe mit Maria und Josef gestellt hatten. Seine Stimme zitterte, als er sagte: „Neben dem Engel war eine große Schar anderer Engel. Die lobten Gott und riefen: Alle Ehre gehört Gott in der Höhe! Sein Friede gilt auf der Erde allen Menschen, die er liebt!“ Danach war es sehr still.

„Er liebt alle Menschen, die allein und nicht glücklich sind“, rief der Pastor und zeigte zu der Tür, die immer noch pendelte.

„Na, na“, brubbelte der Mann neben mir, aber dann spielte die Orgel schon wieder, und auch er sang das Lied von den Hirten, die das liebliche Kind sehen wollten.

Als der Pastor dann erzählte, daß schon vor zweitausend Jahren Menschen aller Klassen und Rassen zu Jesus Christus gehörten, ganz gleich, ob sie reich oder arm, mächtig oder schwach waren, kamen drei verkleidete Jungen aus dem Turmraum. Einer hatte sich das Gesicht schwarz bemalt. Sie legten Geschenke in die Krippe, und der Pastor erklärte, daß die Jungen drei Könige wären, die Weisen aus dem Morgenland. Sie brächten Gold für einen König, Weihrauch für Gottes Sohn, und Myrrhe sollte ihr Geschenk für den Erlöser sein. Der Pastor meinte, daß alle Menschen das Kind in der Krippe als Herrn und Meister erkannten und daß es die Welt retten sollte.

Es sah wirklich schön aus, als sie alle um die Futterraufe standen. Die großen Kerzen brannten, und der grüne Tannenbaum schimmerte auch im Kerzenlicht, und das Mädchen Maria beugte sich über das weiße Bündel in der Krippe. Leiser als vorher und ohne falsche Töne bliesen die Männer von der Feuerwehr. Die Orgel spielte, und alle sangen das Lied „Stille Nacht, Heilige Nacht“. Ich sang auch mit, und ich sah Oma dabei an. Ihre hohe Stimme klang laut und klar. Ihre Augen waren naß, und ich sah schnell weg.

„Christ, der Retter ist da“, sangen wir, und ich mußte plötzlich an Mutter denken. Die putzte jetzt den Weihnachtsbaum auf. Ich zitterte, weil Kälte vom Steinboden an den Beinen in mir hochkroch, und ich war froh, als das Lied zu Ende war.

„Herr, es ist Weihnachten“, rief der Pastor. „Wir haben viel Grund zum Freuen und zum Feiern. Aber nicht allen geht es so gut wie uns. Herr, wir wollen nicht nur heute gut sein. Die Güte soll zu einer Macht werden. Wir müssen es nur wollen! Mit Geschenken können wir einander Freude bereiten. Aber das alles ist nicht selbstverständlich!“

Mutter, dir schenke ich die Taube nicht, dachte ich, und ich erschrak dabei, denn die Leute in der Kirche murmelten laut und dumpf: „Herr, wir danken dir!“

Ehe ich weiterdenken konnte, sagte der Pastor, als wollte er uns beschwören: „Vater, gib, daß wir helfen können!“

Da antworteten alle: „Herr, erhöre uns!“

„Gib, daß Friede auf der Welt wird", rief der Pastor, „gib, daß dieser Friede bei uns einziehe und daß wir ihn in die Welt tragen! Wir bitten dich!"

Und wieder sagten die Leute: „Herr, erhöre uns." Sie standen auf, Oma und die Männer neben mir, und sie falteten die Hände. Auch die dicke Frau Frieda legte ihre roten Hände zusammen. Ich stand zwischen ihnen und starrte auf meine Füße. Der Schnee war zu Wasser verlaufen.

„Vater unser", murmelte die Kirche, „der du bist im Himmel."

Das war ein Gebet. Aber Omas Stimme hörte ich dabei nicht. Ich konnte auch nicht mitbeten. Nicht daß Vater von See kommen oder daß Omas Taube wieder in der Küche sitzen sollte. Und ich hatte auch keine Schuld, die mir vergeben werden sollte. Davon sprachen die Leute dann und auch, daß das Reich kommen solle.

Das Gebet ging zu Ende, und der Mann neben mir sagte laut und deutlich: „Amen." Alle hoben wieder die Köpfe, und ich sah auch wieder nach vorne. Da stand der Pastor und hatte die Arme wie zwei schwarze Flügel ausgebreitet.

„So gehen wir mit der Freude im Herzen nach Hause", sagte er, „und mit dem Licht Gottes! Die Kinder mögen sich Kerzen anzünden und sich im Turm aufstellen mit ihren Lichtern, wenn wir unser Gotteshaus verlassen."

Die Orgel spielte, und die Erwachsenen sangen noch ein Lied. „Ihr Kinderlein, kommet", sangen sie.

Jetzt ist Schluß, dachte ich, da stieß Oma mich leise an.

„Willst dir kein Lichtlein nicht holen?"

Ich schüttelte den Kopf. Wozu sollte ich mit einer Kerze dastehen? Ich gehörte doch nicht dazu.

Die Kirchentür stand weit offen, und ich sah im hellen Licht der Lampen, daß draußen dicke Flocken fielen. Aber es dauerte noch eine ganze Weile, ehe wir hinauskamen. Da stand der Pastor. Sein schwarzes Gewand war schon weiß gesprenkelt. Er gab jedem die Hand. Omas Hand hielt er lange fest.

„Liebe Frau Wachtoweit", sagte er, „Ihnen wünsche ich besonders herzlich eine gesegnete Weihnacht! Wie schön, daß auch Sie gekommen sind!" Dann sah er mich an.

„Fein, daß du deine Großmutter begleitest. Darüber freue ich mich. Auch dir wünsche ich ein gesegnetes Fest!"

Ich nickte nur, denn ich wußte nicht, wie man mit einem Pastor reden muß.

„Nu, danke", sagte Oma, „wünsch ich auch, Herr Pastor. Hat mir

Freude gemacht, das Singen. Ja, ja, wenn mal alle möchten gut sein! Nu, Sie wissen ja!"

Oma band sich wieder ihr Tuch über den Hut. Dann griff sie nach meinem Arm. „Paß auf, Jungche, die Stufen möchten glatt sein jetzt!"

Es war viel Schnee gefallen. Auf den Stufen zur Kirche hatten ihn die Leute schon festgetreten. Vor dem Kirchenplatz sprangen die Automotoren an, und ein Lichtkegel nach dem anderen tastete die Straße entlang. Für kurze Augenblicke traten die Häuserwände leuchtend und rot aus der Dunkelheit.

„Fröhliche Weihnachten", sagten die Leute, und die dicke Frau Frieda kam zu Oma und schüttelte ihr die Hand. Dann waren wir allein auf der Straße, die Häuser und die Kirche blieben hinter uns, und ich gewöhnte mich langsam wieder an das Dämmerlicht über dem Schnee. Am Himmel tauchten Sterne auf.

Ich hörte, wie hinter uns die Autos an der Kirche abfuhren. Es dauerte wohl ziemlich lange, ehe der Pastor alle Leute verabschiedet hatte. Sie fuhren in Richtung Robitz den langen Berg hoch, und ich dachte daran, daß zwei Autos auch in unsere Richtung fahren mußten. Sie hatten uns auf dem Hinweg ja überholt. Sie kamen nicht, aber sie waren auch nicht vor uns abgefahren, denn im Schnee gab es keine Autospuren.

Nur eine halbverschneite Fahrradspur sah ich. Die lief wie eine Schlange über die Straße. Ein Stück hinter den letzten Häusern endete sie erst einmal. Da lag der Schnee zusammengedrückt und zur Seite geschoben. Entweder war der Radfahrer abgestiegen, oder er war ausgerutscht und gefallen. Er mußte dann sein Rad geschoben haben: Ich entdeckte Fußspuren im Schnee. Sie führten im Zickzack von einer Straßenkante zur anderen.

„Der hat sein Rad aber komisch geschoben", sagte ich.

„Tu lieber bei mir bleiben", mahnte Oma, „daß du nicht möcht's hinfallen!" Sie ging wieder ganz rasch mit ihren kleinen Trippelschritten.

„Bist ja so stille", sagte sie nach einer Weile.

„Ja, ist ja auch ‚stille Nacht'", sagte ich, „haben wir doch gesungen!" Das sollte gar nicht witzig sein. Ich dachte wirklich darüber nach, ob das nun eine besondere Nacht war. Weihnachten und Heilige Nacht.

Es schneite nicht mehr, und der Mond schien wieder.

Ich sah Oma von der Seite an. „Du kannst schön singen", sagte ich.

„Nu, macht mir Freude!"

„Aber gebetet hast du nicht, Oma!"
Ihre Brille blinkte, so rasch drehte sie den Kopf zu mir.
„Tust ja gut aufpassen, Jungche!"
„Warum nicht, Oma?" bohrte ich weiter. „Glaubst du nicht, was der Pastor sagt? Warum gehst du dann zur Kirche?"
„Ich tu glauben, was ich weiß, und der Herr Pastor, der weiß, was er glauben tut. Vom Beten wird nuscht nichts, Hannes! Kein Frieden nicht und kein Gutsein. Tun muß man."
„Aber warum gehst du dann zur Kirche?" fragte ich noch einmal. „Du bist auch so gut, Oma!"
„Nu, ich weiß nicht!" Oma ging keinen Schritt langsamer. „Ist nicht so einfach mit dem Gutsein! Weißt, die Leute haben damals auch in der Kirche gesessen, und gebetet haben sie, und die Männer sind dann los mit den Panzern und den Flugzeugen. Krieg haben wir gemacht. In Polen und in Rußland auch und anderswo noch. Und als er zurückkam, der Krieg, da sind wir weggemacht von zu Hause mit Pferdchen und Wagen. Da hat kein Beten nicht geholfen! Wird auch jezt nicht helfen. Ist immer noch Krieg in der Welt, weißt ja selber, oder nicht?"
„Ja", sagte ich, doch ich wunderte mich sehr, wie meine kleine, alte Oma redete. In der Nacht zwischen Proseken und dem Jammerfeld. Mit Freude im Herzen sollten wir nach Hause gehen, hatte der Pastor gemeint.
„Krieg ist von Menschen", sagte Oma, „da wird Frieden auch nur von Menschen sein und nicht vom lieben Gott!"
„Aber warum du zur Kirche gehst, hast du immer noch nicht gesagt, Oma!"
Sie blieb stehen. „Weißt, der Pastor tut sich freuen, wenn ihm die Kirche voll ist an Weihnachten. Andre Zeit kommt ihm kaum einer. Und ist auch schön, die Lichter und die Kinderchen und die Lieder singen, die alten. Der Herr Pastor, der kommt mich immer mal besuchen, seit Opa gegangen ist. Sitzen wir und reden ein bißchen. Nu, werde ich ihm doch mal die Freude machen!"
„Nur deshalb?" fragte ich.
„Nu, ja doch", sagte Oma und ging weiter.
Die Felder waren unheimlich weiß im Mondlicht, und die Kopfweiden ragten klobig und schwarz am Weg zum Jammerfeld auf. Oma ließ mich vorangehen. Als ich an der dritten Weide vorbeikam, sah ich das Fahrrad. Der Lenker blinkerte im Mondlicht. Sonst wäre ich glatt daran vorübergelaufen. Auf die Spuren im Schnee hatte ich schon nicht mehr geachtet. Die sah ich erst, als ich

auf das Fahrrad zuging. Es lag halb im Graben. Ich blieb vor Schreck stehen.

Hinter dem Fahrrad, im Graben, lag ein Mann, lag auf dem Bauch im Schnee, einen Arm ausgestreckt, und vor seinem Arm blinkerte matt und golden Metall.

„Oma“, schrie ich. „Oma!“

„Was brüllst du?“ sagte sie.

Ich sprang zurück, packte Oma am Arm und zog sie vom Weg.

„Nu, nu“, wehrte sie sich, „was ist dir?“

„Da!“ Ich zeigte in den Graben. „Sieh mal, wer da liegt!“

„Nu, ja doch“, sagte Oma, „Pinkau!“

„Der ist gestürzt, Oma!“ Ich merkte gleich, wie dumm das klang. Oma konnte es selbst sehen. Der Mann lag wie tot. Unheimlich war das.

„Du dreibastiger Saufaus, Erbarmung“, stöhnte Oma.

Ich hatte schreckliche Angst. „Dem ist was Schlimmes passiert!“

Aber Oma schüttelte den Kopf. „Wird so schlimm nicht sein! Betrieselte und Kinder haben Schutzengel, weißt!“ Sie machte noch zwei kleine Schritte bis zum Grabenrand.

„Möcht schwer sein, ihn rauszuschaffen. Aber er darf nicht liegenbleiben. Den Tod tut er sich holen! Du zieh mal erst das Fahrrad auf den Weg!“

Das war nicht so schwer. Aber was weiter? Die steile Böschung vom Graben war mehr als einen Meter tief, und Oma barmte: „Ich kann nicht runter!“

Wir waren ganz allein in den Feldern mit dem glitzernden Schnee. Sie sahen endlos aus. Nur die Schatten von den Weidenbäumen fielen schwer und blauschwarz über den Graben. Niemand konnte uns helfen.

Da lag dieser Pinkau und neben seiner Hand die Mütze. Sie war ihm vom Kopf geflogen. Mit den ausgebreiteten Ohrenklappen sah sie wie ein Stück Fell aus. Er hielt seine Posaune umklammert. Sie blitzte lang und golden.

„Nu, steh nicht wie angewachsen“, herrschte mich Oma plötzlich an. „Mach schon! Dreh ihn um, reib ihm den Nüschel mit Schnee ab. Er muß wach sein. Wenn nicht, gib ihm Ohrfeigen!“

Es war hell genug, daß ich Omas Gesicht genau sehen konnte. Sie meinte es wirklich ernst.

„Was stehst du!“ Omas Stimme wurde schärfer, und ich packte den Mann an der Schulter. Ich zog an seinem grauen Mantel und versuchte, ihn wachzurütteln.

„Herr Pinkau", schrie ich, „Herr Pinkau!" Aber er knurrte nur und schnaufte und streckte ein Bein lang aus.

„Auf die Seite tu ihn drehen", befahl Oma. „Drehen mußt du ihn. Zieh am Arm. Nimm ihm die Posaune weg!"

Ich zerrte an der Posaune. Die großen, harten Finger des Mannes krallten sich um das kalte Metall. Ich zog mit aller Kraft, und er knurrte wieder. Das Knurren wurde zu einem Grunzen, und er versuchte, den Kopf zu heben. Ich stemmte meine Füße gegen den Schnee und gegen vertrocknete Pflanzenbüschel, und für einen Moment sah ich das Weiß seiner Augen. Aber die Hand blieb fest um die Posaune geklammert wie eine Baumwurzel um einen Stein.

„Aufstehen", brüllte ich, „Sie müssen aufstehen, aufstehen!"

„Ööö", machte der Mann, „soll'n das? Damm't noch mal!"

Ich zerrte und zog, und dann schoß ich rückwärts in den Schnee. Ganz plötzlich hatte er losgelassen. Als ich mich mit seiner Posaune wieder hochrappelte, stemmte Pinkau sich auf den Armen hoch. Er hockte wie ein großes graues Tier im Schnee. Jetzt erst sah er mich. Eine Hand schwankte mir entgegen.

„Soll'n das", stieß er wieder aus. „Kannst doch, kannst mir doch nich, kannst mir doch mein Ding nicht weg-wegnehmen, kannst du doch ..." Er rülpste, sackte nach vorn und fing sich mit der Hand im Schnee ab.

„Pinkau", schrie Oma. Ihre Stimme war schrecklich schrill und laut.

Da ruckte der Mann den Kopf hoch und versuchte, zu ihr hinzusehen.

„Pinkau", rief Oma, „komm hoch, wir bringen dich nach Hause!"

„Hajuja", lallte der Mann. „Geeeht ma nach Hause! Föööhiche Weih-weihnachten!"

Ich fand ihn scheußlich, und zugleich tat er mir leid, wie er im Schnee hockte und nicht mal mehr richtig sprechen konnte.

„Pinkau", rief Oma wieder, „komm zu dir!"

Er drehte den Kopf und hob ihn langsam, ganz langsam immer höher. Er stierte mit offenem Mund zu Oma hoch, die am Graben stand und eine Hand nach ihm ausstreckte.

„Hahaja! Omma Wachtoweit, Omma Wach, komme ja!" Er schaukelte langsam auf den Knien und den Armen hin und her. Dann drehte er sich, stieß einen Arm vor, schob mit den Beinen nach und fiel wie ein Sack gegen die Böschung.

„Oha", machte er.

„Die Mütze“, befahl Oma, „die Mütze und die Posaune!“

Ich griff nach der Fellmütze, legte sie am Grabenrand ab und die Posaune darüber.

Pinkau hing mit ausgebreiteten Armen an der Böschung. Seine nackten Hände kratzten im Schnee.

„Pinkau, na“, mahnte Oma jetzt schon etwas leiser, „gib dir 'n Ruck!“ Sie beugte sich zu ihm, so weit sie nur konnte.

Er starrte sie an und nickte.

„Schieb nach, Hannes“, kommandierte sie. „Los, Pinkau!“

Die Hände des Mannes krallten sich in die Grabenwand, wühlten durch den Schnee in die Erde, rissen Grasbüschel aus, und seine Füße stießen schurrend an der Böschung nach unten. Aber er schaffte es nicht.

„Schieb doch“, rief Oma, und ich stemmte mich mit der Schulter gegen den Mantel, der sich über dem Hintern wölbte, drückte mit den Beinen gegen die Grabensohle, und endlich kam der Mann mit Stoßen und Stampfen die schräge Böschung nach oben. Er lag flach auf dem Bauch im Schnee, der bis zur dunklen Erde aufgewühlt war.

Ich stand neben ihm und zitterte. Die Böschung wäre ich bei Tage mit einem Satz, höchstens mit zwei Sätzen raufgekommen. Aber es dauerte unheimlich lange, ehe Pinkau das kurze Stück geschafft hatte.

„Ein Glück auch“, sagte Oma.

Es war wohl nicht nur Anstrengung, die meine Beine zittern ließ. Es war so schrecklich, wie der Mann vor uns lag. Gar nicht wie ein Mensch! Und am Nachmittag hatte er noch mit seiner Posaune vom Dachboden gespielt, so klar und sauber und schön. Und der Pastor hatte von der großen Freude in der stillen Nacht gepredigt.

Ich bekam wirklich Angst, eine andere Art als sonst, wenn ich mich fürchtete, und Oma sagte auch noch: „Wenn ich mal wüßte, wie wir ihn wegkriegen sollen!“

Uns umgab wieder grauweiße Dunkelheit. Den Mond hatten die Wolken verschluckt. Oma bückte sich und klopfte Pinkau mit der flachen Hand ins Gesicht.

„Laß mich in Ruhe!“ Pinkau stieß die Worte rauh und gurgelnd aus. „Hau ab, Omma! Laß mich!“

Aber Oma wollte nicht aufgeben. „Pinkau, du darfst nicht liegenbleiben. Den Tod tust dir holen! Mach dich hoch!“

Der Mann gab keine Antwort. Er schob sich die Hände unter das Gesicht, als ob er schlafen wollte.

Oma richtete sich ächzend auf, hielt sich die Hand ins Kreuz, seufzte und schüttelte den Kopf. Sie hatte wohl auch keine Hoffnung mehr. Aber dann schrie sie doch wieder los. Ganz schrill wurde ihre Stimme.

„Komm hoch, Pinkau, hörst du!" Sie stieß ihm hart mit einem Fuß in die Seite, trat ihn mit der Stiefelspitze, und er stöhnte auf.

Mit beiden Armen stemmte er sich hoch und kauerte wieder auf den Knien. Ich dachte schon, er würde wirklich aufstehen, und ich wollte ihm helfen. Aber er riß die Arme vor die Brust, ballte die Fäuste und schrie: „Ich will nicht!" Sein Mund blieb weit offenstehen. Er starrte uns an. Ich sah seine Augen ganz deutlich, sie blitzten weiß, denn mit einem Mal war kurz und huschend ein Lichtschein über dem Schnee. Dann hörte ich einen Motor, und das Licht wurde stärker.

„Ein Auto, Oma, ein Auto!" Ich rannte los, zur Straße hin. Der Lichtkegel war schon ganz nahe. Er kam von Proseken her. Als ich auf der Straße war, traf mich das Licht schon voll. Ich riß die Arme hoch, winkte und blieb mitten auf der Straße stehen. Sehen konnte ich nichts, so sehr blendeten mich die Scheinwerfer. Ich hörte nur, wie der Fahrer das Gas wegnahm und schaltete. Dann wurde das Licht abgeblendet. Rutschend blieb das Auto kurz vor mir stehen. Der Motor lief weiter, und ein Mann brüllte: „Bist du verrückt geworden?"

Die Stimme klang wütend, aber ich ging trotzdem zu dem Auto.

„Helfen Sie uns!" sagte ich. „Da liegt einer!"

Der Mann antwortete nicht. Ich hörte nur, wie eine Frau sagte: „Sieh nach, was los ist, Emil!"

Dann klappte eine Tür auf, und im Auto wurde es hell. Eine Frau und ein Mann saßen drin, und der Mann stieg aus. Er war ziemlich dick. Vielleicht war nicht er dick, sondern nur der Mantel aus Schaffell mit dem großen Kragen. Den hatte ich in der Kirche schon gesehen, zwei Reihen vor uns.

„Was ist los", fragte der Mann. „Wieso bist du allein hier auf der Straße um diese Zeit? Wo kommst du denn her?"

„Frag nicht soviel, Emil", rief die Frau aus dem Auto. „Sieh nach, was los ist, und beeile dich!"

„Also, was ist?" sagte der Mann. Er stand schon ganz dicht vor mir.

„Wir haben ihn gefunden", stotterte ich, „meine Oma und ich. Er kann nicht mehr laufen!"

„Nicht mehr laufen? Ach so! Pinkau, was? Besoffen!“ Er lachte, und das hörte sich böse an.

„Kommen Sie“, rief Oma vom Weg her.

„Ist ja dunkel wie ein Loch“, murrte der Mann. Er tappte hinter mir zu den Weiden.

Oma stand neben Pinkau. Er lag noch immer auf dem Bauch.

„Na klar“, sagte der Mann, „Pinkau! Und deshalb hältst du mich an, Bürschchen?“

„Nu, das möcht Menschenpflicht sein“, sagte Oma.

„Ach, das ist die Frau Wachtoweit!“ Der Mann lachte wieder. „Jetzt höre ich, wer Sie sind. Na, Sie machen mir Spaß. Was soll denn die Aufregung? Pinkau ist noch immer nach Hause gekommen. Das müssen Sie doch wissen! Wenn ihm kalt genug ist, findet er sein Nest.“

Oma ging auf ihn zu, ganz nahe an ihn heran. Sie versuchte, ihm ins Gesicht zu sehen.

„Sie sind der Emil Neubaum“, sagte sie, „von der Mosterei, nicht wahr?“

„Genau“, sagte der Mann, „aus Rubow. Und den Pinkau, Frau Wachtoweit, den lassen wir schön hier liegen. Soll er sich mal ausnüchtern.“

„Erbarmung, ich bitt Sie, Herr Neubaum“, flehte Oma. „Tun Sie ihn nach Hause fahren. Ist doch ein kleines Stück nur für Sie mit dem Auto. Weil Weihnachten ist!“

„Nee“, sagte der Mann , „da hätte der eher dran denken sollen. Soll ich mir vielleicht noch das Auto versauen lassen von so einem? Nee, danke! Also dann mal schöne Weihnachten, Frau Wachtoweit!“ Er drehte sich um und stampfte zu seinem Auto zurück.

Der Motor lief noch, dann flammte das Fernlicht auf, und wir standen allein im Schnee neben Pinkau, dem Fahrrad und der Posaune.

„Die Kolik soll er kriegen, der Schisser!“ Oma spuckte in den Schnee.

„Du, Oma, da muß noch ein Auto kommen“, versuchte ich sie zu trösten. Auch das zweite Auto, das uns auf dem Hinweg zur Kirche überholt hatte, konnte doch in Richtung Rubow zurückfahren.

„Meinst wirklich?“ fragte Oma zweifelnd, doch sie ging mit mir zur Straße.

Da standen wir und warteten, und es dauerte auch gar nicht lange, da hörte ich schon wieder ein Auto brummen. Aber der Lichtschein kam nicht von Proseken her, sondern von Rubow, und ich dachte: Jetzt kommt dieser Neubaum noch mal zurück. Der hat es sich überlegt. Genau das dachte ich, und daß wir eigentlich gar nicht zu winken brauchten. Aber Oma ruderte mit ihren Armen wie ein schwarzer Vogel mitten auf der Straße, als die Scheinwerfer um die Kurve schwenkten.

Das Licht wurde gleich abgeblendet, und das Auto kam langsam heran, bis es anhielt vor uns, und ich hörte am Motor, es war nicht der Wartburg von diesem Neubaum. Das war ein Lada.

Der Motor wurde ausgeschaltet. „Wo wollen Sie denn noch hin?" fragte eine Frauenstimme. Sie klang ganz freundlich.

Oma trippelte auf das Auto zu.

„Sollen wir Sie mitnehmen?" fragte die Frau am Steuer. Sie hatte die Scheibe heruntergedreht. Erkennen konnte ich sie nicht.

„Nein", sagte Oma, „Hilfe brauchen wir. Unser Nachbar, wissen Sie, der kann nicht mehr laufen. Im Schnee liegt er."

„Und warum?" fragte eine Männerstimme aus dem Auto. „Ist er besoffen?"

„Ich bitte Sie! So kalt, wie es ist! Sie möchten's doch auch warm haben!"

„Alles richtig", sagte der Mann, „aber ich habe so meine Erfahrungen mit Leuten, die betrunken sind. Ich habe mir einmal das Auto vollkotzen lassen. Das reicht mir!"

„Sollen wir nicht doch lieber . . .", fragte die Frau leise.

„Nein", sagte der Mann.

„Dann laß uns doch wenigstens die alte Frau nach Hause fahren", bat die Frau.

„Einverstanden", sagte der Mann, aber Oma trat schon vom Auto zurück.

„Ich fahre Sie", sagte die Frau noch.

Da war Oma schon neben mir, packte mich am Arm und zog mich über die Straße zum Weg hin, wo Pinkau lag. Hinter uns wurde der Motor gestartet. Nun waren wir wirklich allein.

Pinkau lag auf dem Bauch und schlief. Er hatte den Kopf auf beide Hände gelegt und schnarchte. Ich schob ihm die Mütze über die Ohren.

„Und jetzt, Oma? Was können wir jetzt machen?"

„Na, nuscht nichts", sagte Oma. „Das Rad nimm! Ich trage die Posaune."

Oma tippelte neben mir her. So rasch wie vorher ging sie nicht mehr, und ich schob Pinkaus Fahrrad durch den Schnee. Dann schimmerten uns vom Jammerfeld die Lichter entgegen, warm und farbig. Mit einem Male blieb Oma stehen.

„Das wollen Menschen sein! Erbarmung, nein!“ Sie schüttelte die Posaune vor sich hin und her. „Und dann wünscht er noch frohe Weihnacht, dieser Neubaum!“ Noch nie hatte ich Oma so zornig erlebt. Aber das war nicht bloß Zorn. Sie war traurig!

Ich mußte auf die Posaune sehen, mit der sie umherfuchtelte. Darauf hatte Pinkau in der Kirche geblasen, und alle hatten das gehört. Und dem Pastor hatten sie zugehört. Dem erst recht. Vom Gott im Himmel und der großen Freude und dem Licht der Engel auf dem Feld. Aber auf der Straße zwischen Proseken und Rubow, auf den verschneiten Äckern, da war kein Engel! Licht war nur von den Scheinwerfern, und dieser Neubaum, der fuhr einfach los. Aber auch die anderen machten sich keinen Kopp, ob einer im Schnee lag oder nicht. Die dachten nur an ihr Auto und an den Weihnachtsbaum.

Als wir endlich ins Haus kamen, strömte uns aus der Küche Wärme und Duft nach Braten und Kuchen entgegen. Auch nach Tannengrün roch es. Mutter hatte das Radio angestellt, und da sangen sie gerade das Lied von der stillen, Heiligen Nacht.

Mutter hatte wohl gehört, wie die Tür vom Windfang aufging. Sie kam uns entgegen und half Oma aus dem Mantel.

„Ich habe mir schon Sorgen gemacht“, sagte sie. „War es auch nicht zuviel für dich, Oma?“

Oma schüttelte nur den Kopf, nahm die Brille ab und wischte sich über die Augen. Dann ging sie in die Küche und setzte sich auf das Sofa. Sie putzte umständlich ihre beschlagene Brille blank.

„Was ist denn?" fragte Mutter. Sie merkte, daß irgend etwas nicht stimmte.

Ich sagte nichts. Das konnte Oma besser als ich. Aber Oma antwortete noch immer nicht.

„Ihr müßt ja ganz durchgefroren sein nach dem langen Weg", sagte Mutter. „Jetzt sollt ihr es aber auch gut haben. Oma! Jetzt wollen wir bescheren! Du wirst staunen, wie schön unser Baum geworden ist! Und essen wollen wir auch!"

Oma hatte ihre Brille endlich blankgerieben, setzte sie umständlich auf und strich das Haar nach hinten. Aber sie blickte nicht ins Zimmer nebenan, wo der geschmückte Weihnachtsbaum stand und aus dem Radio das Weihnachtslied in die Küche kam. Ihre Augen gingen zu dem Regal an der Wand.

„Bescherung?" fragte Oma. „Mir ist nicht danach."

„Was ist denn, Oma", fragte Mutter noch einmal.

„Der Nachbar liegt oben am Weg", sagte sie. „Pinkau hat sich beschlaucht. Nicht gehen und nicht stehen kann er! Hannes hat ihm aus dem Graben geholfen. Aber mehr, nu mehr haben wir nicht tun können!" Sie hob die Hände und ließ sie wieder auf den Tisch sacken.

„Ist denn kein Mensch mehr unterwegs, der helfen kann?" fragte Mutter.

„Menschen waren keine", antwortete Oma, und das sagte sie auch nur ganz leise.

„Ja, was denn?" Mutters Stimme wurde ungeduldig. „Der liegt im Schnee? Da draußen in der Nacht? Das darf doch nicht wahr sein! Soll der Mann erfrieren?" Sie sprach immer lauter.

„Warum sagst du denn keinen Ton?" herrschte sie mich an. „Steh nicht rum, zieh dich wieder an. Du wirst doch wissen, was nötig ist! Hier wird es wohl einen Schlitten geben, oder?" Sie sah sich fragend zu Oma um.

„Nu, gewiß doch", sagte Oma, „der Hannes weiß, wo er ist! Im Schuppen!"

Dann waren wir mit dem Schlitten unterwegs, den Opa selbst gebaut hat. Zum Rodeln eignet er sich nicht, ist viel zu klobig, flach und breit. Aber Opa konnte damit Holz aus dem Wald und seine Weidenruten holen. Das Zugseil mit einem breiten Lederriemen legte ich mir schräg über die Brust. Der Schlitten lief leichter, als ich dachte, denn der Schnee war dick genug, daß die Holperrinnen vom Weg nicht mehr störten.

„Es ist kälter geworden“, sagte Mutter. „Sieh mal, was für einen Hof der Mond hat.“

Rund um den Mond leuchtete ein dünner Farbreifen wie ein ausgeblichener Regenbogen. Der Himmel war ganz klar, und in dem Schwarz über uns schienen die Sterne zu zittern. Die weiße Landschaft lag völlig still. Nur einmal bellte weit weg, vielleicht in Rubow, ein Hund.

„Ist es nicht zu schwer für dich?“ fragte Mutter nach einer Weile.

„Nee, gar nicht“, sagte ich, aber ich kam doch schon ins Schwitzen, als der Weg bei den Kopfweiden anstieg. Da sah ich auch, daß mein Atem wie eine Rauchfahne vor mir her wehte. Das Mondlicht war so hell, daß ich sogar noch ein bißchen Moosgrün an den dicken Weidenstämmen erkennen konnte. Ihre Schatten fielen dick und blauschwarz über den Weg.

„Da liegt er wohl“, sagte Mutter.

Im Schnee war ein dunkler Fleck zu sehen.

Pinkau lag noch genauso neben dem Graben, wie Oma und ich ihn verlassen hatten, mit dem Gesicht auf den Armen. Er schnarchte.

„Der hat einen Schlaf!“ Mutter schüttelte den Kopf. „Unglaublich. Das kann die schönste Lungenentzündung geben!“

Sie packte den Schlitten mit an und schob ihn dicht an den Mann. Dann rüttelte sie an seinen Schultern. Das konnte sie besser als ich.

Das Schnarchen brach ab, aber es kam sofort wieder, viel lauter und rasselnd.

Mutter bückte sich. „Pinkau“, schrie sie dem Mann ins Ohr. Sie schrie sehr laut.

Er machte einen Ruck, wälzte sich herum, kollerte auf den Rücken und lag wieder still.

Mutter schlug ihm mit der flachen Hand rechts und links auf die Wangen. Aber er schien es gar nicht zu merken.

„Der ist völlig hinüber“, sagte Mutter. Sie stellte sich hinter ihn, griff unter seinen Armen hindurch, und sie schaffte es tatsächlich, den Mann mit dem Rücken auf den Schlitten zu zerren. Ich hätte nie gedacht, daß sie soviel Kraft hatte.

Der Mann stöhnte nur, und er blieb liegen wie ein Getreidesack.

„Halt ihn jetzt fest“, befahl Mutter.

Ich stemmte mich von der anderen Seite gegen den Schlitten, klammerte mich an Pinkaus Arm fest, und Mutter hob die Beine des Mannes an. Sie ächzte dabei. Er mußte sehr schwer sein. Aber sie schaffte auch das, und er lag auf dem Schlitten. Sein linker Arm fiel schlaff nach unten. Die Hand schlug in den Schnee. Ich versuchte, den Arm auf den Schlitten zu heben, aber Pinkau schüttelte ihn wieder nach unten.

„Laß mal", sagte Mutter, „das spürt er gar nicht! Du mußt nur aufpassen, daß er uns nicht vom Schlitten rutscht."

Sie nahm das Zugseil, stemmte sich in den Schnee und zog. So gut ich konnte, schob ich nach. Der Schlitten lief nicht mehr so leicht wie vorher, aber es ging bergab zum Jammerfeld. Ich sah über den Mann weg. Mutters Rücken war unter dem Seil schmal und gebeugt. Sie zog, ohne sich umzusehen, und ich wußte genau, daß wir Pinkau nach Hause bringen würden.

Mutter wußte, was zu tun war! Ohne viel zu reden. Genau das Richtige! Und ich hatte nicht mal an den Schlitten gedacht.

Pinkau machte einen tiefen Schnarcher. Sein Mund sperrte weit auf. Er wurde zu einem schwarzen Loch in dem Gesicht unterm Mondlicht, und ich sah, daß er nur wenige Zähne hatte. Wie ein ganz alter, kranker Mann kam er mir vor, und er tat mir auf einmal richtig leid. Im Graben, als er vor mir hockte wie ein Tier, da hatte ich ihn nur scheußlich gefunden, abscheulich und schrecklich. Aber jetzt war das anders, und ich wußte nicht, warum.

Die Fenster von den Häusern am Jammerfeld schimmerten uns schon entgegen, und bergab war das Zugseil vor dem Schlitten nicht mehr so stramm über Mutters Rücken gespannt. Sie ging wieder so gerade wie immer.

„Du, Mutti . . ."

Der Schlitten rutschte Mutter fast an die Füße. Sie blieb stehen.

„Ist was?" fragte sie.

„Du, Mutti . . ." Ich wußte nicht genau, wie ich es sagen sollte, aber die ganze Zeit, als ich den Mann so vor mir auf dem Schlitten sah, mußte ich daran denken.

„Was hast du?" fragte Mutter.

„Ob das gut ist, ich meine, wenn Pinkau, wenn Herr Pinkau morgen aufwacht, und dann ist da keiner, der sich mal um ihn kümmert, so mit Kaffee, oder ihm was zu essen macht oder so?"

„Hm", machte Mutter, „da sollten wir Oma fragen!"

„Dich habe ich gefragt, Mutti!"

„Mein Sohn beginnt zu denken", sagte sie, drehte sich um, und das Seil spannte sich wieder über ihrem Rücken.

Mutter suchte in den Manteltaschen des Mannes und fand den Hausschlüssel. „Geh jetzt zu Oma“, sagte sie, „sonst macht sie sich noch mehr Sorgen.“

„Aber du kannst doch nicht allein . . .“

„Doch, ich kann allein“, sagte sie, „und du gehst jetzt!“

Ich dachte, Oma würde erstaunt sein, daß ich allein kam. Aber das war sie nicht. Sie saß in der Küche auf dem Sofa, und im Zimmer am Weihnachtsbaum brannten die Kerzen. Aus dem Radio klang noch immer Weihnachtsmusik.

„Nu, habt ihr ihn geschafft?“ fragte sie.

„Ja, Oma. Aber wie Mutti ihn ins Haus kriegen will, das weiß ich nicht. Sie hat mich weggeschickt.“

„Sie wird schon wissen“, sagte Oma, und sie sah mich durch ihre Brillengläser lange und ganz genau an.

„Sie weiß immer, was sie will, und meist weiß sie auch richtig. Tüchtige Mutter hast du, ja, ja!“

Da schwang ganz leise ein Ton in der Stimme, der mir nicht geheuer war.

„Wie meinst du denn das?“ fragte ich, und dann rutschte mir auch noch raus: „Magst du Mutti nicht?“

„Aber Jungche, wie kommst darauf?“ Oma wackelte mit dem Kopf hin und her.

„Jechen, jechen, nein! Sonst möcht sie nicht hiersein, weißt, wen ich nicht mag, den will ich auch nicht haben!“

„Magst du denn Pinkau?“ fragte ich schnell. Ich fand es nicht so gut, über Mutter zu reden.

„Nu, Jungche!“ Jetzt lächelte Oma sogar. „Das möcht wie Stiefel und Hut sein! Dem Pinkau, dem muß man helfen, wenn's geht. Der kommt nicht zurecht mit sich. Aber deine Mutter, die weiß, was sie will. Wenn man nicht so alt wäre, könnt man was lernen!“

Ich begriff erst mal gar nichts.

„Ja“, sagte Oma nach einer Weile, „wenn ich so möcht gewesen sein! Nu ja, waren eben andere Zeiten. Der Opa hatte das Sagen! War nicht wie heute, Hannes!“

Wer hatte bei uns denn das Sagen? Das war nie eine Frage. Oder ich hatte es nicht gemerkt. Mutter ist der Käptn!

„War nicht immer leicht, Jungche“, sagte Oma. „Dein Opa ist ein Guter gewesen. Aber auch hart. Ist ihm oft schwergefallen, kannst glauben. Als dein Vater die Hand gegen ihn gehoben hat, das konnt er nicht verwinden. Und weißt, wenn man so alt ist wie ich und der Opa, dann wird man sich immer ähnlicher!“

„Ach, Oma, das stimmt gar nicht! Du bist ganz anders als Opa!"

Oma schüttelte den Kopf. „Früher vielleicht, ganz zu Anfang noch. Möcht ich ein bißchen wie deine Mutter gewesen sein. Aber dann mußt ich auch hart sein."

Mir fiel ein, was Mutter gesagt hatte. Daß Oma bestimmt auch Angst um Vater haben mußte. Und alles nur, weil Vater und Opa Sturköppe waren. So konnte Oma doch nicht sein!

„Weißt", sagte Oma und stand vom Sofa auf, „nun bin ich zu alt und zu müde fürs Rechthaben. Aber ja sagen mag ich auch nicht zu allem. Und wenn einer so sicher weiß, was richtig ist und falsch, nu, das macht mir bißchen angst! Das taugt nicht mehr für mich. Ist gut gemeint vom Willi und deiner Mutter, aber besser möcht sein, wenn ich hierbleibe!"

Oma, wollte ich sagen, überleg es doch noch, da hörte ich die Tür vom Windfang knarren.

„Ich bin's", rief Mutter. Dann steckte sie den Kopf durch die Küchentür.

„Was macht ihr denn?" fragte sie. „Ich dachte, ihr sitzt beim Weihnachtsbaum? Wollt ihr nicht wissen, was der Weihnachtsmann gebracht hat?"

„Nu sag erst, was mit dem Nachbarn ist", gab Oma zurück.

„Was soll sein?" Mutter zuckte die Schultern. „Im Bett liegt er. Ausziehen wird er sich selber. Ein Eimer mit kaltem Wasser über den Kopf tut manchmal Wunder, Oma! Er hat mich nicht mal beschimpft. Er wird mich auch nicht erkannt haben. Er schien mir auch nicht an Gesprächen interessiert. Aber vielleicht könntest du dich morgen mal um ihn kümmern? Wenn er wieder bei sich ist?"

„Nu, das möchte wohl", sagte Oma.

Die Weihnachtsinsel

Rita von Gaudecker

Es ist eine Geschichte, die man eigentlich nur in der Heiligen Nacht erzählen darf. Und nicht mitten in einem glitzernden, verschneiten Walde, oder in einem warmen Zimmer, an dessen Scheiben der leise Schnee liegt, oder in einem kleinen Gebirgsdorf, über dem der Weihnachtsglockenklang weht. Diese alte einfache Geschichte darf man nur in einer stürmischen Weihnachtsnacht in einem einsamen Stranddorf erzählen. Hin und wieder muß man schweigen und die Wellen reden lassen. Und dann muß man zu den Sternen aufsehen, die am hohen, dunklen Winterhimmel stehen, und muß still warten, ob das „Ehre sei Gott in der Höhe!" heruntertönt. Nur dann werden wir die Geschichte von der Weihnachtsinsel hören und verstehen, wie sie gemeint ist. Sie ist keine Legende und kein Märchen, sie ist vielleicht auch keine volle Wirklichkeit, ich weiß es nicht, aber alte Frauen in nordischen Fischerdörfern wissen davon und erzählen sie. Doch ist das schon lange her. Da war ich ein Kind.

In meiner Heimat, in einem kleinen Dorf an der See, mit grauen Strohdächern und hohen Dünen, mit weiten Wiesen und einem im Winter überfrorenen Fluß liegt ein altes schwarzes Boot am Strande. Schon als ich ein kleines Kind war und an dem Flusse spielte, lag das Boot dort, und wenn ich daran lehnte und der scharfe Teergeruch mich in der Sonne umgab, schloß ich die Augen und träumte, dies sei das große schwarze Boot gewesen, das den braunen Fischerjungen Daniel Runge zu seiner Mutter brachte.

So kommt denn heute abend mit mir zum schwarzen Boot, und wenn der Ostwind weht, kriechen wir alle darunter und sind bewahrt und beschützt. Wir sitzen nahe beieinander und hören die See singen, halten uns bei den Händen und erzählen uns die Geschichte von der Weihnachtsinsel.

Wir wissen nicht, ob es hundert Jahre und mehr her sein mögen, daß der kleine Daniel Runge am Strande der Ostsee stand und den sieben langen schwarzen Booten nachsah, die zum Fischfang hinauszogen. Ihre hohen kupferfarbenen Segel waren in der hellen Oktobersonne wie große bunte Herbstblätter anzusehen, die der Südwest aus dem kleinen Hafen hinaustrieb. Und es würde Februar sein, bis sie heimkehrten. Das hatte der kleine Daniel schon fünf Jahre mitangesehen. Vielleicht auch schon länger, er wußte es nicht mehr genau. Heute war er acht Jahre alt. Nun kam der lange Winter ohne die Männer, die dort hinaussegelten, ohne Boot und Netze, ohne all die Seegeschichten abends am Ofen. Allein mit dem Großvater war es langweilig. Der kleine Daniel lief nach Hause und streichelte Vaters Seestiefel. Wie oft hatte er das schon getan. Und immer paßten sie ihm noch nicht. Es ist zum Verzweifeln, wie langsam ein Mensch wächst.

Hinter den Dünen brauste es eintönig. Daniel kannte keine Stunde bei Tag und bei Nacht ohne dieses Lied. Er wußte nichts Schöneres. Und er hörte darin die Stimme des Vaters. Der war vor drei Jahren so hinausgesegelt und nicht wieder zurückgekommen. Mathilde Runge war die einzige Frau im Dorf, die mit hinausfuhr. Sie war hart und stumm, anders als andere Fischerfrauen im Dorf. Sie wäre ins Wasser gegangen, wenn ihr Mann sie nicht mitgenommen hätte. Bei dem Sturm, der das Boot und Martin Runge in die Tiefe des Meeres hinabzog, wurde Mathilde Runge gerettet. Es war in der Nähe einer Insel, als das Unglück geschah. Man brachte sie dorthin, und sie blieb. Sie wollte nie mehr in ihr Dorf zurück, nie mehr in ihr Haus, nie mehr zu Daniel.

Die Insel war kahl und still, Möwenschwärme, Sand, ein paar braune Kiefern, Moos und Dünengras, mehr gab es dort nicht. Und eine einzige alte Hütte. Diese Hütte und die Meeresbucht, die tief in die kleine Insel einschnitt, waren Zuflucht und einziger Ruheort der Fischerboote im Winter. Ein alter Fischer bewohnte die Hütte, als Mathilde dorthin gebracht wurde.

Stumm diente sie diesem Mann, stumm den in der Weihnachtszeit einlaufenden Booten. Wenn die Boote heimwärts segelten, starrte sie ihnen nach. Sie wollte hierbleiben. Die Vorräte, die die Boote mitbrachten, dienten auch ihr zum Unterhalt. Im nächsten Winter starb der Alte. Mathilde pflegte und begrub ihn in der tiefen Einsamkeit dieser Insel. Schnee und wilde Vogelschwärme umgaben sie. So vergingen drei Jahre, Frühjahr, Sommer, Herbst und Winter. Stumm und starr ging die Frau ihren Weg. Ganz leise war es manchmal, als riefe Daniels helle Kinderstimme nach ihr: „Mutter! Mutter!“

Aber sie blieb und eine sonderbare stille Freude war in ihr, wenn die sieben langen schwarzen Boote auftauchten mit den Männern ihres Dorfes, und wenn der Weihnachtsabend kam, an dem sie ihnen das Essen, das Feuer, das Lager richtete in dem niedrigen grauen Haus mit dem Rohrdach. Die Fischer nannten das verlassene Stückchen Erde: die Weihnachtsinsel.

An diese Insel denkt der kleine Daniel Runge heute. Und er

möchte wie ein kleiner eiliger Fisch den sieben Booten nachschwimmen, bis in die ferne Bucht. Der Großvater schläft am Ofen, die Abendsuppe wird kalt in den Tellern. Daniel löffelt nachdenklich vor sich hin. Dann nimmt er die Büchse mit Tran und fettet langsam die hohen Seestiefel. Er hockt auf der Erde, das letzte Tageslicht fällt durch die Fenster auf sein weißblondes Haar. Die Stiefel sind fast so hoch wie der kleine Daniel, er langt mit der Hand nicht auf den Boden. Die schwarzgelbe Katze schleicht heran und schnuppert an dem Tran. Er stippt ihren Schwanz hinein, da springt sie davon. Daniel muß sich vor Lachen an dem Stiefel festhalten. Mitsamt seinen Stiefeln fällt er um. Davon wacht der Großvater auf, schimpft, und beide löffeln ihre Suppe zu Ende. Die wieder versöhnte Katze bekommt den Rest. Von dem Wandbord sehen zwei große weiße Porzellanmöpse mit krallen schwarzen Augen auf den Mann und das Kind, und auf dem Dach des strohgedeckten Lehmhauses quietscht die Wetterfahne, ein langer hölzerner Fisch.

Es ist ein trauriges Einschlafen. Daniel denkt an die hohen kupferfarbenen Segel, die weiter und weiter hinaus auf das graugrüne Wasser fahren, ohne ihn, ohne den kleinen Daniel. Wann werden sie ihn endlich mitnehmen zu den Fischen, zu der Insel, zur Mutter! Und er betet um ein Wunder, um das ganz große Wunder, daß eins der Boote umkehrt und ihn holt. Die Katze liegt mit in Daniels Bett, und das Meer rauscht sein brausend Nachtlied.

Es war zwei Tage später am frühen Morgen. Die Sonne arbeitete sich langsam durch eine dicke Nebelschicht. Leise fielen die ersten lichten Strahlen auf das Wasser. Der kleine Hafen des Stranddorfes war still. Aus den Schornsteinen stieg der erste Rauch auf. Die Frauen gingen an ihr Tagewerk. Mit seinem struppigen blonden Haar und den aufmerksam suchenden blauen Augen stand der kleine Daniel am Hafen. So stand er seit der Abfahrt der Boote zu allen möglichen Stunden und wartete. Durch die Stille des Morgens und des Nebels drang ein leises Rauschen. Der leichte Nordost teilte die graue Decke über dem Wasser. Daniel spitzte die Ohren wie ein wachsamer Hund. Das war nicht nur die Bewegung von Wind und Wasser, das war mehr! Und kupferrot, hoch und lebendig tauchte im hellen Sonnenstrahl dieser frühen Stunde ein Segel auf. Ach, er hatte es ja gewußt, ganz sicher gewußt, sie kamen, ihn zu holen. Daniel schrie, sprang, winkte, rannte herum, und Bello, der schwarze Pudel, bellte wie ein Unsinniger. Das Wunder war da, das große Wunder! – Wenn auch Daniel bald begriff, daß der Fischer Kemp nicht umgekehrt war, – als einziger der sieben Boote – um die Sehnsucht eines Kindes zu erfüllen – sondern weil er Bruch in der Takelage hatte und reparieren mußte, so verkleinerte dieser Umstand keineswegs das Wunder in seinen Augen. Er hockte Stunde um Stunde bei Franz Kemp und den beiden jungen Fischern, denen das Boot gehörte, und machte ihnen flehentlich klar, sie mußten ihn mitnehmen. Franz Kemp lachte, aber wenn er an die stumme alte Frau auf der einsamen Insel dachte, wie er sie am letzten Weihnachten gesehen, grau und freudlos arbeitend, da kam in sein Lachen ein anderer Ton.

Es ist zwei Wochen später, schon Mitte November, daß das kupferne Segel sich in der ersten Morgendämmerung langsam und ernst wieder aus dem Hafen schiebt. Hinter seinen Seestiefeln, in die er all sein Hab und Gut verpackt hat, sitzt strahlend und stumm der kleine Daniel im Boot. Er wagt kein Wort, keine Bewegung, in der wahnsinnigen Angst, die drei Männer könnten ihn noch in letzter Stunde wieder an Land verstoßen.

Kleiner rotbackiger Daniel, mit der blauen Wollmütze auf dem runden Kopf, die Arme um die hohen Stiefel des Vaters geschlagen, gibt es etwas Seligeres auf der ganzen Welt wie dich an diesem grauen Novembermorgen!

Großvater und Bello stehen am Ufer. Sie haben es schwer eingesehen, daß ihr Daniel fort muß. Aber beide sind alt und müde. Über die weite See sind Winterstürme gezogen, auch über die Insel. Das Schilfdach der Hütte ist undicht geworden. Mit rauhen Händen flickt und bessert Mathilde Runge. Ihr Gesicht ist hart, in den Augen scheint Öde und Verlassenheit dieser Welt eingedrungen zu sein. Aber Weihnachten ist nah. Ein Schimmer von Unruhe, Vorbereitung, Erwartung liegt auch über der kleinen grauen Hütte.

In der fernen lebendigen Welt wird gekauft und gearbeitet. Da stehen auf den Märkten die Weihnachtsbäume, da duften die Häuser nach Kuchen und Tannennadeln, da gibt es verschlossene Türen und erwartende Kinder. Das „Siehe, ich verkündige euch große Freude" steht über der Erde. Mathilde Runge weiß das alles nicht mehr. Sie denkt an ein dunkles Wellengrab und schließt ihre Herzenstür zu vor dieser Zeit Leuchten.

Aber sie schafft und bereitet in der Inselhütte das Lager für die Männer der sieben Boote, sie backt Brot und mischt in den Teig Zucker, damit es wie Kuchen sei. Und sie überzählt die Vorräte an verdörrtem Fisch und geräuchertem Fleisch, an Reis und Fett, an Holz und Tannenzapfen, an Tran und Schnaps. Die Boote werden noch hinzubringen, was fehlt. Aber sie ist stolz, so sparsam gewirtschaftet zu haben. Es kam im Herbst ein großer Segler vorüber, ein Däne, und die fremden Leute gingen an Land. Sie haben ihr einiges Gute dagelassen in staunendem Mitleid vor dieser einsamen Frau. So hat sie manches, was die Männer des Dorfes nicht kennen. Sie ist die graue stille Mutter der kommenden Gäste und der verlassenen Weihnachtsinsel.

Es ist der Morgen des 24. Dezember. Die Insel ist weiß im Schnee. In der Nacht kam es in dichten Wolken über das Meer. Auf dem Schilfdach liegt die weiße Decke, rings um die Hütte ist nicht eine Fußspur zu sehen. Der Stall, in dem Maria und Joseph zur Heiligen Nacht Unterkunft fanden, mag nicht ärmlicher und verlassener dagestanden haben als dieses Haus, in dem die Fischer einkehren sollten. Aber eine helle Sonne steht nun über allem. Himmel und Wasser werden blau, und ein kalter Ostwind weht über die Flut. Im Stall blöken die Milchschafe, Mathilde wirft ihnen Heu vor. Es ist das einzige Getier, das hier gedeiht und im Sommer Futter findet. Sie bekommen heute ein reichliches Teil, Mathilde weiß kaum, daß es geschieht. Aber etwas vom weihnachtlichen Schenkenwollen liegt auch heute in ihren harten Händen.

Jetzt tauchen sie auf, die Segel, eins, zwei, nun zählt sie schon fünf. Schwer schlägt ihr Herz. Sie soll wieder Menschen sehen, Männer ihres Dorfes. Schnell geht sie ins Haus, wirft Holzkloben auf die Feuerstätte, es flammt hoch auf. Das Rauchfleisch kocht in dem schwarzen Eisentopf, am geschmiedeten Haken hängend. Der Raum ist von salzig kräftigem Duft erfüllt. Kiefernzweige wirft sie

auf die Glut. Es soll nach Weihnachten riechen. Aber sie geht nie hinunter zur Bucht. Sie kann es nicht. Es wäre immer wieder unerträglich, daß der große Martin Runge nicht lachend an Land steigt. Keinen Schritt geht sie den Männern entgegen. Sie läuft, als sich Stimmen nähern, in den Stall, um nochmal nach den Schafen zu sehen. Dann, als sie die Männer im Hause hört, geht sie vor die Stalltür, um einen Blick auf die langen schwarzen Boote in der Bucht zu tun. Die Hütte liegt ein wenig hoch. Als sie vor das Haus kommt, sieht sie neben den großen tiefen Fußstapfen der Männer im Schnee unfaßlich kurze Spuren. Sie ist plötzlich so schwach und haltlos, daß sie hinknien muß. Sie muß mit den Händen die kleinen Spuren fühlen und ausmessen, glühendheiße Tränen fallen in die kleinen derben Stiefelabdrücke. Mathildes erste Tränen, seit der Mann ertrank. Noch kniet sie so, da geht die Tür auf. Daniel stürzt laut schreiend und jubelnd auf die Mutter zu und erdrückt sie fast mit seinen beiden festen Kinderarmen in wilder Seligkeit. Sie kann nichts wie schluchzen, unaufhaltsam, wie Eisblöcke im Tauwind zu Tal gerissen werden, ein befreiter Strom.

Es treten die Männer in die Tür. Es kommen noch welche von der Bucht herauf, aber sie schweigen, sie gehen in das Haus. Nur Daniel ruft und jubelt immerfort: „Mutter, ich bin auf See gewesen. Mutter, heute ist Weihnachten. Und ich hab was für dich, du kannst es nicht raten!" –

Es ist später Abend, die dunklen Fischergestalten liegen und sitzen in dem großen Raum um den Feuerplatz. Sie sind satt und müde. Aber es ist heute anders als in den letzten Jahren. Ein helles Licht ist allen aufgegangen wie den Hirten auf dem Felde.

Eifrig und andächtig hat der kleine Daniel gesagt: „Siehe, ich verkündige euch große Freude!" Und die weite, graue See rauscht ihr gewaltiges Weihnachtslied dazu. Wäre der Stern von Bethlehem in dieser Nacht wieder über den Himmel gezogen, er möchte über der Inselhütte still gestanden haben.

Neben dem Feuerplatz stehen Martin Runges lange Seestiefel, aus denen Daniel wichtig all sein Habe herausholt.

„Die kriegst du zu Weihnachten, Mutter, weil sie mir noch zu groß sind. Dann kannst du auch zur See fahren."

Als alles schläft und die Glut niedergebrannt ist und Daniel heiß und satt sich wie ein kleiner Hund zusammengerollt hat und rotbackig und fest schläft, wie er es an Bord getan, nimmt ihn Mathilde leise auf den Arm und trägt ihn in ihre Kammer. Da legt sie ihn in ihr Bett, und wieder kniet sie hin wie bei den Fußspuren im Schnee und weint. Sie muß dem Jesuskind danken. Am Dreikönigstag laufen die hohen Segel wieder aus. Aber Daniel bleibt bei seiner Mutter. Er sieht ein, er muß ihr helfen. Aber wenn der Frühlingswind kommt, dann werden die Boote ihn wohl holen. Bis dahin wird er der Mutter erzählt haben, was er auf See erlebt hat. Und sie wird einsehen, daß er bestimmt wieder mit hinaus muß. Und dann wird er bald bei ihr auf der Insel, bald bei den Männern in den Booten sein. Welch ein Leben voller Wunder!

Über der Weihnachtsinsel stehen auch heute die Sterne. Einsam und leer liegt wohl die graue Hütte, wir wissen es nicht. Aber leise reden am Strand die Wellen von kleinen Jungenfüßen, die ihre Spur im Schnee ließen und ihren Weg in die verschneite Welt einer Seele fanden.

Der Dom

Agnes Miegel

Als euch der Feuersturm verschlungen hat,
Da starbst Du, Dom, mit Deiner alten Stadt,
Du hast ihr noch mit glühenden Glockenzungen
Aus stürzendem Haupt den Sterbepsalm gesungen,
Insel des Grauens, wurde leer von Leben,
Was Deinen Kindern Heim und Brot gegeben.

Gruft über Grüften standest Du, schwarz und kahl,
Als ich Dich weinend sah zum letzenmal.

Du liegst wie Jugend, unerreichbar weit.
Doch auf dem Goldgrund jeder Weihnachtszeit
Blickst Du im Schmuck der grünen Lichterbäume,
Ein Gnadenbild, in meine Flüchtlingsträume.

Und wieder seh ich alles, wie es war:
Vor dunklem Chor goldfunkelnd den Altar,
An strengem Pfeiler reicher Kanzel Prunk,
Der bunten Bogen hochgewölbten Schwung,
Den Orgelchor, wo ich als Kind gesungen
Glühend vor Glück „Es ist ein' Ros entsprungen – "

Und keine Nacht verlöscht in meinem Herzen
Den Friedensschimmer Deiner Altarkerzen!

Die Magd

Ernst Wiechert

Am Vormittag hatte die Magd ihre Kündigung erhalten, in der großen Stube des Bauern, und die Bäuerin hatte auf der Ofenbank gesessen und nur ein einziges Mal ihre harten Augen gegen sie aufgehoben. Nach dem Gesetz dürfe sie bis zum Altjahrsabend bleiben, hatte der Bauer gemeint, aber es stehe ihr auch frei, am gleichen Abend noch zu gehen. Und in ihren Umständen sei wohl nicht viel Hilfe von ihrer Hände Arbeit zu erwarten.

Die Magd hatte noch eine Weile dagestanden, die Augen durch das Fenster auf die Felder gerichtet, über die der harte Schnee trieb. Es kam ihr wohl vieles in den Sinn, was sie hätte sagen können. Von vielen Ernten, die sie miteingebracht, von vielen Eimern Milch, die sie getragen, von vielen Kälbern, die sie aufgezogen hatte. Und daß auf einem großen Hof zwei Hände mehr seien als eben nur Hände, wenn sie selbstlos für das Ganze geschafft hätten. Und daß eine Menschenhand nicht immer mit Geld allein abzugelten sei. Und vielleicht auch hätte sie sagen können, daß der jüngste Sohn des Hofes eigentlich neben ihr stehen müßte, vor dem schweren Eichentisch, hinter dem soeben ein hartes Gericht gehalten wurde.

Aber dann hatte sie doch geschwiegen. Nur eine finstere Falte hatte sich langsam und tief zwischen ihre Augen gegraben, und der von den Feldern rückkehrende Blick war einmal über den Bauern und die Bäuerin gegangen. Ein Blick, dem ausgewichen und der nicht erwidert wurde. Und dann, schon an der Tür, hatte sie achtlos gesagt, daß sie am gleichen Abend noch gehen würde.

Nun, in der Dämmerung, als sie die letzte Kuh gemolken hatte, wäre es Zeit gewesen, zu gehen. Aber sie blieb noch sitzen, die Stirn an die warme Flanke des Tieres gelehnt, eingehüllt in die Geborgenheit des Stalles, hinter dessen Wänden das Dunkel war und die Verstoßung. Vom Futterboden wurde Heu heruntergeworfen, und sie wartete noch, bis die Fußtritte die Leiter heruntergekommen waren. Es könnte wohl ein Wunder geschehen am ersten Advent. Ein Licht könnte sich aufheben in der Finsternis, eine Kammer könnte ihr zubereitet werden auf dem großen Hof, wo selbst der Hund eine Hütte hatte, vor die man eine Schüssel mit Nahrung stellte. „Lieber Gott", betete sie an dem Leib des Tieres, „laß auch für mich ein Wunder kommen, deine arme und sündige Magd ..."

Aber die Schritte gingen zur Stalltür, und eine verlegene Stimme sagte: „Du mußt es nun einsehen, daß ich nicht anders kann ..."

Sie antwortete nicht, und dann waren die Schritte schon auf dem Hofplatz, und eine ferne Tür schlug zu. Es war ein harter Klang, unbeabsichtigt vielleicht, denn der Wind ging schwer über die dunkelnden Felder, und so kam es, daß auch sein Echo hart war im Herzen der Magd und daß auch dort eine Tür zufiel. Zwar blieb sie noch eine Weile sitzen, weil das Tier an ihrer Stirn voll Ruhe und Geduld war und weil es ihr nicht leicht war, von den Tieren zu scheiden, von denen viele unter ihren Händen groß geworden waren. Aber dann stand sie doch einmal auf, trug den Eimer zur Seite und ging geradewegs in ihre Kammer hinauf, wo sie sich umkleidete. Das Bündel mit ihrem geringen Besitz ließ sie zu Füßen des Lagers stehen. Sie würde es nun wohl nicht mehr brauchen.

Der Weg zum Pfarrer war wohl eine Meile weit, und vieles ließ sich auf ihm bedenken. Er führte auf hügelige Felder, mit verkrüppelten Bäumen auf den kahlen Höhen, und dann am Fluß entlang, der hinter den Schilfwänden murrte, und dann durch den Fichtenwald, in dem es still war wie in der Kirche. Ein guter Weg, oft gegangen zur Sommerszeit, wenn der Kuckuck über die Felder rief und die Roggenhalme sich über denen schlossen, die allein sein wollten unter den Sternen mit der Heimlichkeit ihrer verbotenen Liebe. Aber nun ein harter Weg unter dem treibenden Schnee, weitab von dem Licht der Höfe zur Rechten und zur Linken.

Sie kannte den Pfarrer nicht, und sie ging zu ihm, weil sie ihn nicht kannte. Sie wußte nur, daß er noch jung war und mit einer adligen Dame verheiratet. Und daß viel festliches Leben in seinem Hause war, Musik und geistliche Spiele, und daß die Landschaft leisen Anstoß nahm an seiner fröhlichen Weltlichkeit. So hatte sie wohl gedacht, daß ein milder Richter hinter dieser Freude wohnen müsse statt eines strengen Mahners mit weißen Haaren.

Sie sah die vielen Fenster erhellt in dem breiten Haus, sah Schatten hinter den Vorhängen und hörte dann viele Instrumente feierlich zusammenklingen zu einer sanften Anbetung, die langsam stieg und sank. Sie saß auf der kalten Steintreppe, den Kopf an das Holz der Tür gelehnt, und hörte zu. Es war, als erbebe das Holz unter den Klängen, die das Haus erfüllten, gleich dem Leib einer Geige, und als lehne sie mit ihrem Ohr an der Tür eines himmlischen Saales, in dem der Trost zubereitet werde für das dunkle Erdenland mit seiner vielfachen Not.

So war ihre Hand ganz ruhig, als sie den Klopfer der Tür bewegte, der ein altes Wappen trug, und auch ihre Stimme zitterte nicht, als sie das Mädchen bat, den Pfarrer zu rufen.

Nun waren die Gäste gerade dabei, sich in dem Saal zu ordnen, der eine kleine Bühne hatte, auf der die drei Kinder des Pfarrers mit einigen jungen Helfern ein Krippenspiel zur Aufführung bringen wollten, und es war natürlich, daß der Pfarrer ungehalten war über die unvermutete Störung und sich zuerst verleugnen lassen wollte. Aber dann schämte er sich ein wenig, weil die Tür eines Pfarrhauses doch nicht verschlossen sein durfte, ordnete an, daß man ohne ihn beginnen sollte, da das Spiel ihm ja ohnehin bekannt sei, und versprach, nach kurzer Zeit wieder dazusein. Doch öffnete und schloß er die Tür seines Amtszimmers härter, als nötig gewesen wäre, und als er beim ersten Blick den Zustand der Magd erkannte, schoß der Zorn in seine Augen, und er ließ sie mit harten Worten an, ob sie vielleicht nach ihrem verspielten Myrtenkranz zu ihm komme.

Die Magd war aufgestanden und sah ihm ohne Angst in die Augen, wie ein Mensch, der das Notwendige zu erwarten bereit ist, aber dann konnte sie nicht hindern, daß ihre Augen einmal nach dem Kruzifix gingen, das über dem Schreibtisch hing, und dann schweigend zu dem Gesicht des Pfarrers wiederkehrten. Sie habe den Herrn Pfarrer nur bitten wollen, sagte sie dann mit ihrer dunklen und bescheidenen Stimme, daß er das Ungeborene in ihrem Leib taufe, weil es wahrscheinlich an Zeit und Gelegenheit mangeln werde, das zwischen Geburt und Tod zu tun.

Sie hielt dem Blick des Pfarrers stand, der sie nun ohne Begreifen umfaßte, und fügte nur hinzu, daß eine Nottaufe doch statthaft sei, da ein ungetauftes Leben doch der ewigen Seligkeit verlustig gehe.

Weshalb sie denn nicht warten wolle, fragte der Pfarrer endlich, bis das Kind geboren sei?

Das Kind werde niemals geboren werden, erwiderte die Magd ganz still.

Nun begriff der Pfarrer endlich, was hier geschehen sollte, und da er noch jung war und ohne Anfechtungen frühzeitig in ein geachtetes und gesichertes Leben gekommen war, so war es natürlich, daß er von neuem zornig wurde über die Selbstverständlichkeit, mit der hier eine Todsünde vor ihn hingelegt wurde. „Du sündiger Mensch", sagte er, „weißt du denn, was du sprichst und verlangst?"

Aber die Magd, als stehe sie in einer andern Welt, wo die menschliche Sprache nicht gelte, wiederholte nur mit den gleichen Worten ihre Bitte. Und als der Pfarrer „Nein!" sagte, „Nein, und nochmals Nein!", wandte sie sich still zur Tür, öffnete sie und trat mit gebeugten Schultern auf den Gang hinaus.

Nun öffnete sich im gleichen Augenblick lautlos die gegenüber liegende Tür, und die Frau des Pfarrers trat heimlich aus dem verdunkelten Saal, um nach ihrem Mann zu sehen. In dem Auschnitt der Tür erschien nun das dämmernde Dunkel des großen Raumes, die Umrisse vieler Menschen, die mit dem Rücken zur Tür saßen, und auf dem erhöhten und sanft beleuchteten Hintergrunde die kindlich aufgebaute Hütte unter den Kulissen eines beschneiten Waldes. Auf der Schwelle saß ein alter Mann mit einem Küchenbeil auf den Knien, klein und dürftig, da man ein Kind dazu verkleidet hatte. Im Inneren aber, neben dem erhöhten Herd, hielt die Jungfrau das Kind in den Armen und wiegte es leise hin und her, indes ein roter Stern über dem Dach der Hütte stand und drei kleine Wanderer von der Seite her alles betrachteten, jeder mit einem Licht in der Hand, Watte statt Schnee auf den Kindermänteln. Und als nun die kleine Saalorgel mit hohen und zitternden Flöten in das Schweigen fiel, hoben die Wanderer ihr Licht über sich, und ihre zarten und schüchternen Stimmen vereinigten sich zu dem Gang einer stillen Melodie, unter der doch der ganze Saal zu erbeben schien:

„Wir gehn durchs dunkle Erdenland,
Wir tragen ein Licht in unsrer Hand.
Wir suchen die Hütte im verschneiten Wald,
Wir suchen das Kind, heißt Friedebald . . .

Die Magd, zuerst nur angehalten von dem unvermuteten Bild in der geöffneten Tür, stand nun in völliger Erstarrung, dem beglänzten Schauspiel hingegeben. Aber als die Stimmen schwiegen und die Orgel ein kleines Zwischenspiel vor der zweiten Strophe anhob, begann sie wie in einem Zauber einen Fuß vor den anderen zu setzen, zuerst über die Schwelle, nicht achtend der abwehrenden Hand der Pfarrersfrau, und dann an der Seitenwand des Saales entlang, immer näher zu dem Wunder der Hütte und der Menschwerdung, die dort in kindlicher Weise geschah. Ihr Kopftuch war auf die Schultern geglitten, unter dem schneenassen Haar leuchtete ihr schmerzlich erschöpftes Gesicht. Die Gäste, zuerst im Zweifel, ob hier ein Geschehen des Spiels oder des Lebens vorliege, erkannten an dem plötzlich sich verwirrenden und dann abbrechenden Gesang der Kinder die Wahrheit, erhoben sich halb von ihren Sitzen und sahen nun, wie die Magd an den Stufen der Bühne anhielt, niederkniete, die gefalteten Hände gegen die Tür der Hütte hob und dann ihre Stirn auf die Bretter legte, wo sie lange und regungslos verharrte.

Es war sehr still in dem großen Raum, so still, daß das Knistern der Kerzen zu vernehmen war, unter denen die drei Wanderer in Verwirrung auf die Kniende starrten. Und erst als der Pfarrer, da doch nun nach seiner Meinung etwas geschehen mußte, von der Schwelle her leise auf die Bühne zuzugehen begann, stand die Magd langsam auf, wandte ihr verwandeltes Antlitz ihm entgegen, sah dabei nicht seine etwas hilflos ausgestreckte Hand und sagte laut und für alle vernehmlich, daß sie Trost und Demut empfangen habe von den Kindern, die immer wüßten, wo ein Licht am Abend leuchte.

Und damit ging sie still und von niemand gehalten aus dem Saal, und es war vielen zumute, als habe etwas Großes sich hier vollzogen, obwohl niemand außer dem Pfarrer wußte, worum sie gebeten und was sie empfangen hatte.

Heute noch

Manfred Hausmann

Nichts paßte zueinander: weder das Lila der Kreuzstreifen zum Dunkelblau des Mantels noch der funkelnagelneue braune Hut zu dem ebenso neuen giftgrünen Wollschal, weder die schwarzen Schuhe mit den Kreppsohlen zu den sandfarbenen Hosenbeinen noch alles miteinander zu dem jungen Mann, der sich in Bremen kurz nach 20 Uhr aus dem von Bremerhaven kommenden Zug schwang. Er setzte, während ein eisiger Windstoß einen Wirbel flimmernder Kristalle durch die Neondämmerung der hohen Bahnhofshalle trieb, seinen Koffer auf eine Bank, um den Mantel, den er nur mit dem untersten Knopf geschlossen hatte, zurechtzurucken und vollends zuzuknöpfen. Den grünen Schal ließ er nach wie vor lose vom Nacken herunterhängen.

Im Lautsprecher gab eine überdeutliche Frauenstimme den wenigen Reisenden, die der Treppe zustrebten, die nächsten Anschlüsse bekannt: „Eilzug nach Emden-Süd über Oldenburg–Ocholt–Leer, Abfahrt 20 Uhr 07 von Gleis 2. Übergangsreisende wollen sich bitte beeilen. – Nordexpreß nach Paris über Osnabrück–Essen–Köln–Aachen–Lüttich, Abfahrt 20 Uhr 38 von Gleis 7. – Triebwagen nach Bremen-Vegesack, Abfahrt . . .“

Gleis 7 gehörte, wie der junge Mann im Weitergehen feststellte, zum Nachbarbahnsteig. Er stellte ferner fest, daß in dem Erfrischungshäuschen, das dort drüben aus Klinkersteinen erbaut war, eine Verkäuferin mit einem weißen Häubchen auf dem dunklen Haar das Schiebefenster öffnete und einen Kunden bediente. Nachdenklich bewegte er seine Zunge unter der Oberlippe hin und her, warf einen Blick auf die Uhr, deren großer Zeiger eben von der vierten auf die fünfte Minute sprang, und sah abermals nach dem Erfrischungshäuschen hinüber. Dann begab er sich durch die Unterführung auf den anderen Bahnsteig. Eine neue Wolke von Eiskristallen fegte über die Gleise. Außer dem Kunden vor dem Erfrischungshäuschen, einem Eisenbahner mit Mantel und Kappe, war niemand anwesend. Beim Näherkommen hörte der junge Mann, wie die Verkäuferin rief, sie habe es jetzt aber satt, Herrgott und alle Welt noch einmal! „Gehen Sie doch endlich Ihres Weges und lassen Sie mich in Ruhe!“ Sie riß das Schiebefenster herunter, daß es nur so knallte. Hätte der Eisenbahner seine Hand nicht zurückgezogen, wäre sie zerquetscht worden.

„Die mag es ja tun", lachte der junge Mann. Aber der Eisenbahner beachtete ihn nicht, sondern drückte sein gelbliches Gesicht an die Scheibe und starrte in den Seitenraum, wo sich die Verkäuferin neben einem kleinen Herd niederließ und eine Illustrierte zur Hand nahm. Nachdem er seinen Froschmund einmal und noch einmal aufgeblasen hatte, klopfte er mit Entschiedenheit an die Scheibe.

Die Verkäuferin rührte sich nicht.

„Schlechter Kundendienst in diesem Land", sagte der junge Mann. Er ging um das Häuschen herum und vollführte mit seinen Fingern einen leisen Trommelwirbel auf dem Glas. Nach einem verstohlenen Aufblick kam die Verkäuferin herbei und schob das Fenster hoch: „Bitte?"

Eine weiche Linie schwang sich von ihrem Ohr bis zum festen Kinn, das ein wenig vorgerückt war. Dadurch erhielt der Mund etwas Trotziges und das ganze Gesicht etwas Verwirrendes, fast Wildes. Die düsterblauen Augen und die Falte auf der Nasenwurzel verstärkten das Verwirrende noch. Als sie ihn ansah, mußte der junge Mann erst einmal die Hand hinten auf seinen Hals legen und den Kopf hin und her drehen.

„Guten Abend", sagte er. „Mit dem Herrn da drüben haben Sie wohl nicht viel im Sinn?"

„Nein, gar nichts."

„Das ist wenig. Haha. Soll ich mal einen Grog haben?"

„Von Rum?"

„Von doppeltem Rum. Ah, bei Ihnen ist es aber hübsch warm!"

Er streckte seine Hand aus und befühlte die Luft, die um sie herum war. Dabei versuchte er, ihr Gesicht zu berühren: „Und hier haben Sie es noch wärmer."

„Nicht frech werden!" Ohne das Einschenken zu unterbrechen, wehrte sie seine Hand mit dem Ellbogen ab. „Ich mag keine frechen Männer."

„Das müßten meine Kumpels hören! Die sagen immer, Norre, sagen die, wenn du so beibleibst mit deiner Schüchternheit, dann kriegst du nie im Leben eine Braut. – Und wahrhaftig, es ist mir auch noch nicht gelungen, eine zu kriegen."

„Wer's glaubt!"

„Nee, wirklich. Die guten Menschen werden immer verkannt im Leben."

„Wie heißen Sie übrigens? Norre?"

„Das fragen Sie mal! Ich bin auf den Namen Norbert getauft.

Man sollte es nicht glauben. Norbert Schmitt, mit zwei T. Aber meine Kumpels rufen mich Norre. Klingt schon besser, finde ich. Oder sind Sie mehr für Norbert?"

Sie holte den Kessel vom Herd, goß heißes Wasser in das Grogglas und tat einen Strohhalm hinzu, mit dem sie das Gemisch ein paarmal umrührte. „Ihre Eltern haben einen vornehmen Geschmack bewiesen. – Zum Wohl! – Norbert ist ein vornehmer Name."

„Mein Vater lebt nicht mehr." Er hob ihr das Glas entgegen: „Auf Ihr Wohl! Wie war Ihr werter Name doch gleich?"

„Tut nichts zur Sache", sagte sie.

„Wenn ich Sie mit meinem Namen bekannt gemacht habe, können Sie mir Ihren doch auch anvertrauen."

„Soll ich mich etwa jedem vorstellen, der hier ein Glas Grog verlangt?"

„Ich bin ja auch nicht jeder, ich bin Norre Schmitt. Oder wollen Sie das abstreiten?"

„Nein, nein."

„Infolgedessen müssen Sie mir auch Ihren werten Namen gestehen."

„Gestehen ist gut. Ich heiße Schröder. Und was nun?"

„Und nun muß ich noch wissen, wie Sie vorn heißen."

„Erna."

„Auf Ihr schönstes Wohl, Fräulein Erna!"

„Danke. – Was ich übrigens sagen wollte . . ." Sie dämpfte ihre Stimme und wies mit dem Kopf nach hinten: „Ist er noch da?"

Norre spähte mit krauser Stirn an ihr vorbei: „Er glotzt immer noch durch die Scheibe wie ein Fisch durchs Aquarium. Was ist das denn für einer?"

„Ich werde nicht klug aus ihm." Sie machte mit dem rechten Arm eine heranholende Bewegung und beugte sich vor. Ihr Haar streifte einen Augenblick seine Schläfe. „Jeden Monat fährt er zweimal oder dreimal in Richtung Osnabrück. Mit diesem Zug, 20 Uhr 38. Und dann kommt er meist schon eine halbe Stunde eher und redet mit mir."

„Und was will er von Ihnen?"

„Och, der ist ja verrückt." Sie stieß halb unwillig, halb selbstgefällig den Atem durch die Nase. „Was der sich denkt!"

Norre rührte mit dem Strohhalm in seinem Glas herum und trank es aus. „Bißchen verrückt bin ich aber auch", sagte er mit einem jungenhaften Lächeln. „Noch einen, bitte! Erst doppelt, und dann noch einen Daumen breit mehr. Verdammt kalt heute!" Er blies gegen seine Hände und lächelte sie mit den Augen an: „Bißchen verrückt bin ich auch."

„Manche Menschen ziehen bei so einer Kälte Handschuhe an." Sie griff nach der Flasche. „Im Radio haben sie gesagt, wir kriegten heute nacht über 20 Grad."

„Handschuhe? Mensch, Erna, wo sind meine Handschuhe?" Er suchte in seinen Manteltaschen herum.

„Jajaja."

„Habe ich natürlich im Zug liegenlassen. Na, Glück auf die Reise! Wozu gibt es Handschuhläden in der Welt? – Vergessen Sie meinen Grog nicht!"

„Sie scheinen ja eine dicke Brieftasche zu haben."

„Habe ich. – Geben Sie ruhig noch einen Schuß zu, weil ich es bin! So. Was kommt nun? Zucker. So. Und heißes Wasser. Nicht so viel! So." Seine Hände umschlossen das Glas und führten es an seinen Mund: „Prost, Erna!"

„Prost, Seemann!"

Er unterbrach seinen Schluck. „Woher wissen Sie, daß ich zur See fahre?"

„Wenn der Hut eine halbe Nummer zu klein ist und der Mantel zwei Nummern zu groß, dann kann es sich nur um einen Seemann handeln, der sich landfein gemacht hat. Man muß direkt Mitleid mit euch haben."

„Sie sind ja ein kluges Mädchen. Prost, kluges Mädchen!"

„Prost, armer Seemann!"

„Und nun fangen Sie mal ein bißchen mit dem Mitleid an!"

Wieder machte sie diese Bewegung des Heranholens: „Wissen Sie, an anderen Tagen kann er hier herumstehen, soviel er will, da stört es mich nicht. Sind ja Menschen genug in der Nähe. Na, es stört mich schon. Aber vorhin, als sich weit und breit keine Seele blicken ließ, bin ich beinahe gestorben vor Angst. Ich war richtig froh, als Sie plötzlich auftauchten."

„Und was geben Sie mir dafür?"

„Ein Pfefferminzplätzchen."

„Denn ich kann ja auch wieder weggehen."

„So sind die Männer: immer gleich erpressen."

„Ich bin nämlich auch ein bißchen verrückt."

„Aber nicht so wie der. Der hat so etwas . . . Manchmal denke ich, er lauert nur darauf, daß er mir an die Kehle gehen kann. Sie müßten mal erleben, wie er mich ansieht, wenn er mit mir spricht, so von ganz nahem. Die Augen liegen ja so tief in seinem Kopf, wie bei einem Untier. Haben Sie den Film ‚Der Mann aus Zelle 27' gesehen?"

„Nee!"

„Sie interessieren sich wohl nur für Schundfilme? Jedenfalls kommt darin einer vor, der auch solche Augen hat. Der Bauch kann sich einem zusammenziehen vor Unheimlichkeit. – Ist er noch da? Ich mag mich gar nicht umdrehen. Wie benimmt er sich denn jetzt?"

„Er kaut auf seinem Gummi herum und glotzt durch die Scheibe."

„Nein, er kaut nicht, er mahlt nur mit seinem Unterkiefer. Das macht er immer so. Er steht da und sieht mich an und mahlt mit seinem Unterkiefer. Muß man sich das eigentlich gefallen lassen?"

„Wetten, daß er dann weggeht?"

„Wann?"

„Wenn Sie mir einen Kuß geben."

„Haben Sie eine Ahnung! Dann bringt er Sie um. Auf der Stelle. Sie und mich."

„Wir könnten es ja mal versuchen."

„Erzählen Sie mir lieber, was Sie so darstellen an Bord."

„Ich bin Motorenwärter."

„Was für ein Schiff?"

„‚Katharina Wisser'! Hat gestern nacht Grundberührung gehabt bei der Ausreise zwischen Robbensüdsteert und Wremer Loch. Die Brücke behauptet, ‚Kathrinchen' sei aus dem Ruder gelaufen. Als ob die Brücke schon jemals schuld gehabt hätte! ‚Kathrinchen' muß also ins Dock, und Norre Schmitt kann nach Lünen zu seiner Mutter fahren. Raten Sie mal, was ich ihr mitbringe?"

„Kleinen Walfisch."

„Aber eine Handtasche aus echt ägyptischem Krokodil. In Port Said gekauft. Mit einem echten Portemonnaie drin."

„Wo liegt eigentlich Lünen?"

„Zwischen Münster und Dortmund. Eine großartige Stadt. Da haben sie neuerdings ein Rathaus gebaut, das höher emporragt als die Georgskirche."

„Wissen Sie denn überhaupt, was das ist, eine Kirche?"

„Ich glaube, das ist so ein Ding mit einem Turm dran."

„So habe ich es mir gedacht. Natürlich haben Sie auch keine Ahnung, welches Datum wir heute schreiben."

„Den 24. Dezember, bitte sehr."

„Und was ist das für ein Tag?"
„Donnerstag."
„Sie sind ein alter Heide."
„Schön und gut, aber das hat ja alles nichts mit unserer Abmachung zu tun."
„Abmachung?"
„Daß Sie mir einen . . . daß Sie mir was geben wollten."
„Zwei Grogs, und schon betrunken."
„Rein sachlich, Erna, nicht von wegen Liebe, sondern von wegen dem Untier. Erna?"
„Wenn Sie von Lünen zurückkommen, sprechen wir noch einmal darüber."
„Und jetzt nicht?"
Es dauerte ein paar Sekunden, ehe sie den Kopf schüttelte.
„Tja, Erna, dann muß ich hier mal eben zur Pfändung schreiten."
Bevor sie begriff, was er damit meinte, hatte er schon vier, fünf Schokoladentafeln und zwei Pralinenpackungen an sich gerafft und war einen Schritt zurückgetreten.
„Geben Sie sofort die Sachen wieder her!" rief sie.
„Selbstverständlich."
„Hören Sie, da verstehe ich keinen Spaß! Sofort!"
„Nur eben den Preis feststellen." Er hielt die größere Schachtel ins Licht und tat so, als bemühe er sich, das Preiszettelchen zu entziffern. „Oh, die ist aber teuer!" Seine Augen sahen mit besorgtem Ausdruck zu ihr hinüber. „Hoffentlich können Sie den Betrag auch aufbringen: Sieben?"
„Sie sollen die Sachen hergeben!"
„Sieben."
„Sonst rufe ich die Bahnpolizei."
„Erst die Bezahlung, dann die Ware."
Er drückte die geraubten Tafeln und Schachteln links gegen seine Brust, näherte sich mit der rechten Schulter dem Fenster und neigte ihr sein Gesicht entgegen. „Sechs tun es auch." Aber als sie die Hände nach den Packungen ausstreckte, wich er zurück. Dann kam sein Gesicht wieder näher und wich abermals zurück. Beim dritten Male schlug sie zu. Der braune Hut flog auf den Bahnsteig.
„Hier", sagte Norre in verändertem Tonfall und reichte ihr mit einer schlaffen Bewegung die Pralinenschachtel.
Da zog sie ihn hastig zu sich her und küßte ihn. Die Tafeln und Schachteln rutschten weg. Vergeblich bemühte er sich, sie festzuhalten, indem er seinen Körper gegen das Fensterbrett stemmte. Ei-

ne nach der anderen fiel herab. Einen Augenblick gewahrte er das gelbliche Gesicht hinter der gegenüberliegenden Scheibe, die dunklen Augenhöhlen, den mahlenden Unterkiefer. Dann entfernte es sich und verging.

„Ich wollte Ihnen aber nicht weh tun", sagte Erna.

„Hast du auch nicht, überhaupt nicht." Er bückte sich nach seinem Hut, stülpte ihn auf den Hinterkopf und las die heruntergefallenen Dinge zusammen. Während er mit ungeschickten Händen versuchte, sie hinter dem Schiebefenster so wieder aufzubauen, wie sie gestanden hatten, nahm sie ihm den Hut ab und bürstete ihn mit dem Ärmel ihrer Strickjacke sauber.

Norre bedankte sich und sagte, jetzt habe er keine Lust mehr, nach Lünen zu reisen.

„Das will ich nicht noch einmal hören!" Ihr Zeigefinger fuhr drohend auf ihn zu. „Sie werden hübsch Ihre Mutter besuchen. Und wenn ich Sie eigenhändig in Ihr Abteil schubsen müßte."

Im Lautsprecher rauschte und knackte es. Die Frauenstimme verkündete, der Nordexpreß von Kopenhagen nach Paris, planmäßige Ankunft 20 Uhr 35, Abfahrt 20 Uhr 38, habe Einfahrt auf Gleis 7.

„Der Zug fährt ohne Halt bis Osnabrück."

„Gut." Er legte seine Hand auf den drohenden Finger und drückte ihn herunter. „Aber dann mußt du auch mit mir ausgehen, wenn ich zurückkomme."

Ein Gepäckträger stellte zwei schweinslederne Koffer und einen karierten Campingbeutel auf den Bahnsteig und winkte nach der Treppe hinüber, auf der ein Herr mit einer weißen Lammfellmütze sichtbar wurde.

„Hoffentlich denken Sie nichts Falsches von mir", sagte Erna. „Ich habe auch das . . . das andere nicht gewollt. Das eine nicht und das andere nicht. Ich habe es nur aus Erschrockenheit getan."

„War trotzdem schön. Heute ist Donnerstag. Morgen nicht und übermorgen nicht. Aber dann, Sonntag."

„O Gott", flüsterte sie, „da ist er ja wieder."

Der Eisenbahner kam um die Ecke des Erfrischungshäuschens, den Blick auf den Boden gerichtet, und blieb neben Norre stehen.

„Dieser Platz ist besetzt", sagte Norre und stieß ihn weg.

Mit kauendem Munde ging der Eisenbahner um ihn herum und stellte sich auf die andere Seite.

„Gleichfalls besetzt." Diesmal fiel Norres Stoß schon bedeutend kräftiger aus.

Der Eisenbahner taumelte, auf einem Bein hüpfend, zur Seite, fing sich und stellte sich wieder dorthin, wo er zuerst gestanden hatte.

„Einen Korn", sagte er und sah Erna an.

„Jetzt paß mal auf!" Norre faßte ihn mit der Linken vor die Brust, riß ihn zu sich her, stieß ihn von sich weg und riß ihn abermals heran. Beim zweiten Heranreißen wischte seine Rechte an dem kauenden Kinn entlang. Der Kopf flog nach links herum. „Wenn du dieser Dame noch ein einziges Mal lästig fällst", die Kehrseite von Norres Faust traf, zurückkommend, das Kinn von links, so daß der Kopf in die entgegengesetzte Richtung zuckte, „dann falle ich dir so lange lästig, bis du nur noch einen Pfannkuchen als Gesicht hast. Und nun setz dich dahin und putz dir die Nase!" Mit ausgestrecktem Arm schob er den Eisenbahner, der sich kaum wehrte, vor sich her und drückte ihn auf einen eisernen Papierkorb.

„Und das am Heiligen Abend", sagte Erna.

„Er kann sich den Heiligen Abend an den Hut stecken."

„Sie werden ihm doch nichts gebrochen haben?"

„Nee, der hat Gummiknochen. Merkt man gleich. Der Korn kommt mir gerade recht. Auf nächsten Sonntag, Erna!"

Es sah so aus, als habe der Eisenbahner seine Absicht noch nicht aufgegeben. Er erhob sich, tappte auf die beiden zu, machte dann aber einen Bogen und ging weiter.

„Er weiß Bescheid", sagte Erna. „Am Ende des Zuges läuft ein deutscher Wagen, der immer leer ist. Na, heute gibt es überall Platz. Da kommt der Zug."

Ein Lichterdreieck tauchte in der Dunkelheit auf, schwenkte zur Seite und schwebte nach Gleis 7 herüber. Langsam wuchtete die rote Diesellokomotive mit dem schwarzen Keil auf dem Bug in die Halle. Das unbewegte Gesicht des Lokomotivführers hoch oben hinter dem schrägen Fensterchen glitt vorüber. Irgendwo schrie eine Bremse auf. Der Zug stand.

„Bin gleich wieder da", sagte Norre. Er stieg in den ersten besten Wagen.

Erna sah, wie er den Gang entlangeilte, eine Abteiltür öffnete, den Koffer ins Netz warf und Hut und Mantel ablegte. „Behalten Sie doch um Himmels willen Ihren Mantel an!" rief sie. „Anbehalten!" Aber er sprang schon aus dem Zug und war mit drei Sätzen wieder bei ihr. „Bezahlen muß ich auch noch. Und dann kriege ich doch noch was zum Abschied. Du?"

„Drei Grogs, nein zwei nur, zwei große Grogs macht . . ."

„Weil ich so brav nach Lünen fahre."
Sie erhob ihre Stimme etwas: „Macht 2,60. Ein Korn 30. Und das ist schon alles.
„Erna?"
„Macht zusammen 2,90 zusammen."
Er holte ein Fünfmarkstück aus seiner Rocktasche. „Die Groschen laß nur! – Erna?"
„Einsteigen, bitte!" rief der Schaffner. Fast im gleichen Atemzug forderte auch die Stimme im Lautsprecher dazu auf.
„Komm!" drängte Norre.
„So weit sind wir noch nicht. Da ist Ihr Geld."
„Dann warte ich hier, bis wir so weit sind." Er setzte seinen Ellbogen auf das Fensterbrett und stützte, in der Hüfte einknickend, sein Kinn auf den Handteller, als habe er beliebig viel Zeit.
„Und Ihre Sachen?" sagte Erna.
„Können meinethalben nach Paris reisen."
Am Kopf des Bahnsteigs ertönte die Trillerpfeife des Fahrdienstleiters.
„Wollen Sie noch mit?" fragte der Schaffner.
Norres Hand winkte gleichmütig ab.
Erna sagte, er sei ein ganz schlechter Mensch.
„Du etwa nicht?" Sein aufgestütztes Gesicht sah lächelnd zu ihr empor: „Aber ich mag dich trotzdem leiden."
Lautlos begann der Zug sich zu bewegen.
„Los, Los!" Sie stieß seinen Arm vom Fensterbrett herunter.
Norre richtete sich auf: „Erst . . . Du weißt ja."
„Jetzt nicht. Aber Sonntag . . . vielleicht."
Ein dunkelblauer Schlafwagen, dessen Fenster halb zugefroren waren, rollte weich vorüber, noch einer, ziemlich schnell schon, und noch einer.
„Auf ‚vielleicht' kann ich mich nicht einlassen."
„Also gut, also ja."
Da begann Norre mit seitlichen Sprüngen zu laufen und rief, ob sie es auch ernst meine.
„Jaja. Ach, Sie kriegen ihn nicht mehr. – Nicht! Nicht!"
Der letzte Wagen dröhnte vorbei. Im Fenster der hinteren Tür zeichnete sich der Umriß des Eisenbahners ab.
„Zurückbleiben!" Der Fahrdienstleiter stellte sich Norre, der jetzt Ernst machte, mit ausgebreiteten Armen entgegen.
Aber Norre schlug einen Bogen und rannte mit hochgeworfenen Knien hinter den beiden Schlußlaternen her. Die aus dem Heiz-

W. GAUSE.

schlauch strömenden Dampffetzen glühten rot auf. Während er den Tritt, einen Metallrost, ins Auge faßte, der ein gutes Stück unter der Bahnsteigkante dahinglitt, nahm er schattenhaft wahr, daß der Eisenbahner sich aus dem Fenster beugte und wieder verschwand. Mit einer letzten Anstrengung gelang es ihm, die senkrechte Griffstange zu erfassen. Die Beschleunigung des Zuges zwang seine Beine zu einem wilden Wirbel. Dann sprang er, wenige Meter vor dem Ende des Bahnsteigs, auf den Tritt hinunter, der nur mit einem Viertel seiner Breite über die leicht gewölbte Seitenwand des Wagens hinausragte, und flog, hintenüberhängend, mit dem Zuge dahin. Er wechselte den Griff, drehte sich um und winkte Erna zu. Als sie sah, daß ihm der Sprung gelungen war, lehnte sie sich noch etwas weiter aus ihrem Fenster heraus und erwiderte sein Winken mit schnellen Bewegungen.

Unter den Rädern entstand ein Gewirr von Schlägen, der Wagen wurde durch eine Weiche nach links und gleich darauf durch eine zweite noch einmal nach links geworfen. Norre mußte sich mit beiden Händen festhalten. Obwohl er nur noch die verkürzten Reihen der Bahnsteiglampen und die Dämmerung darunter erkennen konnte, winkte er weiter, bis sich ein abgestellter Zug dazwischenschob und den Bahnhof auslöschte.

„Junge, ist das eine Kälte!“ sagte er vor sich hin und drückte den Griff herunter, um einzusteigen. Aber die Tür bewegte sich nicht. Er drückte noch einmal. Umsonst. Er drückte und ruckte mit aller Kraft. Aber die Tür blieb so fest mit dem Wagen verbunden, als habe sie sich nie öffnen lassen.

Zugeschlossen, dachte er, das ist ja allerhand. Hat natürlich der Eisenbahner gemacht, dieser Hundesohn. Ja, hier unterm Griff ist das Loch mit dem Vierkant innen. Ich kann ihn mit meinem kleinen Finger fühlen. Er besitzt sicher einen Schlüssel. Und da hat er das Fenster geöffnet und von außen zugeschlossen. Sicher. Dieser Hundesohn! Oder war die Tür schon verschlossen, als der Zug einlief? Kann ja vorkommen. Soll nicht, aber kann. Jedenfalls hänge ich hier und kriege einen kalten Hintern. Und nun?

Der Zug, der schon eine beträchtliche Geschwindigkeit erreicht hatte, überquerte eine erleuchtete Straße. Die Schlußlichter eines Kraftwagens trieben nach rechts und vergingen. Wie ein unaufhörlich flatterndes Gedonner wetterte der Fahrtwind an Norres Ohren hin. Er war so schneidend, daß er im Nu durch die Kleidung drang. Als ob ich nackt sei, dachte Norre. Ich muß hinein, sonst geschieht ein Unglück. Er schob seine Hand um die abgerundete Ecke des

Wagens und betastete die Rückwand, stieß aber, so weit sein Arm reichte, nur auf kaltes, glattes Metall. Es bestand keine Möglichkeit, über die Puffer nach der gegenüberliegenden Tür zu gelangen. Bei anderen Wagen war hinten eine Leiter zum Besteigen des Daches angebracht oder irgendein Griff oder wenigstens ein Halter für die Schlußlaterne. Aber an diesem gab es nichts dergleichen. Es handelte sich um einen Wagen neuester Bauart, allenthalben abgerundet, glatt, windschlüpfig. Warum mußte er auch gerade an so einen geraten? Der Teufel sollte ihn holen! – Dann bleibt mir nichts anderes übrig, als die Scheibe einzuschlagen. Aber womit? Und ob ich dann hineinkomme, ist auch noch die Frage. Wenn doch dieser verfluchte Tritt nicht so weit unter dem Wagen säße! Sowie ich versuche, mich am Fensterrahmen hochzuziehen, hänge ich in der Luft. Und wie soll ich dann hineinkommen? Es geht nicht, Kinder, es geht nicht! Aber was sonst? Vielleicht ist es mit einem ordentlichen Ruckzuck doch noch zu schaffen. Erst einmal die Scheibe einschlagen.

Er betrachtete das Fenster. Es bestand aus zwei mit Stahlrahmen eingefaßten Teilen. Die untere Hälfte war fest, die obere ließ sich an der Innenseite herunterschieben. Über beide Hälften zog sich eine graue Eisschicht im Bogen nach oben.

Viel Zeit habe ich nicht mehr, dachte er. Ich kann ja jetzt schon die Finger kaum noch bewegen. Und die Haut über meinem Backenknochen spannt sich, als wolle sie jeden Augenblick platzen. Soll ich die Scheibe mit der Faust einschlagen oder wie? Und wenn ich mir dabei eine Ader aufschlitze? Am besten mit einem Schuh. Warum habe ich mein finnisches Messer nicht mitgenommen? Aber wer denkt denn an so etwas? Komm her! Er bückte sich ächzend und zog das linke Bein an.

Neben dem Zug breitete sich eine dunkle Fläche aus. Am Himmel glommen ein paar rote Punkte, wahrscheinlich die Warnlichter eines Schornsteins. Ganz in der Ferne flimmerten die Lichterzeilen eines Hochhauses. Wie durch Zauberei stand plötzlich ein grünes Licht über dem Bahndamm und wich still zurück.

Norres steife Finger zogen die Schnürbandschleife zu einem Knoten zusammen. „Spuk drauf!" sagte er, faßte den Schuh beim Hacken und riß ihn vom Fuß, wie er war. Als er die unbeschuhte Sohle wieder auf den Eisenrost stellte, hatte er ein Gefühl, als träte er auf ein Dutzend Rasiermesser. Die Kälte schnitt bis in sein Knie hinauf.

Meine Nase spüre ich schon nicht mehr. Ist wahrscheinlich schon erfroren. Ich müßte sie reiben, damit das Blut wieder in Gang kommt. Meine Ohren auch. Ach was, spuck auf die Ohren! Erst die Scheibe.

Er drückte den Schuh mit seinem Bauch gegen die Tür und schloß die Linke, die ihm kaum noch gehorchte, um die Spitze. Die Rechte umklammerte die Griffstange. Da puffte eine schwarze Masse heran und donnerte vorbei. Der Luftdruck, der ihn wie ein schwerer Hieb traf, hätte ihn herumgestoßen und auf den Bahndamm geschleudert, wenn seine Hand nicht blindlings an den Türgriff gefahren wäre. Mit hochgezogenen Schultern ließ er die Helligkeiten des Gegenzuges vorbeizucken. Abermals ein Puff. Ende. Häuserschatten, helle Fenstervierecke. Die beiden roten Schlußlichter entfernten sich schnell.

Um ein Haar wäre es schiefgegangen. Dann läge ich jetzt mit gebrochenem Genick auf dem Schotter, wenn es mich nicht überhaupt vor den anderen Zug geworfen hätte. Der Schuh ist im Eimer. Aber ich habe ja noch einen. Was stand da eben an dem Stellwerk? Bremen-Hemelingen? Immer noch Bremen? Scheint ja eine unendliche Stadt zu sein.

Er krümmte seinen Fuß zusammen und streifte den zweiten Schuh ab. Das Einschlagen der Scheibe war schwerer zu bewerkstelligen, als er gedacht hatte. Durch den Kreppabsatz wurde die Wucht des Schlages gedämpft, die ohnehin nicht bedeutend war, weil das Hintenüberhängen und die fortschreitende Erstarrung seinen Bewegungen die Kraft nahmen. Er mußte ein paarmal ausholen, ehe es klirrte.

Wenn außer dem Hundesohn noch jemand im Wagen sitzt, wird er wohl jetzt merken, daß hier etwas los ist. Ich könnte ganz gut ein bißchen Hilfe gebrauchen.

Aber niemand kam. Er ging daran, die Glaszacken, die noch in der Unterseite des Rahmens steckten, Stück für Stück herauszuschlagen. Seine Brust keuchte, dampfend kam der Atem aus seinem Munde. Unter dem Wagen begann es zu dröhnen, ein Gitterwerk schoß neben dem Zug hoch und zischte mit rhythmischen Geräuschen vorbei. Im Sternenlicht der Nacht schimmerte das breite Band eines Stromes herauf. Muß die Weser sein, dachte er und hämmerte weiter. Hatte ich mir größer vorgestellt. Geh raus, verdammtes Sauding!

Norre bemerkte ihn erst, als sich der stählerne Rahmen der oberen Fensterhälfte langsam senkte. Der Eisenbahner, der wie ein Gespenst hinter den Eisblumen aufragte, ließ den Rahmen ein Stück hinab und schloß ihn dann seitlich mit seinem Vierkantschlüssel fest. Dadurch wurde das Türfenster dreifach vergittert: unten und oben durch die Kanten des halb herabgelassenen Fensters, in der Mitte durch die Oberkante der feststehenden unteren Fensterhälfte. Der Abstand von Stahlkante zu Stahlkante betrug zwei gute Handbreiten.

Norres Abwehr kam zu spät. Er war endgültig ausgesperrt. Mit unbewegten Augen sah der Eisenbahner auf ihn hinab. Statt zu kauen, drückte er jetzt die Unterlippe in kurzen Abständen gegen die wulstige Oberlippe, so daß sie wie ein breiter Schnabel vorsprang.

Voller Wut und Verzweiflung schleuderte Norre seinen Schuh gegen das Schnabelgesicht. Er war sich klar darüber, was die kleine Verschiebung des Fensters bedeutete. Der Schuh prallte gegen die Stahlkante und wurde vom Fahrtwind, der zum Sturm angeschwollen war, in die roten Dampfwirbel gefegt. Wieder trübte sich, wie vor kurzem hinter der Scheibe des Erfrischungshäuschens, das gelbe Gesicht, schwankte zurück und verschwand.

Eine eisige Woge, eisiger noch als die sausende Kälte um ihn her, stieg vom Zwerchfell in Norres Brust hinauf. – Das kann doch nicht sein. Ich bin ja erst vierundzwanzig Jahre alt. Ich kann doch noch nicht . . . Er biß die Zähne aufeinander und stemmte seinen Handballen gegen den festgeschlossenen Rahmen, konnte ihn aber nicht von der Stelle rücken. Während seines letzten Urlaubs hatte er in einem überfüllten Zug auch an so einem halb geöffneten Türfenster gestanden und sich bemüht, es herunterzuschieben, weil der Frau neben ihm schlecht geworden war. Aber gegen die Vierkantsperre hatte er nichts auszurichten vermocht. Nein, das Fenster mußte er aufgeben. Was kam sonst noch in Frage? Abspringen? Nicht daran zu denken! Wenn er bei dieser Kälte auf die Schottersteine schlug, brach er sich sämtliche Knochen im Leibe.

Der Zug hatte seine Geschwindigkeit noch gesteigert. Er klapperte und ratterte nicht mehr, sondern zog mit einem weichen Rauschen durch die Finsternis. Seitwärts erschien ein einzelnes Licht, hatte eine Weile Bestand und blieb zurück. Dann waren mehrere Lichter da. Auch sie versanken.

Aber vielleicht stand irgendwo ein Signal auf Halt. Oder der Zug mußte einmal seine Fahrt herabsetzen. Konnte man annehmen, daß er seine Geschwindigkeit bis Osnabrück unverändert beibehielt? Wie weit war es noch bis Osnabrück? Anderthalb Stunden?

Zwei Stunden? Er wußte es nicht. Aber das wußte er, daß seine Kräfte nicht mehr lange vorhalten würden. Dies halbe Hängen und der Eiswind und alles, das konnte nicht mehr lange gutgehen.

In das Rauschen mischte sich ein hastiges Geklicker, Schienenstränge zweigten ab, fünf, sechs, viele, Güterwagen standen da, einzeln und in Reihen, Lampen flogen vorüber, ganze Ketten von Lampen. Wieder das Klickern. Ein halbkreisförmiger Lokomotivschuppen mit dem Gleisfächer und der Drehscheibe davor. Eine schwarze Inschrift auf weißem Grund: Bahnbetriebswerk Bremen-Kirchweyhe. Der Zug rauschte dahin.

Norre spähte nach vorn. Der Fahrtwind preßte die Tränen, die aus seinen zusammengekniffenen Augen quollen, über das Wangenjoch gegen die Ohren. Als er dorthin faßte, knisterte es wie Eis. Auch sein Kinn knisterte. Er wagte nicht, die Ohren zu reiben, weil er fürchtete, sie brächen ab. War der helle Dunst, der sich links vorn zeigte, ein Bahnhof? Auf seiner Oberlippe saß ebenfalls Eis. Ein Bahnhof, ja. Er unterschied das Haus und die glatten Bahnsteige. Und da jagte der Zug auch schon hindurch. Ein paar Sekunden lang verdichtete sich das Rauschen zu einem scharfen Zischen. „Hilfe!" schrie Norre, so laut er konnte. Aber seine Stimme überschlug sich sofort. „Hü-fäää!" Niemand ließ sich blicken. Gerassel, Geklicker. Vorbei. Kirchweyhe hieß der Bahnhof.

Die Telephondrähte sanken, stiegen in flachem Bogen an, schossen zu einem Mast empor und sanken wieder, stiegen an, schossen empor und sanken, stiegen und sanken, stiegen und sanken.

Wenn ich doch an so einen Draht heran könnte! Da gehen nun die Stimmen der Menschen hindurch. Sie erzählen sich was, sie lachen und husten und erzählen sich Witze, und ich hänge hier zwischen Tod und Leben. Ich hätte meinen Schuh gegen die Drähte werfen sollen. Vielleicht wäre dann eine Störung eingetreten und sie hätten etwas gemerkt. Ach was, die merken nichts, die lachen und rauchen Zigarren, und ich muß erfrieren.

„Hundesohn!" schrie er plötzlich. „Dreimal kreuzverdammter Hundesohn! Du kannst mich doch nicht hier verrecken lassen wie ein Kilo Putzwolle!" Er schlug ein paarmal mit der Faust gegen die Wagenwand. „Mach auf, Hundesohn! Aufmachen! Au-ma-en!" Seine Worte waren nur noch ein Würgen und Röcheln.

Der kommt nicht. Niemand kommt. Lange halte ich es nicht mehr aus. Wenn ich bloß nicht so hintenüberhinge! Mein Kreuz bricht ab. Und die Füße! Und müde bin ich auch.

Noch immer liefen mehrere Schienenstränge neben dem Zug

her. Die Nacht wurde dunkler. Weit und breit war kein Licht mehr zu sehen. Und dann bogen die Schienen auf die Hauptstrecke zu, eine nach der anderen, zuletzt waren nur noch zwei Gleise da.

Vorsichtig schob er seine rechte Hand hinter der Griffstange hindurch und bemühte sich, den Jackenaufschlag zu erfassen. Aber die Finger wollten sich nicht mehr schließen. Er ließ den Aufschlag fahren und drängte die Hand zwischen zwei Knöpfen an seinen Bauch. Vielleicht wurde sie in der Wärme wieder beweglich und konnte sich an den Gürtel krallen.

Der Zug fuhr in ein Schneegestöber hinein. Norres Haut merkte nichts, aber die Augen fühlten es. Und dann sah er auch die winzigen Kristalle in den Ärmelfalten. An jeder Schranke wirbelte etwas Schneestaub hinter dem Wagen hoch.

Mit großer Mühe gelang es ihm, seine Finger um den Gürtel zu legen. Am ehesten gehorchte noch der Daumen. Der kleine Finger blieb dagegen steif und gefühllos.

Beim Durchfahren von Syke rief er nicht mehr um Hilfe. Es hatte keinen Sinn. Der Bahnhof war menschenleer. Auf der Rampe neben dem Güterschuppen standen rote und grüne Landmaschinen. Woran hatte er doch gedacht, ehe der Zug durch Syke brauste? Er konnte sich nicht mehr darauf besinnen. Aber es war etwas Wichtiges gewesen. Womöglich schnürte die Griffstange sein Blut ab. Dann würde der Arm, an dem er hing, schneller erfrieren als die anderen Glieder. Wo liefen eigentlich die Adern entlang? Das Nachdenken fiel ihm so schwer.

Neben dem Bahndamm zogen sich Häuserschatten mit rötlichen und gelben Fenstervierecken hin. Hinter dem einen Fenster brannte noch ein Weihnachtsbaum. Die hatten es gut. Ach ja. Er war nicht imstande gewesen, die Bahnhofsuhr zu erkennen. Der Zug dröhnte jetzt durch einen Geländeeinschnitt. Das Schneien schien aufgehört zu haben. Die Adern liefen sicher innen am Ellbogen entlang. Ach so, jetzt wußte er wieder, woran er vorhin gedacht hatte. Er streckte die linke Hand durch das eingeschlagene Fenster, um sie an der Wärme im Innern des Wagens teilhaben zu lassen. Das hätte er schon früher tun sollen. Aber er spürte keinen Unterschied zwischen außen und innen. War seine Hand schon tot? Erst die Hand und dann der Arm und dann das Herz. Vor einiger Zeit hatte er seine Hand in eine andere Wärme gestreckt. Erna mochte keine frechen Männer. In ihrer Bude war es aber wärmer gewesen als auf dem Bahnsteig. Hatte er eigentlich etwas Freches gesagt? Höchstens das mit der Kirche. Sie war richtig ärgerlich geworden. Ob sie wohl sonntags in die Kirche ging? In Lünen hieß die Kirche Georgskirche . . . in Lünen . . . in Lünen . . .

Der Zug fuhr und fuhr, er schmiegte sich schräg in die Kurven, richtete sich wieder auf und rauschte weiter. Und jedes Signal stand auf „Freie Fahrt". Und oben glitzerten die Sterne.

Noch nie in seinem Leben war er so allein gewesen. Und kein Mensch konnte ihm helfen, wohin er seine Gedanken auch richtete, der Kapitän nicht und die Mutter nicht und die Sterne nicht da oben und Erna nicht und Kuli nicht, sein Macker am Backbordmotor, Kuli, der alte Finne mit einem blauen Blutschwamm an der Schläfe und grauen Haaren hinten am Nacken herunter, der es mit dem Besprechen von Krankheiten hatte und mit dem Zaubern. Aber auch er konnte ihm nicht helfen in dieser Mutterseelenverlassenheit. Ein Schluchzen stieg in ihm hoch, er verzog seinen Mund und weinte ein bißchen vor sich hin. Die Dinge und Gewalten, zwischen die er geraten war, hatten ihr hartes Gesetz und gingen gleichmütig ihren Gang: der Zug, der Eiswind, die stählerne Wand, das Fenster, die Nacht. Kein Erbarmen, wohin er sich auch wandte. Gab es denn so etwas auf der Welt, daß die einen in der warmen Stube um den Weihnachtsbaum herumstanden und ein Lied sangen und der andere in der bitteren Winternacht an einem Eisenbahnwagen hing und sterben mußte, heute noch . . . ja ja ja . . . um den Weihnachtsbaum herum . . . ja ja . . . das war . . . warte mal . . . ach das war schon lange her . . . da lebte sein Vater noch . . . er hatte noch nie einen so hohen . . . so viele Kerzen . . . bis unter das Gewölbe . . . heute noch . . . und die Orgel erklang, und er saß neben seinem Vater auf der Bank und versuchte, die Kerzen zu zählen . . . und da war auch ein großes Kreuz im Dunkeln . . . da oben . . . und ein blutendes Gesicht . . . so schräg, das die Kerzen von unten her ein bißchen hell machten . . . und die Augen halb zu . . . siebenundvierzig, achtundvierzig, neunundvierzig Kerzen . . . einundfünfzig . . . als ob sie lebendig seien . . . die Augen . . . ach ja, heute noch . . . in einer Viertelstunde schon . . . oder noch eher . . . oder . . . oder . . . heute noch . . . heu . . .

Er schreckte hoch, weil sein rechtes Knie nach vorn geschnellt und sein Körper zusammengesackt war. Ein Glück, daß er den Arm hinter die Griffstange geschoben hatte! War er denn richtig eingeschlafen? Nur das nicht! Wenn er einschlief, wachte er nicht wieder auf. Und wenn er nicht einschlief? Er war so oder so verloren. Ob er wohl noch einmal zur Besinnung kam beim Herunterfallen? Eine hundertstel Sekunde bevor er sich das Genick brach? Warum sagte es denn immerzu ‚Heute noch' in seinem Kopf? Die Augenlider waren so schwer, als hinge an jeder Wimper ein Gewicht. Es kostete ihn eine inständige Anstrengung, sie zu heben und in die Nacht hinauszusehen. Unablässig lief der Lichtschein, der aus den Fenstern fiel, neben dem Wagen her, über Gebüsche, zugefrorene Gräben, Schilfstreifen, Zäune und kleine Schneewehen, auf und ab und immer weiter. Hinter dem eilenden Schein stand eine dumpfe Finsternis, über der ein Dämmern aus schwachem Sternenlicht webte.

Und morgen abend ist das alles noch genauso vorhanden wie jetzt, dachte er, und übermorgen auch und in vier Wochen immer noch. Und ich? Wo bin ich morgen? Wie sehe ich morgen aus? Nein, nicht morgen, heute noch . . . heute noch . . . Ich habe mir ja alles mögliche einfallen lassen. Aber doch nicht so etwas. Von Zeit zu Zeit stellt man sich ja vor, wie das Leben weitergehen soll. Die Hauptsache soll ja erst noch kommen. Der Tod ist weiter nicht im Spiel. Wer denkt denn mit vierundzwanzig Jahren an den Tod? Ich jedenfalls nicht. Und mit einem Male sind vierundzwanzig Jahre alles, was einem bewilligt worden ist. Und dann Schluß. Heute noch.

Wieder quoll ein Weinen in ihm hoch. Vielleicht hätte ich das nicht sagen sollen, daß ich nicht wüßte, was eine Kirche ist. Früher bin ich sogar jeden Sonntag dringewesen, als ich konfirmiert wurde, ganz früher, in Lünen. Hätte ich nicht sagen sollen. Ach was! Als ob der Hundesohn dann die Tür nicht abgeschlossen hätte! An der Kirche lag es nicht. Und woran sonst? Etwa am lieben Gott? Andere hatten auch nichts mit dem lieben Gott im Sinn. Zum Beispiel Kuli. Und der saß jetzt in Bremerhaven bei Mutti Schwarz und trank was Gutes. Oder an Erna? Oder an dem Hundesohn? Natürlich lag es an dem Hundesohn, an diesem Verbrecher. Was weiß der liebe Gott denn davon, wie elend einem zumute ist, wenn man sterben muß? Er braucht ja nicht zu sterben, er ja nicht. Beten hat auch keinen Zweck. Hilf dir selbst, dann hilft dir Gott. Wie hieß der Bahnhof eben? Hinter der Theke stand eine Frau und wischte ein Glas aus. Und nachher legt sie sich ins Bett und pustet den Schlaf aus ihrer Nase heraus. Ein verdammter Quatsch: hilf dir selbst! Wie kann ich mir denn helfen, hö? Wie denn? Ist denn keiner da, der mich mal anfaßt? Nur mal anfaßt, daß ich nicht mehr so allein bin. Wenn ich noch ein Junge wäre, brächte ich es sicher fertig, zu beten. Aber so nicht. Oder soll ich es einmal versuchen? Lieber Gott, wenn ich auch ein . . . wenn ich auch . . . ich auch . . . ich . . . ich muß sterben, ich muß sterben, ich muß sterben.

Eine Brücke sang kurz auf, eine Schranke flog vorbei, ein Wirbel von Schneestaub, eine Birkenreihe.

Womöglich war er schon gestorben? Oder was? Warum war denn in seinem Kopf so viel Platz, so viel Nacht und graues, graues Nachtgeriesel? Und ganz in der Ferne eine verwischte Helligkeit, mehr ein Fleck, der sich heranbewegte, ein Gesicht sozusagen. Es kam auf ihn zu. Und heute noch . . . oder vor vielen Jahren . . . oder doch heute . . . oder in Lünen, oben unter dem Gewölbe . . . ein schräg nach vorn gesunkener Kopf und die Augen halb zu vor Schmerzen und der Mund offen . . . und die harte Falte zwischen den Brauen, und die Zähne zu sehen und das Blut, das über die Stirn floß und über die Ohren . . . und er hing da . . . und heute noch . . . und keiner half ihm . . . und er hing neben ihm, ganz nahe, und die schmerzenden Lider hoben sich ein wenig, und die Lippen bewegten sich, und er sah ihn an . . . und heute noch . . . und einer sah den anderen mit brechenden Augen an.

Hängt denn noch einer am Zug, dachte er, ist denn alles ganz anders? Was sagst du? Was ist heute noch?

„Wirst du mit mir . . . mit mir . . . mit mir . . ."

Hinter Drebber wirbelte der Zug eine dichte Schneewolke aus dem vertrockneten Rainfarn auf, der neben den Gleisen stand. Dann war die Stelle leer, an der Norre gehangen hatte.

Der Streckenwärter, der ihn am anderen Morgen fand, erzählte, die Beine seien ja schrecklich verdreht gewesen, aber sonst habe er eigentlich ganz zufrieden ausgesehen, wenn er mal so sagen solle.

Piddl Hundertmarks Weihnachtsfest

Wilhelm Scharrelmann

Am Weihnachtsabend schien es wirklich, als wollte es niemals wieder recht Tag werden. Dicke graue Wolken zogen unter dem Himmel hin, träge und langsam, als ginge sie all die Unruhe der Festvorbereitungen da unten auf der Erde nicht das mindeste an. Schwer und tief zogen sie über den hohen, rauchgeschwärzten Dächern der Großstadt dahin, als warteten sie nur darauf, in dichten Nebeln niederzusinken und die ganze Stadt unter ihren feuchten Schleiern begraben zu können. Am Nachmittag begann es zu regnen. Ein sprühender, nieselnder Regen war es, der geräuschlos auf das Pflaster niederrann und eine Decke von klebrigem Schmutz darauf breitete. Schon früh am Nachmittag mußten allenthalben in den Läden die Gasflammen angezündet werden, und doch schien jeder bereit, in Vorfreude auf den kerzenstrahlenden Abend den trüben Tag zu vergessen.

Piddl hatte alle Hände voll zu tun, denn auch beim Bäckermeister Meyerdierks am Stintgraben waren die Tage vor dem Weihnachtsfest die besten im ganzen Jahr. Die Hausfrauen brachten dann die Stollen, die sie zum kommenden Feste selbst geknetet hatten, zum Garmachen, und obendrein wurden in der Bäckerstube Kringel und Kuchen aus Zuckerteig gestochen, die noch warm von der Hitze des Ofens in den Laden wanderten, wo sie auf großen Platten darauf warteten, gekauft und am Christbaum aufgehängt zu werden. Das ganze Haus, das schiefwinklig und altersschwach zwischen den Häusern am Stintgraben lag, war erfüllt von dem süßen Geruch all der frischen Backwaren, unter denen besonders die Weihnachtsklaben, mit Rosinen und Mandeln gespickt, braun und glänzend, das Haus mit dem Duft des kommenden Festes erfüllten und nur darauf zu warten schienen, zu den Familien gebracht und angeschnitten zu werden.

Piddl trug einen nach dem anderen auf seiner Kuchenplatte davon. Auf großen, von der Hitze des Backofens braun gewordenen Zetteln standen die Namen der Kunden, denen die Klaben gehörten, und es hieß aufpassen, damit man nicht an eine falsche Adresse kam.

Piddl war redlich müde von der unausgesetzten Lauferei am Nachmittag, aber je weiter es zum Abend ging, desto mehr lichteten sich auch die Reihen der Kuchen, und als es sieben Uhr schlug,

war endlich der letzte besorgt. In vielen Häusern hatte man schon zu feiern begonnen, und Piddl hatte jedesmal Herzklopfen bekommen, wenn er in diesem oder jenem der Häuser durch die Türspalte den Schimmer des Tannenbaumes gesehen hatte, wenn das Jubeln der Kinder und das Klingen ihrer Weihnachtslieder an sein Ohr gedrungen war.

Als der Zeiger auf acht vorrückte, konnte er sich kaum mehr auf den Beinen halten. Er stolperte über seine eigenen Füße, und die Meisterin schickte ihn fort.

„Geh nur jetzt nach Hause", sagte sie gutmütig. „Wir werden schon fertig! Marie ist ja da und der Geselle auch."

Sie schnitt ihm ein Stück von ihrem eigenen Klaben ab, gab ihm seinen Wochenlohn aus der Ladenkasse und fuhr fort: „Diesmal bekommst du zwei Mark statt einer. Es war eine saure Woche. Und dies hier bekommst du noch dazu!" Sie reichte ihm ein Paket.

Piddl war ganz verwirrt. Er nahm ungern etwas geschenkt, und darum stand er da, schüttelte den Kopf und wollte das Paket nicht annehmen.

„Das nimmst du mit", sagte die Meisterin kurz und bestimmt. „Es sind ein Paar Stiefel drin für dich und ein Paar Handschuhe. Ich glaube, du kannst die Sachen brauchen, und für deine Mutter ist ein neues Tuch drin, das sie um die Schultern schlagen kann, wenn sie zum Waschen ausgeht. Nun mach, daß du fortkommst." –

Glückselig lief Piddl durch die Straßen heimwärts. Seine Müdigkeit spürte er kaum mehr. Ein Paar neue Stiefel, nagelneue! Er konnte sich nicht besinnen, jemals neue bekommen zu haben. Die Mutter pflegte seine immer nur beim Althändler zu kaufen, wenn es gar nicht mehr gehen wollte mit den alten. Und ein Paar neue Handschuhe! Die brauchte er eigentlich gar nicht!

Klara Dinghammer fiel ihm wieder ein, die neulich ihre Papierblumen auf der Straße feilgehalten hatte und der dabei so jämmerlich die Hände gefroren hatten.

‚Ich könnte die Handschuhe Klara Dinghammer schenken', dachte er, und es wurde ihm ganz heiß bei dem Gedanken, vor Freude. ‚Die Mutter kriegt das Tuch, Klara die Handschuhe und ich die Stiefel, da hat jeder etwas!'

Als er die Stube seiner Mutter betrat, glühten seine Wangen vor Aufregung, und seine Augen glänzten.

Die Mutter war eben von der Arbeit heimgekommen. Sie stand gebückt vor dem kleinen Ofen und legte Feuer an.

„Bist du es, Piddl?" fragte sie, ohne aufzusehen.

„Und ob", rief er und lachte glücklich auf.

„Erst mal habe ich doppelten Lohn gekriegt für diese Woche", platzte er dann heraus und ließ ein Zweimarkstück auf den Tisch fallen. „Dann hat mir die Meisterin 'n Stück von ihrem Klaben geschenkt." Er legte die knisternde Tüte auf den Tisch. „Und dann habe ich hier noch was. Das zeige ich dir aber noch nicht. Du mußt erst mal die Augen zumachen! Nein, ganz zu! Nicht gucken !"

Hastig nestelte er den Bindfaden los, ließ die Stiefel und Handschuhe auf die Erde gleiten (wie frisch das Leder der Stiefel roch und wie schwarz sie glänzten!), nahm das Umschlagetuch und schlang es der Mutter mit einem Schwung um die Schultern.

„Sieh, sieh!"sagte Frau Hundertmark und öffnete die Augen. „Ein Umschlagetuch! Nee, so was! Daß die Meisterin auch an mich gedacht hat!"

„Fein, was?" rief Piddl und strich mit der Hand darüber.

„Und ich hab' Stiefel gekriegt, sieh mal, ganz neue, die noch niemand vor mir angehabt hat. Wenn sie nicht passen, kann ich sie umtauschen."

Als die beiden ihr Abendbrot verzehrt hatten, begann Piddl: „Weißt du, Mutter, neulich traf ich Klara Dinghammer auf der Straße. Sie verkaufte Papierblumen. Ich sag' dir, die Hände waren ihr wie Eis. Was meinst du, wenn ich ihr die Handschuhe zu Weihnachten schenke? Ich brauche sie ja doch nicht! Ich steck die Hände in die Hosentaschen, wenn's mal recht kalt ist, und überhaupt 'n Junge! In unserer Schule kommt kein Junge mit Handschuhen an. "

Das log er nun. Aber er mußte doch irgendeinen Grund angeben.

„Wenn du doch des Morgens den Brotkorb trägst?" fragte die Mutter.

Aber er war schon draußen. Wie ein Wiesel huschte er über die

Straße zu Dinghammers, die nebenan im Souterrain wohnten. Er kannte dort jeden Schritt, sonst wäre er gewiß gestolpert, so dunkel war es dort. Leise klopfte er an die Stubentür. Klaras Mutter war allein im Zimmer.

Wo denn Klara sei.

Sie sei zum Christmarkt gegangen, sagte Frau Dinghammer, die nur ungern eingestand, daß Klara wieder mit Blumen unterwegs war.

Piddl machte sofort wieder kehrt. Draußen klopfte er leise an das Fenster seiner Mutter und rief: „Klara ist zum Christmarkt. Ich laufe eben hin", und dann trabte er los, ohne eine Antwort abzuwarten.

Tannenbäume standen in langen Reihen auf dem Platz, lehnten sich aneinander und fragten sich, was mit ihnen werden sollte. In kleinen Verkaufszelten standen frierende Verkäufer hinter Schachteln voll Kerzen und Baumschmuck, traten von einem Fuß auf den andern und bliesen sich in die Hände. Dort stand auch Klara. Piddl hatte sie bald gefunden. Sie hielt wieder ihr Körbchen mit Schneebällen und Rosen, die ihre Mutter aus Seidenpapier angefertigt und mit feinem Draht gebunden hatte.

„Vielleicht Blumen gefällig? Rosen? Schneebälle?"

„Klara", sagte Piddl und trat auf sie zu.

„Piddl!" rief sie überrascht.

„Na?" fragte er, „hast du heute mehr verkauft als neulich?"

Sie zuckte die Achseln. „Woher kommst du denn noch so spät?"

„O", log er, „ich bummel hier so'n bißchen 'rum ." Daß er allein ihrethalben den Weg nach hierher gemacht hatte, wollte er nicht sagen.

„Schlechtes Wetter", nahm er die Unterhaltung wieder auf.

„Ja, der Regen, nicht?"

„Friert dich auch?«

„Warm wird man nicht beim Stehen", entgegnete sie und lächelte.

„Die Hände, was?"

„Es geht", meinte sie und guckte die Reihe hinunter, um nach einem Käufer auszuschauen.

Eine Dame ging dicht an ihr vorüber.

„Blumen gefällig? Rosen? Schneebälle? Zehn Pfennig das Stück."

„Danke, mein Kind."

Piddl stand und überlegte. Er wußte nicht recht, wie er es anbringen sollte. Wenn sie sein Geschenk nun ausschlug?

„Ich habe hier ein Paar Handschuhe", platzte er heraus, „die solltest du anziehen! Sie sitzen mächtig warm. Ich brauche sie gar nicht. Am besten behältst du sie gleich."

Er hielt sie ihr hin.

„Willst du sie nicht mal anprobieren?"

„Mich friert gar nicht so", beteuerte sie, ohne eine Miene zu verziehen.

„Zieh sie doch mal an. Es freut mich doch, wenn du sie trägst", sagte er leise bittend.

Verlegen und unschlüssig hielt Klara sie in ihren Händen.

„Sie mal, die Schneebälle, Mama", sagte ein junges Mädchen und blieb mit ihrer Mutter vor Klaras Körbchen stehen.

Das war eine Ablenkung. Klara verkaufte zwei Stück.

Als die beiden weitergingen, zog Klara plötzlich die Handschuhe an. „Weil du's gern willst", sagte sie.

Piddl lachte glücklich. „Wieviel Blumen hast du denn noch?" fragte er eifrig.

Sie zählte leise. Fünf Schneebälle und acht Rosen.

„Ich will dir helfen", sagte er. „Du mußt nur etwas lauter rufen. Die Leute hören dich gar nicht, wenn sie vorbeigehen. Soll ich mal?"

Und nun verkauften sie zu zweit. Piddl hatte ein paar Schneebälle in die Hände genommen und rief: „Schneebälle? Rosen? Wunderschön für den Christbaum! Nur zehn Pfennig das Stück." –

Es schlug zehn Uhr vom Kirchturm, als sie die letzte Blume verkauft hatten.

Hand in Hand gingen sie heim.

Klara war selig. Sie dachte nur an das glückliche Gesicht ihrer Mutter, wenn sie nun heimkommen würde mit dem leeren Korb.

Vor ihrer Haustüre streifte sie die Handschuhe wieder von den Händen und wollte sie Piddl zurückgeben.

„Einmal geben – wiedernehmen – ist schlimmer als wie stehlen!" rief er und sprang davon. –

Es hatte aufgehört zu regnen. Ein klarer, tiefblauer Winterhimmel spannte sich über der Stadt aus und entfaltete die schimmernden Schätze seiner Sternenwelt, als zünde sich auch die Erde nun ihren Weihnachtsbaum an. –

Am Weihnachtsmorgen weckte Frau Hundertmark ihren Piddl in aller Frühe. Verschlafen schlug er die Augen auf, aber im nächsten Augenblick schon sprang er mit einem Satz aus dem Bett – auf dem Tisch der Stube brannte ein Tannenbäumchen. Es war allerdings schief und krumm gewachsen. Die Mutter hatte es am Weihnachtsabend aus dem Rest, der noch auf dem Christmarkt stehengeblieben war, für wenige Nickel erstanden und heimlich ins Haus geschafft, und wenn nun auch keine Zuckersachen daranhingen, so brannten doch ein halbes Dutzend Lichter, die Stube mit weihnachtlichem Schein und Duft erfüllend.

Selig vor Freude staunte Piddl das Bäumchen an, sein Bäumchen.

Große Gaben lagen freilich nicht darunter. Aber ein Brummkreisel war da, der, aufgezogen, wie eine Orgel brummte, und ein Märchenbuch mit bunten Bildern, das die Mutter für wenige Pfennige in einem Warenhause erstanden hatte.

Eine richtige Weihnachtsfeier hatte er eigentlich noch gar nicht erlebt. Doch, im vorigen Jahre in der Schule. Da hatten alle Kinder Tannenzweige mitgebracht und der Lehrer ein paar Lichter, und dann hatte man die Vorhänge zugezogen, und wie es so recht dämmerig still in der Klasse geworden war, hatte der Lehrer die Kerzen angezündet, und die ganze Klasse hatte laut gesungen: ‚O du fröhliche, o du selige, gnadenbringende Weihnachtszeit.' Oh, das war wunderschön gewesen. Und als das Lied gesungen war, hatte Karl Langenbach, der der Erste in der Klasse war, ein Weihnachtsgedicht aufgesagt, und dann hatte der Lehrer ein Märchen erzählt, vom Tannenbaum, der im Walde wuchs und ein richtiger Weihnachtsbaum wurde mit vergoldeten Äpfeln und Nüssen und schimmerndem Flitterwerk . . . Oh, wie war das schön gewesen! Aber nun dies Bäumchen hier, das ihm zugehörte, war doch noch tausendmal schöner!

Die ganze Stube schwamm in dem zarten, weichen Lichte der Kerzen, das aus dem Dunkel der grünen, benadelten Zweige hervorschien und geheimnisvolle Schatten unter der Zimmerdecke und an den Wänden bewegte.

„Oh, ich danke dir!" rief er seiner Mutter zu und fiel ihr um den Hals. An eine solche Überraschung hatte er wirklich nicht geglaubt. Er wußte zu gut, wie schwer es der Mutter wurde, nur das Notwendigste zu verdienen, und über die kindlichen Vorstellungen von tannenbaumtragenden Weihnachtsmännern und durch die Luft schwebenden Engeln war er längst hinaus. Früher hatte er einmal geglaubt, daß das Christkind nur darum nicht zu ihm komme, weil es die düstere, enge Winkelgasse nicht finden könne, die so versteckt lag, daß sie am Ende von einem Fremden schwer zu entdecken war. Aber jetzt wußte er längst, warum das Christkind die Häuser anderer Leute so viel leichter fand und warum alle guten Wünsche, Versprechungen und Bitten früher immer so wenig geholfen hatten.

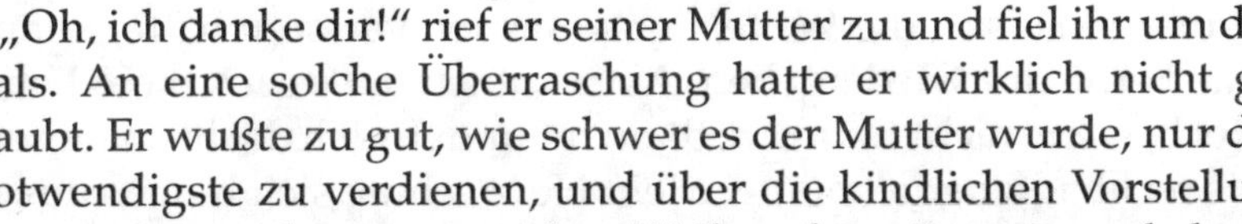

Weihnachtsfeier auf „Nr. 16. Mövengrund“

Paul Heims

„Nordsee, Mordsee!“ Du hast deinen Namen redlich verdient. Auch an mir damals, als mein Schiff, meine gute Barke, in der Jammerbucht scheiterte und alles, was darauf war, ertrank, auch mein süß jung Ehegemahl und mein Büblein mit den andern zumal in der Brandung unterging; damals hättest du auch mich mitnehmen dürfen in die Tiefe, als du mir mein Glück mordetest, und es war unrecht von dir, daß du mich an den Strand warfst, der ich doch im Leben kein Glück mehr zu erwarten hatte. Aber der Mensch soll nicht murren. Und so will denn auch ich still sein.

Ist manch Jahr seitdem vergangen und viel Wasser die Weser, die Ems und den Rhein hinab ins Nordmeer geflossen. Habe mich von ihm nicht wieder trennen können, wie man ungern sich trennt von dem Ort, an dem die Gräber der Unsrigen sind. Hatte für niemand mehr zu sorgen als für mich allein, und kein Mensch in der Welt kümmerte sich um mich, ob ich an Land oder auf See, ob ich tot oder lebend. Hatte von der Welt genug gesehen, und es zog mich nimmer hinaus in die Weite; denn was ich verloren hatte, konnte keine Ferne mir wiedergeben. Aber nutzen mußte ich mein Leben ja doch, wenn nicht für mich, dann für andere. Ich dachte nach, wie ich's recht anfangen könnte. Mein Herz sehnte sich hinaus aus all dem lauten Treiben; ich gehörte nicht mehr hinein in die Welt der Fröhlichen, der Mann, der nach Einsamkeit Heimweh hatte.

Und wiederum: an Land still meine Scholle bebauen, das konnte und wollte ich nicht. War zu sehr Seemann gewesen mit Leib und Seele und konnte den Anblick der See nicht missen und mußte ihr Rauschen hören und die Seen des Nordmeers überkämmen sehen.

Da las ich eines Tages, daß der Kapitän des Feuerschiffes „Nr. 16. Möwengrund“ gestorben sei und ein neuer gesucht werde. Und es fiel mir wie Schuppen von den Augen: dort bist du an deinem Platz. Allein und einsam, wo kein Getöse und kein Schwatzen der Welt in deine Stille hineingellt, ein Einsiedler auf dem Meer, doch dabei ein Warner in Gefahr, im Dienste der Menschheit und der Menschlichkeit, einer, auf dessen Treue und Zuverlässigkeit etwas ankommt, und einer auch, der die See, ihre Tücken und Nücken kennen muß,—und ich meldete mich kurz entschlossen.

Es drängen sich nicht gar zu viele zu dem einsamen, eintönigen Dienst auf dem öden Meer. Es wurde mir nicht schwer, den Posten zu bekommen, und ich habe ihn nun seit vielen Jahren verwaltet.

Meine Leute kommen und gehen; sie können's alle nicht lange aushalten in dem stillen, schwanken, verankerten Gefängnis. Ist auch kein Spaß, im Spätherbst und Winter Tag und Nacht, Woche um Woche da zu liegen und die Stürme abzuwettern, wenn sie über die Nordsee herkommen, in langer, tosender Brandung die überkämmenden Seen gegen das Schiff heranhetzend, daß der weiße, zischende Gischt bis zu den Laternen aufspritzt und über die Bälle in den Toppen wegfegt. Oder gar erst, wenn dichter, weißer Nebel wie ein ungeheures Leichentuch sich über die See breitet, sich um das Schiff hängt, daß es ist, als gäbe es gar keine Welt mehr außer der ganz kleinen, stillen, verdrossenen, die hier binnenbords lebt und von der aus das Nebelhorn in furchtbarer Gleichmäßigkeit hinausheult in die dicken Schwaden! Was nützt denn da das Licht unserer Laternen; der Nebel saugt es auf und verschlingt es! Und wenn wir elektrisches Licht hätten, es nützte doch nichts! Nur das Ohr vermag uns zu finden in solcher Nacht, daß das fremde Schiff vor dem heulenden Klange abhält, um nicht zu stranden und zerscheiternd auf der bösen, verderblichen Bank unterzugehen, über der einst in alten Tagen so manch zeternd Schreien verklungen und über die hin so manche zertrümmerte Planke vom brausenden, brandenden Wasser geschwemmt sein mag.

Es ist, wie ich hier sitze und schreibe, dunkle greifbare Nacht: Weihnachtsnacht. Der Sturm saust über die Nordsee her. Kein Sternlein am Himmel. Unser Herrgott hat heute den großen Weihnachtsbaum mit den Tausenden von funkelnden Lichtern angezündet. Schwarz, lichtlos ist's oben; schwarz düster um uns her, dunkel unter uns. Die See brandet ums Schiff nach Gewohnheit; zuweilen tönt ein anderer Laut dazwischen: das Schurren und Knarren der Eisschollen, die sich an ihm entlang scheuern. Drinnen im Lande auf dem Fluß ist Eisgang, und die zerschlagenen und zerfressenen Trümmer der Schollen, die dort sich zu Mauern und Bergen gestaut hatten, ziehen an uns in wüstem Zuge vorüber. Ich werde wohl bald meine vier Anker und 150 Meter Kette an jedem einholen und mich hineinschleppen lassen müssen in den Hafen; denn in mancher Stunde der Nacht hat's schon gar unheimlich geknirscht um den Bug, wenn es war, als wolle das treibende Eis Sturm gegen uns laufen – –

Weihnachten! Es ist noch gar nicht so viele Jahre her, da brannte in meinem kleinen Hause an Land der Tannenbaum; zwei Monate, eh' Frau und Kind ertranken. Hell strahlte der Glanz der Lichter im traulichen Zimmer und malte die zarten Schattenrisse der Zweige an die Wand. Mir ist's, als ob ich noch den würzigen Duft der harzigen Nadeln röche. Und unter dem Baum, da stand mein liebes, liebes junges Weib und hob unser Büblein empor, das mit den kleinen Händen nach den Lichtern greifen wollte. Und in den klaren Augen von Mutter und Kind spiegelte sich der goldige Schein. Alles dahin! Bin ein einsamer Mann, dem der Sturm und die windverschlagenen Möwen das Weihnachtslied singen.

„Wollen wir nicht Weihnachtsabend machen?" hatte mein Maat mich am Morgen gefragt. Ich nickte dazu. Sagen konnte ich nichts. War ein wunderlich Ding von einem Weihnachtsbaum, das er in der Kajüte aufputzte. Er hatte dazu einen alten Besenstiel genommen und Löcher hineingebohrt. In jedes hatte er, hübsch um den Stamm herum, dünne Besenreiser gesteckt. So stand das struppige Ding auf dem Tisch. An die Enden der schmächtigen Zweiglein hatte er Endchen von einem Wachsstock geklebt und aus alten blauen, roten und weißen Tüten Ketten geschnitten und sie über die Zweige gelegt und mit Rosinen und Backpflaumen aus der Kombüse diese Art von Weihnachtsbaum behängt; dazwischen zeigten sich ein paar verschrumpfte Äpfel.

„Ist's nicht ganz hübsch so, Käpitän?" fragte der gute Bursche mit einigem Stolz; „ein Schuft gibt's besser, als er hat."

„Rotes Licht achteraus drei Strich an Steuerbord !" klang es rauh von oben.

Ich ging hinauf; da kam es heran durch die dunkle Nacht. Ein großes Schiff war's. Ganz dicht an uns schor der Dampfer vorbei; das Licht aus unseren Laternen beleuchtete seine Takelage, wie er querab war, und fiel einen Augenblick in den weiß aufwirbelnden Dampf aus seinem Schornstein, aber nur so lange, daß ich in seinem Schein einen Offizier auf der Brücke stehen sah, der mit der Hand herüberwinkte. „Fröhliche Weihnachten!" tönte sein Ruf zu mir her. Ich schwenkte die Mütze, – da war der Dampfer auch schon vorbei und voraus und fuhr in die Nacht hinein. Das war der „Wodan", eine Kreuzerfregatte Sr. Majestät. Aber wie er verschwand, sah ich noch lange den gelben Schein aus den kleinen Ochsenaugen im Zwischendeck und aus den Fenstern der Kajüte. Sie kamen von weit her, aus dem Süden, heimwärts. Zwei Tage zu spät. Wären heute abend gern zu Hause gewesen, bei Frau und Kind, bei Vater und Mutter, bei Braut und Bruder. Kaisers Dienst - harter Dienst! Aber mögen sich gefreut haben, als sie unser Licht sahen in der wüsten See – –

Nun verschwand der letzte Lichtschimmer. Nur von unseren Toppen fiel einsames Doppellicht in die Weihnachtsnacht hinaus. „Soll ich nun die Lichter anstecken?" fragte mein Maat. „Ja, zünd nur an!" Er ging, und bald nachher steckte er den Kopf durch die Kajütentür: „So, Kap'tän, nun ist's aber fein; kommen Sie nur!" Ich winkte den andern; nur der Posten auf Wache blieb oben. Dienst ist Dienst.

Wir traten ein. Ja, da brannte unser sonderbarer Weihnachtsbaum und sah ordentlich hübsch aus. Aber es roch nicht nach Tannennadeln. Die rauhen Gesellen standen still und ganz andächtig da. „Das ist gerade so wie damals, als ich so'n kleiner Junge war!" sagte Suhr und zeigte ein unwahrscheinlich kleines Maß mit der Hand; „seit meine Mutter starb, hab ich keinen Weihnachtsbaum wiedergesehen." „Wir hatten auch einen zu Haus", brummte Johann Kasperson; „und dann las mein Vater die Geschichte von dem Jesuskinde in Bethlehem. – Kap'tän, haben Sie das Buch nicht?" Ich nahm meine Bibel vom Büchergestell herunter, schlug auf und las: „Es begab sich aber zu der Zeit, daß ein Gebot vom Kaiser Augustus ausging – " „Ja wohl, so fing's an!" warf Kasperson mit tiefer Stimme ein. Suhr gab ihm einen Stoß; „Mensch, halt dich ruhig!"

raunte er ihm zu. Ich las weiter und zu Ende bis zu den Worten: „Ehre sei Gott in der Höhe und Friede auf Erden – " „Und den Menschen ein Wohlgefallen, Amen!" ergänzte Kasperson laut; „ja, ich kann mich dessen noch erinnern." Und der alte, wetterharte Bursche sah ganz still und ernsthaft in die niederbrennenden Lichtchen. Es war eine feierliche Stimmung über die kleine, weltverlassene Schiffsgemeinde gekommen, die hier auf weiter, winterlicher See nach ihrer Art Weihnachten machte.

Nun verlosch ein Stümpfchen nach dem anderen. „Kap'tän, geben Sie nicht einen kleinen Extragrog aus?" brach Kasperson das Schweigen. „Mensch, schämst du dich gar nicht?" suchte ihn Suhr zur guten Sitte zurückzuführen. „Ja, was ist dabei?" murrte er. Ich beruhigte ihn durch die Zusage des gewünschten Labetrunks und drückte jedem ein Bund Zigarren in die Hand. Die Leute gingen.

Ich blieb mit meinem Maat allein. Wir saßen uns gegenüber am Tisch. Keiner sagte etwas. In blauen Wolken zog der Rauch aus unsern Pfeifen durch den kleinen Raum. Draußen zogen die Eisschollen schurrend an der Bordwand vorbei. Dann lange Stille; nur das Platschen und Klatschen der Seen, vor denen Nr. 16 mäßig schlingerte. Von vorn klangen jetzt die Töne einer Harmonika zu uns her; eine ganz bekannte Melodie, - ja wahrhaftig: „Vom Himmel hoch, da komm ich her", und Suhr sang den ersten Vers dazu. Dann verstummte Musik und Gesang. Er konnte sich auf den zweiten Vers nicht besinnen. – Der Kessel summte und schnurrte im Ofen.

„Soll ich nun den Grog machen?" fragte der Maat. Ich nickte. Er mischte den heißen Trank und stellte die dampfenden Gläser auf den Tisch. Nun hob er sein Glas und sagte mit bewegter Stimme: „Fröhliche Weihnacht, Kap'tän!" Fröhliche Weihnacht? Allein, einsam, verlassen, Erinnerung an Weib und Kind im Herzen? Und dort, weithin an jütischer Küste ihr Grab im Meer! – Ich sprang auf und fuhr an Deck. Ich lehnte über die Reling. Unten ging rauschend und spülend die See. Ich schaute aufwärts: da hatte der Wind die Wolken zerrissen, und durch die Lücke blickte mit mildem, hellem Licht ein einzelner Stern. Stand denn nicht geschrieben: „Und als sie den Stern sahen, wurden sie hoch erfreut"? Warum brannte es mir denn im Auge, als ob's eine Träne wär' ?

Der absterbende Nordwest fuhr hin über die Nordsee. Mir war's, als hörte ich aus seinem Brausen ein tröstlich Wort heraus: „Wie Gott will!" So war's Weihnachtsabend auch in Meereseinsamkeit. Weithin strahlte das Licht unserer Feuer in die heilige Nacht hinein.

Eine Weihnachtserinnerung, die ich nicht vergaß

Karl Krolow

Denke ich an Weihnachten in den Jahren meiner Kindheit, so verbinde ich solche Erinnerung mit der Erinnerung an Landschaft. Fast immer haben Augenblicke in mich umgebender niederdeutscher Landschaft die Weihnachtszeit mit beeinflußt. Meine Eltern, besonders mein Vater, erzogen mich früh zu derartigem natürlichen Verkältnis in meiner keineswegs ländlichen Umwelt, denn ich wuchs am Rande einer Großstadt auf. Das unregelmäßige und eigentlich unschöne Terrain, das begann, wo die letzten Neubauten aufhörten und sich saure Wiesen hinzogen, Gärtnereien und die Anwesen einiger Gemüsebauern, Schrebergärtensiedlungen, ehe das erste Waldstück sichtbar wurde, ehe der wichtige Wald meiner jungen Jahre, der hannoversche Stadtwald, die Eilenriede, begann. Diese Eilenriede, die sich halbkreisförmig um die Stadt zog, war damals noch ein richtiger Forst oder gab mir doch als Buben damals diese Illusion, wenn man vom Felde her auf sie zukam. Dann war das Wald-Massiv, die Mischwald-Fläche – besonders bei unsichtigem Wetter – etwas mich mächtig Anziehendes, eine dunkle Wildnis.

Ich kannte den Wald zu jeder Jahreszeit. Im Grunde war die Entfernung zwischen meinem Elternhaus und ihm gering, vielleicht zwanzig Minuten weit, und nur die dazwischen liegenden, verstreuten Gehöfte, das von Geometern bereits abgemessene Gebiet zwischen ausfallender und dann jäh im Feldstück endender städtischer Straße, zwischen dem Ende der Wohnstraße und dem eigentlichen Wiesengrün und Ackerbraun, unterbrach die Vorstellung, daß der Wald eigentlich recht schnell erreichbar sein müsse. Das beiläufige und durch die Witterung so oft trist verhängte Übergangsgebiet, in dem ich mich bewegte und in dem ich mich rasch auskannte als einem idealen Spielgelände, machte den großen Flächenwald dann für mich um so begehrenswerter, in dessen Randbezirken wir Kinder unsere persönlichen Verstecke anlegten, die wir nie verrieten und schon gar nicht mit jemandem teilen würden, Zufluchten im dichten, grünen Unterholz, in das wir uns mit unserer Phantasie zurückzogen.

Im Eilenriedewald floß in seinem Südteil entlang der nach Hildesheim führenden Bahnlinie ein Rinnsal, ein verkrauteter Wassergraben, der an einer bestimmten Stelle seines Verlaufes unter einer Waldchaussee weitergeführt wurde. Der massiv gemauerte Eingang zu dieser Unterführung, bogenartig angelegt, glich dem Eingang zu einer Art Wald-Unterwelt, zu einem grünen, dichten Hades. Wie hier das träge Wasser verschwand, um erst sehr viel später an einer von hier aus nicht einzusehenden Stelle wieder ans Licht zu treten, das war für uns Kinder immer mit einem Gefühl der Ungewißheit, des Bangens, der Beklemmung und der Neugier betrachtet worden. Im Winter fror die winzige Wasserfläche vor der Unterführung schnell zu. Man konnte auf ihr dann ein paar Schritte tun, wagte sich allerdings niemals fort ins Dunkle der unterirdischen Weiterführung. Ich muß noch ein sehr kleiner Junge gewesen sein, als mir mein Vater in der Vorweihnachtszeit, als wir wieder einmal gemeinsam diesen Ort passierten, vom Eingang zur unterirdischen Grabenweiterführung als vom Eingang zur Höhle des Knechtes Ruprecht zu erzählen begann, sicherlich ganz beiläufig, wie es seine Art war und wie man einem Buben meines damaligen Alters vielleicht Landschaft spannend, abenteuerlich machen kann. Ruprechts Bereich, das mir der Vater als ein Schatzversteck mit allen den Gaben, die er zu Weihnachten dann den Kindern unter den Christbaum legen würde, zu schildern verstanden hatte, ließ mich zunächst vermutlich nichts als nachdenklich werden. Dieser Höhleneingang – gerade an solcher Stelle – schien mir unbedingt glaubwürdig. Man mußte sich hier unterirdisch wunderbar verstecken können, um dann im tiefen Höhleninneren ein ganzes Schatzlager anzulegen. Auf dieses Lager aber hatte ich es abgesehen. Die Vorstellung von den verborgenen Sachen ließ mich ganz offenbar nicht los. Weihnachten, das in jedem Jahr ungeduldig erwartete Fest, rückte näher mit dem unberechenbaren Dezember, unberechenbar mit dem Auf und Ab der niederdeutschen Witterung, die zwischen nassem, flüchtigem Schnee und Nebel- oder Regenwetter schwankte, bei ständig gehendem Wind, der aus der Ebene fegte und nirgends Widerstand fand.

Plötzlich gab es einen frühen Wintereinfall mit Frost und lange niedergehendem Schnee, einige Tage vor dem Fest. Die Schnee-Einsamkeit des Eilenriedewaldes, durch die mich mein Vater nun mit dem Schlitten zog, war überwältigend. Ein richtiger Märchenwald war entstanden, in dem der Schnee von den Ästen in die Augen stäubte, nachdem es sich endlich ausgeschneit hatte und alles in seiner weißen Pracht dalag. Wir kamen sicherlich auch an jenen Waldfleck, wo Ruprechts Höhle lag. Ich erinnere mich dessen nicht mehr genau. Genau dagegen weiß ich, daß es für mich – ausgerechnet am Vormittag des Heiligen Abends – kein Halten mehr gab. Meine Erwartungen waren wie meine Ungeduld auf das Höchste gespannt. Ich hatte Ruprechts Höhle nicht vergessen können, die jetzt sicherlich, mit dem vereisten Wasserloch davor, halb zugeschneit war, die vor allem auch für ein gewöhnliches Menschenkind, für mich, erreichbar, passierbar sein mußte, nachdem das Grabenwasser wohl bis auf den Grund gefroren war. Auf einmal war ich auf dem Wege zu Ruprechts Reich, mit dem Schlitten, den ich hinter mir her zog, in einem günstigen Augenblick Haus, Straße und Spielgefährten verlassend. Die Neugier, das Abenteuer, meine Phantasie hatten mich überwältigt. An diesem kalten Wintervormittag, der schon fast Mittag war, war ich unversehens unterwegs, allein, wie es sich gehört, denn ich wollte das Geheimnis

für mich allein haben. Ich wollte niemanden dabei haben, bei meiner Entdeckung. Ich war unerschrocken genug, nach alldem, was ich mir erhoffte, um das Wagnis allein auf mich zu nehmen. Ich weiß die Einzelheiten dieses Hinweges, des Hingezogenwerdens nicht mehr. Auf einmal fand ich mich jedenfalls an jener Waldstelle mit vereistem Krautgraben und an dieser Stelle merkwürdig dünner Schneedecke.

Hier angekommen, muß sich bei mir einiges verändert haben. Das Zeitgefühl muß ausgesetzt haben. Habe ich gezögert? – Habe ich – mit dem im Gebüsch schließlich abgestellten Schlitten – den Höhleneingang, nun doch vielleicht furchtsam geworden, immer langsamer und doch zugleich immer geduldiger, erwartungsvoller umkreist und eingekreist? Bin ich dabei allmählich ermüdet, ohne es zunächst zu merken, ohne es danach wahrhaben zu wollen? Meine Eltern haben mir später zuweilen erzählt, wie der Heilige Abend oder doch die Stunden vor diesem Abend verliefen: in quälender Unruhe, in Sorge um meinen Verbleib. Mein Verschwinden war bald bemerkt worden. Und als ich noch nicht heimgekommen war, als mein Vater vom Dienst und einem anschließenden Zusammensein mit Kollegen nach Hause zurückkehrte, war die Aufregung groß. Etwas mußte geschehen. Die Zeit verstrich. Niemand wußte genau, wie lange ich fort war, weil ich – wie gesagt – mich unbeobachtet fortgestohlen hatte. Die Eltern überlegten ratlos, wohin ich mich gewendet haben könnte. Sie fragten die Spielkameraden aus. Niemand konnte Auskunft geben. Ich hatte niemanden eingeweiht, weil ich niemanden hatte bei mir haben wollen. Ich wollte allein das Abenteuer meiner Erwartungen, meiner kindlichen Weihnachtsneugier bestehen und hatte es inzwischen bekommen: Abenteuer des Alleinseins im eiskalten, einsamen Winterwald, bei allmählich, dann immer rascher sinkendem Tageslicht.

Was von diesen Heiligabend-Stunden im verschneiten Wald vor der Weihnachts-Höhle des Knechtes Ruprecht sich in meinem Gedächtnis erhalten hat, sind verwischte Kleinigkeiten: die Erinnerung an eine knisternde Schneestille, an vom Wind seufzendes Geäst, an eine kalte, von mir, meinen Gliedern, meinem Körpergefühl langsam Besitz ergreifende Einsamkeit, ein Abgeschnittensein, ein Leben in einem Zwischenbereich, mit aufkommender, dann wieder niedergekämpfter Angst, von Isolation und Fortsein von allem, von Mutlosigkeit, von einer merkwürdigen Verlorenheit und einem ebenso merkwürdigen Entzücken, während es um mich zu dämmern begann. Ich blieb gebannt. Ich konnte den verlorenen Waldort nicht aufgeben. Ich war unschlüssig. Ich wußte nicht weiter, vermutlich. Ich hatte das Wagnis nicht bestanden, war nicht in die Höhle eingedrungen, sondern hatte sie immer nur angestarrt, hatte vor ihr und ihrem Dunkel haltgemacht und hatte vergessen, was vorher war und was nachher kam.

Auf einmal sah ich mich in meiner Verlassenheit meinem Vater gegenüber. Er hatte sich mit einem Freund auf die Suche gemacht, hatte sich daran erinnert, was er mir von Knecht Ruprechts Versteck verheißen hatte, und hatte dann schnell geahnt, daß ich nur in oder vor ihm aufzufinden sein müßte. Die beiden jungen Männer waren verlegen und froh, als sie mich sahen. Mein Vater hatte mich richtig eingeschätzt. Er hatte nicht die Polizei verständigen müssen. Und nun mußte er mich aus einem Traum hochreißen, den ich nur halb und ganz unvollkommen zu träumen begonnen hatte, an diesem Tage, den man den Heiligen Abend nennt: ein Traum, auf den ich später nicht habe zurückkommen brauchen. Ein Traum, auf den man niemals zurückkommen wird, weil er nicht wiederholbar ist.

Wie ich das Weihnachtswunder suchte

August Winnig

Einige Jahre später arbeitete ich im hohen Harz am Bau einer großen Heilstätte.

Da es Heiligabend war, ließen wir die Mittagspause ausfallen und blieben noch eine Stunde bei der Arbeit; dann reinigten wir unser Geschirr, damit es uns während der drei Feiertage, die das Weihnachtsfest in diesem Jahre brachte, nicht einroste, und als wir damit fertig waren, räumten wir Strohsäcke und Decken und Eßgeschirr beiseite und machten uns auf den Heimweg.

Die meisten von uns mußten vier Stunden darauf rechnen, weil es an zwei Tagen frisch geschneit hatte und die Wege größtenteils ungebahnt waren. Einige hatten es näher, und den kürzesten Weg hatte Hubert Nolte; der wohnte hier oben in einem Holzhackerausbau und konnte in einer kleinen Stunde zu Hause sein.

Es war ausgemacht, daß ich bei ihm Einkehr hielte, um zu sehen, wie gut er dort wohne und eingerichtet sei.

Obwohl mir mein Versprechen leid geworden war, tat ich doch, wie wir verabredet hatten, und ging mit ihm, und seine Frau war des Besuchs zufrieden und deckte den Tisch mit vielen guten Gaben, denn ihr Mann hatte ihr erzählt, wie er sich mit mir verstände, und so wollte sie zeigen, daß auch sie mir wohlgesinnt sei. So saßen wir froh beieinander, ohne der Zeit zu achten. Als aber die Kuckucksuhr die dritte Stunde ausgerufen hatte, ergriff mich die Unruhe, und ich drängte nach Haus. Hubert Nolte wollte mich gern noch festhalten, denn es war zu einem guten Gespräch gekommen, ernster und vertrauter als das oft nichtige Gerede bei der Arbeit und in den Essenspausen, wenn wir acht Mann zuhauf waren. Aber er kannte die Länge des Weges, der noch vor mir lag, und wußte, daß auch ich zu Haus erwartet wurde. Als ich mich dann aufmachte, ging er mit mir, um sich im Holze einen Weihnachtsbaum zu besorgen und mich zurechtzuweisen, denn ich war nicht auf unserem eigentlichen Wege, sondern ein Stück seitab.

Der Himmel hatte seine Bläue verloren und war grau geworden. Da wir aber nach einem passenden Baume ausschauten, achteten wir dessen wenig, und erst als wir uns trennten, streckte Hubert Nolte die Nase in die Höhe und sagte, es rieche nach Schnee.

Ich ging, wie Hubert Nolte mich gewiesen hatte, und kam auf eine Schneise, über der die Tannen sich fast berührten, so daß wenig Licht auf den Weg fiel, doch gab der Schnee Licht genug, zumal er noch unberührt war. In dieser gedämpften Helligkeit ging ich ruhigen Schrittes und dachte an den Heiligen Abend. Es war sehr still ringsum; auch war es milder geworden, als es in der Nacht und am Vormittag gewesen war. Manchmal hemmte ich meine Schritte, sah und hörte in die Stille hinein und dachte, daß es etwas Besonderes und Schönes sei, am Heiligabend so allein einen solchen Weg zu gehen.

Ich sah in den Wald hinein. Die Zweige waren mit handhohem Schnee bedeckt und neigten sich unter der ihnen aufgeladenen Last, doch da es alter Hochwald war, konnte ich hier und da in ihn hineinblicken. Sooft ich das tat, wünschte ich, es müsse jetzt etwas erscheinen; nicht der fromme Knecht Ruprecht mit Geschenken für gute und mit der Rute für böse Kinder, denn dieser Knecht Ruprecht ist menschliche Erfindung. Die Gottesmutter mit dem Kinde auf dem Arm müsse jetzt langsam daherkommen oder das Kind allein oder, wenn das zuviel gewünscht sei, ein Licht, ein wunderbares Leuchten. Wenn das geschähe! Wenn es jetzt über dem verschneiten Waldboden, zwischen den dunklen Stämmen aufschimmerte, erst zart, wie ein matt durchleuchteter Nebel, der dann heller und heller würde, um schließlich wie ein großer Stern aus bleichem Dunst zu erstrahlen: wenn sich das jetzt ereignete, dann wäre die Welt mit einem Male anders. Sie wäre ganz anders ! Zwar der Wald und der Weg würden bleiben, wie sie sind, und ich würde weitergehen müssen, um nach Haus zu kommen, und zu Haus wäre alles wie sonst. Ich würde auch nach den drei Feiertagen wieder zu meiner Arbeit hier oben wandern und die Flure der großen Heilstätte mit Fliesen auslegen und Durchbrüche für die Heizungsrohre ausstemmen; an alledem würde sich nichts ändern. Und dennoch würde alles anders sein!

Dann wäre die Welt nur die scheinbare Welt! dachte ich. Aber wie ich mit diesem Gedanken weiterschritt, verwarf ich ihn. Nein, diese Welt war Wirklichkeit. Man mußte in ihr leben, mußte in ihr arbeiten und Not leiden, mußte Schlag mit Schlag erwidern und ihr bestehen, weil sie da war. An der Welt durfte man nicht zweifeln. Wer da meint, die Welt sei nur Schein, der wird nicht in ihr bestehen.

Ich merkte, daß meine Gedanken eine andere Richtung einschlugen, als ich wollte, und führte sie wieder zurück. Es war die Frage, was denn anders wäre, wenn sich jetzt vor meinen Augen ein Weihnachtswunder ereigne. Darüber dachte ich nach. Da ich aber nur denken kann, wenn ich den Gedanken Wortgestalt gebe, so begann ich zu reden; und so allein mit mir sprechend, setzte ich meinen Weg fort.

Dann, so sagte ich mir, wüßte ich, daß es zwei Welten gäbe: diese offenbare Welt, durch die ich mit meinen Sinnen verbunden bin, und eine verborgene Welt, die außerhalb meiner Sinne liegt. Und wenn ich das wüßte – ? Da war die Frage wieder! Ich mühte mich sehr um die Antwort, und es war mir, als wüßte ich sie; aber ich konnte ihr keine Gestalt geben, und so blieb sie im ungewissen. Zuletzt sagte ich mir, daß die verborgene Welt ja gar nicht erscheinen könne, denn wenn sie mir erschiene, so trete sie aus der Verborgenheit heraus und vernichte sich damit selber.

Ich erwartete nun keine Erscheinung mehr und blickte nur noch in den Winterwald, um seines Bildes inne zu werden. Bald aber blickte ich mehr in die Höhe als in den Wald, denn dort oben war es allmählich dunkler geworden. Doch hatte ich nun die Schneise hinter mir und war auf dem richtigen Wege, den zwei Stunden zuvor meine Arbeitskameraden gegangen waren. Ich folgte ihren Spuren über eine weite Waldblöße, auf der die jungen Kulturen nur mit

ihren Spitzen aus dem Schnee hervorsahen, und konnte Umschau halten. So weit der Blick reichte, war der Himmel schwärzlich grau. Ich nahm es ohne Sorge wahr, obwohl die verschneite Landschaft und die Düsternis des Himmels in dieser Einsamkeit seltsam bedrückend anzusehen waren.

Noch ehe ich die Blöße überschritten hatte und wieder in den Hochwald einging, wurde es ein wenig heller. Ich sah mich um und sah im Westen in der Gegend des Brockens, der aber meinen Blicken verborgen war, ein gelblichweißes Licht ausgebreitet. Das war kein gutes Zeichen. Doch nun hatte ich wieder den Schutz der hohen Tannen und einen ordentlichen Weg unter den Füßen mit Steinen und Ebereschen links und rechts; dessen konnte ich froh sein.

Die Wipfel begannen sich zu regen, von ihrer Schneelast stieg es kräuselnd in die Höhe und strich leicht zu Boden. Noch einmal wurde es wieder still, doch empfand ich diese erste Regung der Luft wie eine Warnung und suchte schneller vorwärts zu kommen. Da erschreckte mich etwas: ich kreuzte die Bahngleise und sah sie tief verschneit. Zwar hatte ich, solange ich hier oben arbeitete, noch nie die Bahn benutzt und hatte auch jetzt nicht daran gedacht, es zu tun, denn Bahnfahren wäre für mich unverantwortliche Verschwendung gewesen. Als ich nun aber sah, daß die Bahn überhaupt nicht mehr fuhr und schon seit Tagen ruhte, war mir zumute wie einer Truppe, deren Rückweg in der Hand des Feindes ist.

Nur vorwärts! dachte ich, damit ich nach Haus komme! Aber das Unwetter war schneller als ich.

In den Wipfeln begann es wieder lebendig zu werden. Zuerst war es wiederum nur ein gelindes Wehen, aber jetzt schwoll es an und wurde stärker und stärker. Bald ging ich unter einem Brausen, das mich mit dem aufgewirbelten Schnee überschüttete, über mir brachen Kronen und Äste und sanken herunter und ihr Schnee wurde vom Sturm erfaßt und aufgelöst, so daß mein Weg wie von dichtem Dunst erfüllt war. Ich aber ging noch vom Sturm fast unberührt, nur der feine Schnee sank herab und hüllte mich ein.

Dann war der Hochwald zu Ende, und ich stand vor dem großen Triftgelände, das ich auf keine Weise umgehen konnte, wenn ich meinen Weg festhalten und mich nicht hoffnungslos verirren wollte. Diese weite, freie Trift, die ich gut kannte, und die mir sonst das schönste Stück meines Weges gewesen war, bot jetzt einen schauerlich mächtigen Anblick. Über ihre ganze Weite jagte der Sturm und erfüllte den Raum mit den vom Boden hochgerissenen Schneemassen. Versunken war alles andere, es war kein Wald, kein Berg mehr zu sehen, alles vor mir war treibender, wirbelnder Schnee. Jetzt schützte mich kein Hochwald mehr, ich mußte Schnee und Sturm hinnehmen.

Da war's, als hätte das Unwetter mit seinem Ärgsten auf mich gewartet. Das Brausen des Sturmes schwoll an zu einem Gedonner und überschlug sich zu pfeifenden Tönen. Die Luft stürmte auf mich ein, als wolle sie mich mitreißen. Hinter mir hörte ich das Krachen brechender Bäume. Ein abgebrochener Wipfel tanzte über die Ebene, ein zweiter, ein dritter folgten, zehn, zwanzig solcher Wipfel trieben dahin. Bei der Arbeit verdroß ich die älteren Leute manchmal mit einem Scherz: wenn das Wetter uns hart anfaßte und das Klagen darüber anhob, widersprach ich dem und sagte, dies gerade sei das rechte Bauwetter, ich fühlte mich erst jetzt so ganz wohl. An dies Wort vom rechten Bauwetter mußte ich denken; aber mein Lächeln erstarrte vor dem schrecklichen Ernst dieses Aufruhrs der Lüfte. Hätte es sich behauptet, so hätte es vor dem ersterben müssen, was jetzt von oben hereinbrach. Ein Geprassel von körnig hartem Schnee überfiel mich, ein Vorhang stiebenden Eises fiel vor die Welt und schloß mich ein. Ich sah nur noch eine weißlich-graue Masse vor mir und sah sie nur mit Unterbrechungen, weil die Gewalt des eisigen Ansturms mir die Augen verschloß. Ich tappte vorwärts. Ob ich noch auf der Straße, ob ich von ihr abgeirrt war, ich wußte es nicht, denn ich konnte weder Steine noch Bäume sehen, ich ging nur vorwärts, weil es der Tod sein mußte, wenn ich stehenblieb.

Ergib dich! dachte ich. Es ist nutzlos. Ob es hier zu Ende ist, oder hundert Schritte weiter, das ist ganz gleich.

Nein, antwortete ich mir, ergib dich nicht, gehe, solange du gehen kannst! Und ich ergab mich nicht und hielt mich aufrecht, wenn auch mit tiefgeducktem Kopf, und ging, ging ohne zu wissen wohin. Wie an ein fernes Ereignis dachte ich an meinen Wunsch auf der stillen Strecke des Weges, an den Wunsch, es möchte jetzt etwas erscheinen, die Gottesmutter, das Gotteskind, das Gotteslicht. Es wurde mir klar, was dieser Wunsch bedeutete. Ich wollte Hilfe zum Glauben! Denn ich glaubte nicht – und hätte doch so gern geglaubt! Denn wenn ich die Gewißheit hätte, daß ein Gott in der Welt sei, der die Welt beherrsche und regiere, dann wäre das Leben leichter und lichter und hätte einen Sinn, einen hohen und unvergänglichen Sinn, den man als Ungläubiger nicht fassen konnte.

Mir war, als lägen diese Gedanken weit hinter mir, und doch war kaum eine Stunde vergangen, seit ich sie gedacht hatte. Was hatte ich gewünscht, und was hatte sich ereignet? An eine Heimholung in einen bergenden göttlichen Schoß hatte ich gedacht und stand nun mitten im Verderben, stand vielleicht am Tor der Verlorenheit.

Ein paar Verszeilen fielen mir ein. Da blieb ich stehen und richtete mich auf und sprach sie in die schauerliche Welt hinein:

Natur, du kannst mich nicht vernichten,
Weil es dich selbst vernichten heißt.
Du kannst auf kein Atom verzichten,
Das einst im Weltall hat gekreist.

Gefaßt ging ich weiter und sann diesen Worten nach. Aber während ich das tat, enthüllte sich mir ihr Sinn anders als sonst. Ich sah, daß sie ein trotziges Aufbegehren des Menschen sein sollten, der vor dem Abgrund des Todes stand, und ich hörte zugleich die heiße Menschenangst darin pochen, die da weiß, daß es nicht um die Atome unseres Leibes geht, sondern um etwas ganz anderes. Das lag in Tiefen ohne Ende. Ich mußte die Gedanken zurückreißen und in tröstlichere Räume führen. Ich mußte an zu Haus denken, an die warme Stube mit Lampenlicht und an die Mutter, die jetzt wohl mit den Zurüstungen fertig war und mich erwartete. Mit diesen Gedanken wollte ich gehen, sie würden mir helfen. Doch da merkte ich, daß ich müde wurde. Es war nicht die Müdigkeit, die ich von der Arbeit her kannte, die immer am hohen Vormittag kam und die man nicht ernst zu nehmen hatte, weil man wußte, daß man sie in der Stundenpause des Mittags überwand. Es war eine Erschöpfung, die im Rücken zu beginnen schien und sich den Hüften und Knien mitteilte und zugleich Augen und Stirn lähmte.

Ich blieb wieder stehen und sah mich um. Weit reichte der Blick nicht, doch sah ich meine Spur schon an der Grenze des Blickfeldes verweht. Einmal, dachte ich, will ich mich noch zusammenraffen, es wird nichts nützen, aber ich will aushalten und gehen, bis ich umfalle. Ich rieb mir das Gesicht und ging weiter, ich ging schon meist mit geschlossenen Augen und blinzelte nur hin und wieder auf den Weg, nach vorn oder zur Seite. Da sah ich rechts vor mir in dem stiebenden Vorhang eine dunkle Stelle. Ein Baum konnte es nicht sein, denn den hätte der Schnee eingehüllt. War es etwa ein Mensch? Der weiße Vorhang hatte sich wieder geschlossen, aber ich wagte es, die Straße zu verlassen, stieg durch den Schnee ein wenig aufwärts und stand vor der offenen Tür einer halb im Schnee begrabenen Unterkunftshütte der Holzhacker oder Wegeleute, im Harz Köthe genannt, und aus dem dunklen Innern leuchtete mir ein kleines Feuerchen entgegen.

Ich trat ein und sah im Hintergrunde einen Mann sitzen. „Gottlob!" sagte ich.

„Ja, Gottlob", erwiderte der Mann. Er hielt eine nasse Wegearbeitermütze an das Feuer und schien mich zu mustern. „Kommst von oben?" fragte er.

„Ja, von oben."

„Vom großen Bau?"

„Ja."

Ich stand am Feuer und ließ den schmelzenden Schnee von den Kleidern fallen; dann setzte ich mich auf die rundumlaufende Bank und sah zu dem Wegewärter hinüber. Er war wohl doppelt so alt wie ich, vierzig Jahr oder noch etwas mehr, und schien abgearbeitet und zersorgt. Er drehte und wendete fort und fort seine Mütze und blickte häufig nach der halboffenen Tür. „So ein Wetter!" sagte er. „So ein Wetter! Und gerade heute!"

Ich gab ein Wort zurück und sprach vom Heiligabend. Der Wegewärter sah mich an und sagte: „Ja. Auch noch Heiligabend!"

In diesem Augenblick sahen wir beide nach der Tür; dort kam ein Dritter herein.

„Aha! Hier finde ich Gesellschaft!" rief er uns zu.

Da schoß der Wegewärter in die Höhe und fragte: „Herr Doktor, sind Sie es?"

„Ja!" sagte jener. „Ich bin es! Was wollen Sie? Krankenscheine stelle ich vor dem Fest nicht mehr aus, und Pülverchen habe ich nicht bei mir!"

„Aber Ihre Schneeschuhe haben Sie?" fragte der Wegewärter.

„Sachte!" sagte der Doktor. „Jetzt muß ich erst Atem holen. Wer sind Sie denn?" Er nahm seine dunkle Brille ab und erkannte den Wegewärter, nannte ihn beim Namen und fragte nach seinem Anliegen.

Der Wegewärter sagte: „Sie können es sich schon denken, ich komme immer nur, wenn es mit meiner Frau schlimm steht."

„Schlimm?" fragte der Doktor.

„Ja, recht schlimm. Ich war auf dem Wege, Sie zu holen."

„Geburt?"

„Ja, Geburt; das neunte."

Der Doktor schüttelte den Schnee ab und sah nach der Tür. „Wir können nicht warten", sagte er. „Gehen Sie nach Hause; ich komme, so schnell ich kann."

Die beiden gingen hinaus. Der Doktor machte sich mit seinen Schneeschuhen zu schaffen und gab dem Wegewärter Anweisungen; dann trennten sie sich. Ich war allein. Doch nun hielt es auch mich nicht in der Köthe, ich bedachte, daß nun der Wald vor mir lag, der mir Schutz biete, und setzte meinen Weg fort.

Der Schneesturm hielt noch eine Weile an; dann wurde es still, so still, wie es vor dem Sturm gewesen war, und das Gewölk begann sich zu zerteilen. Darüber war es Abend geworden. Ich durchschritt Dorf um Dorf und sah die hellen Fenster, hörte Lachen und Singen, doch hielt mich nichts auf; auch ich wollte noch meinen Baum brennen sehen.

Auf der letzten Höhe vor der Stadt sah ich noch einmal zurück. Über dem Gebirge stand der Abendstern, rechts seitab von ihm und schon dem Untergang nahe der Mond im ersten Viertel. Ich wandte mich der Stadt zu. Sie schimmerte mit all ihren Lichtern unten im Grunde. Über ihr zog der Himmelswagen seine Bahn. Welch eine Ruhe dort oben und hier unten! dachte ich. Welch ein Unterschied zu dem Aufruhr, den ich erlebt! So ist die Welt.

Entsagend wollte ich weitergehen, doch da hielt ich noch einmal an, denn jetzt schien mir, als läge in den Ereignissen jener Stunde ein weihnachtlicher Sinn. Ich hatte ein himmlisches Wunder gefordert; das war nicht erschienen. Aber hatte ich nicht etwas erlebt, das den Sinn des ersehnten Wunders in sich trug? Gottesmutter, Gotteskind und Gotteslicht hatte ich nicht erschaut. Aber zum Feuer in der rettenden Köthe war ich gekommen und der arme Mann, der für Mutter und Kind Hilfe suchte und den das Unwetter in die Zuflucht der Köthe zwang, hatte dort die Hilfe gefunden.

Das waren keine Wunder, denn es war alles natürlich zugegangen. Aber als ich eine Weile nachgesonnen hatte, kam ein großer Trost über mich.

Der Schnee und die Sterne unten

Walter Bauer

In jenem Winter sah es aus, als ob überhaupt kein Schnee kommen wollte; und die Leute sagten, daß wir grüne Weihnachten feiern würden. Weiß oder grün, nach Feiern war uns sowieso nicht zumute. Im Herbst jenes Jahres war mein dritter Bruder geholt worden.

Ich spreche von Zeiten, an die man sich kaum erinnert, es war das Jahr 1916. Meine beiden anderen älteren Brüder waren schon seit zwei Jahren fort. Fort, ja; der eine lag vor Verdun, und der andere fror in Rußland, erbärmlich, wie er uns in den grauen Feldpostbriefen schrieb, nicht sehr häufig übrigens, die ich meiner Mutter in die dampfigen Waschhäuser brachte, wo sie die Wäsche fremder Leute wusch. Mein Vater war noch zu Hause. Er war Fuhrmann, aber die guten Pferde, die er gehabt hatte, waren ihm längst genommen worden, und wie lange er noch bleiben würde, war nicht sicher; sie holten eben jeden. Sogar zu mir sagten manche Leute: „Paß auf, Morgner" – oder sie sagten auch Richard, je nachdem, wie sie mich kannten – „paß auf, Morgner, paß auf, Richard, wenn der Krieg nicht bald aufhört, haben sie dich auch noch bei den Hammelbeinen." Vielleicht. Ich war dreizehn, es war mein letztes Jahr in der Schule. Natürlich hatten sie auch die jungen und jüngeren Lehrer schon geholt. Wie meiner Mutter zumute war, brauche ich kaum zu sagen; wie eben einer Mutter zumute ist, die drei Söhne draußen hat.

Aber ich wollte vom Schnee sprechen, und da gab's eben keinen, es war kalt, aber es sah so aus, als ob überhaupt kein Schnee kommen wollte. Einen Wintermantel hatte ich; meine Schwester arbeitete in einer Wäscherei, und sie hatte, wie man sagt, Kontakt mit französischen Gefangenen, die Wäsche brachten und manchmal einen Mantel gegen Brot umtauschten. Die Kriegsgefangenen, Franzosen in hellblauen Mänteln, Russen in langen, erdfarbenen, Engländer in braunen Mänteln, waren in dem Gefangenenlager auf dem großen Exerzierplatz vor der Stadt. Sonntags gingen wir, meine Freunde und ich, hinaus, um sie zu sehen; da wanderten sie hinter dem Stacheldraht langsam auf und ab, und die Russen sangen manchmal Lieder, sie klangen nach fremder, ferner Erde, auf der mein ältester Bruder so erbärmlich fror, und manchmal erhob sich aus dem Grunde tiefer Stimmen eine einzelne helle Stimme wie der

Flug eines Vogels, der über den Drahtzaun hinwegwollte, aber er konnte nicht, da waren Wachen, Landsturm, wie dann mein Vater einer sein würde; aber es war 1916, sie ließen ihm noch etwas Zeit. Wer das „sie" war, brauche ich nicht zu erklären: dieses „sie" ändert sich nie.

Aber zurück zum Schnee, der in jenem Jahr nicht kommen wollte. Mein Vater war anderer Meinung, er sagte, der würde schon kommen, und bald; mein Vater war vom Lande und konnte das Wetter voraussagen, wenn er bloß den Finger hob oder das Abendrot ansah. Aber die Leute schienen auf grünen Weihnachten bestehen zu wollen.

Nun also, ich hatte meine Zeitungen ausgetragen, und der alte französische Feldbeutel war ganz ansehnlich mit Äpfeln, Nüssen und Pfefferkuchen gefüllt, die ich in den Häusern bekommen hatte, wenn ich mit Betonung klingelte und dann mit noch mehr Nachdruck sagte: „Der Zeitungsjunge". Nicht jeder schien zu verstehen, was es mit dem Wort auf sich hatte; immerhin, der Beutel hatte einen hübschen Bauch.

Und dann schlenderte ich durch die kalte, leichte Dämmerung zum Weihnachtsmarkt auf dem Platz vor dem alten Rathaus. Nun, den will ich nicht beschreiben, sonst kann ich mich davon überhaupt nicht trennen. Es war Krieg, natürlich, aber da, in den Buden und Zelten, da war Licht, da war Zauber, unbeschreiblich; und ich war dreizehn, die Wolken, die über der Welt dahinzogen, berührten mich wohl, aber sie durchdrangen mich nicht. Und dann war da ein Wald auf dem Markt; ein Wald von Tannen war vom Lande in unsere kleine Stadt gekommen, und das Licht glänzte auf den Zweigen der Silbertannen, die auch teurer waren. Unser Baum, nicht zu groß, nicht zu klein, hing übrigens schon seit einer Woche vor dem Fenster der Küche, damit er in der Wärme nicht zu früh die Nadeln verliere. Ich hatte ihn dort angebunden, und ich hatte ihn auch „besorgt"; im Stadtpark weit draußen standen eben doch die schönsten Bäume. Im vergangenen Jahr war ich mit meinem Bruder draußen gewesen; aber er war nicht mehr da. Es war Krieg, wie ich schon sagte, 1916; und damals wußten wir noch nicht, daß mein Bruder dann überhaupt nicht mehr dasein würde. Auf dem Markt stand der Wald, mit den dunklen Bäumen im Licht, mit den Leuten, die sich einen Baum aussuchten, mit den Männern in dicken Halstüchern und warmen Fausthandschuhen, die den Wald stückweis verkauften und in den Pausen ihre Arme wie Flügel gegeneinander schlugen, um sich aufzuwärmen; und ich schlenderte so in den Gassen zwischen den Bäumen, meinen französischen Feldbeutel umgehängt, und ich aß einen Apfel, kalt wie Eis; ich spürte den Saft auf meinen Lippen. Unser Baum war schöner als alles, was ich da sah.

Und plötzlich erblickte ich in der sanft wachsenden Dämmerung mit dem Geräusch von Schritten und dem Ton von Stimmen gefüllt, ohne daß Schritte und Stimmen die Stille der Dämmerung verletzen konnten – plötzlich erblickte ich den Turm unserer Stadtkirche. Mächtig und schweigend stieg er empor, ein dunkles, stummes Wesen, der Hirt vieler Häuser, wie eine Herde zu seinen Füßen, dunkel, unnahbar. Er zog meinen Blick an sich, er führte meinen Blick empor, über die Buden auf dem Christmarkt, über die Dächer der Häuser, über das lange Dach der Kirche, empor und höher, und er schien zu wachsen, während meine Blicke an ihm emporstiegen, höher immer, bis dorthin, wo die Spitze des Turmes die Dämmerung berührte, da schimmerte ein winziges Licht; dort oben lebte der Türmer. Und als ließe der Turm mich nicht mehr, ging ich durch die Gassen zwischen den Bäumen, zwischen den Buden, über den Markt und wieder durch eine schmale Gasse, die zu einem kleinen Platz zu Füßen des Turmes führte; und ich fand die kleine Tür. Ich wußte, daß sie da war, ich hatte schon früher meine Hand auf die kalte Klinke gelegt und die Tür geöffnet und schnell wieder geschlossen, wenn ich sie unverschlossen gefunden hatte; da war so viel Stille, unheimlich; wie einer da oben und so allein leben konnte, verstand ich nicht.

Die Tür war offen. Ich lauschte hinein, die kalte Stille wehte mich an. Ich trat ein, und ich begann, in dieser Stille, die nach Leere, nach vielen vergangenen Jahren roch, die steinernen Stufen der Wendeltreppe emporzusteigen, langsam, vorsichtig, als wüßte ich nicht, was der nächste Schritt bringen würde; aber ich ging, ich stieg empor, als würde ich gezogen; so etwas gibt es doch, man geht, man wird gezogen, und man weiß nicht, was man finden wird. Plötzlich hielt mich etwas an, es faßte mich von hinten bei der Schulter, alles an mir zuckte zusammen und blieb einen Augenblick erstarrt: eine Stimme irgendwo unter mir begann zu reden, fern, geheimnisvoll, hallend; dann war Stille wieder, und auf einmal fingen Stimmen zu singen an. Der Turm, der mich umschloß, so merkwürdig kalt und stumm, hatte eine Stimme bekommen; er sang mit den Stimmen von Frauen, Männern und Knaben. Der Kirchenchor sang; sie probten für Weihnachten, für den Gottesdienst am ersten Feiertag. Der Organist der Stadtkirche war einer unserer Lehrer, Löchelt, ein klei-

ner, alter, eisengrauer Mann, und wir nannten ihn auch nur den alten Löchelt; und der Kantor des Kirchenchores von St. Maximi war auch ein Lehrer in unserer Schule, er hieß Sachse und gab uns Singstunden, und manchmal suchte er Jungen aus meiner Klasse und anderen Klassen aus, die dann im Kirchenchor sangen: mich nahm er nicht; nein, das konnte er auch nicht, ich sang gern, aber bei mir war der Stimmwechsel zu früh gekommen. Da sangen sie also, und es war wirklich, als hätte der stumme, kalte Turm eine Stimme bekommen, als tönte er. Es kam von weither, wie aus einem Grab.

Aber ich stieg nun weiter empor, ich war nicht mehr so allein, und ich stieg wie im Innern von etwas, wie in einem starren, kalten Leibe aufwärts, und ich hörte die singenden Stimmen, doch ferner nun, wie einen feinen, hallenden Atem, wie ein tönendes Flüstern.

Ich stieg empor. Durch die Fenster im Leibe des Turmes sah ich die Dämmerung draußen, doch das Draußen war so still, so fern; mein Herz klopfte. Die Stufen wurden schmaler und kühler, sie wurden kälter und stummer. Wie ein Geist, mit meinem französischen Beutel, huschte ich, hoch oben, an der Wohnung des Türmers vorbei, und gezogen, geführt – wovon? von wem? – stieg ich, in der regungslosen Kälte, empor, und mir war, als würde ich ganz leicht. Ich öffnete eine schmale Tür, ich schloß sie hinter mir, und ich schwankte, als ich mich umwandte, und hielt mich fest. Der Himmel überfiel mich.

Die ungeheure, stimmenlose Leere des Himmels überfiel mich, und ich stand da, zitternd vor Kälte, in der leeren, einsamen Winterluft, kalt und scharf wie ein Messer. Ich sah langsam um mich, da war nichts als Leere, Stille, riesig. Ich war allein. Zum erstenmal war ich allein, ohne Vater und Mutter, ohne Brüder und Freunde, ohne Lehrer, ohne irgend jemanden und irgend etwas; ganz allein, und das war ganz furchtbar.

Und da, in dieser leeren, stummen Höhe, höher als jemand in unserer Stadt und in der ganzen Welt, da sah ich die erste Schneeflocke des Winters fallen; wieder und wieder, sie schwebten herab wie winzige weiße Blättchen oder wie Ascheflöckchen. Ich streckte meine Hand aus, und die Flocken fielen darauf, sie bedeckten langsam meine Hand wie mit einem feinen, weichen Flaum, und sie schwebten und sanken herab, gewichtlos und ohne Laut, mehr und mehr nun, als würde der riesige, dunkle Raum über mir ein einziges weißes Fallen. Ich hatte das Kommen des Schnees noch nie so gesehen, und ich sah ihn kommen, ich war der Geburtstätte des Schnees näher als sonst einer.

Langsam, mühsam bewegte ich mich von der Tür zur Brüstung, ich hielt mich fest am schneebedeckten Stein, als könnte ich fortgeweht werden; und langsam erhob ich meinen Blick, zitternd. Dann stürzte mein Blick in die Tiefe, hilflos zuerst, er zersplitterte unten in stummem Fall; und dann begann mein Blick die dunkle Tiefe abzutasten, er erkannte die Häuser, die Straßen in fernen Umrissen, und langsam brachte er das Gefundene zu mir empor in die Leere, in das Schweigen des fallenden Schnees. Wieder und wieder sank mein Blick hinab; er brachte das Rathaus zu mir, den Markt mit

Lichtern und stummen Schatten in den hellen Gassen, den Wald der Tannen, nun zu einem dunklen Fleck geworden. Und dann, als würde mein Blick frei von Furcht vor der Höhe, dem riesigen, drohenden Schweigen des Raumes um mich und über mir, in dem es flüsterte und wehte, als hätte der Schnee eine Stimme, dann sah ich die Lichter der Stadt wie Sterne, wie einen kleinen und ganzen Sternenhimmel tief unten, wie einen Himmel, der sich die Erde als Ort gewählt hatte, mit Milchstraße und Sternenhaufen und einzelnen Sternbildern und fernen, einsamen, fast verlöschenden einzelnen Sternen am Rande dieses Himmels. Und ich hatte plötzlich keine Furcht mehr, ich sah und erkannte, zum erstenmal, daß ich dort unten zu Hause war, auf der Erde dieser warmen, freundlichen Sterne; und von Kälte und dem Geheimnis der Höhe umringt, hatte ich Sehnsucht nach der Wärme der Erde. Ich wollte den Sternen dort unten nahe sein; und fühlte, zum erstenmal, zitternd fühlte ich, daß ich dort leben würde. Die Erde würde meine Heimat sein, lange, immer.

Dichter fiel der Schnee nun, das Fallen war ein Strom ohne Ufer nun, fallend in flüsterndem Schweigen. Der Schnee fiel auf mich in der Höhe des Turmes, er fiel auf meine Stadt, auf die Erde, auf unser Haus, auf das Gefangenenlager, auf meine Brüder draußen, auf Rußland, auf Frankreich, auf Verdun, auf den Krieg im zweiten Jahr. Er fiel auf alles, auf Leben, auf Tod, auf das Meer, auf fahrende Züge, auf Scheunen, verlassen am Rande von Bethlehem, auf Krippen, auf alles. Und ich sah die Sterne unten, warme, glänzende Lichter. Ich hatte Sehnsucht, dort unten zu sein, zu Hause zu sein, am Tisch zu sitzen, an dem die Mutter die Teller füllte und Brot schnitt. Ich ging zur Tür und verließ die Höhe, ich stieg hinab durch die stumme Kälte im Leib des Turmes, und ich atmete auf, als ich den singenden Stimmen nahe kam, näher, durch sie hinabstieg, zur Erde hinab. Ich flog die Treppe abwärts, ich riß die Tür auf: da war die Erde, gut, fest, warm, die Erde der Sterne; da war ich zu Hause.

Die Hirtenstrophe

Peter Huchel

Wir gingen nachts gen Bethlehem
und suchten über Feld
den schiefen Stall aus Stroh und Lehm,
von Hunden fern umbellt.

Und drängten auf die morsche Schwell'
und sahen an das Kind.
Der Schnee trieb durch die Luke hell,
und draußen Eis und Wind.

Ein Ochs nur blies die Krippe warm,
der nah der Mutter stand.
Wie war ihr Kleid, ihr Kopftuch arm,
wie mager ihre Hand.

Ein Esel hielt sein Maul ins Heu,
fraß Dorn und Distel sacht,
Er rupfte weich die Krippenstreu,
o bitterkalte Nacht.

Wir hatten nichts als unsern Stock,
kein Schaf, kein eigen Land,
geflickt und fasrig war der Rock,
nachts keine warme Wand.

Wir standen scheu und stummen Munds
Die Hirten, Kind, sind hier.
Und beteten und wünschten uns
Gerät und Pflug und Stier.

Und standen lang und schluckten Zorn,
weil uns das Kind nicht sah.
Griff nicht das Kind dem Ochs ans Horn
Und lag dem Esel nah?

Es brannte ab der Span aus Kien.
Das Kind schrie und schlief ein.
Wir rührten uns, feldein zu ziehn.
Wie waren wir allein!

Daß diese Welt nun besser wird,
so sprach der Mann der Frau,
für Zimmermann und Knecht und Hirt,
das wisse er genau.

Ungläubig hörten wir's – doch gern.
Viel Jammer trug die Welt.
Es schneite stark. Und ohne Stern
ging es durch Busch und Feld.

Gras, Vogel, Lamm und Netz und Hecht,
Gott gab es uns zu Lehn.
Die Erde aufgeteilt gerecht,
wir hätten's gern gesehn.

Weihnachten auf Hohen-Vietz

Theodor Fontane

Es war Weihnachten 1812, Heiliger Abend. Einzelne Schneeflocken fielen und legten sich auf die weiße Decke, die schon seit Tagen in den Straßen der Hauptstadt lag. Die Laternen, die an lang ausgespannten Ketten hingen, gaben nur spärliches Licht; in den Häusern aber wurde es von Minute zu Minute heller, und der „Heilige Christ", der hier und dort schon einzuziehen begann, warf seinen Glanz auch in das draußen liegende Dunkel.

So war es auch in der Klosterstraße. Die „Singuhr" der Parochialkirche setzte eben ein, um die ersten Takte ihres Liedes zu spielen, als ein Schlitten aus dem Gasthof „Zum grünen Baum" herausfuhr und gleich darauf schräg gegenüber vor einem zweistöckigen Hause hielt, dessen hohes Dach noch eine Mansardenwohnung trug. Der Kutscher des Schlittens, in einem abgetragenen, aber mit drei Kragen ausstaffierten Mantel, beugte sich vor und sah nach den obersten Fenstern hinauf; als er jedoch wahrnahm, daß alles ruhig blieb, stieg er von seinem Sitz, strängte die Pferde ab und schritt auf das Haus zu, um durch die halb offenstehende Tür in dem dunklen Flur desselben zu verschwinden. Wer ihm dahin gefolgt wäre, hätte notwendig das stufenweise Stapfen und Stoßen hören müssen, mit dem er sich, vorsichtig und ungeschickt, die drei Treppen hinauffühlte.

Der Schlitten, eine einfache Schleife, auf der ein mit einem sogenannten „Plan" überspannter Korbwagen befestigt war, stand all die Zeit über ruhig auf dem Fahrdamm, hart an der Öffnung einer hier aufgeschütteten Schneemauer. Der Korbwagen selbst, mutmaßlich um mehr Wärme und Bequemlichkeit zu geben, war nach hinten zu, bis an die Plandecke hinauf, mit Stroh gefüllt; vorn lag ein Häckselsack, gerade breit genug, um zwei Personen Platz zu gönnen. Alles so primitiv wie möglich. Auch die Pferde waren unscheinbar genug, kleine Ponies, die gerade jetzt in ihrem winterlich rauhen Haar ungeputzt und dadurch ziemlich vernachlässigt aussahen. Aber wie immer auch, die russischen Sielen, dazu das Schellengeläut, das auf rot eingefaßten, breiten Ledergurten über den Rücken der Pferde hing, ließen keinen Zweifel darüber, daß das Fuhrwerk aus einem guten Hause sei.

So waren fünf Minuten vergangen oder mehr, als es auf dem Flur hell wurde. Eine Alte in einer weißen Nachthaube, das Licht mit der Hand schützend, streckte den Kopf neugierig in die Straße hinaus; dann kam der Kutscher mit Mantelsack und Pappkarton; hinter diesem, den Schluß bildend, ein hochaufgeschossener junger Mann von leichter, vornehmer Haltung. Er trug eine Jagdmütze, kurzen Rock und war in seiner ganzen Oberhälfte unwinterlich gekleidet. Nur seine Füße steckten in hohen Filzstiefeln. „Frohe Feiertage, Frau Hulen", damit reichte er der Alten die Hand, stieg auf die Deichsel und nahm Platz neben dem Kutscher. „Nun vorwärts, Krist; Mitternacht sind wir in Hohen-Vietz. Das ist recht, daß Papa die Ponies geschickt hat." Die Pferde zogen an und versuchten es, ihrer Natur nach, in einen leichten Trab zu fallen; aber erst als sie die Königstraße mit ihrem Weihnachtsgedränge und Waldteufelgebrumm im Rücken hatten, ging es in immer rascherem Tempo die Landsberger Straße entlang und endlich unter immer munterer werdendem Schellengeläut zum Frankfurter Tore hinaus.

Draußen umfing sie Nacht und Stille; der Himmel klärte sich, und die ersten Sterne traten hervor. Ein leiser, aber scharfer Ostwind fuhr über das Schneefeld, und der Held unserer Geschichte, Lewin von Vitzewitz, der seinem väterlichen Gute Hohen-Vietz zufuhr, um die Weihnachtsfeiertage daselbst zu verbringen, wandte sich jetzt, mit einem Anflug von märkischem Dialekt, an den neben ihm sitzenden Gefährten. „Nun, Krist, wie wär es? Wir müssen wohl einheizen." Dabei legte er Daumen und Zeigefinger ans Kinn und paffte mit den Lippen. Dies „wir" war nur eine Vertraulichkeitswendung; Lewin selbst rauchte nicht. Krist aber, der von dem Augenblick an, wo sie die Stadt im Rücken hatten, diese Aufforderung erwartet haben mochte, legte ohne weiteres die Leinen in die Hand seines jungen Herrn und fuhr in die Manteltasche, erst um eine kurze Pfeife mit bleiernem Abguß, dann um ein neues Paket Tabak daraus hervorzuholen. Er nahm beides zwischen die Knie, öffnete das mit braunem Lack gesiegelte Paket, stopfte und begann dann mit derselben langsamen Sorglichkeit nach Stahl und Schwamm zu suchen. Endlich brannte es; er tat, indem er wieder die Leine nahm, die ersten Züge, und während jetzt kleine Funken aus dem Drahtdeckel hervorsprühten, ging es auf Friedrichsfelde zu, dessen Lichter ihnen über das weiße Feld her entgegen schienen.

Das Dorf lag bald hinter ihnen. Lewin, der sich's inzwischen bequem gemacht und durch festeren Aufbau einiger Strohbündel eine Rückenlehne hergerichtet hatte, schien jetzt in der Stimmung, eine Unterhaltung aufzunehmen. Ehe des Kutschers Pfeife brannte, wär es ohnehin nicht rätlich gewesen.

„Nichts Neues, Krist?“ begann Lewin, indem er sich fester in die Strohpolster drückte. „Was macht Willem, mein Päth?“

„Dank schön, junger Herr, he is ja nu wedder bi Weg.“

„Was war ihm denn?“

„He hett sich verfiert. Un noch dato an sinen Gebortsdag. Et is nu en Wochner drei; ja, up'n Dag hüt, drei Wochen. Oll Doktor Leist von Lebus hett em aber wedder torecht bracht.“

„Er hat sich verfiert?“

„Ja, junger Herr, so glöwen wi all. Et wihr wol so um de fiefte Stunn', as meine Fru seggen däd: ‚Willem, geih un hol uns en paar Äppels, awers von de Renetten up'n Stroh, dicht bi de Bohnenstakens.“ Un uns' Lütt-Willem ging ooch, un ick hürt em noch flüten un singen un dat Klapsen von sine Pantinen ümmer den Floor lang. Awer dunn hürt ick nix mihr, und as he nu an de olle wackelsche Döör käm und in den groten Saal rinnwull, wo uns' Äppels liggen un wo de Lüt seggen, dat de oll Matthias spöken deiht, da möt em wat passiert sinn. He käm nich und käm nich; un as ick nu nahjung un sehn wull, wo he bliwen däd, da läg he, glieks achter de Schwell, as dod up de Fliesen.“

„Das arme Kind! Und Eure Frau . . “

„De käm ooch, un wi drögen em nu torügg in unse Stuv und rewen em in. Mine Fru hätt ümmer en beten Mierenspiritus to Huus. As he nu wedder to sich käm, biwwerte em de janze lütte Liew, un he seggte man ümmer: ‚Ick hebb em sehn.'

Lewin hatte sich zurechtgerückt. „Es geht also wieder besser“, warf er hin, und wie um loszukommen von allerhand Bildern und Gedanken, die des Kutschers Erzählung in ihm angeregt hatte, fuhr er hin und her in Erkundigungen, worauf Krist mit so viel Ausführlichkeit antwortete, wie ihm die Raschheit der Fragen gestattete. Dem Schulzen Kniehase war einer von seinen Braunen gefallen; bei Hoppenmarieken hatte der Schornstein gebrannt; bei Witwe Gräbschen hatte Nachtwächter Pachaly einen mittelgroßen Sarg, mit einem Myrtenkranz darauf, vor der Haustür stehn sehn, „un wihl et man en mittelscher Sarg west wihr, so hedden se all an die Jüngscht, an Hanne Gräbschen dacht. De is man kleen, und piept all lang.“

Die Sterne traten immer zahlreicher hervor. Lewin lupfte die Kappe, um sich die Stirn von der frischen Winterluft anwehen zu lassen, und sah staunend und andächtig in den funkelnden Himmel hinauf. Es war ihm, als fielen alle dunklen Geschicke, das Erbteil seines Hauses, von ihm ab, und als zöge es lichter und heller von oben her in seine Seele. Er atmete auf. Zwei, drei Schlitten flogen vorüber, grüßten und sangen, sichtlich Gäste, die im Nebendorf die Bescherung nicht versäumen wollten; dann, ehe fünf Minuten um waren, glitt das Gefährt unserer zwei Freunde unter den Giebelvorbau des Bohlsdorfer Kruges.

Bohlsdorf war drittel Weg. Niemand kam. An den Fenstern zeigte sich kein Licht; die Krügersleute mußten in den Hinterstuben sein und das Vorfahren des Schlittens, trotz seines Schellengeläutes, überhört haben. Krist nahm wenig Notiz davon. Er stieg ab, holte eine der Stehkrippen heran, die beschneit an dem Hofzaun entlang standen, und schüttete den Pferden ihren Hafer ein.

Auch Lewin war abgestiegen. Er stampfte ein paarmal in den Schnee, wie um das Blut wieder in Umlauf zu bringen, und trat dann in die Gaststube, um sich zu wärmen und einen Imbiß zu nehmen. Drinnen war alles leer und dunkel; hinter dem Schenktisch aber, wo drei Stufen zu einem höher gelegenen Alkoven führten, blitzte der Christbaum von Lichtern und goldenen Ketten. In diesem Weihnachtsbilde, das der enge Türrahmen einfaßte, stand die Krügersfrau in Mieder und rotem Friesrock und hatte einen Blondkopf auf dem Arm, der nach den Lichtern des Baumes langte. Der Krüger selbst stand neben ihr und sah auf das Glück, das ihm das Leben und dieser Tag beschert hatten.

Lewin war ergriffen von dem Bilde, das fast wie eine Erscheinung auf ihn wirkte. Leiser als er eingetreten war, zog er sich wieder zurück und trat auf die Dorfstraße. Gegenüber dem Kruge, von einer Feldsteinmauer eingefaßt, lag die Bohlsdorfer Kirche, ein alter Zisterzienserbau aus den Tagen der ersten Kolonisation. Es klang deutlich von drüben her, als würde die Orgel gespielt, und Lewin, während er noch aufhorchte, bemerkte zugleich, daß eines der kleinen, in halber Wandhöhe hinlaufenden Rundbogenfenster matt erleuchtet war. Neugierig, ob er sich täuschte oder nicht, stieg er über die niedrige Steinmauer fort und schritt, zwischen den Gräbern hin, auf die Längswand der Kirche zu. Ziemlich inmitten dieser Wand bemerkte er eine Pforte, die nur eingeklinkt, aber nicht geschlossen war. Er öffnete leise und trat ein. Es war, wie er vermutet hatte. Ein alter Mann, mit Samtkäppsel und spärlichem weißen Haar, saß vor der Orgel, während ein Lichtstümpfchen neben ihm eine kümmerliche Beleuchtung gab. In sein Orgelspiel vertieft, bemerkte er nicht, daß jemand eingetreten war, und feierlich, aber gedämpften Tones klangen die Weihnachtsmelodien nach wie vor durch die Kirche hin.

Übte sich der Alte für den kommenden Tag, oder feierte er hier sein Christfest allein für sich mit Psalmen und Choral? Lewin hatte sich die Frage kaum gestellt, als er, der Orgel gegenüber, einen zweiten Lichtschimmer wahrnahm; auf der untersten Stufe des Altars stand eine kleine Hauslaterne. Als er näher trat, sah er, daß Frauenhände hier eben noch beschäftigt gewesen sein mußten. Ein Handfeger lag da, daneben eine kurze Stehleiter, die beiden Seitenhölzer oben mit Tüchern umwunden. Das Licht der Laterne fiel auf zwei Grabsteine, die vor dem Altar in die Fliesen eingelegt waren; der eine zur Linken enthielt nur Namen und Datum, der andere zur Rechten aber zeigte Bild und Spruch. Zwei Lindenbäume neigten ihre Wipfel einander zu, und darunter standen Verse, zehn oder zwölf Zeilen. Nur die Zeilen der zweiten Strophe waren noch deutlich erkennbar und lauteten:

Sie sieht nun tausend Lichter;
Der Engel Angesichter
Ihr treu zu Diensten stehn;
Sie schwingt die Siegesfahne
Auf güldnem Himmelsplane
Und kann auf Sternen gehn.

Lewin las zwei-, dreimal, bis er die Strophe auswendig wußte; die letzte Zeile namentlich hatte einen tiefen Eindruck auf ihn gemacht, von dem er sich keine Rechenschaft geben konnte. Dann sah er sich noch einmal in der seltsam erleuchteten Kirche um, deren Pfeiler und Chorstühle ihn schattenhaft umstanden, und kehrte, die Türe leise wieder anlehnend, erst auf den Kirchhof, dann, mit raschem Sprung über die Mauer, auf die Dorfstraße zurück.

Der Krug hatte indessen ein verändertes Ansehen gewonnen. In der Gaststube war Licht; Krist stand am Schenktisch im eifrigen Gespräch mit dem Krüger, während die Frau, aus der Küche kommend, ein Glas Kirschpunsch auf den Tisch stellte. Sie plauderten noch eine Weile auch über den alten Küster drüben, der, seitdem er Witmann geworden, seinen Heiligen Abend mit Orgelspiel zu feiern pflege; dann, unter Händeschütteln und Wünschen für ein frohes Fest, wurde Abschied genommen, und an den stillen Dorfhütten vorbei ging es weiter in die Nacht hinein.

Lewin sprach von den Krügersleuten; Krist war ihres Lobes voll. Weniger wollt er vom Bohlsdorfer Amtmann wissen, am wenigsten vom Petershagener Müller, an dessen abgebrannter Bockmühle sie eben vorüberfuhren. Aus allem ging hervor, daß Krist, der allwöchentlich dieses Weges kam, den Klatsch der Bierbänke zwischen Berlin und Hohen-Vietz in treuem Gedächtnis trug. Er wußte alles und schwieg erst, als Lewin immer stiller zu werden begann. Nur kurze Ansprachen an die Ponies belebten noch den Weg. Die regelmäßige Wiederkehr dieser Anrufe, das monotone Schellenläuten, das alsbald wie von weit her zu klingen schien, legte sich mehr und mehr mit einschläfernder Gewalt um die Sinne unseres Helden. Allerhand Gestalten zogen an seinem halbgeschlossenen Auge vorüber; aber eine dieser Gestalten, die glänzendste, nahm er mit in seinen Traum. Er saß vor ihr auf einem niedrigen Taburett; sie lachte ihn an und schlug ihn leise mit dem Fächer, als er nach ihrer Hand haschte, um sie zu küssen. Hundert Lichter, die sich in schmalen Spiegeln spiegelten, brannten um sie her, und vor ihnen lag ein großer Teppich, auf dem Göttin Venus in ihrem Taubengespann durch die Lüfte zog. Dann war es plötzlich, als löschten alle diese Lichter aus; nur zwei Stümpfchen brannten noch; es war wie eine schattendurchhuschte Kirche, und an der Stelle, wo der Teppich gelegen hatte, lag ein Grabstein, auf dem die Worte standen:

Sie schwingt die Siegesfahne
Auf güldnem Himmelsplane
Und kann auf Sternen gehn.

Süß und schmerzlich, wie kurz vorher bei wachen Sinnen ihn diese Worte berührt hatten, berührten sie ihn jetzt im Traum. Er wachte auf.

„Noch eine halbe Meile, junger Herr“, sagte Krist.

„Dann sind wir in Dolgelin?“

„Nein, in Hohen-Vietz.“

„Da hab ich fest geschlafen.“

„Dritthalb Stunn'.“

Das erste, was Lewin wahrnahm, war die Sorglichkeit, mit der sich der alte Kutscher mittlerweile um ihn bemüht hatte. Der Futtersack war ihm unter die Füße geschoben, die beiden Pferdedecken lagen ausgebreitet über seinen Knien. Nicht lange, und der Hohen-Vietzer Kirchturm wurde sichtbar. An oberster Stelle eines Höhenzuges, der nach Osten hin die Landschaft schloß, stand die graue Masse, schattenhaft im funkelnden Nachthimmel.

Dem Sohne des Hauses schlug das Herz immer höher, sooft er

dieses Wahrzeichens seiner Heimat ansichtig wurde. Aber er hatte heute nicht lange Zeit, sich der Eigentümlichkeit des Bildes zu freuen. Die beschneiten Parkbäume traten zwischen ihn und die Kirche, und einige Minuten später schlugen die Hunde an, und zwischen zwei Torpfeilern hindurch beschrieb der Schlitten eine Kurve und hielt vor der portalartigen Glastüre, zu der zwei breite Sandsteinstufen hinaufführten.

Lewin, der sich schon vorher erhoben hatte, sprang hinaus und schritt auf die Stufen zu. „Guten Abend, junger Herr", empfing ihn ein alter Diener in Gamaschen und Frackrock, an dem nur die großen blanken Knöpfe verrieten, daß es eine Livree sein sollte.

„Guten Abend, Jeetze; wie geht es?"

Aber über diesen Gruß kam Lewin nicht hinaus, denn im selben Augenblick richtete sich ein prächtiger Neufundländer vor ihm auf und überfiel ihn, die Vorderpfoten auf seine Schultern legend, mit den allerstürmischsten Liebkosungen.

„Hektor, laß gut sein, du bringst mich um." Damit trat unser Held in die Halle seines väterlichen Hauses. Ein paar Scheite, die im Kamin verglühten, warfen ihr Licht auf die alten Bilder an der Wand gegenüber. Lewin sah sich um, nicht ohne einen Anflug freudigen Stolzes, auf der Scholle seiner Väter zu stehen.

Dann leuchtete ihm der alte Diener die schwere doppelarmige Treppe hinauf während Hektor folgte. – – –

An Lewins Seele waren inzwischen unruhige Träume vorübergegangen. Die Fahrt im Ostwind hatte ihn fiebrig gemacht, und erst gegen Morgen verfiel er in einen festen Schlaf. Eine Stunde später begann es bereits im Hause lebendig zu werden; auf dem langen Korridor, an dessen Nordostecke Lewins Zimmer gelegen war, hallten Schritte auf und ab, schwere Holzkörbe wurden vor die Feuerstellen gesetzt und große Scheite von außen her in den Ofen geschoben. Bald darauf öffnete sich die Tür, und der alte Diener, der am Abend zuvor seinen jungen Herrn empfangen hatte, trat ein, einen Blaker in der Hand. Hektor blieb liegen, reckte sich auf dem Rehfell und wedelte nur, als ob er rapportieren wolle: Alles in Ordnung. Jeetze setzte das Licht, dessen Flamme er bis dahin mit seiner Rechten sorglich gehütet hatte, hinter einen Schirm und begann alles, was an Garderobenstücken umherlag, über seinen linken Arm zu packen. Er selbst war noch im Morgenkostüm; zu den Samthosen und Gamaschen, ohne die er nicht wohl zu denken war, trug er einen Arbeitsrock von doppeltem Zwillich. Als er alles beisammen hatte, trat er, leise wie er gekommen war, seinen Rückzug an, dabei nach Art alter Leute unverständliche Worte vor sich her murmelnd. An dem zustimmenden Nicken seines Kopfes aber ließ sich erkennen, daß er zufrieden und guter Laune war.

Die Türe blieb halb offen, und das erwachende Leben des Hauses drang in immer mahnenderen, aber auch in immer anheimelnderen Klängen in das wieder still gewordene Zimmer. Die großen Scheite Fichtenholz sprangen mit lautem Krach auseinander, von Zeit zu Zeit zischte das Wasser, das aus den naß gewordenen Stücken in kleinen Rinnen ins Feuer lief, und von der Korridornische her hörte man den sichern und regelrechten Strich, mit dem Jeetzes Bürste der Hacheln und Härchen, die nicht loslassen wollten, Herr zu werden suchte.

Alles das war hörbar genug, nur Lewin hörte es nicht. Endlich beschloß Hektor, der Ungeduld Jeetzes und seiner eigenen ein Ende zu machen, richtete sich auf, legte beide Vorderpfoten aufs Deckbett und fuhr mit seiner Zunge über die Stirn des Schlafenden hin, ohne weitere Sorge, ob seine Liebkosungen willkommen seien oder nicht. Lewin wachte auf; die erste Verwirrung wich einem heiteren Lachen. „Kusch dich, Hektor“, damit sprang er aus dem Bett. Der Morgenschlaf hatte ihn frisch gemacht; in wenig Minuten war er angekleidet, ein Vorteil halb soldatischer Erziehung. Er durchschritt ein paarmal das Zimmer, betrachtete lächelnd einen mit vier Nadeln an die Tischdecke festgesteckten Bogen Papier, auf dem in großen Buchstaben stand: „Willkommen in Hohen-Vietz“, ließ seine Augen über ein paar Silhouettenbilder gleiten, die er von Jugend auf kannte und doch immer wieder mit derselben Freudigkeit begrüßte, und trat dann an eines der zugefrorenen Eckfenster. Sein Hauch taute die Eisblumen fort, ein Fleckchen, nicht größer wie eine Glaslinse, wurde frei, und sein erster Blick fiel jetzt auf die eben aufgehende Weihnachtssonne, deren roter Ball hinter dem Turmknopf der Hohen-Vietzer Kirche stand. Zwischen ihm und dieser Kirche erhoben sich die Bäume des hügelansteigenden Parkes, phantastisch bereift, auf einzelnen ein paar Raben, die in die Sonne sahen und mit Gekreisch den Tag begrüßten.

Lewin freute sich noch des Bildes, als es an die Tür klopfte.

„Nur herein!“

Eine schlanke Mädchengestalt trat ein, und mit herzlichem Kuß schlossen sich die Geschwister in die Arme. Daß es Geschwister waren, zeigte der erste Blick: gleiche Figur und Haltung, dieselben ovalen Köpfe, vor allem dieselben Augen, aus denen Phantasie, Klugheit und Treue sprachen.

„Wie freue ich mich, dich wieder hier zu haben. Du bleibst doch über das Fest? Und wie gut du aussiehst, Lewin! Sie sagen, wir ähnelten uns; es wird mich noch eitel machen."

Die Schwester, die bis dahin wie musternd vor dem Bruder gestanden hatte, legte jetzt ihren Arm in den seinen und fuhr dann, während beide auf der breiten Strohmatte des Zimmers auf und ab promenierten, in ihrem Geplauder fort.

„Du glaubst nicht, Lewin, wie öde Tage wir jetzt haben. Seit einer Woche flog uns nichts wie Schneeflocken ins Haus."

„Aber du hast doch den Papa..."

„Ja und nein. Ich hab ihn und hab ihn nicht; jedenfalls ist er nicht mehr, wie er war. Seine kleinen Aufmerksamkeiten bleiben aus; er hat kein Ohr mehr für mich, und wenn er es hat, so zwingt er sich und lächelt. Und an dem allen sind die Zeitungen schuld, die ich freilich auch nicht missen möchte. Kaum daß Hoppenmarieken in den Flur tritt und das Postpaket aus ihrem Kattuntuch wickelt, so ist es mit seiner Ruhe hin. Er geht an mir vorbei, ohne mich zu sehen. Briefe werden geschrieben; die Pferde kommen kaum noch aus dem Geschirr; zu Wagen und zu Schlitten geht es hierhin und dorthin. Oft sind wir tagelang allein. Ein Glück, daß ich Tante Schorlemmer habe, ich ängstigte mich sonst zu Tode."

„Tante Schorlemmer! So findet alles seine Zeit."

„Oh, sie braucht nicht erst ihre Zeit zu finden, sie hat immer ihre Zeit, daß weiß niemand besser als du und ich. Aber freilich, eines ist meiner guten Schorlemmer nicht gegeben, einen öden Tag minder öde zu machen. Möchtest du, eingeschneit, einen Winter lang mit ihr und ihren Sprüchen am Spinnrad sitzen?"

„Nicht um die Welt. Aber wo bleibt der Pastor? Und wo bleibt Marie? Ist denn alles zerstoben und verflogen?"

„Nein, nein, sie sind da, und sie kommen auch und sind die alten noch; lieb und gut wie immer. Aber unsere Hohen-Vietzer Tage sind so lang und am längsten, wenn im Kalender die kürzesten stehen. Marie kommt übrigens heute abend; sie hat eben anfragen lassen."

„Und wie geht es unserem Liebling?"

„In den drei Monaten, daß du nicht hier warst, ist sie voll herangewachsen. Sie ist wie ein Märchen. Wenn morgen eine goldene Kutsche bei Kniehases vorgefahren käme, um sie aus dem Schulzenhause mit zwei schleppentragenden Pagen abzuholen, ich würde mich nicht wundern. Und doch ängstigt sie mich. Aber je mehr ich mich um sie sorge, desto mehr liebe ich sie."

So weit waren die Geschwister in ihren Plaudereien gekommen, als Jeetze – nunmehr in voller Livree – in der Türe erschien, um seinen jungen Herrschaften anzukündigen, daß es Zeit sei.

„Wo ist Papa?"

„Er baut auf, Krist und ich haben zutragen müssen."

„Und Tante Schorlemmer?"

„Ist im Flur. Die Singekinder sind eben gekommen."

Lewin und Renate nickten einander zu und traten dann heiteren Gesichts und leichten Ganges, ein jeder stolz auf den anderen, in den Korridor hinaus. In demselben Augenblick, wo sie an dem Treppenkopf angelangt waren, klang es weihnachtlich von hellen Kinderstimmen zu ihnen herauf. Und doch war es kein eigentliches Weihnachtslied. Es war das alte „Nun danket alle Gott", das den märkischen Kehlen am geläufigsten ist und am freiesten aus ihrer Seele kommt. „Wie schön", sagte Lewin und horchte, bis die erste Strophe zu Ende war.

Als die Geschwister im Niedersteigen den untersten Treppenabsatz erreicht hatten, hielten sie abermals und überblickten nun das Bild zu ihren Füßen. Die gewölbte Flurhalle, groß und geräumig, trotz der Eichenschränke, die umherstanden, war mit Menschen, jungen und alten, gefüllt; einige Mütterchen hockten auf der Treppe, deren unterste Stufen bis weit in den Flur hinein vorsprangen. Links, nach der Park- und Gartentür zu, standen die Kinder, einige sonntäglich geputzt, die anderen notdürftig gekleidet, hinter ihnen die Armen des Dorfes, auch Sieche und Krüppel; nach rechts hin aber hatte alles, was zum Hause gehörte, seine Aufstellung genommen: der Jäger, der Inspektor, der Meier, Krist und Jeetze, dazu die Mägde, der Mehrzahl nach jung und hübsch, und alle gekleidet in die malerische Tracht dieser Gegenden, den roten Friesrock, das schwarzseidene Kopftuch und den geblümten Manchester-Spenzer. In Front dieser bunten Mädchengruppe gewahrte man eine ältliche Dame über fünfzig, grau gekleidet mit weißem Tuch und kleiner Tüllhaube, die Hände gefaltet, den Kopf vorgebeugt, wie um dem Gesange der Kinder mit mehr Andacht folgen zu können. Es war Tante Schorlemmer. Nur als die Geschwister auf dem Treppenabsatz erschienen, unterbrach sie ihre Haltung und erwiderte Lewins Gruß mit einem freundlichen Nicken. Nun war auch der zweite Vers gesungen, und die Weihnachtsbescherung an die Armen und Kinder des Dorfes, wie sie in diesem Hause seit alten Zeiten Sitte war, nahm ihren Anfang. Niemand drängte vor; jeder wußte, daß ihm das Seine werden würde. Die Kranken erhielten eine Suppe, die Krüppel ein Almosen, alle einen Festkuchen, an die Kinder aber traten die Mägde heran und schütteten ihnen Äpfel und Nüsse in die mitgebrachten Säcke und Taschen.

Das Gabenspenden war kaum zu Ende, als die große, vom Flur aus in die Halle führende Flügeltüre von innen her sich öffnete und ein heller Lichtschein in den bis dahin nur halb erleuchteten Flur drang. Damit war das Zeichen gegeben, daß nun dem Hause selber beschert werden solle. Der alte Vitzewitz trat zwischen Türe und Weihnachtsbaum, und Lewins ansichtig werdend, der am Arm der Schwester dem Festzug voraufschritt, rief er ihm zu: „Willkommen, Lewin, in Hohen-Vietz." Vater und Sohn begrüßten sich herzlich; dann setzten die Geschwister ihren Umgang um die Tafel fort, während draußen im Flur die Kinder wieder anstimmten:

Lob, Ehr und Preis sei Gott,
Dem Vater und dem Sohne
Und auch dem Heiligen Geist
Im hohen Himmelsthrone.

Der Zug löste sich nun auf, und jeder trat an seinen Platz und an seine Geschenke. Alles gefiel und erfreute, die Schals, die Westen, die seidenen Tücher. Da lagerte kein Unmut, keine Enttäuschung auf den Stirnen; jeder wußte, daß schwere Zeiten waren, und daß der viel heimgesuchte Herr von Hohen-Vietz sich mancher Entbehrung unterziehen mußte, um die gute Sitte des Hauses auch in bösen Tagen aufrecht zu erhalten.

Zu beiden Seiten des Kamins, über dessen breiter Marmorkonsole das überlebensgroße Bild des alten Matthias aufragte, waren auf kleinen Tischen die Gaben ausgebreitet, die der Vater für Lewin und Renaten gewählt hatte. Lieblingswünsche hatten ihre Erfüllung gefunden, sonst waren sie nicht reichlich. An Lewins Platz lag eine gezogene Doppelbüchse, Suhler Arbeit, sauber, leicht, fest, eine Freude für den Kenner.

„Das ist für dich, Lewin. Wir leben in wunderbaren Tagen. Und nun kommt und laß uns plaudern."

Beide traten in das nebenan gelegene Zimmer, während in der Halle die Weihnachtslichter niederbrannten.

Weihnachtsabend

Ludwig Tieck

Man kann annehmen, daß, so sehr poetische Gemüter darüber klagen, wie in unserer Zeit alles Gedicht und Wundersame aus dem Leben verschwunden sei, dennoch in jeder Stadt, fast allenthalben auf dem Lande, Sitten und Gebräuche und Festlichkeiten sich finden, die an sich das sind, was man poetisch nennen kann, oder die gleichsam nur eine günstige Gelegenheit erwarten, um sich zum Dichterischen zu erheben. Das Auge, welches sie wahrnehmen soll, muß freilich ein unbefangenes sein, kein stumpfes und übersättigtes, welches Staunen, Blendung, oder ein Unerhörtes, die Sinne durch Pracht oder Seltsamkeit Verwirrendes mit dem Poetischen verwechselt . . .

Als ich ein Kind war, so erzählte Medling, ein geborner Berliner, war der Markt und die Ausstellung, wo die Eltern für die Kinder oder sonst Angehörigen Spielzeug, Näschereien und Geschenke zum Weihnachtsfeste einkauften, eine Anstalt, deren ich mich immer noch in meinem Alter mit großer Freude erinnere. In dem Teile der Stadt, wo das Gewerbe am meisten vorherrschte, wo Kaufleute, Handwerker und Bürgerstand vorzüglich ein rasches Leben verbreiten, war in der Straße, welche von Kölln zum Schlosse führt, schon seit langer Zeit der Aufbau jener Buden gewöhnlich, die mit jenem glänzenden Tand als Markt für das Weihnachtsfest ausgeschmückt werden sollten. Diese hölzernen Gebäude setzten sich nach der langen Brücke, sowie gegenüber nach der sogenannten Stechbahn fort, als rasch entstehende, schnell vergehende Gassen. – Vierzehn Tage vor dem Feste begann der Aufbau, mit dem Neujahrstage war der Markt geschlossen, und die Woche vor der Weihnacht war eigentlich die Zeit, in welcher es auf diesem beschränkten Raum der Stadt am lebhaftesten herging, und das Gedränge am größten war. Selbst Regen und Schnee, schlechtes und unerfreuliches Wetter, auch strenge Kälte konnten die Jugend wie das Alter nicht vertreiben. Hatten sich aber frische und anmutige Wintertage um jene Zeit eingefunden, so war dieser Sammelplatz aller Stände und Alter das Fröhlichste, was der heitere Sinn nur sehen und genießen konnte, denn nirgend habe ich in Deutschland und Italien etwas Ähnliches wiedergefunden, was damals die Weihnachtszeit in Berlin verherrlichte.

Am schönsten war es, wenn kurz zuvor Schnee gefallen und bei mäßigem Frost und heiterm Wetter liegen geblieben war. Alsdann hatte sich das gewöhnliche Pflaster der Straße und des Platzes durch die Tritte der unzähligen Wanderer gleichsam in einen marmornen Fußboden verwandelt. Um die Mittagsstunde wandelten dann wohl die vornehmern Stände behaglich auf und ab, schauten und kauften, luden den Bedienten, welche ihnen folgten, die Gaben auf, oder kamen auch nur wie in einem Saal zusammen, um sich zu besprechen und Neuigkeiten mitzuteilen. Am glänzendsten aber sind die Abendstunden, in welchen diese breite Straße von vielen tausend Lichtern aus den Buden von beiden Seiten erleuchtet wird, daß fast eine Tageshelle sich verbreitet, die nur hie und da durch das Gedränge der Menschen sich scheinbar verdunkelt. Alle Stände wogen fröhlich und lautschwatzend durcheinander. Hier trägt ein bejahrter Bürgersmann sein Kind auf dem Arm, und zeigt und erklärt dem laut jubelnden Knaben alle Herrlichkeiten. Eine Mutter erhebt dort die kleine Tochter, daß sie sich in der Nähe die leuchtenden Puppen, deren Hände und Gesicht von Wachs die Natur anmutig nachahmen, näher betrachten könne. Ein Kavalier führt die geschmückte Dame, der Geschäftsmann läßt sich gern von dem Getöse und Gewirr betäuben, und vergißt seiner Akten, ja selbst der jüngere und ältere Bettler erfreut sich dieser öffentlichen, allen zugänglichen Maskerade, und sieht ohne Neid die ausgelegten Schätze und die Freude und Lust der Kinder, von denen auch die geringsten die Hoffnung haben, daß irgend etwas für sie aus der vollen Schatzkammer in die kleine Stube getragen werde. So wandeln denn Tausende scherzend mit Plänen zu kaufen, erzählend, lachend, schreiend den süßduftenden mannigfaltigen Zucker- und Marzipangebäcken vorüber, wo Früchte, in reizender Nachahmung, Figuren aller Art, Tiere und Menschen, alles in hellen Farben strahlend, die Lüsternen anlacht: Hier ist eine Ausstellung wahrhaft täuschenden Obstes, Aprikosen, Pfirsichen, Kirschen, Birnen und Äpfel, alles aus Wachs künstlich geformt; dort klappert, läutet und schellt in einer großen Bude tausendfaches Spielzeug aus Holz in allen Größen gebildet, Männer und Frauen, Hanswürste und Priester, Könige und Bettler, Schlitten und Kutschen, Mädchen, Frauen, Nonnen, Pferde mit Klingeln, ganzer Hausrat, oder Jäger mit Hirschen und Hunden, was der Gedanke nur spielend ersinnt, ist hier ausgestellt, und die Kinder, Wärterinnen und Eltern werden angerufen, zu wählen und zu kaufen. Jenseits erglänzt ein überfüllter Laden mit blankem Zinn (denn damals war es noch gebräuchlich, Teller und Schüsseln von diesem Metall zu gebrauchen), aber neben den polierten und spiegelnden Geräten blinkt und leuchtet in Rot und Grün, und Gold und Blau, eine Unzahl regelmäßig aufgestellter Soldatesken, Engländer, Preußen und Kroaten, Panduren und Türken, prächtig gekleidete Paschas auf geschmückten Rossen, auch geharnischte Ritter und Bauern und Wald im Frühlingsglanz, Jäger, Hirsche und Bären und Hunde in der Wildnis. Wurde man schon auf eigene, nicht unangenehme Weise betäubt, von all dem Wirrsal des Spielzeuges, der Lichter und der vielfach schwatzenden Menge, so erhöhten dies noch durch Geschrei jene umwandelnden Verkäufer, die sich an keinen festen Platz binden mochten, diese drängen sich durch die dicksten Haufen, und schreien, lärmen, lachen und pfeifen, indem es ihnen weit mehr um diese Lust zu tun ist, als Geld zu lösen. Junge Burschen sind es, die unermüdet ein Viereck von Pappe umschwingen, welches an einem Stecken mit Pferdehaar befestigt, ein seltsam lautes Brummen hervorbringt, wozu die Schelme laut: „Waldteufel kauft!" schreien. Nun fährt eine große Kutsche mit vielen Bedienten langsam vorüber. Es sind die jungen Prinzen und Prinzessinnen des Königlichen Hauses, welche auch an der Kinderfreude des Volkes teilnehmen wollen. Nun freut der Bürger sich doppelt, auch die Kinder seines Herrschers so nahe zu sehen: alles drängt sich mit neuem Eifer um den stillstehenden Wagen.

Jedes Fest und jede Einrichtung, so beschloß Medling seinen Bericht, wächst mit den Jahren, und erreicht einen Punkt der Vollendung, von welchem es dann schnell oder unvermerkt wieder hinab sinkt. Das ist das Schicksal alles Menschlichen im Großen wie im Kleinen. Soviel ich nach den Erinnerungen meiner Jugend und Kindheit urteilen darf, war diese Volksfeierlichkeit von den Jahren 1780 bis etwa 1793 in ihrem Aufsteigen und in der Vollkommenheit. Schon in den letzten Jahren richteten sich in nähern oder entfernteren Straßen Läden ein, die die teuern und gleichsam vornehmeren Spielzeuge zur Schau ausstellten. Zuckerbäcker errichteten in ihren Häusern anlockende Säle, in welchen man Landschaften aus Zuckerteig oder Dekorationen, später ganz lebensgroße mythologische Figuren wie in Marmor ausgehauen, aus Zucker gebacken sah. Ein prahlendes Bewußtsein, ein vornehmtuendes Überbieten in anmaßlichen Kunstproduktionen zerstörte jene kindliche und kindische Unbefangenheit, auch mußte Schwelgerei an die Stelle der Heiterkeit und des Scherzes treten. Doch ist mit allen diesen neuern Mängeln, so endigte unser Freund seinen Bericht, diese Christzeit in Berlin, vergleicht man das Leben dieser fröhlichen und für Kinder so ahndungsreichen Tage mit allen andern Städten, immer noch eine klassische zu nennen, wenn man das Klassische als den Ausdruck des Höchsten und Besten in jeglicher Art gebrauchen will.

Die Flucht nach Ägypten

Wolfdietrich Schnurre

Am schönsten war es, wenn so Anfang Dezember auf dem Lustgarten die Weihnachtsmarktleute ihre Buden aufrichteten. Wir strichen dann auf den Gängen herum und sahen nach, ob wir nicht einen alten Bekannten träfen. Wir kannten eine Menge Schausteller und Budenbesitzer, die meisten noch von Vaters Rummelzeit her, er hatte damals in einem Raritätenkabinett als Präparator gearbeitet.

Diesmal jedoch – es war der achtundzwanziger Winter und so grauenhaft kalt, daß man dauernd ins Pergamonmuseum gehen und sich aufwärmen mußte –, diesmal jedoch war niemand unserer alten Bekannten zu sehen. Vielleicht kamen sie noch, vielleicht war es ihnen aber eben auch einfach zu kalt, denn viele hatten nur einen Einmannbetrieb, und da war natürlich an einen Ofen oder gar an eine Heizung nicht zu denken.

Wir machten uns aber auch noch aus einem anderen Grund zwischen den Buden zu schaffen. Wenn man mal irgendwo mit Hand anlegte, konnte man hoffen, Dauerfreikarten zu bekommen oder auch sogar mal ein paar Mark zu verdienen.

Vor allem an einer Monster-Raritätenschau war uns ganz außerordentlich gelegen. Schon als die mächtigen zusammenhängenden Bretterwände abgeladen und die Grundrißbalken des Respekt einflößend großen Baues zusammengefügt wurden, griffen wir so verbissen und konzentriert mit zu, daß wir beim Befehlsempfang für den nächsten Tag schon ganz selbstverständlich mit einbezogen wurden.

Der Bau hatte über dem mit wundervollen Plakaten und bunten Transparenten geschmückten Eingang einen hohen, glöckchenverzierten Pagodenaufsatz. Sein Besitzer hatte diese Verzierung gewählt, weil die Fettpolster unter seinen Augen diesen einen leicht asiatischen Zuschnitt verliehen. Und auch in seiner Kleidung versuchte Pagoden-Ede sich so chinesisch oder japanisch wie möglich zu geben. Er stammte aber bloß aus Neukölln und war auch viel zu groß und zu schwer, als daß einem seine Verkleidung auch glaubhaft erschienen wäre; einzig sein kahler Kopf wirkte einigermaßen überzeugend.

Als sein Monster-Unternehmen stand, ging Vater zu ihm hin, wünschte ein gutes Weihnachtsgeschäft und deutete an, wobei wir geholfen hätten.

Pagoden-Ede bot Vater eine Zigarette an, tippte mit dem narbigen Zeigefinger an seinen Melonenrand und drehte sich um.

Da wußten wir, daß es diesen Dezember auf dem Weihnachtsmarkt einen Feind für uns geben würde.

Unsere Meinung verstärkte sich noch, als wir erfuhren, daß Kinder zu Pagoden-Edes Monster-Raritätenschau keinen Zutritt hatten; und zwar nicht etwa deshalb, weil sie zum Beispiel vor dem Löwenmenschen Halef ben Brösicke keinen Schreck kriegen sollten, sondern weil Pagoden-Ede Kinder nicht leiden konnte.

Frau Schmidt, die als dickste Dame der Welt schon vierzehn Jahre bei ihm arbeitete, sagte uns, das hinge damit zusammen, daß Pagoden-Ede selbst zu viele hätte, fast in allen Städten gab es welche von ihm.

Aber Vater behauptete, Pagoden-Edes Abneigung gegen Kinder säße noch tiefer. „Er ist Zwerge und Liliputaner gewöhnt", sagte er; „und deren Winzigkeit zahlt sich für einen Mann wie ihn aus. In der Winzigkeit eines Kindes aber sieht er keinen Sinn; und Sinnloses haßt ein Geschäftsmann wie er; das ist nur natürlich."

Wie dem auch war, es gab sogar auf dem Weihnachtsmarkt von Pagoden-Ede ein Kind; es war der traurigste und langnäsigste kleine Junge, den wir jemals gesehen hatten. Wir lernten seine Mutter am Eröffnungstag kennen; sie betrieb, dicht vor dem Pergamonmuseum und auf dem dunkelsten Fleck des sonst so lichtüberfluteten Lustgartens, ein Würfelbudenunternehmen, dessen Inventar aus einem Tablett, einem Lederbecher, zwölf lila Teddybären und einem Handköfferchen voll Trostpreisen bestand. Frau Fethges Anreißer war ein alter Fotoapparat, den sie als möglichen Hauptgewinn aufgebaut hatte.

Vater entdeckte in einem Gespräch mit ihr, daß wir einen gemeinsamen Bekannten hatten, den schönen Oskar nämlich, der Schnellzeichner war. Er hatte Frau Fethge auf dem Oktobermarkt in Stettin gesagt, er wollte im Dezember nach Berlin runterkommen. So war es nur natürlich, daß das Gespräch auch auf Echnaton kam.

Zur Zeit, da Echnaton Fethge in einem fahrenden Wohnwagen zur Welt gekommen war, hatte Pagoden-Ede, sein Vater, nämlich noch nicht auf asiatisch, sondern auf ägyptisch gemacht. Frau Fethge hatte damals eine Zeitlang als Schleiertänzerin bei ihm gearbeitet. Und da Pagoden-Ede nicht ungebildet war, hatte er Frau Fethge den Künstlernamen Nofrotete de Castro gegeben und ihr gemeinsames Kind, wohl wegen dessen langer und wirklich ein wenig ägyptisch wirkender Nase, im Geburtsregister, trotz des Protests des Standesbeamten, als Echnaton Fethge eintragen lassen.

Das war nun fast acht Jahre her, und Echnatons Trauer über die Vergeßlichkeit seines Vaters war in diesen acht Jahren so groß geworden, daß er sich schon gar keine Mühe mehr gab, seine kleine, ständig beschlagene Nickelbrille noch blank zu putzen; er sah einfach unter ihr hervor, sie wäre ja doch sofort wieder beschlagen.

Wir gaben uns die allererdenklichste Mühe, Echnaton ein wenig heiterer zu stimmen, denn schließlich rückte ja Weihnachten näher, und es wäre unerträglich für uns gewesen zu wissen, es sähe am Heiligen Abend ein kleiner Junge so traurig wie Echnaton aus. Doch wir konnten noch so oft mit ihm vor dem mit blauen und roten Glühbirnen verzierten Riesenrad oder den atemberaubend duftenden Mandelbrennereien stehen, er wurde nicht froh.

Da kam uns ein Zufall zu Hilfe.

Direkt gegenüber von Pagoden-Edes Monster-Raritätenschau war noch, grell von Edes Scheinwerfern angestrahlt, ein winziger Platz frei. Wir hatten uns schon gewundert, daß ihn niemand bezog, denn an sich lag er günstig; Hauptsache, daß sich dort kein Vergnügungsetablissement niederließ, dem hätte Ede mit seiner Schau natürlich das Wasser abgegraben.

Am dritten Weihnachtsmarkttag sagte Vater, der ja für so was schon immer ein Organ hatte, plötzlich: „Ich weiß nicht, mit dem Stand da ist irgendwas los."

Was denn schon los sein sollte mit ihm, fragte Echnaton mürrisch.

„Wir wollen sehn", sagte Vater.

Er nahm uns bei der Hand, und wir gingen zum Standverteilbüro; es war am Kupfergraben, in der Kajüte eines ausgedienten Äpfelkahns untergebracht.

„Ich versteh's auch nicht", sagte der Platz-Chef; „Paul wollte doch schon vorgestern am Schlesischen Bahnhof ankommen."

„Paul –?" sagte der Vater gespannt; „etwa Paul Jenthe aus der Uckermark mit seinem rechnenden Esel Franz?"

„Genau der", nickte der Platz-Chef; „bloß, daß der Franz jetzt zu alt ist zum Rechnen; Paul läßt ihn ein Kinderkarussell ziehn."

„Allmächtiger –!" sagte Vater, „da steht er vor Padogen-Ede ja richtig."

Dazu, sagte der Platz-Chef, könnte er keine Stellung beziehen.

„Auch nicht nötig“, seufzte Vater; „Paul ist schon immer ein Unglücksvogel gewesen.“

Er war es auch jetzt. Auf keinem Gleis des Schlesischen Bahnhofs, wohin wir uns noch am selben Abend begaben, war ein Güterwagen mit einem Karussell und einem Esel darin abgestellt worden. Doch Vater ruhte nicht eher, bis er die Erlaubnis erhielt, draußen, vor den Laderampen, mal nachsehen zu dürfen.

Echnaton und ich blieben zurück, und wir sahen Vater auf dem schneeverwehten Schienengewirr wie eine große, dürre Spinne im frostglitzernden Dunkel verschwinden.

Nach einer Weile kam er atemlos wieder zurück. „Eine Zange!“ schrie er schon von weitem, „besorgt eine Zange!“

Wir rannten auch gleich los, obwohl wir keine Ahnung hatten, wofür Vater abends um halb neun auf dem Gelände des Schlesischen Bahnhofs eine Zange benötigte. Zum Glück gab es auf dem Bahnsteig ein Häuschen mit Geräten für die Streckenarbeiter, seine Tür war nicht verschlossen, und nach einigem Kramen fanden wir auch eine Drahtschere und rannten mit ihr zurück.

„Wunderbar!“ rief Vater, als er sie sah; „kommt mit!“

Wir stolperten über die Schwellen hinter ihm her.

Plötzlich war vor uns ein dumpfes Bumsen und Hämmern zu hören, und zugleich hob sich von der diesigen Nachtkulisse ein schneeverwehter Güterwagen ab.

„Ja doch, Paul!“ schrie Vater rüber zu ihm, „wir kommen ja schon! Man hat aus Versehen seinen Wagen plombiert“, keuchte Vater im Rennen, „und da Paul bei seiner Ankunft schlief, auf ein Abstellgleis geschoben.“

„Otto –!“ war jetzt aus dem Waggon eine erschöpfte Stimme zu hören, „Otto, bist du es?“

„Ja!“ schrie Vater und hatte auch schon den Plombendraht durchgeknipst, und wir zerrten zu dritt die Schiebetür auf, und im Schein einer zischenden Karbidlampe tauchte erst Franzens, des Esels, eisgraues Leidensgesicht und dann, aus dem Dunkel dahinter, die Goldborte an Paul Jenthes alter Kapitänsmütze auf.

Es gab eine Begrüßung, als wäre Paul am Nordpol verschollen gewesen; selbst Echnaton wurde vom ihm stürmisch ein paarmal umarmt.

Echnaton allerdings interessierte sich an diesem Abend für jemand anderes; einzig nämlich für Franz. Die ganze Zeit, die dieser dampfend und bereitwillig nickend den Wagen mit den starr blickenden Schwänen, Hirschen und Tigern und dem sonstigen

Karussellzubehör in Richtung Lustgarten zog, führte Echnaton ihn am Halfter und klopfte ihm ermunternd den Hals und redete freundlich auf ihn ein, wenn Franz sich mal zitternd verschnaufte.

Es war noch zu früh, um an Paul Jenthes Standplatz heranzukommen; so zogen wir außen vor dem Dom und hinten am Museum vorbei, und Frau Fethge stärkte uns erst mal aus ihrer Thermosflasche mit Kaffee, und wir rieben Franz sorgfältig von allen Seiten mit Stroh ab.

Nach Mitternacht fing es an, leerer zu werden; jetzt konnte Paul sein Wägelchen bequem durch die schneeschimmernden Gänge lavieren.

Pagoden-Ede hatte schon zu, und die Scheinwerfer waren aus; das war gut, da stürzte nicht gleich alles auf einmal über Paul Jenthe herein. Er war sehr zufrieden mit seinem Platz.

„Wenn ich hier kein Geschäft mache“, sagte er, „Otto, wo dann?“

Vater räusperte sich und spuckte sich übertrieben forsch in die Hände. „Nu mal los!“ rief er kläglich.

Wir arbeiteten bis in den Morgen hinein. Paul hatte zum Glück einen Koksofen mit, sonst wäre das kaum zu machen gewesen. Als hinter einem der trompetenden Engel auf dem Dom der abgenutzte Rand der Sonne erschien, war auch der letzte Holzschwan montiert, und Paul stellte die Drehorgel auf und ließ Franz unter den Klängen von „Ihr Kinderlein, kommet“ eine Proberunde drehen.

Es klappte wunderbar, und was uns beinah ebenso freute: Echnaton machte das Karussellfahren Spaß, zum erstenmal sahen wir so etwas wie die Andeutung eines Lächelns hinter seiner Nickelbrille aufglimmen. Ob es Franz aber auch wirklich nicht anstrengte?

„I wo“, sagte Paul, „gar nicht. Hopp!“ rief er, „gleich noch mal!“

In diesem Augenblick wurde drüben auf dem Podest eine Zeltklappe beiseite geschoben, und Pagoden-Ede beugte seinen krebsroten und mit einer doppelschwänzigen Seejungfrau tätowierten Oberkörper heraus und kippte Franz, der entsetzt die langen Ohren anlegte und mit einem Ruck stehenblieb, sein Waschwasser vor die Hufe.

Echnaton preßte die Lippen zusammen.

„Vorsicht, Nachbar“, sagte Paul ruhig, „hier steht auch noch einer.“

Pagoden-Ede hob langsam den kahlen, massigen Kopf, die fettgepolsterten Äuglein glitten schläfrig über das Kinderkarussell hin. „Herrje!“ sagte er gleichmütig; „seh ich ja jetzt erst!“

An diesem Morgen wurde uns klar: Sollte der Weihnachtsmarkt für Paul ein Geschäft werden, mußte ein Wunder geschehen.

Am Nachmittag wartete eine Überraschung auf uns. Frau Fethge erzählte, der schöne Oskar wäre gekommen. Das lenkte uns erst von Paul etwas ab; wir suchten Oskar auf dem ganzen Markt. Endlich fanden wir ihn; er hatte keinen Platz mehr bekommen, er stand verbittert am Schloß, vor dem Eosanderportal. Er hatte sich jetzt einen Künstlerbart stehenlassen, der kleidete ihn als Schnellzeichner nicht schlecht; und es kam auch wirklich hin und wieder mal jemand vorbei, der ernsthaft von ihm porträtiert werden wollte.

Wir baten Oskar, daß er Echnaton zeichnen sollte, denn der war, seit dieser Begegnung mit seinem Vater, wieder trauriger geworden denn je; wir hofften, daß ihn sein Konterfei etwas aufheitern würde. Doch das Gegenteil war der Fall, er fing beinah an zu weinen, als er es sah; dabei hatte Oskar es wirklich ähnlich gemacht; aber wahrscheinlich war gerade das der Grund.

Vater tröstete Echnaton auch gleich; er sagte, wir wollten mal zu Paul rübergehen, eine Karussellfahrt, die machte ihn bestimmt wieder froh.

Es war inzwischen schon ganz weihnachtlich geworden überall; pulvriger Schnee lag auf den Dächern und Buden, die Luft roch nach Tannengrün und Türkischem Honig, und die Menschen waren so freundlich zueinander, als hätte man ihnen gedroht: ein böses Wort, und die Welt ginge unter. Wenn es nur nicht so elend kalt gewesen wäre.

Vor Pagoden-Edes Monsterbau stauten sich die Leute so dicht, daß wir Mühe hatten durchzukommen. Ede pries durchs Sprachrohr gerade wieder die Winzigkeit seiner Liliputaner, die vergrämt und frierend um ihn herumstanden, und zwischendurch huschte immer mal wieder eine seiner zwölf Geishas hinter ihm vorbei und warf eine Kußhand in die begeistert klatschende Menge.

Wir wunderten uns gleich, daß wir Pauls Drehorgel gar nicht hörten.

„Die Scheinwerfer“, sagte Vater; „paßt auf.“

Und richtig. Pauls Karussell wurde so grauenhaft grell von Pagoden-Edes Scheinwerfern angestrahlt, als sollte von dem kopfhängerischen Franz und den starr blickenden Schwänen und Tigern eine Filmaufnahme gemacht werden.

Paul war verzweifelt. „Die Mütter sagen, daß sich die Kinder in den fünf Karussellminuten bei mir die Augen verderben!“

„Und tags –?“ fragte Vater.

„Tags –!“ rief Paul Jenthe, und die Goldkordel an seiner alten Kapitänsmütze flammte unmutig auf; „was ist ein Weihnachtsmarktunternehmer am Tag?! Eine arbeitslose Eule, die die Mäuse verhöhnen!“

„Einschmeißen müßte man ihm die Scheinwerfer“, knirschte Echnaton, der sich schützend, so daß sein Schatten auf ihn fiel, vor Franz gestellt hatte, der dankbar wieder den Kopf hob.

„Gewalt“, sagte Vater, „ist hier fehl am Platz. Und es geht ja auch nicht darum, Ede zu bestrafen, sondern darum, Paul einen Verdienst zu verschaffen.“

„Meine Mutter verdient auch nichts“, sagte Echnaton zornig; „und das ist auch seine Schuld. Er hat längst eine Strafe verdient.“

„Deine Mutter ist eine gute und tapfere Frau“, sagte Paul etwas zusammenhanglos; „wenn mein Geschäft florierte, ich böte ihr glatt an, bei mir einzusteigen.“

Echnatons Brillengläser irrlichterten erregt zwischen Paul und Franz hin und her; als er dann sprach, merkte man allerdings, er war mehr von Franz angetan.

„Reden“, sagte er heiser, „kostet ja nichts.“

Vater lachte gekünstelt. „Na also!“ rief er mit einer so falschen Fröhlichkeit aus, daß ich eine Gänsehaut kriegte, „dann nichts wie zu Frau Fethge jetzt, Paul, und ihr einen Antrag gemacht!“

Paul sagte, so wäre es nun auch wieder nicht gemeint, aber mit einer klugen und rechtschaffenen Geschäftsfrau zu reden wäre stets ein Gewinn. „Ich versäum' ja nichts hier“, fügte er mit einem Seufzer hinzu.

Darauf schloß er das Karussell ab, nahm Franz am Halfter, und wir schoben uns durch das Gedränge.

Es sollte ein Schicksalsgang werden.

Wir waren noch keine fünf Minuten unterwegs, da hielt uns eine pelzverbrämte Dame an und fragte Paul, was es kostete, ihr Töchterchen auf Franz mal reiten zu lassen.

Paul war so erledigt, daß er die Schultern zuckte.

„Fünfzig Pfennig“, sagte da Echnaton schnell.

„Das ist geschenkt“, sagte die Dame. Ob Vater so nett sein könnte, ihr Töchterchen raufzusetzen?

Vater murmelte, er wäre so frei, und hob das Töchterchen rauf, und wir zogen verdrossen mit ihm durch die lebkuchenduftenden Gänge.

„Wirklich eine reizende Idee“, sagte die Dame dabei gesprächig zu Paul; „mit einem so biblischen Tier wie dem Esel den Weihnachtsmarkt zu beleben!“

Paul ließ sie reden.

„Na“, sagte die Dame zu dem Töchterchen, das mit seinen Absätzen wütend gegen Franzens Bauch trommelte, „wie fühlt sich mein Christkindchen auf seinem Ritt nach Ägypten?“

Bei dem Wort Ägypten hob Echnaton ruckartig den Kopf.

Aber auch Vater schien plötzlich irgendwie hellhörig geworden zu sein. „Ein hübscher Vergleich“, sagte er abwesend.

„Nicht wahr?“ sagte die Dame. „Zu dumm nur, daß ich keinen Fotoapparat mithabe; mein Mäuschen auf einem Esel, von Josef geführt – das wäre eine Aufnahme fürs Leben geworden.“

„Ich heiße Paul“, sagte der ärgerlich.

„Himmel!“ rief da Vater dazwischen und schlug sich mit der Hand gegen die Stirn.

„Verzeihung –“, sagte die Dame befremdet.

Aber da hatte Vater schon kehrtgemacht und rannte in Richtung Pergamonmuseum davon.

„Ein interessanter Mensch“, sagte die Dame unüberzeugt; „dabei sah er anfangs wie einer der Drei Heiligen Könige aus.“ Sie hob ihr Töchterchen von Franz herunter, der erleichtert aufatmete, bezahlte die fünfzig Pfennig an Paul und bedankte sich kühl.

Echnaton wußte, wo Vater hingerannt war: Zu Frau Fethge. Wir trafen sie in heller Aufregung an.

„Ich?“ rief sie, als wir hinkamen, dauernd, „ich die Maria?!“

„Ja“, sagte Vater zwingend, „wer sonst?“

„Moment mal“, ächzte Paul; „erst soll ich Josef heißen und nun Frau Fethge Maria –?“

„Paul!“ rief Vater und schüttelte ihn, „weißt du, wem wir eben in dieser Dame begegnet sind?!“

„Sag bloß noch, ’ner Aufsichtstante vom Gewerbeamt“, ächzte Paul.

Vater sah strafend auf ihn herab. „Einem Engel!“ rief er beschwörend.

Paul und Frau Fethge blickten scheu rüber zum Dom, in dessen Grünspankuppel sich stumpf das Lichtermeer des Weihnachtsmarkts widerspiegelte. Aber die Steinengel dort standen alle noch trompetend auf ihren Gesimsen.

„Ich verstehe Sie“, sagte Echnaton da und kämmte Franz versonnen das Pony unterm Stirnband hervor; „die Dame hat an die Bibel erinnert.“

„So ist es“, nickte Vater; „und an was da nun wohl?“

„An die Weihnachtsgeschichte“, sagte ich schnell, weil ich Echnaton, der klüger war als ich, gern zuvorkommen wollte.

„Jawohl“, sagte Vater triumphierend; „und jetzt paßt auf.“ Er zeigte auf Franz. „Der Esel“, sagte er überflüssigerweise. Er zeigte auf Frau Fethge. „Maria.“ Er zeigte auf Paul. „Josef.“

„Und Sie“, sagte Frau Echnaton erregt, „hätten wie einer der Drei Heiligen Könige ausgesehen, hat die Dame gesagt.“

Vater nickte selbstsicher. „Ein Engel, ich wußte es ja. Und ihr“, sagte er und zeigte auf Echnaton und auf mich, „ihr seid die anderen zwei.“

Paul stöhnte, er verstände bloß dauernd Bahnhof.

„Paul“, sagte Vater geduldig und nahm Frau Fethges Fotoapparat von dem Sockel, auf dem sie ihn als möglichen Hauptgewinn aufgebaut hatte: „was ist das?“

„Ein Fotoapparat“, sagte Paul sehr richtig.

„Aber verstehen Sie doch endlich!“ rief Echnaton; „die Dame hat doch extra –“

„Pssst –“, machte da Paul und kniff angestrengt die Augen zusammen; „jetzt fang' ich an zu verstehen: man soll uns fotografieren.“

„Als Kulisse nur, sozusagen“, warf Vater ein.

„Aber die Hauptperson fehlt doch noch!“ rief ich; „was nützen uns denn Josef und Maria, wenn –“

„Bruno, Bengel“, unterbrach Vater mich scharf, „das ist es doch gerade: Das Christkind stellen die Mütter!“

Wir schwiegen andächtig einen Moment; uns allen stand die Größe dieses Gedankens ziemlich deutlich vor Augen.

Frau Fethge rührte dann allerdings noch kurz das Geschäftliche an. Ob da auch wirklich mehr als bei ihrer Würfelbude heraussprränge?

Vater beruhigte sie; außerdem könnte sie ja jederzeit wieder in ihre Würfelbude zurück.

Echnaton sagte, ein solcher Rückfall käme gar nicht in Frage.

„Na, und er“, sagte Paul eifrig und sah Frau Fethge geschäftstüchtig an, „er ließe so was ja auch gar nicht erst zu.“

Jetzt war nur noch zu klären, wo fotografiert werden sollte.

Und da hatte Vater eigentlich die beste von allen Ideen. „Na, wo wohl?“ rief er frohlockend; „im strahlenden Filmlicht von Pagoden-Edes Scheinwerfern natürlich!“

Gleich am nächsten Tag fingen wir an, uns an die Arbeit zu machen. Paul baute sein Karussell bis aufs Podest ab und begann die Hintergrundkulisse zu malen: eine Palme vor einer flimmernden Wüstenlandschaft. Er malte sie sehr natürlich, es wäre eine fabelhafte Bierreklame gewesen, man bekam Durst, wenn man sie ansah. Frau Fethge bemühte sich indessen um Perücken, künstliche Bärte und majestätische Kleidung; wobei ihr zugute kam, daß sie in ihrer besseren Zeit eine Weile Garderobiere im „Wintergarten" gewesen war und dort noch den und jenen kannte.

Vater fiel das wichtigste Amt zu: jemand zu finden, der auch zu fotografieren verstand. Wie von selbst kam er dabei auf Oskar, der ja sowieso dauernd darüber klagte, daß er bei dieser Kälte noch nicht mal langsam, geschweige denn schnell zeichnen könnte.

Oskar versprach, es sich durch den Kopf gehen zu lassen; und tatsächlich kam er auch am nächsten Tag fluchend und sich die blaugefrorenen Hände reibend an und sagte, er hätte sich durchgerungen, auf Lichtbildner umzusatteln.

Paul, der ein bißchen mißtrauisch war, spendierte einen Probefilm; doch die Aufnahmen, die Oskar dann von uns machte, waren alle leidlich in Ordnung. Jetzt bekam er noch aus Frau Fethges Fundus einen zu seinem Künstlerbart passenden schwarzen Hut aufgesetzt, Geld für Filme, einen Block für die Kundschaftsadressen, und wir waren komplett.

Es war ein schöner, samtgrauer Dezembernachmittag, und es fiel dicker, flauschiger Schnee, der allen Lärm dämpfte, als wir in unserer neuen Verkleidung aus Frau Fethges Würfelbude traten und gemessenen Schrittes unseren ersten Werbegang über den Weihnachtsmarkt antraten.

Paul hatte Frau Fethge Franz auf den Rücken gesetzt, und obwohl Paul noch immer seine alte Kapitänsmütze aufhatte, wirkten die drei wirklich wie echt. Dann folgte Echnaton. Er trug einen Stab mit einem Blechstern daran und ein langwallendes Lodencape. Er mußte sehr dicht hinter Franz gehen, denn Vater hatte ihm aus Pappe eine Kappe gemacht in der Form, wie sie die ägyptischen Könige trugen, und da die Nickelbrille Echnatons Ägypterprofil beeinträchtigt hätte, hatte er sie abnehmen müssen und sah jetzt nicht gut. Ich war schwarz und hatte einen krausen, gräßlich kitzelnden Bart um und einen Turban aus einem roten Frottierhandtuch um den Kopf.

Vater war praktisch er selber geblieben, nur daß er jetzt eine Messingkrone im Haar trug und sich zu seinem echten Schnurrbart noch einen Spitzbart angemalt hatte. Aber auf Vater lag auch wieder die Hauptlast; denn er hatte freundlich, und ohne daß es wie eine Entführung aussah, ständig ein anderes kleines Kind vor Frau Fethge auf Franzens Rücken zu heben und dazu laut und garantiert so, daß die Mutter es hörte: „Komm, du kleines Christkind", zu sagen. Oskar schließlich rief dann laut: „Süß!" oder „Reizend!" und „Ganz allerliebst!" und riß jedesmal, jedoch noch ohne zu knipsen, den Apparat vor das Auge.

Der Erfolg, den wir mit dieser, von Vater erarbeiteten Methode hatten, war ungeheuer.

Als wir nach etwa einer Stunde Pauls alten Karussellstand erreichten, war der uns nachdrängende Zug von Müttern, Eltern und Kindern so lang, daß er es, nachdem er sich um unser mit Tannenzweigen geschmücktes Podest gestaut hatte, gut und gern mit der Menge vor Pagoden-Edes Monsterbau aufnehmen konnte. Gleich drehten sich dort auch alle Leute nach uns um, und mit großer Genugtuung nahmen wir wahr, wie Ede es in der Folgezeit immer schwerer hatte, die Leute dort durch sein Sprachrohr zusammenzuhalten.

Ich weiß nicht, woran es lag, daß wir uns schon nach den ersten Aufnahmen richtig in unsere Rollen hineinzuleben begannen. Es hatte wohl mit all den gerührten Gesichtern der Eltern und den andächtig der Reihe nach aufs Podium trippelnden Kindern zu tun. Jedenfalls fingen Vaters Bewegungen, mit denen er ein Kind nach dem anderen auf Franz hob, allmählich an, immer königlicher zu werden, und Echnaton gar gab die fehlende Brille eine Unbefangenheit, die eines Kaisers würdig gewesen wäre. Nur Frau Fethge hatte es schwer; ständig schielte sie unter ihrem Kopftuch ängstlich zu Pagoden-Ede hinüber, der allerdings, über die vielen Kinder ringsum, langsam auch immer wütender wurde. Andererseits stand aber auch gerade dieser gehetzte Gesichtsausdruck Frau Fethge als Maria nicht schlecht, sie erhielt mehrmals Sonderapplaus für ihn.

Oskar knipste beinah sechzig Bilder an diesem Abend; wir hätten mit Leichtigkeit mehr stellen können, aber die Filme waren aufgebraucht. Vater riet, nach Möglichkeit sollte jeder auch zu Hause in seiner Rolle verharren, dann könnte man morgen mit einer noch größeren Echtheit aufwarten.

Und wirklich waren wir am nächsten Tag dann auch derart aufeinander eingespielt und an unsere Aufgabe gewöhnt, daß wir selbst untereinander schon ganz feierlich sprachen und Oskar, trotz seines Künstlerhutes, regelrechte Minderwertigkeitskomplexe bekam, weil er doch bloß Fotograf war.

Wir hatten uns an Frau Fethges Würfelbude getroffen; es dämmerte schon und fing auch wieder sanft an zu schneien, da kam auf einmal außen, um den Weihnachtsmarkttrubel herum, Paul Jenthe auf Franz angetrabt. Beide keuchten erregt, und Pauls goldene Kapitänskordel glühte unheilverheißend auf.

„Schnell!“ schrie er und riß Franz, der erschrocken vorn hochging, wieder herum. „Ede montiert die Scheinwerfer ab!“

Das war eine schlimme Botschaft für uns.

Wir rafften unsere Gewandsäume auf, nahmen die Königsinsignien in die Hand und rannten ihm nach.

Und tatsächlich, Edes Monsterbau war in Dunkel getaucht. Nur ein paar dürftige Glühbirnen flackerten an den Ecken jetzt auf.

„Euch zeig ich's!“ schrie Ede durch sein Sprachrohr herüber. „Auf meine Kosten euch hier gesundstoßen woll'n!“

Wir standen schweigend und, um uns zu wärmen, eng an Franz angeschmiegt da.

Drüben traten jetzt mürrisch die Liliputaner heraus und stellten sich fröstelnd in ihrer Werbeanordnung auf; in der Dunkelheit sahen sie wie große, graue, schlecht dressierte Mäuse aus; sie taten uns, wie immer, sehr leid.

Einer, der kleine Herr Pietsch, fragte mit seiner hohen Fistelstimme, wo die Scheinwerfer wären.

Ginge ihn einen Dreck an! schrie Ede erregt; ab jetzt würde ohne gespielt.

„Dann auch ohne uns“, sagte Herr Pietsch ruhig. „Los, Leute, kehrt.“

Ede konnte noch so sehr toben, sie kamen nicht wieder heraus.

„Ich glaube“, sagte Vater gedämpft, „wir machen es ihm leichter, wenn wir jetzt ein Weilchen verschwinden.“

Das taten wir dann auch.

Vater war seiner Sache so sicher, daß er uns aufforderte, uns nun wieder für unseren Propagandazug fertigzumachen.

„Und wenn wir nachher zurückkommen“, sagte Oskar, „und stehn genauso im Dunkeln wie eben?“

Vater hob sich mit geschlossenen Augen seine Krone aufs Haupt: „Es gibt keine Dunkelheit mehr. Fertig, Maria?“

„Jawohl, Durchlaucht“, sagte Frau Fethge, die bereits wieder auf Franz saß und sich die Röcke zurechtstrich.

Man kann sagen, daß wir leichtsinnig waren; aber dann war es der Himmel oder jene engelhafte, pelzverbrämte Dame, oder wer Vater sonst seine Zuversicht eingab, schon lange.

Allerdings, als wir dann – einen womöglich noch längeren Zug von Müttern, Eltern und Kindern hinter uns als am Vortag – wieder in unseren schneeglitzernden Budengang einbogen, da wurden Pagoden-Edes Monsterbau und Paul Jenthes dursterregende Wüstenkulisse auch tatsächlich wieder ebenso angestrahlt wie zuvor.

„Es ist eine Existenzfrage für Ede", murmelte Vater, ohne die Lippen zu bewegen, während wir für das erste Bild Aufstellung nahmen; „König wie Künstler –: beide brauchen das Licht."

An diesem Abend standen vor unserem Podest mehr Leute als drüben bei Ede. Selbst kinderlose Erwachsene sahen uns jetzt schon zu; und sie waren oft noch gerührter als die Eltern und Mütter.

Doch wir machten uns nichts vor; wir wußten es alle, selbst Franz ahnte es: Hinter Edes bunten, schneegekrönten Plakaten braute sich ein Ungewitter zusammen. Abend für Abend konnten wir es auf seiner Stirn sich drohender auftürmen sehen. Aber auch seine Leute warnten uns. Der Löwenmensch Halef ben Brösicke, der kleine Herr Pietsch und Frau Schmidt, die dickste Dame der Welt, sie kamen alle Augenblicke heimlich herüber. Ede sänne auf Rache, flüsterten sie; und zwar nähme er uns nicht nur übel, daß wir seine Scheinwerfer benutzten, sondern vor allem auch, daß jetzt dauernd so viele Kinder hier rumkrebsten.

„Na, aber wessen Fest ist denn Weihnachten schließlich?!" schrie Vater, der einen Augenblick seine Krone vergaß, Frau Schmidt aufgeregt an.

Frau Schmidt versuchte die Schultern zu zucken. „Ich hab' euch gewarnt. Der Boß kocht. Wenn er überläuft, versengt ihr euch die Finger an ihm."

Vater, dem sehr an dem demokratischen Geist unseres Unternehmens lag, führte darauf eine Abstimmung durch; wer aufhören wollte, sollte es sagen.

Oskar räusperte sich. Aber Echnaton blitzte ihn mit seiner Nickelbrille so nachhaltig an, daß er sich schnell die Hutkrempe über die Augen zog und tat, als hätte er nur mal eine belegte Stimme gehabt.

Immerhin, wir verlegten wenigstens die Bilderausgabe in Frau Fethges Würfelbude; unseren Verdienst, der jedesmal gleich aufgeteilt wurde, trugen wir ja in der Tasche; so war man leidlich gewappnet.

Wir hatten nun schon so viele Vergrößerungen zusammen, daß

Oskar darangehen konnte, Postkartenabzüge von ihnen zu machen. Sie fanden reißenden Absatz, denn wir boten sie natürlich in unseren Verkleidungen feil.

Paul sagte, einem derart gesicherten Weihnachtsfest wären Franz und er schon seit Jahrhunderten nicht mehr entgegengegangen. Es war mittags im „Alten Nußbaum", wo wir immer alle einen Grog zu uns nahmen, um am Nachmittag dann besser auf den Beinen zu sein. Paul hatte merkwürdig gedehnt gesprochen, und Oskar sah ihn auch gleich ganz hoffnungsvoll an.

Nicht so Vater. Er hatte seine Krone zwar an den Kleiderhaken gehängt, aber er wirkte auch ohne sie majestätisch genug. Wie Paul das eben gemeint hätte.

Paul hob die Kapitänsmütze an und kratzte sich konzentriert auf dem Kopf.

„Sei bitte mehr Josef!" fuhr Frau Fethge ihn an.

„Ihr Josef, Maria", sagte Vater, „will anscheinend nur die Annehmlichkeiten des Weihnachtsfestes kosten; um seinen gefahrvollen Auftrag möchte er rumkommen."

„Auftrag –!" murrte Paul. „Ich hör' immer Auftrag!"

„Da hörst du richtig", sagte Vater gemessen. „Täglich kommen fast hundert Kinder zu dir und fühlen die Wärme eines Esels aufsteigen in sich und ahnen, wie damals diesem Baby in Bethlehem zumute gewesen sein muß –: Ist das *kein* Auftrag?"

Paul rutschte unruhig auf seinem Sitz hin und her.

„Wenn du schon auf damals anspielst, dann kalkulier auch gefälligst diesen verdamten Herodes mit ein."

„Tu ich ja", sagte Vater; „deshalb habe ich unseren Auftrag ja gefahrvoll genannt."

„Aber wir spielen das falsch!" sagte Paul hartnäckig. „Die damals sind doch geflohen!"

„Na und –?" rief da Echnaton wild und sah erregt unter seiner beschlagenen Nikelbrille hervor. „Warum diesmal nicht durchhalten?!"

„Bravo, Echnaton", sagte Vater erfreut; und zu Paul: „Schließlich haben die Heiligen Drei Könige damals einen ganz entscheidenden Fehler gemacht."

Frau Fethge blickte beunruhigt an Vater empor. Ginge er da nicht ein bißchen zu weit?

„Wieso?" sagte Vater und sah streng in sein Grogglas. „Sie haben das Christkind beschenkt und sich darauf aus der Affäre gezogen. Sie hätten ihm Asyl gewähren müssen."

„Bei ihm zu bleiben“, sagte Echnaton fest, „hätte auch schon genügt.“

Vater nickte abwesend. „Ja“, sagte er, „bleiben genügt.“

„Schön“, ächzte Paul, „bleiben wir also.“

Fast sah es so aus, als wäre dieser Entschluß auch aufrechtzuerhalten gewesen. Fast. Drei Tage ging es noch gut, und es war, als hätte der früh in fiedrigen Wattebäuschen sinkende Schnee nicht nur die Weihnachtsbuden, sondern auch Edes Rachsucht mit einer dicken, kühlenden Pudelmütze versehen. Das heißt, daß wir bis dahin – von den inzwischen üblich gewordenen Beschimpfungen, die er uns allabendlich durch sein Sprachrohr herüberrief, einmal abgesehen jetzt – leidlich Ruhe hatten vor Ede, lag wohl auch mit daran, daß wir eher Schluß machen konnten; unsere Kunden gingen ja früher schlafen als seine.

Nachmittags, wenn wir mit unserem Werbegang anfingen, war es schon schwieriger, ihm aus dem Wege zu gehen; zumal Ede sich neuerdings einen Sport daraus machte, uns aufzulauern und anzupöbeln. Bisher waren wir dann nur immer schweigend an ihm vorbeigeschritten und hatten es den uns nachfolgenden Müttern überlassen, Ede mit Abscheu und Verachtung zu strafen. Aber dann, am vierten Tag, wie gesagt, und nicht mal mehr dreißig Stunden trennten uns noch vom Fest, da geschah es.

Drei Uhr mochte es sein, doch es lag schon eine ganz merkwürdige und drohende Dämmerung über dem Lustgarten, und die Karussellorgeln und Weihnachtsschallplatten taten sich ziemlich schwer unter ihr. Auf alle Geräusche schien ein bösartiger Riesendaumen zu drücken, und Franz bockte auch gleich, als ob er ihn abschütteln müßte, und Paul und Echnaton hatten große Mühe, ihn zu beruhigen.

Wir bogen eben, jetzt wieder in leidlicher Würde vereint und ein Weihnachtslied singend, um ein im Frostwind knatterndes Bierzelt herum, da trat auf einmal, einen Zigarrenstummel im Mundwinkel und die Melone im Nacken, Pagoden-Ede hinter einem Bratapfelstand hervor.

Er hatte uns so nah herangelassen, daß es unmöglich war, ihm auszuweichen; und Franz tat auch nichts weiter, als genauso ergeben wie immer die Beine zu heben. Aber plötzlich brüllte Ede laut auf, und ehe wir's uns versahen, sank einer von Franzens scharfkantigen Hufen sekundenlang, und das ganze Körpergewicht, nebst dem von Frau Fethge, auf sich verlagernd, nachhaltig auf Edes Fußspitze nieder.

Dann allerdings schlug Ede zu. Er traf Franz am Hals, und Franz bäumte sich auf und galoppierte wiehernd, die kreischende Frau Fethge auf dem Rücken und den nur noch aus einem flatternden Lodencape und etwa zwei Dutzend wirbelnder dünner Beine bestehenden Echnaton am Halfter, in Richtung Pergamonmuseum davon.

Sofort stürzte sich Ede auf Vater. Der sprang zur Seite, und knallrot vor Wut im Gesicht schoß Ede an ihm vorbei und gegen das Zelt, dessen elastisch federnde Wand ihn wie einen Fußball zurückschleuderte, geradewegs auf Oskar zu, der, von einer silbern flatternden Atemfahne gefolgt, blitzschnell hinter einem hölzern lächelnden, riesigen Erzgebirgsweihnachtsmann verschwand.

„Zum Stand!" schrie Vater ihm nach. „Gib auf den Stand acht!" Dann mußte er selber achtgeben, denn Ede hatte von Paul, der Franz nachgesetzt war, nun abgelassen und kam jetzt wieder, rotblau und schnaubend, zurück.

Ich sah im Losrennen noch, wie Vater sich, um besser laufen zu können, die Krone vom Kopf riß, dann gab es bloß noch die vorbeisausenden Buden und eine aufspritzende Schneefontäne um mich herum.

Es war wohl so ziemlich die wildeste Jagd, die je auf einem Weihnachtsmarkt stattgefunden hat. Zum Glück war Ede kein sehr guter Sprinter; ich weiß nicht mehr genau, wie es kam, aber plötzlich sah ich die Stufen des Pergamonmuseums vor mir, und rechts galoppierte Franz, und oben standen die anderen, und dann war auch Vater heran und riß mich mit rauf, und jetzt waren wir drin und rannten alle die schummrige Treppe hinauf.

Oben sammelten wir uns; bis auf Oskar waren wir vollzählig. Aber dann hörten wir unten Ede angeschnauft kommen, und da fiel sein Schatten, vom Weihnachtsmarktlicht draußen haushoch vergrößert, auch schon auf die Treppe, und so lautlos es ging, huschten wir tiefer in die endlosen und dunklen Säle hinein.

Plötzlich schrie Frau Fethge, die vorgerannt war, gellend auf. „Da –!" stammelte sie vor einem schneeumrandeten Fenster und stach mit zitterndem Zeigefinger in die vage Dämmerung des Saals.

Echnaton blieb keuchend neben mir stehen; seine Königsmütze war ihm auf die Stirn gerutscht, aber er sah gar nicht so furchtsam aus. „Was ist, Mama?" fragte er laut.

„Da –!!" wiederholte Frau Fethge tonlos.

Jetzt war auch Vater heran. Er gab sich Mühe, ruhig zu erscheinen. „Nicht doch, Frau Fethge", sagte er heiser; „sind doch bloß Mumien da vorn; wir sind in die Ägyptische Abteilung geraten."

„Wie es geschrieben steht", sagte Echnaton und rückte sich seine Mütze zurecht; „also doch."

„Ruhig mal –!" Paul hörte einen Augenblick auf, mit den Zähnen zu klappern.

Aber wir vernahmen es schon: da kamen heimtückisch tappende Schritte aus dem Nebensaal näher.

„Schnell!" flüsterte Vater. „Verteilt euch im Raum! Tut, als gehörtet ihr zum Inventar!"

Ich konnte in der Mumienreihe vor mir gerade noch schwach Pauls Kapitänsmütze aufleuchten sehen, dann hatte ich mich hinter ein Standbild geduckt.

Es war jetzt einen Augenblick lang ganz ruhig, und man konnte auf dem Weihnachtsmarkt draußen deutlich die Karussellorgeln hören. Dann waren die Schritte wieder da, und jetzt war auch Edes Atem zu hören. Es schien Ede selber nicht ganz geheuer zu sein; er hielt dauernd die Luft an, um besser lauschen zu können.

„Herodes –!" ertönte da plötzlich eine unirdisch hallende Stimme, an der wirklich nur ein Kenner Vater wiedererkannte.

„Herodes –!“ echote Echnaton vom anderen Saalende her fast ebenso dumpf; und: „Herodes –!“ riefen wir anderen jetzt gespensterhaft durcheinander.

Ede sauste im sanft schimmernden Schneelicht des Fensters ein paarmal um seine eigene Achse, als schwirrte ein unsichtbarer Bienenschwarm um ihn herum; er ächzte.

Doch wir schwiegen jetzt wieder.

Nichts bewegte sich; nur Pauls Kapitänskordel glomm wie ein stark abgenutzter Heiligenschein einmal kurz auf. Lange genug jedoch, um Ede vor dieser Erscheinung krachend auf die Knie fallen zu lassen.

„Ich hab' nichts Böses gemacht“, krächzte er, „ich hab' nichts Böses gemacht!“

„Doch“, sagte Vater mit seiner hallenden Geisterstimme (er schien in ein großes Gefäß hineinzusprechen), „du kannst Kinder nicht leiden.“

„Und hast uns“, ließ sich Paul jetzt mit tadellos verstellter Stimme aus seiner Mumienreihe vernehmen, „nicht nur bis an den Jordan, sondern bis nach Ägypten verfolgt!“

„Wo bin ich?!“ stöhnte Ede und preßte sich die Fäuste gegen die Schläfen.

„In Ägypten!“ rief Echnaton aus seiner Saalecke triumphierend herüber.

„Schluß“, sagte da Vater mit seiner gewöhnlichen Stimme: „Er kniet; das ist Reue genug.“ Er knipste sein Feuerzeug an und half Ede hoch.

So komisch es klingt, der konnte Vaters Hilfe gebrauchen. Er zitterte am ganzen Körper, und selbst bei dem flackernden Feuerzeuglicht wirkte sein Gesicht blaß wie das eines Schneemannes. „Ich möcht' raus hier“, sagte er.

Vater gab Echnaton das Feuerzeug zum Halten und geleitete Ede langsam zur Treppe. Ede stolperte unbeholfen neben ihm her. „Wir haben ein wenig übertrieben“, sagte Vater freundlich zu ihm; „da draußen fließt nicht der Jordan, sondern die Spree.“

„Josef!“ rief da irgendwo angstvoll Frau Fethge im Dunkeln. „Josef, wo bist du?!“

Paul rannte zurück. „Hier!“ rief er und schwenkte die Mütze. „Maria, kannst du mich sehn?“

Es dauerte eine Weile, bis Frau Fethge sich durch all die Statuen, Krüge und Steine hindurchgetastet hatte. „Ist er weg?“ fragte sie ängstlich.

„Ja“, sagte Paul. „Otto hat ihn runtergebracht.“
„Ich hätt' heulen können“, sagte Frau Fethge, „wie ich ihn da so in die Knie gehen sah.“
Paul schneuzte sich umständlich. „Geht mir genauso“, sagte er heuchlerisch.
Sie hakte sich bei ihm ein, und wir gingen die Treppe hinunter.
Unten stand Vater; er stritt sich höflich mit dem Pförtner herum.
„Schön“, sagte der gerade erschöpft, „ihr habt also gedacht, die Ägyptische Abteilung hätte noch auf.“
„Genauso sieht's aus“, sagte Vater.
„Und wie“, sagte der Pförtner verbittert, „erklärt ihr euch das hier?“
Er riß die Tür des Anmeldezimmers auf, und auf seinen vier klumpigen Schneehufen, unter denen sich bereits beachtliche Tauwetterseen gebildet hatten, stand da Franz und hob uns erfreut seine eisgraue Duldermiene entgegen.
„Ein Esel“, sagte Vater ungerührt; „wie lieb von der Leitung, Ihnen das zu erlauben.“
„Verstellt euch bloß nicht!“ rief der Pförtner erregt; „er lief euch doch nach! Hätt' ich ihn nicht hier reinbugsiert, der irrte da oben jetzt in der Ägyptischen Abteilung herum.“
„Was Wunder“, sagte Vater; „so ein biblisches Tier, das hat da eben seinen Instinkt.“
Ob Vater sich vielleicht auch noch lustig machen wollte über ihn, sagte der Pförtner.
Vater sagte, er dächte gar nicht daran; im Gegenteil, wenn der Pförtner erlaubte, er wäre gern bereit, ihm die Weihnachtsgeschichte mal in Ruhe auseinanderzusetzen; dann könnte er sich ja selber ein Urteil über die Verläßlichkeit und Klugheit der Esel bilden.
Der Pförtner drehte die Augen zur Decke. „Los“, stöhnte er, „holt euern biblischen Esel da raus und verschwindet.“
„Danke, Herr“, sagte Paul. Er tippte an seine Kapitänsmütze, band Franz von der Heizung los und führte ihn draußen, von Frau Fethge begleitet, vorsichtig die Treppe hinunter und wieder hinein in Franzens natürlichen Rahmen: ins dampfend flirrende Weihnachtsmarktlicht.
„Halt“, sagte da Vater zu mir; „wo ist Echnaton, Bruno?“
„Großer Gott“, sagte ich, „ja –: der ist oben geblieben.“
Der Pförtner lächelte irr. „Fein“, sagte er; „ihr habt auch noch was mitnehmen wollen?“

„Paul!" rief Vater zum Eingang hinaus.

Paul hatte gerade Frau Fethge wieder auf Franzens Rücken gehoben. „Ja, Otto!" rief er. „Was ist?"

Vater legte die Hand um den Mund. „Helft Pagoden-Ede schon ein bißchen bei den Weihnachtsvorbereitungen, ja?"

„Aber wieso denn?!" rief Paul.

Vater verstärkte seine Stimme noch etwas. „Weil wir das Fest mit ihm und seinen Leuten gemeinsam begehen!"

„Amen!" rief Frau Fethge herauf und gab Franz zart ihre Fersen zu spüren.

„Wir holen bloß noch den Echnaton runter!" rief ich ihr nach.

„Seid ihr verrückt?!" schrie der Pförtner; „die Statue von dem wiegt dreieinhalb Zentner!"

Wir versuchten vergeblich, im klarzumachen, um wen es sich in Wirklichkeit handelte; er glaubte uns nicht. Schließlich drängten wir uns entschlossen an ihm vorbei und rannten wieder nach oben.

Zum Glück hatte der Pförtner die Gicht und keine rechte Freude am Rennen; es dauerte jedenfalls eine ganze Weile, ehe wir ihn die Treppe hinaufschnaufen hörten. Da hatten wir aber das winzige Licht schon entdeckt.

Es stammte von Vaters Feuerzeug; Echnaton hielt es hoch in der Hand und beleuchtete die Büste des ägyptischen Königs damit.

„Echnaton blickt Echnaton an", flüsterte Vater verzückt.

Und wirklich: die beiden ähnelten einander unglaublich; denn Echnaton Fethge hatte ja immer noch seine Pappkappe auf, und sein Namensvetter trug die gleiche Kappe aus Stein. Eigentlich unterschied lediglich die Nickelbrille die zwei voneinander; allerdings fiel der Unterschied eindeutig zu Echnaton Fethges Gunsten aus, er wirkte mit seiner Brille sehr viel intelligenter als jener.

Aber das war es nicht allein, was uns so faszinierte. Das Faszinierende an Echnaton Fethge war jetzt sein Lächeln. Echnaton lächelte; ja, was wir seit Wochen vergeblich zu erreichen versucht hatten, diesem steinernen Standbild war es in Minuten gelungen: Echnaton selbstsicher und fröhlich zu stimmen.

Doch jetzt hatte der Pförtner die oberste Treppenstufe erreicht. „Auch noch offenes Feuer!" ächzte er.

Vater legte Echnaton Fethge die Hand auf die Schulter. „Komm jetzt, mein Junge; wir müssen verduften."

Echnaton ließ seufzend das Feuerzeug zuschnappen. „Was denn –: auch aus Ägypten –?"

„Auch aus Ägypten", sagte Vater; „jawohl."

Er lauschte einen Augenblick auf den fluchend im Dunkeln nach dem Schalter tastenden Pförtner; dann gab er uns flüsternd das Zeichen, und wir rannten mit ihm die Treppe hinab.

Die Kugel

Christa Dohrmann

West-Berlin 1978

Auch heute, am dritten verkaufsoffenen Sonnabend, drängten sich viele Leute zwischen den Tresen der Kaufhäuser und Geschäfte vom Ku'damm bis Tauentzienstraße, suchen, vergleichen, kaufen. Aus mehreren Lautsprechern klingen Weihnachtslieder, oft durch Ankündigungen von Sonderangeboten oder Suchmeldungen unterbrochen. „Apparat 123, bitte auflegen!" tönt die Ansage durch das Kaufhaus des Westens. Aber man scheint der Aufforderung nicht zu folgen, denn kurze Zeit darauf kommt wieder die monotone Durchsage: „Apparat 123, bitte auflegen!" –

Unterwegs auf den Straßen hasten Leute aneinander vorbei, um schnell den nächsten Bus oder die U-Bahn zu erreichen. Ab und zu stößt jemand gegen den im Weg stehenden Herrn im eleganten Mantel. Er scheint viel Zeit zu haben, bleibt oft stehen, schaut sich um, so, als suche er etwas. Für ihn, den Börsenmakler aus New York, bedeutet das Getriebe in Berlin nichts, vor allem, weil er noch vor 2 Stunden „drüben" war, wo alles viel hektischer zuging. Seine plötzliche Idee, Weihnachten in Berlin zu feiern, den Entschluß, die Straßen und Plätze wiederzusehen, wo er als Junge spielte, bereute er schnell. Ein Wiedersehen, wie er es sich vorgestellt hatte, gab es nicht. Im Gegenteil! Mit dem häßlichen Nieselregen überkommt ihn ein Gefühl der Verlassenheit und große Enttäuschung, denn die Straßen von früher gibt es nicht mehr. Selbst das Trümmergrundstück seiner Eltern in Lankwitz und die alte Laterne an der Ecke sind verschwunden. An ihrer Stelle stehen neue Wohnblöcke, und vorbei führt eine breite, unbekannte Straße. Deshalb ist er ins Zentrum geflüchtet. Doch hier, beleuchtet von der kalten Pracht der Glühbimen und Neonlichter, inmitten der profitsüchtigen Geschäftswelt, ähnelt Berlin, wenn auch im kleineren Maßstab, New York. – Nur der teilweise erhaltengebliebene alte Turm der Gedächtniskirche kommt ihm wie ein guter Freund vor. Am neuen Portal liest er ein Plakat, das für eine Krippenausstellung wirbt, die im Vorraum zu sehen sein soll. Er geht hinein und lächelt in Gedanken daran, was seine amerikanischen Geschäftsfreunde wohl sagen würden, wenn sie ihn hier getroffen hätten, in einer Krippenausstellung! Drinnen umgibt ihn wohltuende Wärme und Stille, keine Besucher, die stören könnten – Jahreszahlen und Beschreibungen beachtet er wenig, Kunst und Stilrichtungen hat er nie studiert, nur Börsenberichte. Die fein ausgearbeiteten Figuren aus Holz und Ton gruppieren sich jedesmal anders um den Stall von Bethlehem, hübsch anzusehen, die Hirten in ihren faltenreichen Gewändern, die prächtigen Roben der Heiligen Drei Könige. Der Fremde betrachtet sie von allen Seiten. Ja, solch einen Mohrenkönig hat er auch schon einmal dargestellt, aber das ist lange her . . . In Gedanken geht er zum Ausgang und hätte fast eine kleine Krippe neben der Tür übersehen, deren Christkind nicht einmal einen Heiligenschein trägt, wenn nicht das Leuchten gewesen wäre. Es kommt von innen. Dort liegt in der Krippe eine große rote Kugel, eine von denen, mit der seine Mutter früher den Tannenbaum schmückte. Der Mann starrt wie hypnotisiert auf den Glanz der schimmernden Oberfläche . . .

Weihnachten 1944 muß es gewesen sein, als er den Mohrenkönig spielte und bereits zwei goldene Kugeln in seinen dicken Händen vor Aufregung während der Proben zerbrochen hatte. Doch die Mutter gab ihm für die Generalprobe die letzte noch heile Kugel mit, allerdings eine rote, man konnte damals nirgends Tannenbaumkugeln kaufen. Darum mußte der Text, den er zu sprechen hatte, etwas geändert werden. Er lautete: „Und ich aus fernem

Morgenland das rote Gold tu spenden . . " also rote statt pure Gold, wohlgemerkt. Er, der kleine 8jährige Mohrenkönig, schaffte es, die Kugel so zu halten, daß sie nicht zerbrach, und er stolperte auch nicht über das lange Gewand, das die Mutter aus einer alten Decke für ihn genäht hatte, sondern trat vor, um dem Christkind die Kugel in die Krippe zu legen. Bevor er aber so weit kam, heulten schauerlich Sirenen auf, Voralarm! Kinder und Lehrer verließen eilig die Kirche, um noch rechtzeitig den schützenden Keller zu Hause oder den naheliegenden Bunker zu erreichen, denn wenn erst Vollalarm kam, durfte sich keiner mehr draußen wegen der großen Gefahr aufhalten. Der kleine, braungeschminkte Mohrenkönig konnte nicht so rennen wie die anderen, wie leicht hätte er über das lange Gewand stolpern und fallen können, so daß die rote Kugel zerbrochen wäre. Nicht auszudenken, wenn er bei der Hauptvorstellung mit leeren Händen vor dem Christkind hätte stehen müssen, er, der Mohrenkönig! So wanderte der kleine Mohr, die Kugel vorsichtig in beiden Händen vor sich hertragend, durch die leeren Straßen und beachtete nicht, daß die Sirenen Vollalarm gaben. Er war nur darauf bedacht, die Kugel heil nach Hause zu tragen. Von weitem hörte man das Dröhnen sich nähernder Flugzeuge, höchste Zeit, den Bunker aufzusuchen. Ein Luftschutzwart, der noch einen letzten Kontrollgang gemacht hatte, glaubte kaum seinen Augen zu trauen, als er das Kind friedlich die Straße entlangkommen sah. „Jochen!" rief er hinüber, aber der Kleine hörte ihn nicht. Da lief er zu ihm, packte ihn, trug ihn in den nächsten Keller. Keinen Augenblick zu früh, denn schon ging draußen die Hölle los. Bombeneinschläge, das Haus wackelte, aber es blieb stehen. So schnell wie die Flugzeuge gekommen waren, flogen sie davon. – Entwarnung – Sie verließen den Keller. Der Luftschutzwart hatte keine Zeit mehr für den Kleinen. „Lauf nach Hause, Junge", sagte er und wußte, daß es ja nur um die Ecke herum war, wo der Kleine wohnte, und kümmerte sich um Obdachlose. Der Mohrenkönig fand mühsam den Weg über Steine und Mörtel. Überall rauchende Trümmer, schreiende Menschen, Leute, die Wassereimer schleppten, und Sanitäter, die Verletzte versorgten. –

Er fand das Elternhaus nicht mehr, statt dessen einen Berg Schutt, auf dem ein Mann saß und weinte. Eine Frau suchte nach Hab und Gut in den Trümmern. Sie wußte nichs von seiner Mutter oder Schwester. „Vielleicht", dachte der Junge, „suchen sie mich in der Kirche!" und ging mühsam den Weg zurück. Aber auch das Kirchenschiff war zerstört, nur die Krippe stand noch da. Er setzte sich davor und wartete. Die Kugel hatte er vorsichtshalber in die Krippe gelegt. Doch niemand kam. Er wurde müde und schlief ein. Und träumte vom Lichterglanz, hörte Weihnachtslieder, sah Mutter und Schwester in den Bänken sitzen – viele Leute. Alle waren gekommen, um zu sehen, wie er dem Christkind die Kugel brachte: „Und ich aus fernem Morgenland das rote Gold tu spenden ...“ Alles war so schön wie im Himmel, unendlich friedlich und leuchtend, und der Engel sprach: „Fürchtet Euch nicht ...“ – Aber es war nicht der Engel, sondern eine andere Stimme, eine viel rauhere, die fragte: „Was soll ich mit dem Jungen machen – er kann doch nicht hierbleiben!“ „Ich nehme ihn mit zu uns, wir haben noch ein Dach über dem Kopf, wer weiß, wie lange ...“ Der Mann streicht sanft über die Schulter des Jungen: „Komm mit mir, du hast doch Hunger?“ Ganz benommen von Traum und Schlaf steht der Kleine auf und geht mit. „Bald werden Mutter und Schwester kommen und mich abholen“, denkt er. Aber weder nach dem Essen noch am anderen Tag kamen sie. Selbst die Nachforschungen hatten keinen Erfolg. Er durfte bleiben und sogar mitkommen, als seine Gasteltern nach Amerika auswanderten. Dort machte er eine glänzende Karriere, New York wurde seine zweite Heimat. Nur seine Sehnsucht blieb. Und heute, wo er vor der kleinen Krippe steht, ist alles wieder wie einst, in der kleinen Kirche von Berlin-Lankwitz. Die Kugel sieht genauso aus wie seine damals ... Aber seine hatte einen kleinen Tropfen Wachs, einen ganz kleinen nur, der ihn etwas störte. Ob diese vielleicht auch ... irgendwo ..., aber nein, was für ein Gedanke! Das gibt es nicht, einfach unmöglich! Aber wenn vielleicht doch die winzige Möglichkeit bestehen könnte, wenn es so wäre, ja dann müßte es dieselbe Kugel sein, seine Tannenbaumkugel, wenn das wahr wäre. Vor Aufregung zittern ihm die Hände, und das Herz klopft hart, als er vorsichtig die Kugel berührt. Er kann nicht anders, nicht eher wieder klar denken, bis er es weiß, sei es auch nur .. „Auch wenn sie keinen Wachstropfen haben sollte, ich muß es wissen“, denkt er und nimmt sie vorsichtig heraus und dreht sie herum. – Da ist er, ein kleiner, weißer Wachstropfen. Kein Zweifel, er hält dieselbe Kugel in den Händen wie vor 34 Jahren!

Mißtrauisch nähert sich ein älterer Mann, der Aufseher. „Mein Herr, Sie dürfen die Ausstellungsgegenstände nicht berühren, das ist verboten!“ Erschrocken legt der Fremde die Kugel zurück und sagt: „Excuse me, aber ich möchte diese Krippe kaufen!“ Der Aufseher denkt: ‚Wieder so ein crazy Amerikaner!‘ und sagt laut: „Kaufen können Sie hier nichts. Das ist alles Privatbesitz.“ „Nennen Sir mir den Besitzer, sagen Sie, oder besser ich rufe an, ich zahle jeden Preis !" Der alte Mann schaut ihn verwundert an und blättert umständlich in einem dicken Verzeichnis. „Die Telefon-Nummer, das genügt!" ruft der Fremde hastig. „Langsam, langsam", beruhigt ihn der alte Aufseher, „hier ist es ja schon. Kaufhaus des Westens, Frau Hante, Apparat 123, ich mach das schon . . ." umständlich wie vorher wählt er und gibt dem Fremden den Hörer. „Frau Hante? Ich möchte Ihre Krippe kaufen, ich zahle jeden Preis!" „Die Krippe?" fragt erstaunt eine Frauenstimme, die ihm bekannt vorkommt, „nein, die verkaufe ich nicht. Damit verbinde ich liebe Erinnerungen—und sie bedeutet mir deshalb sehr viel. Muß es ausgerechnet diese sein? Es gibt doch viel schönere!" „Ach so", antwortet der Fremde traurig und will gerade auflegen, als sie noch fragt: „Wer sind Sie denn, wieso wollen Sie ausgerechnet meine Krippe kaufen?" „Excuse me, es liegt eine – auch wenn ich es sage, Sie werden es kaum glauben – es liegt eine Kugel darin, die mir gehörte, die meine Mutter mir gab. Mein Name ist Goldschmidt, Joachim Goldschmidt! Es war für ein Krippenspiel, wissen Sie . . ." – Einige Sekunden Stille. Dann klingt es erstaunt und jubelnd durchs Telefon: „Jochen, Jochen, du?" . . . Und zum dritten, vierten und fünften Male mahnt die monotone Stimme durch den Lautsprecher: „Apparat 123, bitte auflegen!"

WEISS R BEER
TAILLEUR
FRIED STAHL
BERLIN 89

Schneelied zu Weihnachten

Otto Julius Bierbaum

Du trittst mich, singt der Schnee,
mir aber tut's nicht weh:
Ich knirsche nicht, ich singe;
dein Fuß ist wie der Bogenstrich,
daß meine Seele klinge.
Hör und versteh mich –:
Getreten singe ich,
und nichts als frohe Dinge.

Denn, die getreten sind,
wissen, es kam ein Kind,
gar sehr geringe,
in einem Stall zur Welt:
Das hat sein Herz wie ein leuchtendes Licht
in große Finsternis gestellt.

Es wurde zerschlagen. Verloschen ist's nicht.

Fehrt

Erhard Wittek

Die Tage vergingen. Weihnachten nahte. Die Schwestern raunten miteinander, sie setzten sich zu mir und erzählten vom Lichterbaum, vom Weihnachtsmann, vom Christkind. Die großen Brüder sogar waren erwartungsvoll verwandelt.

Am Heiligen Abend gingen wir alle in die Kirche, überirdisch strahlten zu beiden Seiten des Altars die riesengroßen Tannen im Glanze der Kerzen, die Weihnachtsgeschichte sprang in meinem Herzen auf, das Christkind lag in der Wiege, Ochs und Eselein standen um das heilige Wesen, die Engel sangen unter dem Geleucht der Sterne, und die Gemeinde fiel ein in das Lob derer, die flügelrauschend Gott umgaben, Kinderstimmen riefen dazwischen, Eltern beschwichtigten, die Orgel brauste auf und beruhigte das kleine Volk mit dröhnendem Ton, halb Drohung und halb Himmelsglück, die Kinder verstummten, ein Chor von Engelstimmen sang und jubelte, die Gemeinde, die Mutter, die Schwestern, die Brüder sangen, unser Vater sogar sang, laut und kräftig, und schämte sich nicht. Zum erstenmal hörte ich einen Mann singen, es war der eigene Vater. Ich lauschte ihm mit geweiteten Augen, in welch neuem Lichte erschien er mir. Die Mutter sang gern und viel zu Hause. War der Vater so etwas Ähnliches wie eine Mutter?

Es rauschte und brauste um mich her, immer stärker übernahm die Orgel die Führung. Von Oswald wußte ich, daß dieses fremde, gewaltige Dröhnen eine Orgel war. Ich fragte nicht, was das sei, ich nahm das neue Wort hin wie das Kind alles hinnimmt, jeden Tag stürmen ja die neuen Erfahrungen auf seine Sinne und seine Seele ein.

Die Kirchentür sprang auf, mit frohen Gesichtern drängten die Menschen hinaus, überall das helle Gewirr der Kinderstimmen, von der weiten Halle des Kirchenschiffes vervielfacht zurückgeworfen, ich sah, wie man sich zunickte, ich hörte das Klappern der Sammelbüchsen und durfte selbst einen Kupferpfennig in einen breiten Schlitz hineinwerfen, kalte Schneeluft strömte in den tannendurchdufteten Raum, da waren wir schon draußen: „Ach, Mama, es schneit!“ jauchzte Ella. Ich sah die Flocken grau aus dem Dunkel herabschweben, sah sie in den Lichtbahnen, die aus dem Kircheninnern ins Freie fielen, weiß aufglänzen, und ich wußte wieder: Schnee, das ist etwas Weißes, Kaltes; die größeren Kinder um mich her jubelten, da wußte ich auch: Schnee ist etwas Schönes. Ich nahm auch das hin. Wer erklärt einem die Welt? Niemand, keine Mutterliebe kann es, keine Belehrung der Geschwister. Mach groß die Augen auf, du kleines Menschenkind, sieh und schau, mach deine Erfahrungen und nimm sie hin.

„Wo ist Papa?" rief ich plötzlich. Ella lachte mit glänzenden Augen. „Er ist vorausgegangen", flüsterte sie mir ins Ohr, als verriete sie mir ein ganz großes Geheimnis. „Ach, vielleicht brennen die Lichter schon!" fügte sie hinzu. Susi ging neben der Mutter, sie hatte sich auf der anderen Seite in ihren Arm eingehängt, sie beugte sich vor, sah zu uns beiden herüber, auch in ihren dunklen Augen leuchtete es in Erwartung und verschwiegener Freude. Gotthold und Oswald aber, die beiden Großen, trotteten vor uns her und riefen mit schallender Stimme ihre Wünsche in die lautlos herabfallenden Schneeflocken. „Ich bekomme einen neuen Schlitten", sagte laut und bestimmt Oswald, „einen eisernen. Und hinten hat er eine Lehne!" „Aber ich erst!" rief Gotthold, „wenn du wüßtest, was ich bekomme. . .!" Sie wußten natürlich beide nichts. Oswald merkte, daß er unvorsichtig gewesen war. Wenn er sich getäuscht hatte, wurde er in kurzer Zeit der Prahlerei überführt, Gotthold aber wäre nichts nachzuweisen. „Ach, du willst dich ja nur mollern, du alte Mollerkatze!" sagte er ärgerlich.

Wir schlenderten durch das Flockengewirbel, die Mutter verhielt den Schritt, damit wir nicht zu schnell nach Hause kämen, wir wurden von dunklen Gestalten überholt oder überholten sie, die noch langsamer gingen als wir, weil sie einen kürzeren Weg hatten und der Vater doch zu Hause Zeit genug haben sollte, die Kerzen am Baum anzuzünden. Dick und dicker setzte sich das kalte, weiße, weiche Tuch auf Hut und Mantel, auf Brust und Arme, gedämpft klangen die Schritte im Schnee, längst war das schwingende Geläut der Kirchenglocken hinter uns im dichten Himmel verhallt, aber feierlich, tröstlich und erregend standen da und dort hinter den Fenstervorhängen die Weihnachtsbäume, übersternt vom Schein der Kerzenflammen, überglitzert vom Schmuck der Silbergehänge, der goldenen, roten, weißen Kugeln und Sterne, der langen Flitterketten. Die Ungeduld drängte, das Gespräch der Geschwister verstummte. Längst hatten sich auch die beiden Brüder links und rechts neben die Mutter gedrängt, und so strebten wir unserem Hause zu, schweigend, stampfend, von Flocken umwirbelt, die Seele offen.

Endlich standen wir vor der Pforte des kleinen Vorgartens, Gotthold war die letzten paar Schritte vorgelaufen und hatte sie für uns geöffnet, Oswald aber hing schon von außen am Fenster der großen Stube und versuchte hineinzugucken. Mir schien der Baum so groß zu sein wie in der Kirche, die Lichter brannten, unzählige Lichter, es leuchtete weit in den Tanz der Schneeflocken, auch wir hatten einen Baum, auch wir, nicht nur die anderen, aus deren erleuchteten Fenstern uns das Licht dieses Heiligen Abends überflutet hatte. Auch unser Baum glänzte von silbernen Ketten, von goldenen Kugeln . . . Wir stürmten durch die Gartenpforte ins Haus, aber vor der Tür zur großen Stube stand der Vater und ließ uns nicht hinein. „Klopft erst eure Schuhe gut ab, und die Mäntel und Hüte, und hängt alles ordentlich weg!" Der Flur hallte wider vom Stampfen unserer Füße, von unseren aufgeregten Stimmen, jetzt fiel mir wieder ein, wie wir den ganzen Tag schon um die verschlossenen Türen zur großen Stube herumgeschlichen waren und wie es darin geknistert hatte von Papier, und die vielen anderen Geräusche waren wieder da, das Rücken von Stühlen und Tischen, der Vater war einmal herausgekommen mit einer Säge in der Hand und hatte Oswald nach einem Bohrer geschickt . . . – Und dann der Kuchenduft!

Die Tür öffnete sich, drinnen standen Vater und Mutter auf der Schwelle, wir traten zaghaft näher, wußten nicht, wohin zuerst blicken, denn der Baum zog die Augen gewaltig an, aber wir suchten ja doch etwas anderes . . . unterdrückte Seufzer der Entzückens, kleine leise Laute der Seele, Ella schrie als erste laut auf: „Eine Puppe! Meine Puppe! Meine Puppe . . . ! Ein Schlitten, wahrhaftig ein Schlitten, ein neuer Anzug, eine Eisenbahn, ein Kaufladen für Susi . . ." Die Eltern standen im Hintergrund, unsere Magd, die alte Marinnja, hielt die Schürze vors Gesicht und schluchzte vor Ergriffenheit, vor Trauer, weil sie so allein war, vor Freude, daß man es so gut mit ihr meinte, sie küßte der Mutter den Rocksaum, ehe die es sich versah, dem Vater die Hand, die Eltern schimpften gutmütig, so sind die Polen, dachten sie, so haben ihre Herren sie erzogen.

Dankbarkeit und Glück.

Das alles nahm ich auf wie von fern, unbestimmt, ich hörte die Worte, ihr Klang blieb mir im Ohr, später erst wachte das alles zu echtem Leben in mir auf, der Duft des Baumes, die vergoldeten Nüsse in den Zweigen, die roten Äpfel in dem dunklen Grün . . . Denn ich stand vor meinem Geschenk, ich stand stumm und überwältigt, ich wagte noch nicht, mich zu rühren, die Mutter mußte meine Hand nehmen und sie auf das seideglänzende Fell legen, zaghaft fing ich an, mit dem Zeigefinger den stolz gebogenen Hals entlangzustreichen, nun wagte ich es schon, mit der ganzen Hand die Zügel anzufassen, ach, Steigbügel waren auch da und ein ganz richtiger Sattel, das Fell war schwarz, rabenschwarz, ein Rappe war es mit weißen Zähnen und feuerrotem Zahnfleisch, er hatte eine Mähne und einen langen Schweif, rabenschwarz war er, kohlrabenschwarz. Ich kniete mich hin und drückte auf das gebogene Holz der Kufen, da beugte er den Kopf nach vorn und hob ihn, als ich erschrocken losließ, gleich wieder hoch, leise knirschend schwang das stolze Tier hin und her.

Da hob mich mein Vater, der mit ebenso stark glänzenden Augen wie ich vor dem Wundertier stand, in die Höhe. Ihm dauerte es zu lange in seiner Ungeduld, bis ich mich entschloß, er setzte mich in den Sattel, aber ich schrie, ich wollte nicht reiten, noch lange nicht, er gab mir die Zügel in die Hand und stieß die Schaukelkufen ein wenig an, aber kaum hatte er mich losgelassen, da glitt ich weinend vom Pferde herunter. „Ach, er hat ja Angst!" sagte er ärgerlich. „Laß ihn doch, er muß sich erst mit ihm anfreunden", meinte die Mutter. Ja, Mama wußte alles, sie drängte mich nicht.

Und wieder stand ich davor, streichelte vorsichtig, vorsichtig die Nüstern, den Hals, den Rücken, berührte mit spitzen Fingern die Hufe – die Geschwister waren schon längst dabei, Pfefferkuchen zu essen, Nüsse zu knacken, Ella saß mit einem ganzen Paket Thorner Kathrinchen in der kleinen Faust über ein Bilderbuch gebeugt – da endlich schwang ich mich, als niemand mir zusah außer der Mutter, in den Sattel meines Rappen, und sogleich begann er feurig mit mir davonzutraben, durch die Stube, durch den Garten, durch die Welt.

Als wir uns zum Abendessen um den langen Auszugstisch versammelten, da brachte kein Zureden mich von meinem Pferde herunter, bis der längst wieder versöhnte Vater, dem die gerührte Freude über seinen Jüngsten aus den Augen lachte, zu mir sagte: „Er muß ja in den Stall, er hat ja auch Hunger, er muß doch fressen." Gotthold lief fort, ein Augenwink meines Vaters hatte ihm genügt, Oswald brachte einen Pappkarton an, Gotthold war schon wieder zurück, beide Hände voll Heu, füllte es in die Schachtel, ich band mein Pferd am Blumenständer fest und setzte mich zu den anderen an den Tisch.

Gewaltig brach jetzt der Appetit in mich ein, ich stopfte und stopfte die guten Sachen eilfertig in den Mund. „Iß nicht zuviel!" flüsterte Ella mir zu, „es gibt Mohnklöße!" Und sie wies auf eine große Schüssel, die mitten auf dem Tisch stand. Mohnklöße – was war das? Dunkel erinnerte ich mich wie vorhin an den Schnee, als wir aus der Kirche ins Freie getreten waren, so jetzt an die Mohnklöße. Denn die gab es nur zu Weihnachten und am Silvesterabend, und vorige Weihnachten war ich ja noch so klein gewesen.

Wir aßen, bis uns fast die Bäuche platzten, jeder in der Angst, die anderen könnten mehr bekommen, es bliebe für ihn nichts mehr übrig, und das riesige Gebirge aus den gelbglänzenden, milchiggrau und zuckerweiß überschimmerten, lockeren, in Dampf gebackenen, übersüßen Teigflocken schmolz unter der Sonne unserer weihnachsfrohen, bedenkenlosen Gefräßigkeit ins Nichts zusammen.

Mein Rappe mußte natürlich mit in das Schlafzimmer. Er bekam seinen Stand neben meinem Bett. Den Zügel um meinen linken Arm geschlungen, so schlief ich ein, auf dem Gesicht und meinem überfüllten Magen liegend. Wilde, dicke, mohngraue Bäckerjungen wateten durch milchige Zuckerströme, ich ritt auf meinem Rappen durch Wolken von Schnee, aus denen goldene Äpfel regneten, aber kein Elefant schwankte drohend zur Tür herein. Die selbstverständliche Lebenslust des Kindes, das aus der täglich neu gereichten Milchflasche der Nährmutter Gegenwart Kraft und Freude sog, hatte alle Beängstigungen überwunden.

Ich ritt in den nächsten Wochen auf meinem Rappen nach Amerika zu den „Innianern", nach Afrika zu den „schwatzen Nähgern", nach „Schina" zu den gelben „Schinesen" und „Mohngohlen", die ich mir als eine Art von mohnklößengrauen Gäulen vorstellte, und die große Stube war mir die Welt, eine Welt voller Abenteuer und Reiterträume. Ich gab meinem Rappen keinen Namen, wie es die Schwestern mit ihren Puppen taten. Das Pferd war für mich Pferd, und so nannte ich es auch: „Fehrt". Als eines Tages Oswald, um mich zu necken, sich auf meinen Rappen schwang, schrie ich ängstlich: „Nich raufsetzen, Fehrt wird krank!" und der Ruf war so dringend, meine Augen so voller Sorge, daß Oswald sofort wieder abstieg.

Fehrt war ein lebendiges und geliebtes Wesen. Ich putzte sein Riemenzeug, striegelte sein Fell, warf ihm nach jedem Ritt eine wollene Decke über, damit es sich nicht erkälte. Im Schlafzimmer hatte es neben meinem Gitterbett seinen Stand, und jeden Morgen brachte ich ihm neues Heu, nachdem ich das alte entfernt hatte, weil es ja von Fehrt am Tage zuvor aufgefressen worden war.

An der Ecke der Jannowitzer und der Gnesener Straße stand breit, geduckt, mit zwei mächtigen, vom Rauch des Feuers geschwärzten, stets weit offenen Torflügeln die Hufschmiede. Oft und oft hatte ich hinter dem Zaun unseres Gartens gestanden, dort, wo er an die Jannowitzer Straße grenzte, und mit großen Augen das geheimnisvolle Tun des Schmiedes und seiner Gesellen verfolgt. Immer brannte im Hintergrund das offene Feuer, bald hoch aufflackernd und die Männer mit roten Lichtern überschüttend, bald nur schwach glimmend, einer durchsichtigen glühenden Blume auf schwarzem Grunde gleich. Dann lag der große Raum im Dunkel, wie Schatten bewegten sich die rußgeschwärzten Männer darin. Ständig war das Pink-pink der Eisenhämmer zu hören, bis in unsere große Stube hinein, auch wenn die Fenster geschlossen waren. Wenn Pferde zu beschlagen waren, so geschah das auf dem Platz vor der Schmiede. Ich begriff nicht, daß die großen Tiere so geduldig waren, daß sie nicht ausschlugen. Sie taten mir leid, denn es mußte doch weh tun, wenn man ihnen eiserne Nägel in die Füße trieb. Ich fragte Oswald danach, blaß vor Empörung, und der Bruder nahm mich in unseren Pferdestall mit und zeigte mir an der

Dicke der Hufe den Sachverhalt. Aber ich glaubte ihm nicht, und erst als der Vater mir die Aussage des Bruders ausführlich bestätigt hatte, war ich beruhigt.

Jetzt hatte ich selber einen Rappen, und mir fiel eines Tages heiß auf die Seele, daß der Vater damals gesagt hatte, ein Pferd könne krank werden, wenn ihm die Hufe nicht regelmäßig beschnitten und beschlagen würden. Zwei lange Tage kämpfte ich mit meiner Schüchternheit, dann aber zog ich mit Fehrt vor die Schmiede und verlangte, daß der Schmied ihm neue Hufeisen anschlüge, da die alten schon zu dünn seien. Ich wußte, daß der alte Grzeba Pole war. Niemals wäre es mir damals eingefallen, mit einem der Arbeiter meines Vaters polnisch zu sprechen, obwohl auch sie Polen waren. Aber nun wollte ich etwas von einem fremden, mir kaum bekannten Mann, etwas, was er nicht zu tun brauchte, und so nahm ich mein ganzes bißchen Polnisch zusammen und sagte:

„Tschinn dobbre, panje Gschebba, tinn Fehrt tamm muschi bietsch huferowatsch prosche bardso!" (das bedeutet etwa: „Guten Tag, Herr Grzeba, das Pferd da muß sein gehuft bitte sehr!")

Der gutmütige Mann verzog keine Miene, obwohl mein polnischer Satz schon am selben Tag durch die Stadt wanderte und mir die Liebe und das schmunzelnde Wohlwollen meiner polnischen Mitbürger eintrug. Er nahm seine schwarze, rußbestaubte Mütze ab, grüßte sehr höflich und erwiderte:

„Ah, därr jungeh Cherr Baumeister. Werrde ich sähen, natierlich, wärrde ich, was du kannst machän, wärrdeh ich schonn . . ."

Er hantierte ernsthaft mit Messer, Hammer, Feuer und Eisenklemme, tat, als beschlüge er meinen Rappen, und ein fremder Mann, dessen gewaltiger Schnauzbart mir noch in lebhafter Erinnerung ist, weil er mir einen schauderhaften Schrecken damit einjagte, beteiligte sich ernsthaft an dem frommen Betrug, sagte ausdrücklich, sein Pferd könne, ja, müsse warten, wenn ein so edler Renner wie der meine an der Reihe sei, und schließlich stieg ich in den Sattel und galoppierte freudig davon. Der fremde Schnauzbart sagte dem Schmied, ich sollte es wohl nicht hören, aber ich hörte es doch: „Oh, wie kann der Junge reiten, ich kann ihn schon gar nicht mehr sehen, so weit ist er schon!" Er legte die flache Hand über die Augen und spähte mir nach, der ich vor der Schmiede schaukelte und meinen feurigen Renner zu zähmen versuchte. Was verschlug es, daß ich, um fortzukommen, schließlich absteigen und meinen Rappen an der Schnur hinter mir her ziehen mußte!

So verging mir die Zeit voller Träume und Wunder. Ich war eingesponnen in die Welt meines Pferdes, ich putzte ihm sein Riemenzeug, striegelte sein Fell, fütterte es, während die Geschwister Schlitten fuhren und auf den Welnawiesen und sogar auf dem See Schlittschuh liefen. Oswald brach ein, geriet unter das Eis, wurde von Gotthold und einem beherzten Seminaristen gerettet, kam triefendnaß und durchfroren nach Hause gelaufen, wurde ins Bett gesteckt und bekam heiße Milch zu trinken, ohne daß ich davon Kenntnis nahm. Nicht einmal der Schrecken, den die Mutter empfand, hinterließ einen Eindruck bei mir. Oswald hätte um jene Zeit mindestens sterben müssen, wenn sein Geschick damals meine Anteilnahme hätte erwecken sollen. Und selbst dann noch wäre mir eine Beteiligung an seiner Beerdigung nur in der Form denkbar erschienen, daß ich hoch zu Roß hätte kommen dürfen. Dabei liebte ich den Bruder und hing wegen seiner natürlichen, ihm von Kindheit an eigenen Herzenswärme mit der ganzen unbekümmerten Zutraulichkeit an ihm, deren man nur in so frühen Jahren fähig ist.

Aber ich war eingesponnen in meine Welt, kein Klang von außen erreichte mich in seiner vollen Stärke. Und geht es denn dem Erwachsenen anders? Wie oft haben wir Ursache, unsere Blindheit, unsere Teilnahmlosigkeit am Ergehen selbst uns nahestehender Menschen zu beklagen, wenn es zu spät ist. Wie oft wird uns Gutsein, Freundschaft, Liebe entgegengetragen in offenen Händen, und wir sehen es nicht. Wie oft könnte ein liebreiches Wort einem der Unseren Hilfe und Trost sein, und wir sprechen es nicht aus, weil wir eigensüchtig mit uns selbst zu reden haben und unsere Seele alle Fühler eingezogen hat, die ihr sonst Nachricht von außen zubringen. Vielleicht muß das so sein, vielleicht müssen wir, wollen wir wirklich wir selbst sein, uns von Zeit zu Zeit einkapseln, damit der leicht verletzliche Kern unseres Selbst ungestört reifen oder, was doch nicht minder notwendig ist, still in sich ruhen darf. Wir verfallen in Schuld, ob wir handeln oder verharren, und wir müssen die Schuld wie die nicht ausbleibende Strafe dafür auf uns nehmen. Wenn wir uns nur die Fähigkeit erhalten, uns zu öffnen und ohne Reue zu verströmen, wenn einmal die Zeit dafür auch für den einsam Lebenden gekommen ist.

Der Vater hatte mir, als er den tiefen Ernst erkannte, mit dem ich meinen Rappen als ein lebendiges Wesen behandelte, von einem seiner Zimmerleute eine Pferdekrippe machen und aus schön behobelten Stangen und Brettern einen Stand anfertigen lassen. Morgens und abends ging ich in den Stall zu den beiden Kutschpferden, mit denen der Vater über Land zu fahren pflegte, um die oft weit voneinander entfernten Baustellen aufzusuchen, und ließ mir von dem Knecht Heu und Hafer für mein Pferd geben. Niemals bat ich um Futter für mein Pferd. Ich sagte: „Du sollst ...", ich befahl, denn ich war ja der Herr eines feurigen schwarzen Pferdes, auf dem man um die ganze Welt reiten konnte. Ich befahl nicht etwa, weil ich der Sohn des großen Bauunternehmers war, der Haus und Hof und Stall und Garten besaß und einen Bauplatz dazu, auf dem Holz in hohen Stößen lagerte, Balken und runde Stämme und Schnittholz in mächtigen Bretterstapeln, oder weil der Vater Zimmerleute und Maurer hatte, Fuhrleute und Buchhalter, sondern ich befahl, weil Fehrt mir gehörte, und Fehrt war es, das mich ins Große trug, auf das Meer, in die Wolken.

Und wollten, um mich zu necken, meine Geschwister sich in den Sattel schwingen, so stand ich plötzlich neben meinem Rappen, auch wenn ich gerade ein Bilderbuch angesehen oder auf dem Stuhl am Fenster gekniet hatte, und wehrte wild ab. „Nich raufsetzen, Fehrt wird krank!" war mein ständiger Ruf in solcher Gefahr, aber nun nicht mehr bittend und erschrocken wie beim erstenmal, sondern voll zornigen Befehls.

Ella war es, mit der ich alle Spiele spielte, die mein einziger richtiger Freund in jenen Jahren war, die böse Ella war es, die mich eines Tages schwer kränkte, als sie sagte: „Fehrt ist ja schön und stark, aber etwas kann es doch nicht."

„Doch!" schrie ich sofort, „doch! Fehrt kann alles!"

„Na ja, es frißt Hafer und Heu, aber etwas kann es doch nicht ..." und sie sah sich um, ob jemand Erwachsenes da sei, und dann lächelte sie und flüsterte und sprach nicht ganz aus, was sie meinte, aber ich hatte schon begriffen, was Ella meinte, und stampfte mit dem Fuß auf und war böse mit ihr und schimpfte, weil sie Fehrt schlechtmachen wollte, aber Ella sagte nur: „Bist du böse, kauf dir 'n Käse!" und schon war sie zur Tür hinaus.

Ich stand vor Fehrt und streichelte Fehrt mit Tränen in den Augen und führte es an seinen Stand neben meinem Bett, band es an, ging in den Stall und ließ mir Hafer geben, viel Hafer, immer noch mehr, so daß ich, um nichts zu verschütten, beide Hände um die große Blechbüchse legen mußte, als ich zurückging, so voll war sie. Ich schüttete alles auf einmal in die Krippe und ging noch einmal und holte noch mehr Hafer und schüttete auch dies noch in die Krippe. „Fiß, Fehrt, fiß feste!" sagte ich. Denn ich dachte, je mehr es fräße, um so leichter würde es meinen Wunsch erfüllen können.

Am Abend, als Susi und Ella in der großen Stube mit ihren Puppen spielten und Oswald Vokabeln lernte – denn es ging ja nun auf Ostern zu, und er wollte doch wenigstens einmal wieder versetzt werden –, am Abend ging ich zu Fehrt in den Stall, es war dunkel, auch auf dem Hof, und das kam mir zugute, ich blieb lange fort, aber dann kam ich stolz zurück.

„Ätsch, Ella, Fehrt kann doch!" sagte ich.

Ella, in ein Gespräch mit ihrer Puppe Lotte vertieft, hörte nicht. Da ging ich hin und zog sie rachsüchtig und genießerisch an einem ihrer blonden Zöpfe. Sie schrie, drehte sich wie der Blitz um, viel schneller, als sogar ich erwartet hatte, der ich doch gründliche Erfahrungen in dieser Hinsicht gesammelt hatte, und meine rechte Wange brannte. Aber ich weinte nicht wie sonst und schlug auch nicht zurück, sondern rief triumphierend ihr ins Gesicht: „Ätsch! Fehrt kann doch!"

„Was soll Fehrt können?"

„Ach du weißt doch, was du heute gesagt hast – !"

„Du bist ja dumm!" sagte Ella und beugte sich wieder über ihre Puppe.

„Na, geh doch hin, sieh nach!" schrie ich erbost. „Fehrt kann alles! Fehrt fißt! Fehrt ... !" und ich sprach es aus, laut und deutlich, denn ich war gerade erst fünf Jahre alt geworden und nahm noch kein Blatt vor den Mund.

Ella sah mich starr an, blickte mir ins Gesicht, drehte sich dann auf dem Absatz herum und lief fort, ins elterliche Schlafzimmer. Wir hörten sie laut schreien, sie kam zurück, sie rief: „Ih, du Schwein, das sage ich Mama! Wenn du wenigstens Schneebälle genommen hättest!"

„Schneebälle?" fragte ich entrüstet. „Schneebälle? Fehrt ist richtiges Fehrt, Fehrt macht doch keine Schneebälle!"

Ella stürzte in die Küche, es der Mutter zu erzählen – alle Mädchen petzen, dachte ich, sogar Ella petzt! – Susi aber und auch Oswald, der schon Lateinisch konnte, liefen erst in das Schlafzimmer, in dem in spiegelnder Pracht die elterlichen Betten standen, der große, breite, glänzend polierte Schrank, die Waschkommode, ein Teppich lag auf dem Boden ausgebreitet ...

Ich stand trotzig am Sofa und drehte eine Troddel von seiner Seitenborte ab. Die Mutter kam aus der Küche, ging schnell meinen Geschwistern nach, Ella freudig hinter ihr her: „Na, warte, das gibt aber Haue !" rief sie vergnügt.

Mama kam zurück. Sie ließ sich in einen der grünen Sesselstühle sinken, sie stützte den Ellenbogen auf eine der Lehnen, bedeckte die Augen mit der Hand, ihre Schultern zuckten, Oswald kam schreiend vor Vergnügen hereingestürzt und warf sich vor Lachen heulend auf den Fußboden, Susi sogar, das sanfte Suschen, kicherte, auch Ella fing an, das Komische der Geschichte zu erkennen. Schließlich nahm die Mutter die Hand von den tränennassen Augen, trocknete sie mit einem Taschentuch, zog mich auf ihren Schoß. „Ach, du Schlingel!" lachte sie. Es schüttelte sie immer noch.

Es dauerte lange, bis sie sich so weit in der Gewalt hatte, daß sie nach unserer Marinnja rief. Die kam verwundert, blickte verblüfft und sofort bereit mitzulachen in die heiteren Gesichter.

„Nehmen Sie Kehrblech und Handfeger und gehen Sie ins Schlafzimmer! Sie werden schon sehen . . . !" lachte Mama.

Marinnja holte das Verlangte, ging in das Schlafzimmer, wir hörten einen gellenden Aufschrei, und gleich darauf stürzte die alte Magd wieder durch die große Stube an uns vorbei, mit hochrotem Gesicht, und trug auf dem Tablett drei wunderschöne goldgelbe Äpfel in den Pferdestall zurück, aus dem ich sie geholt hatte.

Der erste Hirte

Kurt Ihlenfeld

Ein Junge von sieben Jahren war ich und hatte schon sechsmal Weihnachten gefeiert, und seit der letzten Weihnacht hatte ich auch schon selber die Weihnachtsgeschichte lesen können, ein Junge von sieben Jahren, und niemand dachte an Krieg, es war noch vor dem ersten Weltkrieg, wer kann sich das heute noch vorstellen? Aber seitdem ich lesen gelernt hatte, sah ich die alte liebe Weihnachtsgeschichte mit anderen Augen an. Man wird so, wenn man das Abc gelernt hat. Man wird neugieriger und gründlicher. Das Alphabet ist wie ein Seil, das in eine grundlose Tiefe hinabreicht. Was ahnt so ein kleiner Junge davon, wenn er seine ersten Versuche damit macht? Werden sie nicht Abc-Schützen genannt, die Männlein, die mit dem Ranzen auf dem Rücken zur Schule wandern? Das ist auch ein hübscher Vergleich. Wenn man schießt, dann kneift man ein Auge zu und nimmt das Ziel mit dem anderen um so schärfer aufs Korn. Nun, das tat ich damals eben auch mit der Weihnachtsgeschichte. Ich nahm sie aufs Korn, d. h. ich wollte sozusagen hinter ihr Geheimnis kommen.

Merkwürdigerweise interessierte mich aber daraus keine Figur so sehr wie die Hirten, die vom Felde nach Bethlehem liefen. Ich hatte noch nie in meinem Leben einen Hirten gesehen. Ich war ein Stadtkind und hatte zwar auch noch keine Engel gesehen, aber von denen wußte ich ja, daß sie im Himmel zu Hause sind. Da war es doch nur Glückssache, wenn sich mal einer blicken ließ. Einen König hatte ich auch noch nicht gesehen, dafür aber – lang ist es her – einen Kaiser, und der war doch noch mehr als ein König. Der wog drei Könige bei weitem auf. Nur die Hirten eben, die waren mir noch nie in den Weg gekommen. In der Stadt gab es wohl Pferde, viel mehr Pferde als heute, aber es gab keine Schafe, keine Schafherden, also gab es auch keine Hirten. Kutscher waren ja wohl etwas anderes. Die hatten es bloß mit einem einzigen, höchstens mit zwei Pferden zu tun. Aber Kutscher kamen in der Weihnachtsgeschichte nicht vor, nur Hirten kamen darin vor, – und ich wünschte mir sehnlichst einmal einen richtigen Hirten zu sehen. Eines Tages, ich glaube, es war Anfang Dezember, sagte ich es meiner Mutter, und sie verstand meinen Wunsch ganz gut, und versprach, einmal darüber nachzudenken und – ja natürlich müßte sie auch den Vater fragen, der wüßte vielleicht Rat.

Mein Vater – es war ein Jahr vor dem ersten Weltkrieg, und niemand von uns ahnte, daß der Krieg so viele Väter und unter ihnen auch den meinigen verschlingen würde, warum sind wir Menschen nur so ahnungslos? Mein Vater war zwar auch Soldat gewesen, aber nun war er schon seit vielen Jahren Beamter und leitete ein Büro und verwaltete eine Anzahl von Magazinen, in denen Heu und Stroh und Getreide für die Truppen der Stadt aufbewahrt wurden. Auf diese Weise kam er auch mit Bauern und Händlern in Berührung und machte mitunter Fahrten ins Land hinaus. Noch nie hatte er mich zu einer solchen mitgenommen. Jetzt im Dezember, als meine Mutter ihm von meinem Wunsche, einen richtigen Hirten zu sehen, erzählte, jetzt beschloß er kurzerhand, mich zu einer solchen Dienstfahrt mitzunehmen. Die Mutter sagte es mir, und ich war überglücklich, und konnte es kaum erwarten, bis der verabredete Tag herbeikam.

Es war, wie ich mich noch deutlich entsinne, ein sehr milder Winter damals und noch kein Schnee gefallen. Wir fuhren erst ein Stück mit der Eisenbahn und dann, auf einem kleinen Bahnhof, bestiegen wir einen leichten, mit einem Pferde bespannten Wagen, der dort hielt. Und los ging die Fahrt ins Hirtenland. Denn so stellte ich es mir vor: daß da draußen ein Hirtenvolk lebte, mit Schafherden oder Rinderherden, vielleicht konnte man sie schon von weitem, rechts und links vom Wege, erblicken. Unser Wägelchen rollte gemütlich dahin. Mein Vater saß neben mir, der Kutscher, ein halb deutsch, halb polnisch redender Mann bewegte die Zügel, bewegte die Peitsche und ließ ab und zu ein anfeuerndes oder beruhigendes Schnalzen vernehmen. Ich gab auf alles acht – es war meine erste Fahrt über Land, und zu den Hirten sollte sie gehen. Mein Vater hatte es mir versprochen: Du wirst es zu sehen bekommen, es gibt deren eine ganze Menge im Lande, auf den großen Gütern. Ich zweifelte nicht einen Augenblick daran. Auf meinen Vater war Verlaß, er versprach nichts, was er nicht halten konnte.

Wir kamen durch ein Dorf, aber wir hielten noch nicht an. Ich sah die Gänse in ihrem Stall, ich sah die Hühner umherlaufen – aber ich sah keine Schafherde und keinen Hirten. Hier schien es so etwas nicht zu geben. Nein, sagte mein Vater, wir müssen noch ein Stück weiterfahren, wir wollen zu einem von den großen Gütern. Und schon hatten wir das Dorf hinter uns gelassen und befanden uns wieder auf der Landstraße. Es war ein flaches übersichtliches Land, von Wassergräben durchzogen, für meine Neugier ein allzu offenes, allzu flaches Land.

Endlich aber wurde in der Ferne auf der rechten Seite der Straße so etwas wie ein Wald sichtbar. Ich sah es und machte meinen Vater darauf aufmerksam. Es war ein Park, also ein kleiner Wald, der zu einem einfachen Landhaus mit gelben Mauern, weißen Fenstern und rotem Dach gehörte. Und vor diesem Hause hielt unser Wägelchen endlich still. Der Kutscher sprang herab von seinem erhöhten Sitz und half meinem Vater und dann mir beim Aussteigen. Erst jetzt bemerkte ich, daß er einen langen Schnurrbart hatte, dessen Enden seitwärts herabhingen. Vielleicht haben auch die Hirten hier solche Schnurrbärte? So dachte ich und beschloß fortan auf solche Männer zu achten, damit ich sie gleich aus den übrigen herauskennen möchte. Nun, der Mann, der uns aus dem Hause entgegenkam, hatte keinen Schnurrbart, also war er kein Hirte, ihm gehörte das Haus, wie ich dann merkte, und wir waren seine Gäste. Ein schönes Frühstück ließ er uns vorsetzen, noch nie hatte mir ein Frühstück so gut geschmeckt, wie hier draußen in diesem fremden Hause, an dessen Wänden Geweihe hingen und Köpfe von Hirschen. Ich ließ es mir munden, und über diesem Geschäft wäre mir beinahe der Zweck meines Herkommens aus dem Sinn geraten. Jedenfalls erschrak ich, als mein Vater nach beendetem Frühstück eben hierauf zu sprechen kam. Er hatte es nicht vergessen.

Ach, so ist er mir in der Erinnerung geblieben, und ich möchte jedem, der dies hier liest, wünschen, daß er auch eine so freundliche und ungetrübte Erinnerung an seinen Vater haben möchte. Ein guter Vater ist mehr wert als viel Geld und Gut. Ich glaube jedenfalls, daß ich seine Stimme, sein herzliches Lachen bis an mein Ende nicht vergessen werde, also auch nicht diesen Augenblick in dem fremden Hause, wo er, die Serviette noch in der Hand und von dem genossenen Frühstück sichtlich wohlgelaunt, dem Besitzer mein Anliegen vortrug. Auch der war ein freundlicher und verständiger Mann. Er fragte mich nach meinem Namen und lobte mich, daß ich mitgekommen war, bloß um einen richtigen Hirten und seine Schafe zu sehen. Dein Vater und ich, sagte er, werden uns jetzt ein bißchen unterhalten, und du kannst inzwischen auf den Hof gehen und dir die Ställe zeigen lassen. Ich gebe dir unseren Eleven mit.

Ich wußte nicht, was das Wort bedeutete und nickte bloß. Vielleicht würde dies nun ein Mann mit einem Schnurrbart sein, wie der Kutscher einen hatte, oder einer mit einem ganz langen weißen Bart. Aber der junge Mann, der bald darauf ins Zimmer trat, war ebenso bartlos wie der Besitzer, es war ein Gesicht wie von Milch und Blut, ein rosiges Kindergesicht, vor dem ich mich nicht zu fürchten brauchte. Er hörte sich an, was man von ihm wünschte, und lachte und nahm mich an der Hand mit hinaus. Mein Vater blieb zurück. Das gab mir einen kleinen Stich, den ich aber rasch wieder verschmerzte, als wir uns über den Hof weg auf die Ställe zu bewegten.

Einen Hirten willst du also sehen? fragte der Eleve.

Ja, erwiderte ich, so einen wie in der Weihnachtsgeschichte.

Einen alten oder einen jungen?

Auf die Frage war ich nicht gefaßt, es war mir auch gleich, ich hatte mir weder einen jungen noch einen alten vorgestellt, nur einen Hirten.

Na, sagte der Eleve, dann wollen wir mal zum alten Weise gehen.

Ich horchte auf. Weise hieß er also, ein schöner Name. Wurden nicht die drei Könige aus Morgenland auch die drei Weisen genannt? Ich hatte die Weihnachtsgeschichte gelesen, ich wußte Bescheid.

Aber zuerst, sagte der Eleve, wollen wir doch zu den Schafen.

Zuerst? Ja, war denn der Hirte nicht da, wo seine Schafe sind? Ich wunderte mich, aber ich sagte nichts, vielleicht war es hier anders als bei Bethlehem.

Wir näherten uns dem langgestreckten Stallgebäude, das aus roten Ziegeln errichtet war und viele Türen und kleine Fenster hatte. Mir klopfte das Herz. Denn von drinnen her waren schon Stimmen zu hören: lautes Gebrüll von Rindern und ein leiseres, aber langgezogenes Blöken, das vielleicht von den Schafen herrühren mochte. Der Eleve faßte den Drücker einer Tür und zog sie auf – da schlug uns der warme Stalldunst entgegen, und im gleichen Augenblick sah ich unzählige Tierhäupter auf mich gerichtet, mit ihren dunkelglänzenden Augen starrten sie mich an, so daß ich erschrocken stehenblieb. Es war die erste Schafherde, die ich in meinem Leben zu sehen bekam. Eng aneinandergedrängt standen sie da und äugten herüber und warfen die Köpfe wieder zurück und schoben sich noch enger zusammen. Die graue Wolle reichte ihnen bis dicht an das Maul und zwischen die Ohren. Ihre Stummelschwänze zuckten hin und her, und unablässig erscholl bald aus dieser, bald aus jener Gruppe das laute klägliche Blöken.

Komm, sagte der Eleve, wir wollen uns alles ansehen.

Zögernd folgte ich ihm. Ich sah die Kühe in ihren Bretterverschlägen, die Schweine in ihren Koben, die Pferde in ihren Boxen. Sie standen oder lagen und fraßen und bewegten die Mäuler und stampften und schlugen. Sie wendeten sich neugierig nach uns um, und immer wieder traf mich der Blick ihrer riesigen Augen und ging mir nach und empfing mich von neuem. Das waren sie also, die Tiere, die im Stall zu Bethlehem an ihrer Krippe dem Kinde Gesellschaft leisteten, das da zur Welt gekommen war und auch in einer Krippe lag! Gute Augen hatten sie, freundliche Augen. Vielleicht kam es daher, daß sie mit diesen Augen einmal auf den Heiland geblickt hatten?

Der Eleve erklärte mir dies und jenes, er hatte eine helle Kinderstimme, aber ich schwieg nur und staunte. Dies also war der Stall! Und in einem solchen Stall war der Heiland auf die Welt gekommen. Diese Gerüche und diese Geräusche hatte es auch in der Heiligen Nacht gegeben. Nicht bloß die Musik der Hirten und den Gesang der Engel. Mir war andächtig zumute, ich glaube, ich habe in jeder Kuh, die ihren breiten Hals zu mir herüberdrehte, und in jedem Pferd, das da in seiner Raufe wühlte, und in den Schafen allen, die ängstlich und neugierig zugleich aus ihren Wollbüscheln aufschauten – in einer jeden Kreatur dort hab ich einen Zeugen der

Heiligen Nacht, einen Bewohner des Stalles von Bethlehem gesehen. Ich war ein Knabe von sieben Jahren und zum erstenmal der Kreatur so nahe, zum erstenmal wohl auch so nahe dem wunderbaren Ereignis der Christnacht – vier Wochen vor Weihnachten.

Und der Hirte? Ich hatte ihn nicht vergessen über den Tieren. Als wir wieder zu den Schafen zurückkehrten und der Eleve erklärte, daß wir nun alles gesehen hätten, da wagte ich schüchtern zu fragen, ob wir nun wohl noch zu den Hirten gehen wollten?

Ja, richtig, rief der rotwangige Jüngling, zum alten Weise wollte ich dich noch bringen, na, denn komm nur.

Er schickte sich an, den Stall zu verlassen, ich aber zögerte. Wo wollte er denn hin? Der Hirte gehörte doch zu seiner Herde, den konnte er doch nicht anderswo suchen wollen. Oder – ob er auf dem Felde war, draußen irgendwo? Das wollte sich aber wieder nicht mit der Weihnachtsgeschichte zusammenreimen, wo die Hirten doch in der Nacht auf dem Felde ihre Herde hüteten. Und jetzt war es noch nicht einmal Mittag. Oder schliefen die Hirten am Tage, weil sie doch nachts wachen müssen? Ich weiß nicht mehr genau, was alles ich damals dachte, nur daß ich in ziemlicher Verwirrung dem jungen Mann folgte, der mich mit dem alten Weise bekannt machen wollte. Doch traute ich ihm wohl zu, daß er mich an die richtige Stelle führen würde, er hatte bis jetzt seine Sache gut gemacht und war weder hochmütig noch mürrisch gewesen. Und so stapfte ich hinter ihm drein, wieder quer über den Hof, bis in die Nähe des großen Tores, wo ein einzelnes Haus stand, mehr einer Hütte ähnlich, aus Fachwerk aufgebaut und schief vom Alter. Ja, in einem solchen Hause konnte ein Hirte wohnen, ich wunderte mich nicht.

Der Eleve drückte auch hier die Tür auf, ohne anzuklopfen. Erst drinnen, nachdem auch ich ihm nach in den halbdunklen Flur getreten war, in dem es ganz sonderbar roch, pochte er gegen eine Tür, ich weiß nicht, ob jemand von innen gerufen hat.

Er öffnete, wir traten ein – und da lag er denn, der alte Weise, in seinem Bette, in den rot gemusterten Kissen, ein alter Mann, mit weißen Stoppeln ums Kinn und die Hände über der Bettdecke gefaltet, die großen knochigen Hände mit den dicken Adern und den langen brüchigen Nägeln.

Neben dem Bette stand ein Tischchen. Und darauf lag ein schwarzes Buch, und um das Buch herum waren vielerlei Flaschen gestellt mit Zetteln daran. Wir befanden uns in einer Krankenstube. Der alte Weise war krank.

Guten Tag, sagte der Eleve, guten Tag, Vater Weise. Ich bringe Ihnen Besuch.

Der alte Mann drehte seinen Kopf herüber, ohne sich aufzurichten. Es war ein gutes, friedliches Gesicht, aber doch wohl von der Krankheit gezeichnet, mager und blaß. Was sollte ich sagen? Stumm stand ich da und blickte ihn an.

Komm näher, sagte der Eleve, und schob mich dichter an das Bett heran, komm näher und gib ihm die Hand.

Ich tat es. Ich fühlte die matte kalte Greisenhand in der meinigen. Es schauderte mich, aber ich sagte nichts.

Da beugte sich der Eleve über das Gesicht des Alten und rief: Er wollte mal gerne einen richtigen Hirten sehen, Vater Weise, er kommt aus der Stadt.

Der Kranke verstand diese Worte, und es flog ein schwaches Lächeln über sein müdes Gesicht, leise sagte er:

Da bringst du ihn zu mir? Ich bin doch keiner mehr.

Wie, dachte ich, kein Hirte mehr? Warum nicht? Bloß weil er alt und krank ist?

Vater Weise, fuhr der Eleve fort, wie lange sind Sie hier bei den Schafen gewesen?

Der Alte bewegte die Augen, er dachte nach und erwiderte dann flüsternd: Fiftig Johr.

Hast du gehört, sagte der Eleve, fünfzig Jahre lang ist er Hirte gewesen.

Dies ist mir in Erinnerung geblieben von meinem Besuch bei dem alten Vater Weise. Ein alter Mann im Bett, müde von seiner Lebensarbeit, matt von der Krankheit. Und dann dies noch, daß er noch Weihnachten erlebt hat, zu Anfang des neuen Jahres aber gestorben ist. Und das war das Jahr, in dem der Krieg begann.

Mit meinem Vater bin ich noch am gleichen Tage in demselben Wägelchen, das uns hergebracht hatte, wieder zurückgefahren. Mein Wunsch war erfüllt worden: ich hatte die große Herde gesehen, ich hatte den alten Hirten gesehen.

Weise hat er geheißen, sagte ich.

Ein schöner Name für einen Hirten, erwiderte mein Vater. Wie wär's, wenn wir dem alten Mann zu Weihnachten eine Freude machten, falls er dann noch lebt?

So war mein Vater. Und ich entsinne mich, daß wir dann in der Adventszeit ein Paket zurechtgemacht haben für den armen kranken Hirten.

Ein Jahr später aber, um die gleiche Zeit war ich mit meiner Mutter allein, und wir packten für meinen Vater, der im Felde stand, ein Weihnachtskistchen. Obenauf legte ich eine Zeichnung von mir, – ein unbeholfenes Bildchen von dem Stall und dem Haus, wohin mich mein Vater geführt hatte. Aber in der zweiten Kriegsweihnacht war es nicht mehr nötig, denn kurz zuvor war mein Vater gestorben.

Ich werde es ihm mein Leben lang nicht vergessen, daß er mich zu dem alten Weise gebracht hat. Hirtentreue und Vatergüte, das war's, was ich bei jenem Ausflug im letzten Advent vor dem Kriege erfahren hatte. Ein Knabe von sieben Jahren. Immer werde ich daran denken, auch wenn ich ein Mann von siebzig Jahren werden sollte.

Der Weihnachtsgang des Kleinen Hen

Erich Brautlacht

Nie hatte der kleine Tönen Henneken, der Sohn des Tagelöhners Tönen Pit aus Walbeck an der holländischen Grenze, die Armut so bitter empfunden wie zur Weihnachtszeit, als er unter dem strahlenden Baum beim Bürgermeister stand.

Da hingen Brezeln und Schokolade, Flaschen aus Marzipan und leuchtende kleine Kugeln am grünen Baum. Die kleine Sophie, die ihn hergeholt, hatte eine große Puppe bekommen, die ihre Augen schließen konnte und, wenn man sie auf den Rücken legte, genau so klagte wie der kleine Aloys, der auch nie ins Bett wollte, wenn Schlafenszeit war.

Der Mund blieb dem kleinen sechsjährigen Tönen Henneken offenstehen, und die Augen gingen voll heimlichen Verlangens über die Berge von Kuchen, Plätzchen und Nüssen, die auf den Tellern aufgestapelt lagen. Dahinter standen Spekulatiusmänner, die dicken Beine in den Holzschuhen vergraben, die Hände auf Mutzpfeifen gelegt, welche die Backform schön wiedergegeben hatte.

Ganz beschämt stand der kleine Hen da und steckte einen Finger in den Mund, als Sophie ihm die Herrlichkeiten zeigte. Auch ein Kaufmannsladen war darunter, mit Rosinen und Nüssen gefüllt.

Der Junge wagte zuerst nicht, etwas zu berühren, und als Sophie ihn fragte, was ihm denn beschert sei, wurde er ganz rot, obschon er sich doch nicht schuldig zu fühlen brauchte, wenn dem reichen Mädchen so viel und ihm, dem Jungen, eigentlich recht wenig beschert war. Ein paar Strümpfe hatte er bekommen und einen Schal, einen prächtigen grünen Schal, so daß er um den Hals nicht mehr so zu frieren brauchte, wenn er zur Schule ging, und dann noch, fast hätte er es vergessen, ein Paar nagelneue Holzschuhe. Die waren nicht weiß wie die gewöhnlichen Holzschuhe, sondern leuchtend schwarz.

Er strich seine Geschenke recht ordentlich heraus, aber Sophie sah doch, daß er rot dabei wurde, und sie wunderte sich darüber. Die Frau des Bürgermeisters gab ihm eine dicke Apfelsine in die Hand. Dann spielte Henneken mit der kleinen Sophie. Dabei vergaß er bald seinen Kummer. Seine Augen leuchteten, die Backen glühten, weil er mit der Waage wiegen und Rosinen und Äpfel verkaufen durfte.

Als Tönen Henneken abends nach Hause ging, steckte Sophies Mutter ihm die Taschen voll Äpfel und Nüsse. Munter klapperte er mit seinen Holzschuhen über das Kopfpflaster und stapfte auf das Kätnerhaus zu. Der Vater saß mit mürrischem Gesicht auf der Bank in der Küche und rauchte Pfeife. Die Mutter strickte einen Strumpf. Durch den Tabaksqualm tauchte aus der Ecke der kleine Tannenbaum auf, der nur mit einigen Kerzen geschmückt war. Der kleine Hen mußte husten, als er in die verrauchte Küche trat.

Aloys, sein kleiner Bruder, kroch unter dem Tisch hervor. Henneken teilte die Äpfel und Nüsse mit ihm, die er erhalten hatte. Aloys hatte ein Pferdchen bekommen, das schob er vor sich her. Er war hocherfreut darüber und krähte vor Vergnügen. Aber der kleine Hen sah, das Pferdchen war anders als das anderer Kinder, es hatte keinen Bauch, war nur aus einem Brett gesägt. Prüfend zog er seine neuen schwarzglänzenden Holzschuhe an und wieder aus. Dann ging er auf Socken zur Mutter, umarmte sie und preßte den Kopf fest an sie, und als sie ihn verwundert ansah, fragte er sie, warum zu Weihnachten den reichen Kindern viel und den armen nur wenig beschert würde. Hatte nicht die Mutter einen langen Brief an das Christkind für ihn schreiben müssen mit seinen Wünschen? Einen Eisenbahnzug hatte er für sich und für den Aloys einen Wagen mit zwei Pferden bestellt. Was war nun daraus geworden? Er konnte es nicht begreifen. Die Mutter schaute erschreckt zu ihm hinunter. Der Vater zog die Pfeife aus dem Mund und brummte etwas vor sich hin. Die Mutter aber drängte die Tränen zurück, die ihr in die Augen stiegen.

Der kleine Tönen Hen vergaß aber nichts. Er behielt alles, worüber er grübeln mußte und was ihm auf der Welt unerklärlich erschien, und hoffte auf eine spätere Lösung.

Als der Frühling ins Land kam und Henneken mit Sophie kleine Löcher in den Leib der Erde buddelte und sie die Murmeln hineinrollen ließen und als ihm später im Herbst der Vater einen Windvogel zimmerte, dachte Hen gar nicht mehr an die ungerechte Verteilung der Gaben.

Als aber vor Nikolaus die fetten Weckmänner mit richtigen weißen Tonpfeifen und Korinthenaugen auf den Holzständern der Bäckerläden erschienen, da fiel dem kleinen Hen der Kummer aus dem vergangenen Jahr wieder ein. Er erinnerte sich, auch im Jahr davor hatte das Christkind ihm nur ein wollenes Wams geschenkt. Darum beschloß er, vor Weihnachten selbst Vorsorge zu treffen. Dann wollte er der Sophie sagen, was ihm in diesem Jahr beschert war: eine Eisenbahn, die fahren konnte, mit vielen Wagen, und für den Aloys eine große Pferdekarre mit Pferden davor, die einen richtigen runden Bauch hatten.

Nun besaß der kleine Hen eine Spardose. Viel war nicht darin. Die Oma, wenn die kam, legte ein Kupferstück hinein, und auch wohl mal die Tante Drüt, die einmal im Jahr aus Holland zu Besuch erschien.

In der Woche vor Weihnachten nahm Henneken die Dose aus dem Schrank und leerte ihren Inhalt in seine Tasche. Er kannte nicht viel von Geldeswert, denn es gab in der Kate selten größere Münzen zu sehen.

Die schwarzen Holzschuhe, die er vergangene Weihnachten erhalten, waren schon ziemlich grau geworden, aber der grüne Schal um den Hals hielt warm, und die gestrickte Mütze, die Hen vor zwei Jahren bekommen hatte, schützte die Ohren.

Es war nach dem Mittagessen, als Henneken loszog. Hoher Schnee lag auf den Straßen. Die Dächer hatten ihn wie eine Kapuze über sich gezogen und schauten mit glänzenden Fenstern daraus hervor in die Kälte.

Henneken hatte eine dünne Suppe und einige Kartoffeln im Leib. Er fühlte sich warm und stark und hoffte, leicht bis nach Krefeld zu kommen. Dort wollte er einkaufen. Bis Straelen hatte ihn der Vater schon manchmal auf der Pferdekarre mitgenommen. Den Weg kannte er genau, und von dort mußte er nach des Vaters Schilde-

rung geradewegs auf Krefeld zugehen. Am Abend hoffte der kleine Mann zurück zu sein. Er schob die Mütze tief auf den Kopf bis über die Ohren, band den grünen Schal noch einmal fest und stapfte an den letzten Häusern des Dorfes vorbei, tapfer gegen den scharfen Ostwind. Der blies den kleinen Kerl zunächst ein wenig von der Seite an, weil er meinte, er werde gleich umkehren.

Tönen Henneken aber umklammerte mit der einen Hand das Geld, das er aus der Sparbüchse genommen hatte, und kümmerte sich nicht um den Wind.

Mantel und Handschuhe besaß Henneken nicht. Auf der Landstraße lag hartgefrorener Schnee, der manchmal glatt war, weil es am Vormittag getaut hatte. Das störte Henneken wenig, er nahm einen Anlauf und schlidderte eine Weile, und zwischendurch machte es ihm Spaß, ein Stück durch das Gras des Wegrandes zu laufen, dessen Eiskruste unter seinen Füßen knirschte. Oder er ging durch die Wagenspur in der Mitte des Weges, setzte Füßchen vor Füßchen und freute sich bei dem Gedanken, wie er seine Eltern überraschen würde mit dem Pferdewagen für den Aloys und der Eisenbahn für sich selbst. Und für den Vater, fiel ihm ein, wollte er noch eine lange Pfeife kaufen, wie der Bürgermeister eine hatte, und für die Mutter eine Brille. Sie klagte manchmal, die Augen täten ihr so weh.

Dem Jungen wurde ganz warm vor freudiger Erwartung, Tränen traten ihm in die Augen. Er knüpfte den Schal ein wenig loser, setzte die Mütze höher auf den Kopf und schritt tapfer fürbaß.

Als der Junge die ersten Häuser von Straelen sah, war er über zwei Stunden wie ein Mann gegangen. Er fühlte ein leises Ziehen in den Kniekehlen. Es bedrückte ihn nicht sehr, meinte er doch, nun müßte er bald am Ziel sein, und die Erwartung beflügelte seinen Schritt.

Eine eilige Geschäftigkeit war auf den Straßen. Tannenbäume wurden in die Häuser getragen, und Jungen und Mädchen brachten Kuchenteig zum Bäcker, daß er mitgebacken werde. Oder sie hatten auf den Armen lange Korinthenbrote, an denen sie manchmal knabberten. In den Bäckerläden standen vom Nikolausfest her noch einige Weckmänner mit vertrockneten Korinthenaugen.

Tönen Henneken blieb eine Weile davor stehen. Das Geld juckte ihm in der Hand. Er umklammerte es aber fest und zog weiter. Eigentlich hätte er ein Butterbrot von zu Hause mitnehmen sollen. Daran hatte er wohl gedacht. Aber es ging nicht, die Mutter hätte Verdacht geschöpft.

So zog er über den Marktplatz. Am Ausgang des Städtchens war noch ein Bäckerladen. Dort standen im Fenster drei Weckmänner um eine Kuchenschüssel herum, die wie ein Tisch aussah, von dem die drei essen wollten. Tönen Henneken sah sie voller Verlangen an. Einer von den dreien war kleiner geraten, der würde wohl weniger kosten. Ein Bein von ihm genügte vielleicht auch schon, um seinen Hunger zu stillen.

Tönen Henneken war selbst erschreckt, als er plötzlich die Türklinke in der Hand hielt und die Ladenklingel ertönte. Aus der dunklen Nebenkammer kam eine Frau mit einem Kropf am Hals, wie ihn der Junge noch nie in seinem Leben gesehen hatte. Ein Bein, stöhnte er, ob er wohl ein Bein von dem Weckmann kaufen könnte? Die Frau sah ihn verwundert an. Wollte der Junge sie aufziehen? Es kam oft vor, daß die Kinder ihr Schimpfworte wegen ihres Kropfes nachriefen. Darum verschluckte sie eine mitleidige Regung, die ihr eingab, dem Jungen einen Wecken zu schenken. Ein Bein könnte sie nicht verkaufen. Er sollte seiner Mutter sagen, der ganze Weckmann koste nur fünf Pfennig, weil er alt sei. Henneken war zu schüchtern, um nun doch einen ganzen zu erwerben.

So ging er bald wieder auf der Landstraße. Der Ostwind hatte sich eine Zeitlang Ruhe gegönnt, wie alle tun, die Großes vorhaben. Kaum war der Junge aber einige hundert Meter aus der Stadt heraus, da sprang der Wind hinter einem Rübendiemen vor und blies ihm so gewaltig in das Gesicht, daß er fast umgefallen wäre. Unwillkürlich hielt er seine Mütze fest und steckte die Hände in die Ärmel. Mühsam kämpfte er weiter gegen den Wind.

Bald, dachte er, muß doch Krefeld kommen. Kalt wurde ihm jetzt, und mit Schrecken sah er, daß der Himmel sich rot färbte. Nun begannen die Englein für Weihnachten zu backen, pflegte die Mutter zu sagen. Was sie wohl denken würde, wenn er nicht zu Hause war? Und der Vater, der nun bald von der Arbeit kam?

Er setzte sich auf einen Stein am Weg, einen Augenblick lang auszuruhen, und barg das glühende Gesicht in den Händen. Das Geld hielt er krampfhaft fest. Ihm war, als rüttele der Wind ihn von allen Seiten und wollte ihn von dem Stein herunterwerfen. Die Beine begannen zu schmerzen, und die Straße war stellenweise furchtbar glatt.

Als der Wind sah, daß er so nicht weiterkam und der kleine Geselle frech durchspazierte, holte er sich die Wolken zu Hilfe, und in kurzer Zeit begann es leise vom Himmel zu rieseln. Henneken sah Lichter in der Ferne blinken und war überzeugt, das mußte Krefeld sein. Er begann sich in Trab zu setzen und kam atemlos vor einigen kleinen Häusern an. Er war in Wachtendonk. Henneken kannte den Ort nicht und fragte nicht nach dem Namen. Die Angst trieb ihn vorwärts. Das Geld hielt er in der eiskalten Hand. Manchmal hauchte er auf sie oder steckte sie für kurze Zeit in die Tasche. Die Augen begannen zu schmerzen, immer wieder mußte er den Schnee daraus fortwischen. Zuweilen waren sie ganz mit eiskaltem Schnee gefüllt, und auch die Nasenlöcher wehten ihm zu.

Nun mußte er aber doch bald in Krefeld sein! Er war überzeugt, die Stadt war ganz nahe, denn wie wollte er sonst heute noch zurückkommen? Darum rannte er im Trab weiter, so fror er wenigstens nicht allzu arg. Sein Atem ging stoßweise. Ihm war, als hätte er Eisenstangen in den Beinen. Tauchten dort nicht Lichter auf?

Lieber Gott, hilf mir doch! Eine Eisenbahn will ich nicht mehr, nichts will ich mehr für mich. Aber für den Aloys ein Pferdchen mit einem richtigen runden Bauch, für die Mutter eine Brille und für den Vater die lange Pfeife, sind das böse Wünsche?

Er mußte husten und setzte sich auf einen Stein. Das waren wohl keine Lichter, die dort vor ihm auftauchten. Es funkelte ihm blau und rot vor den Augen, als sitze er vor dem Tannenbaum. Dabei wurde ihm mit einem Male klar: er hatte keine Zeit mehr zu verlieren. Rasch stand er auf, torkelte ein wenig zur Seite und ging weiter. Der Boden wurde uneben. War er überhaupt noch auf der Straße oder lief er über einen Acker? Manchmal krachte es unter den Holzschuhen, wenn er auf Eis trat.

Nun wurde der Aloys wohl ins Bett gebracht. Ob die Mutter weinen würde, wenn Hen nicht da war? Der Vater würde sicherlich mit ihr schimpfen. Er gab ihr immer alle Schuld, wenn irgend etwas nicht in Ordnung war. Tränen liefen ihm über das Gesicht. Ein wenig mußte er sich wieder auf einen Stein setzen. Jetzt erst fiel ihm ein: Er war ja doch ungehorsam gewesen, er durfte nicht fortlaufen. Das war nun die Strafe.

Lieber Gott, verzeih mir! Wenn du mir gar nichts zu Weihnachten schenkst, will ich nicht böse sein. Das Geld aus der Sparbüchse will ich anderen Kindern geben. Nur gib mir die Mutter und den Vater wieder und laß mich bald zu Hause schlafen gehen!

Ein Bett hatte er zu Hause nicht, er schlief auf der Bank in der Küche. Da kamen Decken drauf, dann schlief es sich recht gut.

Der Herd war noch an, und wenn er mit müden Augen manchmal in die Küche blinzelte, schaute die Mutter mit lächelndem Gesicht zu ihm hin. Das beruhigte ihn, und er schlief trotz des Lichtes der ein wenig riechenden Petroleumlampe bald ein. Aber jetzt war er nicht zu Hause. Sein tränenüberströmtes Gesicht sank auf die Brust. Die kleine Stupsnase war nun ganz blau geworden, ein Tropfen daran war schon gefroren. Lieber Gott, ist das so schlimm, was ich getan habe, daß ich nun sterben muß?

Da riß der Junge den Kopf hoch, wischte den gefrorenen Tropfen von der Nase und schaute erstaunt um sich. Zorn mit der ganzen Welt erfüllte ihn. Nun wollte er marschieren, bis er zusammenbrach. Vor lauter Zorn fühlte er keine Kälte und keine Wärme mehr. Er lief mehr, als er ging, vergaß alles außer dem Geld, das er in der Hand hielt, und der Stadt Krefeld, in der er für sich eine Eisenbahn und für den Aloys einen Pferdewagen kaufen wollte. Er selbst wollte alles erwerben!

So hatte Tönen Henneken Raum und Zeit vergessen, und er wußte kaum noch, daß er lief. Vom richtigen Weg war er längst abgekommen, doch war ihm einmal, als fasse ihn wer an der Hand und führe ihn. Henneken war das gleichgültig, er kam auch ohnedem hin.

Und wahrhaftig, schließlich tauchte eine Stadt vor ihm auf. Ein hoher Lichtschein stand am Himmel: Henneken lief mitten darauf zu. Es war nun ganz klar geworden und schneite auch nicht mehr. Der Junge preßte das Geld in der Hand. Bald lief er an Häuserreihen entlang. Wenn die Füße in den Holzschuhen schmerzten, was lag nun noch daran? Henneken hatte noch nie eine solch große Stadt gesehen und ahnte nicht, daß er in Kempen war. Dann aber stand er vor einem großen Spielwarenladen. Im Schaufenster fuhr ein Zug ununterbrochen. Den wollte er für sich erwerben, genau den und keinen anderen. Im Laden verwirrte ihn erst die Fülle des Lichtes. Dann aber kam eine große Schwäche über ihn, und er brach zusammen. In seinem Traum fuhren Pferde mit der Eisenbahn, und Eisenbahnen wurden von Pferden gezogen.

Als Tönen Henneken wach wurde, lag er in einem feinen Bett mit weißen Kissen, wie auch Bürgermeisters Sophie eins hatte. Eine Schwester stand vor ihm: „Da ist der Ausreißer also“, sagte sie. Henneken schloß die Augen. Langsam flickte er das Bild des gestrigen Tages zusammen. Dann schlug er die Augen wieder auf und ließ sie unruhig im Zimmer umhergehen. Aber die Eisenbahn und das Pferdchen waren nicht da. Die Polizei von Walbeck hatte den Schlingel ausfindig gemacht. Am Nachmittag sollte er zu seinen Eltern zurück, erzählte die Schwester. Er habe einmal eine große Stadt sehen wollen? Böse sei sein Ausreißen wohl nicht gemeint ge-

wesen? Vater und Mutter würden sich freuen, wenn er bald wieder bei ihnen sei. Aber versprechen müsse er, so etwas nicht noch einmal zu tun.

Henneken versprach alles. Wohlig dehnte er sich in den weichen Kissen und schlürfte mit Behagen die warme Milch, die eine Schwester ihm brachte, und ein Ei mit Brot gab es auch dazu.

Als die Schwester fort war, nahm Henneken seine Hose vor, die auf dem Stuhl lag. Wahrhaftig, das Geld war noch darin. Im letzten Augenblick im Laden, erinnerte er sich, hatte er es in die Tasche gesteckt.

Am gleichen Tage kam er nun doch nicht zurück, dazu war er zu schwach. Drei Tage mußte er noch im Krankenhaus bleiben. Einmal schrieb ihm die Mutter, und die Schwester las ihm die Karte vor. Sie freuten sich alle, wenn er wieder da wäre, der Aloys, die Mutter und der Vater. Henneken selbst freute sich am allermeisten. Kaum konnte er die Zeit erwarten, und er dachte einmal ernstlich daran, auszureißen und den Weg schon jetzt zu Fuß zurückzulegen. In die Karte drehte Hen sein Geld, und in einem unbewachten Augenblick schlüpfte er aus dem Tor auf die Straße.

Den Spielwarenladen, in dem er zusammengebrochen war, fand er zwar nicht. Man würde ihn dort auch vielleicht wiedererkennen. Aber ein anderes Geschäft entdeckte er. Mutig trat er ein und legte das Geld auf den Tisch. Eine Eisenbahn also wollte er, die fahren konnte, ein Pferd mit Wagen für den Aloys, und schließlich eine Brille für die Mutter und für den Vater eine lange Pfeife, wie sie der Bürgermeister hatte. Das Geld da hatte er sich gespart.

Das Mädchen nahm den Berg Kupfermünzen, musterte den Jungen verwundert und begann das Geld zu zählen. Es waren holländische Stücke darunter, die sie nicht annehmen konnte. Sie kamen von der Tante Drüt. Das Mädchen sah den Jungen traurig an. „Das sind vierundzwanzig Pfennige“, sagte es, „die Eisenbahn kostet drei Mark, und ein Pferd mit Wagen mindestens fünfzig Pfennig. Brillen und Pfeifen führen wir nicht.“

Tönen Henneken verstand nicht, seine Augen wurden ganz groß. Für das ganze Geld? Kein Pferdchen? Er stotterte etwas vor sich hin, strich das Geld ein und ging wieder auf die Straße. Das Mädchen sah ihm mit großen dunklen Augen nach und wünschte, reich zu sein, und dem Kind helfen zu können.

Hen ging ein Stück Wegs zum Krankenhaus zurück. Sollte er nun geradewegs nach Hause laufen? Da stand eine arme alte Frau an der Ecke, die wohl auf jemanden wartete. Henneken aber hatte den Eindruck, sie bettelte um ein Almosen. Entschlossen legte er ihr sein ganzes Geld in die offene Hand und rannte fort.

Erleichtert schlich er in das Krankenhaus zurück.

Am Tag vor Heiligabend wurde er von der Mutter abgeholt. War das eine Freude! Auch der Vater schimpfte nicht. Am Weihnachtsabend aber, unter dem Tannenbaum, traute Tönen Henneken seinen Augen nicht. Sie wurden ganz groß vor dankbarer Überraschung, und Tränen stiegen hinein: Da stand unter dem Baum eine große Eisenbahn mit vielen Wagen, und ein Pferdchen mit einem richtigen runden Bauch zog eine hohe Karre. Die lange Pfeife für den Vater, wie der Bürgermeister eine hatte, und die Brille für die Mutter waren nicht vergessen.

Henneken schmiegte sich an die Mutter und fand gar keinen Mut, zu den schönen Sachen hinzugehen. So gut war Gott, wenn man selbst gut war!

Der Arzt und die Schwester hatten wohl gehört, wovon Henneken phantasierend gesprochen, und Sophies Mutter hatte ein übriges dazu getan, um einen glücklichen Aloys, einen glücklicheren Hen und zwei sehr glückliche Eltern zu bescheren.

Alle Tannenbäume der Welt und jede Menge Schicksal

Hanns Dieter Hüsch

Um diese Zeit möchte ich immer mit meiner Mutter in einem wunderschönen großen Schlitten mit vier Pferden davor über das verschneite niederrheinische Land fahren, ganz fest und warm eingepackt in dicken, überlangen Mänteln mit einer Kapuze, und meine Mutter hat einen wunderbaren Muff mit Pelzbesatz und sieht wieder aus wie eine Zarentochter, und ich sitze ganz still neben ihr und gucke, ob am Himmel Sterne sind und ob man noch erkennen kann, daß am Himmel Plätzchen gebacken werden. Denn immer, wenn der Himmel sich zwischendrein leicht rosa färbt, werden dort Plätzchen gebacken, hat meine Mutter immer gesagt, die schon lange tot ist und mich sicher nicht wiedererkennen würde. Und darum möchte ich immer so gerne um diese Zeit mit meiner Mutter querfeldein in einem großartigen Schlitten den Niederrhein entlangfahren, auf den Heiligen Abend zu, auf die Verwandten zu, die Toten und die Lebenden, denn um diese Zeit mischt sich bei mir alles, ich habe Sehnsucht nach meiner Kindheit mit Marzipan und Apfelsinen, nach den Öfen meiner Jugend, sag' ich immer, nach den geheimnisvollen Geschichten, dann möchte ich stundenlang bis zum Nordpol über das flache Land fahren und sitze doch nur in der Küche und guck' zum Fenster raus.

Heiligabend am Niederrhein, das ist sicher wie überall, aber das geht schon ganz schön an die Nieren, weil noch mal der ganze Kram zusammenkommt. Die kleinsten Familien werden plötzlich riesengroß, und wer sich gestern noch wegen einer Kleinigkeit gekloppt hat, der ist am Heiligen Abend der versöhnlichste Mensch. Das ist sicher überall so, aber am Niederrhein sitzt das tiefer, weil das immer mit dem Ende der Welt zu tun hat. Ich meine das jetzt nur geographisch, denn am Niederrhein, da gibt es Stellen, wo man denkt, jetzt noch zehn Schritte, und du fällst „vonne Erd". Ja sicher, besonders um diese Zeit, wo Christus geboren wird.

Sagen Sie mal, freuen Sie sich auch? Sie müssen hier nicht antworten, das muß jeder selbst wissen. Aber ich freue mich. Auch nicht von Anfang an, da hab' ich zuerst gar nichts begriffen, aber heute würde ich auch mit meiner Mutter und Christus zu dritt in einem schönen Schlitten den Niederrhein rauf und runter fahren, überall aussteigen, „Fürchtet euch nicht“ sagen, wieder einsteigen und dann weiterfahren. Und ich würd' den kleinen Christus überall zeigen, und wenn er weinen tät', würd' ich ihn meiner Mutter geben. Die würde ihn dann schön schaukeln, und dann würde er einschlafen und nichts von der Welt hören und sehen, denn die ist ja nicht von seiner Welt.

Am Heiligen Abend glänzt der Niederrhein ganz besonders. Er ist noch flacher als sonst, und die Menschen sind noch stiller als sonst. Sogar Ditz Atrops, der sonst immer abends an der Theke von Hein Lindemann große Reden schwingt, ist dann ganz in sich gekehrt, trinkt schon mal ein Schnäpsken, hat sich auch fein gemacht, richtig mit Hemd und Schlips, und sagt auch schon mal, wenn er reinkommt: „Also dann, ne ...“ Aber mehr nicht. Und dann setzt er sich schon mal neben den Baum, der bei Hein Lindemann rechts von der Theke steht, und singt sehr laut, aber völlig falsch: „Es ist ein Ros' entsprungen“. Ganz laut, als wär er allein auf der Welt. Und das ist ja wohl auch so, daß viele allein sind, auch am Niederrhein. Und das ist da noch viel schlimmer, denn die Niederrheiner sind ja so leicht schwermütig. Auch um diese Zeit. Das kommt von dem flachen Land, von der Aussichtslosigkeit, sag' ich immer, denn du siehst ja da alles und nichts. Und das macht schwermütig.

Besonders am Heiligen Abend. Ich meine, das geht wieder vorbei. Am ersten Feiertag hat sich das schon wieder gelegt, aber am Heiligen Abend steht viel auf dem Spiel, denn es gibt ja nichts zum Anfassen. Die Gegend ist heilig und nebelig. Wer das liebt, so wie ich, der ist natürlich fein raus. Besonders, wenn ich mit meiner Mutter und Christus in einem Schlitten sitz', und wir fahren und fahren und sagen überall mal rasch: „'n Abend zusammen! Frohe Weihnacht!“ Und wir zeigen überall das Kind, obwohl ich nur in der Küche sitze, zum Fenster rausguck' und an früher denke. So gesehen, ist das am Niederrhein alles ganz anders.

Am Heiligen Abend denk' ich immer an früher. An Silvester denk' ich immer voraus, ob wir wohl beim nächsten Mal alle noch zusammen sind. Aber am Heiligen Abend denk' ich an früher, ganz komisch. Es geht dabei immer um Menschen, nicht um Geschenke, sondern wie die Menschen das machten, und was man selbst alles tat, wie man vor lauter Aufregung nicht schlafen konnte, wie alles immer näher kam und wie das Geheimnis der Liebe größer wurde als das Geheimnis des Todes und wie mein kleines Leben bereichert wurde durch die Arbeit der anderen.

Später erst, ja eigentlich erst heute, wenn ich mit meiner Mutter und Christus in einem wundersamen Schlitten meine Heimat, das ist meine Kindheit am Niederrhein, durchkreuze, steht dieser Niederrhein in mir nicht still. Die Toten werden lebendig, und alle Lebenden versammeln sich in meinem Kopf, in meinem Herzen am Heiligen Abend, wo immer ich bin, und alles, was ich bin, ist niederrheinisch. Das heißt: Ich weiß nichts, kann aber alles erklären, und meine Philosophie, das ist die genaue Unkenntnis von allen Dingen.

Ich sitze in der Küche und sehe durchs Fenster alle Christbäume der Welt. Ich muß mich nicht bewegen und fahre doch mit meiner Mutter und Christus in einem Schlitten über die Ebene, die kein Ende nimmt. Ab und zu sehen wir eine schwarzweiße Kuh, eine Windmühle, ein Wasserschloß und eine Kirchturmspitze, aber alles wird immer weniger, niedriger, unauffälliger. Nur der Stern wird größer und größer, heller und heller und schießt immer wieder durch meinen Kopf. Er war immer über mir, saß mir teils im Nacken, teils zwischen den Augen, von Anfang an, von Heiligabend bis Heiligabend bis Heiligabend, als wäre Heiligabend ein Dorf am Niederrhein, zwischen Wachtendonk und Keppeln, wo die Menschen sitzen, wenn sie sitzen, stehen, wenn sie stehen, liegen, wenn sie liegen, so schwer ist oft ihr Herz, und sie können es nicht ausschütten. Auch am Heiligen Abend stehen sie meist verlegen neben dem Baum und sagen: „Da wommer ma de Geschenke auspacken." Die Gemütsbewegungen am Niederrhein könnten tausend Lokomotiven in Gang setzen, wenn der Niederrheiner sie nicht dauernd versteckte. Aber in seinem Kopf und in seinem Bauch gehen am Heiligen Abend die Pferde durch, und er hört alles und er sieht alles: wie die Züge am Heiligen Abend immer noch rudelweise durch die Nacht fahren, und es sind wenig Menschen zu sehen, aber eine Menge Schicksal, und Flugzeuge sind auch immer noch in der Luft, und nach Dover soll am Heiligen Abend kein Schiff gehen, das hat der Niederrheiner mal irgendwo gelesen und behält es bis an sein Lebensende, und auch die Politiker machen mal „en Päusken", und man kann wirklich durch alle Häuser sehen, und in Paris ist Notre-Dame völlig ausverkauft.

Und dann fällt dem Niederrheiner ein, daß sein Großvater ihm mal einen Matador-Holzbaukasten geschenkt hat und später einen Stabilbaukasten und eine Dampfmaschine mit Transmissionsriemen, und daß einmal nicht gesungen wurde, weil da die Großmutter fehlte, und es gab immer um diese Zeit Spekulatius, auf niederrheinisch Speckelaats, auf Schwarzbrot mit dick Butter. Wunderbar. Und mein kleines Herz war mir immer einen Traum voraus. Während im großen Himmel sich die besten Klavierspieler der Welt Tonarten und harmonische Ziffern zurufen und die besten Philosophen der Welt ihre Weisheit bereuen und sich entschuldigen, sehen die besten Engel der Welt mit unübersetzbarer Geduld zu, wie ihre Nachkommen sich bemühen, Einsicht und Großmut zu üben.

Ich hab' immer um diese Zeit das Gefühl, daß alle meine Verwandten da oben im Himmel sitzen und zugucken, um zu sehen, „wat de Jung wohl macht". Ich bin jetzt 65 Jahre alt, aber für die da oben im Himmel bin ich immer noch „de kleine Jung", besonders an Weihnachten. Das ist am Niederrhein so. Und je älter ich werde, desto mehr hab' ich diese kindliche Vorstellung, daß der Himmel eine ganz große Wohnung ist, mit vielen Zimmern und Tischen und Bänken und Stühlen und Fenstern und Gardinen, also wie bei uns zu Hause, und da sitzen sie alle und gucken und warten, bis es dann eines Tages unsereinen auch erwischt.

Und mich beobachten sie am Heiligen Abend ganz besonders, ob ich zugenommen oder abgenommen habe, ob ich gut aussehe oder „kränkskes" bin in Neukirchen-Vluyn am Niederrhein, wo ich ja mal im dicksten Schneegestöber unsere Weihnachtsgans abgeholt habe und beinahe nicht mehr nach Haus gekommen wäre. Da sagt man nicht „de Jung is krank", sondern „de Jung ist kränkskes", der hat sich den Magen verdorben von den vielen „Plätzkes" und dem ganzen Marzipankram. Heiligabend am Niederrhein: Da dreht sich alles um „de Jung un de Dern". Das ist woanders ganz bestimmt genauso, aber ich bin davon nie losgekommen und bin immer noch damit beschäftigt, erwachsen zu werden. Nur in letzter Zeit fällt es mir schwer, da schlägt die Erinnerung um sich, das flache Land wirft sich wie ein Leintuch über mich, und ich frage mich, warum machen wir das alles:

Warum übt man vierhändig die alten Weihnachtslieder?
Warum läßt man eine alte Puppe reparieren?
Warum guckt man durchs Schlüsselloch?
Warum werden im Himmel Plätzchen gebacken?

Damit die kleinen Kinder große Augen machen
Daß ihre Wünsche in Erfüllung gehn
Und wenn sie staunen und verlegen lachen

Dann möchte man am liebsten
Ganz im Dunklen stehn
Damit die kleinen Kinder große Augen machen
Damit ihr Herz von dieser Welt noch nichts erfährt
Denn wenn sie groß sind, werden viele Sachen
Die sie erträumt, sehr schnell zerstört
Damit die kleinen Mündchen große Dinge sagen
Die Bäckchen sind vor Aufregung ganz heiß
Und wenn sie tausendmal dasselbe fragen:
Woher das Christkind denn das alles weiß
Dann glaubt man wieder an ein Wunder
Und träumt sich selbst ein Stück zurück
Und freut sich wie die kleinen Kinder
Auf diesen großen Augenblick.

Christmette im Kölner Dom

Detmar Heinrich Sarnetzki

Durch die regenfeuchten Straßen schleichen kühle Frühwinde. Trübe Laternenaugen blinzeln in eine schwarze Dezembernacht, und Ihr Widerschein spiegelt sich in den zahllosen Wasserlachen in blassen Lichtern. Wer um diese Zeit aus den schlafenden Häusern tritt, zieht fröstelnd den Mantel um die Schultern und strebt in die erleuchteten Kirchen, wo nach uraltem und überliefertem Brauch die Erinnerung an das Wunder der Menschwerdung des Gottessohnes, unberührt vom hellen Auge einer ewig neuschaffenden und neuwandelnden Zeit, in feierlichen Handlungen wachgerufen wird. Während in den kleineren Kirchen die bunten Fenster in brennenden Farben erglühen und leise Orgelklänge mein Ohr treffen, liegt der Dom wie stumm und verschlossen in seiner erhabenen Ruhe da, steigt in seiner breiten Wucht vom Domplatz auf und verfließt in steinerner Regungslosigkeit in die regungslose schwarze Nacht. Und doch ist drinnen weihevolles Leben. Die Tore öffnen sich – und vor mir füllen Tausende Menschen die Bänke im gewaltigen Schiff dieser Kirche und die breiten Bahnen der Seitenschiffe – und mit einem Male ist das Auge geblendet von einem wunderbaren Lichterglanze in der Tiefe des Chors, wo ein Bischof unter der Assistenz von Priestern und Priesterzöglingen das Pontifikalamt zelebriert. Kyrie eleison singt der Domchor – Wechselgesang und Gebete folgen – kleine Glöckchen rufen mit heller Stimme. Wer achtet wohl im ersten Augenblick auf die feierlichen Zeremonien, wo er, weltlicher Gefühle voll, hinüberstarrt auf die weißen und wie erstarrten Flammenreihen, wie die gotischen Formen in geraden und gebogenen Linien aufwärts nachziehen bis zur halben Höhe des Chors, und weltlich sind auch die ersten Vergleiche, die sich ihm aufdrängen: eine Erscheinung aus Tausendundeiner Nacht, ein Scheheresadentraum – – Ein mattes, rötliches Feuer liegt auf dem grauen Sandstein; dunkel ragen die Steinfiguren der Heiligen aus den Schatten hervor, die die Lichter werfen. Und mitten drinnen ein großer Strahlenkranz wie eine Sonne, unzählige kleine ruhige Sterne nebeneinander, in einem eigenen feinen Rot, daß es aussieht wie ein riesiges Filigranwerk der Goldschmiedekunst. Helltönend kündet eine Uhrglocke im Dom die fünfte Stunde. Oben die Wölbungen umschleiert ein rätselhaftes Dunkel, so daß es scheint, als erweitere sich der Raum ins Unendliche, getragen von den schweren, in dieses Rätsel emporsteigenden Säulen. Gloria in excelsis Deo et in terra pax hominibus, jubelt der Domchor. Machtvolle Klänge, denen alles lauscht, alles, was sich hier in der nächtigen Frühe zusammengefunden hat: Gläubige und Neugierige, vornehme Welt und Bettler, Frauen und Kinder, weißhaarige Greise, Bäuerinnen tief aus der Eifel, Nachtschwärmer, Fremde – eine internationale und gewiß auch interkonfessionelle Schar, die mit einmütig-stiller, natürlicher Andacht in diese Wunder des Lichtes sieht. Et incarnatus est, verkündigt der Domchor. Was ist des Menschen Stimme in diesem Tempel, den Jahrhunderte gebaut! Ein flüchtiger Schall, ein Geringes, wie die Spur der Tausende und Millionen, die auf den kalten Fliesen unter dem hohen Rund der Gewölbe gekniet haben. Und nach hundert Jahren wird keiner von allen mehr knien und beten, andere breitschultrige Schweizer in roten Gewändern mit den hohen Stäben ihres Amtes werden würdevoll unhörbar auf und ab schreiten, andere Priester die Messe lesen: aber die Säulen werden stehen, und die riesigen Bogen auch, und die Lichter werden glühen. Sanctus sanctus jauchzt der Domchor. Plötzlich schweigen Chor und Orgel, Wechselgesang und Gebete, eine körperlich fühlbare Stille tritt ein, nicht einmal mehr das Verfliegen eines Klanges ist hörbar, tief neigen sich die Köpfe kniender Menschen, der Atem schweigt – nur Raum und Licht unter dem Dunkel der Höhe: die Wandlung... Glaube oder Unglaube – es gibt eine Heiligkeit des *Augenblicks*, Ehrfurchtgebietendes in dem Gedanken, daß dieser Augenblick Millionen Menschen das Heiligste ist, wo sich Dinge vollziehen sollen, die jenseits liegen von Vernunft, irdischen Gefühlen und Menschenwille und -kraft, wo eine verklärende Weihe alles über sich selbst erhebt in das Unfaßbare, das nicht von dieser Erde ist. Nur ein Augenblick, und alles ist wieder irdisch und menschlich. Agnus Dei betet der Domchor. Und die Orgel singt, Menschen kommen und gehen, neue Gebete, hell klingt die Glocke, daß die Stunden schreiten, und in den Gewölben wird es heller. Ite, missa est, singt der Bischof. Bis mit einem Schlage der Lichterglanz erloschen ist und nur zwei Kerzen noch im Chore brennen, wie zwei arme Sterne, die auf einem weiten Grunde geblieben sind, nachdem das alle Himmel füllende Licht von Bethlehem versunken ist... Ich gehe langsam durch die abflutende Menge dem Chor zu, an dem ungeschlachten Riesen Christophorus mit dem Jesuskinde vorbei, an den kalten Steindenkmalen der Erzbischöfe und Kurfürsten, uralten Skulpturen und Altären, goldblinkenden Leuchtern und

Geräten in kleinen Seitenkapellen, wo überall Priester die erste Messe lesen. Es ist ein Bild von fast italienischen Farben. Dann trete ich heraus aus dem Dom von Menschenhand unter den urewigen Dom der Welt, über den die ersten schwachen Lichter des neuen Tages ziehen. Weihnachtsmorgen! Die Stadt ist im Erwachen.

Stollenweihnacht

Otto Wohlgemuth

Sechs Mann hoch die Kameradschaft, Pork, der Ortsälteste, Wilm, der Zimmerhauer, Ückmann und Bramberg, die beiden Abbaumänner, ich, damals einundzwanzig Jahre alt, und Henneken, unser Gedingeschlepper, außerdem Dommel, unser junger Reviersteiger.

Im Hauptförderbremsberg des Reviers war heute nachmittag das Hangende, vier, fünf Zimmerungen breit, gewaltig hereingebrochen. Alles lag sackezu, die Wasserleitung, natürlich sofort abgestellt, war durchgebrochen, Gefahr weiteren Niederbruchs war im Verzug.

Dommel, nachdem ihm der Nachmittagssteiger durch Rohrruf aus der Erde über den Fördermaschinisten von dieser Störung in seinem Abbaugebiet Nachricht in die Wohnung gegeben, hatte die Sache sofort dem „Alten", dem Betriebsführer, vorgetragen. Befehl von oben: Reviersteiger Dommel mit sechs Mann unverzüglich anfahren. Bruch im Muldenrevier, Bremsberg „Finefrauflöz" aufwältigen und verbauen. Für ordnungsmäßigen Wetterdurchzug und freie Bahn zur Förderung ist unbedingt Sorge zu tragen.

Er kam mit dieser geschriebenen Weisung persönlich und holte uns, wir wohnten alle sechs dem Schachte ziemlich nahe, aus unseren Wohnungen heraus. Wegen des Feiertags hatten wir in vorgelegter Morgenschicht gestern abend von zehn bis heute morgen um sechs gefördert, hinter dem Bruch, der da nun auf uns wartete, in den beiden Riesenschüttelrutschenbetrieben, die zusammen jeden Tag an die 1200 Wagen Kohle brachten.

Ich war schon recht in Weihnachtsstimmung, wollte eigentlich mit meiner Ilse in das Rothaargebirge, eine Fahrt in den dicken Winter machen, aber gegen den Befehl war nicht aufzukommen. Also: Notschicht! Da mußten wir schwer ran, das war gewiß. Als wir ankamen, kriegten wir es mit der Angst: Die doppelspurige Strecke lag zu, als hörte hier die Welt in der Tiefe auf. Jedoch bereits nach einer Stunde hatten wir ein Loch drin, und der Wetterwind pfiff hindurch.

Um fünf Uhr waren wir angefahren; Bauholz und das Material, das wir brauchten, war alles an Ort und Stelle. Die dicksten Felsblöcke mußten gesprengt werden, die gewaltigen Bergemassen, wahre Lawinen brüchigen, schiefrigen Gesteins, Holzbruch und

Kohlengeröll, hatten wir zertrümmert, eingeladen und abgeschoben; achtzig, neunzig Wagen standen im Gleis. Wir waren schlapp, vollständig erledigt vom Arbeiten mit dem Bohrrevolver, dem dicken Steinhammer, vom Schippen, Hacken und Abschleppen des schweren Gerölls. Dabei stand das Wasser, das sich gestaut hatte, bis an die Knöchel, und unter den Kapphölzern zog ein warmer Dunst dahin.

Vier eichene Türstöcke standen nun neu da, mächtig verbolzt und ineinander verklammert. Oben die gähnenden Firstenlöcher waren mit eichenen Scheiten verzogen und mit Schanzen, altem Holz und platten Steinen fest ausgefüllt. Die kernigsten Träger, harte Stempelkerle, standen nun dort, Waldburschen vom Härtlerberg im Sauerland, die sollten das Dach nun tragen, das Gebirge über Tage hinan, die Welt unserer Heimat, die achthundertfünfzig Meter über uns sich in den winterlichen Weihnachtsabendfrieden hineinträumte.

Über unserer Arbeit war es mittlerweile halb zehn Uhr geworden, wir waren fertig, räumten zusammen. „Fufzehn", sagte Dommel, „es ist genug, der Bruch wäre aufgebaut. Feierabend, Kerls, wir haben es geschafft. Hier kann die Kohlenjagd nach den Feiertagen wieder ungehindert hindurch, die Bahn ist frei. Ist alles in Ordnung, was Pork?"

„Ich meine auch", antwortete der.

Die beiden prüften dann noch einmal den ganzen Gewaltverbau, Dommel rieb sich unter der Wasserdüse den ärgsten Dreck der Arbeit von den Händen: „Räumt das Gezäh beiseite, alles zurück in die Kisten, Bohrer, Brecheisen, Treibfäustel, Pannschüppen, und verdammt, vergeßt mir nicht, dem griesen Pawlak den Abbauhammer wieder ordentlich in seine Kommode zu verpacken, sonst macht der nach den Feiertagen schwer Krach. Ihr wißt ja, wie der seine Sachen behandelt."

„Ja, ja, das ist ein ganz Eigener."

„Ist Baptist, Ostpreuße."

„Ja, das stimmt, aber ganz gleich: Ist ein fester Kerl in unserer Welt hier, paßt in den Kohlberg wie der beste westfälische Bergmann", sagte der Steiger mit Bedacht und setzte sich. „Der sitzt jetzt wohl zu Hause mit seiner Alten und dem Stall voll Kinder unterm Weihnachtsbaum; vielleicht ist er aber auch noch in der Gemeinschaftskirche."

„Ja, ja, Kirche", meinte Ückmann. „Die läuten jetzt alle, die Kirchenglocken im Ruhrgebiet. Und dabei liegt Schnee. Das gibt diesmal schöne Weihnachten im Kohlenpott."

„Los, Schicht“, mahnte der Steiger. „Laßt uns ein wenig ruhen, ich glaube, wir haben es verdient. Hängt die Lampen an Latten auf wie zu einem Weihnachtsbaum. Wir haben noch etwas Zeit. Ich habe den Förderkorb zur Abfahrt für zehn Uhr bestellt. Jetzt feiern wir nach alter Weise Bergmannsweihnachten.“

Das war gut, Feierabend im Abgrund. Der eine fand ein Brett, der ein paar Scheite, um drauf zu liegen, die anderen drückten sich in die engen Winkel. So hockten wir beisammen, knöpften die Bergwämser zu und schlugen ein Ende Wetterlaken um die Schulter; warme Dämmerung umhüllte uns.

Franz Bramberg verpackte die Gezähstücke und den Abbauhammer in des alten Pawlaks Kiste, polterte dort, rückte zurecht, stöberte und rief plötzlich: „Steiger und ihr anderen, kommt doch mal her, seht doch nur mal, was der Alte für einer ist.“

„Was ist denn los“, fragte der Steiger. „Macht lieber Schluß.“ Wir traten aber doch alle an die Kiste heran, neugierig, was Bramberg wohl haben mochte; einige knieten nieder, Lampen leuchteten hinein.

Da sahen wir alles im engen Raum beisammenliegen, das Handgerät, unser Gezäh, die schweren Stücke im kunterbunten Gewaltdurcheinander einträchtiglich ordentlich gelegt: Den Abbauhammer, samt Ventil und Schlauch, des Alten Pannschüppe, eisenblank vom ständigen Gebrauch bei der Arbeit, den klobigen Ballen des Treibfäustels und des Handfäustels halbmondkrummes Horn im kurzen Eschenstiel. Den Schlangenbohrer, der die Sprenglöcher in das Flötz hineinjagt, das Beil, die Bergsäge, das Spitzeisen, von dem aus dem Bühnloch im harten Liegenden beim dröhnenden Schlag die Funken spritzen. Ein Päckchen Reibzünder zum Anbrennen der Abraumschüsse, Kreide, die Kohlenwagen mit Nummern zu bemalen, das Pramlot an der Schnur, die Setzwaage, das Leitungsmaß, und da, schau hin, das Gedinge- und Meterbuch, mit Eselsohren, schwärzlich vom Gebrauch, in das hinein der Hauer Pawlak, der Fromme, der Baptist, sein täglich Haben und Soll einträgt, die Wagen, die er austut, wie weit er vorwärtsgetrieben, hieb-, fuß- und gespannweis, alles ordentlich untereinander gesetzt. Seht, dort ruht das Merkbuch in der Ecke.

„Und seht hier“, sagt Bramberg, der uns alles zeigt, Gerät und Kramzeug, das wir doch alle miteinander ebenso hatten und täglich gebrauchen mußten: „Seht hierher, was ist das hier? Da liegt noch ein anderes Buch in der Gezähkiste im Eck, in einem Holzklapp für sich, hier, lest!“ Er hob die Lampe, unterstrich mit dem Zeigefinger den Titel, der Steiger schaute hin und las zögernd, die drei Worte merkwürdig betonend: „Die Heilige Schrift“.

Wir anderen waren erstaunt, erkannten gleichfalls den Titel, verblichen, vergriffen auf dem schwarzen Deckel, der in Dynamitschutzpapier eingeschlagen war...

„Nanu“, sagte Dommel, „was hat denn das zu bedeuten? Macht doch keinen Unsinn. Gibt es denn so etwas? Zeig her, Bramberg.“ Wir anderen schwiegen betreten still, zogen uns auf unsere Liegestätten zurück. Es war so, als sei mit einem Male etwas sehr Feierliches, Merkwürdiges in unseren kleinen, engen Grubenraum hineingekommen, ein unerklärlich Ehrfürchtiges, ein Geheimnisvolles, vor dem man schweigen muß.

„Nanu“, wiederholte Dommel, unser Steiger, noch einmal, langsam, sehr nachdenklich. Er saß schon in unserem Kreise und blätterte in dem alten, heiligen Buch, das uns allen so bekannt, das uns allen aber eigentlich doch fremd war. Dies also war das Buch, vor dem wir, von der Großmutter, vom Schul- und Pfarrhaus her, in der Stille unseres Wesens unbegreifliche Gefühle empfanden: die Heilige Schrift, Altes und Neues Testament, in dem all die frommen Geschichten stehen, die wir als Schulbuben gelernt. Das so viel Dunkles enthielt, von dem aber auch mancher gelehrte Mann gesagt, daß es von Gott eingegeben sei und zeuge, man müsse es nur richtig verstehn. Dies Buch, so sehr denkwürdig, man sollte es wohl am besten als ein kostbar wunderlich Erbstück in Ehren halten und gut bewahren, weil sie von ihm sagen und schreiben, daß es den Menschen im Namen des Ewigen, den keiner kennt, vermacht sei, vollendet in seinem Ursprung, für alle Erdenzeiten während und ohnegleichen.

„So'n Pawlak, so'n Schlauberger, das ist mir doch in meinem Leben... dies Buch also hat er in seiner Gezähkiste liegen. Nun sieh mal einer an, hier hat er sogar ein paar Lesezeichen. Na, da wollen wir doch mal zusehen, was da steht, es ist ja sowieso jetzt Weihnachten hier bei uns im Loch. Jungens, legt euch hin, hängt die Lampen zurecht, wollen mal sehen, was der Alte...“ All dies sprach er zögernd, er leuchtete dabei in die Blätter hinein, suchte die Schrift, die klein war, zu entziffern.

Ich lag dem Steiger fast am nächsten, zwischen uns hockte der müde Henneken, der Junge, dessen Kopf schon auf die Brust niederhing. Ich konnte in das Buch hineinsehen, erkannte Fingerspuren, Schweißtropfen auf dem schwarzangestaubten Papier; mir war eigentümlich zumute: „Kerls", sprach ich, fast flüsternd, in das Dunkel hinein: „Das ist doch bald so, als ob man hier einen Traum oder ein Märchen spiele. Was ist das doch für ein unfaßbares Ding mit unserem deutschen Weihnachtsfest. Tief sitzen wir hier in der Erde, und unsere Augen schimmern vom Licht. Seht doch nur einmal unseren Baum."

„Seid still, oder seid ihr noch nicht müde genug? Der Steiger liest uns vielleicht etwas aus dem Buch vor", sagte Pork, der Ortsälteste, leise und legte sich auf den Rücken.

So lagen wir nun beieinander, wir sieben Knappen, dort unten, achthundertfünfzig Meter tief im Finefrauflöz in den Abgründen des Schachtes. Dämmerung umhauchte uns warm, die Lichter glitzerten in der Lampenpyramide, flämmelten ganz anders als sonst, fast selig könnte man sagen; das Gestein schimmerte. Es war uns, als hörten wir im Hauche des Wetterwindes fernes Läuten, das leise, ferne, sehnsüchtige Läuten der Weihnachtsglocken.

„Also so was! Ich weiß gar nicht, was mit mir los ist", sprach der Steiger wie für sich. „Nun paßt einmal auf!" Er sah sich im Kreise um, wir lagen da, kauerten still, jeder für sich. „Jetzt lese ich da, wo die Zeichen liegen, das, was er besonders angestrichen hat: Moses, Kapitel Eins."

Der Steiger räusperte sich, zögerte, fast, als ob er Angst hätte, diese uralten Schöpfungsworte in deutsche Sprachgewalt zu berufen. Dann aber fing er an; seine Stimme war rauh und schien uns ganz anders, so, als redete dort ein Unbekannter, ein Künder, ein Prophet mit einer fremden, beschwörenden Stimme: „Im Anfang schuf Gott Himmel und Erde. Und die Erde war wüst und leer. Und es war finster auf der Tiefe. Und Gott sprach: Es werde Licht. Und es ward Licht."

Träumten wir, wir armseligen Berggesellen? War mir allein so um das Herz? Da duckten wir nun nieder, waren nicht mehr wir selber und schwiegen. War es nicht, als ob die versunkene Ewigkeit rings um uns her erwachte und mit dunklen Stimmen zu uns redete, als ob die heiligen Geister aus Weltenschöpfungszeiten uns ahnten im Bergemittel, in der ineinandergeknirschten, harten Wucht der Gebirge? War es nicht, als ob ein längst Vergangenes, ein Geheimnis, das wir im Taumel unseres Schürferlebens verloren hatten, nun von neuem zu uns käme mit einer tiefen, unwiderstehlichen Gewalt?

Wir überhörten, daß Wilm, der Bartmann, vor sich hinknurrte: „Fast wie der Pastor in der Kirche."

Der Steiger warf einen Blick hinüber, wartete einen Augenblick und fuhr dann fort: „Hiob, 28. Kapitel: Es hat das Silber seine Gänge, und das Gold, das man läutert, seinen Ort. Eisen bringt man aus der Erde, und aus den Steinen schmilzt man Erz. Man machet der Finsternis ein Ende und findet zuletzt das Gestein, tief verborgen. Man bricht einen Schacht von da aus, wo man wohnt. Darin hangen und schweben sie als die Vergessenen, da kein Fuß hintritt, fern von den Menschen ... Wo aber will man die Weisheit finden, und wo ist die Stätte des Verstandes? ... Sie ist verhohlen vor den Augen aller Lebendigen, auch verborgen den Vögeln unter dem Himmel. Der Abgrund und der Tod sprechen: Wir haben mit unseren Ohren ihr Gerücht vernommen."

Dommel, der Steiger, hatte sich allmählich in eine ruhige Feierlichkeit hineingelesen. Es war, als ob der Geist über ihn gekommen wäre; leise, innig war seine Stimme geworden, die letzten Worte hallten gedämpft wie ein Echo in den Felswänden nach ... Schlief ich? Still, horch, war das nicht ... hörte ich nicht ein heimlich Flüstern und Raunen hinter mir im Damm ... vernahm ich nicht ein unerklärliches weiches Wehen oder Gehen, ich hob schlaftrunken den Kopf, nur ein wenig, und verfiel dann wieder in ein ahnungsvolles Brüten.

„Johannes, der Evangelist", sagte eine Stimme, wir vernahmen kaum, was es bedeutete. Hinüber waren wir, in einem schweren Banne. In einer Sage waren wir gefangen, einer atmete tief, als ob er schliefe. Ganz in sich zusammengeduckt, die Lampe vor sich auf den Knien, saß der Steiger, sein Gesicht lag beinahe auf dem Buche, seine Stimme stieg jetzt wie aus einem übervollen Herzen schwer aus Gedanken herauf. Lange blickte er auf das Blatt, das er nun aufgeschlagen hatte, und begann dann mit bangen, scheuen Worten: „Im Anfang war das Wort, und das Wort war bei Gott, und Gott war das Wort. Dasselbe war im Anfang bei Gott. Alle Dinge sind durch dasselbe gemacht, und ohne dasselbe ist nichts gemacht, was gemacht ist. In ihm war das Leben, und das Leben war das Licht der Menschen. Und das Licht scheint in der Finsternis, und die Finsternis hat es nicht begriffen."

Gewaltig und allmächtig zog es über uns dahin. Wie in einem Fieberwahn wühlten dumpf in meinem Hirn, in meinem Herzen die Donner des Weltwerdens, des Uralls im Heiligen Geist. Im Grunde unter mir hörte ich es knispeln und wispern, vernahm leises Pochen, Drängen, Heraufkommen, in meinen Adern mein Blut singen und schwingen. Meine Augen waren geschlossen, aber dennoch sah und gewahrte ich alles. Ich spürte, wie etwas kam, wie ein Wunderbares sich uns nahte, wußte tief in meiner Seele, daß nun eine erdenferne Melodie begann, so tröstlich, so ganz in sich vergessen und versunken, und doch so ewig neu wie das Licht, das immer wieder sich neu verjüngt, ein Wort in den Lüften, eine Weltverheißung, eine märchendurchzitterte Prophezeiung, getragen von Glocken- und Kinderliedern, die klingen und singen und tönen:

„Und es waren Hirten in derselben Gegend auf dem Felde bei den Hürden, die hüteten des Nachts ihre Herde. Und siehe, der Engel des Herrn trat zu ihnen, und die Klarheit des Herrn umleuchtete sie, und sie fürchteten sich sehr. Und der Engel des Herrn sprach zu ihnen: Fürchtet euch nicht! Siehe, ich verkündige euch große Freude, die allem Volk widerfahren wird. Denn euch ist heute der Heiland geboren, welcher ist Christus, der Herr, in der Stadt Davids. Und das habt zum Zeichen: Ihr werdet finden das Kindlein in Windeln gewickelt und in einer Krippe liegen. – Und alsbald war da bei den Engeln die Menge der himmlischen Heerscharen, die lobten Gott und sprachen: Ehre sei Gott in der Höhe und Friede auf Erden und den Menschen ein Wohlgefallen."

Traum, Traum, seliger süßer Kindertraum. Komm, Schlaf, stille, gedämpfte Glut des Herzens, das sich in sich selber versenkt, schlafen, schlafen... So mußten wir nun liegen, ganz in geheimer Gewalt befangen, in der Stille der Erde, voller Erwartung, nur unsere Lampen flämmelten und glitzerten im Stein und im Kristall. Sieben Grubenlampen, aufgebaut wie ein Lichterbaum, sieben Menschen nach getaner Arbeit und Schicht. Leises Atmen, tiefstes Ahnen und allerinnigste Offenbarung.

Seht, ... seht, ... da regte es sich im Gestein, im Bruch, im Felsenschwall, da kam ein himmlisches, märchenhaftes Schimmern herauf – da trat, im Funkenflimmerlicht, Maria aus einem Spalt, aus einer leuchtenden Felshöhle, die magisch auseinanderrückte, und auf ihren Armen trug sie, ihrem Herzen nahe, in den Falten ihres Gewandes, ihr Söhnlein, das Kind aus Gottes Leben und Güte und Licht. Wie wundersam glänzten im rötlichen und grünen Scheine die hängenden Stalaktiten im Berge. Und seht, ... seht ihr nicht die Geister, unsere Bergmännlein, um sie her, die scheuen, die immer verborgen sind und nur leise flüstern, nun kommen sie und beugen sich und neigen sich, ihre langen Bärte schimmern seidig. Sie lächeln mit dem Wunderkindlein, bringen ein Schäufelein Rubin, Quarz und Kristall, einen Hut voller blausilbrig knisternder Kohle, daraus grüne Blättlein und Blumen blühn; allerorts ein Züngeln, Sprühen, ein köstlich Keimen, ein Zaubergarten.

Ist im Wunder denn nicht alles wahr? Sah ich denn nicht alles mit zwinkernden Augen, die doch so müde und schwer waren von Schlaftrunkenheit? Seht, im Damm, im Gespann sah ich die mächtigen, harten Eichenkerle in den neuen Zimmerungen sich neigen, Sperrbock und Bolz, schimmernd im violetten Schein. Es kam aus der Strecke gewackelt, singend, als ob das alles immer so sein müßte, das gebrochene, dicke Grubenholz, das wir heute nachmittag in der Schicht achtlos beiseite geworfen. Da summte und stampfte im Gange gar der leere Kohlenwagen heran, der eisenblecherne, rostige Geselle auf seinen Rädern, stemmte sich auf im Gleis, murmelte – wahrhaftig, in der allergrößten Freude ist in den Wesen auf Erden auch das Unglaublichste möglich –, lachte und war ergriffen in seinem leblosen Daseinstaumelglück.

Maria sah ihn an, sie segnete ihn. Maria sah unseren Lichterbaum, sie lächelte, hielt ihr Kindlein dem Lichte der Berglampen entgegen, es freute sich sehr. Ja, ich sah es, in den Augen des Steigers Dommel leuchteten die Zeichen innerer Verzückung, aber rühren und regen konnten wir uns alle nicht, die ganze Kameradschaft nicht: der Steiger, wie er da hockte, an sein Holz gelehnt, Pork, der Ortsälteste, Wilm, der Bartmann, Ückmann, Bramberg, ich und der Schlepper. War der es, war es Henneken? Ich glaube, der fing an, der war ja noch ein halbes Kind, der begann mit zitternder, banger Stimme, als wenn er im Schlafe sänge: „Vom Himmel hoch, ihr Englein kommt, eia susani ...“, in der Bergnacht, zum Preise des Wunders, das da geschah, selig, zaghaft, wie wenn ein Herz von selber anfängt zu tönen. Und ich, ich stimmte mit ein, ja, es ist wahr, ich sang mit meiner eigenen Stimme das alte, liebe Weihnachtslied, vielleicht auch sangen die andern, aber ältere Menschen singen mehr in sich hinein, man hört es nicht. Ein paar Worte zwar nur, einen Vers lang vielleicht, bis ich davon selber wach wurde.

Hastig fuhr ich empor und sah mich im Felsenraume um ... hatte ich denn da nicht eben etwas ganz Sonderbares gehört? Hatte ich denn nicht mit meinen eigenen Augen, oder auch mit meinem Herzen, ein Wunder erlebt und gesehen? Aber da war nichts, nur unsere Lampen, aufgebaut wie ein Lichterbaum, und die Kameraden, wie sie da herum lagen und sich zusammendrückten in den Bergwinkeln. Und der Steiger saß immer noch da auf dem gebrochenen Grubenholz, der Kopf hing ihm bis auf die Knie, seine Lampe stand flackernd neben ihm, und vor seinen Füßen lag das Buch von dem alten, griesen Pawlak, die Bibel, die wir in der Kiste gefunden hatten, im Gezähklapp dieses komischen, immer listig und gutmütig lächelnden Ostpreußen: „Ho, Steiger“, rief ich, „wird das denn nicht bald Zeit für uns?“

Der schreckte empor: „Donnerwetter, Kerls, war ich denn eingedusselt?“ – Er sah auf seine Uhr: „Jetzt aber vorangemacht, es sind nur noch drei Minuten vor Zehn. Jetzt aber Trab, auf den Marsch, der Korb steht sicher schon fertig und wartet auf uns!“

Er sah sich noch einmal um, als hätte er etwas vergessen. „Menschenskind“, sagte er, „da liegt ja noch das Buch, die Bibel. Du, Wilm, pack es dem alten Spökenkieker, dem Pawlak, wieder gut in seine Kiste. Jeder Mensch baut sich seine Welt und sein Glück, da darf man nicht daran rühren.“ –

Als wir im Korbe standen und zu Tage fuhren, in die winterliche Weihnachtsstille des Ruhrlandes hinein, waren wir allzumal stiller als sonst bei der Seilfahrt, wenn Tausende ein- und ausfahren. Das machte auch wohl, daß wir sieben in den unsagbar einsamen Schluchten und Abstürzen so allein waren. Wir hörten das Gehauche der Wetterwinde, das Plätschern der Wasser im Sumpfstollen, das schwere Plunschen der Pumpen, die auch die Weihnachtstage über gehen müssen, weil sonst die Grube ersäuft. Der Korb sauste und donnerte lauter mit uns im Schacht hinan, die Tragegehenke knackten härter als sonst. Gespenstisch, mächtig, schwarzdunkel, wie es dort aufragte, sah uns das ungeheure Massiv des Förderturmes aus der Schale herauskriechen. Nun waren wir droben angelangt.

Steiger Dommel, der noch mit dem Alten telefonieren mußte, daß drunten in der Grube wieder alles in Ordnung sei, wünschte uns allen ein frohes Fest und meinte: Eigentlich hätten wir ja unsere Weihnacht schon hinter uns. Wir sollten es aber für uns behalten und nicht viel davon erzählen.

Auf dem Wege von der Hängebank über Tage zur Waschkaue kamen wir über den frisch beschneiten Zechenplatz, der Schein unserer Lampen huschte über den schimmernden Schnee.

Finster über uns stand das Gerüst des Schachtes, das ganze Trummwerk, dunkelten die breiten Aufbereitungshäuser und die ragenden Schornsteine, hoch darüber, in Gottes Ewigkeit, waren die Sterne angezündet, am hohen Himmel die Weihnachtslichter des unendlichen Weltenbaumes.

Das Haus in der Heide

Annette von Droste-Hülshoff

Wie lauscht, vom Abendschein umzuckt,
die strohbedeckte Hütte,
recht wie im Nest der Vogel duckt,
aus dunkler Föhren Mitte!

Am Fensterloche streckt das Haupt
die weißgestirnte Sterke,
bläst in den Abendduft und schnaubt
und stößt ans Holzgewerke.

Seitab ein Gärtchen, dornumhegt,
mit reinlichem Gelände,
wo matt ihr Haupt die Glocke trägt,
aufrecht die Sonnenwende.

Und drinnen kniet ein stilles Kind,
das scheint den Grund zu jäten;
nun pfückt es eine Lilie lind
und wandelt längs den Beeten.

Am Horizonte Hirten, die
im Heidekraut sich strecken
und mit des Aves Melodie
träumende Lüfte wecken.

Und von der Tenne ab und an
schallt es wie Hammerschläge;
der Hobel rauscht, es fällt der Span,
und langsam knarrt die Säge.

Da hebt der Abendstern gemach
sich aus den Föhrenzweigen,
und grade ob der Hütte Dach
scheint er sich mild zu neigen.

Es ist ein Bild, wie still und heiß
es alte Meister hegten,
kunstvolle Mönche, und mit Fleiß
es auf den Goldgrund legten:

Der Zimmermann – die Hirten gleich
mit ihrem frommen Liede,
die Jungfrau mit dem Lilienzweig
und rings der Gottesfriede.

Des Sternes wunderlich Geleucht
aus zarten Wolkenfloren –
ist etwa hier im Stall vielleicht
Christkindlein heut geboren?

Kasper Siebensterns Krippenwerk

Heinrich Luhmann

Das Dorf liegt abseits am Wasser, da wo die Äcker aus Heideland gewonnen sind und nicht viel mehr geben als Hafer und Roggen. Wenn die letzte Zeit einen bescheidenen Wohlstand aufkommen ließ, so ist es den Weiden am Flusse zu danken, auf denen die Rinder von Maitag bis Allerheiligen ihre Sättigung finden. Aber üppig sind sie auch davon nicht geworden, die Bauern, Kuhpflüger und was an kleinen Leuten zu ihnen gehört.

Sie haben ihre Häuser im halben Bogen um die Kirche gestellt. Sie selbst bleibt dem Fluß so nahe, daß sein Rauschen in sie eindringt, und manchmal, wenn sein Bett gefüllt ist und die Unruhe ihn erfaßt, dann nimmt er das Spiel der Orgel und das Singen der Menschen auf seine dunklen Flügel und trägt es.

Maria zur Flut heißt die uralte Wallerstätte hier noch immer, obwohl sie seit zwei Menschenleben nicht mehr von Fremden aufgesucht wird, sondern nur der Gemeinde dient, dem kleinen Häuflein, das wie verloren zurückblieb in der Einsamkeit hier.

Die Flut, die das kleine Haus Gottes und seine Mutter viele Jahrhunderte friedlich umspült hatte, ließ sich eines Tages in unbegreiflicher Laune dazu hinreißen, sich an der auszuwüten, die immer im Dienste der Milde stand – das Wasser hat sich nach den Gewittern eines unmäßigen Sommers in ein Tier verwandelt, drang in das Heiligtum ein und riß aus dem Innern fort, wessen es habhaft werden konnte: Gestühl und Bänke, Altar und Kanzel. Sie haben ihre Habe nach Wochen wieder im Ufergebüsch aufgefischt und mühsam zusammengetragen, die aus dem Dorf, und gegen Winter ward das Kirchlein notdürftig hergerichtet. Als aber in der Adventszeit Pfarrer und Küster darangingen, für den Christtag zu rüsten, zeigte es sich, daß von der Krippe, die alle Jahre das Wundern der Alten und das Entzücken der Jungen gewesen war, nur noch ein paar der heiligen Gestalten verblieben waren, die andern von den Fluten fortgespült sein mußten.

Nun mochte der Pfarrer seiner Herde keine neuen Lasten auferlegen, da sie genug zu tragen hatte. Aber konnte er auf die Krippe verzichten? Da kam ihm zur rechten Zeit der Gedanke an den Schreiner und Holzschuhmacher Kaspar Siebenstern, von dem er sich Rettung erhoffte. Ein kleines Lächeln mischte sich freilich hinein in die pfarrherrlichen Überlegungen; denn um den Kaspar kräuselte sich wie der Dampf aus seiner Pfeife immer ein Rüchlein Wunderlichkeit.

Er wohnte, wie sie alle, am Wasser, aber noch ein wenig näher als selbst die Mutter zur Flut. Und noch mehr als sie lauschte er in seinem kleinen Haus und der Werkstube, die ihm wie ein Vogelkorb anhing, auf die Stimmen, die sich unter den Fenstern hintrugen und zu ihm sprachen. Sie sagten im Dorfe, daß es damit seinen Zusammenhang habe, wenn der Kaspar Siebenstern mehr nach innen als nach außen lebe. Und sie sagten gleich hinterdrein, daß ihm Gott in seiner Fürsorge für die Schwachen in seinem Weib Christine Schutz und Schirm verliehen habe für die mannigfachen Regengüsse und Winde dieser Welt. Es wurde aber wiederum nicht ohne Lächeln so gesprochen; denn in der kinderlosen Ehe übte sie die unbeschränkte Herrschergewalt aus. Sie gebot sogar über Säge und Hobel, was nicht völlig abwegig war, da ihr Herr und Meister sie oft gebrauchte, um seinen wunderlichen Gedanken in den seltsamsten Schnitzereien Ausdruck zu verleihen, in denen er sich den Himmel auf die Erde holte.

Der pfarrherrliche Auftrag, die weggeschwommene Weihnachtskrippe zu ersetzen, warf ihn also keineswegs aus der heimlichen Bahn seiner Träume und fand ihn bereitet. Im Land der Morgensonne, in den Rosengärten von Tyrus und Sidon war er ebenso zu Hause wie in den Wüsten um den Berg Sinai. Er kannte sich aus tausend Träumen in Chaldäa aus, in Mesopotamien und erst recht in Bethlehem und Jerusalem. Er war dabei gewesen in jener hochheiligen Nacht, da die beiden Sucher, Maria und Joseph, anklopften, beim Kaufmann Schmidt, beim Bäckermeister Lüttgens, beim Bauern Großmann vorm Dorf, beim Briefträger Lutterbüse und auch beim Küster Trampe, und überall waren sie von der Schwelle gestoßen worden. Und er, Kaspar Siebenstern, hatte sich mit den heiligen Drei Königen getroffen bei dem großen Findling in der Bramheide und war mit ihnen gezogen durch heiße Sandwege und tiefen Schnee, durch schimmernde Städte war er auf dem rotrückigen Kamel geritten, und als er vermeinte, des Königs Herodes Ehefrau reiche ihnen eine Schale duftenden Weines aus dem Fenster her, da war es die Christine gewesen – mit einem Napf Kirnmilch ... ja, der Kaspar war schon der Rechte, um alle diese Herrlichkeiten und Heiligkeiten aus seinem Herzen zu holen und sein Schnitzmesser daran zu wagen!

So saß er dann ein paar selige Wochen in seiner verriegelten Werkstube, saß da und gewährte nur seinem Eheweib Einlaß – wie hätte er sich solchen Vergehens schuldig machen und ihr den Schlüssel vorenthalten können? Er hockte da an dem großen Leimtisch vor seinem Werk und vergaß sich so völlig in ihm, daß ihm ihr Kopfschütteln ebenso entging wie ihr Wort der Anerkennung, das sie anfangs noch aufbrachte für seinen Dienst an der Kirche. Er lebte nur noch dem Leibe nach am Wasser und im Dorfe, im Geiste war er mehr als jemals in seinem blauen Morgenlande.

Das Buch seiner Biblischen Geschichten, sein liebstes, lag aufgeschlagen in den Hobelspänen. Es wurde ihm alles seltsam verwandelt in dieser Zeit. Der Jordan unten rauschte in seine Werkstatt. Der alte Juffernbirnbaum im Garten, der Dillenapfelbaum, schon ein wenig schief, die Pappel in der Hecke wurden Palmen, die sanft im Winde schwangen. Wenn der Dezembersturm die Wolken zusammenballte, dann war es das Gebirge Libanon, das sich drüben hob. Und als der Kuhpflüger Anton Krümpelmann noch einmal seine Beiden, Bleß und Blume, zum Grasen hinter sich herzog, da war es einer der Hirten Loths aus dem Tale Mambre. Gab die Ziege Weißbart im Stalle seitan Laut, dann konnte er seinem Eheweib, das ihm eben den neuen Steuerzettel durch die Türspalte schob, die Verpflichtung zurufen:

„Hüte mir das Lämmlein, Rebekka, mein Sohn Jakob ist seines Felles begierig, um seines Vaters Augen zu täuschen!" Worauf sich die Christine nun doch ins Alte Testament Einlaß erzwang.

„Kaspar", sagte sie, „Siebenstern, ich will Gott loben und preisen, wenn er es erst wieder ins vernünftige Neue Jahr gehen läßt und du wieder an die Sauerkrautfässer, Särge und Holzschuhe kommst. Und wenn dich nicht der Herr Pfarrer selbst auf diesen wunderlichen Ast gesetzt hätte – er muß wissen, was er getan hat – ich holte dich herunter, Siebenstern, so wahr ich Christine heiße!"

Wenn es nach dieser Melodie ging, dann war es angebracht, ehrfürchtiges Schweigen zu wahren. Der Kaspar tat so und dankte es seinem Schöpfer, daß ihre Schritte – sie trug durable Holzschuh, dreizöllig auf Befehl – auf der Tenne verklangen.

Er dankte es auch dem Himmel, daß in seinem Krippenwerk die Mutter Maria unbeschädigt erhalten geblieben war. Welch ein Antlitz hätte er ihr sonst geben sollen? Er konnte nicht ins Blaue hinein schnitzen, es mußte da schon etwas sein, von dem er es herholte. Seine Christine? Lieber Gott: das würde wohl nicht ganz nach dem Bild der hohen, himmlischen Frau ausfallen! Ihr viereckiges Gesicht, ihr ein wenig ins Rote gehendes Haar, der Stumpf, der sich Nase nannte – Gnade, er hatte bloß gedacht und kein Wort gesagt!

– nein, so nicht! Und darum war es wiederum Gnade, daß die heiligste Mutter des heiligsten Kindes erhalten geblieben war. Aber das Kind selbst, das Kind fehlte: es kostete den Kaspar Siebenstern allein fünf Tage und fünf Nächte, er lieh sich dabei die Gesichter aller Engel des Himmels, für seine Augen das Leuchten von Sonne, Mond und Sternen; was er dann endlich schuf, gereichte ihm nur halb zur Zufriedenheit. Er beschloß, es nur vorläufig gelten zu lassen und den Rest seines Lebens darauf zu verwenden, diesem Kinde nachzugehen und nachzusinnen.

Es war auch der Nährvater Joseph erhalten, der eine Arm, der ihm abgerissen war, bereitete dem Kaspar wenig Schwierigkeiten. Er fügte ihm eine rechtschaffene Zimmermannshand an, schwielig und fest, in die ein Beitel paßte und die Säge und vermeinte, es damit nicht eben schlecht getroffen zu haben. Um das Volk der Hirten erwuchsen ihm ebenfalls nicht allzuviel Kümmernisse. Er kannte diese Art aus Judäa, Galiläa und aus dem Land am Wasser hier gut und gab ihnen die Gesichter der kleinen Bauern, der Knechte, Tagelöhner und Handwerker. Er machte es so wacker, daß dem alten Adam Wenker, der die kleine Schar in den Stall von Bethlehem führte, das eine Auge fehlte, das ihm die Kuh beim Fliegenwehren ausgestoßen hatte. Er stellte auch den Schneider Friedrich Drögbrodt unter die heiligen Hirten, sein dünner Bart wippte wie auf dem Schneidertisch, und sein Hirtenstab ging für eine Elle durch.

In große Not indes geriet der Kaspar Siebenstern, als die Stunde gebot, sich um die Drei Könige zu mühen. Wenn er auch mit ihnen manche Strecke zusammengereist und in der Jugend den sehnsüchtigen Gedanken gehabt hatte, einmal Pferdegendarm zu werden, nun hielt ihn doch eine heilige Scheu zurück vor der dreifachen Majestät, wie bei der Mutter Maria auch. Aus allen Schwierigkeiten fand er endlich zu Zweidritteln heraus: er gab dem König Melchior, dem Ältesten der Drei, das Gesicht vom Pfarrherrn selbst. Es war schmal und weiß und überhangen vom Schnee des Haares, und die Augen gingen manchmal in die Ferne, als suchten sie nach einem Stern. – Ja, so gab es der Kaspar in sein Schnitzwerk und gab ihm die Ehrfurcht seines Herzens mit, die es für den Greis bewahrte. War da als Zweiter der König Balthasar. Wer im Dorfe war würdig, dem Angesicht und Gestalt zu leihen? Es konnte nur ein Hoher und Mächtiger sein – nur Bauer Großmann, der mit drei Pferden fuhr und pflügte, wo alle andern nur zwei oder eins und gar die Milchkuh anspannten. Er hatte zwar auch einen Bart, der ins Rötliche schlug, und um den Mund lag etwas – dennoch: der Kaspar beehrte ihn in seiner Einfalt, hob ihn aus dem Alltag seines Raffens und nahm auch ihn in seinen heiligen Himmel, wo er als König Balthasar im festlichen Gewand, aber mit sanften Augen dastand, die Gabe der Myrrhe in den Händen. Nun blieb zuletzt der Schwarze, er, um den das meiste Wundern von Groß und Klein ging, Sankt Kaspar. Wie würde er es vermögen, die heilige, weiße Seele durch alle Dunkelheit und Schwärze leuchten zu lassen, und nach wessen Bilde schuf er ihn? Es kostete den Schreiner und Holzschuhmacher die letzten Arbeitstage, es fiel in diesen Stunden kein anderer Span, als jene, die seine grübelnden Gedanken auswarfen. Wo also fand er soviel Weiße und Schwärze zusammen? Es hätte nicht viel gefehlt, da wären nur zwei heilige Majestäten gen Bethlehem in das Kirchlein „Maria zur Flut" eingezogen – Pfarrer und Küster drängten bereits auf die Lieferung – da in der vorletzten Nacht kam es dem Meister, daß er doch selber Kaspar heiße und von Namens wegen eigentlich zu den Zweien gehöre. Das aber war die Rettung. So ließ er sich von der Sonne des Orients an diesem Dezembertag, der mit Schnee und Eis ins Dorf einfiel, bräunen und schwärzen und mischte sich, immer noch nicht ganz ohne Herzklopfen und Schämen, unter die Hirten und Könige, die Schafe und Lämmer, die Tauben, Lerchen und Nachtigallen, die er hinzugegeben hatte – er fügte es aber so, daß er kniete und sein Gesicht verbarg, als wage er nicht, zum Kinde aufzusehen, hielt auch die Holzschuhe, die er seinen Füßen mitgegeben hatte, unterm Mantel verborgen . . . nein, er getraute sich nicht, zum Kinde aufzuschauen, dem das Spiel seines Herzens diese Wochen gehört hatte, das Spiel, das Beten gewesen war.

In der Granenmühle

Jacob Kneip

Als ich heranwuchs, tat sich mir fern vom Dorfe, im tiefen Beytal, um die Weihnachtszeit eine neue geheimnisvolle Welt auf. Wenn vor Weihnachten die Schule schloß, so nahm mich der Großvater nun allemal bei der Hand und machte mit mir den Weg hinab zur Granenmühle, die unter einer hohen Felswand am wildrauschenden Beybach lag. Dort wohnte die Tante Katharina, seine liebste Tochter. Sie war meine Patin, und der Großvater folgte dem geheiligten Brauch, mich zu meiner Patin hinabzuführen, auf daß ich selbst bei ihr mein Weihnachtsgeschenk in Empfang nähme.

Die Granenmühle lag nur einige Stunden entfernt, doch es war für mich jedesmal ein ungewöhnliches Ereignis, wenn der Großvater zum Aufbruch rüstete; denn dieser Weg durch die winterlichen Berge war für mich eine große abenteuerliche Reise. Der schmale Pfad, auf dem wir hinabstiegen, führte erst durch dämmrige Wälder; dann wand er sich um das wilde Felsgeklüft der Wildfrauenley; darunter rollte dumpf und hohl in abgrundtiefer Schlucht ein Wasser; und wenn aus der Tiefe die Nebel aufdampften und um die Felsen geisterten, so war es mir, als ob sich riesenhafte Gestalten darin bewegten; denn im Dorfe wußte man sich an Winterabenden manches von den Unholden und Wildfrauen zu erzählen, die in dem grauen Felsgewirr ihr Wesen trieben, nächtliche Wanderer schreckten oder in die Irre führten und oft genug sogar Kinder in ihre Berghöhlen entführten. Dann ließ ich die Hand des Großvaters nicht los, und es half auch nichts, wenn dieser, um mir die Furcht zu vertreiben, vom Roß Bayard und den Haimonskindern erzählte oder im Gehen vor sich hin sang; denn der Großvater sang noch gern bis in seine alten Tage, und nie schien sein Herz so frohgemut wie auf dem Weg zur Granenmühle.

Ich habe auch den Großvater im Verdacht, daß er Keller und Küche der Tante allem vorzog, was ihm an leiblichen Genüssen in der Verwandtschaft geboten wurde; und ich muß gestehen, daß auch mir selbst schon das Wasser im Munde zusammmenlief, wenn ich an die Waffeln, Honigkuchen, Mandeln und Pfeffernüsse dachte, die mir die Patin allemal auftischte.

Mehr als das alles aber lockte mich das dunkle geheimnisvolle Reich der Granenmühle. Unter schweren alten Bäumen lag sie in einer Talecke. Immer war sie eingehüllt in das große Rauschen der Wasser, die über zwei bedächtig drehende Räder an der Giebelwand niedergingen. Immer hörte man über den Dächern von Wohnhaus und Ställen das Geschrei großer Vögel, die droben im grauen Felsgeklüft oder in der düsteren Waldschlucht, die neben der Mühle in die Berge ging, ihre Nistplätze hatten.

Schon von ferne meldeten uns die Hofhunde, wenn ich mit dem Großvater an die Mühle herankam. Meist rannten uns dann die Vettern Peter und Wendel, die in meinem Alter standen, im Wettlauf entgegen. Und alsbald erschien auf der Treppe, mit aufgekrempelter Schürze, die Tante Katharina. Sie hatte ein paar rosige Bäckchen, und das blonde Haar ringelte sich um ihre Schläfen. Niemand auf der Welt aber hatte ein solch helles Lachen und so strahlende blaue Augen wie meine Patentante.

Im Flur schon duftete es nach Kaffee, Waffeln und Pfefferkuchen, und in der großen Stube flackerte ein brasselndes Holzfeuer und warf seinen Schein an Decke und Wand.

Drinnen in der Mühle aber ging das ewige Klipp-Klapp des Mahlkastens, das Malmen der Steine und dahinter, so als ob es aus geheimer Tiefe des Berges tönte: das Pochen und Stampfen der Ölmühle. Sogleich nach dem ersten Imbiß durchstöberte ich dann mit den beiden Vettern alle Gänge, Räume und Winkel des Mahlwerks, und meist endigte unser Weg bei Kasterpitt, dem alten Ölmüller, der wie ein verwunschener Geist schweigsam und bedächtig zwischen dem knarrenden, ächzenden und stampfenden Eichengebälk der Ölpresse hin und her ging. Die ganze Luft in diesem Raum schien mit Öl getränkt; das dunkle, schwere Gehäuse der Ölpresse, die Balkendecke, die Wände, der Boden und der breitstämmige Kasterpitt im grauen Bart, mit der wuchtigen Nase in dem breiten Gesicht und der glänzenden Lederschürze – alles glänzte und troff von Öl in diesem kellerdunklen Gelaß, das in den dämmrigen Wintertagen durch den brennenden Docht eines alten Hängelämpchens dürftig beleuchtet wurde.

Anfänglich wollte mir dieser düstere Bau und der seltsame Mann, der hier wie in einer anderen Welt lebte, unheimlich erscheinen. Aber bald fand ich, daß Großvater den Alten, obwohl er nur der Knecht war, mehr schätzte als den muffigen und ewig nörgelnden Onkel Hanjupp. Auch bei Tisch saß Kasterpitt, als ob er zur Familie gehöre, und wurde in allem zu Rate gezogen.

Bald schien mir, als ob Kasterpitt mich ganz besonders in sein Herz geschlossen hätte, denn immer, wenn ich mit dem Großvater oder den Vettern bei ihm eintrat, hatte er irgendeine Neckerei oder Schnurre für mich bereit, und da er wohl merkte, daß ich für all das ein sehr aufmerksames Ohr hatte, geriet der sonst so stille Mann oft richtig ins Erzählen, so daß ich darüber alles um mich her vergaß und mit ihm sprach, wie mit einem alten Bekannten. Allmählich verlor auch der düstere Raum und das knarrende und stampfende Räderwerk, das mir erst so bedrohlich schien, sein Grauen, und oft fand ich mich nun mit dem Großvater und dem jüngeren Vetter Wendel am Abend, wenn die Räder ruhten, zu Kasterpitt in die Ölmühle, und wir saßen mit ihm unter dem schwelenden Licht des Hängelämpchens in dem halbdunklen Raum und ließen uns von ihm Geschichten erzählen.

Gern sprach Kasterpitt an solchen Abenden von seinen Handwerksburschenfahrten, die er an Rhein und Donau, im Schwarzwald und Elsaß und weit in Frankreich hinein gemacht hatte. Aber er wußte auch von Geistern, Gespenstern und Irrlichtern, die im Beytal umgingen; er wußte von allen Burgruinen, Höhlen und Diebesnestern im Lande, und alle Streiche und Untaten vom Schinderhannes und seinen Gesellen waren ihm bekannt.

In einer kleinen Nische hinter der Ölpresse aber stand ein holzgeschnitztes Marienbild. Ich hatte es erst kaum beachtet. Aber eines Abends, als ich bei Kasterpitt eintrat, brannte eine Kerze vor diesem Bild. Da sah ich, daß Gesicht und Hände der Madonna und des Jesuskindes ganz schwarz waren, und daß zu Marias Füßen eine züngelnde Schlange lag. Mein Großvater saß schon da und rauchte eine Pfeife, und als Kasterpitt sah, wie ich fragend und verwundert nach dem Bilde hinüberschaute und meine Augen nicht abwenden konnte, meinte er lächelnd: „Du möchtest gewiß hören, was es mit dieser Mutter Maria ist, die ich hier bei mir aufgestellt habe, und warum ihr heute ein Lichtlein brennt. – Nun, so setz dich zu uns; dann will ich dir erzählen, wie sie zu mir gekommen ist.“ In diesem Augenblick öffnete Wendel, der jüngere Vetter, die Tür. Er stutzte und schien verwundert, daß er uns schweigend auf unseren Schemeln sitzen saß, und daß unsere Augen auf die Madonna gerichtet waren, vor der heute eine Kerze brannte.

„Komm nur herein und setz dich hier neben mich, Wendel“, rief Kasterpitt, „heute mußt auch du einmal hören, wie die Mutter Maria zu Kasterpitt in die Ölmühle kam.“ Und als sich nun auch Wendel zu uns gesetzt hatte, begann Kasterpitt zu erzählen:

„Es war genau heute vor neun Jahren; da brachte ich ein paar fette Ochsen durchs Tal nach Burgen zur Mosel hinab, wo sie der Metzger Kalwes aus Kochem beim alten Lay ‚Im Anker‘ in Empfang nehmen sollte. Schon früh am Nachmittag langte ich an; so war es ausgemacht. Aber der Metzger ließ lange auf sich warten. Die Nacht war schon hereingebrochen, als er endlich ankam; und um sein Versäumnis nun gutzumachen, ließ er an Essen und Trinken das Beste auftischen. Er lud auch noch ein paar alte Bauern, die am Nebentisch saßen, ein, mitzutrinken; und es wurde eine laute und fröhliche Runde.

An einem Tisch in der Ecke saßen währenddessen drei verwegen aussehende Gesellen, die ich nie in der Gegend gesehen hatte. Ich merkte, wie sie oft zu uns herüberschauten und unseren Gesprächen lauschten; und als ich schließlich aufbrechen wollte und der Metzger mir das Kaufgeld für die Ochsen: 360 Taler in klingender Münze auf den Tisch zählte, nahm ich wahr, wie die drei Fremden sich merkwürdige Blicke zuwarfen. Dann hörte ich, wie der Jüngere von ihnen, der eine sehr heisere Stimme hatte, eine Bemerkung machte, worauf die anderen in lautes Lachen ausbrachen.

Ich trank nun mein Glas aus, verabschiedete mich von der Tischrunde und dem Wirt und machte mich dann auf den Weg, ohne den

Fremden weitere Beachtung zu schenken. Draußen ging der Sturm durch die Berge; schwere Wolken trieben über die Wälder, und der Beybach rauschte stark angeschwollen neben mir her. Hin und wieder kam der Mond oder ein Stern durchs Gewölk, und so fand ich doch ohne Mühe meinen Weg. Ich war in froher Stimmung und dachte daran, daß wir am nächsten Tag schon Heiligabend hätten, und daß ich diesmal die Mette im Kloster von Marienthal mitfeiern wolle. So war ich schon ein gutes Stück das Tal hinaufgegangen, da hörte ich in einiger Entfernung hinter mir Stimmen und eilige Schritte. Ich hielt verwundert den Schritt an und lauschte: Waren es nicht gar drei, die da heraneilten? Wie seltsam war das! Plötzlich glaubte ich, die heisere Stimme des jüngeren der drei Fremden zu erkennen, die ‚Im Anker' in der Ecke gesessen hatten. In dem Augenblick dachte ich an die seltsamen Blicke, die sie ausgetauscht hatten, als der Metzger mich auszahlte, und mit einmal war es mir klar: Sie haben es auf mein Geld abgesehn, und sie rennen hinter dir her, um dich zu überfallen. Es lief mir heiß und kalt über den Rücken. Was sollte ich anfangen, wie sollte ich mich retten? Zur Rechten schoß der angeschwollene Beybach her, zur Linken stiegen hier jähe, steile Felsen hoch; wie sollte ich den Verfolgern entkommen? Ich sprach ein kurzes Gebet; dann begann ich zu laufen und spähte dabei nach rechts und links, wo sich mir ein Weg der Rettung zeige. Plötzlich kam mir eine versteckte Höhle in den Sinn, die ich einst, auf einem Streifgang durch diese Berge, entdeckt hatte. Sie war mir in Erinnerung geblieben wegen eines kleinen Marienbildes, das ich darin aufgestellt fand – vielleicht hatten es Flüchtlinge zurückgelassen, die sich in früheren Kriegszeiten dort aufgehalten hatten. Die Höhle mußte hier in der Nähe sein, und in einer plötzlichen Eingebung sprang ich seitwärts in die Büsche und strebte nach einer dunklen Waldschlucht hin, die sich zur Linken auftat und die mir seltsam bekannt erschien. War ich nicht damals durch eine solche Schlucht zu der Höhle hinaufgelangt? Aber da hörte ich schon die eiligen Schritte der Verfolger drunten auf dem Wege, von dem ich abgebogen war; das Herz schlug mir bis zum Halse, und ich stand still und versteckt im dunklen Gebüsch, um mich nicht durch das Geräusch meiner Tritte zu verraten. Und da war es wirklich die heisere Stimme des Jüngeren, der zu den anderen sagte:

‚Verdammt, ich hab ihn doch eben noch gesehn.'

‚Er muß schon um die Ecke sein; wir müssen schneller laufen', sagte einer der anderen keuchend. Dann liefen sie weiter das Tal hinauf.

In dem Augenblick trat zwischen den Wolken der Mond hervor – da erkannte ich über dem Tal einen jähen Felsvorsprung wieder, unter dem die Höhle liegen mußte. Und nun klomm ich ohne Weg an der Bergwand hoch; ja, ich stieg hinan wie im Traum, und in Gedanken sah ich immerfort das Bild der Mutter Maria vor mir, so wie ich es dort in der Höhle gefunden hatte. Alles stand so überdeutlich und nahe vor meiner Seele, daß ich blindlings darauf zuging, und ich zweifelte keinen Augenblick, daß die Mutter Maria und das Christkind mich retten würden.

So war ich gar nicht verwundert, als ich mit einmal wirklich vor der Höhle stand. Und da war auch die Madonna. Sie stand noch in der Felswand der Höhle, so wie ich sie damals gefunden hatte, und sie blickte mich im Mondlicht an, als ob sie lebte. Es konnte mich auch gar nicht ängstigen, als ich nun drunten im Tal wieder die Stimmen der Verfolger hörte. Sie waren offenbar umgekehrt, und ich vernahm, wie einer von ihnen sagte: ‚Hier wird er vom Wege abgesprungen sein. Wir müssen in die Schlucht hinauf und nach ihm suchen.'

Ich aber fühlte mich im Schutz der Madonna so sicher und geborgen, daß ich mich in aller Ruhe auf ein Reisigbündel niederließ, das da in der Höhle lag. Und während ich nun dasaß und ins Tal lauschte, konnte ich vernehmen, wie die drei Raubgesellen dort unter mir die Schlucht absuchten. Lange hörte ich sie im Walde herumstreifen und im Steingeröll hochklettern. Aber ich war sicher, daß sie mein Versteck nicht entdecken würden; denn die Höhle lag über einer steilen Wand hinter wildem Dickicht verborgen.

Doch endlich schienen sie das Suchen aufzugeben: schimpfend und fluchend kollerten sie wieder ins Tal hinab. Dann gingen sie, zuweilen anhaltend und lauschend, ihren Weg zur Mosel zurück. Bald hörte ich ihre Schritte und Stimmen in der Ferne verklingen. Mich aber überkam nun eine große Müdigkeit, und eh ich's wußte, hatte mich der Schlaf überwältigt.

Als ich aufwachte, hörte ich Glocken in der Ferne. Es müssen die Weihnachtsglocken sein, dachte ich; und ich glaubte erst, ich läge in meinem Bett hier in der Mühle und hätte die Mette verschlafen. Aber dann fühlte ich, daß meine Beine steif waren vor Kälte, und als ich vollends die Augen aufschlug, sah ich im Dämmerschein die Madonna über mir, die mit ihrem Kinde zu mir herablächelte. Da wußte ich, wo ich mich befand, und alle Schrecken der Nacht kamen mir wieder ins Gedächtnis. Ich sprang auf und schüttelte mir die Glieder, um wieder warm zu werden. Dann blickte ich wieder zur Madonna hin, und plötzlich kam mir der Gedanke: die Madonna darf nun nicht länger einsam hier in der Höhle stehen. Ich nahm sie also von der Felswand herab, barg sie unter meinem Mantel und brachte sie zur Mühle. Hier bei meinem Mahlwerk hat sie ihren Platz gefunden, wie ihr seht; und sie ist mir seither ein guter Schutzgeist geblieben.

Es war auf den heutigen Tag, daß sie mich gerettet hat. Darum muß ihr heute die Kerze brennen. Und an dem Heiligen Abend, der darauf folgte, bin ich, so wie ich mir's vorgenommen hatte, zum Kloster Marienstatt hinübergewandert und habe dort die Mette gefeiert." –

So gab uns Kasterpitt an jenem Abend Bericht über die Madonna in seiner Ölmühle. Längst ist der Großvater, die gute Tante Katharina und der alte Ölmüller gestorben. Mein Vetter Wendel aber ist in Frankreich gefallen. Auch die Mühle steht nicht mehr. Ein verheerender Waldbrand, der vor Jahren über das Beytal hinfegte, hat sie ergriffen und völlig eingeäschert. Mein Vetter Peter aber ist in die Fremde gezogen, und so wurde die Mühle nicht wieder aufgebaut. Nur noch die Mauern stehen, und das Wasser schäumt im Leerlauf über die zertrümmerten Räder.

Ludwin sucht das Weihnachtslicht

Johannes Kirschweng

Wie groß doch Kindern alles ist, wie sehr sie im innersten Herzen bewegt werden, wenn ihnen etwas Schönes rein begegnet!

Mein Neffe Ludwin ist oft bei uns im Haus, und meine Mutter ist nicht zufrieden, wenn sie ihn einen ganzen Tag nicht gesehen hat. Ist er aber da, so hat man sich jede Minute einer neuen Überraschung von ihm zu versehen, und wenn gerade sehr viel im Hause zu tun ist, so kann er diejenigen, die es zu tun haben, leicht zur Verzweiflung bringen. So war es auch am letzten Vorweihnachtstag in den frühen Nachmittagsstunden. Er lief in Kammern, die ihm durchaus verborgen bleiben sollten, entdeckte Kuchen, die ihn nichts angingen, und war in einem fort verborgenen Gerüchen und verborgenen Lichtern auf der Spur, die sich ihm erst in den Abendstunden auftun sollten. Meine gute Mutter wurde ungeduldig, und als sie ein paarmal die Hände über dem Kopf zusammengeschlagen und versichert hatte, das Kind mache sie vor dem Heiligen Weihnachtsabend noch krank, hüllte ich uns beide, den kleinen Kerl und mich selber, in die dicksten Mäntel, und dann zogen wir in den Wald hinaus. Zuerst froren wir, denn es war eine bittere Kälte, und der Schnee lag hoch. Aber dann schritten wir so tüchtig aus, daß wir warm und fröhlich wurden.

Es war so seltsam, an diesem Nachmittag das Dorf mit seiner geheimnisvollen Geschäftigkeit, mit seiner still aufglimmenden Freude zu verlassen und in den schweigenden Wald hineinzuschreiten, aber auch durch den Wald wehte die Ahnung des großen Kommenden, es „weihnachtete sehr". Der Schnee verwandelte die schwermütigen Tannen in helle, weiße Gestalten der Erwartung. Ab und zu flog ein großer Vogel auf mit weiten rauschenden Flügeln, und dann hielten wir jedesmal inne und warteten, was jetzt folgen solle, es folgte aber nur eine noch größere Stille.

Wir gingen einen breiten Hohlweg, zu dessen beiden Seiten es ziemlich steil anstieg, so daß uns die niedrig stehende Wintersonne verborgen blieb. Aber einmal geschah es doch, daß sie mitten zwischen den Bäumen stand und dicht auf der schneebedeckten Höhe. Sie war hier daheim, in ihrem Haus, in ihrer schimmernden Kammer. Es war ein unsäglich neuer und beglückender Anblick. Wir sahen nicht mehr das ferne Gestirn, das bei aller Wärme und allem

Licht doch einer anderen Welt angehörte, wir sahen ein ganz freundliches Wunder, und Ludwin fragte mit leiser Stimme: „Onkel Hannes, ist das das Weihnachtslicht?“, und ich nickte schweigend. Dann stand er selber still mit leuchtenden Augen, faßte nach einer ganzen Weile scheu meine Hand und sagte langsam: „Du hast mir ja von dem Weinachtsstern erzählt, aber der war sicher nicht so groß und war weit weg. Das hier, das ist doch das richtige Weihnachtslicht.“ Und ich erwiderte ihm: „Der Stern hat geschienen, ehe es richtig Weihnachten war in der Welt, jetzt aber leuchtet Weihnachten selber.“ Das verstand er nicht ganz. Wie hätte er es gekonnt! Aber er faßte meine Hand noch fester und wollte nur ganz zögernd weitergehen, immer zurückschauend nach dem Wunder in den Tannen, nach dem geheimnisvollen Licht dieses geheimnisvollen Tages.

Ich dachte, er würde zu Hause davon reden. Er erzählte ja sonst alles, was uns im Wald begegnete, was seinen äußeren und inneren Augen sichtbar wurde. Aber vom Weihnachtslicht schwieg er. Ab und zu lief ein zartes Leuchten über sein Gesicht, und dann schien es, als wenn er sprechen wolle, aber es schien nur so, einen Augenblick lang; er blieb beim Schweigen. Am anderen Morgen besuchte ihn sein Bäslein, um zu sehen, was er vom Christkind bekommen habe. Es gab da ein Spiel, das eigentlich nur eine kleine Beigabe zu seiner Bescherung bedeutete, nichts Wichtiges, nichts besonders Schönes und Kostbares, aber gerade daran hatte er, wie Kinder ja nun einmal tun, sein Herz gehängt, und Marieluis tat es gleich nach. Sie bettelte es ihm nicht ab, aber sie hatte es unaufhörlich in den Händen, sie bewegte es hin und her, hob es in die Höhe und ins Licht und sagte seufzend: „So etwas hab' ich aber gar nicht bekommen.“ Ludwin selber erschien das Bewunderte immer kostbarer. Er entdeckte immer neue Vorzüge daran, und er wollte schon fast ungeduldig werden, als Marieluis es nicht aus den Händen ließ. Aber dann sah man plötzlich, wie er mit sich selber kämpfte und vor lauter innerer Anstrengung ein zorniges Gesicht bekam. Das dauerte eine Weile, dann sagte er mit einer wahren Großartigkeit: „Das ist wirklich ein feines Spiel, Marieluis, aber du kannst es behalten, für immer behalten kannst du es. Ich habe doch gestern mit Onkel Hannes das Weihnachtslicht gesehen.“

Das Christkind auf dem Schneepflug

Heinrich Ruppel

Am Morgen des Tages vor Weihnachten wollte die Welt gar nicht zum Licht erwachen. Es hatte die ganze Nacht geschneit und schneite nun auch in den saumseligen Tag hinein. Die Flocken wimmelten wollig weich und sacht durcheinander, und wer mit großen Augen in das luftige Schneetreiben hineinsah, dem kam eine heilige Ruhe ins Herz. Ich weiß noch, wie ich damals als kleiner Junge auf der Bank der Bauernstube saß und auf die große Poststraße hinaussah, die das Rhöntal von Süden nach Norden durchläuft. Vom Nachbarhof jenseits der Straße sah man im Flockengestöber nur noch die ungefähren Umrisse der Gebäude und den Pumpenstock mitten auf dem Hof, der mit erhobenem Arm und weiß und steif wie ein Schneemann dastand. Der Nachbar hatte acht schwere Pferde im Stall und fuhr vom Frühjahr bis zum Spätherbst Gruben- und Langholz aus den Wäldern zum Bahnhof, der weit talab lag. Heute durften die Pferd wohl mal im Stall bleiben und ausruhen, dachte ich. Müssen ja auch merken, daß Weihnachten ist. Bei diesen tiefverschneiten Wegen kann ja auch kein Mensch und kein Tier vorwärts. Also bleibt alles unterm warmen Dach.

Aber da schwenkten drüben die Mägde schon Besen und Schaufel, fegten den Schnee zur Seite und gruben schmale Gänge von Tür zu Tür. Und dann kamen die Knechte und führten vier braune Brabanter angeschirrt auf den Hof.

„Guck mal, Mutter!" sagte ich. „Die wollen wohl auch heute noch Holz fahren?"

„Nein, Junge", meinte die Mutter, „die müssen den Schneepflug fahren, daß die Post nicht steckenbleibt und die Leute zur Heiligabendkirche gehen können."

Es war, wie die Mutter sagte. Der Nachbar und einer der Knechte stapften neben den Pferden ins Oberdorf hinauf, wo das Spritzenhaus lag, und kamen nach kurzer Zeit mit dem schweren Schneepflug zurück. Unhörbar stampften die Gespanne, und hinter ihnen schnitt der aus Stämmen und Brettern gefügte Keil lautlos durch den kniehohen Schnee und strich ihn in zwei Wällen nach links und rechts, so daß die Straßenmitte wie ein blankgefegter Tisch dalag. Der Bauer und der Knecht standen auf dem Schneepflug, das Viergespann lenkend, und ich beneidete sie um die stundenweite Schlittenfahrt durch das Flockengestiebe. Ich sah noch, wie sie sich in rauhe Woilache hüllten und auf die rohgezimmerten Schemel hockten, die auf dem Schneepflug standen. Zuweilen war der Schnee höher als der Pflug, und dann leckte er den Männern um die derben Schuhe, ohne daß sie das behelligte. Die Pferde bliesen den Hauch wie Dampf in die Winterluft, und so fuhr das seltsame Gefährt zum Dorf hinaus.

Sie mußten wohl mehr Schnee als erwartet gefunden haben; denn bis zum Abend waren sie noch nicht zurück. Das beunruhigte niemand; man wußte, daß sie heil wiederkommen würden. Man ging in die Lichterkirche, und wir Kinder durften auch mitgehen. Tiefes Dunkel lag auf dem Dorf, und wo nicht gerade ein helles Fenster ein wenig Schein auf die Gasse schickte, mußte man sich vorsichtig zum Kirchhof hintasten. Der lag zwischen hohen Mauern, durch drei schmale Pförtchen zugängig, und hatte in Kriegszeiten Zuflucht und Schutz gewährt. Als wir ihn betraten, standen wir in magischer Helle. Durch die hohen spitzbogigen Fenster der uralten Dorfkirche fiel helles Licht auf die verschneiten Grabhügel, die Kreuze und Steine.

Ich erlebte das zum erstenmal bewußt und staunte über die Fülle des Lichtes. Wir betraten die Kirche. Am Altar erhob sich eine Tanne mit flimmernden Kerzen, und oben auf den Emporen der Männer und unten in den Weiberständen war vor jedem Platz ein Kerzlein in einen flachen Holzblock gesteckt und strahlte sein Gold in den Raum, in das hinzugeneigte Gesicht, auf das aufgeschlagene Gesangbuch und die schrundigen Hände, die es hielten. Das war eine Schönheit, Andacht und Liebe ohnegleichen. Wie jubelten die Stimmen der Schulkinder! Wie brauste der Christgesang der Gemeinde durch das leuchtende Gotteshaus! Wie sprach der Pfarrer schlicht und herzandringend die ewigen Worte des Wunders von Bethlehem!

Ich ging mit der Mutter nach Hause. Und nun feierten wir Weihnachten auf unsere Weise. Einen Christbaum mit Kerzen kannte man im Rhönbauernhause noch nicht. Das hielten die Bergbauern in ihrer herben, wortkargen Art für Luxus, der nur vornehmen Leuten zukam, oder auch für Entweihung des Heiligsten. Sie meinten, man dürfe um das geheimnisvolle Wunder der heiligen Nacht kein solches Brimborium machen, sondern müsse es still bedenken und sich hineinversenken.

Mutter holte eine Schürze voll Äpfel und Nüsse. Auch ein paar Walnüsse waren darunter, die sie beim Krämer erstanden hatte, während die Haselnüsse von uns selbst im Wetteifer mit den Eichhörnchen an den Berghängen gesammelt worden waren. Die Walnüsse waren uns ihrer Schalen wegen wichtig. Wir spalteten sie mit dem Taschenmesser auf, aßen die Kerne, füllten die Schalen mit Rüböl, legten Wollfäden als Dochte hinein, stellten mit Wasser gefüllte Gefäße vor die Fenster, zündeten die Fäden an und setzten die leuchtenden Schifflein aufs Wasser, daß sie – sieben bis acht vor einem Fenster – in die Schneenacht hinausleuchteten. Aus dem zwielichtighellen Raum, in dem die Lampe gelöscht war, oder aus der halbdunklen Ofenecke heraus sah das ganz wundersam aus. Noch schöner aber war es für den, der aus der Tiefe der Nacht ins Dorf kam und durch die Straße schritt, längs der diese Lichtlein brannten. Als wir die Fenster so eifrig mit Leuchtschifflein schmückten, sah ich unten auf der Straße zwei Lichter auftauchen und in ihrem Schein eine bewegte Gruppe. Dampfende Pferde, zwei Fuhrleute, auf dem Schneebrecher eine grüne Tanne und ein kleines Menschenwesen, ganz in einen Mantel und warme Tücher gehüllt. Aber das Gesichtchen sah so himmlisch schön hervor, daß es einer Rosenknospe glich. Vor dem Hof des Nachbarn sprang das

Geschöpfchen ab und lief ins Haus hinein, dieweil die Männer den Schneepflug wieder in Spritzenhaus brachten.

„Mutter", sagte ich, wie aus einem Traum erwachend, „ich glaub', da drüben ist das Christkindchen angekommen!"

„Ei was, du närrischer Hans!" lachte die Mutter. „Woher denn?"

„Mit einem Schneepflug das Tal herauf – sieht aus wie ein kleines Mädchen, Mutter, und schön wie ein Engel im Himmel!"

Mutter lachte wieder und meinte, das werde Angela sein, des Nachbars Schwesterkind aus der Stadt.

Aber mich weltfremdes Bauernbüblein wollte es trotz ihrer Worte bedünken, als sei das leibhaftige Christkind ins Nachbarhaus gekommen.

Nach einer Weile holte mich Nachbars Magd hinüber. Ich sollte den Christbaum sehen. „Macht ihr denn einen Christbaum?" wunderte sich die Mutter. „Ja", sagte das Mädchen, „das Kind aus der Stadt hat Kerzen und bunten Kram mitgebracht, und da hat unser Herr unterwegs ein Bäumchen abgehauen, daß doch das Engelchen wie daheim sein Christbäumchen hat."

Wie freute ich mich da, das leibhaftige Christkind so nahe zu sehen!

Ich ging mit hinüber. Das Bäumchen war über und über mit brennenden Kerzen besteckt. Der Bauer und seine Leute standen ein wenig verlegen um die ungewohnte Pracht herum und sahen schweigend in das leuchtende Wunder. Aber das Christkind – denn für mich war Angela nichts anderes – lief von einem zum andern und legte jedem eine kleine Freude in die Hand, dem Ohm einen Bleistift, der Muhme ein Briefchen Nadeln, den Vettern und Bäschen Spielzeug und Leckerwerk, wie's jedem lieb war. Da sah das Mägdlein auch mich stehen, und ein leises Erschrecken ging ihm durch die Seele. Denn nun hatte es nichts mehr. Doch da lief es schon mit schelmischem Lächeln zum Christbaum, nahm ein silbernes Glöckchen und ein auf- und niederschwebendes Englein vom Gezweig und legte es mir in die Hände. Und in diesen Geschenken schien mir alle Schönheit und aller Reichtum der Welt beschlossen.

Ich lief nach Hause und jubelte: „Da, da Mutter! Das hat mir das Christkind mitgebracht!" Ich hängte das geflügelte Engelwesen mit dem elastischen Bändchen an den Draht unter der Decke, daran sonst die Hängelampe hin- und hergeschoben wurde. Und nun schwebte es mitten im dämmernden Raume, der nur von den Lichtflaggen der Schifflein vor den Fenstern traumselig erhellt wurde; dazu läutete ich das winzige Christbaumglöcklein mit

dem silbernen Stimmchen, daß es klang wie Ehre sei Gott in der Höhe.

Aus dem Christkindmädchen ist ein rechter Christenmensch geworden, eine Schwester aller Dulder und Dulderinnen. Ich sah die lichte Kindergestalt nie wieder im Dorf, weil ihre Eltern alsbald in eine ferne Stadt verzogen. Aber im Krieg sah ich sie wieder an den Schmerzenslagern in den Lazaretten. Und noch heute geht sie in großen, stillen Häusern hin und her, und niemand hört eine Tür gehen, wenn sie kommt und geht; aber alles macht sie mit ihrer Christkindseele froh, wie sie damals mich froh gemacht hat. Und die Erinnerung an sie verschließt mir die Erkenntnis, daß das Christfest nie und nirgends schöner war als im Heimatdorf, im Elternhaus. Da waren noch Schlichtheit und Bedürfnislosigkeit wie im Stall zu Bethlehem, da offenbarte sich das Wunder der göttlichen Liebe noch im Mutterherzen, und da sah noch gläubiger Kindersinn das Christkind auf dem Schneepflug ins nächtliche Dorf kommen.

X.A.v.R.Brend'amour. Ddf.

Der Frankfurter Christkindelsmarkt

Sophie Eckardt-Jassoy

So verlockend und lustig die Messen auch sind, der Höhepunkt des Erlebens der Altstadt für das Kind und für die Heranwachsenden ist entschieden der Christkindelsmarkt. Der Samstagsberg ist ganz mit Buden bebaut. Unter den vorspringenden Dächern hängen rote, gelbe, grüne und blaue Lämpchen, die lustig beim leisesten Luftzug schaukeln, und, wenn es dunkelt, dem Platz ein entzückend phantastisches Aussehen geben. Auf diesem Markt herrschen die Spielwarenbuden vor, und die Stände mit Süßigkeiten, wo es Nicklose aus Lebkuchen gibt, mit großen Rosinenaugen, die verzuckerte Rute im Arm, und Lebkuchenherzen mit Sprüchlein und Zuckerguß; besonders beliebt ist das „ich bin dir 3". Auch die „Quetschemänner" aus gedörrten Zwetschen, die man auf Draht gezogen herstellt, haben immer ihre Liebhaber, genau wie die verschiedenen Gutsel. Beide Buden sind von sehnsüchtig Schauenden und Kaufenden umlagert. Man kann aber auch als Erwachsener manches finden. Schöne Spitzen und Stickereireste, große und kleine vorgezeichnete Decken. Das bezauberndste aber ist, daß sich gegenüber dem Römerberg, von der Neuen Kräme bis zum Fahrtor hinunter, ein ganzer Tannenwald aufgebaut hat. Zu Tausenden stehen sie da. Die ganz großen, die für den Schmuck der Kirchen, Kliniken und Festhallen bestimmt sind, bis herunter zu dem winzigen Tännlein, das Licht und Freude in die Dachstube der Armen und Einsamen oder an ein Krankenbett bringt. Der herrliche Duft erfüllt die Altstadtgassen ringsum und kommt dem von der Zeil Herströmenden schon in der Neuen Kräme entgegen. Selig bin ich, als ich zum ersten Male mit der Mutter unseren Christbaum aussuchen darf. – Die alte Nikolaikirche, die Römerbauten und die alten Häuser am Samstagsberg bilden den schönsten Rahmen für das Gesamtbild, das auch das empfindsame Kinderherz beeindruckt. Auf dem Christkindelsmarkt geht es nie laut oder lärmend zu. Der Heilige Abend mit seiner stillen, seligen Erwartung hat hier schon eine schlichte Vorfeier. – Und eines Tages werden Römerberg und die große Halle im Römer wirklich zum weihnachtlichen Paradiesgärtlein der Altstadtkinder. Das ist in der Notzeit nach dem ersten Weltkrieg. Die Inflation hat Reiche arm gemacht und den Armen den letzten Notpfennig und auch die Verdienstmöglichkeiten geraubt. Hunger und Tuberkulose fordern schreckliche Opfer. Wie soll man helfen? Da gebiert die Not den rettenden Gedanken. Stadtverwaltung und der „Bund tätiger Altstadtfreunde" arbeiten Hand in Hand.

Damals sind die Häuser in den engsten Gassen, die schlimmsten Brutstätten für Skrophulose und Schwindsucht, von Grund aus gesäubert und erneuert worden. Den Handwerkern und den Künstlern bringt es die besten Verdienstmöglichkeiten. Farbe und Leben kommt in die verdreckten, verwahrlosten Räume, macht sie sauber, wohnlich und gesund. Aber auch das Äußere wird nicht vergessen. Das alte Holzwerk, die schönen Schnitzereien säubert man von alter Tünche und nun sieht man erst die Schönheit dieser alten Fachwerkhäuser. Die glatten Flächen zwischen dem Holzwerk werden mit lustigen Bildern und Versen ausgefüllt, oder mit einer schönen, klaren Farbe lebendig gemacht, die Überhänge durch farbige Gurten herausgehoben.

Den Kindern der Altstadt aber beschert man am Heiligen Abend in der Römerhalle. Als dies zum erstenmal geschieht, ist der ganze Römerberg ringsum von Menschen umsäumt. Um vier Uhr bricht schon das Dunkel herein, die Lämpchen in den Buden brennen noch und es wird noch gekauft. Da schlägt es fünf. Im gleichen Augenblick löschen alle Lichter und farbigen Lämpchen aus. „Wie eine Kuppel von Tönen ist das Geläute aller Glocken über dem Platz" heißt es in einem Bericht. Durch die Straße, durch die Kaiser zur Krönung im Dom und von ihr zurück zum Festmahl im Römer schritten, kommen jetzt in langem Zuge die Kinder der Altstadt. Im Augenblick, wo sie den Römerberg erreichen, flammt auf der Empore der Nikolaikirche wie durch einen Zauber ein riesiger Tannenbaum auf. Von vielen Knabenstimmen gesungen und von Posaunen begleitet, klingt von der Empore das „Vom Himmel hoch da komm ich her". Viele singen mit und auch die beiden anderen alten Lieder „Stille Nacht, heilige Nacht" und „Es ist ein Ros' entsprungen". Feuchte Augen sehen den Kindern nach, die nun in die Römerhalle einziehen. – Als bepackte Wichtelmännchen kommen sie, unter dem Klang des unsterblichen „O, du fröhliche, o du selige gnadenbringende Weihnachtszeit" wieder heraus und kehren selig zu ihren Eltern zurück.

Wie überwältigend das Domgeläute ist, selbst wenn man es aus weiter Entfernung hört, habe ich als Kind 1878 zum erstenmal erlebt und die Erinnerung daran in meinem ganzen Leben nicht vergessen. Sie möge hier stehen. Am Spätnachmittag des Heiligen Abends 1878 stehen die Eltern und wir drei Kinder warm verpackt bereit, um auszugehen. Wir wollen vor der Bescherung das Glockenläuten hören, denn es wird etwas ganz Besonderes sein. Zum erstenmal seit 1867 werden die neuen Domglocken ihr Geläute mit den anderen Kirchen mischen. Vom Vater wissen wir, daß die vier neugegossenen Glocken auf den Fis-Mollakkord abgestimmt sind, und daß die Größte unter ihnen, die 270 Zentner schwere „Gloriosa", die vom alten Kaiser gestiftete Glocke, den Grundton des Akkords angibt, auf dem sich die drei kleinen, die Stadtglocke, das Ave Maria- und das Paternosterglöckchen aufbauen. Die „Gloriosa" ist aus dem vom Kaiser zur Verfügung gestellten Erz französischer Kanonen gegossen.

Es ist schön, in der Kälte durch die still gewordenen Altstadtgassen zu gehen. Nur die kleine Glocke der alten Peterskirche scheppert uns mit ihrem dünnen, blechernen Stimmchen entgegen. Unermüdlich und eilfertig sagt sie: „Macht euch bereit, macht euch bereit" – mir klingt es wenigstens so. Wahrscheinlich läutet sie schon jetzt den Heiligen Abend ein, damit sie später nicht das volle harmonische Geläute der großen Schwestern störe. Das ist eigentlich nett von ihr, trotzdem ärgern wir uns über sie und der Vater erheitert uns deswegen mit einer kleinen Anekdote: „Man kann zwischen Mainz und Frankfurt schon am Geläute erkennen, ob die Dörfer katholisch oder evangelisch sind! Die katholischen Glocken sagen langsam und gewichtig ‚vinum bonum, vinum bonum', die evangelischen bescheiden und eilfertig ‚Eppelwei, Eppelwei, Eppelwei'". Wir lachen herzlich, sind aber doch froh, als die kleine Eifrige beim Weitergehen bald nicht mehr viel zu hören ist. – Am Friedbergertor biegen wir in die Anlagen ein. Dort ist es ganz herrlich. Der Fuß sinkt in den noch nicht hart getretenen Schnee wie in einen weichen Teppich ein. Die Bäume und Sträucher sehen in ihren weißen Mänteln bezaubernd aus. In der tiefen Stille hört sich das zarte Niederrieseln von zu schwer belasteten Zweigen wie ein Geisterlaut an, der zu der geheimnisvollen Stimmung des Abends gehört und sie noch geheimnisvoller macht.

Niemand außer uns ist unterwegs. Hier und dort leuchtet in den Villen ein Christbaum auf. Am Himmel sind die ersten Sterne sichtbar. Wir gehen ganz langsam; ungefähr in der Mitte zwischen dem Friedberger- und dem Eschenheimertor machen wir Halt. Hier sind wir dem Dom gegenüber, und da die Anlagen erhöht liegen, wird das Geläute in seiner ungebrochenen Schöne zu uns kommen.

Irgendwo schlägt eine Uhr die fünfte Stunde. Eine kurze Pause von ein paar Atemzügen – – – dann kommt es schon von Luftwellen getragen von der Altstadt herüber: ein süßes, hell jubilierendes Klingen und Singen! Es ist, als ob sich der Himmel geöffnet und die Engel das „Gloria in excelsis deo" angestimmt hätten. Der Grundton ist noch nicht dabei, denn es dauert eine Weile, bis daß die Große, Schwere ins rechte Schwingen kommt. Aber da setzt sie schon ein und überwältigend ist dieses volle Geläute. Immer stärker umwogt es uns. Die ganze Luft ist in ständiger Bewegung. Die Glocken der anderen Kirchen sind nicht mehr zu hören – – – und wenn die „Gloriosa" in rhythmischen Pausen den Grundton angibt, ist es dann nicht, als ob der Schöpfer aller Dinge selber spräche und dem Jubel der Engel die göttliche Weihe und Tiefe gäbe?

In den Augen der Eltern stehen Tränen; ihre Gedanken wandern zurück in jene Schreckensnacht, wo von Flammen umtobt die Domglocken noch einmal singen, ehe sie herunter stürzen. Überwältigt in tiefem Schweigen stehen auch wir Kinder. Kein Wort soll die Schönheit dieses Erlebens entwerten. Langsam, unter dem immer leuchtender werdenden Sternenhimmel gehen wir zurück. Wir können uns seitdem keinen Heiligen Abend mehr denken, an dem wir nicht vor der Bescherung zum Glockenläuten gegangen wären.

Weihnachten im Vogelsberg

Karl-H. Löffler

Ja, ist es denn schon Morgen? Es ist noch richtig düster in der Schlafstube! Tante Lina steht an meinem Bett und ruft leise, daß es Zeit wird. Sie hat viel zu tun heute! Wenn man backen will, muß man zeitig aufstehen – genau wie in einer richtigen Bäckerei. Doch im Bett ist es so schön kuschelig und warm! Und dort draußen in der Kälte regiert der Winter mit eisigem Zepter. Was will ich nun, Bett oder Backhaus? Also hops . . . aus den Federn, eine schnelle Katzenwäsche – gut, daß mein Vater das nicht sieht – und angezogen. Ein kurzer Blick durch das zugefrorene Fenster zeigt mir, daß es immer noch nicht weiß vor dem Fenster ist, und es ist doch Heiliger Abend.

In der Küche hat Tante Lina zeitig den Herd angeheizt und den Backteig für die Brote, Kuchen und Plätzchen angerührt. Auf großen Blechen ist der Hefeteig ausgerollt, er braucht nur noch mit Quark oder Streuseln belegt zu werden. Ebenso sind die großen, runden Brotlaibe geformt und liegen in der mit Mehl bestäubten Holzmulde. Alles muß bei guter Wärme in Ruhe aufgehen. Also haben wir Zeit und begeben uns hinüber zum Backhaus.

Vor der Tür ist es immer noch dunkel; Tante Lina legt zwei Bunde Buchenreiser für das Feuer im Backhaus auf die Schubkarre. Nur wenige Schritte und schon sind wir am Backhaus angekommen. In dem hell erleuchteten Vorraum werden wir von einigen Frauen aus der Nachbarschaft begrüßt; auch die zwei Frauen vom Friedhof sind anwesend. So, das ist der Sohn vom Otto?! Aus Westfalen?! Und gelle, über Weihnachten bleibt ihr hier im Vogelsberg?! Ich kann nicht alles verstehen; die sprechen immer so einen Dialekt – hessisch – und außerdem ist es am Backofen ganz schön warm; das Feuer brennt schon lichterloh. Tante Lina schiebt die zwei Reisigbündel in die große Feueröffnung. Jetzt muß der Backofen richtig durchglühen, und wenn das Holz ganz verbrannt ist, dann kommen erst die Brotlaiber und nachher die Kuchenbleche von allen Leuten in den Steinofen. Die Frauen setzen sich auf die Holzbänke und fangen an, sich zu unterhalten. Das ist eigentlich nichts für mich und gähnend langweilig. Tante Lina hat Gott sei Dank keine Zeit zum Plauschen, sie will noch die Weihnachtsplätzchen für uns backen! Hand in Hand gehen wir über die krubbeligen Pflastersteine im Hof zurück ins Haus. Hier darf ich die Zimtsterne mit einer Metallform aus dem dünnen Teig stechen. Die Sterne kommen auf ein gefettetes Backblech und dann zum Backen in die Ofenklappe. Der Teig schmeckt aber auch so schon . . . Meine Mutter hat inzwischen ein volles Blech mit Zimtsternen fertiggebacken, während wir im Backhaus waren. Unser kleiner Horsie in seinem Nanking-Schlafanzug stiebitzt eben einige köstliche Zimtplätzchen aus der Blechvorratsdose. Er mag anschließend beim Frühstück wahrscheinlich keinen Happen mehr.

Nach dem Frühstück gehen Tante Lina, meine Mutter und ich mit zugedeckten Kuchenblechen und den Brotlaiben wieder in das dörfliche Backhaus. Hier ist in der Zeit das Buchenholz im Backofen verbrannt, nur einige schwarze, verkohlte Stücke glimmen noch; und mit einem feuchten Lappen an einem langen Holzschieber – dem Feudel – wird der Backofenboden von Aschenresten gesäubert. Anschließend schieben die Frauen ihr Backgut in den durchglühten Backofen. So, nun die schwere Klappe zu, und jetzt heißt es Warten mit Geduld. Die Frauen nehmen wieder ihr Gespräch über Dorf und Leute auf. Wir aber müssen zurück, da wir Plätzchen im Backrohr haben. Ich könne ja hierbleiben, bei den Frauen im Backhaus. Ach nee – eigentlich möchte ich das nicht, ich gehe lieber mit meiner Tante Lina.

In der Küche bei Tante Lina haben meine Geschwister inzwischen die Weihnachtsbäckerei übernommen; unförmige Teigstücke liegen auf dem dick eingefetteten Backblech. Da sind Sterne mit Halbmonden und Glocken mit Herzen zusammen, doppelschichtig ohne Ordnung übereinander gelegt, wahllos, kreuz und quer; eben ein großes Durcheinander. Und unser kleiner Horsie klagt über Bauchschmerzen. Er hat dem rohen Teig zugesprochen. Ein schnell aufgebrühter Kamillentee soll ihm helfen; nur, er trinkt diesen Tee gar nicht so gerne. Auch fallen unserer Mutter die dick ausgebeulten Hosentaschen von Horsie auf. Er hat die Plätzchen auf Vorrat in seinen Taschen gebunkert – man weiß doch nie, wann es wieder welche gibt! Und die Vorratsdosen sind versteckt.

Nach der Weihnachtsbäckerei verläuft der weitere Vormittag fast so wie bei uns zu Hause. Es wird gewienert, gescheuert und geputzt, alles soll aufgeräumt und blank fürs Christkind sein – eine schreckliche Zeit für uns Kinder. Die Wohnstube ist fest verschlossen, es gibt ganz normales Mittagessen, und nirgends ist ein ruhiges Plätzchen für einen! Überall steht man den Erwachsenen im Wege. Da ist es gut, daß wir nochmals zum Backhaus rüber müssen. Oh, wie das herrlich duftet. Mmmh! Kroß gebackene, runde Brotlaibe liegen dunkelbraun glänzend in dem Regal, und auch die Kuchen sind wohl geraten! Mehrere Küchentücher legt Tante Lina über die Kuchenbleche und die Holzmulde; Frohe Weihnachten euch allen! Trotz des eben eingenommenen Mittagsmahls, bekomme ich Riesenappetit. Ob ich möglicherweise gleich eine kleine Scheibe vom warmen Brot probieren darf? Vielleicht noch mit einer dicken Scheibe hausgemachtem Schwartenmagen aus dem Rauch?

Natürlich bekommt ihr Junge ein Probierstück! Eine riesengroße Scheibe schneidet mir meine Tante Lina ab, streicht gute Butter darauf und belegt die Brotscheibe mit einer deftigen Schwartenmagenscheibe. Mmmh! Einfach lecker! Das muß mein Vater auch probieren – und – mein kleiner Bruder ebenfalls. Wir genehmigen uns eine kleine Vespermahlzeit. Und wie das schmeckt! So richtig nach Vogelsberg und Weihnachten. Ein wahrlich köstlicher und schmackhafter Genuß für uns drei Männer.

Was sich wohl hinter der verschlossenen Wohnstubentür tut? Tante Lina ist seit geraumer Zeit in der guten Stube. Was macht sie nur so lange dort . . .? Vorhin hat sie Holzscheite hineingetragen. Die Weihnachtsstube soll richtig warm und gemütlich sein.

Wie kommt wohl der Weihnachtsbaum in die gute Stube? Bestimmt ist er oben vom Hoherodskopf, dort wachsen ja laut meinem Vater die schönsten Tannenbäume. Der Weihnachtsmann holt sie fertig geschlagen vom Forsthaus in Hochwaldhausen ab – für jede Weihnachtsstube genau passend. Und ... nachdem der gute Weihnachtsmann den Tannenbaum in der warmen Weihnachtsstube aufgestellt hat, schmücken die Engel ihn leise mit vielen bunten Kugeln, Wachskerzen und dem silbrigen Engelhaar. Das Christkind zündet dann, wenn alles weihnachtlich hergerichtet ist, die Wachskerzen am Tannenbaum an ... Am Weihnachtsbaume die Lichter glänzen ...

Ja, natürlich der Weihnachtsmann kommt in jedes Haus, wo artige Kinder sind! Meistens mit einem großen, hochbepackten Schlitten, an dem kleine Glöckchen lieblich tönen. Mit großen Augen und offenem Mund lauscht mein kleiner Bruder der Erzählung unseres Vaters. Früher, als er selber noch ein kleiner Bub war, da lag so hoch Schnee – fast bis an die Fenster der Stube. Der Weihnachtsmann kam dann mit viel Schnee an den Stiefeln aus der Kälte herein in die behaglich warme Stube, klopfte mit der großen Weidenrute auf den Tisch und fragte den Kindern die Gedichte ab. Lieber guter Weihnachtsmann ... Und der Schimmel stand unter dem Tisch ... Wenn alle artig waren, holte er aus dem großen Sack die Geschenke: eine kleine Trommel, einen Hampelmann, einen Schlitten, aus Holz gefertigte Tiere, wärmende Handschuhe, wollene Socken, Taschentücher und vieles mehr. Der Weihnachtsmann kam aber erst, wenn in den Ställen die Tiere versorgt waren; nachdem rund um das Haus und den Hof alles in Ordnung gebracht war und es draußen langsam anfing zu dämmern. Es gab auch noch kein richtiges Licht, wie heute, sondern nur Öllampen und Kerzen. Die Familie saß dann an einem großen Tisch in der Stube, und euer Opa las die Weihnachtsgeschichte aus der Heiligen Schrift vor. Gerade will unser Vater weiter in seinen Erinnerungsgeschichten fortfahren, als unsere Mutter hereinkommt und meint, daß wir Kinder uns noch etwas frische Winterluft um die Nase wehen lassen sollen. Jetzt die warme Küche verlassen und in die Vogelsberger Kälte – brrr – wo doch unser Vater just so schön am Erzählen war; vieles davon ist bestimmt geflunkert und nicht wahr, oder? Trotzdem sind Vaters Geschichten immer sehr schön. Immerzu kann er neue, uns unbekannte erzählen; besonders Weihnachtsgeschichten kennt er eine Unzahl. Da wimmelt es nur so von Engeln, die in der Weihnachtsbäckerei oder in der großen Spielzeugwerkstatt arbeiten. Vom Nikolaus oder Weihnachtsmann, wenn er im Wald die Tannenbäume aussucht oder gerade die Glasbläserei und den Kerzenmacher aufsucht, um dort den schönsten Schmuck für seine Weihnachtsbäume zu kaufen. Bei uns im Dorf häufen sich die Tannenbäume aus dem Teutoburger Wald oder dem Sauerland einige Tage vor dem Weihnachtsfest bei Benno Börnhörster in der Gärtnerei. Die Leute können sich bei ihm einen Baum für die Weihnachtsstube aussuchen und kaufen. Anschließend liegt der jedweilige Tannenbaum bis zum Heiligen Abend hinterm Haus; von dort holt das Christkind ihn anschließend in die Weihnachtsstube, schmückt ihn von oben bis unten und zündet dann, kurz bevor es das Glöckchen klingen läßt, die Kerzen am Baum an. Hier im Vogelsberg hat dieses wichtige Geschäft der Weihnachtsmann in der Hand; er fährt abends, wenn die rosarote, zum Tiefblau hinübergleitende Himmelsfärbung von christkindlicher Weihnachtsbäckerei zeugt, mit seinem Kufenschlitten bei dem unter dunklen Tannen verborgenen Forsthaus vor, um sie dort abzuholen. Der Förster hat fast den gleichen Bart wie der Weihnachtsmann, außerdem, sagt mein Vater, sind die zwei wohl schon über lange Jahre hin gute Freunde.

Trotz Murren kleidet uns unsere Mutter an. Unser Vater zieht seinen dicken Wintermantel über, und mit dem mütterlichen Hinweis, daß, wenn wir zurück seien, das liebe Christkind mit großer Wahrscheinlichkeit in der guten Stube bei Tante Lina gewesen sei, schieben wir ab. Na, das wollen wir sehen!

Es ist bitterkalt draußen. Meine behandschuhten Hände habe ich tief in den Jackentaschen vergraben. Mein Vater ermahnt mich, ich solle doch nicht wie ein Bauer durch's Dorf trotten. Aber es ist ja so grausig kalt . . .!

Wie verlassen gibt sich Vaters kleines Heimatdorf. In den Ställen klirren leise die Ketten des Viehs. Um die Höfe und Häuser herum ist alles ordentlich aufgeräumt und die Scheunentore und manche Läden verschlossen. Alt und Junge sollen nun von der Jagd des Lebens einmal ruhn . . . Wir gehen zur Kirche hoch – sie besitzt den hier landesüblichen Zwiebelturm – kaum vernehmbar hört man durch die dicken Mauern den Organisten für den bevorstehenden Festgottesdienst die Orgel proben . . . wie sie gesungen in seliger Nacht, Glocken mit heiligem Klang, klinget die Erde entlang. Das Orgelspiel begleitet uns noch bis zum naheliegenden Schulhaus. Rechts und links der Dorfstraße reihen sich die Bauernhäuser. Wenn man die Hausnamen der Bewohner an den Türen liest, wären wir mit dem halben Dorf – Straß auf, Straß ab – irgendwie verwandt. So viele Löfflers!

Wir biegen hinter der Kirche von der leeren Dorfstraße ab, weil wir Kinder zur alten Teufelsmühle möchten. Die Teufelsmühle hat so gar nichts mit Weihnachten zu tun – schon gar nicht mit dem Heiligen Abend; die Nähe der alten Fachwerkmühle und die Erzählung unseres Vaters über den Teufel lassen uns immer wieder gruselig erschaudern. Ist die Dachluke hoch oben am Giebel heute vielleicht geöffnet? Nein – bei dieser Kälte bleibt selbst der Teufel lieber dort, wo es warm ist, weiß doch jedes Kind, daß der rote Geselle – oder ist er womöglich schwarz – mit den Hörnern, dem langen Schwanz und dem Pferdefuß das Höllenfeuer liebt. Richtig warm muß es sein. Im Sommer sitzt er auf der steinernen Teufelskanzel oben im Wald, wo die herrlich schmeckenden Waldhimbeeren sowie dunklen Brombeeren wachsen, und singt dort garstige Lieder, die weit durch den stillen Wald schallen, so daß das liebliche Gezwitschere der Vögel ringsherum verstummt.

Mahlt der Müller jetzt wohl noch Mehl? Nein, auch er ruht sich von der Last des Jahres aus. An dem grün bemoosten Mühlrad haben sich bizarre Eiszapfen gebildet, richtige Eislandschaften. Nicht ganz geheuer ist es uns bei dem Anblick der Teufelsmühle – liegt nicht sogar ein Hauch von Schwefel in der Luft? Wir wollen lieber umdrehen, und unser Vater soll uns die lustige Geschichte mit dem Fahrrad erzählen, in der er als Junge in einem rasanten und tollen Tempo um die Ecke fegte und einen Mann fast über den Haufen gefahren hätte. Das hören wir gern, und wir haben richtige Schadenfreude über das Mißgeschick unseres Vaters; daß unser Vater auch Dummheiten gemacht hat – kaum vorstellbar!

Unterdessen und unbemerkt schaukeln, vom kalten Wind hin- und hergetrieben, vereinzelt Schneeflocken zur Erde: es fängt doch tatsächlich an zu schneien. Noch tanzen die Schneeflocken vereinzelt um uns herum; lassen sich vom Wind treiben, wirbeln kurz vor der gefrorenen Erde wieder hoch und werden durch einen eisigen Luftzug in eine stille Hausecke geweht. Da hatte unsere Tante Lina doch den richtigen Riecher mit ihrer Schneevorhersage gehabt ... Langsam legt sich die Dämmerung auf das stille Dorf, und es drängt uns nach Hause zu Tante Lina hinter den warmen Kachelofen und der hoffentlich nun unverschlossenen Weihnachtsstubentür. Was wird uns der Weihnachtsmann im Vogelsberg unter den Christbaum legen? Eigentlich waren wir Kinder doch recht artig – na ja, ein klein wenig wird der Weihnachtsmann die Augen auch zudrücken können, oder?

Vereinzelt erstrahlen schon hinter den kleinen Fensterscheiben bunte Weihnachtsbäume mit ihrem warmen Kerzenlicht und verweht erklingen Weihnachtsweisen aus Kindermund: „Am Weihnachtsbaum die Lichter brennen, wie glänzt er festlich, lieb und mild ..." Jetzt ist der lang ersehnte Weihnachtsabend angebrochen. Warum nur hat unser Vater dennoch so viel Zeit; er schleicht ja förmlich. Meine Schwester und ich halten es vor Ungeduld nicht mehr aus, und wir rennen voraus durch den nun dichter fallenden Schnee. Wir kennen ja den Weg. Das gefällt unserem kleinen Bruder ganz und gar nicht, und er zieht an der Hand unseres Vaters. Schon sind Erde, Straßen, Wege, Bäume und Häuser mit einer weißen Puderzuckerschicht bedeckt. Unsere Spuren werden vom Wind schnell wieder mit Schnee zugeweht. Gott sei Dank sind wir gleich da, am geschlossenen Backhaus vorbei, über die kleine, steinerne Brücke, und schon sind wir angelangt ... Inzwischen sehen wir beinahe aus wie Schneemänner.

Immer dichter wird das Schneetreiben. Jetzt, kurz vor Toresschluß, wird Frau Holle aber fleißig. Sicherlich kann heute Nacht der Weihnachtsmann mit seinem Schlitten zur Weihnachtsbäckerei oder Weihnachtswerkstatt im hohen Himmel zurückkehren.

Die beiden kleinen Stubeneckfenster bei Tante Lina sind ja immer noch düster – kein Lichtschimmer; nicht eine Kerze! Auch wenn man etwas hochhüpft, kann man keinen strahlenden Weihnachtsbaum erblicken – schade! Wartet der Weihnachtsmann auf noch mehr Schnee? Zum Schlittenfahren muß der Schnee doch schon reichen! Hoch oben im Vogelsberg am Taufstein liegt bestimmt viel, viel mehr Schnee, von dort kommt der Weihnachtsmann nämlich. Und ein wenig kann sein Schlitten doch auch fliegen, so durch die Wolken und wenn er schnell in das Tal hinunter saust ...

Mit roten Wangen und über und über mit Schneeflocken bedeckt stürmen wir ins Haus. Habe ich da nicht ein feines und zartes Glöckchen gehört ...? Nein! Von unseren Mänteln und Jacken klopfen wir den Schnee. Es bilden sich auf dem Flur lauter kleine Seen. Nun wollen die Erwachsenen erst Kaffee trinken. Mann-o-mann, das kann ja wieder dauern! Ob das Christkind auch so viel Zeit hat? Doch sind der frische Kuchen und der heiße Kakao mit Schlagsahne nur ein schwacher Trost für uns Kinder, aber trotzdem nicht zu verachten. Unser Brüderchen sieht das genauso und hat in beiden kleinen Fäusten je ein riesengroßes Käse- und Streuselkuchenstück. Ihm schmeckt es, und auf den Weihnachtsmann warten macht hungrig, zudem ist die weiße Pracht draußen vor der Tür für ihn etwas ganz Neues. Noch nie hat er Schnee gesehen, geschweige denn im Schnee gespielt.

Wie sich der Wind im Schornstein fängt ... Ob das wohl der

Knecht Ruprecht ist, der den Weihnachtsmann am Heiligen Abend begleitet? Oder ist es vielleicht gar der Teufel aus der Teufelsmühle, der sich am Schornstein oben auf dem Hausdach zu schaffen macht? Hui, wie das unheimlich heult . . .

Also, langsam wird es doch nun wohl Zeit für den Weihnachtsmann; mal einen Blick durch das zugefrorene Küchenfenster werfen. Vielleicht saust der Weihnachtsmann gerade mit dem vollbepackten Schlitten um die Hausecke? Aber nur Schneeflocken wirbeln am Fenster vorüber. Tüchtig schüttelt die Goldmarie bei Frau Holle die Betten! „Leise rieselt der Schnee, still und starr liegt der See, weihnachtlich glänzet der Wald: freue dich: 's Christkind kommt bald!“ Leise summt unsere Mutter, mit uns aus dem Fenster blickend, die volkstümliche Weihnachtsweise. Ein wenig Weihnachten haben wir eigentlich schon erlebt: die lange Reise mit der Eisenbahn in den Vogelsberg, Brot- und Kuchenbacken im Backhaus und jetzt sogar Schnee.

Wie arg ist es doch um uns herum in der Welt. An dem großen Kanal in Afrika und in Ungarn herrscht böser Krieg. Doch im Saarland freuen sich die Menschen auf das Weihnachtsfest, denn sie werden im neuen Jahr wieder richtige Deutsche sein. Von all diesem merken wir aber im Vogelsberg nichts, denn Ilbeshausen ist eben zu klein und liegt hinter den sieben Bergen.

Ob man morgen einen Schneemann bauen kann? Gewiß wird die Glückmarie heute nacht weiterhin fleißig sein; für eine lustige Schneeballschlacht mit meinem Patenonkel, Liesel und Cousine Gerda reicht der Schnee sicherlich aus. Mein Bruder und ich beobachten das Tanzen der Schneeflocken durch das Fenster. Für Horsie ist es etwas ganz Geheimnisvolles, aufgeregt zeigt er auf jede dicke Schneeflocke, die an der erwärmten Fensterscheibe zerschmilzt und als Wassertropfen herunterrinnt. Morgen wird bestimmt ein dicker Eiszapfen am Fenster hängen. Der gegenüber aufgetürmte Holzstoß besitzt eine rechte Schneemütze, und total unberührt, ohne Spuren ist der Weg vor'm Haus. Das läßt darauf schließen, daß der Schlitten des Weihnachtsmannes hier nicht hergefahren sein kann. Schneeflöckchen, Weißröckchen . . .

Doch plötzlich erklingt zart das ersehnte Glöckchen: der Weihnachtsmann ist da! Die Stubentür steht weit offen, und als erster saust unser Kleiner wie ein geölter Blitz in die Weihnachtsstube. Fast stolpert er über die zwei Holzstufen, doch dann . . . bleibt Horst regungslos stehen. Mit glänzenden Augen steht er vor dem mit brennenden Wachskerzen über und über geschmückten Tannenbaum und zeigt mit erstauntem Ausdruck auf die spiegelblanken Christbaumkugeln. Viele Ooohs und Aaahs kommen über seine Lippen. Ein wunderschöner Tannenbaum steht vor uns. Er reicht vom Fußboden bis hinauf zur Zimmerdecke. Die Stube duftet nach frischem Tannengrün, Harz und Buchenholz. Auf der kleinen Anrichte ertönt aus dem Grammophon „Vom Himmel hoch, da komm ich her ..." Andächtig stehen groß und klein vor dem Christbaum. Wie das herrlich nach Kerzenwachs, Harz, Tannennadeln, Plätzchen und Apfelsinen duftet! „Gesegnetes Weihnachtsfest, euch, meine Lieben", wünscht uns unsere Mutter und zeigt unserem kleinen Bruder sein Vogelsberger Christkind und den Gabenteller. Doch möchte er eigentlich weiterhin den schönen Tannenbaum aus dem Wald bestaunen und diese flackernden Lichter . . . Aber nun entdeckt er an unserer Mutter Hand unter den Tannenzweigen seine Geschenke: ein buntes, pralles Stehaufmännchen, einen dicken Brummkreisel und braune Filzhausschuhe. Umgehend versucht unser Kleiner, das Stehaufmännchen und den Brummkreisel in Bewegung zu setzen. Auch die Hausschuhe müssen sofort probiert werden; man müßte vier Hände haben! Und dort ist ja ein riesengroßer Schokoladenteller! Also alles auf den Arm nehmen, die Hausschuhe in die Hosentaschen stopfen und hin zum leckeren Schokoladenteller. Wohin nun mit dem Schokoladen-Nikolaus? Die Taschen sind voll und quillen über. Und dort sind auch noch Apfelsinen, ja, und ein ganzer Teller mit den schmackhaften Plätzchen steht direkt vor seiner Nase, und dort der riesige Teller randvoll gefüllt mit Nüssen ...

Währenddessen bekommen wir zwei Großen unsere Weihnachtsgeschenke von unserer Mutter überreicht. Für mich hat das Christkind einen neuen Anorak für den Schulweg, warme Fausthandschuhe für den Winter, einen großen Fahrradwimpel für mein Fahrrad und zwei dicke Bücher von den Gebrüdern Grimm gebracht. Für die Märchengeschichten bin ich doch viel zu alt ...! Keinen Tom Sawyer, keinen Huckleberry Finn – fast kommen mir die Tränen ... So blöde Handschuhe brauche ich doch nicht, ich stecke meine Hände, wenn es kalt wird, in die Taschen. Und dann noch so einen doofen Anorak in grün! Und die zwei dicken Märchenbücher sind doch bloß was für Mädchen. Ein Junge liest viel lieber von Abenteuern und so. Na ja, der Fahrradwimpel ist aber Klasse! Mal schauen, wie die Weihnachtsgeschenke für meine Schwester ausgefallen sind; sie packt gerade eine neue, mit lackiertem Holz eingefaßte Schiefertafel aus. So etwas brauchen die I-Männchen, außerdem sehe ich einen Griffelkasten sowie ein großes, in Weihnachtspapier gewickeltes Paket. Was mag dort wohl drinnen sein? Bestimmt ein Geschenk nur für Mädchen.

O-Mann, ist das traurig; aber unsere Mutter hat ja schon zu Hause vorgewarnt, daß das Christkind im Vogelsberg nicht viel bringen kann, weil wir ein neues Haus gebaut haben und die Reise in den Vogelsberg als Geschenk für alle gilt. Das ist alles ganz schön teuer gewesen. Aber das Buch von Tom Sawyer und Huckleyberry Finn habe ich mir doch so gewünscht! Wenn ich später groß bin, fahre ich eben nicht in den Vogelsberg, sondern auf diese einsame Insel mitten im Mississippi ...

Doch die fröhliche Weihnachtsstimmung reißt mich aus meinen traurigen Gedanken. Auf dem Grammophon, das von unserem Vater erneut aufgezogen wurde, erklingt von der Schellackplatte „Alle Jahre wieder ... Kehrt mit seinem Segen ein in jedes Haus, geht auf allen Wegen mit uns ein und aus. Ist auch mir zur Seite, still und unerkannt, daß es treu mich leite an der lieben Hand“. Meine Schwester hat inzwischen das enorm große Paket aufgeschnürt, das Seidenpapier entfaltet und hält eine große Mamapuppe im Arm. Sie ist viel schöner als die Schultafel und der Holzgriffelkasten. Außerdem hat sie eine farbenfrohe Schürze mit vielen Taschen und Schleifen von ihrer Patentante bekommen.

In diesem Moment überreicht mir mein Patenonkel ein riesiges, mit Bandschleifen geschmücktes Paket und wünscht mir Frohe Weihnachten ... Verstohlen wische ich mir mit dem Ärmel die doch entstandenen Tränen aus den Augenwinkeln. Mit fliegenden Fingern reiße ich das Papier fort, und ... ich halte meinen sehnlichsten Weihnachtswunsch in den Händen: „Tom Sawyer und Huckleberry Finn – Fahrten und Abenteuer von Mark Twain“. Einfach prachtvoll. Alle Traurigkeit ist wie fortgewischt. Ist das ein schöner Weihnachtsabend! Jetzt kommen mir doch Tränen – Freudentränen. Am liebsten würde ich in das wunderschöne Weihnachtslied mit einstimmen ... „O du fröhliche, O du selige ...“ Einfach toll das Buch. Und noch ein zweites dickes Buch kommt zum Vorschein: „Geschichten aus Tausendundeine Nacht“. Ja, das kenne ich, das sind die Geschichten von Ali Baba, Aladin und Sindbad. Das ist ein wirklich frohes Fest! Da ist der Wunschzettel doch von Westfalen bis ins Hessenland zum Weihnachtsmann gekommen. Schon beginne ich im Buch von Tom und Huckleberry zu schmökern, die Welt umher versinkt für mich ... Kind, du verdirbst dir ja die Augen, und morgen ist auch noch ein Tag, ermahnt

mich unsere Mutter. Zudem wird es nun langsam Zeit für das Zubettgehen. Die Zeit ist verflogen beim Auspacken der Weihnachtsgaben. Jedes der Kinder nimmt seine Geschenke und plaziert sie ordentlich unter dem Weihnachtsbaum. Nach einem überschwenglichen Dank an das Vogelsberger Christkind, trollen wir uns ins Bett. Es ist schon ziemlich spät; so ein Heiliger Abend dauert gewaltig lange und ist so aufregend. Rasch noch einen Blick vor die Tür werfen, ob es wohl noch schneit? Ja, ein richtig dickes Schneegestöbere herrscht vor der Tür. Alles ist in Watte eingepackt, aus den Fenstern der Nachbarhäuser ringsherum fällt der Schein der Christbäume und läßt den Schnee märchenhaft glitzern. Kein Laut dringt an unser Ohr, nur der Wind fängt sich an den Hausecken ... Überall im verschneiten Dorf war ringsherum das Christkind. Andächtig schauen wir in die Dunkelheit.

Schatzkammer Knecht Ruprechts

August Trinius

Naturvölker und Kinder malen sich in ihrer Phantasie das Paradies je nach Geschmack, Lebensweise und Erziehung verschieden aus. Der Mohammedaner bevölkert es mit glutäugigen Huris; dem Indianer sind es die ewigen Jagdgründe, in denen kein verhaßter Weißer ihm den Pfad kreuzt; dem frohen und naiven Kinderherzen aber erscheint das Paradies als ein leuchtender Freudensaal, in dem es alles an Spiel und Tand in reichster Fülle findet, was es heimlich ersehnt und begehrt, hundert Träume zu holden Wahrheiten werden, und das Auge sich kaum satt schauen kann an der berauschenden Pracht und Herrlichkeit. Auch Dr. Martin Luther malte einst in dem bekannten Briefe an sein Söhnchen Hans den Himmel als ein solches Lustgefilde aus, ein Paradies von all dem, was Kinderaugen heller aufleuchten läßt.

Wer den Thüringerwald kennt, wer jemals die zahlreichen Stätten rührigen Fleißes, stets beweglicher Empfindungskraft diesseits und jenseits des Rennstiegs aufsuchte, der weiß auch, daß hier zur holden Wirklichkeit ward, was Kinderherzen in Feierstunden wohl erträumen. Das Thüringer Waldgebirge ist eine der reichsten Schatzkammern, aus welchen Knecht Ruprecht, der Weihnachtsmann, seine Gaben holt, um sie über Millionen Weihnachtstische in Hütte und Palast heimlich auszuschütten. Über alle Meere, in die entferntesten Winkel aller Erdenteile, nehmen die Puppen, das Spielzeug, der glitzernde Weihnachtsbaumschmuck ihren Weg aus dem „grünen Herzen Deutschlands", dem Thüringerwalde.

Wer da einmal im sechstägigen Wandern über den Rennstieg zwischen Werra und Saale schritt, dem geheimnisvollen, uralten Kammpfade unseres Gebirges, und könnte gleich dem Teufel von Salamanca durch alle Dächer in die armseligen Hütten der in den Bergfalten und an den Bergwänden ruhenden welteinsamen Waldnester schauen, den müßte es mit Staunen und Achtung vor einem betriebsamen Völkchen füllen, das mit immer neuer Empfindungsgabe der Jugend des Erdballs seine Gaben darbringt, das Fest der Liebe zu verschönen, der Kindheit Jahre selig zu vergolden. Und dies alles, während im eigenen engen Heim doch stets Platz für Frau Sorge, für Not und Kummer ist. Spielzeug für fremdes Kindervolk schaffen, während man das eigene kaum durchfüttern kann.

Aber man müßte ja kein echter Thüringer sein! Einmal muß doch die Sonne durchbrechen! Heute sterbensmüde, morgen jauchzend in heller Liederlust, und so hoffend, strebend Tag für Tag; den Kopf hängen lassen, wenn es gar zu arg wettert und stürmt, und wieder sich nicht halten können im schalkhaften Übermut, goldene Schlösser bauend, sobald nur ein schmaler Streifen Sonnenlicht über das arme Leben dahinläuft. Das ist Thüringer Art. Es braucht ja so wenig zum Fristen des Lebens! Dünnen Kaffee mit sogenannten Kuchen, Brot, Kartoffeln und Fleisch nur dann zwischen den Zähnen – wenn man sich mal auf die Zunge beißt.

Hausindustrie ist fast alles hier „auf dem Walde". In den Fabriken wird zumeist nur zusammengesetzt, sortiert, verpackt und dann verfrachtet für die weite Welt. Die Aufträge nimmt man auf den Messen entgegen, brieflich oder durch persönliche Besteller, welche wie Engländer und Amerikaner mit jedem Frühling im Thüringerwalde auftauchen, um für die nächste Weihnachtszeit bereits ihre „Ordres" festzulegen. Und dann beginnt eine rührige Tätigkeit an allen Orten und Enden, die wächst und sich steigert, je mehr der Spätherbst ins Land zieht. Berge von Kisten rollen jeden Abend zur nächste Bahnstelle. Immer fiebernder schafft alles bis in die sinkende Nacht: die Ahne, Vater, Mutter, Kinder bis zu dem nicht mal Schulpflichtigen hinab. So nur kommt Pfennig zu Pfennig, damit die Familie sich recht und schlecht über dem Wasser halten kann.

Wem ist nicht mehr denn einmal in den letzten Jahren um die Weihnachtszeit die Anzeige in den Blättern aufgefallen: „Thüringer Christbaumschmuck"? Hinten im südöstlichen Teile des Gebirges, wo man den Schiefer zu den Tafeln und Griffeln unserer ABC-

Schützen bricht, von wo die „Märbeln", „Murmeln" und bunten Glaskugeln hinaus in die Welt zu ungezählten Millionen rollen, aus den Glashütten neben praktischen, wissenschaftlichen und künstlerischen Dingen auch all die reizenden Schnurrpfeifereien für die Kinderwelt hervorgehen – dort entsteht auch der Christbaumschmuck. Außer Lauscha, der Mutter der Thüringer Glasindustrie, beteiligen sich vor allem noch daran: Steinheid, Ernsttal, Igelshieb, Neuhaus und andere.

Während die dichten Nebel Tag und Nacht, lange Wochen hindurch, schwer lastend auf den Bergen liegen, lautlos der Schnee höher und höher wächst und die weite Stille nur manchmal unterbrochen wird, wenn drinnen im Hochwalde mit dumpfem Aufstöhnen ein Waldriese unter der Wucht zusammenbricht – da leuchten Fenster für Fenster die Stichflammen in den tief eingemummelten Hütten, da sitzen Vater und Sohn und blasen all die krausen, schillernden Dingerchen: Früchte, Sterne, Kronen, Engel, Kugeln und sonstige Phantasiegebilde. Was billig, ist bereits im Glasfluß getönt, sonst aber kommt noch der Maler zu seinem Rechte, in Stärkefarben mit flüchtigen Strichen jeden Schmuck abzutönen. Denn nach vielen Dutzenden geht's auch hier. Und wenn alles verspiegelt, bemalt, getrocknet, mit Ösen versehen ist – Handleistungen, bei denen die Kleinsten mithelfen müssen! – dann heißt's, in Karton packen, in Kisten einsargen, und unter Peitschenknallen geht's die Dorfstraße entlang.

Und nun zu den Spielsachen selbst! Ein weiter Blick öffnet sich uns da. Unerschöpflich will uns da Auswahl und Fülle bedünken. Da ist Ruhla mit seiner eigenartigen Industrie. Einst versorgte es die Welt mit seinen kunstvoll geschnitzten Meerschaumspitzen. Jetzt hat die Metallindustrie hier die Oberhand gewonnen. Alljährlich gehen von hier Millionen Zehnpfennig- und richtig gehende Drei-Mark-Uhren hinaus. Zinnsoldaten und Masken, Tonfiguren und Puppenwagen wandern aus dem Thüringerwald. Die Porzellanfabriken versorgen die Puppenheime unserer Kleinen mit Badeengeln, entzückenden Liliputservicen und sonsterlei Krimkrams. Waltershausen liefert Menagerien, Theater und vor allem ganz reizende Puppenmöbel. Empire, Biedermeierstil, Renaissance, Jugendstil: es ist alles vorhanden! Ganze Einrichtungen finden wir, vom Flügel à la Bechstein, eingerichtete Nähtischchen, Anrichten mit Prunkgefäßen bis zum Waschtischchen mit Marmorplatte und Spülhahn. Der Ruf dieser Firmen geht weit. Vor den Kathedralen Südamerikas wie Rußlands kann man an gewis-

WILLIAM

sen Feiertagen in den Meßbuden Thüringer Puppenmöbel finden.

Der Hauptsitz der eigentlichen Spielwarenindustrie bleibt freilich das Meininger Oberland. Hier, wo in den Walddörfern oft die Armut so bitter und anklagend uns entgegentritt, da regen sich Tausende großer und kleiner Hände, fremden Kindern in der Ferne eine Freude zu bereiten. Der Hauptsitz, wo sich alle Fäden zusammenfinden, ist Sonneberg. Was diese durch die Tatkraft und den Unternehmungsgeist seiner Fabrikanten nach langem schweren Kampfe erreicht hat, das hat es mit seinen Spielwaren 1900 auf der Weltausstellung zu Paris allen Kulturvölkern siegreich vorgeführt.

Nicht immer war es so. Ehedem lag der Handel mit Spielwaren in den Händen des durch Jahrhunderte mächtigen Nürnberg. Nürnberger Tand und Spielwerk waren weltbekannt. Niemand wußte es, daß das arme Meininger Oberland im Sold der reichen Reichsstadt stand, daß ein reger Verkehr zwischen Thüringen und der Pegnitzstadt bestand, daß fleißige Thüringer Hände schufen, was als Nürnberger Waren auf allen Messen paradierte. Endlich aber kam doch die Einsicht. Sonneberg begann langsam den Handel an sich zu ziehen. Und heute marschiert es an der Spitze. Ein kunstvoll verzweigter Organismus stellt sich uns heute dar, an dessen Leben ringsum alle Ortschaften bergauf und -ab teilnehmen. Von ganz außerordentlicher Vielseitigkeit zeigt sich diese Industrie. Selbst die Künste wurden angerufen: Modellieren, Malen, Musik. Eine Fülle von Talenten sind damit aufgewacht. Jeder findet innerhalb einer Familie seine Beschäftigung. Vielseitig auch zeigt sich das zur Verwendung gelangende Material, wie: Holz, Glas, Pappe, Leder, Horn, Papiermaché, Felle, Metall und noch vieles andere. Aus diesen Werkstätten und Fabriken geht dann hervor, was die Auslagen der glänzenden Spielwarenbazare unserer Großstädte füllt, vor dessen Scheiben sich dann die Kinderwelt mit klopfendem Herzen ansammelt, die Wohlhabenden mit geheimen Jubel im Herzen, die Armen stillselig, wie man die Sterne am unerreichbaren Himmel fromm und freudig bewundert.

Nun aber du, Liebling aller Mädchen: Thüringer Puppe! Ihr Millionen Blonden und Braunen, in Locken oder mit Flechten, rosig angehaucht oder dunkelfleischig für die schwarzen Landsleute in Afrika; ihr könnt heute gehen und lächeln, sitzen und schlafen, der ganze Liebreiz holder Weiblichkeit ist über euch ausgegossen. Und so ist's ein Siegeszug, den ihr antretet. Millionen Mädchenherzen schlagen euch entgegen, und unter Küssen und Beten, Liebkosen und wohl auch Schlägen lernt ihr draußen des Lebens Lust und Leid, Höhen und Tiefen kennen. Niemand aber von all den kleinen Jungfräulein ahnt, daß über eurer Heimat Thüringer Tannen rauschen, ahnt, unter welchen Bitternissen von Sorge und Elend ihr geschaffen wurdet. Denn ihr lächelt nur. Aber wenn alles schläft, dann haltet ihr wohl mit dem Weihnachtsbaum aus den heimatlichen Bergen heimlich Zwiesprache.

Die Hauptzentren für Thüringer Puppenfabrikation sind Sonneberg und Waltershausen. Zahlenmäßig ist auch hierin Sonneberg voran. Die besten Puppen der Welt aber fertigt noch immer Waltershausen an. Hier und in den Nachbardörfern regen sich seit Monaten unzählige Hände. Selbst die Kinder der Armen betrügt man um ihre Jugend. Für elenden Pfenniglohn müssen sie die Stunden nie wiederkehrender goldener Freiheit hinopfern.

Wenn ich gegen Abend aus den Bergen heimkehre, da erglänzt tief unter mir das Städtchen in funkelnder Lichterfülle. Die langen Bauten der Fabriken leuchten mit hellen Fensterreihen; Hütte für Hütte auf und ab der Berggassen erscheint lichtübertupft, als begehe das alte malerische Bergnest ein Freudenfest! Ein Fest der Arbeit! Andern zur Freude! Möchte den kleinen Landboten im weißen Taufgewande, wenn sie hinausziehen in die weite Welt, jener Zauber innewohnen, daß überall, wo man sie jubelnd empfängt, auch noch ein anderes Gefühl erwache, das edelste, was ein Menschenherz erfüllen kann: Liebe für den Nächsten!

Es fehlte eine Stimme

Hugo Hartung

Einen Heiligen Abend ohne Kurrendeknaben gab es bei uns daheim in Thüringen nicht. In der achten Stunde kamen sie, und die Mutter richtete es immer so ein, daß schon die Kerzen am Baum brannten, wenn draußen das Getrappel der vielen Füße auf den steinernen Flurfliesen hörbar wurde. Es war wohl ein Dutzend Jungens im Alter von neun bis dreizehn Jahren, die, angetan mit einem dünnen schwarzen Radmäntelchen und mit einem runden schwarzen Hut auf dem Kopfe, uns das Jahr über am Sonntagmorgen mit einem Volkslied und einem Choral weckten. Ich meine noch heute zu hören, wie sie am ersten Maiensonntag „Der Mai ist gekommen" unter dem Fenster sangen und danach „Harre meine Seele". Zu Weihnachten aber traten sie in das Haus oder in die Stube ein und sangen der Reihe nach die alten Weihnachtslieder.

Am liebsten war mir zu jener Zeit „Kommet ihr Hirten, ihr Männer und Frauen"; denn meine Phantasie verwandelte diese schwarzen Buben, deren kleinster nicht größer war als ich, um ihres Gewandes willen selbst in lobpreisende Zeugen des bethlehemitischen Wunders. Ich vergaß, daß es Jungens aus meiner Schule waren; ihr zauberhaftes Singen, ihr feierlicher Ernst und ihre altertümliche Kostümierung entrückten sie mir in ein höheres, beneidenswertes Dasein. Ich wußte, daß einst der kleine Martin Luther, ebenso angetan, vor dem Hause der Frau Cotta in Eisenach stand, aber daß so auch mein Vater in Arnstadt vor und in den Häusern wohlhabender Bürger gesungen hatte. Er selbst vergaß das nie und war von dem Singen der Kinder am Heiligen Abend besonders bewegt, und ihr Anführer, der als der Musikalischste mit seinem Stimmgäbelchen den Ton anzugeben hatte, empfing von ihm jedesmal als Weihnachtsgabe ein Goldstück. Von Mutter bekamen die Jungens Weihnachtsgebäck, Äpfel und Nüsse, die sie draußen in ein weißes Säckchen schütteten, um sich die Gaben hernach redlich zu teilen und fürs eigene Fest, das meistens kärglich genug sein mochte, mit heimzunehmen.

Nun geschah es in dem Jahr, von dem ich erzählen will – es mag 1910 gewesen sein –, daß unsere Kurrendeknaben sich verspäteten. Die Christbaumkerzen waren schon tief heruntergebrannt, und immer noch fehlten die Lieder der hellen klaren Kinderstimmen. Endlich vernahmen wir eine schwätzende Schar vor der Haustür, hörten, wie die Jungens den Schnee von den Schuhen abstampften – ich kann mich an kein Kinderweihnachten ohne Schnee erinnern –, und dann kamen sie, wie immer, in das diesmal nicht mehr ganz so strahlende Weihnachtszimmer und sangen auch wie immer.

Aber nein, es war nicht wie immer! Es lag wohl nicht nur an dem matten, letzten Kerzenschimmer, daß diesmal die Gesichter nicht so aufgetan erschienen und auch die Stimmen nicht so hell klangen wie sonst. Es fehlte der Kleinste in der Schar, der sich durch seinen köstlichen Knabensopran und seine vollkommene Musikalität hervortat. Er hieß Richard, und Vater mochte ihn besonders gern, vielleicht weil auch ihm einst, als dem Kleinsten seines Chors, der Hut ebenso schief ins schmale Gesicht gerutscht war.

„Wo ist Richard?" fragte Vater, als die „Stille Nacht" verklungen war. Wie sie's vom Kantor gelernt hatten, übernahm der Anführer das Wort und sagte, Richard sei heute abend plötzlich verschwunden. „Warum verschwunden?" wollte der Vater wissen. Nun, das war nicht so leicht aus dem Jungen herauszubringen. Mein Vater mußte ihn erst daran erinnern, daß auch er einmal einer der Ihren gewesen sei, um zu erfahren, was geschehen war.

Nach dem dritten oder vierten Singen dieses Abends war demnach der Kleine zu seinem Anführer gekommen und hatte ihm mit bedrückter Stimme gestanden, er hätte etwas Schlimmes begangen. Im nächsten Hause hatte er zwar noch mitgesungen – das war in der Wohnung des rundlichen kleinen Realschuldirektors, der den reichen Gaben seiner gutmütigen Frau mit seiner etwas schmetternden Stimme einige pädagogisch-moralische Ermahnungen gleichsam als ‚Zuwaage' beifügte –, und danach war Richard plötzlich weg gewesen. Die Kameraden hatten nach ihm gerufen, aber der Schnee trug ihre Stimmen nicht weit. Sie waren umgekehrt und hatten die ganze Hauptstraße und, in Grüppchen verteilt, den weiten Marktplatz abgesucht, doch ihr ‚Kleiner', wie ihn die Kurrendaner unter sich nannten, blieb verschwunden..

Ich sah ängstlich meine Mutter an – unwillkürlich dachte ich an den Mörder, der im Herbst die Saalfelder Wälder unsicher gemacht und den man angeblich auch in unserer Gegend gesehen hatte –, und Mutter blickte wiederum auf Vater, der wohl allein hier Rat wissen konnte. Und Vater entschied: „Jungens, wir gehen gleich zur Polizei!" Weil ich ihn sehr darum bat, durfte ich mit dabei sein.

Das war nun ein seltsames Erlebnis für mich: In der Heiligen Nacht um die zehnte Stunde, mitten unter der Kurrende, durch die verlassenen Gassen der Heimatstadt zu gehen! Überall waren die

Fenster erleuchtet. Man hörte Stimmengewirr und Kinderlachen aus den Parterrewohnungen, manchmal auch Singen und Klavier- oder Geigenspielen. Lametta und Silberkugeln glitzerten im Kerzenschein hinter den Gardinen, und einige dünne Schneeflocken wehten an den Gaslaternen der Straße vorüber. Die Jungens baten, vor diesem und jenem Haus am Wege noch singen zu dürfen, damit es nicht zu spät würde und sie sich dadurch ihre Kundschaft verärgerten.

Ja, sie mußten an diesem Abend oft auf der Straße stehenbleiben und zu geschlossenen Fenstern hinaufblicken, hinter denen sich die Familien zeigten, die keine kalte Luft und keine armen Kinder in der Wohnung haben mochten. Wie Spruchbänder auf heiligen Bildern wehte dann aus den singenden Mündern der weißliche Atemhauch. Anderswo ließ man die Knaben wenigstens in das Treppenhaus eintreten, und manch eine Hausfrau jammerte, sie brächten mit ihren Schneefüßen nur Schmutz herein. „An so einem Abend lernt man seine lieben Mitmenschen kennen", sagte Vater, als wir endlich dem Rathaus nahe waren ...

Im Rathaus residierte ‚Barbarossa', wie wir den alten Polizeioberwachtmeister nannten, obwohl sein mächtiger Bart längst schlohweiß geworden war. Vor ihm, der den Siebzigerkrieg als Unteroffizier mitgemacht hatte und am Sedantag stolz das Eiserne Kreuz am Bande trug, fürchteten wir Kinder uns sehr, und die Kurrendaner waren sicher froh, daß außer mir nur ihr Stimmführer mit ins Wachlokal gehen mußte.

Barbarossa sah unwillig auf, als wir die Wachstube mit ihren mittelalterlichen Gewölben betraten, und hieß uns durch einen grimmigen Blick an der Tür warten. Er hatte an einem Holztischchen ‚seine Truppe' um sich versammelt, wie er die fünf meist recht behäbigen Polizeiwachtmeister des Städtchens nannte, und hielt ihnen, vor denen je ein Glas dampfenden Punsches stand, eine Ansprache, die weniger ein Bekenntnis zur Weihe des Abends als eines redlichen dynastischen Gefühls war und sinngemäß in Kaiserhoch und Gläseranstoßen endete. Die dünnen, roten Kerzen auf dem Weihnachtsbäumchen erloschen fast vorm rauhen Männergesang der Hymne. Danach erst durften wir unser Anliegen vorbringen.

Nur weil Vater Beamter war, ließ sich Barbarossa herbei, die Personalien des vermißten Kindes aufzunehmen. Aber er fügte gleich hinzu, die Gegend, wo Richards Mutter wohne – sein Vater war während des Sommers im Steinbruch tödlich verunglückt –, sei ein übles Viertel, und das Unkraut, das dort wüchse, verginge nicht so leicht. Außerdem seien die Teiche um die Stadt, wo jemand hineinfallen oder sich umbringen könne, alle zugefroren . . . Immerhin versicherte der Polizeigewaltige pflichtgemäß, seine Männer würden morgen die notwendigen Erhebungen anstellen. Morgen – dachte er denn nicht an Richards Mutter, die sich in dieser Heiligen Nacht ohne ihren Jungen zu Tode ängstigen mußte?

Nun, wir haben Richard selbst gefunden! Der Anführer der Kurrendaner hatte den Einfall, wir sollten doch einmal im Turmstübchen nachsehen, wo die Jungens ihre Mäntel und Hüte und die Gesangbücher aufbewahrten. Und wirklich lagen in dem kalten kellerartigen Raum im Stadtkirchturm ein Radmantel und der kleinste der Kurrendanerhüte, die Sachen des vermißten Jungen. Das konnte ein schlimmes Zeichen sein – aber für Vater barg es doch eine Hoffnung. Er entzündete ein Windlicht und meinte, wir müßten nun auch noch oben nachsehen. Für mich war es unheimlich und erregend, in der unergründlichen Schwärze des Turmschachtes emporzuklimmen, den Modergeruch der Jahrhunderte zu atmen, unsere Schatten übergroß, verzerrt auf grauen Wänden schwanken zu sehen und endlich im Gebälk bei den Glocken zu sein, die mich gewiß zu Boden geworfen hätten, würden sie ihre erzene Stimme wider die Eindringlinge erhoben haben. Ich empfand es wie eine schreckliche Verlockung, als ich mit dem Knöchel an die geschwungene Wandung der uns zunächst hängenden, größten Glocke schlug. Klanglos, fast unhörbar war ihre Antwort auf meinen Frevel.

Nun drang bleiches Schneelicht durch gotisch gewölbte Fenster, eine Tür knarrte – und wir standen im Turmstübchen, in dem noch wenige Jahre zuvor der letzte Türmer über Stadt und Land die Feuerwache gehalten hatte. Jetzt vernahmen wir in dem verlassenen Gemach ein schweres Atmen. Vater hob das Windlicht hoch: In der Ecke schlief zusammengekauert Richard – den Kopf auf den Knien, in einem dünnen Sweater und mit vielfach geflickten Hosen, ganz ohne die von mir ersehnten Würdezeichen des Weihnachtssängers. Vater schickte mich und den Kurrendaner hinaus und sagte, wir sollten uns durch die Treppenfenster die verschneiten Dächer der Stadt und die benachbarten Waldhöhen im Sternenlicht ansehen ...

Aber wir blieben beide dicht vor der Tür stehen und lauschten klopfenden Herzens, was nun drinnen in dem Stübchen geschähe. Wir waren sehr enttäuscht, als wir nur ein leises Sprechen und heftiges, stoßweises Weinen vernahmen. Es dauerte wohl eine Ewigkeit, bis Vater herauskam, Richard an der Hand führte und kurz zu uns sagte: „Es ist alles in Ordnung." Im Kurrendanerraum, aus dem wir schon auf halber Treppenhöhe die anderen Jungens lärmen hörten, legte mein Vater selbst dem blassen Ausreißer sein Mäntelchen über und gab ihm den schwarzen Hut in die Hand. „Jetzt gehen wir alle miteinander zu Richards Mutter", sagte er.

Warum Vater auf dem Wege in die Vorstadtsiedlung zusammen mit Richard auch in das Haus des Kolonialwarenhändlers Reimer ging, der uns als schrulliger, aber liebenswürdiger alter Herr bekannt war, und warum die beiden von dort nach einer Weile eine Menge mit Goldschnüren zusammengehaltener Paketchen in dem damals üblichen festlich bunten Glanzpapier mitbrachten – das alles habe ich von Vater erst sehr viel später erfahren. Da erzählte er mir, wie an jenem Abend der kleine Halbwaise, als die Kurrende im Flur des weiträumigen Geschäftshauses ihre Weihnachtslieder sang, aus zwei der vielen prallen Säcke und Säckchen des Kaufmannslagers sich heimlich die Taschen mit Mandeln und Rosinen gefüllt hatte, um der Mutter eine einzige Festfreude bereiten zu können, und wie er dann in jäher Scham und Verzweiflung über den Diebstahl vor den Kameraden geflohen war. Doch die schmalen Fenster im Turm, immer noch groß genug, daß ein Kinderleib sich hätte hindurchzwängen können, waren lange nicht geöffnet worden, und das Eis klammerte ihre Flügel fest zusammen ... Der alte Reimer aber hatte verstanden und verziehen.

In der armseligen Siedlung, die ein Baumeister als Spekulationsobjekt um die Jahrhundertwende errichtet hatte, gab es ungewöhnliches Aufsehen, als vor dem Hause, in dem Richards Mutter wohnte, die Kurrende Aufstellung nahm, die noch niemals hierherbestellt worden war, und nacheinander ihre schönsten Weihnachtslieder sang. Männer, Frauen und Kinder kamen auf die weiße Straße heraus. In mancher schon dunklen Wohnung wurde wieder das Licht angezündet.

Wir beiden Nichtbeteiligten standen ein wenig abseits, und als bei der letzten Strophe meines geliebten Hirtenliedes sich eine helle, klare Sopranstimme, die bisher im Chor gefehlt hatte, rein über alle anderen Stimmen aufschwang, nickte mir Vater zu, und wir gingen leise miteinander weg. Die Sterne flimmerten am Himmel, und der Schnee knirschte unter unseren Schuhen.

Weihnachtliches Dorf

Erich Kästner

Draußen, wo die Welt zu Ende geht,
liegt ein Dörfchen, hingeduckt und winzig.
Und sogar der liebe Gott besinnt sich
manchmal gar nicht, wo es steht.

Wenn der Winter an der Reihe ist
und die Wolken Schnee vom Himmel schütten,
dann verstecken sich die braunen Hütten,
bis das Dorf sich selbst vergißt.

Eines Abends wird das anders sein!
Tannenbäume fangen an zu schimmern,
fromme Lieder tönen aus den Zimmern
und der Weihnachtsmann tritt ein.

Tags darauf ist alles wieder still.
Nur die Kinder gehen sich besuchen.
Und die Mütter bringen immer Kuchen,
bis man nicht mehr kosten will.

Schweigen sinkt wie früher auf das Feld.
Schwäne ziehn mit einem Flügelschlage
übers Dorf und seine Feiertage
und verschwinden in der Welt ...

Sechsundvierzig Heiligabende

Erich Kästner

Fünfundvierzigmal hintereinander hab ich mit meinen Eltern zusammen die Kerzen am Christbaum brennen sehen. Als Flaschenkind, als Schuljunge, als Seminarist, als Soldat, als Student, als angehender Journalist, als verbotener Schriftsteller. In Kriegen und im Frieden. In traurigen und in frohen Zeiten. Vor einem Jahr zum letztenmal. Als es Dresden, meine Vaterstadt, noch gab. Diesmal werden meine Eltern am Heiligabend allein sein. Im Vorderzimmer werden sie sitzen und schweigend vor sich hinstarren. Das heißt, der Vater wird nicht sitzen, sondern am Ofen lehnen. Hoffentlich hat er eine Zigarre im Mund. Denn rauchen tut er für sein Leben gern. „Vater hält den Ofen, damit er nicht umfällt", sagte meine Mutter früher. Mit einem Male wird er „Gute Nacht" murmeln und klein und gebückt, denn er ist fast achtzig Jahre alt, in sein Schlafzimmer gehen.

Nun sitzt sie ganz einsam und verlassen. Ein paarmal hört sie ihn nebenan noch husten. Schließlich wird es in der Wohnung vollkommen still sein . . . Bei Grüttners oder Ternettes singen sie vielleicht. „O du fröhliche, o du selige". Meine Mutter tritt ans Fenster und schaut auf die weißbemützten Häuserruinen gegenüber. Am Neustädter Bahnhof pfeift ein Zug. Aber ich werde nicht in dem Zuge sein. Dann wird sie in ihren Kamelhaarpantoffeln leise und langsam durchs Zimmer wandern und meine Fotografien betrachten, die an den Wänden hängen und auf dem Vertiko stehen. In den Büchern, die ich geschrieben habe und die sie auf den Tisch gelegt hat, wird sie blättern. Seufzen wird sie. Und vor sich hinflüstern: „Mein guter Junge." Und ein wenig weinen. Nicht laut, obwohl sie allein im Zimmer ist. Aber so, daß ihr das alte, tapfere Herz weh tut.

Wenn ich daran denke, ist es mir, als müßte ich, hier in München, auf der Stelle vom Stuhl aufspringen, die Treppen hinunterstürzen und ohne anzuhalten bis nach Dresden jagen. Durch die Straßen und Wälder und Dörfer. Über die Brücken und Berge und verschneiten Äcker und Wiesen. Bis ich endlich außer Atem vor dem Hause stünde, in dem sie sitzt und sich nach mir sehnt, wie ich mich nach ihr.

Aber ich werde die Treppen nicht hinunterstürzen. Ich werde nicht durch die Nacht nach Dresden rennen. Es gibt Dinge, die mächtiger sind als Wünsche. Da muß man sich fügen, ob man will oder nicht. Man lernt es mit der Zeit. Dafür sorgt das Leben. Sogar von euch wird das schon mancher wissen. Vieles erfährt der Mensch zu früh. Und vieles zu spät.

Meine liebe Mutter . . . Nun bin ich doch selber schon ein leicht angegrauter, älterer Herr von reichlich sechsundvierzig Jahren. Aber der Mutter gegenüber bleibt man immer ein Kind. Mutters Kind eben. Ob man sechsundvierzig ist oder Ministerpräsident von Bischofswerda oder Johann Wolfgang von Goethe persönlich. Das ist den Müttern, Gott sei Dank, herzlich einerlei!

Später wird sie sich eine Tasse Malzkaffee einschenken. Aus der Zwiebelmusterkanne, die in der Ofenröhre warmsteht. Dann wird sie ihre Brille aufsetzen und meinen letzten Brief noch einmal lesen.

Und ihn sinken lassen. Und an die fünfundvierzig Heiligabende denken, die wir gemeinsam verlebt haben. An Weihnachtsfeste besonders, die weit, weit zurückliegen. In längstvergangenen Zeiten, da ich noch ein kleiner Junge war.

An das eine Mal etwa, wo ich ihr einen großen, schönen, feuerfesten Topf gekauft hatte und mit ihm, als sie mich zur Bescherung rief, hastig durch den Flur rannte. Als ich ins Zimmer einbiegen wollte, begann ich strahlend: „Da, Mutti, hast du . . ." Ich wollte natürlich rufen: „. . . einen Topf!" Aber nein, Mutters feuerfester Topf kam leider, als ich in die Zielgerade einbog, mit der Tür in Berührung. Er zerbrach, und ich stammelte entgeistert: „Da, Mutti, hast du – einen Henkel!" Denn mehr als den Henkel hatte ich nicht in der Hand.

Wenn sie daran denkt, wird sie lächeln. Und einen Schluck Malzkaffee trinken. Und sich anderer Weihnachten erinnern. Vielleicht jenes Heiligabends, an dem ich ihr die „sieben Sachen" schenkte. Verlegen überreichte ich ihr eine kleine, in Seidenpapier gewickelte Pappschachtel und sagte, während sie diese unterm Christbaum vorsichtig und gespannt auspackte: „Weißt du, ich habe doch nicht viel Geld gehabt – aber es sind sieben Sachen, und alle sieben sind sehr praktisch!" In der Schachtel fand sie eine Rolle schwarzen Zwirn, eine Rolle weißen Zwirn, eine Spule schwarzer Nähseide, eine Spule weißer Nähseide, ein Briefchen Sicherheitsnadeln, ein Heftchen Nähnadeln und ein Kärtchen mit einem Dutzend Druckknöpfen. Sieben Sachen! Da freute sie sich sehr, und ich war stolz wie der Kaiser von Annam.

Oder ihr fällt jener Weihnachtsabend ein, an dem ich, nach der Bescherung, noch zu Försters Fritz, meinem besten Freunde, lief, um zu sehen, was denn der bekommen hatte. Seinen Eltern gehörte das Milchgeschäft an der Ecke Jordanstraße . . . Ganz plötzlich kam ich wieder nach Hause. Ich stand, als meine Mutter die Tür öffnete, blaß und verstört vor ihr. Försters Fritz hatte eine Eisenbahn geschenkt bekommen, und als ich damit hatte spielen wollen, hatte er mich geschlagen!

Da stand ich nun klein und ernst vor ihr und fragte, was ich tun solle. Zurückschlagen hatte ich nicht können. Er war ja mein bester Freund. Und warum er mich eigentlich geschlagen hatte, begriff ich überhaupt nicht. Was hatte ich ihm denn getan?

Damals hatte meine Mutter zu mir gesagt: „Es war richtig, daß du nicht zurückgeschlagen hast! Einen Freund, der uns haut, sollen wir auch nicht prügeln, sondern mit Verachtung strafen."

„Mit Verachtung strafen?“ Ich machte kehrt.

„Wo willst du denn hin?“ fragte meine Mutter.

„Wieder zurück!“ erklärte ich energisch. „Ihn mit Verachtung strafen!“ Und so ging ich wieder zu Försters und verbrachte den Rest des Abends damit, meinen Freund Fritz gehörig zu verachten. Leider weiß ich nicht mehr, wie ich das im einzelnen gemacht habe. Schade. Sonst könnte ich euch das Rezept verraten.

Oder meine Mutter wird an einen anderen Heiligabend denken, der nicht ganz so weit zurückliegt. Es sind höchstens zwanzig Jahre her – da gingen wir, nach unserer Bescherung, an den Albertplatz zu Tante Lina, um dabeizusein, wenn der kleine Franz beschert bekäme. Franz war das Kind meiner früh verstorbenen Base Dora.

Ich war damals ungefähr fünfundzwanzig Jahre alt. Und plötzlich sagte Tante Lina, der Weihnachtsmann, der zum kleinen Franz hätte kommen sollen, habe in letzter Minute wegen Überlastung abtelefoniert, und ich müsse ihn unbedingt vertreten! Sie zogen mir einen umgewendeten Pelz an, hängten mir einen großen weißen Bart aus Watte um, drückten mir einen Sack mit Äpfeln und Haselnüssen in die Hand und stießen mich in das Zimmer, wo Franz, der kleine Knirps, neugierig und etwas ängstlich auf den richtigen Weihnachtsmann wartete. Als ich ihn mit kellertiefer Stimme fragte, ob er auch gefolgt habe, antwortete er: O ja, das habe er schon getan. Und dann kitzelte mich der alberne Wattebart derartig in der Nase, daß ich laut niesen mußte.

Und der kleine Franz sagte höflich: „Prost, Onkel Erich!“ Er hatte den Schwindel von Anfang an durchschaut und hatte nur geschwiegen, um uns Erwachsenen den Spaß nicht zu verderben.

Meine Mutter in Dresden wird also an vergangene glücklichere Weihnachten denken. Und in München werde ich es auch tun. Erinnerungen an schönere Zeiten sind kostbar wie alte goldene Münzen. Erinnerungen sind der einzige Besitz, den uns niemand stehlen kann und der, wenn wir sonst alles verloren haben, nicht mitverbrannt ist. Merkt euch das! Vergeßt es nie!

Während ich am Schreibtisch sitze, werden meiner Mutter vielleicht die Ohren klingen. Da wird sie lächeln und meine Fotografien anblicken, ihnen zunicken und flüstern: „Ich weiß schon, mein Junge, du denkst an mich.“

Gebirgsleben – Weihnachtsheiligabend

Gustav Nieritz

Kennst du das Land, wo die Kartoffel kaum gedeiht? Das Land, wo Hüttenrauch, schwefelig und übelriechend, über die unfruchtbare Erde dahin sich wälzt? Wo zahllose Halden mit ihrem tauben Gestein riesigen Maulwurfshaufen gleichen und die öde Fläche unterbrechen? – Wo bleiche Männer in schwarzer Trauerkleidung und mit trübem Ernste ein „Glück auf!" dir wünschen – ein Glück, das sie nur dem Namen nach zu kennen scheinen? Es klopft und hämmert, es klingelt und stöhnt über und unter der Erde, als walteten geschäftige Geister darin. Dazu saust der Wind, und niedrig ziehen die grauen Wolken wie Nebelstreifen über des einsamen Wanderers Haupt hinweg. Dann kommst du auch wieder an eine Stätte, wo Vulkan sein Geschäft zu treiben scheint, wo mannshohe Flammen aus einer Pyramide von geschwärzten Backsteinen ihre zahllosen Funken gen Himmel sprühen und der nächtlichen Landschaft eine höllische Beleuchtung verleihen. Still und starr streckt ein unendlicher Wald sich vor dir aus. Plötzlich rauscht es wie die Fittiche eines auffliegenden Adlers durch die Bäume daher; ein betäubender Schlag fällt, und weithin verbreitet das Echo die Kunde, daß eine hundertjährige Tanne unter den mörderischen Streichen der Axt gefallen sei. Du dringst mutig ein in den düsteren

Forst. Dein Streben wird belohnt; silbern gleitet ein Flüßchen an samtgrünen Ufern vorüber, und verwundert haftet dein Blick auf einem Feengebäude, das kühn und schön aus den Fluten emporsteigt. Allein, o weh! Statt der goldbetreßten Dienerschaft kommt dir ein Haufe ärmlich gekleideter Jungfrauen entgegengeschlichen, die nach sechzehnstündiger Arbeit – die Baumwollspinnmühle verlassen und das Kennzeichen ihrer Beschäftigung in Baumwollflocken an sich hängen haben. Dieses Land, seinen ärmlichen Bewohnern so lieb und teuer, ist – das sächsische Erzgebirge! Und hier ist es, wo wir unseren Karlemann im Spätherbste wiederfinden. Eine Peitsche in der frostverklommenen Hand, sitzt er auf einem Felsstücke, und neben ihm weiden ein paar magere Ziegen das dürftige, kaum zollhohe Gras ab. Der Knabe sieht recht verwettert, doch ungleich gesunder als sonst aus. Seine frischen, roten Lippen pfeifen die lustige Weise eines Tanzes, den die fliegende Bergmannskapelle von dem letzten Jahrmarkte aus Dresden als etwas ganz Neues mitgebracht hat. Abwechselnd bläst er sich in die Finger und schlägt die Arme gegeneinander, um der Kälte sich zu erwehren. „Dieser Luftgeist", spricht er zu sich selbst, „ist ein sehr naseweiser. Ich wollte gleich, daß ich einen kleinen Feuergeist aus dem Hochofen dort unten im Schwarztale herzaubern könnte, um den Luftgeist zu verjagen. Was das Mäusl klettern kann! Ich glaube, ich bräche Hals und Beine, wollte ich es ihr nachmachen. He! will sie gleich vom Abgrunde weg! Sie machte sich nichts daraus, wenn sie hinunterstürzte; aber mir sollte es schön ergehen von der Mutter Helmert, brächte ich eine Ziege weniger heim. Sie ist ohnehin recht garstig gegen mich. Bei ihr gibt es wohl viele Püffe und Stöße, aber wenig Essen, – sehr wenig! Sechs kalte Kartoffeln von früh sechs bis zwei Uhr tut auf jede Stunde nur eine, und doch macht die Kälte so hungrig! Da hatte ich es bei meiner rechten Mutter doch viel besser. Ach, meine Mutter!" – er fing an zu weinen – „wenn ich dich noch hätte!" Er holte eine kleine Kartoffel mit der Schale aus der Tasche, schälte und aß sie unter Tränen, welche darauf tropfend die Stelle des Salzes und der Butter vertraten. „Ja, wenn sie noch lebte, hätte ich sicherlich jetzt eine Gänsefettbemme in der Hand und Handschuhe noch obendrein dazu. O Mutter! Mutter! Siehst du denn jetzt aus dem Himmel herab auf mich armen Karlemann?" Er blickte empor. „Das gibt ehestens Schnee", sprach er mit verändertem Tone, „dann geht die Schlittenfahrt, oder wie sie hier sprechen, das Ruscheln an. Juchhei! Da will ich mir was zugute tun! Schade, daß mein Bruder Ernst nicht dabei sein kann und Schwester Milchen und Bertel dazu. Ach, meine lieben Geschwister! Wie es ihnen nur ergehen mag, ob schlimmer oder besser als mir? Ich bin doch recht übel daran, daß ich so allein sein muß. Zwar habe ich noch meines Pflegevaters Kinder zu Geschwistern. Aber die Röse zieht mir gleich zum guten Morgen ein schiefes Gesicht; der Lieb blökt mich an, und der Lob maust mir gar die Kartoffeln aus dem Schüsselchen. Kommt dort nicht Vater Helmert angewackelt? Richtig, er ist's! Der gute Vater! Gewiß bringt er mir noch ein paar Kartoffeln oder gar ein Stück Brot, daß er der Mutter Helmert heimlich wegstibitzt hat. Pst! Mäusl! Zickel! aufgepaßt! Euer Herr kommt – macht mir keine Schande und folgt hübsch!

Als Helmert ankam, war einige Verlegenheit auf seinem Gesichte ausgeprägt. Er setzte sich neben den Knaben auf den Stein, hustete, räusperte sich einige Male, bevor er anhob: „Mein guter Karlemann, besinnst du dich wohl noch auf die Geschichte, die ich dir vorige Woche erst aus der Bibel erzählt habe? Wie der Vater Abraham um des lieben Hausfriedens willen den Spötter Ismael samt seiner Mutter in die weite Welt schicken mußte?"

„Jawohl!" versetzte Karl, „der kleine Ismael wäre bald verschmachtet in der Wüste, nachdem das Brot im Sacke und das Wasser in dem Schlauche alle geworden war, wenn nicht ein Engel seiner Mutter eine Quelle gezeigt hätte."

„So war es allerdings," erwiderte Helmert, „und so ist es noch, daß der liebe Gott den verlassenen Kindern einen Helfer zusendet. Nun, du bist kein Spötter, vielmehr ein braver Junge. Und an Wasser, gottlob, mangelt es unserem Gebirge nimmer. Daß du verdurstest, brauchst du nicht zu befürchten, und mit dem Verhungern wird's auch gute Wege haben."

„Solange Ihr lebt, Vater Helmert," sprach Karl erkenntlich, „wird's auch nicht geschehen."

Auf diese Rede kratzte sich der Belobte hinter den Ohren. „Höre, Karl," platzte er los, „ich muß dir nur rund heraus sagen, daß meine Frau dich nicht länger bei sich leiden mag. Mit dem bißchen Ziegenhüten, spricht sie, verdientest du ihr nicht einmal das Salz in der Suppe. Und ich kann ihr, wie Abraham auch tat, schon um des lieben Hausfriedens willen nicht ganz unrecht geben. Du mußt wirklich fort von uns. Nun, weine nur nicht gleich. Es werden auch in anderen Häusern noch Kartoffeln gekocht und Haferbrote gebacken; auch ist noch niemand bei uns im Erzgebirge verhungert; wenigstens in den jetzigen Zeiten nicht. Sieh, der Winter ist vor der Tür, und mein Bergwerk noch lange nicht fertig. Und wäre dies auch der Fall, so will meine Frau, daß ich, statt deiner, meinen Lieb als Gehilfen mitnehmen soll. Und hierin hat sie wieder nicht unrecht, denn das Hemd ist mir näher als der Rock. Einen Ausweg wüßte ich wohl noch, allein es wäre zuviel von dir verlangt." – „Verlangt immer, was Ihr wollt", weinte Karl; „ich habe ja nichts als meinen Geldbeutel mit der Flintenkugel, und dieses beides werdet Ihr doch nicht haben wollen?"

„Bewahre!" versetzte Helmert eifrig, „die acht Napoleons sind ja fort, was sollte mir daher dein Geldbeutel? Aber ich meine, wenn du in der Spinnmühle zu Rauschengrund ein Unterkommen als Knüpfjunge fändest, so könntest du, wenn du deinen Verdienst meiner Frau als Kostgeld gäbest, ferner bei uns bleiben. Doch der Weg beträgt eine volle Stunde, und Schlag 6 Uhr im Winter und um 5 Uhr im Sommer geht die Arbeit an. Wenn es nicht so weit wäre, schickte ich meine Röse selbst hin."

„Ich gehe!" rief Karlemann hastig, „laßt mich nur bei euch bleiben, Vater Helmert! Pappel, der Nachtwächter, muß mich alle Morgen wecken, daß ich's nicht verschlafe. Und laufen kann ich wie eine Bachstelze."

„Nun, ich bin's zufrieden", sprach Helmert, „nur müssen wir erst wissen, ob der Spinnherr dich auch annehmen wird. Dazu aber kann dir dein Beutel und die Flintenkugel behilflich sein. Du weißt ja noch, wie du es damals anfingest, daß ich dich in Strehla zu meinem Gehilfen annehmen mußte. So machst du es nun wieder."

In der Tat erwies sich die Kugel als ein Talisman, welcher seinem Besitzer der Menschen Herzen gewann. Karl wurde angenommen und fand in der Spinnmühle reichen Stoff für seinen, durch Helmerts Belehrungen festgewurzelten Glauben an das Wirken von mancherlei Geistern. Ein solcher schien auch wirklich in der ganzen Mühle zu walten, wo von den obersten Bodenräumen an bis in den Keller herab alles durch eine einzige unsichtbare Macht in eine stete Bewegung gesetzt ward. Karl erstaunte, als er ein großes Rad sich drehen und von demselben einen breiten, blendend weißen Wasserstrom hinabstürzen sah, der bei näherer Betrachtung als – Baumwolle sich auswies, welche auf diese Weise von ihrer Unreinigkeit befreit wurde. Dann gewahrte er mächtige Trommeln mit vielen tausend scharfen Drahtspitzen besetzt, auf welchen die Wolle gekrempelt wurde, ohne daß menschliche Hände mehr getan hätten, als immer frischen Vorrat aufzuschütten. Als er aber in die eigentlichen Spinnsäle trat, wo er seinen Wirkungskreis angewiesen bekam, fühlte er sich wie bezaubert. Hier waren die kunstreichsten Maschinen aufgestellt, welche zahllose, dicht aneinander gereihte Spindeln besaßen und solche durch eine bewundernswerte Vorrichtung zum Selbstspinnen bewegten. Ein Mädchen spann auf diese Weise, indem sie bloß einige Schritte vor- und rückwärts tat, in einer Minute Tausende von Fäden, welche sich von selbst auf die Spulen wickelten. Für jede Spindel war eine hohe, blecherne Büchse aufgestellt, in welcher sich die zu spinnende Baumwolle in der Gestalt eines zusammengewundenen weißen Taus befand. Dieselben in Ordnung zu halten und an die etwa gerissenen Fäden wieder anzuknüpfen, war Karlemanns jetziges Geschäft, welches er ziemlich schnell begriff. Der erste Tag verstrich dem Anfänger schnell genug. Als die Glocke in der Spinnerei den arbeitenden Kindern um 6 Uhr abends die Einstellung ihrer Beschäftigung verkündet hatte, sah sich Karl mit jenen in ein großes Zimmer geführt, wo ihrer ein Lehrer wartete, der den über der Arbeit versäumten Schulunterricht jetzt nachholen sollte. Die Kinder, bereits daran gewöhnt, nahmen alsbald Platz auf ihren Bänken. Der Unterricht begann wie immer mit der Religion oder auch mit der biblischen Geschichte. Karl bemerkte in der ersten halben Stunde, daß mehrere seiner Schulkameraden, von Müdigkeit überwältigt, schlaftrunken die Augen geschlossen hatten und nickend dasaßen. Einer purzelte sogar unter großem Geräusch unter die Bank und wurde deshalb tüchtig abgestraft.

„In welche Gefangenschaft wurden die Israeliten einst geführt?" examinierte der Lehrer einen Nachbar Karls.

„In die bayrische", versetzte der Schüler. Paff! hatte er einen Klaps für seine Unaufmerksamkeit weg. „Wer regierte damals in dem israelischen Reiche?" fuhr der Lehrer fort.

„Hosea! Hosea!" zischelten ihm einige zu.

„Hosen!" sprach jener nach.

Paff! wieder einen Klaps. „Was war Hosea?"

„Ein Mann."

„Mit zwei Beinen, nicht wahr?" fragte der Lehrer bitterböse

.„Nein!" platzte der Schüler schnell heraus.

„Mit wievielen denn? O du einfältiger Junge!" zankte der Lehrer und begehrte dann zu wissen, in welche Gefangenschaft die Juden geführt worden seien. Als nun die anderen ihm abermals zuflüsterten: „In die babylonische!" und der Knabe, „Napoleon" verstehend, diesen französischen Kaiser auch nannte, da war des Lehrers Geduld zu Ende. Karl aber, welcher die biblische Geschichten durch die Erzählungen seines Pflegevaters auf das genaueste wußte, hätte gar zu gern für seinen unwissenden Nachbar geantwortet, wäre er nicht durch seine leicht zu entschuldigende Blödigkeit daran gehindert worden. Später aber hatte der Lehrer alle Ursache, mit dem fleißigen und gesitteten Karl vollkommen zufrieden zu sein, welcher große Fortschritte machte und niemals während des Unterrichts schlief.

Zwei Tage fehlten noch bis zum Weihnachtsfest, als Karl am frühen Morgen auf seinem ärmlichen Lager erwachte. Noch hatte der Nachtwächter ihn nicht geweckt, vielmehr war draußen alles tot und still. Gleichwohl vermutete er nach seiner Munterkeit, daß es Zeit sei, sich auf den Weg nach der Spinnerei zu machen. Beim Scheine des durch das kleine Fenster hereinleuchtenden Schnees legte er seine Kleidungsstücke an, schob den Holzriegel vor der Haustür zurück und wollte dann rasch hinaustreten. Eine wohl ebenso hohe Mauer von Schnee, als er selbst war, stellte sich ihm jedoch entgegen. Nichtsdestoweniger drang er mutig in die nachgebende Wand hinein, meinend, daß bloß eine Windwehe den Schnee so hoch aufgehäuft habe. Allein er irrte sich. Die Schneemasse blieb an Höhe sich gleich, und nach wenigen Schritten sah er sich zum Umkehren gezwungen. Am ganzen Leibe naß, die kalten acht Kartoffeln fürs heutige Frühstück in der Tasche, trat er bangenden Herzens zur Lagerstätte seines Pflegevaters.

„Vater Helmert“, sprach er voll Angst, „ich kann vor Schnee nicht fort; ratet mir doch, was ich beginnen soll.“

Als der Mann aufgestanden war, hörte man in mehreren Häusern des zerstreut liegenden Dorfes Schönbach die Türen öffnen, jedoch nicht in der gewöhnlichen, laut schallenden Weise, sondern unter einem schwachen, dumpfen Schalle. In kurz abgebrochenen Tönen rief ein Nachbar dem anderen zu, und dann vernahm man ein Geräusch, als wühle jemand tief unter der Erde, um sich zutage emporzuarbeiten. Als Helmert sich durch den Augenschein überzeugt hatte, daß Karls Aussage auf Wahrheit beruhe, sprach er kopfschüttelnd: „Ist es doch, als hätten sich die Luft- und Wassergeister zusammen verschworen, uns zum Christfeste nicht aus den Häusern lassen zu wollen. Das nenne ich eine schöne Weihnachtsbescherung! So alt wie ich bin, kann ich mich eines ähnlichen Schneefalls nicht entsinnen. Es tät' not, ich würde wieder zum Berg- oder vielmehr zum Schneemanne, welcher Stollen treiben hilft. Den Weg zur Spinnerei, Junge, laß dir nur vergehen. Nicht übers Dorf hinaus kämst du, und schon lägest du im Schnee begraben."

Als der Mittag kam, war durch die unausgesetzte Arbeit der sämtlichen Bewohner so viel bewirkt worden, daß man wenigstens im Dorfe einen Weg gebahnt hatte, auf welchem man in die verschiedenen Häuser gelangen konnte. Weiter hinaus sich zu wagen, war selbst mit Schlitten bedenklich.

So kam der Weihnachtsheiligabend heran. Karl hielt bereits gezwungene Feiertage, denn Helmert gab es durchaus nicht zu, daß der Knabe sein Leben wage und sich auf den Weg nach der Spinnerei begebe, bevor derselbe völlig gangbar gemacht worden war. Es war Abend geworden. Statt des Lichterbaumes brannte in Helmerts Hütte ein Kienspan, bei dessen Scheine Helmert eifrig über seiner Arbeit saß. Denn er wollte sich selbst eine große Weihnachtsfreude bereiten, indem er heute die letzte Hand an sein neues Bergwerk legte. Die Kinder und unter ihnen Karl umstanden mit fröhlichen Blicken das gelungene Kunstwerk, das ihnen zuerst und gleichsam als Christbescherung gezeigt werden sollte. Schlag neun Uhr stand es fertig auf dem Tische, und Helmert, die Hand am Griffe des Mechanismus, daneben. Zuschauer, und zwar nicht zahlende, waren Helmerts drei Kinder, Karl und Frau Helmert. Der einstige Bergmann hatte sich selbst übertroffen und ein Werk geliefert, das ihn mit Stolz und Freude erfüllte und jedenfalls Aufsehen machen mußte. Als habe er Fremde vor sich, öffnete er unter einladenden Worten die Flügeltüren des aufgestellten Kastens, das feenhaft blinkende Bergwerk mit seinen vielen kunstreich geschnitzten und bunt gemalten Figuren zeigte sich, und die Musik begann. Oben über dem Bergwerke, auf der Erdfläche, sah man das Huthaus, in welchem die einfahrenden Bergleute erst ihre Andacht hielten. Der dabei die Aufsicht führende Obersteiger hielt das Gesangbuch in der Linken, während die Rechte sich gemessen nach den Tönen des bekannten Liedes bewegte: „Jesus, meine Zuversicht." Dies war gleichsam die Ouvertüre des Schauspiels. An die Stelle des Chorals

traten später die Klänge eines ergreifenden Marsches, unter welchem das geschäftige Treiben im Bergwerk selbst begann. Die Häuer fuhren ein und aus; Bergleute drehten oben das Göpelwerk, schafften volle Erzkübel zutage und leere in den Schacht hinab. In dem Stollen handhabten die Arbeiter Fäustel und Schlägel, karrten sie die sogenannten Hunde und bohrten, behufs des Sprengens mit Schießpulver, Löcher in das Gestein. Hierauf spielte ein rascher Walzer auf. Bergleute im Sonntagsputz mit ihren Schönen walzten aus dem hellerleuchteten Tanzsaale heraus und nach mehrmaligem Umherschwenken wieder hinein, wobei die Musik schwächer und schwächer wurde und endlich ganz verhallte. Nach einer kleinen Pause nahm sie wieder einen ernsten, schwermütigen Gang an. Als so die bevorstehende Schlußszene eingeleitet war, sprang die geheimnisvolle Pforte auf – und der Berggeist zeigte sich in seiner Höhle, aus welcher er sein Hütlein begehrlich hervorhielt. Während noch eine lustige Weise das Ganze schloß, sagte Frau Helmert in bezug auf das vorgehaltene Hütchen des Berggeistes: „Ja, wenn nur schon etwas hineinkäme! Brauchen könnten wir es mehr als je. Dies Jahr ist ein böses. Alles wird immer teurer infolge des gehabten Mißwachses, und der Verdienst immer geringer. Der fremde Schlingel will immer größere Bissen haben und verdient gleichwohl immer weniger. Die letzten Tage hat er ganz müßig gelegen, und steigt die Kälte so fort, dann gefriert das Mahlwasser ein, und die Spinnerei feiert den Winter über ganz. Was soll dann mit dem Jungen werden?"

„Was mit ihm werden soll", fragte Helmert. „Nun er ißt und trinkt mit uns, so lange wir etwas haben."

„Das wäre!" rief die Frau heftig. „Ist es fein, daß man seinen leiblichen Kindern das Brot nehme und werfe es vor die –"

„Unser Karl ist kein Hund", sprach Helmert mit Nachdruck.

„Dies war die Tochter des kananäischen Weibes auch nicht", entgegnete die Frau, „gleichwohl sagte der Herr Jesus –"

„Davon verstehst du gar nichts, wie dies gemeint war", unterbrach sie Helmert. – „Übrigens bedenke doch, daß Karl bis jetzt sein Brot regelmäßig verdient und mir durch den Fund der acht Napoleondor eine neue Erwerbsquelle im Winter verschafft hat. Wäre ich sonst darauf verfallen, Bergwerke zum Verkauf zu fertigen, hätte ich nicht dasjenige mit so großem Profit wieder verkauft, das ich, nachdem die Kosaken mir mein erstes genommen, hergestellt hatte? Ich sage dir, mit dem Jungen ist der Segen bei uns eingezogen."

„Nun, da muß ich allein blind sein, weil ich diesen Segen nicht gewahre. Kurz, wenn der Junge nicht bis zu Neujahr wieder Arbeit hat, muß er aus dem Hause." Karl hatte das Ende des häuslichen Zwistes nicht abgewartet, sondern war schon bei dem unedlen Vergleiche seiner Person mit einem Hunde hinaus vor die Hütte gegangen, wo er seinem Schmerze freien Lauf gestattete. Eben rief der Wächter die zehnte Stunde ab. Demnach war es dieselbe, in welcher in Paunsdorf auf seine Gesundheit getrunken wurde. Statt des feurigen Punsches rauchte sein Atem in der kalten Winterluft, und nur heiße Kummertränen trank der trockene Mund jetzt auf. Über ihm hoch am nächtlichen Himmel brannten zwar der Weihnachtslichter unzählige; allein sie waren für ihn so kalt, so kalt wie das Herz seiner Pflegemutter.

Die Krippelfuhre

Oskar Schwär

Vierfach war das Weihnachtserlebnis für uns südlausitzer Kinder:

Zuerst besuchte uns das Christkindel, das mit seiner Begleitung in der Adventszeit Umgänge durchs Dorf hielt. Wenn wir auch meist schon herausbekommen hatten, „wer heuer 's Christkindl, 'n Engel Goabereel, 'n heilgn Petrus und 'n Rupperch macht", so beglückte uns ihr Erscheinen doch immer aufs neue. Nicht nur das Christkind, auch der Engel und Petrus trugen ein langes weißes Kleid, und so schön wie ihre Gestalten waren ihre fast hochdeutschen Worte:

Guten Abend, guten Abend zu dieser Frist . . .

Und: Guten Abend, guten Abend, das geb euch Gott! . . .

Und: Petrus, Petrus ich bin genannt . . .

Worauf dann freilich der „Rupperch", mit Pelz und Pudelmütze angetan und mit Rute und Sack versehen, um so derber dreinfuhr:

Plietz, platz, Fladerwiesch!
Haußen is mirsch goar zi frisch!
Ich will mich a die Stube rei machn
und 'n Kindern vertreibm doas Lachn!

Gerade er ließ uns, wenn wir unser Sprüchel hergesagt hatten, erst recht lachen. Und wenn man am nächsten Tage gefragt wurde: „Nu, woarsch Christkindl o ba euch?", da konnte man fröhlich antworten: „Nu! Fein woarsch!"

Dann kam die Christnacht. Jeder versah sich mit einem Wachsstöckel oder einem „Pfenglichtel" – es mußte bunt sein –, Leute die über schmale Stege oder an Bach oder Mühlgraben hin gehen mußten, trugen auch die Laterne in der Hand. Traulich war's, wie durch das Schneegestöber hier und hier der gelbe Schein aufleuchtete. Traulich war's dann auch in der Kirche, deren großer, weißer, schmuckloser Raum sonst nüchtern wirkte. Wir Kinder stiegen hinauf auf die zweite „Purkirche", zündeten unsere Lichtel an und befestigten sie vor uns. Überall flackerten die kleinen Flammen auf roten, blauen, grünen Kerzen und gelben Wachsstöckeln. Wir hauchten sie an, bliesen sie aus, zündeten sie wieder an. Und wenn einer sich über die Brüstung beugte, dann wollte er gewiß beobachten, wer jetzt den Wachstropfen von seinem Lichtel abbekam. Der Glasleuchter mit den vielen Kerzen fand kaum unsere Beachtung. Aber die beiden riesigen grünen Lichterbäume, die links und rechts vom Altar emporgewachsen waren! Die waren das schönste Märchen! Nun setzte sich der Kantor im dicken Pelze auf die Orgelbank, und frohe, volle Klänge erfüllten den Raum. Die alten, lieben Weihnachtslieder erklangen. Mochten auch alte Männer und Frauen nachzerren und kleine Kinder arg daneben singen, die frommen Worte und innigsten Weisen schlossen doch alle Herzen auf, und die so schlicht erzählte Weihnachtsgeschichte „Es begab sich aber zu der Zeit, daß ein Gebot vom Kaiser Augustus ausging, daß alle Welt geschätzet würde", die wir schon auswendig wußten, wurde aufs neue wie ein beseligendes Geschenk empfangen. Die feierlichsten Minuten aber folgten: vom Chor herab ertönte zu leisem Orgelspiel eine Frauenstimme: Vom Himmel hoch, da komm' ich her . . . Ich weiß nicht, ob der Gesang künstlerischen Anforderungen genügt hat: uns allen klang er überirdisch schön.

So schlicht, wie die Kirche meines Heimatdorfes gebaut ist, so schlicht war die Christnacht. Aber in den vornehmen Kirchen der Großstadt hat mich doch keine, noch so schöne Christmesse mit solch frommer Freude erfüllt.

Soll ich von der „Bescherche" erzählen, die nun folgte? Nein, sie käme euch gar zu karg vor. In manchem Hause war eine Pyramide aufgestellt mit Paradiesgärtel, Schäferei und dem Stall zu Bethlehem, aber allgemein war doch der Tannen- oder Fichtenbaum. Ihn hatten wir mit vielen Glaskugeln, Äpfeln, Nüssen und Zuckermänneln geschmückt. Unter ihm fand jeder seinen Geschenkhaufen. Aber es war darum noch lange kein ganzer Haufen von Geschenken! Und silberne Löffel, Ketten, goldene Uhren, teure Bücher entdeckte man unter dem Tuche nicht. Es gab Dinge, die wir notwendiger brauchten! Dazu wohl auch Zinnsoldaten, hölzerne Eisenbahnen und Pferdegeschirre, für kleine Jungen ein Schaukelpferd, für Mädchen Puppen, die aber damals weder die Augen schamhaft zu senken, noch die Lippen zu öffnen verstanden. Zu den Dingen, die uns Jungen am meisten erfreuten, gehörten die Neu-Ruppiner Bilderbogen, die „Mannelbogen", mit Märchen, Geschichten, Schlachten, damals aus dem Burenkriege, oder mit Soldatenreihen, die wir ausschneiden, auf Holz kleben und dann aussägen konnten. Wir waren bescheiden und erfreuten uns an einfachen Dingen.

Sehnten wir uns aber doch nach farbigem Zauber, Glitzerglanz, Wundern, so wanderten oder fuhren wir nach Böhmen in ein Großes Krippel. Mußten wir laufen, da besuchten wir das erste Krippel über der Grenze, das in Georgswalde. Mit dem Heimwege waren es drei Stunden Marsch. Bei ordentlichem Schnee, Wind, Kälte für uns Kinder Anstrengung genug. Aber wir sahen uns köstlich belohnt. Immerhin beneideten wir die Glücklichen, die im Schlitten dahinsausten: die machten eine richtige Krippelfuhre, die nichts mehr zu wünschen übrig ließ! Diese vollkommene Freude genoß ich, und sie bildet eine meiner schönsten Kindheitserinnerungen.

Es war kein eleganter Kutschschlitten mit Polstersitzen, wie ihn der „Herr" (des Rittergutes) und die zwei, drei reichsten Bauern besaßen, aber doch auch nicht ein gewöhnlicher Kasten, sondern des Bäckers einfacher Spazierschlitten, in dem wir fuhren. Ein hochbeiniger, etwas ungeschlachter Gaul zog ihn. Der Bäcker kutschierte. Er, seine beiden Nichten und ich füllten die Plätze gerade, da wir dick angezogen waren und uns dazu noch die Beine in Pferdekutzen einwickeln mußten. Der Gaul mit seinen langen Beinen trabte los. Taktgemäß schellten die Glöckchen. Es war eine lustige Musik. Bald wanderten die letzten Häuser unseres Dorfes an uns vorüber. Wir kamen auf die Höhe und ins Märchenland des Winters. In der Sonne glitzerten die weißen Hügel, sie wellten dahin wie ein bewegtes Meer. Um so dunkler und geheimnisvoller erschien uns der Wald, durch den wir nun fuhren. Dann weitete sich die Welt. Wir hatten das Spreetal vor uns. So oft wir hier schon gewandert waren, heut kam uns alles verwandelt vor. Unser Kutscher zeigte mit dem Peitschenstecken und erklärte: „Groade vir uns, doas is Aberschbuch. Raichts hängt Friederschdurf, drno Spramerch und Neusalz droan. Und durt, noa'n Murgn zu, huch uffm Barge, doas is Gierschdurf. Satt ihr die schwoarzn Nodeln? Doas senn die Foabrikessen. Dar grußmächtge Barg drhinter, die Lausche, die hoat'ch urndlich vu dr Arde lusgeliest." Wir sahen es: wie das Gesicht eines Riesen hob sich die Schattenseite der Kuppe aus dem weißen Lande. Der Tannenberg und all die kleinen und großen Kuppen in Böhmen tauchten auf. Bis an den fernen Horizont ein Steigen und Fallen, ein lebhaftes Wogen aus einem Land ins andere. „Sachte! Sachte, Fuchs!" sagte der Kutscher. Er ließ die Bremse scharren. Denn es ging den steilen Gutberg ins Spreetal hinunter. Weberhäuser, lange und hohe Fabrikgebäude, Villen reihten sich bis an die Grenze. Der Zollbeamte trat an den Schlitten. Dann sausten wir ins Böhmerland hinein. Diesmal stolz am Goergswalder Krippel vorbei, wieder einen Berg hinan, durch dunklen Wald und dann nach Rumburg hinab. Die böhmische Bahn quiekte, die Leute sprachen: „Schau okko! Voaterleh! Gahn Se mer halt a Kreizerle!" Kruzifixe und Heiligenbilder standen an den Wegen. Und viele, viele Gasthäuser gab's. Und aus den meisten vernahm man Orchestrionmusik. Das Land war uns so nah und die Menschen so verwandt, und doch hatte alles etwas Merkwürdiges für uns. Am großen Markte wurde ausgespannt, in einem Gasthaus starker Kaffee und gutes böhmisches Gebäck genossen. Und dann endlich traten wir in ein einfaches Haus mit Holzstuben ein, ins Große Krippel.

Da war auf einmal alles vergessen, was unterwegs unsere Sinne gefangengenommen hatte. Wir befanden uns in einer traumhaft lebendigen Welt. Um uns herum, an allen vier Wänden, neben-, hinter- und übereinander, bis zur Decke empor baute sie sich auf. Wir wußten gar nicht, wo mit dem Betrachten beginnen. Überall, auf grünen Wiesen, auf Felsbergen, an spiegelndem Wasser, auf Wegen und Stegen war Bewegung. Wir erkannten sogleich einige Bilder und Gestalten und drängten uns zwischen den Leuten hindurch zu ihnen. Nun spielten sich vor uns alle bedeutsamen Begebenheiten aus der Geschichte des Heilands ab.

Aus schwebenden Wolken senkt sich die Schar der Engel hernieder und verkündet mit den zarten Klängen einer verborgenen Spieldose das Gloria in excelsis deo. Die Hirten stehen und liegen bei ihrer Herde. Als sie sich vom Staunen erholt haben, eilen sie den Berg hinab zu der Herberge. Vor der Tür des ärmlichen Stalles er-

wartet sie ein neues Wunder: ein holdes Kindlein in der Krippe, dabei die Mutter Maria und der Vater Joseph. Deuten wir es hinein, oder hat der Schnitzer diesen Gestalten so ausdrucksvolle Gebärden verliehen? Wir nehmen ihre Ergriffenheit, ihre Beseligung wahr. Von der anderen Seite schreitet zwischen Felsen ein langer Zug von Kamelen daher. Voran reiten, mit gar prächtigen Gewändern angetan, die Könige aus dem Morgenlande. Ein malerisches Landschaftsbild geht ins andere über. In einer tiefen Schlucht finden wir Jesus und Johannes. Jesus steigt ins Wasser, und wenn der Täufer die Hand über ihn hebt, schwebt die Taube herab, die Gott gesandt hat. In einer offenen Halle sitzen an langer Tafel die Hochzeitsgäste in bunten Gewändern. Vor dem Hause stehen die sechs steinernen Wasserkrüge, ganz nach der Überlieferung, und ein Diener kommt sacht heraus und schöpft und „bringet es dem Speisemeister“. Wir kommen an den Garten Gethsemane, wo die Hirten schlafend liegen, während im Hintergrunde der Herr betet und dem Tore die Schar der bewaffneten Kriegsknechte naht.

Vom Stall zu Bethlehem bis zum Kreuzeshügel – wieviele Bilder sind da mühsam zu gestalten gewesen! Aber sie haben dem kindlich-frohen Schöpfersinne nicht ausgereicht, und so sind zwischen die Landschaften und Szenen der Heilandsgeschichte in naivster Weise heimatliche Vorwürfe eingefügt. Wir Kinder merkten nichts von Unstimmigkeiten, uns fesselten diese Darstellungen gleichmäßig stark. Mich entzückte ein Sägewerk, brachte ich doch manche freie Stunde in unserer Sägemühle zu und wußte, wie getreu hier alles nachgemacht war. Im Sägeschuppen eilte eine zierliche Säge auf und ab, ein ganzer Berg von Stämmen lag, genau wie in unsrer Mühle, davor. Dort rollte ein mit Heu beladener Leiterwagen heim, von einem schmucken Pferdepaar gezogen, voran schritten Schnitter und Schnitterinnen. Am Wege spielte ein Bettelmusikant auf. Dies Bild konnte in Böhmen nicht fehlen! Um einen Brunnen trieben Kinder ihre Scherze. Und neben einem heimatlich echten Fachwerkhäuschen, aus dem ein Alter mit blauer Schürze trat, um die tollenden Kinder zu vertreiben, prangte ein herrlicher Bau mit Säulen und Gewölben und vielen Standbildern, die trotz ihrer Winzigkeit charakteristische Gebärden zeigten. Eine breite, vielstufige Treppe führte hinauf, auf ihr knieten die Gläubigen. Wir hätten mit dieser Darstellung nichts anzufangen gewußt. Sie wurde erklärt. Der Bau ist die Wallfahrtskirche in Albendorf in Schlesien. „Genau nachgebildet!" wurde jedesmal betont; denn nach dieser Kirche werden aus der Rumburger Gegend noch immer Wallfahrten unternommen, sie hat Anspruch darauf, ganz genau gezeigt zu werden.

Als ich nach Jahren wieder in das „Große Krippel" trat, fand ich manches Bild nicht mehr, dafür aber andere. Die Phantasie ruht nicht. Unerschöpflich ist der Quell dieser Volkskunst. Aber es ist nicht nur Phantasie, es ist eine tiefe und frohe Frömmigkeit, die sich solche Wunderwelt schafft. Darum strahlt auch aus ihr wieder das reinste Licht in das schwere Alltagsdasein. Und so kamen und kommen noch heute jedes Jahr Hunderte und Tausende von Menschen, aus Fern und Nah, um sich dem innigen Zauber zu ergeben. Die Wallfahrer aus der sächsischen Wendengegend, aus Komotau, aus Prag, aus Schlesien suchen das „Große Krippel" auf. Und Jahr für Jahr stehen auch die Einheimischen in frommer Andacht in diesem Weihnachtslande.

Als wir Kinder das Krippel verließen und in den Winter hinaustraten, war es uns, als hätten wir nun erst das schönste des Weihnachtsfestes erlebt. Wir erzählten davon, wir träumten davon. Und wir behielten eine stille Sehnsucht nach dem, was fromme Einfalt uns schenkte. Darum muß ich auch, wenn ich vom Weihnachtsfeste meiner lausitzer Heimat spreche, immer an die Krippelfuhre denken, an die Fahrt ins Grenzland, das äußerlich so manchen fremdartigen Zug hatte und in dem doch deutsche Seele daheim ist.

Ehre sei Gott

Nach einer Originalzeichnung von Hugo Engl.

Advent

Rainer Maria Rilke

Es treibt der Wind im Winterwalde
die Flockenherde wie ein Hirt,
und manche Tanne ahnt, wie balde
sie fromm und lichterheilig wird,
und lauscht hinaus. Den weißen Wegen
streckt sie die Zweige hin – bereit,
und wehrt dem Wind und wächst entgegen
der einen Nacht der Herrlichkeit.

Die Flucht nach Bethlehem durch die Lausitz

Otfried Preußler

Was der Luzifer macht, macht er gründlich, und deshalb gibt er sich nicht zufrieden mit dem, was er alles schon gegen das liebe Jesulein in die Wege geleitet hat, nein! er will lieber zweimal auf Nummer Sicher gehen als einmal das Nachsehn haben; und da er in Prag den Eindruck gewonnen hat, daß er fürs weitere dort entbehrlich ist, so begibt er sich nunmehr vom Moldaustrand in die Lausitz hinüber, was ihm ja keinerlei Mühe verursacht, weil er – wir sollten es nicht vergessen – der Böse Geist ist. Und auch von ihm gilt das Wort, daß er weht, wo er wehen will.

Um diese Jahreszeit, kurz nach Weihnachten, liegt für gewöhnlich viel Schnee in der Lausitz, je näher zur böhmischen Grenze hin, desto mehr, und damals, in jenen Wintertagen, ist das nicht anders gewesen. Dem Jesulein zwar und der Muttergottes haben der Schnee und die Kälte nichts ausgemacht, weil sie warm verpackt auf dem Rücken des Esels gesessen sind; aber dem heiligen Josef ist's ganz hübsch kalt gewesen – und nicht nur das! Nämlich vom Stapfen im Schnee, von der mühsamen Tschapperei auf den glatten Straßen und überhaupt von dem weiten Weg, den sie hinter sich gebracht haben, sind ihm die Füße lahm und die Sohlen schwer, so daß er am liebsten im nächsten Wirtshaus sich an den Ofen setzen und rasten möchte: Zum Aufwärmen, denkt er sich, wäre vielleicht ein Stamperle Schnaps nicht schlecht . . . oder eine Biersuppe . . . oder beides . . . Und jedesmal also, wenn sie an einem Kretscham vorbeikommen, zieht es ihn wie mit Stricken hin, und wäre der Esel nicht, welcher ihn seinerseits davon weg- und beharrlich weiterzerrt: wer weiß, ob der heilige Josef aus eigener Kraft in der Anfechtung möchte standhaft geblieben sein, was ihm verständlicherweise von Kretscham zu Kretscham nicht eben leichter gefallen ist.

Der Luzifer, wie er nun in die Lausitz kommt, braucht nach den bethlehemitischen Wandersleuten nicht lang zu suchen, sondern er fegt auf der Straße von Bischofswerda zur böhmischen Grenze dahin – und schon, in der Gegend von Schirgiswalde, am Rand eines zugefrorenen Weihers, hat er sie eingeholt. Doch beim Anblick des lieben Jesuleins in den Armen der Muttergottes, da packt ihn die große Wut, und es wird ihm so heiß davon, daß das Eis auf dem

Weiher zu schmelzen anfängt, der Schnee auf der Straße zerrinnt, und der heilige Josef bemerkt mit Erstaunen, daß es ihm nicht mehr kalt um die Nase ist, und er fühlt sich mit einem Male auch sonst recht warm: Wie nach dem Genuß einer heißen Biersuppe fühlt er sich, bloß mit dem Unterschied, daß man von Biersuppe müde wird, hauptsächlich in den Füßen – jetzt aber hat der heilige Josef sich eher erfrischt gefühlt. Jedenfalls schlägt er den Mantelkragen zurück, und „Vorwärts!" ruft er dem Esel zu, „machen wir, daß wir zur böhmischen Grenze kommen!"

Dem Luzifer wird es erst jetzt bewußt, daß je größer sein Zorn auf das liebe Jesulein, desto schlimmer für ihn. Und so trachtet er seine Wut in Grenzen zu halten, wenigstens für den Augenblick, denn er möchte der Flucht nach Ägypten ja keinesfalls Vorschub leisten, wo er doch eigens zum Zwecke ihrer Verhinderung in die Lausitz gekommen ist. Vielleicht ist es sogar ratsam, sagt er sich, wenn er nun ein paar Meilen vorauseilt und auf dem k.k. Zollamt von Hielgersdorf nach dem Rechten sieht; nämlich man kann unterdessen es unschwer sich ausrechnen, wo dieser Josef mit seiner Mischpoche die Grenze des Königreichs Böhmen erreichen wird.

Wie aber sich herausstellt, hat der Herr k.k. Finanzwach-Oberaufseher Schübl, welcher an diesem Abend im Zollhaus von Hielgersdorf Dienst tut, bis dahin noch überhaupt keine Ahnung von irgendwelchen speziellen Befehlen aus Prag gehabt, was dem Luzifer vollkommen unerklärlich ist – oder sollte es hierorts sich ausgerechnet um eines von jenen wenigen Ämtern handeln, wo der Herr Czirnich gemeint hat, daß man sie möglicherweise erst morgen früh erreicht? No, es hätte der oberste Oberstteufel von allen am liebsten sich wieder einmal vor Wut in den eigenen Schwanz gebissen, wenn er nicht gleichzeitig möchte erkannt haben, daß er sich jetzt was einfallen lassen muß, wie man vielleicht den Fehler im letzten Augenblick noch beheben kann; und so ist er auf einen ebenso schlauen wie naheliegenden Plan verfallen, bei dessen Vollzug er sich eines Hilfsmittels der modernen Technik bedienen wird.

Nämlich es ist noch nicht lange her, da hat man die k.k. Zollgrenzstationen im Schluckenauer Bezirke mit provisorischen Fernsprechanschlüssen ausgestattet, so daß man sie seitens der k.k. Finanzwach-Kontrolls-Bezirksleitung jederzeit telephonisch erreichen kann, falls nicht gerade, worauf man natürlich gefaßt sein muß, die Leitungen unterbrochen sind respektive die Hör- und Sprechapparate einen Defekt haben.

No, der Luzifer braucht um Defekte sich nicht zu scheren; er läßt voller Tücke im Zollhaus von Hielgersdorf plötzlich das Telephon läuten, und sobald sich der Schübl-Finanzer meldet, sagt er zu ihm mit der Stimme von Schübls Vorgesetztem, des Herrn k.k. Finanzwach-Bezirkskommissärs Hallwich aus Schluckenau: „Schübl", sagt er zu ihm durchs Telephon, „tun Sie mir heute besonders gut aufpassen an der Grenze! Es ist nämlich ein Aviso gekommen, daß man versuchen wird, heute nacht einen männlichen Säugling nach Böhmen hereinzupaschen – und das bei Hielgersdorf." Hierauf gibt er dem Schübl eine genaue Beschreibung vom heiligen Josef, der Muttergottes, dem lieben Jesulein und dem Esel, wobei er ihm einschärft, daß es um höchst kriminelle Subjekte sich handelt bei den in Frage stehenden Individuen – und sollten sie auf der Grenze sich noch so harmlos geben: Das ist Verstellung und weiter gar nix. In Wirklichkeit, sagt er, darf man sich nicht erweichen lassen, und wenn sie ihm unter die Augen kommen, hat sie der Schübl sofort in Verhaft zu nehmen und einzusperren, bis man ihm weitere Instruktionen erteilen wird.

„Zu Befehl!" hat der Schübl-Finanzer gesagt, und er hat sich zwar bissl verwundert darüber, weil es ihm aus dem Telephonhörer plötzlich nach Schwefel entgegengestunken hat; aber dann hat er gemeint, das möchte vielleicht ein Fehler im Apparat sein, und weiter hat er sich nichts gedacht dabei. Vielmehr hat er abgeklingelt und ist vor die Tür gegangen und hat sich davon überzeugt, daß der Schlagbaum geschlossen ist, wie sich das gehört; und weil es schon langsam dunkel geworden ist, hat er das Licht in der großen Laterne über der Türe vom Zollhaus angesteckt, und danach ist er wieder hineingegangen ins Warme und hat sich, den Karabiner griffbereit, an das Fenster gesetzt; und nun hat er hinausgeschaut, durch ein Guckloch, welches er in den Eisblumen auf der Scheibe sich freigehaucht hat: No, und so hat er die Grenze des Königreichs Böhmen bewacht und geduldig darauf gewartet, bis er die avisierten Personen festnehmen können wird.

Und der Luzifer, wie er ihn so auf dem Posten hat sitzen und warten sehen, da hat er bei seinem Anblick die Überzeugung gewonnen, daß er von höllischer Seite nun alles, aber auch wirklich alles getan hat, was man in dieser Sache hat tun können; und er fühlt sich mit einem Mal ziemlich müde und abgespannt, und es ist ihm auch elend kalt gewesen vom langen Aufenthalt an der Oberwelt, was ihm erst jetzt, nach getaner Arbeit, so recht bewußt wird. Deshalb entschließt er sich guten Gewissens dazu, vorläufig in die Hölle zurückzukehren, wo er sich erst einmal tüchtig aufwärmen will und ausschlafen auf dem Flammenrost, denn eigentlich kann in der Zwischenzeit ja hier oben ihm nix mehr schiefgehen, sagt er sich – aber da wird er, geschätzter Leser, sich umschaun dürfen, wie schief ihm das trotzdem gehn wird!

Es war aber in der Lausitz drüben, sobald sich der Oberste aller Teufel von dannen nach hinnen begeben hatte, im Handumdrehn wieder so bitterlich kalt geworden, daß es dem heiligen Josef beinahe den Atem verschlagen hat, und geschwind muß er seinen Mantelkragen aufs neue hochklappen, weil es ihn stark an die Ohren friert, und es reicht ja schon, wenn der Frost einen in die Nase zwickt. Wie häufig bei einer solchen Witterung, wenn auf Tauwetter rasche Kälte folgt, haben sich über den Teichen und Bächen Nebel zusammengebraut: Die kriechen nun aus den Niederungen empor, aus Tälern, Mulden und Wassergräben, und schieben sich schwadenweise über die Straße, bald dünner, bald dichter, und manchmal kommt sich der heilige Josef vor, als möchte man einen Mehlsack ihm übergestülpt haben, noch dazu einen nassen. Dann sieht er mit seinen Augen die eigenen Füße nicht, und ohne den Esel, welcher den Weg ihnen weist (denn selbstverständlich verlieren Erzengel selbst im dichtesten Nebel die Orientierung nicht), ohne den Esel, da wäre er mit den Seinen vermutlich noch lange am Rande der Lausitz umhergeirrt.

So aber kommen sie ganz schön vorwärts, obgleich es inzwischen Abend geworden ist, und immer wenn sich der Nebel ein bissl lichtet, merken sie, daß der Mond scheint. Es ist dann die Welt, soviel sich davon erkennen läßt, wie in Buttermilch eingetaucht, und der heilige Josef mit der Familie schreitet hindurch wie weiland der Erzvater Moses mit dem Volk Israel durch das Rote Meer – bloß mit dem Unterschied, daß dem Volk Gottes seinerzeit, beim Durchschreiten des Meeres, niemand den Weg gekreuzt hat; jetzt aber, ziemlich nahe der böhmischen Grenze bereits, taucht plötzlich zur rechten Hand, hinter einer Zeile verschneiter Fichten, eine mit einer großen Hocke bepackte Gestalt hervor, welche der heilige Josef beim ersten Hinsehen für einen Mohren hält, aus dem Troß der Dreikönige etwa. (Es hätte ja sein können, daß er im Nebel den Weg verfehlt hat, oder vielleicht hat er einen Fuß sich verknackst, und nun hinkt er den anderen hinterher.) Doch nein, keine Rede von einem Mohren! – sondern es handelt sich um den Kniesche-Schuster aus Nixdorf, welcher mit Ofenruß das Gesicht sich vollgeschmiert hat, wie er es immer tut, wenn er paschen geht, damit in der Dunkelheit die Finanzer ihn nicht erkennen, falls sie ihn auf der Grenze anrufen und er vor ihnen weglaufen muß, was ihm schon hin und wieder passiert ist in zwanzig Jahren. Und niemals hat man ihm hinterher etwas nachweisen können, bloß leider ist er ein paarmal gezwungen gewesen, daß er die Hocke wegschmeißt, sonst hätten ihn die Finanzer eingeholt, und das ist in der Regel für einen Pascher Unglück genug, denn bis die verlorene Ware wieder herein ist, muß er ein Vierteljahr praktisch umsonst paschen, ohne jeden Gewinn dabei.

Anfangs hat Kniesche das Paschen auf eigene Faust betrieben, auf eigene Rechnung und eigenes Risiko. Später hat er sich dann mit den beiden Knoblichen und den Gebrüdern Wünsche zusammengetan (das sind ihrer viere gewesen), und alle sieben haben von jetzt an gemeinsame Sache gemacht. Ob Gewinn, ob Verlust, das alles ist seither zu gleichen Teilen gegangen, womit sich das materielle Risiko für den einzelnen stark vermindert hat, das ist klar; und es bringt ja auch sonst die gemeinsame Pascherei manchen Vorteil mit sich, zum Beispiel bezüglich der leiblichen Sicherheit, daß man nicht, wenn man Pech hat und bricht sich den Fuß, im Wald draußen an der Grenze liegenbleibt und womöglich erfrieren muß, wie es mit Gahlers Sefflei vergangenen Winter geschehen ist; oder wenn von den „Sieben Raben", wie man sie bald genannt hat, beim Paschen einer erwischt werden möchte, was Gott verhüte: so müßte er seine Frist auf dem eigenen Hintern zwar absitzen, da hilft alles nix! – aber es werden in dieser Zeit die sechs anderen weiterpaschen, und bis er auf freien Fuß kommt, da werden sie von den inzwischen erzielten Gewinnen ein Siebentel seiner Familie auszahlen, das ist abgemacht.Der heilige Josef hat keine Ahnung davon, daß der Kniesche-Schuster ein Pascher ist. Pascher gibt es bei ihnen zu Hause weder in Nazareth noch in Bethlehem, und so können sich er und die Muttergottes nur wundern, wie nun mit einem Mal auch die beiden Knobliche und die Gebrüder Wünsche hinter der Fichtenzeile hervorstapfen, alle schwarz im Gesicht wie Kniesche, und jeder von ihnen schleppt sich mit einer großen und schweren Hocke ab. Darin haben sie in der Hauptsache Schnaps und Tabak verstaut gehabt, nebst ein paar kleineren Posten an englischen Nähnadeln, Waschblau, Salpeter und Speisesalz, nicht zu vergessen diverse Sorten von Garn, namentlich türkischrotes, woran sich per Kilo ein halber preußischer Taler verdienen läßt, denn es hat Seltenheit und ist allseits begehrt in Böhmen.

Der Winter ist für die Pascherei keine gute Zeit, da muß man sich an die gebahnten Wege halten, sonst könnte man steckenbleiben im Schnee; und die gebahnten Wege, so schmal sie sein mögen, lassen sich von den Organen der k.k. Finanzwach-Kontrollsbehörde mit Leichtigkeit unter Observation halten. Also muß man sich etwas ausdenken, wie man den Zollbeamten ein Schnippchen schlägt, und so haben die Sieben Raben an diesem Abend den kleinen Tschörner aus Hainspach vorausgeschickt an die Grenze, ein schwächliches Männl, das sich zum Paschen nicht eignet, es möchte mit einer richtigen Hocke kaum hundert Schritte weit kommen – aber zum Vorpaschen kann man ihn gut gebrauchen, den kleinen Tschörner. Nämlich er trägt einen Buckelkorb auf dem Rücken, mit einem hölzernen Schnapsfaß drin, und das Schnapsfaß, hehe, ist mit Himbeersaft angefüllt. Damit geht nun der kleine Tschörner zum Hutberg voraus, auf ebendem Schlittenweg, welchen auch Kniesche mit seinen Kumpanen heute benützen will. Wenn dann an diesem Weg ein Finanzer lauert, so wird er den kleinen Tschörner abfangen, weil er meint, daß er Schnaps pascht, und wird ihn zum Zollhaus von Hielgersdorf bringen, damit man ein Protokoll schreiben und ihn einsperren kann; und dort wird sich dann alles aufklären, weil das Paschen von Himbeersaft nicht verboten ist, Gott sei Dank noch nicht! – und daß Tschörner bloß deshalb den Himbeersaft über die Grenze gebuckelt hat, weil er auf diese Weise den Weg für die Sieben Raben hat freipaschen wollen: Das wird man ihm nie beweisen können, auch wenn sich vielleicht ein diesbezüglicher Argwohn nicht ganz von der Hand weisen lassen wird.

Der kleine Tschörner mag Kniesche und seinen Leuten etwa um fünf Minuten voraus gewesen sein, und sie müssen natürlich achtgeben, daß sie den Abstand nicht allzu groß werden lassen – da stoßen sie jetzt also, wie sie die Straße nach Hielgersdorf überqueren wollen, auf diese Fremden mit ihrem Esel. Das ist ihnen gar nicht recht, und man kann das sogar verstehen, von ihrem Standpunkt aus, denn wer sagt ihnen, daß die Wandersleute sie nicht verraten werden beim Zoll – und wenn sie's aus Dummheit tun.

Es möchte vielleicht am besten sein, denkt sich der jüngere Knobloch, wenn man den beiden zunächst einen tüchtigen Schrecken einjagt, und hinterher läßt man sie einen heiligen Eid schwören, daß sie von der Begegnung mit ihnen zu keiner Menschenseele ein Wort verlieren werden, besonders nicht auf dem Zollamt von Hielgersdorf. Und es scheint, daß die andern in dieser Sache genauso denken, denn ohne daß jemand ein Wort zu sagen braucht, wissen sie, was sie tun müssen: Sie umstellen die Fremden im Halbkreis und fassen die Stecken fester, und gleich wird der jüngere Knobloch vortreten, auf den heiligen Josef zu, und dann wird er ihn mit der Linken vorne am Mantel packen und wird ihm den Stecken unter die Nase halten, und: „Keinen Mucks!" wird er sagen, der junge Knobloch, „sonst geht's euch ans Leder!" Aber es kommt nicht so weit; vielmehr in dem Augenblick, wo der jüngere Knobloch den heiligen Josef packen will, blickt ihn die Muttergottes an, unterm Kopftuch hervor – aber nicht nur ihn blickt sie an; sondern jeder von ihnen, der Kniesche auch, und der ältere Knobloch, und die Gebrüder Wünsche: sie fühlen sich alle angeblickt, jeder zur gleichen Zeit und für sich alleine. Und nicht nur wissen sie jetzt mit einem Mal ganz bestimmt, daß die Fremden sie nicht verraten werden, sondern es überkommt sie zudem eine wunderliche Verlegenheit, gleichsam als stünden sie in der Kirche und hätten die Hüte versehentlich aufbehalten. Und schließlich, nach einer Weile, spricht Kniesche aus, was sie alle denken: „Seid ock ne biese", sagt er, „es war ne asu gemeent."

Dann treten sie mit den Hocken zur Seite und geben die Straße nach Hielgersdorf wieder frei, und sie können natürlich nicht wissen, daß auf dem Esel die Muttergottes an ihnen vorbeireitet; und das Wickelkind, das sie im Arm hält, unter dem Bausch des Mantels: wie hätten sie ahnen sollen, daß es der liebe Heiland ist? Dennoch, so haben sie später berichtet, sind sie für eine Weile dagestanden wie in der Sonne und haben sich merkwürdig fromm und beglückt gefühlt – wie damals als Kinder, wenn in der Nacht das Christkindl dagewesen ist, und sie haben am Morgen des Weihnachtstages die Äpfelund Nüsse und Hutzelbirnen gefunden, mit welchen es sie beschert hat.

Der kleine Tschörner ist mittlerweile längst auf der Grenze gewesen – und richtig! es hat dort, versteckt hinter einem Reisighaufen, der Herr k.k. Finanzwach-Unteraufseher Josef Behounek auf der Lauer gelegen. Der hat nicht viel Federlesens gemacht mit dem kleinen Tschörner, denn erstens ist er ein junger und eifriger Mensch gewesen, und zweitens hat es ihn jämmerlich an die Pflöckln gefroren, hier draußen bei dieser Hundekälte, und dann noch stundenlang hinterm Reisig hocken ... Er hat also freudigen Herzens zugegriffen, wie ihm der kleine Tschörner da akkurat in die Hände läuft, und Tschörner, obgleich er ja damit hat rechnen müssen, ist so verdutzt von dem Anruf „Stehnbleiben, oder ich schieße!", daß er selbst dann, wenn er's ernstlich möchte gewollt haben, kaum noch dem Behounek hätte weglaufen können, sondern er hat sich bereitwilligst festnehmen lassen von ihm, und dann sind sie miteinander nach Hielgersdorf abmarschiert: der Tschörner voraus und der Behounek hinterdrein, das Gewehr im Anschlag. Und keiner von beiden hat einen blassen Schimmer davon gehabt, daß sie in dieser Sache aufs allerpünktlichste nach den Plänen der himmlischen Vorsehung sich verhalten haben.

Nämlich die Straße nach Hielgersdorf macht um den Hutberg herum einen weiten Bogen, bevor sie zur Grenze führt, und demzufolge treffen der Behounek und der kleine Tschörner beträchtlich früher beim dortigen Zollhaus ein als die heiligen Wandersleute aus Bethlehem.

„Oho!" staunt der Schübl-Finanzer, wie ihm der Behounek mit dem Tschörner hereinrumpelt. „Soll das am Ende ein Pascher sein, den Sie mir da geschleppt bringen?"

„Melde, daß ja", sagt der Behounek stolz und berichtet ihm, wie er den kleinen Tschörner am Hutberg geschnappt hat.

„Mit was?" fragt der Schübl.

„Mit Schnaps", sagt der Behounek.

Jetzt ist der Augenblick da, auf den Tschörner gewartet hat. „Schnaps?" ruft er ganz entrüstet. „Sie wer'n doch ne glauben, Herr Oberaufseher, daß ich – und täte Schnaps paschen!"

„Nei-iin?" fragt der Schübl gedehnt und deutet dabei auf das hölzerne Fassl aus Tschörners Buckelkorb, welches der Behounek auf den Tisch vor ihn hingestellt hat. „Was ham Sie denn dann hier drinne?"

„Ach, wissen Sie", gibt ihm der Tschörner darauf zur Antwort, „da drin hab ich nämlich Himbeersaft."

„Waaas?" fährt der Schübl ihn an und packt ihn bei seiner Joppe, wie vorhin der jüngere Knobloch den heiligen Josef hat packen wollen. „Sie glauben wohl, daß ich blöd bin, ja? Da wer'n Sie sich einen Blöderen suchen müssen wie mich, für den Himbeersaft – und da können Sie lange suchen, Sie Lügenschüppl, Sie!"

Damit läßt er von Tschörner ab, und nun langt er sich einen Becher vom Wandbrett neben der Türe herunter, den füllt er zu einem Drittel aus dem bewußten Fassl, dann schnuppert er prüfend daran herum – und dann kostet er. Und es ist seiner Miene anzumerken, daß er sich vom Ergebnis der Probe keineswegs überrascht fühlt.

„Wenn Sie das Himbeersaft nennen", sagt er zum kleinen Tschörner, „dann will ich ein Mameluck sein. Das wer'n Sie mir doch nicht weismachen wollen, daß das kein Schnaps is!"

„Bittschön", erwidert der kleine Tschörner, „das is kein Schnaps."

„Was Sie nicht sagen!" Der Schübl zeigt sich belustigt von Tschörners Erwiderung. „Vielleicht bin ich wirklich so blöd, daß ich Schnaps nicht von Himbeersaft unterscheiden kann. Aber wir haben ja Gott sei Dank noch den Behounek hier – und Sie wer'n uns das, Behounek, dienstlich nachkontrollieren, ja?"

Der Behounek trinkt nun seinerseits aus dem Becher – und wie er ihn absetzt, da sagt er mit einem Achselzucken, daß es ihm schrecklich leid tut, und der Herr Oberaufseher wird ihm das hoffentlich nicht für übel nehmen, aber bei einer dienstlichen Nachkontrolle darf man natürlich bloß das sagen, was man tatsächlich feststellen können hat – und feststellen kann der Behounek nur: „Das ist Himbeersaft."

„Blödsinn!"

Der Schübl zapft eine weitere Kostprobe aus dem Fassl ab: Und diesmal, er traut seinem eigenen Gaumen nicht, muß er dem Behounek leider recht geben.

„Also, wie man sich täuschen kann!" sagt er kopfschüttelnd. „Tun Sie mir, Behounek, bittschön den Rest von dem Zeug da wegschütten."

Wie nun der Behounek aber den Becher nimmt und damit hinausgehen will auf den Abtritt, da stutzt er mit einem Mal – und er kann sich nicht helfen, aber nach Himbeersaft riecht das Neigl im Becher nicht; darum kostet auch er noch einmal, und jetzt muß er seine vorhinige Feststellung revidieren: „Herr Oberaufseher!" ruft er. „Wir müssen uns alle beide getäuscht haben – es ist wirklich Schnaps."

No, der Schübl das hören – und her mit dem Becher! und gleich eine nächste Kostprobe aus dem Tschörnerschen Fassl abgefüllt: Und bei ihm ist es diesmal auch Schnaps, aber beim Behounek wieder Himbeersaft! Und sie können es anstellen, wie sie wollen: es bleibt dabei, daß sie auch bei den weiteren Proben und Gegenproben stets zu konträren Ergebnissen kommen, bald so und bald so – und es will ihnen nicht in den Kopf hinein, wie man aus ein und demselben Behälter abwechselnd Schnaps und Himbeersaft trinken kann. Wir aber ahnen natürlich, geschätzter Leser, was mit dem Inhalt von Tschörners Fassl geschehen ist; nämlich es scheint, daß man auf der Gegenseite über den Mißbrauch längst schon im Bilde gewesen ist, welchen der Luzifer mit dem Telephon sich geleistet hat – und nun sorgt man auf diese Weise dafür, daß er dennoch das Nachsehen haben wird.

Nämlich es übt auf die beiden Finanzbeamten der reichlich in Wahrnehmung ihrer dienstlichen Pflichten genossene Schnaps seine Wirkung aus, und wie dann der heilige Josef mit der Familie vor dem Zollhaus von Hielgersdorf anlangt, da haben der Behounek und der Schübl zwar immer noch nicht ergründen können, was denn nun wirklich der kleine Tschörner über die Grenze hat paschen wollen; aber sie sind schon hübsch angedudelt gewesen, die zwei. Und nicht nur macht es dem Schübl Mühe, ans Fenster zu kommen, nachdem er den heiligen Josef hat klopfen hören, sondern er hat auch bereits die am Telephon ihm erteilte Order bezüglich Festnahme eines gewissen männlichen Säuglings und dessen Begleitung total verschwitzt gehabt.

Der heilige Josef hat schon die Reisepässe bereitgehalten (und hoffentlich, denkt er, bekommen sie wegen dem fehlenden Eintrag vom lieben Jesulein keine Schwierigkeiten) – da öffnet der Schübl von drinnen die Fensterklappe und läßt sich die Pässe hereingeben. Damit kehrt er nun an den Tisch zurück, wo er bereits vom Behounek mit der nächsten Probe im Becher erwartet wird, und statt mit den Dokumenten der Reisenden vor dem Zollhaus sich zu beschäftigen, gibt sich der Schübl erneut mit dem Behounek der Kontrolle der Tschörnerschen Konterbande hin.

Tschörner selbst hat dem Treiben der beiden Finanzer mit wachsendem Staunen zugeschaut. Er kann sich nicht denken, was eigentlich dieses seltsame Hin und Her mit dem Himbeersaft und dem Schnaps bedeuten soll, aber er findet es schon sehr spaßig, das muß er zugeben; und zum Schluß, wie der Behounek dann vom Stuhl fällt, so schrecklich besoffen ist er, und wie auch der Schübl sich nicht mehr halten kann, sondern er kippt wie ein Plumpsack nach vorn, mit dem Kopf auf die Reisepässe, welche vor ihm auf dem Tisch liegen, und es fängt der Herr Oberaufseher mit dem Herrn Unteraufseher um die Wette zu schnarchen an – da sagt sich der kleine Tschörner, daß es bestimmt nicht verkehrt sein möchte, wenn er sich jetzt mit Fassl und Buckelkorb aus dem Staube macht, damit man ihm hinterher nix beweisen kann. (Aber es werden der Behounek und der Schübl sich ohnehin fragen müssen, ob es nicht klüger sein möchte, wenn sie die ganze Geschichte auf sich beruhen lassen, denn glauben wird man sie ihnen eh nicht!) Und also macht sich der kleine Tschörner davon: Unter Mitnahme seiner Sachen verschwindet er aus dem Zollhaus von Hielgersdorf durch die Hintertüre; und alles in allem darf er mit dem Verlauf des heutigen Abends zufrieden sein, denn längst sind die Sieben Raben mit ihren Hocken ins Böhmische einpassiert, und ihm selber kann man nix anhängen seitens der k.k. Grenzzoll-Kontrollsbehörde.

Aber die heiligen Wandersleute aus Bethlehem stehen noch immer da, an der vorderen Türe des Zollhauses neben dem Fenster, und die Herausgabe ihrer Reisepässe läßt auf sich warten und warten, bis sie allmählich befürchten müssen, daß man sie nicht hereinlassen will ins Königreich Böhmen. Und wenn auch der heilige Josef ein paarmal ans Fenster klopft, das ist alles umsonst – und sie wissen sich keine Hilfe, weil ja der Schlagbaum heruntergelassen ist, und als redlichen Leuten, welche sich an die Gesetze halten, bleibt ihnen keine andere Wahl, als daß sie sich Gottes Ratschluß anheimstellen, und sie sagen sich: Wie es kommen soll, wird es kommen – und wie es kommt, wird es für sie richtig sein.

Der Nebel hat sich inzwischen gelichtet, der Mond scheint nun hell und klar auf die Erde hernieder, er taucht sie in blaues und weißes Licht, und der Frost zieht an, und die Sterne funkeln am Firmament – da hören die biblischen Wandersleute von ferne ein leises Klirren und Klingeln, ein Pferd schnaubt, ein Sattel knirscht, und jenseits des Schlagbaums, die Straße herauf, kommt von drüben ein Reiter herangesprengt: hoch und hell ist er, ganz in Eisen gewandet, ein Kronreif ziert ihm den Helm, im Schild führt er einen schwarzen Adler, gegürtet ist er mit einem Schwert und gewaffnet mit einer Lanze, die hat eine Spitze aus Gold, und das Fähnlein an ihrem Schaft ist von roter Seide, mit einem Kreuz bestickt. Er kommt auf sie zugeritten, am Schlagbaum pariert er das Roß, und es kostet ihn bloß einen Wink mit der Hand, da hebt sich vor ihnen die Schranke empor – und frei ist der Weg nach Böhmen hinein für sie.

Nämlich der heilige Herzog Wenzeslaus selbst hat die Grenze ihnen geöffnet, der Schutzpatron Böhmens, Glaubenszeuge und Märtyrer, welchen der leibliche Bruder damals erschlagen hat, hinterrücks, an der Kirchentür zu Alt Bunzlau: Nun schwingt er sich aus dem Sattel und beugt in den Schnee das Knie vor dem lieben Jesulein und der Muttergottes: „Hospodin“, sagt er, „pomiluj ny – Herr, erbarme dich über uns“ (und er spricht in der alten böhmischen Sprache zu ihnen, aber sie können ihn gut verstehen, das wundert sie keineswegs, auch den heiligen Josef nicht), und er bittet sie um den Segen des Herrn, und dann reitet er leuchtend vor ihnen her in das silbrig schimmernde Land hinein – bis sie nach einer Weile zu einem kleinen, abseits der Straße gelegenen Kirchlein kommen, unweit von Seigersdorf. Dort erwarten sie am Portal schon die seligen Frauen Ludmila und Zdislawa mit den Heiligen Johann von Nepomuk, Prokop und Adalbert nebst verschiedenen weiteren böhmischen oder im Königreich Böhmen besonders verehrten Heiligen, welche sich höchsten Orts die spezielle Gnade erwirkt haben, daß sie für eine Nacht lang der Muttergottes, dem lieben Jesulein und dem heiligen Josef Herberge geben dürfen in ihrem Land.

ANGELUS SILESIUS

Wird Christus tausendmal
zu Bethlehem geboren,
Und nicht in dir,
du bleibst noch ewiglich verloren.

Denkt doch, was Demut ist,
seht doch, was Einfalt kann!
Die Hirten schauen Gott
am allerersten an.

Der sieht Gott nimmermehr,
nicht dort, noch hier auf Erden,
Der nicht ganz inniglich
begehrt, ein Hirt zu werden.

Soll er dein Heiland sein
und dich zu Gott erheben,
So mußt du nicht sehr weit
von seiner Krippe leben.

Der Stall von Bethlehem

Joseph Wittig

Der lange Handelsmann, der häufig mit seinem Kasten in unser einsames Haus kam, machte wohl eigentlich, wenn man ihn so ansah, eine etwas lächerliche Figur. Er war ein langer, vierschrötiger Kerl mit herabhängendem Schnauzer und kräftigen Kinnbacken, vor denen man schon ohne die übrigen schreckenerregenden Zutaten Angst bekommen konnte, wenn die Mutter nicht da war. Er war für Gigantenkämpfe geschaffen oder wenigstens für einen Steinbruch, handelte aber, von Haus zu Haus stampfend, mit den allerleichtesten Dingen von der Welt, mit Näh- und Stecknadeln, Zwirnsfäden auf Röllchen, auf Sternchen, in Zaspeln und Strähnen, mit Hemdknöpfen und Hosenknöpfen, Messerchen, Spiegelchen, Bröschlein und Spänglein. Das faßte er alles mit seinen Riesenfäusten an, aber so zart, wie wenn des großen Herrgotts Hand ein Kindchen in der Mutter Schoß legt. Tief mußte er sich bücken, wenn er zur Tür hereinschritt. Noch war der Absatz seines linken Stiefels an der Türschwelle, da wartete schon die Spitze seines rechten Stiefels einen Viertelmillimeter vor dem Tischbein, und sein Kopf probierte vorsichtig, ob er sich mit den Balken der Stubendecke vertragen könne. Er fragte nicht, ob es recht oder unrecht wäre; er breitete seine Waren auf dem Wirtschaftstische aus, hie und da ein Stäublein Mehl wegblasend oder eine Krume Brot aufpickend und zum Munde führend. Legte die Röllchen und Sternchen, die Zaspeln und die Strähnchen schwarzen und weißen Zwirnes hin, öffnete die Schächtelchen und Papiertäschlein mit den feinen Nadeln, garnierte den ganzen Tisch mit weißen und bunten Knöpfen, so daß er aussah wie das Himmelszelt mit lauter Sternen.

Damals, zur Weihnachtszeit – die Mutter war ins Dorf gegangen, und wir Kinder waren daheim allein – hielt er mitten im Auspacken inne und horchte auf. Durch das erste, schwerfällige Ticktack unserer alten Wanduhr ging es wie der geschwinde Herzschlag eines kleinen Kindes: Ticke-ticke-ticke-ticke-ticke. Das war das Uhrwerk hinter dem Stall von Bethlehem, das ein halb Dutzend Engelchen antrieb, zappelnd um das Jesuskind zu fliegen; Tag und Nacht, während das große Räderwerk, das die Straßen von Bethlehem, die Windmühlen, die Wachsoldaten, den Kuckuck bewegte, stillstand und auf das Aufziehen wartete.

„Donnerwetter!“ gurgelte es aus dem bärtigen Gesichte, „was habt ihr d'n doo?“

„Dos ist doch de Gebort!“ gab ich zum Bescheid.

„Dos wäß ich alläne, du Rootznose!“ erwiderte der Handelsmann meine Höflichkeit, ließ seinen Zwirn Zwirn sein und stellte sich vor die „Geburt“, als wartete er darauf, daß ihm das halbe Dutzend Englein in den Mund flöge – blieb stehen und stehen. Es war, als ob er ohnmächtig geworden wäre, und wir kuschelten uns aneinander und drückten uns schier bis zur Stubentür.

Das tickende Knacken des kleinen Uhrwerks hinter dem Stalle von Bethlehem, das wir sonst fast gar nicht mehr hörten, wurde immer lauter. Es sprang aus seinem Versteck hervor durch die ganze Stube und tanzte über Tisch und Dielen. So still war alles andere in der Stube geworden.

Den Mann erschüttert es im Innersten. Was er je von der Menschheit erfahren hat, vom Geborenwerden und vom Sterben; was er je ertragen und geduldet hat, alles Lachen und alles Weinen, alle Liebe und aller Haß; was unerkannt und unbewußt in den Gründen seiner Seele liegt, das regt sich und sucht sich zu formen, wenn er an der Wiege eines Kindleins steht. Zwei Begriffe stellen sich in seiner Seele nebeneinander: Wiege und Welt. Eine Philosophie ganz sonderbarer Art spinnt sich in seinem Kopfe zusammen. Ich weiß noch aus meinen allerersten Lebensjahren, wie mein Großvater, so oft er unsere Wiege sah, den Vers sprach:

Wiejabocha, Wiejabocha,
du host de ganze Welt belocha.

Der Vers sagte ganz das Gegenteil von dem, was der Großvater meinte. Aber er schloß in sich zusammen die beiden Grundelemente jener sonderbaren Philosophie: Wiege und Welt.

Es ist zu dumm, daß ich es nicht genauer sagen kann, was ein gewöhnlicher Grafschafter Mann an der Wiege eines Kindes denkt und empfindet. Es ist aber auch noch nie gesagt worden. Es hat nur immer aus den Augen herausgeschimmert, es lag nur immer auf den gebeugten Schultern, diese Weltwichtigkeit der Wiege.

Der Handelsmann hob langsam seinen rechten Arm, griff mit Daumen und Zeigefinger in den Stall von Bethlehem – und ergriff die kleine, wiegenförmige Krippe, in der auf Stroh und feinen Linnenspitzen das Jesuskindlein lag. Ich rannte hinzu und wollte mit böser Stimme schreien: „Dos tärrn Se ne!“ Aber da machte er ein so

Gloria in excelsis Deo et in terra pax.

weiches Gesicht, als wollte er den heiligen Joseph oder die Muttergottes nachmachen, und hielt Krippe und Kind wie ein Vogelnest in den großen Händen – und tat, als ob er das Kind schaukeln wollte, und tat, als ob er es küssen wollte.

Dann setzte er sich auf den nächsten Schemel, als verdrösse es ihn, ein so großer Mann zu sein und begann zu singen:

„So ruht wohl in der Mutter Schoß
so manches Kindlein klein.
Doch wird das arme Kindlein groß,
– dann fühlt es Angst und Pein.
O Jesulein, in deiner Huld,
vergib mir meine Sündenschuld!“

Er machte sich mit seinen Fingern zwischen Auge und Nase zu schaffen und tat, als ob er Schnupfen hätte, und damit wir es glaubten, nieste er auch ein paarmal künstlich. Meine wohlerzogene Schwester sagte pflichtschuldigst: „Goot half!“ Und er antwortete fromm: „Goot bezohl's!“ Dann begann er auf hochdeutsch (denn wenn ein Grafschafter eine schwierige Sache erklären will, spricht er hochdeutsch):

„Das ist nämlich das allereinzige Kind auf der ganzen Welt. Wer wieder ein Kind sein will, muß in diesem Kinde sein. Adam war schon ein großer Junge, als er erschaffen wurde, und Eva ein großes Mädchen, die bald heiraten wollte. Sie sollte auch den Adam bald heiraten und gerade ein so hübsches, unschuldiges Kind auf die Welt bringen. Denn der Herrgott wollte partout einmal ein solches Kindlein sehen. Da hat sich aber der Teufel dazwischen mengeliert: Die Freude wollte er dem Herrgott schon verderben! Er vergiftete alle Äpfel an dem schönsten Baum vom Paradiese und redete dann den dummen Menschen vor: sie würden ganz klug werden, wenn sie in diese Äpfel hineinbeißen täten. Der Herrgott verbot es wohl, aber die Eva konnte es nicht aushalten und meinte, der Adam sollte einmal probieren. Da wurde Adam zwar klug, aber er hatte das Gift der Sünde. Eva blieb dumm, denn sie merkte, daß es dem Adam ganz schlecht wurde vor lauter Klugheit. Aber als sie nun das erste Kind kriegten, da war es schon von Adams Klugheit und Sünde angesteckt. Es konnte kein eigentliches Kindlein sein, denn es hatte schon zu viel Klugheit geerbt und war ein böser Junge vom ersten Tage an. Da war der Herrgott traurig, denn er wollte doch partout einmal ein richtiges Kindlein sehen. Er jagte Adam und

Eva aus dem Garten und hatte nur noch richtige Freude, wenn ein dummes Vöglein aus dem Ei herauskroch oder wenn ein Zicklein oder ein Kälbchen geboren wurde. Auf die Kinder der Menschen aber schaute er nicht einmal hin, denn so was Kluges und Hochmütiges mochte er nicht ansehen. Doch er hatte immer noch Sehnsucht nach einem solchen Kindlein.

Da war in Gott die ewige Weisheit oder das Wort, genauso groß und schön wie Gottvater, und es war der Sohn Gottes. Der machte sich ganz klein, noch kleiner als ein Kind, noch kleiner als ein Mohnkörnlein, und versteckte sich im Schoß der Jungfrau Maria. Dort begann er zu wachsen wie ein Kind, bis er zu Weihnachten auf die Welt kam. Das war die höchste Zeit, denn damals kamen die Kinder schon mit großen Bärten zur Welt, und es war zum Grauen mit den Menschen. Jetzt, da der Gottessohn, die ewige Weisheit, Kind geworden war, jetzt wurde alles gut. Und wer zu dem Kindlein kam und an das Kindlein glaubte, der wurde wieder gesund von der Vergiftung, und wenn's auch schon ein alter Mann war, so konnte er doch im Herzen wieder ganz ein Kindlein werden, und der Herrgott hatte eine große Freude daran. Seht doch, wie die alten Männer dort, die Hirten auf dem Berge, jauchzen und springen! Sie sind verrückt vor Freude und tun wieder wie Kinder. Brängt amol oire Bibel her!"

Das war nun endlich eine wirklich schöne Geschichte, die mich besonders tröstete. Einige hochmütige Verwandte, die nicht nur sieben Morgen Acker wie wir, sondern zehn Morgen besaßen, hatten einmal unter sich gesagt: „Da Wittig Josla is wol a beßla tomp." Das hatte ich nie verwinden können. Jetzt aber sah ich ein, daß die ganze Klugheit doch bloß vom Teufel stamme und daß dem Hergott nichts so gut gefiele wie ein wirklich dummer Junge.

Der Handelsmann holte bedächtig seine Brille heraus, zog sie aus ihrem Futteral, wischte sie sorgfältig mit seinem blaugepunkteten Schnupftuch ab, schob ihre Bügel über seine Ohren, nahm das Buch und las, die Krippe mit dem Jesuskind behutsam auf seinen Knien haltend: „Und es waren Hirten in derselben Gegend auf dem Felde, die hüteten des Nachts ihre Schafe. Und siehe, ein Engel des Herrn trat zu ihnen, und die Herrlichkeit Gottes umleuchtete sie, und sie fürchteten sich sehr . . ."

Gern hätte ich das lange Lesestück unterbrochen und ungeduldig gesagt: „Sie, dos weß mer schon olls." Aber der Mann tat zu andächtig und zittrig beim Lesen, und meine Schwestern machten Gesichter, als hörten sie dies alles zum ersten Male.

„Bscht!“ unterbrach sich der Handelsmann plötzlich, „'s kemmt jemand, 's komma a poore! 's komma Pfade gerieta, on Kamele, on a grußer Elefant! 's komma Ferschta on Keenige ogerieta. Satt ock, satt ock, satt ock!“

Da reckte er sich königlich auf und hielt seinen Oberkörper, als säße er auf hohem Pferde. Mit den Beinen und Füßen machte er den stolzen Gang des Pferdes nach. Mit dem Munde spielte er König und Pferd zugleich. Erst wieherte er, dann wies er, seine Flöte als Zepter gebrauchend, zu dem Stern in der „Geburt“ und rief plötzlich: „Satt er da Stern? Satt er dos Gefunkel?“

Dann drehte sich der Handelsmann wieder auf unsere Stadt Bethlehem zu und deklamierte weiter, aber so, als ob er alles erlebte: „Die Weisen machten sich sogleich auf den Weg nach Bethlehem. Und siehe, der Stern, den sie im Morgenlande gesehen hatten, zog vor ihnen her, bis er stillstand über dem Orte, wo das Kind war. Als sie den Stern sahen, hatten sie eine übergroße Freude. Sie gingen hinein, fanden das Kind mit Maria, seiner Mutter, fielen nieder und beteten es an.“

Da kniete auch der lange Handelsmann vor der Krippe und war wieder ganz ohnmächtig. Nach einer Weile erhob er sich, ging zum Tische und nahm einige Zapseln Zwirn, ein paar Karten mit Knöpfen und Papiertäschlein mit Nadeln, trug alles zum Stall von Bethlehem und legte es vorsichtig vor dem Jesuskind nieder.

Das war nun das Allerinteressanteste. Die Mädchen guckten und guckten und stießen sich. Der Mann aber sagte sehr leise: „Sie taten auch ihre Schätze auf und opferten ihm Gold, Weihrauch und Myrrhen. In der Nacht befahl ihnen Gott im Traume, daß sie nicht mehr zu Herodes gehen sollten. Sie kehrten deshalb auf einem anderen Wege in ihr Land zurück.“ Dabei packte er seine Waren wieder in den schwarzen Kasten, gab mir ein kleines Taschenmesser, den Schwestern aber einige glänzende Bröschlein und wollte gehen. Es war, als ob er sich schämte.

Ich trat zu ihm hin und sagte: „Blein Se ne noch a beßla? Es ist doch nooch der bethlehemitische Kindermord.“

„Dos konst allene macha. Ich ho' der ju schon's Massala derzune gegan!“

Glücklicherweise kam mitten in diese gespannte Stimmung meine Mutter vom Dorfe zurück, begrüßte den Handelsmann als alten Bekannten und sagte, sie möchte wohl ein paar Rollen Zwirn kaufen. Der Handelsmann, der sonst für sein Leben gern verkaufte, schien aber keine Lust mehr zu einem Geschäft zu haben und sprach zur Mutter: „Ich ho bloß da Kendan wos firgemacht."

„Und a hot dem Jesuskendla Zwern on Knepplan gegan", riefen wir einstimmig.

Da nötigte ihn die Mutter, noch ein wenig zu bleiben, und brachte ihm Kaffee und Kuchen. Und als er ganz andächtig saß, bettelten wir ihn: „Macha S' ock noch wos! Sie hon ju die Darstellung Jesu im Tempel vergessa."

„Du konst se ju firlasa, ich mach's dann anoch."

Und ich las, wie Jesus, als er vierzig Tage alt war, von Maria und Joseph in den Tempel gebracht wurde, wie Joseph ein paar Turteltauben opferte und der greise Simeon ganz außer sich war vor Freude, daß er endlich den Heiland sah.

Da stand der Handelsmann auf, schnallte sich seine Tasche über den Rücken, trat zur „Geburt" und sprach das Gebet des Simeon nach: „ Herr, nun lässest du deinen Diener in Frieden fahren, wie du gesagt hast; denn meine Augen haben deinen Heiland gesehen, den du bereitet hast vor allen Völkern, ein Licht, zu erleuchten die Heiden zum Preise deines Volkes Israel."

Der dritte König

Ruth Hoffmann

Sie hatte es verschworen zu backen, und sie hatte sich bittern und trostlosen Herzens den Schwur gehalten. So verschlief sie eine tote und unheilige Weihnacht, sie war um sieben Uhr schon ins Bett gekrochen; nicht wie eine, die es schläfert, sondern wie ein wundes Tier, welches das Dickicht sucht, um aufs Verenden zu warten.

Silvester das gleiche trübselige Spiel: festlos der Tisch, lichtlos der Leuchter, ohne eine Krume von Naschwerk der Kuchenteller. Kein süßer Geruch vom zuckergebrühten Mohn, kein Hauch vom Wachs, von dörrender Tanne, die über dem Licht wohlig brenzelt und die ganze Stube weihnachtlich durchweht. Verschlafener Heiliger Abend, verschlafenes Silvester. Kein Beten, keine Einkehr, keine Vorausschau. Wonach sollte sie noch Ausschau halten?

Sie hatte sich die Augen blind gesehen bis zur Straßenkrümmung, wo um die Ecke biegt, was Schicksalsbote ist oder das Schicksal selbst, Briefträger und Arzt, Gendarm und die, welche nach Hause kommen. Hundertmal ist sie genarrt worden von irgendeinem, der ähnlich ausschritt – von einer Kopfhaltung, die sie erinnerte ... Jetzt aber hat sie das Schauen sich abgewöhnt, wie das Beten, wie das Weinen, wie das Warten, wie das Hoffen, und wer sich das Hoffen abgewöhnt hat, ist schlimm daran. Er hat sich dem Ende schon anheimgegeben.

Nach dem weißen stillen Neujahrstag aber begann es in ihrem Haus auf seltsame Weise „umzugehen". Die Gerätschaften trieben ein unheimliches und selbstherrliches Wesen mit ihr. Anna, sagte die himmelblaue Mehltruhe und stieß sie ans Schienbein, Anna, ich bin noch nicht leer, noch nicht ganz leer, es könnte gerade noch langen. Der Bunzeltopf mit dem verzuckerten Honigrest schob sich zwischen ihre Füße, während er sonst in brauner dickbäuchiger Behäbigkeit in der hintersten Ecke des Gewölbes stand. Jetzt war er so weit nach vorn gerückt, daß sie ihn beinahe umstieß. Anna, sagte auch er, es tät reichen, nimmst halt ein bissel Sirup dazu.

Das leinene Säckchen mit den Haselnüssen fiel vom Haken, wo es luftig hing, und fiel ihr beinahe auf den Kopf. Es wollte sich unbedingt bemerkbar machen, da gab der mürbe Aufhänger nach und zerriß. Das Kuchenbrett schlug um, dabei hatte es schräg an der Ofenbank gelehnt, es klappte laut, nicht zu überhören, und der

Nußknacker, der sonst gar nicht im Messerschub lag, schob sich ihr förmlich zwischen die Finger. Das Wiegemesser aber schaukelte auf sie zu, bis sie es in die Hand nahm und behutsam durch die Haselnüsse führte.

Ihre Hände übten die gewohnten Griffe mühelos. Das Hirn half dabei, das Herz aber war noch verhärtet in Abwehr, doch schließlich ergab es sich ins Unvermeidliche. Warum sollen die denn darunter leiden, daß du so allein bist, gelt, Anna? sagte es. Die können doch gewiß nichts dafür, und es wäre das erstemal, daß sie mit leerem Säckel abziehen müßten, die Heiligen Drei Könige.

Es fand sich sogar noch etwas Cochenille, um die Hälfte der Pfeffernüsse rosa zu färben, wie sich das gehört zum Heiligendreikönigstag, und es waren schließlich sechs große Bleche voll geworden. Das Haus roch von oben bis unten nach Weihnachten, was sie am Fest selbst hatte vermeiden wollen. Und weil es jetzt nicht mehr darauf ankam, nagelte sie einen großen Ast, den der Sturm von der Blautanne geschlagen hatte, über die Haustür, gerade dahin, wo in den Querbalken das C + M + B eingebrannt war, auf daß Caspar, Melchior und Balthasar das Haus behüteten, und hängte an den Tannenast den alten fiedrig geschnittenen Stern aus Rauschegold, wie alle Jahre. Nun mochten sie kommen!

Was für ein Sturm, immer noch! Am Vormittag des Dreikönigstages ging sie hinters Haus in den Nutzgarten und schüttelte den schweren tauigen Neuschnee aus den Kronen der jungen Obstbäume, daß sie nicht brächen. Sie ging in hohen alten Männerstiefeln, stapfte eine halbmetertiefe Nikolausspur kreuz und quer durch den Garten und dachte an die Heiligen Drei Könige und an ihre dünnen Mäntelchen und an ihr schlechtes Schuhwerk, und wenn es so vom Ochsenberg herunterfegte wie jetzt, konnten sie einem wirklich leid tun, die armen Schlucker, die armen Spatzen, die armen kleinen Räuber. Denn das waren sie wirklich geworden: Kartoffelräuber, Rübenräuber, Apfelräuber, Birnenräuber, Haselnußdiebe. Hunger tut weh, und sie wußte ganz genau, warum sie gebacken hatte.

Wußte sie das wirklich? Für die Heiligen Drei Könige? Nur für die Heiligen Drei Könige, freilich! Aber sechs Bleche, sechs volle große Bleche! Ach, die Hoffnung, die doch purer Wahnwitz war, nichts Himmlisches mehr und eher eine teuflische Narretei treiben mochte mit ihr, der Beraubten, sie hatte sich, großmächtig, mit dem neuen Jahre aufgemacht und ging nun Schritt für Schritt einen Fuß breit vor ihr her, daß sie sie fassen und spüren konnte bei allen Verrichtungen. Ob sie das Mehl wog und siebte, ob sie Gewürz in die hölzerne Backmulde tat oder die gewärmten Bleche mit Speckschwarte einrieb und hernach sorgfältig mit Mehl bestäubte.

Wir Heiligen Drei Könige mit unserm Stern,
Wir singen und beten und fasten nicht gern . . .

Da waren sie und sangen wie eh und je. Die Leinensäckchen aber waren schlaff, von kümmerlicher Leere, und ihr Haus war so ziemlich das letzte vorm Walde.

Gut, daß ich doch gebacken habe, dachte sie, und dann fragte sie, wo denn der dritte König wäre.

's hat ihm halt die Krone nuntergeblasen, sagte der Mohrenfürst entschuldigend und zog mit der Nase hoch, die rotgefroren aus der verwischten Rußschmiere leuchtete. Beim Beckmüller am Bache wird sie liegen, aber's war zu glatt, eine richtige schräge Kaschel, da hat er sich nicht runtergetraut, bei dem Winde überhaupt. Er hat auch geflennt, ohne Krone macht er nich mehr mit, hat er gesagt, und da ist er eben nach Hause gegangen. 's gibt uns doch heut niemand nischt mehr, hat er gemeint.

Sie zählte die Pfeffernüsse gerecht in die grauen Säckchen. Dreißig und dreißig und noch einmal zwei Mandeln dazu. Die sind aber für ihn, sagte sie, gebt sie ihm richtig ab, hört ihr, und jetzt singt noch einmal.

Wir Heiligen Drei Könige mit unserm Stern . . .

Zweistimmig klang es empor zum C + M + B über der Tür, zur Tanne und zum glitzernden Gold. Sie waren beide im Chor, der Mohrenfürst hielt brav die erste Stimme, es klang sehr schön. Anna gab beiden einen Klaps. Haltet nur ihr die Kronen ordentlich fest, sagte sie, und macht jetzt, daß ihr nach Hause kommt, in einer Viertelstunde ist pechfinstere Nacht.

Aber um Neune rum kommt der Mond übern Hainwald, sagte der Mohrenfürst pfiffig. Da müßt ihr schon zweimal rumgeschlafen haben, schalt Anna. Marsch jetzt, und ich laß die Mutter schön grüßen . . .

Pechfinstere Nacht. Der hier Weg und Steg kennt von Kindesbeinen an, muß sich das Vorwärtskommen ertasten, Schritt für Schritt. Sturm heult und tobt, Äste krachen, und einmal schlägt ihm eine breiige Schneelast auf Kopf und Schultern, daß es ihn beinahe umwirft. Aber er schüttelt sich und prustet und stapft vorwärts. Ihm ist es ganz recht, daß Dunkelheit ihn verbirgt, ihn und seine Zerlumptheit, seine Ausgemergeltheit, seine eisgrauen Haare, wo er gerade erst vierzig ist, und seinen Stoppelbart.

Bleib über Nacht, hatte die Wirtsfrau in Pfaffenmühle zu ihm gesagt, kommst ja in die pechrabenschwarze Finsternis. Wie wird er denn hier übernachten, zwei Stunden von zu Hause entfernt, zwei winzige Wegstunden, der durch die Ewigkeit gewandert ist, durch Not und Qual und Tod und fressendes Feuer! Er hat sich aufgewärmt, hat etwas gegessen, jetzt geht es wieder, es muß gehen!

C+M+B steht über seiner Haustür, noch vom Urgroßvater her, der ein frommer Mann gewesen sein soll. Er ist nicht fromm, schon lange nicht mehr, aber – Casper + Melchior + Balthasar – ist nicht heut der sechste Januar? Sie sollen ja die Reisenden und Fahrenden beschützen, die Heiligen Drei Könige. Vielleicht haben sie ihn begleitet und bis hierher gebracht.

Er kann nicht mehr gut steigen, er kommt hinter den Atem – hinger a Odem, heißt es hier richtig. Er und nicht steigen können, man sollte es nicht für möglich halten! Ach, wird schon werden, wird schon wieder werden bei der Anna. Schritt für Schritt, im Schnee, im Sturm, im tiefen Dunkel. Zwei Stunden? Es schlägt neunmal vom Altwilmsdorfer Kirchturm, da hätte er zu Hause sein müssen nach seiner Berechnung. Aber es geht nur mühsam voran, und er kann eben nicht mehr gut steigen. Der pappelnde Schnee ist frisch überkrustet, er bricht tiefer ein mit jedem Schritt, er muß abgekommen sein von der Straße, es ist auch glatt jetzt, die reinste Rutschbahn, und da sitzt er auch schon auf dem Hintern und fährt zu Tal, ein ganzes Stück, und das Steißbein, auf dem nicht mehr viel Polsterung ist, tut ihm verdammt weh. Er hat sich also tatsächlich verlaufen, in seinem eigenen Dorf.

Ein gnädiger, unendlich freundlicher Mond sieht durch sturmzerfetzte Wolken, vertreibt sie und zeigt ihm die Kirche und die Pappeln vor dem Dominium, den Ochsenberg, und wo er sitzt, ist der Abrutsch zum Bach unterhalb der Beckmühle und die gefährlichste Kaschel im ganzen Umkreis und wird ihm wohl einen schönen blauen Fleck eingebracht haben. Aber die Anna hat noch Arnikaspiritus, wie er sie kennt, oder aufgesetzte Kiefernsprossen.

Hainwald, Ochsenberg, die Kirche, der Bach, die Anna – so hat er es geschafft, wirklich geschafft. Ist das die himmlische Seligkeit? Nicht sehr weit davon, wenn er auch verdreckt und verkommen ist und nur noch ein besseres Gerippe seit dem Typhus.

Er macht sich ans Aufstehen und sieht es blinken und erschrickt. Am Bache blinkt es. Spiegelndes Mondlicht? Geheimnisvoll und wunderlich liegt es im Schnee unter der Weide, zackig und golden. Er hebt es auf und weiß, was es ist. Sechster Januar, und einer hat die Krone verloren vorhin beim Sturm, Melchior oder Caspar oder Balthasar.

Er stülpt sich die Krone vorsichtig, den prunkvollen Zierrat und so leicht zu verwehen, über die mißfarbene Mütze und geht einher, wie der Junge von ehedem um Pfeffernüsse singen ging mit dem Sack und um Speck. Er lacht über sich und freut sich dabei! Wenn ihm so was noch Spaß macht, wenn er mit der Krone zur Anna kommt und ihr das Lied singt vor der Tür, jetzt in der Nacht, wenn er das noch kann, dann kann er alles andere auch. Wieder steigen lernen, seinen Steilhang fertig roden, ein Stück Vieh nach dem andern aufziehen, damit der Stall wieder voll ist, und die Bachwiese endlich trocken legen, und eine neue Scheune, später vielleicht, es ist alles möglich, alles, wenn so etwas passieren kann, wie ihm da passiert ist, wenn er eigens beim Beckmüller abrutschen mußte, um die Krone zu finden, welche die Heiligen Drei Könige verloren haben. Er wird sie nicht verlieren, die ist mehr als Papier und Rauschegold, die Krone, sie ist ein Zeichen, ein Wahrzeichen, und auch ein Wegezeichen für ihn. Denn genau dort, wo sie im Schnee lag, zweigt von Beckmüllers Weiden der kleine Schriemweg ab, der geradewegs zu seiner Bachwiese führt. Jetzt verläuft er sich nicht mehr, er steigt und steigt, und seit ihm die Krone auf der Mütze paradiert, kommt er, nicht ein einziges Mal mehr „hinger a Odem"...

Warum findet sie heute nicht ins Bett? Sie hat die Pfeffernüsse fortgepackt und hat wieder welche aus der Blechtrommel genommen und auf den Zinnteller gelegt.

Warum eigentlich? Sie ist nicht um sieben ins Bett gekrochen, wie Weihnachten und Silvester, sondern sie hat sich an den Tisch gesetzt, die Hände im Schoß. Aber die Hände finden keine Ruhe, und die Füße zucken unter dem Tisch und schicken sie zum Herd. Sonst läßt sie abends das Feuer ausgehen. Jetzt zwingt sie das gleiche Unnennbare, das ihr die Pfeffernüsse förmlich abzwang. Scheit um Scheit ins Feuerloch auf die letzte Glut zu schieben, und wie es zu knistern beginnt und auflodert und sausend singt, ist die Stube mit solchem neuen lebendigen Leben erfüllt, daß Füße und Hände nicht einfach Feierabend halten können.

Es treibt sie zur Kommode hin: Du wolltest doch morgen Betten beziehen, Anna. Tu es jetzt, tu es gleich, es ist erst neun. Eins zwei drei ist's gemacht. Die frische Schürze vorgebunden, Bezüge und Bettuch aus dem Schub gehoben. Jetzt mischt sich dem Honigduft der Pfeffernüsse und dem wohligen Brenzelgeruch des kienigen Holzes der friche Hauch wiesengetrockneter Wäsche. Sie breitet das Bettuch und streicht es glatt und stopft es fest, sie greift mit einer Hand zwei Zipfel des Federbettes und zwei Zipfel des schlohweißen Bezuges, der links gerollt ist, wie sie es gelernt hat, und sich nun leicht über die rote Fülle streifen läßt. Dann ist das Bett frisch gemacht und sieht weißer aus als der Schnee draußen. Sie aber hat nichts mehr zu tun, nichts als zu horchen. Auf das Knistern des Feuers, auf das Knarren der Dachbalken, auf den Sturm, wie er heult und Äste von der alten Birke knackt und sanft wird vor dem Mond und sich endlich ermattet mit einem letzten Ächzen zur Ruhe begibt.

Da ist es Schlag neun Uhr, der Kuckuck ruft es ihr zu. Ob die Heiligen Drei Könige schon zweimal herumgeschlafen haben, wie sie es ihnen doch gesagt hat, und ob sie dem dritten, der die Krone verloren hat, auch die dreißig Pfeffernüsse ehrlich abgegeben haben? Zwei Heilige Drei Könige, das ist auch noch nicht dagewesen, solange sie denken kann. Sie lacht ein bißchen, wirklich, sie lacht. Sie haben hübsch gesungen, besonders der Mohrenfürst, er hat überhaupt eine gute Stimme. Sie summt, wahrhaftig, sie summt vor sich hin:

Wir Heiligen Drei Könige mit unserm Stern,
Wir beten und singen und fasten nicht gern.

Sie summt es leise, aber draußen singt es, es singt eins vor der Tür. Es ist einhalb zehn, der Kuckuck schreit . . . Sie hat sich getäuscht, sie hat zu sehr an die Heiligen Drei Könige gedacht, verrückt ist sie, ganz verdreht, warum eigentlich?

Wir Heiligen Drei Könige mit unserm Stern . . .

Es singt eins, es singt wahrhaftig vor der Tür, Herrgott, Herrgott im Himmel . . .

Es sind die Füße, die sie zur Tür tragen, Hirn und Herz wissen nichts davon, das Herz schlägt einen Trommelwirbel, daß sie nicht atmen kann, das Hirn begreift nicht. Welches Menschenhirn begriffe auch sogleich, wenn es ihm geschieht, das Wunder?

Wir Heiligen Drei Könige mit unserm Stern . . .

Was blinkt so? Goldpapier, zackig geschnitten, die Krone blinkt . . . der dritte König . . .

Er kniet nicht vor ihr, so etwas tut selbst der nicht, der in hundert oder tausend Nächten gedacht hat, auf den Knien müßte man rutschen, bis nach Hause, bis zu ihr hin. Er ist einfach ausgeglitten, zum zweitenmal heute, und diesmal bekommen es die Kniescheiben zu spüren, daß die mittagnasse Steinschwelle frisch überfroren ist, und daß noch niemand Asche gestreut hat, jetzt mitten in der Nacht. Aber er steht nicht auf und streckt die Arme aus und hält sich links und rechts an ihrem Rock fest und reißt ihr fast die Reihfalten aus, und dann geschieht es doch so, wie er es in aberhundert

Nächten gewollt hat: Er rutscht zu ihr auf den Knien und drückt das stoppelige, verwahrloste Gesicht in ihren Rock.

Die Krone scheint golden wie der Mond selbst. Aber silbern scheint und fremd seines Haares dichte Haube. Reif ist ihm auf den braunen Schopf gefallen. Und das macht aus ihrer Liebe, die sie innig gehegt hat, trauernd, nichts mehr erhoffend, nun süße und schmerzliche, feuerrot brennende Glut, die den Mond und seinen Glanz in sich aufnimmt, alle Sonnen der Welt, alle Sterne des geklärten Himmels, den schimmernden Schnee, die Krone aus Goldpapier, das Wunder der Pfeffernüsse, des frischbezogenen Bettes, des schlaflos unbegründeten Erwartens dieser Nachtstunde.

Sie hat nicht aufgeschrien im seligen Erschrecken, sie lachte auch nicht und weinte auch nicht. Sie seufzte nur einmal leise, es war eher wie ein Auf- und Ausatmen. Ja, sie atmete mit diesem Seufzer die Not und Bangnis, alle Hoffnungslosigkeit des letzten Jahres aus und entließ sie in die winterliche Nacht, auf Nimmerwiedersehen.

Der dritte König, dachte sie.

Dann half sie ihm aufstehen.

Von Daniel, vom Rosenduft und dem Kissen der Zufriedenheit

Hans Lipinsky-Gottersdorf

Gegen halb vier Uhr nachmittags wurde Daniels Schlaf unruhig; sein Schnarchen hörte auf, er schloß den Mund, atmete ein paarmal tief durch die Nase und drehte den Kopf. Dann schlug er langsam die Augen auf, seufzte laut und blinzelte zum Fenster hinaus. In der grauen Düsternis des Wintertages konnte er die schwarze Wand des Schuppens sehen, ein Stück Schienenstrang und den Wald, der sich dahinter dunkel und ernst aufbaute. Der Wind fauchte zornig um die Hausecken und trieb dünnen Schneerauch am Schuppen vorbei. Daniel seufzte abermals; er hatte noch gar keine Lust, sich zu bewegen, obgleich er nicht mehr müde war. Aber die Decke war halb zu Boden geglitten, und als er danach tastete, konnte er sie nicht erreichen; dazu mußte er sich ein wenig aufrichten, und wie er sich reckte und streckte, rutschte auch noch das Kissen fort und fiel zur Erde.

„Donnerschlag", sagte er unwillig, und weil es doch nicht anders sein sollte, setzte er sich schon richtig hin. Einem armen Mann, dachte er grämlich, fällt das Brot immer auf die Butterseite. SEI ZUFRIEDEN tröstete in rotgestickten Buchstaben die Inschrift des grünen Kissens vom Boden herauf; das war der Wahlspruch seiner Frau, und Daniel schaute schief darüber hinweg. Er war keineswegs zufrieden, noch bereit sich trösten zu lassen; kalt war ihm und unbehaglich im höchsten Grade. Es zog von der Türe her, und im Ofen war das Feuer fast erloschen.

Die Weiber, dachte er, die Weiber ... Gott soll sie alle ... „Aufstehen", sagte er sich krächzend, „aufstehen und Holz holen! Du wirst dich sonst erkälten!" Kein Zweifel, er würde sich erkälten, denn sogar die Knochen in seinem Leibe waren schwer und eisig geworden, und seit er die Siebzig hinter sich hatte, konnte er nicht mehr so viel aushalten wie früher. Meist war ihm das ein Ärgernis, das er vom Morgen bis zum Abend bejammerte; heute bereitete es ihm eine grimmige Genugtuung. Er ließ die Kälte Kälte sein und blieb sitzen. Auch noch Holz holen, dachte er – das würde ihr so passen. Nein, er wollte hier frieren, und wenn sie dann geruhte heimzukommen, so lag er im Bett mit 39 oder 40 Grad Fieber, hustete und nieste und hatte es auf der Lunge. Das geschah ihr ganz recht; warum mußte sie auch fortfahren und ausgerechnet jetzt, zum Fest, wo sogar die schlimmsten Rüpel und Trunkenbolde daheim blieben.

Daniel wurde womöglich noch böser, als er daran dachte. Hatte sie ihm nicht obendrein zugesetzt, er sollte mitfahren; er, der noch nie in seinem Leben gern außer Hauses gegangen war, sollte jetzt eine Reise machen, zwei Stationen weit, bis zur nächsten Stadt, und das zu Weihnachten und nur der Tochter, ausgerechnet der jüngsten Tochter wegen.

Die Alte, dachte er, wo hat sie nur ihre Gedanken.

Er räusperte sich kräftig, überlegte einen Augenblick und spuckte dann auf den gescheuerten Fußboden. Wenn sie das wüßte, dachte er mit hinterhältiger Vergnügtheit und kroch förmlich in sich zusammen vor Schadenfreude. Wenn sie das gesehen hätte! Da lag der Spucker, ein Denkmal seiner Verlassenheit, mitten im weißen Streusand auf den Dielen, und Daniels wegen konnte er über die Feiertage hinweg liegenbleiben, bis sie sich endlich bequemte zurückzukommen. Ihn störte er nicht, nein, für ihn war auch eine unaufgeräumte Stube gut genug. Er war ja nur ihr Mann . . .

Aber er wird eintrocknen, dachte Daniel plötzlich trübsinnig. Er trocknet ein, und dann sieht sie ihn nicht mehr. Es hatte überhaupt alles keinen Zweck.

Ein kalter Luftzug fauchte wie ein Hund durch die Türritzen und biß Daniel in die Beine. Er schüttelte sich und ächzte. In seinen Waden stach und zog es bis in die Schenkel hinauf.

So ist das immer, murrte er, Kälte und Wind und Husten und Rheumatismus. Für ihn bot der Winter keine Freuden, er hatte ihn nie gemocht, und es war ihm stets rätselhaft gewesen, warum Gott der Herr ausgerechnet diese abscheuliche Jahreszeit zur Geburt seines Sohnes erkoren hatte. Immerhin waren wenigstens Hirten mit Schafspelzen auf dem Felde gewesen und gleich gelaufen gekommen, so daß das Schlimmste verhütet wurde – aber gesetzt den Fall, sie wären nicht dagewesen, was dann? Daniel hatte sich oft Gedanken darüber gemacht. Seine Frau und die Töchter dagegen? Du lieber Himmel, das Denken war nicht ihre Sache, das merkte man allenthalben. Dafür erfanden sie Geschichten – und was für welche! Aber Daniel hatte sie stets geduldig angehört. Oh ja, er hatte immer geschwiegen, sogar wenn Katharina den schrecklichen Unfug von dem himmlischen Rosenduft erzählte, der an jedem Weihnachtsabend angeblich die ganze Welt erfüllen sollte, und alle ganz verzückt schnupperten, Daniel aber beim besten Willen nur den Gestank des rauchenden Ofens wahrnehmen konnte, der schon schlecht zog, als der Töpfer ihn eben gesetzt hatte, weil die Oppelner Eisenbahnverwaltung nur das billigste Material bezahlte. Das alles hatte er geduldig hingehen lassen, so ein Mann und Vater war er. Daß Katharina ihn aber jetzt verließ und in die Stadt zu der jüngsten Tochter fuhr, die nun endlich im Frühjahr doch noch einen Mann gefunden hatte (lange genug hatte es gedauert, wahrhaftig!), daß seine Frau ihn jetzt zum Fest allein ließ, nach dreiundfünfzigjähriger Ehe ... „Das ist zuviel", schnaufte Daniel zornig. SEI ZUFRIEDEN mahnte immer noch das Kissen. Er setzte jetzt tatsächlich seinen Fuß darauf und wälzte es herum, damit er das törichte Zeug nicht mehr lesen müsse. Mochte zufrieden sein, wer da wollte – er war es nicht; denn eine Frau gehörte zu ihrem Manne, daran gab es nirgendwo einen Zweifel.

Die Uhr in der Ecke schnarrte und ruckte, dann flog das Kläppchen auf und der Kuckuck rief viermal. Der Wind draußen schwieg einen Augenblick, und in einer Ecke rieselte Kalk von der Wand.

Daniel stand schwerfällig auf; es war Zeit. Zwar war er seit einigen Jahren nicht mehr im Dienst und hatte es nicht mehr nötig, die Strecke abzulaufen – das tat jetzt ein jüngerer Beamter, und Daniel wartete täglich darauf, daß ein Unglück geschehen würde – aber er ging aus alter Gewohnheit doch jedesmal hinaus, wenn ein Zug kommen mußte, stellte sich an seinen alten Platz und grüßte mit der Hand an der Mütze. Und die Beamten im Zuge grüßten stets zurück; das gab ein beruhigendes Gefühl – sie kannten ihn alle noch und hatten ihn nicht vergessen.

Daniel war für eine kleine Weile wirklich fast zufrieden, als er nun draußen an der Strecke stand. Dies hier war wie alle Tage, und er war sehr dafür, daß alle Dinge seines Lebens ihr Gleichmaß bewahrten. Aus Veränderungen machte er sich nichts – sie schafften nur Unruhe, Aufregungen und sogar Schmerz. Wenn er sich beispielsweise der Hochzeiten erinnerte, die er seinen drei Töchtern hatte ausrichten müssen – Gott bewahre! Ein Haufen Besucher, sogar Leute, die er gar nicht kannte, waren gekommen, hatten auf seinem Sofa gesessen, seinen Schnaps getrunken, laut geredet und mit den Händen gefuchtelt. Das Schlimmste dabei aber war immer der kleine, dumpfe Schmerz gewesen, den er in seinem Herzen spürte, wenn er die Braut betrachtete, die in ihrem weißen Kleide still dasaß, den Kopf gesenkt, die Hände im Schoß, und die jedesmal rot wurde, wenn einer der Männer sie beifällig ansah. Er hatte sich diesen Schmerz aber nie anmerken lassen; er übertönte ihn durch verstärkte Grobheit. Kam dann die Braut zu ihm, ihn noch einmal zu umarmen, ehe sie für immer fortging mit ihrem Manne, so sagte er nur mürrisch: „Nun – was gibt es denn noch – fehlt vielleicht etwas an der Aussteuer?"

Drei Töchter hatte er gehabt, und zwei davon hatten geheult nach Weiberweise, als er ihnen so den Abschied gab; die dritte, die letzte aber hatte gelacht, ihn beim Kopf genommen und abgeküßt, bis ihm schwindlig wurde. War das ein Benehmen und eine Art dem alten Vater gegenüber? Die Dritte, die Jüngste, die Freche, sie lag heute im Kindbett, und zu ihr war Katharina gefahren, eben zu ihr! Daniel grollte und brummte.

Der Zug hatte gehörig Verspätung; man konnte ihn noch immer nicht entdecken. Eisiger Nordwind sprang über den Gleisen hin und her, wirbelte Schnee auf und jagte ihn in den Wald. Hinter Daniel, am Hause, klapperte das Reklameschild der Zigarettenfabrik und schlug knallend gegen die Mauer. Ein Hase, der am Waldrand drüben selbstvergessen einherhoppelte, machte bei einem besonders lauten Schlage verdutzt Männchen und äugte herüber. „Scher dich, Sajonz", sagte Daniel unfreundlich, und der Hase verstand ihn wohl, denn er drehte ab und verschwand mit zwei Sätzen unter tiefhängendem, schneebedecktem Gestrüpp.

Nun war es schon eine Viertelstunde über die Zeit, und auch die Signale vor dem kleinen Bahnhof drüben standen seit mindestens zehn Minuten auf freie Fahrt. Die Lampen schimmerten grün herüber.

Eine Lungenentzündung ist das mindeste, was ich mir hier hole, dachte Daniel zähneklappernd. Sonst sorgte seine Frau stets dafür, daß er bei solch einem Wetter den alten Pelz überzog; heute aber hatte er aus purer Bosheit nur die kurze Jacke aus dem Schrank genommen – noch nicht einmal einen Schal. Er hatte die ganze Bevormundung satt und konnte anziehen, was er wollte. Er blickte an sich hinunter. Nahm er sich etwa nicht großartig aus, wie er so dastand, kernig und aufgereckt, mit dem roten Gesicht und den langen weißen Schnurrbartenden, an denen der Wind zauste? Natürlich nahm er sich großartig aus gegenüber dem Oberschaffner Pospichil, der jetzt dort hinten über die Gleise schlich, in eine wandernde Schneewolke gehüllt und so vermummt, daß er nahezu viereckig aussah. Ein Weiberknecht und Jammerlappen war das, stellte Daniel fest. Aber der Pospichil verschwand hinter der Tür seines Hauses, und Daniels Gedanken nahmen wieder eine andere Richtung. Der Pospichil brauchte nicht zu frieren, und wenn er in seine Stube kam, stellte ihm die Pospichilowa wahrscheinlich einen großen Grog auf den Tisch. Daniel dachte so heftig an den Grog, daß er den Geruch zu spüren glaubte; aber es geschah kein Wunder – der Grog blieb in Pospichils Stube und er hier draußen, daran ließ sich nichts ändern. Allerdings fing es nun tatsächlich an, nach etwas zu riechen. Daniel schnupperte. Der Wind hatte für Sekunden seine Richtung geändert, fegte durch den Hof und brachte den Geruch des Ziegenstalles mit.

He he, Rosenduft, dachte Daniel befriedigt – die Ziegen wenigstens rochen auch am heiligen Abend nicht nach Rosen, das war einmal sicher. Übrigens mußte er sie nachher noch füttern, denn der Gerechte erbarmte sich seines Viehes, auch wenn er selbst ...

Da kam der Zug. Erst spürte Daniel die leichte Erschütterung in der gefrorenen Erde, dann, in einem Moment der Windstille, begann der dünne Schneestaub auf den Gleisen lebendig zu werden und sich zu feinen Mustern zu ordnen. Der Zug tauchte hinter der Waldspitze auf und dröhnte schnell heran. Rauchfetzen schlugen Daniel ins Gesicht, als er vorschriftsmäßig grüßte; das Gesicht des Lokführers mit einer grauen Zipfelmütze darüber erschien in der Ausguckõffnung, den Mund zu einem breiten Lachen geöffnet, und dann brauste die Reihe der Waggons vorüber mit der Unzahl beschlagener und gefrorener Fenster, hinter denen nichts, gar nichts zu erkennen war. Die Lok schrie zweimal grellend bei den Signalen und fuhr dann langsam in den Bahnhof ein. Daniel schaute niedergeschlagen hinterher; dies war die letzte Abwechslung gewesen für heute. Der nächste Zug kam erst um elf Uhr abends, und bis dahin gab es viele leere, trübselige Stunden. Nicht einmal in die Kirche wollte er gehen; er hatte keine Lust dazu. Der Weg ist zu weit, schützte er vor. Das war ein glatter Schwindel, allein so groß war seine Bosheit doch nicht, daß er Gott dem Herrn ins Gesicht gesagt hätte: „Ich habe keine Lust, den Geburtstag Deines Sohnes zu feiern, weil meine Frau mich hat sitzen lassen."

Er schneuzte sich gründlich und kroch dann über eine schmale Leiter auf den Boden, wo es nach kaltem Staub und würzigem Heu roch. Zwei Bündel schleppte er hinunter in den Ziegenstall, warf sie den Tieren hin und blieb noch einen Augenblick nachdenklich stehen. Er mußte sich ein wenig bücken, denn der Stall war niedrig und eng, lange Spinnweben hingen von den Balken herab. Die Ziegen fraßen, sie bewegten eilig ihre spitzbärtigen Mäuler; manchmal hörte eine auf, rieb den Kopf weich an Daniels Jacke und blickte ihn aus grünlich leuchtenden Augen wie fragend an, jedoch nicht lange, dann begann sie wieder andachtsvoll zu kauen. Daniel ging rückwärts zur Tür und atmete tief.

„Und ihr riecht doch nicht nach Rosen", sagte er und es war ihm, als habe er einen Sieg über seine Frau davongetragen.

Der Abend kam rasch; er stieg aus allen Winkeln, bedeckte das rote Bahnhofsgebäude in der Ferne, ertränkte Hof, Ziegenstall und Schuppen in seiner schwarzen Flut und ließ nur die kleinen, gelben Lichter am Leben, die hier und da in der Einsamkeit hinter den Fenstern aufblühten. Im Herd brannte wieder das Feuer und knisterte und knackte; Daniel hatte sich doch noch bereit gefunden, die Wohltat der Wärme entgegenzunehmen. Er hatte auch ein ganz klein wenig Ordnung gemacht. Nur das Kissen der Zufriedenheit hatte er auf der Erde liegenlassen; mochte es zusehen, wie es mit dem Spucker neben sich zurechtkam. Daniel stieg mit großem Schritt darüber hinweg und strafte es mit Nichtachtung. Nachher setzte er sich ans Feuer, schaute zu, wie kleine bläuliche Flämmchen an den Enden der feuchten Holzscheite zuckten, aß ein wenig Brot, trank lauwarmen Kaffee dazu und dachte darüber nach, wie wenig schön es doch war, alt zu werden auf dieser Erde. Man war nichts mehr wert und wurde nicht mehr geachtet wie es sich gehörte.

Sie ist es nicht wert, daß ich mich fortwährend ärgere, sagte Daniel sich schließlich und stellte Teller und Tasse in den Schrank zurück. Sein Gewissen zwickte ihn jetzt doch, weil er sich vor dem Kirchgang gedrückt hatte. Er wollte nun wenigstens die Weihnachtsgeschichte lesen und holte sich das schwere, schwarze Buch aus der Ecke. Beinahe wäre er wieder zornig geworden, weil er seine Brille nicht fand, aber sie lag mitten auf dem Tisch, und er entdeckte sie eben rechtzeitig genug, die schon zu donnerndem Schlage erhobene Faust schleunigst zurückzuziehen. So blieben Brille und Hand beide heil und gesund, und er begann zu lesen. Er las still und mit großer Andacht, denn diese Geschichte hatte ihm schon immer sehr gefallen, und fast das beste an ihr war, daß niemand auch nur einen Augenblick an ihrer Wahrheit zweifeln konnte – stand sie doch in der Bibel geschrieben. Daniel hatte die Geschichte zweimal hintereinander gelesen, als er plötzlich innehielt und den breiten Daumen auf die Stelle mit den Engeln und den Hirten legte – so weit war er gekommen, als ihm etwas sehr wichtiges einfiel. „Das hier", sagte er sich, „alles ist so klar und durchsichtig wie das Wasser aus Pampuchs Brunnen, nichts Unglaubwürdiges ist dabei. Wo aber steht geschrieben, daß es plötzlich angefangen hat, nach Rosen zu riechen? Wo, zum Teufel!"

Da war er doch wieder mit seinen Gedanken bei seiner Frau angekommen, und er schüttelte unwillig den schweren Kopf. Er wußte selbst nicht genau, warum ihn heute diese Rosengeschichte so besonders störte. Er hustete und rutschte tief beunruhigt auf seinem Stuhl hin und her. Warum, so fragte er sich plötzlich, warum sollte es eigentlich nicht nach Rosen gerochen haben, auch wenn hier nichts davon geschrieben stand? Es stand ja hier auch nichts von Ochs und Eselchen – und doch hatte seine Mutter ihm schon von diesen beiden erzählt, als er noch ein ganz kleiner Junge war. Gut, Ochs und Esel, das war ja natürlich; wenn das Kind in einem Stall geboren wurde, mußte es dort auch Tiere gegeben haben; hierzulande sperrte zwar kein Mensch Ein- und Zweihufer in den gleichen Raum, dort war das vielleicht anders gewesen – aber Rosenduft? Und im Winter? Nein, nein, nein! Doch hatte er das Katharina und den Kindern wohl hundertmal gesagt – hatten sie ihm je geglaubt? Es hatte nichts genützt und es würde nichts nützen, auch wenn er zehnmal imstande war, zu beweisen, daß die Ziegen auch am heiligen Abend wie Ziegen rochen – er wußte das aus Erfahrung. Für sie roch es eben nach Rosen und für die Kinder auch – war sie etwa deswegen von ihm fortgegangen zu den anderen, die besser zu ihr paßten? Ob sie etwa gar nicht mehr zurückkommen wollte?

„Unsinn“, sagte er sich, „erstens hat sie nur ihre große Tasche mitgenommen, zweitens muß sie nach Neujahr große Wäsche machen, es ist höchste Zeit, und drittens hat sie hier ja ihre Ziegen. Es ist ganz ausgeschlossen, daß sie ihre Ziegen im Stich läßt, von den Karnickeln nicht zu reden.“

Das mit den Ziegen war sehr einleuchtend, aber Daniel spürte, wie der Wurm des Zweifels weiter in seiner Brust nagte. Er stand auf und ging ein paarmal im Zimmer auf und ab. Draußen, hinter den Mauern und Fenstern begann das Reich der Nacht mit seiner lauten, winddurchsausten Einsamkeit der Grenzwälder und Kiefernheiden. Daniel blies die Eisblumen vom Glas und starrte hinüber zu dem gelblichen Licht, das aus den Fenstern der Pospichils fiel. Sein Zorn war ganz verschwunden; er hörte sein Herz schlagen, und dann merkte er auf einmal, daß er sich sehr unglücklich fühlte. Wenn also, dachte er, und ich hätte ihr immer unrecht getan? Wenn nur sein Kopf nicht klar genug, seine Nase nicht fein genug gewesen waren, alle ihre Geschichten zu begreifen?

Er überlegte hin und her; dann holte er auf einmal seinen Pelz aus dem Schrank, legte den Schal um den Hals, setzte die Mütze auf und ging zur Tür. Bevor er die Stube verließ, kehrte er aber noch einmal um, hob das Kissen der Zufriedenheit auf, glättete es sorgfältig und legte es auf das Sofa. Dann trat er mit dem Stiefel dorthin, wo die Spucke trocknete und rieb so lange, bis nichts mehr zu sehen war.

Draußen wehte es kräftiger als am Nachmittag; der Wind roch nach großer Kälte und dem Harz der Rosenberger Kiefernwälder, und Daniel konnte einatmen, so lange er wollte, so tief, daß es ihm fast die Brust sprengte – nichts deutete darauf hin, daß er seiner Katharina jetzt ein wenig mehr glich als früher. Es roch eben nicht nach Rosen, sondern nach einem ganz gewöhnlichen Winterabend. Aber nun war er schon fast überzeugt, daß es nur an ihm läge, an seiner Unzulänglichkeit, und das machte ihn sehr traurig. Wenn ich es doch auch merkte, dachte er und stapfte langsam durch den hohen Schnee.

Pospichil kam ihm an der Tür entgegen und leuchtete ihm mit seiner großen Laterne ins Gesicht. Er roch angenehm nach Rum und Zigarren. Daniel entschuldigte sich, wie es sich gehörte bei einem so späten Besuch und einem Vorgesetzten gegenüber, aber der Pospichil winkte ab.

„Du bist das“, sagte er, „ich dachte mir's schon. Komm nur herein. Luzie holt dir gleich ein Glas.“

Sie hatten wirklich beide am Tisch gesessen und Grog getrunken, so wie Daniel sich das vorgestellt hatte. Luzie holte das Glas, Pospichil einen Stuhl, und dann fragte Luzie, ob sie das Bäumchen noch einmal anzünden solle.

„Ach nein“, sagte Daniel, „laß nur. Ich wollte eigentlich gar nicht ...“

Er schwieg und der Pospichil blickte ihn forschend an und nickte mit dem runden, borstigen Kopf.

„Ja ja“, sagte er, „es ist nichts, allein zu sein, an diesem Abend. Aber so ist es; wenn die Kinder groß werden, so gehen sie fort, und die Frauen laufen immer den Kindern nach. Sie sind wie die Glucken.“

Daniel antwortete nicht, er fing wirklich und wahrhaftig an zu weinen; nur merkte es keiner von beiden, weil sie die Sachen anschauten, die Luzie auf dem Tisch ausbreitete. Daniel sollte wollene Unterhosen bewundern, ein Päckchen Schweizer Stumpen und einen dicken, doppelt gestrickten Schal.

„Wie die Glucken ...“, sagte Luzie, „ja, siehst du, Daniel, das alles hat er von mir bekommen – und ich ...?“

„Mir liegt das nicht so", sagte Pospichil verlegen und streichelte ihre Hand, aber sie sah ihn mit einem Blick voller Liebe und Zärtlichkeit an. Dann schwiegen sie eine lange Zeit und tranken ab und zu von dem heißen süßduftenden Getränk, bis Daniel sich schließlich ermannte und seine Frage tat. Er tat das mit großer List und wie nebensächlich, aber Pospichil mußte doch lachen.

„Da siehst du ihn, Luzie, den sparsamen Daniel. Ob sie eine Sonntagsfahrkarte genommen hat, fragt er. Eine einfache wäre ja teurer? Und ich glaubte, er sei hierhergekommen, weil ihm das Alleinsein zu viel wurde. Aber ein alter Kater ..."

„Sei still", sagte Luzie, „siehst du denn nicht?"

„Was denn?" fragte Pospichil verwundert. Dann erklärte er Daniel, daß er nichts wüßte. Er sei heute früh fort gewesen, und der Gehilfe habe die Karten verkauft. Daniel seufzte innerlich und sagte, daß er nun gehen müsse. Er wäre gern noch geblieben, aber es gehörte sich nicht, so lange zu sitzen.

„Dann gute Nacht", sagte Luzie freundlich, „und Dank auch für den Besuch. Gräme dich nur nicht – sie kommt ja bald wieder."

Ob? dachte Daniel, ... ob? Das Telefon schrillte, als er hinaustrat. Sie meldeten schon den Elfuhrzug, und Daniel hatte richtig noch nicht den halben Weg zurückgelegt, als die Blendlaternen der Lok bei der Biegung aufglühten und rasch näherkamen. Der Zug fuhr ein, rollte aus und hielt. Daniel blickte sich nicht um; er hörte die verwehte Stimme des Schaffners den Namen der Station ausrufen, dann klappte eine Tür, noch eine, und der Schaffner rief abermals. Nach einer Weile fuhr der Zug wieder ab, und Daniel, der nun doch den Kopf wandte, sah nur noch die roten Schlußlichter verglühen und den Schein der schwankenden Bogenlampe über das Bahnhofsgebäude springen und verlöschen. Nichts, dachte er niedergeschlagen.

Er zog seine Jacke aus, um sich ins Bett zu legen, als er ihre Schritte auf dem Höfchen hörte. Sie kam herein, als wäre sie nie fort gewesen. Sie stellte ihre Tasche neben dem Tisch auf die Dielen und ging noch einmal zur Tür, den Schnee vom Mantel zu klopfen. Dann bückte sie sich und säuberte auch ihre Schuhe.

„Meine Hände sind wie Eis", sagte sie, „das Leitungsrohr am ersten Wagen war gebrochen, und die Abteile waren kalt. Es ist nichts mehr mit den jungen Beamten. Aber hier ist schön warm, du hast gut eingeheizt."

Sie rieb ihre blaugefrorenen Hände und ging an den Ofen. Daniel folgte ihr mit den Augen.

„Warum sagst du nichts, Daniel? Im Zuge war ich ganz allein, und als ich in der Stadt abfuhr, läuteten die Glocken zur Christnacht. Sie läßt dich auch schön grüßen. Das Kind ist noch nicht da, aber es geht ihr gut. Das ist doch die Hauptsache, nicht wahr?"

„Ja", sagte Daniel.

„Ich hatte nicht die rechte Ruhe", erzählte Katharina weiter, „aber ich wäre doch geblieben, wenn sie mir nicht immerfort zugesetzt hätte. Keine Ruhe hat sie gegeben. Wie konntest du den Vater allein lassen, fragte sie immer wieder, dazu noch an diesem Abend. Sie kennt dich eben nicht, aber sie hängt an dir, sie hat immer sehr an dir gehangen. Warum sagst du denn nichts, Daniel?"

Katharina ging durchs Zimmer, glättete hier eine Decke, nahm dort ein Fädchen fort und legte auch noch zwei Holzscheite in den Ofen.

„Nein", sagte sie, „sie ließ mich nicht in Frieden, und ich mußte fahren. Ich bin auch gern gefahren, ja. Ich habe noch alles zurechtgemacht und noch einmal durchgesehen, ob nichts fehlt, denn Theo ist so schusselig und vergißt die Hälfte, aber nun wird wohl alles einen guten Gang nehmen. Aber warum sagst du denn nichts? Es wird doch nichts passiert sein, als ich fort war? Sind die Ziegen gesund? Haben sie gefressen? Warum sprichst du nicht, Daniel. Du ängstigst mich ja. Ich dachte, du würdest dich ein bißchen freuen, wenn ich schon heute komme. Aber du tust ja den Mund nicht auf."

„Sie war immer meine Lieblingstochter", sagte Daniel überzeugt und glücklich, „sie wird sicher ein schönes Kind bekommen."

Das Wasser im Kessel siedete und sang leise. Die Frau rückte ihn beiseite.

„Ich werde uns noch einen Kaffee kochen", sagte sie, „alle unsere Kinder waren schöne Kinder. Erinnerst du dich noch? Sie waren nicht sehr schwer, aber fest und gesund und machten mir nicht viel Mühe. Bei ihr wird das auch so sein."

Als die Kaffeetassen dampfend auf dem Tisch standen, setzten sie sich nebeneinander auf das Sofa, und Katharina schob ihm das Kissen der Zufriedenheit hinter den Rücken.

„Soll ich uns jetzt die Geschichte lesen?" fragte sie dann und nahm das große Buch vom Tisch. Sie las, sie mußte sich tief über die Seiten bücken, denn die Lampe warf nur einen matten Schein zum Sofa hinüber. Als sie fertig war, schwiegen sie beide.

Kuckuck, Kuckuck, sagte die Uhr zwölfmal. Sie schnarrte und ruckte, dann flog das Kläppchen zu. Hinter irgendeinem Vorhang rieselte ein wenig Kalk.

„Ja, hm", sagte Daniel. Er scharrte mit dem Fuß auf den Dielen herum, wo vor ein paar Stunden der Spucker gelegen hatte.

„Ich glaube", sagte er nach einer Weile, „das Kind und die Eltern werden sich sehr gefreut haben, als die Hirten kamen – meinst du nicht auch? Ganz allein in einem Stall. Es ist nicht schön, so allein und arm zu sein. Wir haben doch unsere Uhr und den Tisch und die Betten und das alles. Man achtet nur nicht so darauf."

Katharina nickte.

„Ja", sagte sie, „und die schönen Ziegen. Sicherlich, Daniel, man achtet zu wenig darauf."

Sie schwiegen wieder und blickten sich an. Daniel räusperte sich.

„Willst du nicht noch etwas erzählen", fragte er, „eine von deinen Geschichten?"

Die Frau blickte ihn verwundert an.

„Eine Geschichte?"

„Ja", begann Daniel vorsichtig, „eine Geschichte. Du kennst doch so viele. Und meinst du nicht auch, daß das damals eine, hm, eine besondere Nacht gewesen sein muß? Ganz hell von den vielen Sternen, besonders von dem einen – und vielleicht, vielleicht hat es auch nach Rosen gerochen. Sagtest du das nicht?"

„Ja", sagte Katharina überrascht, „ich sagte das – und wenn du meinst, wird es wohl so gewesen sein."

„Ja", sagte Daniel ganz sicher. Er lauschte dem Klang der Worte jener alten Geschichte, die immer noch im Dämmerdunkel der kleinen Stube hingen.

„Ja", sagte er noch einmal. Das alte Gesicht seiner Frau lächelte ihn an.

Der Stern zu Bethlehem

Hermine Villinger

Es war ein düsterer Novembermorgen. Die Uhr der protestantischen Kirche auf dem Marktplatze hatte eben fünf geschlagen. Ein Schutzmann, der die Kriegstraße passierte, sah einen schwarzen Packen unter einem der Bäume liegen. Es war ein fest schlafendes Kind. Der Mann rüttelte und schüttelte das magere, im höchsten Grade verkommen aussehende Bürschlein wohl eine ganze Weile. Endlich – einen durchdringenden Schrei ausstoßend – fuhr der Kleine in die Höhe. Er wollte sich freimachen. Er riß und zerrte, sein Jammern war herzzerreißend.

„Aber es geschieht dir ja nichts", sagte der Schutzmann, „soll für dich gesorgt werden. Sei nur ruhig, sei nur ruhig . . ."

Gleich beim ersten Wort hatte das noch eben tief geängstigte Kind freudig aufgehorcht, des Mannes Hand ergriffen und sich wie hilfesuchend an ihn hingedrängt.

„Bist wohl hungrig?" fragte er.

„Ja, ja." Die Stimme klang ganz hell. Keine Spur von Angst mehr.

„Wie alt bist, Kleiner?"

„Zehn Jahr."

„Wo kommst her?"

Schweigen.

„Wer sind deine Eltern?"

Abermaliges Schweigen. Sie waren eine Weile gegangen und hielten nun vor einem großen Hause, das hoch über all die geringen Häuslein des „Dörfle", wie man diesen Stadtteil nennt, hinausragte. Der Schutzmann läutete, und sie traten ein.

Eine Schwester kam ihnen entgegen, jung, in einer weißen Haube. Ohne daß mehr als die nötigen Worte zwischen ihr und dem Schutzmann gewechselt wurden, nahm sie den Kleinen bei der Hand und führte ihn ein paar Treppen hinauf, durch eine Menge dunkler Gänge und Gelasse. In einem kleinen Raume machte sie halt und zündete das Gaslicht an. Jetzt erst betrachtete sie ihren Schützling.

„Lieber Gott", rief sie bei seinem Anblick aus, „lieber Gott . . ."

Sie zog einen Schemel herbei: „Da setz dich her!"

Dann zündete sie den Gasofen an, denn sie befanden sich im Badezimmer, lief rasch davon und kehrte schon nach wenigen Minuten mit einer Tasse Milch zurück und einem Stück Brot.

Der Junge, der zart und klein für sein Alter war, ließ den Blick nicht von der hübschen, rotbackigen Schwester, die kam und ging, alles mögliche herbeischleppte und ihm von Zeit zu Zeit freundlich zunickte.

Sie hatte ein großes Tuch vor ihm ausgebreitet. Kaum, daß er sich's versah, war er seiner schmutzigen, zerfetzten Kleider entledigt und lag in der wohlig warmen Badewanne.

Er lachte, er hatte so etwas nie erlebt. Nun kam die Schwester mit der Bürste und seifte ihn von Kopf bis zu den Füßen ein.

Plötzlich ließ sie ihn in Ruhe. Er streckte die Glieder, suchte eine Stütze für den Kopf. Ihm war zum Einschlafen wohl. Aber schon im nächsten Augenblick lag er in einem warmen Tuch auf dem Tische, wurde abgerieben und davongetragen. Er kam aus dem Verwundern nicht heraus. In ein warmes Bett wurde er gesteckt, fühlte weiße, unendliche Sauberkeit um sich her, sah wie aus weiter Ferne das rosige, lachende Gesicht der Schwester, die ihm zunickte, und schlief ein.

Erst gegen Mittag erwachte er. Vor seinem Bette stand Schwester Käthchen und die Oberschwester.

„Er hat nur Haut und Knochen", hörte er seine Pflegerin sagen, „und ein blaues Mal am andern."

„Gelt, dir gefällt's in deinem Bett?" wandte sie sich an den Kleinen. „Wie heißest du denn?"

Er besann sich einen Augenblick, dann meinte er schelmisch: „Weiß nit –"

Die Frauen lachten.

Des Nachmittags nahm ihn Schwester Käthchen vor.

Sie saß neben einem Kinderwagen, in dem ein blondes und ein schwarzes Geschöpfchen einträchtig nebeneinander lagen.

„Wem gehören denn die?" fragte der neue Ankömmling, der nun ein sauberer kleiner Kerl war mit Augen, die wie Sterne glitzerten.

„Sie gehören niemand", sagte Schwester Käthchen, „darum bleiben sie jetzt bei uns."

„Ich gehör auch niemand", sagte der Kleine, „gelt, jetzt bleib ich auch bei dir."

„Aber du bist doch all die Zeit her mit jemand zusammen gewesen", meinte Schwester Käthchen, „du läufst doch nicht allein in der Welt herum?"

Der Kleine besann sich, sah sich scheu um und sagte leise: „Mit dem Scherenschleifer war ich."

„Ist das dein Vater?"

Er schüttelte den Kopf. „Die Mutter hat mich ihm verkauft für zehn Mark. Ich hab's g'sehen."

Die Schwester strich ihm über das dunkle Haar.

„Wie lange bist du denn mit dem Scherenschleifer gewesen?"

„Weiß nit. Recht lang. Hab müssen die Scheren einholen. Hab viel mehr Schläg als Essen kriegt. Aber bin ihm doch davong'laufen."

Er lachte laut auf vor Vergnügen.

„Wo ist denn deine Mutter?"

„Sag ich nit. Die gibt mich wieder dem Scherenschleifer."

„Hast du denn keinen Vater?"

„Doch, der ist auch da, und zwei Schwesterln. Aber der mag mich erst recht nit."

„Geh, sag mir, wie du heißest", bat die Schwester.

„Weiß nit", sagte er wieder.

„Also dann nenn ich dich, ‚Weiß nit'."

Jetzt lachte er so herzlich, daß die beiden kleinen Kinder aus ihrem Hindämmern auffuhren und die Ärmchen nach der Schwester ausstreckten. Sie hatte sie gleich beruhigt.

„Sag mir wenigstens deinen Vornamen, gelt?"

„Fritzl", flüsterte er.

Als der Abend kam, fehlten in der Kinderstube eine Menge Dinge. Schwester Käthchen vermißte ihr Portemonnaie, die Bürste an der Wand war weg, das Glas auf dem Tisch. Alles fand sich in Fritzl's Bett vor, als die Schwester dieses für den Abend zurechtmachen wollte.

Der Kleine spielte im Gärtchen des Pfründnerhauses mit den anderen Kindern. Als er heraufkam, standen ihm die Hosentaschen weit vom Körper ab. Die Schwester fand eine Mütze, ein paar Taschentücher, einen Wollknäuel.

„Das – und alles, was ich im Bett gefunden", rief sie entsetzt aus, „Fritzl, du stiehlst ja!"

„Er hat mich halb totgeschlagen, wenn ich nit g'stohlen hab", gab ihr der Kleine zur Antwort.

„Weißt du denn nicht, daß man nicht stehlen darf?"

Er nickte schlau. „Der Polizeimann ist arg hinterher."

„Fritzl" – die Schwester kauerte sich zu ihm hin, „sag mir eins: warst du denn nicht in der Schul?"

„Nein."

„Hast gar nichts gelernt, nicht lesen und schreiben?"

„Nein“, wiederholte er, „aber sonst kann ich viel. Paß auf – “

Er stellte sich in die Mitte der Stube und verbeugte sich nach allen Seiten.

„Herrschaften“, begann er und fing an zu schwatzen, tolles Zeug, Räuber- und Mördergeschichten, alles ohne inneres Verständnis bunt durcheinander. Seine Redegewandtheit war außerordentlich, und seine Bewegungen waren so drollig, daß die Kinder nicht aus dem Lachen herauskamen.

Unermüdlich kramte der kleine Komödiant seine Geschichten aus.

Der Polizeiagent, der einmal zu solch einer Vorstellung gekommen war, meinte, der Kleine müsse, seiner Betonung nach, aus Bayern sein. Indes alle Mühe, etwas aus dem Kinde herauszubringen, war umsonst.

Der Fritzl war schlau. Er gab auf die Fragen, die man an ihn stellte, immer die gleiche Antwort: „Ich gehör niemand, ich bleib bei der Schwester Käthchen.“

Man schickte ihn mit den andern Kindern in die Schule. Bei den Sechsjährigen saß er, das freudigste Kind, das jemals auf der Schulbank saß. Ihm war das Lernen kein Muß, sondern eine Vergünstigung. Alles, was bei den andern Kindern etwas Selbstverständliches war, kam ihm wie etwas Wunderbares, nie Geahntes vor, bis auf das Zehnuhrbrot, das ihm Schwester Käthchen jeden Morgen zusteckte. Seine Augen glänzten in steter Verwunderung.

Es kam auch vor, daß er in der Nacht auffuhr und in ein verzweiflungsvolles Geschrei ausbrach.

Dann mußte Schwester Käthchen ihm die Hand geben und ihm so lange versichern, daß der Scherenschleifer weit und breit nicht zu sehen sei, bis er ruhig wurde.

Meistens schlief er gleich ein, zuweilen fing er an zu plaudern:

„Mit einem dicken Riemen hat er mich g'schlagen. Einmal hab ich viele Tag nichts g'sehn, weil's über die Augen ging. Da hat er mich Hund g'nannt und mir nichts zu essen geben. Aber jetzt hab ich nie mehr Hunger. Jetzt tut mir's nirgends mehr weh. Und bald kann ich lesen und schreiben. Gelt, wenn ich das kann, Schwester Käthchen, da tu ich aber einen Sprung –.“

Schwester Käthchen rückte ein wenig aus dem Licht der Nachtlampe, damit das Kind die Tränen nicht sah, die ihr in die Augen stiegen. Sie war nicht weich, das viele Elend um sie her hatte sie abgestumpft. Nur indem sie die Dinge leicht nahm, konnte sie ihr schweres Werk mit Fröhlichkeit vollbringen. Die Kinder drängten sich zu ihr wie zur Sonne, weil ihre Augen lachten. Wenn sie um diese armen Kleinen geweint hätten, wäre ihnen nicht damit gedient gewesen.

Aber dieser tapfere Fritzl, an dessen Körper kein heiler Fleck war, dessen Kindheit wohl im wahren Sinn des Wortes ein Martyrium gewesen, wenn der mit seinen leuchtenden großen Augen nun sein Glück pries und alles, was jedes Kind als etwas Selbstverständliches hinnahm, wie eine Gnade, wie etwas unermeßlich Schönes empfand und, ohne daß er das Wort Dank aussprach, mit jedem Atemzuge, mit jedem freudigen Aufleuchten dankte und immer wieder dankte, da überkam Schwester Käthchen etwas wie ein Gefühl der Empörung, der Anklage gegen die ganze Welt, die so etwas zuließ – die solch ungerechtes Kinderleid duldete.

Er war auch unartig, er stieß einmal den beiden Kleinen im Wägelchen die Köpfe so hart zusammen, daß sie brüllten. Schwester Käthchen gab ihm eine Ohrfeige.

Da sah er sie strahlend an. Er war ganz andere Schläge gewohnt; was von Schwester Käthchens Hand kam, dünkte ihm eine Liebkosung.

Sie mußte lachen über den Mißerfolg ihrer Strafe, sie zog ihn zu sich heran.

„Schau, Fritzl, du mußt recht lieb mit ihnen sein, es sind gar so arme Frätzle, die zwei."

„Sei ruhig", sagte er, „ich heirat sie später."

„Auch noch alle zwei", lachte sie auf.

„Sonst blieb ja eins allein", meinte er. –

Weihnachten war in Sicht, und Schwester Käthchen saß in der großen Kinderstube zwischen ihren Schützlingen – Kindern, die nie Elternliebe gekannt hatten oder den Mißhandlungen ihrer Eltern entrissen worden waren.

Nun saßen oder lagen oder standen sie um Schwester Käthchen herum, die einen Haufen Kinderwäsche zum Ausbessern vor sich hatte und vom Christkind erzählte.

„Traurig war die Welt und dunkel. Ach, so dunkel und kalt. Kein Mensch war froh. Auch kein Tier. Es war ein so großes Frieren. Da hatte der liebe Gott Erbarmen. Er schickte das Christkind. Und das Christkind kam. Vom Himmel hoch kam's herab und zündete das Bäumlein an mit tausend lustigen Lichtern, daß es warm wurde auf der kalten Erde und hell und froh, daß alle Kinder jauchzten und schöne Lieder sangen und niemand mehr traurig war auf Erden."

So sprach sie und noch vieles andere. Daß sie nun alle brav sein müßten und folgsam. Nicht mit leeren Händen dürften sie vor den Christbaum treten.

„Ich habe meine Suppe ausgegessen“, müßten sie zum Christkind sagen können. „Ich habe meine Schürze reingehalten.“ „Ich war nicht gefräßig.“

Solche Dinge müßten sie dem Christkind bringen. Auch die Heiligen Drei Könige, die von weither dem Stern von Bethlehem nachgezogen seien, hätten dem Christkind eine Menge schöner Sachen mitgebracht.

Die kleinen Mädchen saßen längst um die Perlenschachtel, um Kränzlein zu machen für den Weihnachtsbaum.

Der Fritzl aber wollte immer noch von den Heiligen Drei Königen erzählt haben.

„War er sehr groß, der Stern zu Bethlehem?“ lauteten seine Fragen. „Ich hab viele Stern schon g'sehen. War er viel größer, viel schöner? Glaubst, daß er noch manchmal am Himmel steht, wenn auch die Heiligen Drei Könige jetzt tot sind? Gelt, sag mir, wenn er am Himmel steht und ich sollt grad schlafen.“

Schwester Käthchen versprach ihn zu wecken.

Da gab's ein großes Geschrei. Sie wollten alle geweckt sein. Wollten alle den Stern sehen.

Ach, so groß war die Seligkeit in der armen Kinderstube, so heiß die Erwartung – eine Erwartung und Sehnsucht, wie sie jene Hirten und Könige einstens empfanden, daß sie kamen von allen Seiten und nichts wollten und nichts begehrten als anzubeten, niederzusinken vor dem Heile der Welt, das endlich gekommen.

Aber so wie den Fritzl, so gewaltig ergriff die Erregung keins der Kinder. Er störte sie alle. Er wußte nicht, was anstellen vor mächtiger Freude. Er schwatzte den ganzen Tag.

Ihm hatte das Christkind noch nie einen Baum angesteckt. Ihm war das alles so neu, so wunderbar neu.

Eine Sehnsucht ergriff ihn, etwas zu geben, Schwester Käthchen eine Freude zu machen.

„Weißt, jetzt will ich dir's sagen, wo meine Mutter wohnt“, begann er, den Arm um den Hals der Schwester schlingend, „in München wohnt sie bei einer großen Wiese. Siehst, jetzt sag ich dir alles. Und daß sie mich auf die Gass' gejagt, wie sie den Schwesterln einen Baum g'macht. Hab die Lichter durchs Fenster g'sehn. Hast eine Freud jetzt?“

Nein, sie hatte keine, sie hatte keine! Wie oft hatte sie ihn gefragt, gebeten, ja, ihm gedroht, er müsse ihr sagen, wo er zu Hause sei, wo seine Eltern wohnten. Immer wieder war nachgefragt worden, ob man nichts von ihm wisse, ob er noch immer nicht gesprochen. Und jetzt, gerade vor Weihnachten, hatte er's getan. Wenn sie es nun sagte, so würde man ihn am Ende holen und heimbringen zu jener Mutter, die ihn auf die Gasse gejagt, während sie ihren andern Kindern einen Baum angesteckt.

Nein, nein, sie wollte sein Geheimnis nicht verraten. Er sollte seine Weihnacht noch haben, ehe er in die Heimat ausgeliefert wurde.

Sie schwieg. Sie war doppelt gut zu ihm.

Und endlich kam der Heilige Abend, und Fritzl trat mit den Kindern vor den Baum mit den vielen Lichtern und dem glänzenden Stern obenan.

„Da ist er ja, da ist er ja, der Stern", schrie er ganz außer sich vor Freude.

Aber er wurde zurückgehalten. Die Kinder sangen mit den Schwestern, und die alten Pfründnerinnen sangen mit und vergaßen ein wenig ihre Gebrechlichkeit.

Der Fritzl aber konnte fast nicht stillhalten. All das Singen, all das Reden dauerte ihm viel zu lang. Er war der erste, der vor der Krippe mit dem Christkind stand.

Und siehe da, einen Haufen Sachen zwängte er aus seinen Taschen, lauter entwendetes Gut, und legte es stolz und glückselig vor das Christkind hin, rühmte sich noch damit, hielt die Kinderhäubchen, schmutzigen Taschentücher, Griffel, Bleistifte hoch, hoch – „Und das – und das – schau alles, das schenk ich dir –"

Nein, es konnte keiner zanken. Man konnte nichts sagen vor Lachen.

Schwester Käthchen meinte entschuldigend: „Er hat mich ein

wenig mißverstanden. Ich werd's ihm schon klarmachen", und nahm ihn beim Kopf.

„Weißt, Fritzl, Gestohlenes darf man dem Christkind nicht bringen."

„Aber sonst hab ich ja nichts", meinte er. –

Die Tage vergingen, und Schwester Käthchen hatte noch immer nichts gesagt. Sie konnte es nicht übers Herz bringen.

Der Januar ist so kalt, kam sie mit sich überein, ich will noch ein wenig zuwarten.

Der Februar war auch noch kalt.

Jetzt wurde der Polizeiagent dringend.

Also dann sprach sie.

Und eines Morgens richtete sie ein kleines Bündel zusammen. Der Gendarm stand schon vor der Türe. Schnell befestigte sie eine Schnur mit einem Medaillon um den Hals ihres Lieblings, küßte ihn und schob ihn über die Schwelle. Sie zitterte, sie hielt die Türe fest zu. Im nächsten Augenblick hörte sie ihn schreien, markerschütternde Töne waren's.

Schwester Käthchen warf sich über ihr Bett und schluchzte und schwor und schwor: „Ich werd kein Kind mehr lieben – ich werd kein Kind mehr lieben –"

Aber es kamen neue Kleine und mit ihnen neues Elend. Sie hatte keine Zeit, ihrem Schmerz nachzuhängen. Die ihr anvertrauten Kinder verlangten ihre Gegenwart, verlangten stürmisch nach ihrer Heiterkeit.

Und so wurde sie wieder die alte. Sie vergaß ihn nicht, den Fritzl, aber sie hatte sich beruhigt, und bald vergingen Tage und Wochen, ohne daß sie seiner gedachte.

Als aber Weihnacht wieder vor der Türe stand, ging's ihr ganz seltsam. Sie wehrte sich, sie wollte nicht, aber der Fritzl ging ihr nicht aus dem Sinn. Eine große Unruhe erfaßte sie. Die Frage ließ sie nicht los: Wie wird es ihm gehen – wie wird es ihm gehen?

Wieder verfertigten die kleinen Mädchen Perlenkränzlein für den Weihnachtsbaum, und wieder erzählte die Schwester die alte und ewig neue Geschichte vom Christkindlein, das in die dunkle kalte Welt das Licht und die Freude gebracht.

Im Kinderwagen lagen zwei neue Geschöpfchen, und die vom letzten Jahr krabbelten auf dem Boden herum. Schwester Käthchen sah sich unter ihren Schützlingen um, und es fuhr ihr durch den Sinn: So wie über den Fritzl hab ich doch nie wieder über ein Kind lachen müssen. Wie wär's doch schad um ihn, wenn er zugrund gehen müße.

Der Schnee schlug gegen die Fensterscheiben. Es war ganz still auf der Gasse, so tief und weich war die Decke über dem Erdboden.

„Wird sie ihn am End auch wieder hinausschicken, wenn sie ihren andern Kindern beschert?" murmelte Schwester Käthchen vor sich hin.

Eine Magd erschien unter der Türe.

„Ein Bub verlangt nach Ihnen, Schwester Käthchen. Er ist so schmutzig, daß ich ihn nicht reingelassen habe."

Schon war sie draußen. Sie fragte nicht lange, wer das zitternde, weinende Geschöpf da in der Ecke war – sie nahm's in ihre Arme.

Eine Stunde später lag der Fritzl wieder in seinem alten sauberen Bett mit noch größeren Augen als früher und einem Appetit, der nicht zu stillen war. Die Oberschwester kam, und alle Schwestern und Kinder umstanden sein Bett.

„Gelt aber, ich bin noch recht kommen", nickte er ihnen zu, „hab immer denkt, wenn ich nur zur heiligen Weihnacht daheim bin."

„Willst uns nicht erzählen, wie dir's gangen ist?" fragte Schwester Käthchen.

„Freilich", nickte er, „oh, 's ist mir gut gangen, nur wie ich in München ankommen bin, hat mich die Mutter an der Hand packt wie ein Stück Holz. Die Schwesterln haben sich auch nit g'freut. Der Vater hat g'sagt: ‚Ich geh auf den Abend ins Wirtshaus.' Dann hat die Mutter g'sagt, sie woll mich in der Küch füttern. Hat mir auch recht schön's Essen geben. Aber der Vater ist doch ins Wirtshaus. Die Mutter hat g'heult, ich glaub, er hat sie g'schlagen. Ich sei an allem schuld, hat sie g'sagt."

„Bist auch in die Schul gangen?" fragte Schwester Käthchen.

„Freilich", nickte er, „er war recht zufrieden, der Lehrer, hat mich nie g'hauen. Kann 's Einmaleins fast –"

„Aber warum bist du denn von daheim fort?" erkundigte sich die Oberschwester.

„Ja, das war – das war halt so –: Am Tisch sind wir g'sessen, die Schwesterln und ich, ohne Licht. Aber ich seh auch im Dunkeln. Die Mutter ist reinkommen, bin erschrocken über ihr Gesicht. ‚Da setz dich her', hat sie zu mir g'sagt, und mich unten an' Tisch zogen. Drauf ist sie wieder gangen. Die Schwesterln waren ganz still und ich auch. Eine Angst hab ich g'habt wie vor dem Scherenschleifer. Da bin ich schnell über den Tisch weg ans Fenster. Die Mutter ist gleich reinkommen mit einer dampfenden Schüssel. Über den Stuhl, wo ich g'sessen bin, hat sie die Schüssel fallen lassen. Hab sie laut schreien hören. Weit schon war ich, draußen auf der Gass' hab ich sie noch immer schreien hören. – Da bin ich g'laufen –"

Er schwieg. Die Kinder lachten. Es lag so viel Lustigkeit in seiner Stimme. Sie merkten nicht, wie sich Schwester Käthchen über die Augen wischte.

„Wer hat dir denn das Geld zum Herfahren gegeben?" fragte die Oberschwester.

Er sah sie lachend an: „Mir hat kei Mensch Geld geben, hab halt ein Fuß vor den andern g'setzt. Vorwärts marsch, wie der Scherenschleifer g'sagt hat."

Die Kinder jubelten.

Schwester Käthchen schlug die Hände zusammen. „Zu Fuß von München bis hierher! Ist das möglich!"

„Ist sogar recht schön g'wesen", behauptete Fritzl, „bin immer der Eisenbahn nach. Hab auch oftmals zu essen kriegt unterwegs, manchmal eine Supp und einmal einen Pfannenkuchen. In der Nacht bin ich in die Heustadl krochen oder in Stall. Einmal hab ich g'meint, ich seh den Scherenschleifer. Da bin ich vor Angst zu einem Hund in der Hütt. Er war aber recht gut und hat mich g'leckt. Die ganze Nacht hab ich bei ihm g'schlafen, und in der Früh haben mir seine Leut Kaffee geben."

„Und dann? Und dann?" riefen die Kinder. Ganz eng umstanden sie das Bett.

„Dann hab ich einen Purzelbaum g'schlagen und dann noch einen", prahlte Fritzl.

„Wie lang warst du denn unterwegs?" fragte die Oberschwester.

„Weiß nit", meinte er achselzuckend, „vielleicht war's zweimal Sonntag. Nur haben die Sohlen nit g'halten. Da haben mir die Füß halt weh g'tan. Hol's der Teufel, hab ich denkt."

Das jugendliche Publikum schrie vor Vergnügen.

Er schnitt eine Grimasse: „Hol's der Teufel", wiederholte er zwei-, dreimal.

Jetzt drängte die Oberschwester: „Und dann?"

"Dann – ja dann hat mir eine Frau ein Paar Schuhe geben. Jetzt haben die auch wieder nit g'halten. Wenn s' mich gar so brennt haben, die Füß, hab ich an den Stern von Bethlehem denkt, dem die Heiligen Drei König nach sind bis hin zum Christkindl. Da hab ich denkt, was die Heiligen Drei König können, das muß doch der Fritzl auch können."

Schwester Käthchen streichelte ihm die Wangen: „Daß du alles so schön behalten hast, was ich dir vom Christkind erzählt."

Er machte ein höchst pfiffiges Gesichtchen: „Will dir's verraten – nit ein einziges Mal hab ich g'stohlen – und weißt warum? Daß mich halt 's Christkindl dafür bei dir laßt. – Glaubst, 's ist so g'scheit?" setzte er fragend hinzu.

Schwester Käthchen setzte noch in der gleichen Stunde eine frische Haube auf und nahm ihren Kragen um. Spornstreichs ins Schloß rannte sie. – Die Landesherrin hatte sich der allzeit heiteren Schwester von jeher gnädig gezeigt. Es verging keine Woche, ohne daß die hohe Frau das Armenheim besuchte. Als sie Schwester Käthchen, nachdem ihr der Fritzl entrissen worden war, mit rotgeweinten Augen antraf, mußte das Mädchen beichten, und von diesem Augenblick an wurde sie erst recht von der Landesherrin ausgezeichnet. Zu ihr nun eilte Schwester Käthchen. Und kam selig und strahlend von ihrem Wege zurück.

Eben trat der Polizeiagent mit der Oberschwester aus der Kinderstube.

„Schwester, Schwester", schrie der an allen Gliedern zitternde Kleine der Eintretenden entgegen, „er will mich wieder fortnehmen – o Schwester, wie war doch der Weg so weit – und jetzt seh ich ihn am End doch nit, den drei heiligen Königen ihren Stern ..."

Da kniete sie neben ihm hin: „Fürcht dich nit, Fritzl, sei froh, es darf dich keiner mehr von hier wegnehmen. Ich hab's für dich in der Tasche zum Weihnachtsgeschenk. Fritzl bleibt unser Kind. Darfst es aber dem Christkinde nicht verraten, daß ich dir's vorher gesagt hab."

Er lächelte, indem er tief, wie von einer schweren Last befreit, aufatmete. Schon im nächsten Augenblick schlief er, seligen Frieden auf dem blassen, von Leiden und Entbehrungen so hart gezeichneten Kindergesicht.

Des Fremden Kindes heil'ger Christ

Friedrich Rückert

Es läuft ein fremdes Kind
am Abend vor Weihnachten
durch eine Stadt geschwind,
die Lichter zu betrachten,
die angezündet sind.

Es steht vor jedem Haus
und sieht die hellen Räume,
die drinnen schaun heraus,
die lampenvollen Bäume;
weh wird's ihm überaus.

Das Kindlein weint und spricht:
„Ein jedes Kind hat heute
ein Bäumchen und ein Licht
und hat dran seine Freude,
nur bloß ich armes nicht.

An der Geschwister Hand,
als ich daheim gesessen,
hat es auch mir gebrannt;
doch hier bin ich vergessen
in diesem fremden Land.

Läßt mich denn niemand ein
und gönnt mir auch ein Fleckchen?
In all den Häuserreihn
ist denn für mich kein Eckchen,
und wär' es noch so klein?

Läßt mich denn niemand ein?
Ich will ja selbst nichts haben;
ich will ja nur am Schein
der fremden Weihnachtsgaben
mich laben ganz allein."

Es klopft an Tür und Tor,
an Fenster und an Laden;
doch niemand tritt hervor,
das Kindlein einzuladen;
sie haben drin kein Ohr.

Ein jeder Vater lenkt
den Sinn auf seine Kinder,
die Mutter sie beschenkt,
denkt sonst nicht mehr, noch minder;
ans Kindlein niemand denkt.

„O lieber, Heil'ger Christ,
nicht Mutter und nicht Vater
hab' ich, wenn du's nicht bist.
O, sei du mein Berater,
weil man mich hier vergißt!"

Das Kindlein reibt die Hand,
sie ist von Frost erstarret,
es kriecht in sein Gewand
und in dem Gäßlein harret,
den Blick hinaus gewandt.

Da kommt mit einem Licht
durchs Gäßlein her gewallet
im weißen Kleide schlicht
ein ander Kind – wie schallet
es lieblich, da es spricht:

„Ich bin der Heil'ge Christ,
war auch ein Kind vordessen,
wie du ein Kindlein bist,
ich will dich nicht vergessen,
wenn alles dich vergißt.

Ich bin mit meinem Wort
bei allen gleichermaßen,
ich biete einen Hort
so gut hier auf den Straßen
wie in den Zimmern dort.

Ich will dir deinen Baum,
fremd' Kind, hier lassen schimmern
auf diesem offnen Raum
so schön, daß die in Zimmern
so schön sein sollen kaum."

Da deutet mit der Hand
Christkindlein auf zum Himmel,
und droben leuchtend stand
ein Baum voll Sterngewimmel
vielästig ausgespannt.

So fern und doch so nah,
wie funkelten die Kerzen!
Wie ward dem Kindlein da,
dem fremden, still zu Herzen,
das seinen Christbaum sah!

Es ward ihm wie ein Traum,
da langten hergebogen
Englein herab vom Baum
zum Kindlein, das sie zogen
hinauf zum lichten Raum.

Das fremde Kindlein ist
zur Heimat nun gekehret,
bei seinem Heil'gen Christ,
und was hier wird bescheret,
es dorten leicht vergißt.

Mettengang im Gebirge

Richard Gäng

Eine wüste, windige Nacht, eine wirre, großfleckige Schwärze, darin die Bergwände, die tiefziehenden Wolken, das großdachige Nachbarhaus, die krummen Äste der kahlen Obstbäume dunkel in dunkel verflossen, umfing die fünf Menschen, als sie aus der Tür ihres Hofes traten. Märzluft, Vorlenzwärme, Gelöstheit, Aufbruch erfüllte und beunruhigte das Land trotz der Weihnachtstage. Seit drei Tagen schon regnete es, wehte sprunghaft und besinnungsraubend ein Föhn, schmolz die tiefe Schneedecke zusammen. An manchen Stellen war die weiße Flockenmasse wieder verschwunden, und apere Plätze, nackte Erdflecken, glotzten dunkel, fremd und gespenstisch wie gestorbene Menschen, die wieder in die Wirklichkeit treten, ins leere Land. Schauspiel der Elemente. Hinter der großklecksigen Finsternis atmete ein geheimnisvolles Leben. Barg es schon Hoffnung? Neue Gefahr?

Verkehrtes Wetter! Übermenschliche Zeit!

Nichts vermochte die Kirchgänger zu beirren oder abzuhalten. Mit dunklem Schlaf in den Gliedern, aber doch voll heller Zuversicht, schritten sie im Eis und Schnee der Straße schweigend dahin. Jeder achtete nur auf die Pfützen und Eisklumpen, um ihnen auszuweichen, auf die beiden Lichtscheiben der zwei mitgetragenen Laternen, auf diese hellen, hilfreichen Kreise, die zwar flink und wachsam, aber nur unbedeutend und ängstlich wie junge Hunde um ihre Füße huschten, magische Abbilder ihrer von Glauben strahlenden Herzen.

Als sie um eine Bergnase bogen, leuchtete von einem Bühl herab aus dem Lehnwiesenhof heraus die ans Fenster gerückte, silbern getupfte Pyramide eines brennenden Christbaumes. Dieser flammende Wegweiser stand in der winterlichen Beschwernis wie ein festlicher Bote, spendete wie ein himmlischer Herold Trost und Verheißung.

Hier bogen die beiden Gebirgszüge auseinander, bildeten einen Kessel, und die nächtlichen Wanderer verließen die Straße, um auf einem Pfad die große, ebene Wiese und damit das Tal zu überqueren. Auf dieser Matte breitete sich die weiße Schneedecke noch geschlossen aus, und nur etliche dunkle Maulwurfshaufen unterbrachen sie, Tintenspritzern auf weißem Papier gleichend und an ein unterirdisches, geheimnisvolles Leben gemahnend. Leichteren

Fußes, hintereinander schritten die Wanderer dahin, sich ein wenig Zeit lassend, denn man gehörte zu den ersten und vordersten. Bald blinkten ihnen vom untern Saum der jenseitigen Bergwand her die beleuchteten Fenster des Dorfes wie goldene Glieder einer funkelnden, langen, unregelmäßigen Kette entgegen. Den größten, hellsten und ziemlich in der Mitte gelegenen Scheiben, der Kirche, pendelten auf der Ebene und hüpften über die Halden herab und aus der Tiefe der Seitentäler und Dobel hervor viele einzelne und in Gruppen gesammelte, nicht minder helle Funken zu, kriechenden und fliegenden Glühwürmchen gleichend; ein bergeweites Abbild der in der Dunkelheit des irdischen Daseins mit Gläubigkeit aufgebrochenen Gebirgsmenschen.

In dieses von unsichtbaren Fäden geleitete Leben erhob nun der Fluß seine einförmige, aber rasch lauter und endlich drohend werdende Urwaldstimme. Jetzt erreichten die Mettengänger die Uferbüsche, schlüpften zwischen ihnen hindurch und sahen die breiten, bis an die Böschung hinauf gestiegenen Fluten vor ihren Füßen dahinrasen. Die idyllische Alb, im Sommer vertümpelt, den Kindern oft ein Spielplatz, war zum wütenden Strom mit rasenden Strudeln, zu einem Naturereignis, lustiges Jungwölflein zur Bestie, eine liebe Gewohnheit zur tödlichen Gefahr geworden.

Und dann dieser Steg! Zwei Reihen paralleler Stangen mit nur ellenlangen Brettern quer übernagelt, behelfsmäßig und geländerlos hergestellt, spannte er sich halsbrecherisch, in der Mitte fast auf den Fluten aufliegend, hinüber zum andern, jetzt im Dunkeln soeben noch erkennbaren Ufer. Seine Zerbrechlichkeit wurde dadurch bestätigt, daß man ihn mit langen Fuhrmannsketten an eine dicke Erle gefesselt hatte, ihn, falls er zerbräche, am Davonschwimmen zu hindern. Dieser Bretterpfad diente nicht als öffentlicher Übergang, ja ein Schild warnte vor seiner Benützung, und die hier in diesem abgelegenen Zinken angesiedelten Hofbesitzer hatten ihn in eigener Verantwortung hergestellt und angebracht, um sich den stundenweiten Umweg über die eiserne Brücke zu sparen. Wenn jetzt der stärkste und erfahrenste Mann der Gruppe, der Bauer, einige Schritte auf ihm wagte, so nur deshalb, weil er von ruhigen Zeiten her wußte, daß der Steg trug.

Seine Frau flehte ihn an, die Gefahr nicht heraufzubeschwören, bat, warnte und nahm die zwei Kinder, die dem Vater schon folgen wollten, die zehnjährige Rike und den etwas älteren Knaben, bei der Hand, sie heftig ermahnend, den Steg nicht zu betreten. Der Vater aber, der in diesem Flecken aufgewachsen, Fische und Frösche gefangen, gebadet und geschwommen, Sand und Kies geschöpft und den Steg schon unter gefährlichen Umständen überschritten hatte, ließ sich nicht überzeugen und setzte den Weg vorsichtig fort, zumal auch der Knecht, der fünfte der Schicksalsgemeinschaft, meinte, wenn man die Schuhe sorgfältig vom Eis und Schnee reinige, könne das Wagnis gelingen. So schlurfte der Mann ins Dunkle dahin, die Lampe weit vor sich über den Steg haltend, um eine Gefahr früh erkennen zu können, während die Mutter in allen Ängsten zu Gott flehte, die Kinder an sich preßte, die aber des Vaters Ruhe und Sicherheit als eine Selbstverständlichkeit hinnahmen.

Ach, der Mann mußte hinüber! Hinter jenen großen, hellen Fenstern wartete nicht nur die festliche Gemeinde, harrten nicht nur die Verwandten, Freunde, Bekannten, das Neugeborene dieser Nacht zu verehren, dorthin drängte das sehnsuchtsvolle Herz, das immer wägt, wagt und nach Wundern ausschaut. Solche Gläubigkeit ist eine Urkraft der Menschheitsgeschichte. Sie wirkt um so ungestümer, je härter sich der Alltag gibt. Und wo findet er sich zermürbender als in einem einsamen, kargen Gebirgsdorf? Hier, in den Ungestalten der Natur, in der Verlassenheit und Stille, ist das Weihnachtsfest, der Tag des größten Wunders, erlebnisträchtiger und reicher an Gnaden als an einem andern Ort der Erde. So glich dieser Steg einer Brücke von der Wirklichkeit in ein Traumland, über Schluchten und Strudel hinweg. Er mußte betreten werden.

Jetzt erkannte der Erkundungsgänger, und die Zurückgebliebenen bemerkten es ebenfalls, daß der Steg in seiner ganzen Länge stromauf- und -abwärts schwankte. Die Gattin rief ihren Mann flehender zurück. Vergeblich! Er war entschlossen. In der Mitte tauchte das Brücklein unter seinem Gewicht so tief ein, daß das Wasser über die Bretter wellte. Der Bauer prüfte noch sorgsam die zweite Hälfte seines Wegleins auf Besonderheiten und kehrte um, als er keine erspähte, den Knecht hinüberzugeleiten.

Vor dem Wagnis ermahnte er ihn, nie aufs Fließende, immer stier geradeaus auf einen Punkt in Augenhöhe am festen Ufer zu blicken. Mit ausgestreckten Armen sich die Hände reichend, jeder in der freien Hand eine Laterne, der Knecht voran, trippelten sie davon.

Die ersten vier Personen kamen, von nassen Füßen und Erregungen, die durch einige Abenteuer verursacht wurden, abgesehen, wohlbehalten hinüber. Oh, diese unerwarteten Gefahren! Als Bauer und Knecht sich in der Mitte des handtief eintauchenden Steges befanden, schoß eine geschälte Tanne, das dicke, wurzelgeweitete Ende voraus, gegen das Brücklein, bog es, hob es, durchbrach es aber nicht, legte sich vielmehr, gleich einem Uhrzeiger auf des Wassers Oberfläche eine Schwenkung von einem Viertelkreis ausführend, dicht an die Stangen und verhielt sich hier, den Bretterssteig noch festigend, völlig ruhig. Erst als der Vater sich auf einen neuen Gang mit dem Knaben – er geleitete jeden einzelnen seiner Lieben selbst – auf dem Steg befand, begann der Stamm zu revoltieren, zu drücken, zu hebeln. Die zwei Wagemutigen kamen kaum noch voran. Schließlich preßte sich das gewaltige Holz unter das Brücklein, hob es schief und blieb da liegen. Man konnte nicht mehr weitergehen, man wäre abgerutscht. Der Mann gab die Laterne dem Sohn, kniete nieder, hielt sich mit beiden Händen am schwankenden Boden fest, sich selbst zur Sicherung und dem Knaben Halt und Lehne bietend. Während verzeifelter Minuten hielten die Zuschauer an den Ufern mehr Ängste und Qualen aus als die Gefährdeten. Der Mann nämlich parierte das Schaukeln des Bodens mit dem Verlagern seines Körpergewichtes, gab dabei dem Sohne noch Ermahnungen und ruhige Anweisungen. Plötzlich befreite sich der Stamm ohne merkliche Erschütterungen und schwamm, in die Strömung einschwenkend, davon.

Ein kleineres Abenteuer widerfuhr der zaghafteren Frau. Sie hatte sich, sogar gegen die Warnung ihres Mannes, der ihre Angst kannte, doch für die Überquerung entschieden. Die Gefahr sei, so beredete sie sich, eigentlich jedesmal nur durch einen Zufall entstanden, der geradesogut hätte ausbleiben können. Eine gute, gültige Begründung!

Damit hatte sie den Grund, warum ein Mensch einem drohenden Untergang ins Auge zu sehen vermag, im Tiefern erkannt. Ungezählte Bedrängnisse, Krankheiten und Unglücksfälle mannigfacher und von nicht vorauszusehender Art rauschen täglich mit ihren Schrecken an uns vorbei, murmeln nur verworren an unser Ohr, erschüttern uns aber nicht. Tun sie es doch einmal, so betrachten wir das als einen Zufall, als Ausnahme. Eine gütige Veranlagung bewahrt uns vor einer immerwährenden Bestürzung. Das Leben mit den vielen Drachenmäulern am Wegrand wäre sonst unerträglich. Hinzu kommt, daß sich bei den gefahrgewohnten, naturverbundenen Menschen ein stierer Mut im Augenblick der Entscheidung gewaltig erhebt.

In der Mitte des Steges angekommen, sprang ein Sturm, eine Föhnböe auf, die so wütend in die Kleider des Ehepaares griff, daß es sich aufs engste umklammern, und als sie noch heftiger blies, der Mann der Frau die Laterne übergeben, sich in die überspringenden Gischtkämme niederknien und am Holz festhalten mußte. Mutig und wortlos widerstand die Frau dem Angriff, und so jäh wie die Windflut gekommen war, flaute sie ab.

Eine einmalige, tief erwärmende Freude, daß sie den Gang gewagt, die furchtbaren Gefahren überwunden hatten, erfüllte und beseligte die vier am neuen Ufer. Wie eine liebliche Frühlingslandschaft mit blauem Himmel, Sonne und Blumen breiteten sich ihre Gefühle aus. Mit Grausen sahen sie jetzt in die häßliche Wildflut, dachten sie aber auch an den Tod des Ertrinkens, den sie hätten so leicht finden können, an einen Verzweiflungskampf im eisigen Strom, an das Fortgeschwemmtwerden in die Schluchten des Gebirges, in den Rhein, ins Meer. Waren sie nicht wie durch eine glückliche Fügung diesem schlimmen Schicksal entronnen? Durfte man es noch einmal herausfordern? Wäre man nicht frevelhaft geworden?

Unter solchen Gedanken riefen sie Rike zu, die noch der Abholung harrte, sie möge nach Hause gehen, später, bei hellem Tage, den Weg über die Brücke nehmen und den Hauptgottesdienst besuchen; er sei auch viel feierlicher, und viel mehr Leute nähmen an ihm teil. Das Mädchen fühlte sich um das nächtliche Erlebnis betrogen, von der Gemeinschaft ausgeschlossen, von den liebsten Menschen verlassen, als Schwächling gebrandmarkt, und das tut jungen Menschen so weh, daß sie keiner Vernunft mehr zugänglich sind. Rike bat, rief und flehte, und als alles nichts half, trat sie auf den Steg, den Gang allein zu wagen.

Der Vater brummte zwar böse vor sich hin: „Das ist noch eine!", meinte aber damit doch wohl eine Tapfere, Mutige, ihm Ebenbürtige, und ging ihr sofort entgegen. Bei dieser Überquerung geschah das Furchtbare.

Die beiden näherten sich der Mitte des Steges, und die Gischtkronen griffen nach ihren Schuhen, als eine starke Woge eine sackgroße, spannendicke Eisscholle auf die Brücke vor ihre Füße hob. Wie der ewige Prügel, den das Schicksal einem zwischen die Beine wirft, manchmal auch just in dem Augenblick schleudert, wenn etwas auf des Messers Schneide steht, lag sie da, unberechnet, unverstehbar, hohnvoll, die Bosheit eines Wassermannes, ein Teufelsprodukt.

Was war nun zu tun? Der Mann leuchtete sie mit der Laterne ab, setzte einen Fuß auf sie, zog ihn aber wie von einer Schlange gebissen zurück, zumal ihn auch von drüben laute Warnrufe erreichten. Dann faßte er einen Plan. Er übergab der Tochter die Laterne mit der erneuten und eindringlichenWarnung, beim Leuchten unter keinen Umständen auf ihn oder auf die Scholle hernieder, vielmehr unverrückt drüben auf einen festen Punkt zu schauen. Nun ließ er sich auf ein Knie ins Wasser nieder und versuchte seine Kraft an dem Brocken. Bei den gehemmten Bewegungen rutschte das Eis trotz großer Anstrengungen nur um Fingerbreite weiter. Als es aber dann ins Wasser glitt und der Mann erlöst aufseufzte, schaute das Mädchen beglückt auf ihn nieder, ins reißende Wasser, und sofort, wie ein Pfeil so schnell, schoß der Verängsteten der Steg stromaufwärts mit allem, was er trug.

Das Kind schrie gellend, ließ die Laterne fallen und klammerte sich mit beiden Armen an den Vater. Dieser richtete sich auf, so schnell er konnte, drückte das Gesicht der Verängsteten gegen seine Kleider und sprach ihr gut zu. Das Mädchen, klug von Natur und empfindsam, spürte mit seinem Leibe, wie es stromauf flog, brüllte verzweifelt, markdurchdringend. Der Vater drückte es aufs innigste an sich, bestürmte es mit lieben Worten. Vergeblich! Das Kind bedrängte ihn, und er mußte gesammelt darauf Bedacht nehmen, nicht über die elende Unterlage gestoßen zu werden. Dann umhüllte er es mit seinem Mantel, um ihm das Gefühl der Geborgenheit zu verleihen. Aber es befreite seinen Kopf schnell wieder. Es wollte an dem gefahrvollen Ort nicht tatenlos bleiben, vielmehr die Gefahr kennen, ihr ins Auge sehen, ihr begegnen. Und so schaute es bewußt ins Wasser. Da flog tatsächlich der Steg mit Pfeilschnelle in die Nacht, in die endlose, grausige Schwärze hinein. Nun verlor es jeden Glauben, schrie und tobte hemmungslos. Jetzt wußte der Vater, daß nur Gewalt eine Rettung bringen konnte. Zwar flehte er noch eindringlich: „Laß mich los, ich kann sonst nicht gehen. Ich trage dich ganz sicher hinüber! Komm, leg den Arm um meinem Hals!", aber er umschlang es dabei, um es hochzuheben, und da klammerte es sich nur fester um seine Beine. Als er ihm eine Hand aufbrach und diese von sich weghielt, damit sie nicht wieder zugreife, fühlte das Kind sich völlig verraten, der letzten Stütze beraubt, setzte Gewalt gegen Gewalt, versuchte, die Hand loszureißen und schlug mit der andern gegen den Treulosen. Und als auch die zweite Hand gefangen und umschlossen wurde, trat es mit den Füßen gegen seinen Bändiger. Dieser riß jetzt das Kind hoch. Es strampelte sofort mit beiden Beinen wild wie ein Radler, und er drückte es in seiner ganzen Länge wieder an sich, um diese Störrigkeit zu verhindern. Das Mädchen aber wand seinen geschmeidigen Körper leidenschaftlich hin und her, befreite seine Hand, kratzte und krallte wie eine Katze; ja es biß seinen Beschützer ins Gesicht, immer erbärmlicher schreiend. Es war ein unsinniger, aber bitter ernster Kampf, bei dem sich die Kleine überstark und, was den Vater am meisten gefährdete, unberechenbar gebärdete.

Menschenstrudel auf der Brücke, Wasserstrudel darunter, Gegenstand und Spiegelbild, beide, Mensch und Wasser, einst lieblich und gut, in der Leidenschaft gleich verworren und unauslotbar, beide ein Abbild des Lebens, worin oft jemand gegen eingebildete Fluten und Strömungen kämpft, Frau gegen Mann, Eltern gegen Kinder, Vorgesetzte gegen Untergebene, Liebende gegeneinander, Naturereignisse in der Brust der Menschen.

Schon verlor der Vater die Hoffnung, brach der Angstschweiß aus ihm, überlegte er, wie er in den rasenden Wogen kämpfen und schwimmen, die Tochter retten könne, da stand der Knecht neben ihm. Dieser packte hart die Hände des Kindes, und gemeinsam trugen sie die Überwältigte hinüber.

Als sie alle unter der großen Tanne standen, die Mutter die gerettete Tochter an sich gedrückt, den Schreck in den Gliedern, die Gefahr noch betrachtend und beredend, unfähig, sich vom Ort des Grausens zu lösen, fingen die Glocken der nahen Kirche an zu läuten. Wie sie das dunkle Tal mit eiligen und langen Schwüngen, mit brausenden Akkorden ihrer metallenen Zungen von Berg zu Berg erfüllten, so jubelten nun auch vielstimmig und dankbar die Herzen dieser Menschen zum Himmel. Wie von Flügeln gezogen, eilten sie dahin und genossen tiefer denn je das neu geschenkte Leben. Der Föhn polterte immer noch durch die Luft, und die Wälder rauschten ihre Urwaldmelodie. Bald aber leuchteten den Mettengängern die brennenden Kerzen, die strahlenden Christbäume, der Priester im Ornat und die Figuren in ihrem bunten Glanz durch die weitgeöffnete Kirchentüre wie der erschlossene Himmel selbst entgegen. Denn dem, der ans Wunder glaubt, erschließt es sich.

Die hohe Zeit des Lichterbaums

Paul Eipper

Wahrscheinlich bin ich das ganze Jahr hindurch nie so früh und auch so gern aus dem Bett geschlupft wie am Morgen des Heiligen Abends. Heut kam es wirklich auf jede Minute an; keine durfte vergeudet werden! Rasch noch vor dem Milchkaffeetrinken hinüber in Großvaters Stube, mit lautem Triumphgeschrei: „I gratulier dir zum Geburtstag!" Der Ähne blickte erschrocken, fast ärgerlich, von seiner großgedruckten Bibel hoch und raunzte: „Papperlapapp, in meim Alter ist des ganz und gar net wichtig", freute sich aber wohl doch ein wenig.

Während des Frühstückens erteilte mir die Mutter wie gewohnt allerlei Besorgungsaufträge. Sie selber ging inzwischen mit dem Großvater zum nahen Fangelsbach-Friedhof, um schon jetzt das eine unserer kleinen Christbäumle aufs Stitzel-Grab zu bringen. „Am Nachmittag hab i kei Zeit!"

Für sämtliche Familienmitglieder war Hochbetrieb. Lisbeth stellte putznärrisch die Wohnung auf den Kopf, drohte den Lehrbuben mit dem nassen Aufwaschtuch, weil sie ihre Stiefelsohlen nicht ordentlich genug abgerieben hatten, als sie von der Dachspeicher-Bühne die großen Pakete in den Öhrn trugen. „Du", sagte Karl aufgeregt zu mir, „im lange Paket ist unser Kauflade drin, im andere dei Gaulstall. Und d Puppe'küch in dr dicke Schachtel bei de Maschinle; i weiß des no vom vorige Jahr."

Wir zwei Buben wären beim Auspacken gern dabeigeblieben; aber ich mußte für den Vater schleunig wieder einmal Geld wechseln lassen im Kontor des Zibeben-Nachbarn, wollte dann der Tante Amalie mein Christengel-Geschenk bringen und im Pfarrhaus den von mir ziemlich mühsam gemalten Löwen für unseren Herrn Amtsdekan abgeben. Auch sollte mein knapp anderthalbjähriger Bruder Rudolf noch eine Stunde im Wägelchen spazierengeführt und das Zeug für die Mutter aus dem Konsumladen geholt werden. Also mit Volldampf an die Arbeit und rechtzeitig zurück sein zum Geburtstagsbesuch der Enkel beim Großvater! Ach, man hat als Ältester eine Menge Pflichten.

Zu der für mich wichtigsten Pflichterfüllung reichte es erst nach dem Mittagessen: zum Saubermachen bei den Häsle! Das mußte aufs gründlichste besorgt werden; blitzblank sollten es meine guten Tierle haben über die Festtage. Karl und ich schrubbten mit heißem Seifenwasser nicht nur den Steinboden, sondern auch die Schlafkiste der Karnickel, stellten sie zum Trocknen an die warme Werkstatt-Esse. Wir breiteten verschwenderisch viel Stroh und auch nicht wenig Heu im Stall aus. Selbstverständlich wollten wir dann zum Schluß mit den Hoppel-Hasen spielen. Aber Lisbeth scheuchte uns brutal hoch: „Det tät euch so passe! Nauf in d Stub, de Sonntagsstaat a'ziehe, vorher Gsicht und Händ wäsche. Euer Vater ist scho fast fertig, und d Mutter will euch Mannsleut jetzt aus em Haus habe, wo doch bald s Christkindle kommt. Ob ihr des glaubet oder net, ihr neunmalgscheite Lauser!"

Wie jedes Jahr am Heiligen Abend, sind wir in der dritten Nachmittagsstunde über Schloßplatz und Bahnhof, an vielen Rangiergeleisen entlang, zur Prag gewandert. Vater, Karl und ich haben dort das zweite, schön mit weißen Wachsblumen und roten Lichtern besteckte Weihnachtsbäumchen auf unserem Familiengrab in die winterharte Erde gestemmt. Ringsum an den anderen Gräbern taten viele Menschen das gleiche. Sie zündeten wie mein Vater ebenfalls die Kerzen auf ihren Bäumchen an, als die Abenddämmerung mehr und mehr zugenommen hatte. Nun war der große, dunkle Friedhof übersät von flackernden Lichtersternlein, und irgendwo blies ein Trompeten-Quartett das Lied von der Ros', die für alle Menschen, die toten und die lebenden, holdselig entsprungen ist ...

Ich muß leider bekennen, daß die Kirchhof-Andacht bei mir einiges zu wünschen übrig ließ. Meine Ohren, die Finger und Zehen kribbelten vor Kälte. Aber es gehörte sich, noch ein Vaterunser lang still stehenzubleiben, barhäuptig, mit gefalteten Händen. Dann sagten wir gemeinsam: „Gesegnete Weihnachten, Friedale und Tante Sofie!"

Froh, mich endlich bewegen zu dürfen, stapfte ich neben dem Vater der Stadt entgegen; wahrscheinlich hatte Karl das gleiche Empfinden. Wir drängten beide sehnsüchtig heim zur Bescherung, auch freuten wir uns auf den Schlußeinkauf in der Hirschgasse. Dort, gegenüber vom einstigen Elternhaus meines Vaters, war eine Metzgerei; Mutter behauptete, Herr Gwinner mache die besten, mildesten Lachsschinken von Stuttgart. Deshalb holten wir an jedem Heiligen Abend solch einen kleinen, länglich gerollten Schinken bei ihm, ganz allein für die Mutter. Die beiden Meister, der vom Amboß und der vom Hackblock, schwätzten eine Weile miteinander, boten sich gegenseitig Zigarren an, und wir Buben bekamen vom ‚Onkel' Gwinner einen langen Strang winziger, aber echter Schützenwürste für unseren Spielzeug-Kaufladen geschenkt. Vater wollte auch noch eine Büchse Bismarck-Heringe kaufen, weshalb ich ihm sagen mußte, daß ich von meinem Geld bereits eine erworben hatte. „Ha no, du bist aber e spendabels Herrle! Vielleicht derf i di und dein' Bruder wenigstens zum Vespere ei'lade?"

Das Wirtshaus zur Sonne war nicht weit von uns entfernt; wir brauchten nur den Marktplatz zu überqueren. Aber ein scharfer Wind pfiff, und Graupelschnee peitschte unsere Gesichter. „Jetzt send alle Lichtle auf de Kirchhofbäum vom Sturm ausblase worde", sorgte sich mein Bruder, „ob morge abend d Leut sie wieder a'zündet?" Fröstelnd setzten wir uns auf die warme Ofenbank in der Gaststube. Meine Brillengläser waren durch den jähen Temperaturwechsel wie vernebelt, mußten erst mal blank- und trockengerieben werden. Vater bestellte inzwischen zwei Portionen Kräuterkäse mit viel Schwarzbrot für seine hungrigen Söhne, auch je ein Gläschen Most, für sich ein saftiges Ripple (nicht zu fett!), Essiggürkle und einen Schoppen Uhlbacher Rotwein.

„Schmeckt's?", fragte die schwäbisch wortkarge Kellnerin. Als Antwort erhielt sie von uns dreien ein ebenso kurzes, aber begeistertes ‚M'hm'. Der Schnauzerhund kam unter der Theke hervor, preßte sich an Vaters Knie und wartete hingebungsvoll auf den Ripplesknochen. Er nahm auch ein Eckchen von meinem Kräuterkäs-Brot, kaute schmatzend, gab dann Karl die Pfote und bettelte um mehr. Es war mordsgemütlich, unser Gasthof-Vesper! Plötzlich guckte der Vater nach der Uhr. „Glei' schlägt's auf dr Stiftskirch fünfe; in zehn Minute wird abmaschiert! Ihr hent ja e zähs Sitzleder, Bube, und kei Bröckle Brot ist übrig'bliebe." Wahrhaftig, durch den für uns so seltenen Wirtshausbesuch hatten wir ganz vergessen, wie zappelig wir auf der Prag und noch beim Gwinner gewesen waren. „Tu austrinke und zahle, Vater", riefen wir nun wie aus einem Mund und verstärkten unsere Bitte ziemlich respektlos durch die burschikose Beschleunigungsformel: „Tapfer, dapfer!“

Um halb sechs waren wir daheim. In der Küche spielte Lisbeth mit dem kleinen Rudolf. Zwei Lehrlinge standen schwätzend dabei; die anderen hatten vom Meister die Erlaubnis bekommen, übers Fest zu ihren Eltern ins bäuerliche Vorland zu fahren. Vater klopfte an die Wohnstubentür. Protest-Echo von Mutters Stimme: „Niemand derf reinkomme, s Christkindle ist no net fertig!“ Wir zwinkerten uns zu, bubenhaft überheblich; jeder wußte ja, daß nicht das Christkind, sondern die Mutter den Weihnachtsbaum schmückte und den Gabentisch aufbaute. Um einigermaßen die Autorität zu wahren, sagte jetzt der Vater betont ernst: „Bube, kämmet euch d Haar und bürstet eure Kittel aus. Sonst kommt dr Pelzmärte mit seim große Sack und dr Rut'; der holt sich die Kinder, die bös oder dreckig send. D Lisbeth ist vornehm sauber a'zoge, d Lehrbursche au. I geh derweil zum Ähne!“

Pünktlich um sechs Uhr standen wir alle miteinander im halbdunklen Öhrn, sogar der Großvater. Karl und ich hielten unsre schön eingewickelten Geschenke für die Eltern krampfhaft unterm Arm, hatten nun doch Herzklopfen, vor christseliger Erwartung und auch des langbärtigen Nikolaus wegen; er konnte noch immer die Treppe heraufkommen. Niemand sprach. In der Stille rasselte, dröhnte geradezu das Schnurren von Peter Raule, der um Großvaters Beine herumschmuste.

‚Kling, kling, klingeling!‘ Ein Glöckchen läutete, sehr hell und etwas scheppernd. Den Ton kannte ich. Das Glöckle war aus silbrigem Glas und hing wie jedes Jahr am vordersten Zweig des Christbaums. „Gottlob, dr Pelzmärte kommt net“, flüsterte Karl, und im gleichen Augenblick öffnete sich ganz weit die Stubentüre. Glitzerglanz blendete uns, als die Mutter auf den Ähne zutrat. Ihre Backen waren glühend rot vom Arbeitseifer; aber die Augen lachten. Lieb und würdevoll wie ein Pfarrer sprach sie: „Kommet alle, groß und klein. Fröhliche Weihnachten!“

Wir sind herzlich gern der guten Einladung gefolgt. Aber es schien, als getraue sich niemand, das Zimmer wirklich zu betreten. Unmittelbar an der Wand blieben wir nebeneinander stehen und staunten. Unsere alte Wohnstube, sie sah jetzt so ganz anders aus; wie ein Festsaal im Königsschloß kam sie mir vor! Der lange, dunkelbraune Eßtisch war mit einem schneeweißen Tuch überdeckt. Vorn am rechten Fenster, wo sonst der Blumenständer und mein kleines, rundes Lesetischle standen, wuchs nun bis zum Plafond der große Lichterbaum empor. Auch auf dem Buffet und am Schreibpult, links und rechts von Vaters eiserner Rose, leuchteten farbenfrohe, dicke Kerzen.

„Singet mal, ihr stumme Leut; i setz mi zum Zuhöre in de Stuhl am Ofe", sagte der Ähne. Meine Mutter, die bei all ihrer Wuseligkeit recht sangesfreudig war, nickte und begann sogleich: „Stille Nacht, heilige Nacht!" Etwas zögernd erst, doch immer kräftiger, fügten sich die anderen Stimmen dazu, am schönsten und vollsten die vom Vater. Lisbeth, die unseren kleinen Rudi auf dem Arm trug, wischte sich heimlich ein paar Tränen aus dem Augenwinkel, sang aber dann mit den Lehrbuben um die Wette. Vielleicht hat sogar der Ähne mitgesungen; seine Lippen bewegten sich jedenfalls. Karl zwitscherte tüchtig drauflos, obwohl er den Text des zweiten Verses noch nicht auswendig konnte. Ich war gehemmter als mein Bruder, weil mir vor einigen Monaten der Lehrer gesagt hatte, mein Gesang komme direkt aus einer rostigen Gießkanne. Da sämtliche Verse des Liedes durchgesungen wurden, blieb meinen Augen Zeit genug, im Stuben-Festsaal spazierenzugehen.

‚Guck, der Hansi ist nicht da! Mutter hat wohl den Kanarienkäfig in die Gute Stube gestellt. Ein Vögelchen kann bei Unruhe und solch üppiger Kerzenbeleuchtung nicht schlafen; es braucht Dunkelheit, auch in der Christnacht.' Aber uns Menschen freut der hellstrahlende Baum, mich ganz besonders. Er ist wunderschön, von oben bis unten behängt mit roten, gelben, blauen Glaskugeln, vergoldeten Nüssen, Schokoladenbrezelchen, mit Sternen, buntlackierten Holzfigürle, Zwergtrompeten, schwebenden Engelkindern. Unmöglich, alles zu erkennen, weil über die meisten Zweige auch noch lange Silberfäden gehängt sind, die hin- und herschwingen in der Wärme-Ausstrahlung der vielen, vielen Kerzen. Nur den großen Goldflügel-Engel mit der Lockenpracht sehe ich ganz deutlich; er thront auf der höchsten Tannenspitze, und ich bin geradezu stolz, daß Vater und ich einen Baum mit so kräftig steifer Spitze gefunden haben; der Engel wackelt wirklich nicht! Wie ja überhaupt die ganze grünbunte Herrlichkeit unverrückbar fest und sicher im eisernen Ständerfuß steckt, den der Vater zur ersten Weihnachtsfeier in der Schlosserstraße, also bereits vor zehn Jahren, für seine Frau geschmiedet hatte ...

„Schön hent ihr gsunge; bloß dr Paul träumt mal wieder." Ich schrecke aus meiner Christbaum-Versunkenheit hoch. Das Lied ist zu Ende. Mutter hat eben gerufen; nun winkt sie der Lisbeth: „Mädle, bring de Rudi ins Bettle, du mußt mir helfe!" Hausfraulich geschickt nehmen bald darauf die beiden das Bettlaken weg vom vollbepackten, langen Mitteltisch. „Jetzt wird beschert! Ihr dürfet alle herkomme und zugucke. I fang mit em Großvater a'."

Der Ähne erhält ein Paar Bettschuhe, aus weicher Kaschmirwolle von der Mutter gehäkelt, drei Orangen, sechs Riesen-Sacktücher und eine Flasche Süßwein. „Echter Malaga! Davo' mach i dir jede Morge e Gläsle voll warm und klepper' en Ei derzu. Ist gut für de Bauch!" Großvater bedankt sich schmunzelnd. Ich schiebe mich seitwärts an ihn heran, sage: „Von mir kriegst du des Päckle Schmalzler, zum Schnupfe, und für dein' Raule-Kater han i au was 'kauft, e Wurst."

Die nächsten am Gabentisch sind der Vater, Lisbeth und die beiden Lehrlinge. Sie bekommen fast durchweg ‚nützliche' Geschenke, jeder aber auch einen mit Gutsle gefüllten, großen Pappteller. Vater freut sich besonders über die vernickelte Fahrrad-Laterne und am meisten über eine Fotografie der Mutter mit ihren drei Buben; es ist ein ganz ‚auf schön' retuschiertes, steifes Gruppenbild! Karl und ich legen unsere Glanzpapier-Mäppchen dazu; meines enthält einen von mir ausgeschnittenen Kalender-Farbdruck des Nürnberger Kunstschmiede-Brunnens. Außerdem die sieben Zigarren und das Röhrle.

Noch immer gibt es einiges zu verteilen auf dem weihnachtlichen Tisch. „Des vorderste ghört unsere verreiste Lehrbube, und was hinterdra' liegt, ist für mi", erklärt Mutter, „e paar freundliche Aufmerksamkeite von de Mieter und aus dr Nachbarschaft." Karl stupst mich: „Du, s Mütterle hat net grad viel!“ Keine Angst, schon kommt aus Vaters Pult ein Geschenk nach dem anderen zum Vorschein, sogar ein großer Kleiderkarton. Auch Lisbeth und die Schlosserstifte bringen allerlei für die Meisterin, was sie bislang im Besenschrank versteckt hatten. Großvater überreicht seiner Tochter ein Perlmutt-Döschen: „Aufmache kannst du's später; e bißle Geld liegt drin.“ Mutter strahlt. Als wir beide, Karl und ich, uns unmittelbar vor sie hinstellen und ein Gedicht aufsagen, bekommt die Gute wahrhaftig feuchte Augen. Aber der Blick auf den Lachsschinken und zu meiner Heringsbüchse wird dadurch nicht getrübt; im Gegenteil, er hält nach unserem Versles-Vortrag noch eine ganze Weile die zur Schau gestellten ‚Magenwonnen‘ fest. Karl kriegt für sein Tulpenstöckle – nein, keinen Kuß – einen herzhaften Streichler über beide Backen.

„Feierabend! Bscherung ist aus“, sagt nun mit fast strenger Miene der Vater und setzt sich zur Mutter auf das Sofa. Uns Buben gibt es einen Ruck, als wolle Himmel und Erde zusammenstürzen. ‚Und wir? Für uns gar nix?‘ Verwunderung, Schmerz, bittere Enttäuschung! Aber schon lachen wir beide triumphierend los. Lisbeth hat nämlich hehlingen auf die linke Schmalseite des Zimmers gezeigt. Dort, vor dem Buffet, stehen noch zwei Tischle, beide mit Servietten zugedeckt und anscheinend tüchtig bepackt. Unten am Fußboden sehen wir zudem meinen geliebten Gaulstall, die Dampfmaschine, die Laterna magica, unseren Kaufladen und die Puppenküche; sie stammt noch aus Mutters Kindheit und wird auch von uns Buben sehr geschätzt. „Ha no, des alte Zeug kennet ihr ja von de vorige Jahr'; s lauft euch net fort. Ihr könnet no lang gnug dermit spiele, bis zum Dreikönigstag“, bremst der Vater, „i tät an eurer Stelle erst mal die zwei Tüchle wegzupfe von de Gabetisch'. Dr rechte gehört em Karl und dr linke unserem Linkshänder-Paule.“

Der Chronist möchte nun hier eine Zwischenbemerkung einschalten: Meine Eltern waren stets fürs Praktische und niemals verschwenderisch. Wenn sie Geld ausgaben, mußte der Anlaß dringend notwendig, zumindest irgendwie nutzbringend sein. Ich rechne es ihnen daher besonder hoch an, daß wir Kinder zu Weihnachten nie *nützliche* Geschenke bekamen, keine Hosen, Stiefel oder was man sonst im Alltag braucht, sondern festliche, frohmachende Dinge (im Schwäbischen sagt man ‚Extrawürst‘). So ist Jahr um Jahr die Christbescherung in der Schlosserstraße wirklich ein Freudenfest für uns gewesen.

Heuer liegen drei Zinnfiguren-Schachteln auf meinem Tisch, die Kamelreiter, der Hühnerhof und die Weidekoppel. Daneben entdecke ich nicht nur einen, sondern zwei Karl May-Bände, schließlich einen Trapperhut, gefüllt mit vielen Zimtsternen. Karl findet unter seiner Zudecke das ersehnte Taschenmesser mit Feile und Schraubenzieher, fünf verstellbare Weichenschienen und einen Langholzwagen für die Schmalspur-Eisenbahn, auch den Ergänzungskasten der roten, gelben und bläulichgrauen Anker-Bausteine.

Unser Jubel wirkt auf die beiden ja knapp halberwachsenen Lehrburschen so ansteckend, daß wir gleich und gemeinsam ein Stallhäusle bauen und mit den Zinntieren bevölkern wollen. Aber die Mutter ist dagegen. „Nei, nei! Jetzt wird erst mal schnabuliert. I freu mi auf mein' Lachsschinke. Nachher dürfet ihr meinetwege no e Stündle spiele."

Am Heiligen Abend gehört es sich für junge Leut, widerspruchslos zu gehorchen. Wir stehen also schleunig auf, gehen reihum und bedanken uns sehr für die Geschenke. Karl holt rasch noch den Strang Schützenwürstchen vom ‚Gwinner' und legt sie in den Kaufladen, entdeckt dabei, daß dort an der einen Seitenwand etwas Neues hängt, ein winziges Telefon-Apparätle. „Oh, mit dem ruf i morge mein' Freund a', wenn d Leitung funktioniert!"

Das ‚Nachtessen' braucht allerlei Vorbereitungen: Mutter und Lisbeth verschwinden in der Küche. Die Lehrbuben tragen einen Teil der Geschenke in die Gute Stube, Karl und ich dürfen mit Vaters Hilfe die schon ziemlich heruntergebrannten Kerzen am Baum ausblasen. „Du, jetzt ist's in dr Wohnstub au net heller als sonst; i hol de Hansel wieder an sein' alte Platz. Er möcht doch sicher bei uns zugucke", sage ich und bettle von Lisbeth einige Blättchen Ackersalat, den der Kanari jedoch verschmäht. Vielleicht, weil sich Peter Raule ganz dicht vor den Käfig setzt, aber durchaus nicht mit bösen Absichten! Nein, unsere beiden Haustiere sind recht verträglich miteinander. Der Hansi schätzt nur keinen Aufpasser während des Futterns; er schimpft dann jedesmal, spreizt drohend die Flügel. „Laß den Neidhammel, komm zu mir, Raule", ruft Großvater, „für uns zwei ist's sowieso Schlafenszeit." Ich begleite den Ähne in sein Stübchen; er hat schon vor der Bescherung ein kräftiges Süpple gegessen. Wir probieren die neuen Bettschuhe, und ich bedanke mich noch einmal für die Zinnfiguren-Schachteln, die ja vom Großvater auf mein Gabentischle gelegt worden sind. „Scho recht, scho recht", brummt er und zieht sich die Zipfelmütze über beide Ohren.

Das Bescherungszimmer hat sich mittlerweile in die gewohnte Eßstube zurückverwandelt. „Du bist aber heut freigebig, Mutterle! Unser Tisch bricht ja fast z'amme vor so viele gute Sache", hänselt der Vater. Es gibt geröstete Kartoffeln und heiße Saitenwürste (für jeden Lehrling erst drei Paar, dann noch zwei!). Nächster Gang: Leberkäs mit Ackersalat, den wir im Gegensatz zum Kanari ratzekahl wegputzen, und schließlich eine dicke Scheibe Hutzelbrot. Lisbeth muß viermal in den Keller hinunter, um den großen Mostkrug nachzufüllen. Die Essens-Sensation des Heiligen Abends bildet jedoch der Lachsschinken-Anschnitt. Mutter bricht in immer neue Lobrufe aus. „Gucket bloß des rosarote Fleisch a'! Wie Butter so weich ist's auf dr Zung und kaum gsalze. Versuch du au e Scheible, Vater; i brauch doch net älles Gute für mi allei."

Nein, die fürsorgliche Hausmutter will dauernd *jedem* Magen etwas Gutes antun, und deshalb kommen auch noch Lebkuchen auf den Tisch. Was mich anbelangt: nun, es darf nicht verheimlicht werden, daß plötzlich ein Teller vor mir stand mit einem – Bismarck-Hering, Respekt vor der Tüchtigkeit unserer Verdauungs-Organe; sie benötigten in der guten alten Zeit nicht einmal die Reiz-Unterstützung von Schnaps und Zigaretten!

Der Vater weihte nun allerdings doch das Meerschaum-Röhrle ein, das ich ihm geschenkt hatte, und rauchte daraus eine von meinen sieben beim ‚Frasch' in der Königsstraße erworbenen Zigarren. Er wurde sehr gesprächig. „Wenn ihr Frauensleut euer Gschirr bald abgwäsche hent, kann uns dr Paul d Laterna magica vorführe. I zwick mit Reißnägel eine von de Serviette an d Tür. Und bis ihr drauße fertig send, spiel i e bißle mit de Bube."

Wahrhaftig, der Vater, der sonst fast ‚unnahbare', hockte sich zu uns auf den Stubenboden. Begeistert zogen wir die Spielzeug-Pferde aus ihrem Stall, den Schimmel und die zwei Braunen; sie hatten nun lange genug vor den Futterkrippen gestanden. „I muß mi grad wundere, weil no gar nix kaputt ist. Wo doch dr Stall jetzt schon s vierte Weihnachte bei uns verlebt!" Vaters Lob freute mich, aber verdient hatte ich es eigentlich nicht. Oft und oft sind die Rösser spielwütig in irgendeine Ecke ‚gefeuert' worden oder vom Küchentisch auf den Steinboden geplumpst. Zum Glück waren sie aus hartem Holz geschnitzt, auch einigermaßen schrammensicher durch den Lackfarben-Überzug, meine ungefähr handspannengroßen, dickbäuchigen Kaltblut-Pferde auf ihren robusten Rädles-Untergestellen! Man konnte übrigens den Max, die Olga und den Schimmel August regelrecht mit Lederriemen einspannen. Gleich wird es wieder einmal soweit sein; der Vater hilft ja! Karl hat bereits die Bierfäßle auf dem Wagen hochgebeigt und zieht nun das Gespann mit Hüh und Hott an einem Bindfaden zweimal um den langen Tisch herum. „Buele, bring deine Rößle in de Stall! I glaub, daß unsre ‚Küche'dragoner' fertig send", ruft der Vater, und schon kommen sie durch die Tür: Mutter, Lisbeth, auch die Lehrlinge, die am Spültisch abgetrocknet, den Öhrn aufgewischt und sogar unsere Bubenstiefel geputzt haben, – eine besondere Vergünstigung, denn wir mußten diese Arbeit auf Vaters Gebot jeden Morgen selber tun. „Ausnahme' mag i net", sagt er und blickt nicht gerade sehr freundlich auf Karl und mich. „Jetzt ist's aber scho passiert. I hoff, dr Paul macht uns zum Danke e besonders schöne Kästles-Zauberei!"

Nun, meine Laterna magica (Urform der Projektions-Apparate des zwanzigsten Jahrhunderts) war eine recht bescheidene Angelegenheit. Immerhin, der Schutzdeckel-Aufdruck pries sie als ‚Zauberlaterne zur Erzeugung bunter Schattenbilder', und mir hat sie eine ganze Welt schönster Erlebnismöglichkeiten aufgetan. Ich kannte zwar allmählich die Glastäfelchen genau, die in einen Schlitz des länglichen Blechkastens gesteckt werden mußten, der vorn eine Vergrößerungslinse, hinten ein hellbrennendes Petroleumlämpchen hatte. Schon leuchteten die kleinen Glasmalereien groß und in prächtigen Farben an unserer weißbespannten Stubentüre auf: zuerst der Ausbruch des Vesuvs, dann die Belagerung von Paris, das Fellachendorf am Nil und der Schiefe Turm zu Pisa. Dennoch konnte ich das Geheimnis dieser Zauberei nie ganz begreifen, wollte und mußte immer von neuem – staunen. Ja, beglückt staunen!

Als ich dann später in einer Jahrmarktsbude auf dem Cannstatter Volksfest die erste Vorführung eines richtigen Films erlebte, war mein Eindruck weit geringer. Gewiß, dort *bewegten* sich die Menschen, die Fuhrwerke und Segelschiffe. Aber meine Augen taten mir dabei weh, weil alles flimmerte und in grauer Undeutlichkeit wackelte, weil selbst bei den sonnenhellen Aufnahmen dauernd Regenstreifen durch die Schaufläche huschten. Einzig und allein begeistert war ich darüber, daß der graue Film für kurze Zeit grünlichblau wurde, wenn er das Meer zeigte, und rot, sobald Flammen aus einem Haus schlugen. Doch warum mußten dann auch die Menschengesichter rot sein, die Straßenbäume und der Wasserstrahl aus dem Feuerwehrschlauch?

Zurück zur Laterna magica am Heiligen Abend! Sie konnte ebenfalls Bewegung hervorbringen auf dem Projektionstuch. Ich hatte nämlich außer den gewöhnlichen Bildtäfelchen eines mit viel dickerem Holzrahmen. In diesem Rahmen steckten zwei Glasscheiben hintereinander, die eine war blank, die andere matt, und zwischen ihnen klapperte es, als rutschten kleine Steine oder Splitter hin und her. An der rechten Seite der Holzeinfassung befand sich eine Kurbel aus Eisendraht. Sobald man sie drehte, erschien auf dem Serviettentuch ein leuchtender, buntgetupfter Stern; seine sechs Spitzen wurden ‚lebendig', schrumpften, fielen zusammen, bildeten sich neu, wechselten zudem ihre Form und die glitzernde Farbigkeit. ‚Kaleidoskop' hieß jenes Zauberding; wir sagten ‚Schöngucker' dazu. Die Lehrbuben und Lisbeth riefen dauernd „Oh-oh" vor Begeisterung und wollten, daß ich nie aufhöre, die Kurbel zu drehen. Aber ich mußte doch immer mal wieder einen Zimtstern zwischen meine Zähne stecken, und allmählich wurde ich auch müde.

„Dr Karle ist scho ei'gschlafe", stellte vom Sofa her die Mutter fest. „Halb zehne vorbei; höchste Zeit, daß unsre Kinder ins Bett schlupfet!" Mir war es durchaus recht. Ich nahm schnell meine neuen Zinnfiguren-Tierle an mich (sie sollten während der Nacht ganz nah bei mir sein), bedankte mich noch einmal für die Geschenke, griff nach dem letzten Zimtstern und war zehn Minuten später eingeschlafen. „Wecke' tut mr di morge net; hast's ja auf dein' Wunschzettel gschriebe."

Ich hatte keine gute Nacht. Wilde Träume hetzten mich über grüngelbe Glasscherben, auf Feuerwehrleitern bis zur Spitze des Degerlocher Aussichtsturms empor, auch tief hinunter in einen Felsenspalt, wo ein Mammut auf mich lauerte, und schließlich mit juckenden Frostbeulen an den Zehen ins Schulhaus zur Rechenstunde. Ob ich mich überfreut hatte oder ob der saure Bismarck-Hering die vielen Zimtsterne nicht mochte, ihre Süßigkeit nicht auf sich liegen haben wollte? Jedenfalls war ich froh, als der Christmorgen dämmerte, schlief dann für kurze Zeit nochmals ein, war aber um neun Uhr schon mit den Weihnachtsrüben bei den Häsle und um zehn Uhr mit den Eltern und dem Großvater in der Leonhardskirche – ohne Frühstück! Hunger hatte ich nicht. Mir grauste vor dem Küchengeruch; Lisbeth hatte nämlich bereits die Festgans-Kachel auf den Herd gestellt. Gut, daß mich der wanderfreudige Vater nach dem Gottesdienst zu einem Schnee-Spaziergang in den Bopserwald aufforderte!

Am Hang war Sonnenschein ringsum. Farbige Fünkchen blitzten aus den Schneekristallen, und die Bäume hatten weiße Hauben auf jedem Ast. Es wurde eine schöne, stille Wanderung. Nur einmal rätschte irgendwo ein Häher. Als der bunte Lärmvogel abflog, plumpsten dicke Schneepolster vom Gezweig. „Lang hält sich s klare Wetter net", prophezeite der Vater, und schon während unseres Rückwegs zog grauer Dunst über den Himmel. „Du kannst dir no schnell bei dr Frau Oberin im Saal vom Marthahaus de Christbaum a'gucke; er ist sicher mordsmäßig groß. I muß jetzt heim und deiner Mutter helfe."

Ja, Mutter hatte auch am Weihnachtsfest eine Menge Arbeit, nicht nur in der Küche. Bereits ehe sie heute morgen zur Kirche ging, war von ihr die gestern durch Lisbeth gründlichst gesäuberte Gute Stube in schwäbischer Hausfrauenart nachgeputzt und so einigermaßen ‚besuchsfein' gemacht worden. Das bedeutete: jedes verschneite Fenster blankreiben, den Bodenteppich noch einmal überbürsten und seine Fransen glattkämmen, sämtliche Schonbezüge von den roten Plüschmöbeln entfernen, die Mahagoniplatte des runden Tisches und jede Armlehne auf Hochglanz polieren!

Nun gilt es für den Vater, gemeinsam mit der Mutter das durchgelüftete ofenwarme Zimmer weihnachtlich zu schmücken, die stattlichsten Geschenke am Vertiko, dem Aufsatzschränkchen, auszubreiten, vor allem Mutters Stolz, das neue Jackenkleid mit der Kordelverschnürung und dem Kragenpelzchen. Mitten auf dem Tisch muß die gondelförmige Porzellanschale stehen, Gutslegefüllt selbstverständlich. Daneben liegt das große Album vom Siebziger Krieg, das auch den von mir geliebten Holzschnitt ‚Die Rosse von Gravelotte' enthält. Nicht zu vergessen die Fotografie der Mutter mit ihren Söhnen, festgezwickt an der vernickelten Fahrrad-Laterne. Ein mit roten Kerzen besteckter Kranz aus Tannenzweigen bildet den Abschluß des Ganzen; aus seinen dunkelgrünen Nadeln blinkt es: Mutter und Ähne haben sich zusammengetan und dem Vater eine feuervergoldete Uhrkette für den Sonntagsanzug geschenkt ...

Ich kam eben noch rechtzeitig, um die Prachtschau gebührend zu bewundern, den Biskuitbären der Frau Oberin dazuzustellen und vom Schreibpult des Wohnzimmers die geschmiedete Rose. „Lauf, hol schnell de Großvater aus seiner Stub; d Suppeschüssel ist scho auf em Eßtisch, und unsre Lehrbube knurrt dr Mage", rief Lisbeth. – Auch mir schmeckte nun das Festmahl, infolge der Bopser-Wanderung, und weil ich von der Gans zu dem halben Schlegel das für mich Köstlichste erhielt: den Bürzel!

Am Nachmittag erschien zum Glück kein Erwachsenen-Besuch, so daß meine Freunde, der Wilhelm und der Emil, kommen durften. „Putzet aber eure Stiefel gut ab; s regnet drauße in de Schneematsch!" Wir spielten mit Begeisterung am Kaufladen. Karl, mein besonders gewissenhafter Bruder, wog die von uns gewünschten Waren ab, die Erbsen, Fischlein, Zuckerhüte, Seifenriegel, Zichorienpäckle, Bierflaschen, Mehlsäcke und was sonst noch vorhanden war an kleinen Spielzeug-Attrappen der hausfraulichen Wirtschaftsgüter. Sie mußten selbstverständlich bezahlt werden, mit noch winzigeren Weißblech- und Messingmünzen, die meine Mutter zu Beginn an uns verteilt hatte. Auch die Benützung von Karls Telefon-Apparätle kostete Geld, nämlich einen Goldpapier-Pfennig. Nur die Schützenwürstchen vom Metzger Gwinner wurden verschenkt, was ein Wettessen zwischen uns vier Buben auslöste. Wilhelm wickelte zwischendurch die ‚ganz echt' bedruckte, rote Verpackung von der Zichorienrolle ab und triumphierte, als er nun statt gepreßtem Kaffeemehl süße Milchschokolade entdeckte. Emils Fischlein waren aus Nuß-Marzipan, und mein Rupfen-Mehlsäckle enthielt saure ‚Bombole'. Karl schälte aus dem blauen Glanzpapier des Zuckerhuts eine himbeerfarbene Cremefüllung, von der Wilhelm die Hälfte gegen sechs scharfe Pfefferminzplätzchen eintauschte, die sein kleiner, bemalter Seifenkarton enthalten hatte. Er bekam zur Belohnung zwei Schützenwürstle und behauptete, ihr Fleisch schmecke zusammen mit dem ‚Himbeerbrei' besonders gut. Selbstverständlich mußten wir dies umgehend auch ausprobieren.

„Schlecket net so viel! Ihr verderbet euch de Appetit fürs Kaffeetrinke und für de Guglhopf", mahnte uns meine Mutter, irrte sich jedoch, denn eine Viertelstunde später erbettelten sich unsere Kuchenteller immerzu neue Portionen. Nur bei mir ging es etwas langsam, weil ich viel Zeit brauchte, um die Zibeben Stück für Stück aus dem goldgelben Gugelhopf herauszuklauben. Wilhelm holte sie sich blitzschnell zwischen seine Zähne, doppelt genüßlich, weil Emil neidvoll von der anderen Tischseite herübergierte. Ich glaube, die beiden haben sich deswegen sogar geboxt, als sie nach der Kaffeetafel die neuen Eisenbahnschienen meines Bruders mit den alten am Fußboden zusammenbauten und der ‚blöde Zibebefresser' durch falsche Weichenstellung den Güterzug zur Entgleisung brachte. Genau weiß ich es nicht, denn ich hatte mich eine Weile mit einem meiner May-Bände neben Großvater an den Ofen gesetzt, wollte nun endlich wissen, ob Kara ben Nemsi mit Hadschi

Halef Omar zusammentreffe und ob der edle Rappe von Kara auch jetzt die Galoppjagd gewinne. Das war so spannend, daß mich der Ähne zweimal stupsen mußte, bis ich hochsah und meine Mutter beim Anzünden der Christbaumkerzen bemerkte.

Die ganze Familie war jetzt feierlich still in der Wohnstube versammelt. Vater las aus der Bibel die Erzählung vom Stall zu Bethlehem vor, und dann sangen wir viele schöne Lieder miteinander. Der Kanari Hans zwitscherte und trillerte dazu. Peter Raule schnurrte auf Großvaters Schulter; Rudolf, unser Jüngster, spielte vergnügt krähend Versteckerles zwischen Lisbeth, Wilhelm und mir. Zum Schluß kauerte sich Mutter vor den Puppenherd ihrer Kinderzeit und backte für jeden von uns einen winzigen Pfannkuchen.

Meine Freunde mußten nun zu ihren Eltern zurück. Ich begleitete sie, erhielt so wiederum allerlei aufgetischt, weshalb mich mein Vater vom Nachtessen befreite und mir erlaubte, in Ähnes Stube noch eine Stunde zu lesen. „Aber spätestens um neune ganget ihr Bube ins Bett; gestern ist's viel z spät worde für euch und morge wird normal aufgstande. Ihr wisset ja, daß dr Onkel Stitzel auf euch wartet.“

In der Christnacht

Karl Stieler

O Winterwaldnacht, stumm und hehr,
mit deinen eisumglänzten Zweigen,
lautlos und pfadlos, schneelastschwer –
wie ist das groß – dein stolzes Schweigen!

Es blinkt der Vollmond klar und kalt;
in tausend funkelharten Ketten
sind festgeschmiedet Berg und Wald,
nichts kann von diesem Bann erretten.

Der Vogel fällt, das Wild bricht ein,
der Quell erstarrt, die Fichten beben;
so ringt den großen Kampf ums Sein
ein tausendfaches banges Leben.

Doch in den Dörfern, traut und sacht,
da läuten heut zur Welt hienieden
die Weihnachtsglocken durch die Nacht
ihr Wunderlied – vom ew'gen Frieden.

Die Weihnachtsstadt

Inge Meidinger-Geise

Eigentlich mußte man ein Auto haben, um nach R. zu gelangen. Diese weltberühmte Stadt, deren Bauten und Grundriß, deren Mauerwerk und Pflaster sich seit dem Mittelalter erhielten und treulichst wieder, wo Schäden entstanden waren, ausgebessert wurden, lag in einem Winkel der Landkarte, sie machte sich für gewöhnliche Bahnfahrer umständlich rar.

Die Kälte schnitt mir auf den kleinen, recht einsamen Bahnhöfen ins Gesicht, die Fahrtanschlüsse ließen unerfreulichen Spielraum, immer ärmlicher sahen die Stationshäuser aus. Zuletzt ging ich als einziger Wartender hin und her auf schmalem Bahnsteig, und haderte nicht mehr bei dem Gedanken, daß eine solche Strecke sicherlich in absehbarer Zeit stillgelegt würde. Diese gotische Stadt mit ihrer erhaltenen Mauer und ihren geschnitzten und gemeißelten Kunstschätzen aus der biblischen Geschichte hatte keine Bahn nötig, man mußte es sich eben etwas mehr kosten lassen, um sie zu sehen. Mich machten solche Gedanken aufsässig. Und es paßte mir sehr, daß die Freunde, die es in diese Stadt verschlagen hatte, die dort als Künstler saßen, Keramik herstellend in fast südlichen Farben, mir mehrmals erklärt hatten, sie seien Freigeister, sie nähmen den geistlichen Charakter dieser Stadt rein musisch an, rein kunstgeschichtlich – alles andere überließen sie den ‚Erbauungskünstlern' – so nannten sie Pfarrer und andere, die mit den vielen Kirchen von R. zu tun hatten. Ich fror und fand schon von fern alles, was mit R. zu tun hatte, hochmütig, nicht gedacht für Leute, die sich noch nach Abfahrtszeiten auf Bahnsteigen richten mußten.

Das Land war fast platt und kaum waldbewachsen. Es wurde so grau vor den Fensterscheiben, daß ich eingenickt sein mußte. Ich erschrak, als das Schaukeln und Schnaufen des Triebwagens aufhörte. Endstation: R., die Weihnachtsstadt, so gepriesen in den Prospekten der Reisebüros. Vorläufig war davon nichts zu merken. Harald, der Sohn der Freunde, empfing mich schlaksig und warf hin: „Bei uns ist Großkampf; kannst dich mit hinstellen und verkaufen!" „Ich werd' euch was", erwiderte ich, „ich denke, ich soll alles kennenlernen, Stein um Stein, Gebein um Gebein, so hat Vater am Apparat verkündet. Und also werde ich die Stadt durchstreifen . . ." Harald trug meinen kleinen Koffer, vorläufig liefen wir über einen Platz und in eine Straße hinein, die sich in nichts von

Maßen und Anblick kleinstädtischer Wintergeschäftigkeit ohne jeden besonderen Reiz unterschieden. „Eine Stunde bei uns auf dem Markt, und du weißt, wie du hier dran bist“, sagte Harald und machte lange Schritte auf ein Tor zu. Mit diesem dicken, hochgewölbten Tor, das für Fußgänger schmale Steige aufwies und durch das in der Mitte wie durch ein Nadelöhr jedes Verkehrsmittel mußte, begann eigentlich die Stadt R. Ich wollte abwehren: Soviel Gestein und Gebein schon hier – die festungsartigen Quadern, rotgrau und frostkalt, in einem Graben zusammenstehende Gedenksteine, als befände sich Vergangenheit vor einem Umzug, läge und stünde zusammengewürfelt da. „Berühmte Friedhofsreste“, sagte da schon Harald.

Aber als wir aus dem Tor traten, hörte ich nicht mehr, was Harald noch sagte, ich lief neben ihm, hinter ihm, wie es in dem wärmenden Gewühl der Menschen sich ergab. Ich kam zum Haus der Meisters, meiner Freunde, wie in einem Taumel, die Nase voller Tannen- und Bratäpfelduft oder voller Honigkuchenhauch und Wurstwürze, es mischte sich alles wie in einem Märchen, wo alle Tische zugleich gedeckt waren. Ich hatte die Augen voller Glanzspiegelungen: Kerzenflackern in den geschmückten Schaufenstern, über den Eingangstüren der Häuser große gelbe Sterne oder rote Christlaternen, Lichtsterne zwischen Tannengirlanden, kleine buntgeschmückte Weihnachtsbäume dort, wo man Stufen hinaufgehen mußte zu den Türen der farbig mit sanftem Grün oder Ocker oder Blau, auch Rotrosa beworfenen Häuser. Diese Häuser reihten sich aneinander wie zurechtgebastelte Fassaden, die mit unserer spröden und gläsernen strengen Wirklichkeit gar nichts zu tun haben konnten! Wo war ich hier? „Willkommen bei Meisters“, lachte Harald und hielt mir wohl schon länger die Tür auf.

Dieses Haus wahrte nach außen eine ärmlich alte Schönheit, die nur zu erahnen war. Beim Eintritt roch es nach Töpferei und Farben und sonst war alles kalt, wenig hell. Eine Katze huschte um meine Beine, ich zuckte zusammen, Harald sagte: „Der Hausteufel!“ Es gab hier gar nichts zum Aufwärmen. Der Junge sagte: „Ab morgen ist Schluß mit dem Markt. Dann machen wir Kasse. Da kannst du mitzählen fürs Finanzamt. Heute geht das noch so bis zehn Uhr nachts. Die Eltern meinen, du kannst bei den Buden was essen und trinken, du kannst gleich mit mir mitkommen, ich muß nämlich wieder hin. Aber wenn du dich erst ausruhen willst, auch gut. Dann kommst du nach. Verfehlen kannst du hier gar nichts, immer dem Lärm und dem Rauch von den Bratereien nach, immer dem

Gedudel nach – von ‚Ihr Kinderlein kommet' bis ‚Stille Nacht' – Die Platte läuft seit heute nachmittag!" Ich nickte benommen, mir war nach einer Viertelstunde Ruhe zumute, trotz Kühle hier, trotz lediglich fühlbarer Katze und nichts Eßbarem. Harald ging winkend davon, er warf mir Schlüssel hin: „Damit der Teufel nicht verschwindet! Die Katz' heißt tatsächlich so!"

Es wurde still. Die festlichen Trubelgeräusche summten und klirrten wie hinter dicken Türen. Ich erinnerte mich: Als ich Kind war, hatte ich so angestrengt gehorcht, bevor die große Tischglocke, von Mutter bewegt, mit dem etwas harten metallischen Klang zur Bescherung rief. Ich fror unwillig. Wozu diese Fahrt, diese Einladung, das fing alles an, höchst überflüssig erschöpft zu machen! Und nun setzten auch noch in mehreren tonalen Abstufungen und Rhythmen die Glocken von zweifellos mehreren Kirchen ein. Sieben Uhr abends, sieh an, ich hatte wohl doch geschlafen. Es nahm mich, als ich vor die Tür trat, ein kaltes Gemisch aus lichterfülltem Dunkel auf, ich wanderte los wie zwischen Kulissen, ich wurde in einen Menschenstrom gezogen, der sich auf ein Ziel hinbewegte.

Die mächtigen Kirchen waren durch schmale Gassen und hochgereckte, verzierte Häuser wie durch Brücken miteinander verbunden. Engelgruppen, Heilige, eine Golgathanische, alles stand in flackerndem Schein der an Girlanden schwebenden Lichtsterne, der Hausbeleuchtungen von weihnachtlicher Festlichkeit. Selbst die schweren steinernen Kruzifixe, die Reliefs der kostbaren alten Grabsteine an den Wandelgängen der Kirchen sahen festlich aus. Und nun begann es sogar, als säße da oben im Nachthimmel ein bestellter Wettermacher eigens für diese Weihnachtsstadt, leicht zu schneien. Die Menschen schoben nacheinander auf eine Gasse zu, und ich stand plötzlich mit ihnen in einem Hofgeviert, unter einem Stück flockigen Himmel, eingezäunt gleichsam von bunten Buden und überströmt von Gesang: „Ihr Kinderlein kommet . . ."

Ich konnte mich nicht rühren vor Gedränge. Ich fragte mich, wie die Menschen das fertigbrachten, hier noch zu kaufen, zu essen und zu trinken! Denn die einen hatten kleine Schnapsgläser in der Hand, die anderen verzehrten gierig lachend aufgeschlitzte, mit einer Bratwurst garnierte Brötchen. Aus den Buden glitzerte es, baumelte, dröhnte, funkelte starr: Schmucksterne, Kinderinstrumente zum Blasen oder Flöten, gläserne Zapfen, Lebkuchen, aber auch Zuckerwatte und kandierte Äpfel leuchteten und dufteten. Aus einer Bude schrie es: „Leute, zum Schluß diese Töpfereien für den halben Preis! Es ist kalt, Weihnachten kommt bald, macht mal halt!" Ich erkannte die Stimme von Vater Meister. Er stand da mit einer roten Weihnachtsmanngewandung, nur ohne Bart. Und Frau Meister hatte sich maskiert wie ein Rauschgoldengel und zeigte mit anpreisenden Bewegungen kleine lustige Kännchen und Teller, Kerzenhalter und Kacheln. Die Leute drängelten hinzu, kauften und kauften. Ich sah Harald einpacken und Geld einsammeln, es ging alles furchtbar schnell und gespenstisch lustig, während von allen Seiten wieder die Glocken einsetzten und jemand mit dem Schnapsglas rief: „Prost Neujahr! Ach – das ist ja noch zu früh!" Ich fing Redefetzen auf wie klatschende Schneeflocken: „Für den Jungen noch eine Tüte Mandeln . . ." „Der Glühwein war auch schon billiger und besser . . ." „Was macht ihr an den Feiertagen? Wir auch! Schlafen, essen, fernsehen, mal alle fünfe grade sein lassen . . ." Harald hatte mich in all dem Gewühle doch entdeckt, er rief: „Hast du dich versorgt, sind die Würste gut? Halt dich ran, bald ist Feierabend!" Ich nickte, ich tauchte unter, mir war schlecht von dem dicken Mischgeruch aus allem, was es hier an den Buden zu trinken und zu essen gab. Ich wurde gestoßen, getreten, ich wurde angeschrien: „Mann, machen Sie doch Platz, mein Wein verschüttet noch! Mann, gehen Sie doch von der Bude weg, wenn Sie nichts kaufen wollen!“ Dieser Markt, gar nicht groß, aber fast tückisch abgezirkelt, entließ einen schwer, die Gasse, durch die ich gekommen war, schien zugeriegelt.

Vielleicht war ich noch eine Weile herumgetaumelt, müde und nachdenklich benommen, halb taub vom Gebrause in dieser Fremde, die sich so vertraut anbiedern wollte. Ich stieß mit der Hüfte gegen einen hellen Jungenschopf. Mehr sah ich in dem Dunst nicht, aber ich hörte seine Stimme, während eine kleine warme Hand nach der meinen griff: „Willst du hier raus?“ „Können wir denn?“ fragte ich zurück. Der Kleine lief schon los und zog mich mit, es ging sehr schnell, wir glitten wie Fische durch das Gewoge, da fand der Junge eine Lücke zwischen den Buden, und ich gab mir Mühe, mich so dünn zu machen, daß ich ihm nachkam. Wir machten Spreizschritte an einer Mauer entlang, und plötzlich standen wir in einer dunklen Rinne zwischen zwei Hauswänden. „Komm“, sagte der Kleine und faßte mich wieder an, er führte mich auf eifrige Weise. Wir kamen zu einem stillen Platz, den eine mittelalterliche Laterne an einer Hausecke beschien. Hier wohnten wohl Leute, die nicht mithalfen, diese Stadt zur Weihnachtsstadt zu machen. Die Fensterläden waren geschlossen, nichts geschmückt. Und eine für diese Schaukastenstadt recht unansehnlich geduckte, auch nicht stilreine Kirche, vielleicht eine Draufgabe jüngerer Zeit, fiel gar nicht auf – sie stand zurückgesetzt, etwas erhöht zwar, aber wenig feierlich. Meine Augen gewöhnten sich an das blaue frostkalte Dunkel. Ich sah hinter der Kirche auf Kreuze. So nahe der prächtigen Stadtfassade hatte ich keinen Friedhof vermutet.

Der Junge lief mit mir an die breite Holztür der Kirche und sagte nur: „Mach auf, das geht auf!“ Er konnte den Türgriff noch nicht erreichen. Drinnen flackerten ein paar Kerzen, eine Hängelampe brannte wie in einer guten, alten Stube. „Da sieh!“ sagte der Kleine. Er zeigte auf eine Krippe mit ungelenken Figuren, deren Haltung aber eine seltsame Innigkeit vermittelte. „Die kannst du aber nicht kaufen“, warf das Kind hin und langte mit dem Arm, auf Zehenspitzen hochgereckt, zu der Maria und dem Jesuskind, „die kann niemand kaufen“. „Du kennst dich hier gut aus“, flüsterte ich, „wohnst du hier in der Nähe?“ „Jaja“, antwortete der Kleine so nebenhin, er hatte zu schauen und rückte angestrengt hier und dort an den Figuren. Und dann redete er weiter halblaut, erklärte nebenbei: „Mein Vater ist Gärtner für die Toten.“ Es klang selbstverständlich. „Mein Vater läßt mir hier immer die Tür auf!" Erst jetzt schienen alle Figuren so zu stehen, wie es sich das Kind dachte. Dabei hatte es den einen Engel seitab von den andern aufgebaut. Auf den zeigte er und sagte: „Siehst du, der sagt jetzt allen, was hier los ist!" „Und was ist hier los?" fragte ich leise. „Weihnachten", antwortete das Kind. Es winkte abgehend zu mir, es schlupfte weg, es sang vor sich hin.

„Hast du dir alles angesehen?" fragten später meine Freunde. Ich nickte nachdrücklich: „Es lohnt!"

Die Fahrt in den heiligen Abend

Wilhelm Schäfer

In jenen Jahren, als in den Zügen noch die Unordnung des kaum überstandenen Krieges war, und an den Bahnhöfen die Verdrießlichkeit bösen Aufenthalt hatte, wollte der Bankprokurist Eberhard Stoll von München nach Pfullendorf fahren, zum Heiligen Abend bei seinen Eltern zu sein. Er stieg am Mittag frühzeitig im Hauptbahnhof ein, fand seinen Fensterplatz zweiter Klasse noch frei, und grollte nicht, daß der Zug ungeheizt war, weil seine Decke ein warmes Pelzfutter hatte und überdies draußen ein Tag blaute, als wäre es Frühling.

In dreieinhalb Stunden bin ich in Ulm, rechnete er seiner Ungeduld vor, der Aufenthalt dort ist nicht schlimm; bis ich nach Aulendorf komme, ist es zwar dunkel, und danach beginnt erst die Fahrt mit dem Zügle: aber dem Zugführer wartet sein Christbaum wie mir; er wird sich schon eilen.

Während der Zug durch das Dachauer Moos rollte und Ballen weißen Dampfes hinter sich ließ, von denen das Fenster manchmal wie Milchglas abgedämpft war, gleich wieder die blanke Ferne zu zeigen, träumte der Bankprokurist Eberhard Stoll mit befriedigten Augen hinaus, die kaum den Wechsel der Landschaft wahrnahmen, weil sie schon längst in Pfullendorf waren, das weißbärtige Ruprechtsgesicht des Vaters unter der Pelzkappe, die stolzen Augen der kleinen Mutter und auch die verhärmte Schwester zu grüßen, die aus Konstanz zugereist war mit ihrem Kind. Denn er wußte, sie staunten ihn an, wie er mit seinem Biberpelz als ein vermögender Mann in ihre Bescheidenheit kam.

So fuhr er behaglich dahin, an den grünen Türmen von Augsburg vorüber durch das Dinkelscherbener Land dem Donauried zu; und er bedachte, wie vielmals sie so im Krieg hingerollt waren durch Frankreich und Rußland und hatten bösere Reise gehabt. Aber nun war das alles vorbei, und der Frieden hatte ihm freundlich die Glückstüren aufgemacht, daß er sich schon lange eine eigene Bank träumte und den Genuß eines unbekümmerten Lebens, den sie ihm einbringen sollte.

In Ulm jedoch fing der Ärger bereits an. Wie es in jener Zeit alltäglich war und erst recht am Heiligen Abend, wollte der Zug von Stuttgart nicht kommen; und als nach einer ziemlichen Stunde der Mann mit der Schelle durch das Gewühl vierzig Minuten Verspätung ausrief, hätte die Menge ihn fast geschlagen.

Wie sind doch die Leute verdrossen, dachte der Bankprokurist Eberhard Stoll und stand in seiner eigenen Geduld ein wenig hochmütig da mit dem neuen gelbledernen Koffer, auf den er die pelzgefütterte Decke und seine Hutschachtel gelegt hatte: sie haben fünf Jahre lang Krieg und schlimme Leiden ertragen und können nicht einmal auf einen verspäteten Zug warten!

Doch war er am Ende selber verdrießlich, daß er so lange dastehen mußte mit seinem Gepäck, und konnte nicht in den Wartesaal gehen, weil niemand rechten Bescheid wußte; auch sorgte er schon, sein Anschluß nach Pfullendorf wäre versäumt, wenn sie nach Aulendorf kämen. Denn als der Zug endlich das stumme Gewühl der Menschen erlöste, die alle noch gegen den See hinab wollten, war es schon dunkel, und das sollte es nach dem Fahrplan erst in Aulendorf sein.

Der Bankprokurist Eberhard Stoll hätte gleichwohl die Fahrt in den Heiligen Abend glücklich zu Ende gebracht; denn der Lokomotivführer, der in die sinkende Nacht hinein fuhr, schien wirklich daheim einen Christbaum zu haben. Er gab der Maschine Kohle zu fressen, soviel sie vertrug oder mehr, und stocherte so in dem feurigen Bauch, daß die Funken am Fenster dahin stoben wie mittags der Dampf und manchmal die rote Lohe über das Land wallte. Aber der Mann hatte dem rostigen Kessel zuviel zugetraut; vor Biberach mußte er bremsen, weil irgendein Rohr geplatzt war. Es gab einen Ruck, der die Hutschachtel des Bankprokuristen einer schlafenden Dame gegen die Brust warf; und während die Weihnachtspakete rundum sich mit kühnen Sprüngen zu retten gedachten, warf ein zweiter Ruck auch noch die Koffer hinein in den Schrecken; dann schrien die Bremsen, als wieherten Pferde, indessen es rot durch die Fenster zu leuchten begann.

Wir sind entgleist und der Zug brennt! dachte der Bankprokurist Eberhard Stoll; aber als er sich durch das Gewühl hinaus gequetscht hatte und draußen den Schaden besah, war keinem etwas geschehen, auch standen die Räder noch alle richtig auf den Schienen. Darum hielt der Zug doch mitten im Feld; und wenn sie auch fern die Lichter von Biberach sahen, zu gehen war es wohl weit mit dem Gepäck. So tat er, was auch die andern taten: er sah eine Weile den Männern zu, die den Feuerraum der Lokomotive aufgemacht hatten, die glühenden Kohlen heraus zu scharren, und schwarzen Höllengestalten gleich vor der roten Glut standen. Da hörte er die Stimme zum erstenmal, die weder im Klang noch sonst eine Besonderheit hatte, nur durch die Einfalt der Worte sein Ohr seltsam berührte.

„Und es waren Hirten in der selben Gegend auf dem Felde, bei den Hürden, die hüteten des Nachts ihre Herde!“ sagte ein Mann, der neben ihm stand, aber statt gegen den Zug in die Landschaft hinaus sah. Einige lachten, als wäre das Lukaswort nur ein Witz; dem Eberhard Stoll aber blieb der Klang ärgerlich in den Ohren. Soll ich vielleicht noch eine Bibelstunde anhören? sagte er grimmig und kletterte in den Wagen zurück, wie wenn es an ihm läge, weiter zu fahren.

Aber sie fuhren durchaus nicht; und als nach wiederum drei Viertelstunden ein Hilfszug kam, hatten sie dazu nur Wagen vierter Klasse gerafft. Der Bankprokurist Eberhard Stoll mußte im Gang stehen, als wartete er wieder in Ulm auf dem Bahnsteig und um ihn war das gleiche Gewühl. Neben ihm hielt sich der Mann am Fensterbrett fest, der das von den Hirten gesagt hatte, und hing seine Augen an ihn, wie wenn er ihn ansprechen wollte. Er aber sah, daß der Mann ein Holzbein hatte und einen zottigen Bart – als wäre es immer noch Krieg, wo sie so im Gewühl manchmal tagelang fuhren, und jeder sein verdrossener Platzhalter war – und wandte sich ab; denn er wollte nicht wieder zurück in das Du solcher Kameradschaft mit der grünen Fahrkarte in der Tasche.

Doch als sie nach langer Beratung der aufgeregten Beamten von Biberach weiter hinein in die Nacht fuhren: „Der Hilfszug ginge bis Friedrichshafen“, rief der Schaffner durch das Gewühl und Geratter, kam die Stimme zum zweitenmal: „Die aber nach Pfullendorf wollen“, sagte der Mann mit dem Holzbein, als wäre er ein Mund für fremde Gedanken, „müssen in Aulendorf nachten!“

Hinten im Wagen sangen Kinder das Lied von der Heiligen Nacht, als gäben sie Antwort; sonst blieben die Menschen stumm, weil alle nur dem Geratter zuhörten, sich in die Heimat zu träumen. Der Bankprokurist Eberhard Stoll aber, seitdem er wußte, daß der Mann auch nach Pfullendorf fuhr, stand in einem verdrückten Groll auf das Weihnachtsfest da, und daß ihm seine behagliche Fahrt in den Heiligen Abend unter solchen Umständen verlief. Am Ende muß ich gar noch zur Nacht auf dem Bahnhof in Aulendorf sitzen und komme in Kumpanei mit dem Holzbein, zürnte er in sich selber und fing an, einen Groll an den Mann mit dem Holzbein zu hängen, als ob der die tückische Ursache all seines Mißgeschicks wäre.

Als der Wagen endlich zu rattern aufhörte und die Schaffner Aulendorf riefen, war der Zug nach Pfullendorf fort, wie er nicht anders erwartet hatte. Aber es stand noch der andere da, der auch bis Neuhausen fuhr, dort aber nach Sigmaringen nördlich abschwenkte. Aus einem Trotz, nur nicht in Aulendorf bleiben zu müssen, wie der mit dem Holzbein gesagt hatte, stieg er ein. Es war eine Torheit, und er wußte es gleich, als er abfuhr; denn Neuhausen war ein Dorf, und in Aulendorf hätte er einen richtigen Gasthof gehabt; aber er wollte den Mann neben sich los sein und alles, was mit ihm an dieser verunglückten Fahrt hing.

Die Uhr schlug schon neun, als der Bankprokurist Eberhard Stoll in Neuhausen ankam; und er fand alles so übel, wie er gedacht hatte. Es gab nur ein Wirtshaus, wo in der Stube ein Christbaum stand, aber schon leer ausgebrannt war; und der bäuerliche Wirt schien mürrisch, daß ihm noch jemand zur Nacht kam. Sie hätten wohl eine Stube, jedoch nicht heizbar! Als er sie ansah, war es ein kahler Raum mit zwei Betten, von denen eins gleich neben der Tür, das andere zwischen den Fenstern stand. Alles war dürftig, wie es bei den Bauern im Oberland ist; und während er sich die Hände wusch in dem kläglichen Napf, verwünschte er seinen Einfall, wie er die ganze Reise, den Heiligen Abend und seine Einfalt verwünschte, sich so von einem wildfremden Mann beirren zu lassen. „Hunderte Menschen haben ein Holzbein!" sagte er zornig, „was also geht mich dieser Stündlisbruder an!"

Aber als er sich über die dunkle Treppe ins Wirtszimmer zurück getastet hatte, war auch die Wirtin da, ein flachshaariges Bauernweib mit einer häßlichen Art zu lachen, und sprach mit einem Gast, der auf einem Stuhl sitzend sein Holzbein ausstreckte. Da hätte der Bankprokurist Eberhard Stoll gegen seine Gewohnheit fast geflucht, zugleich fühlte er seinen Rücken kalt von der Unheimlichkeit, in einem fremden Willen zu sein; und haßerfüllt sah er den Mann an, der ihm mit den dunklen Augen lächelnd zunickte, obwohl sein bärtiges Gesicht unbewegt blieb.

Es brannte nur eine Lampe über dem einzigen Tisch, der mit einem zerschundenen Wachstuch bespannt war; wollte er noch etwas essen, und sein Hunger war groß, mußte er seinen Platz daran mit dem andern teilen. Und er tat es, sich grimmig verneigend, indessen der Mann, hellsichtig lächelnd, sein Holzbein nun auch unter den Tisch holte. Sie aßen danach, was ihnen die Wirtin zu bringen vermochte, Schinken, Butter und Brot, und tranken rotschillernden Wein dazu. Und über der schweigenden Mahlzeit sah der Bankprokurist erst, was für einen Prophetenkopf dieser Mann hatte, und wie seine Stirn blank über dem Zottelbart stand; auch war er kein Bauer nach seiner Kleidung und sauberen Art, das Brot zu brechen. In München hieße man dies ein Beisel, und kümmerte sich den Teufel darum, mit wem man zusammen sitzt, dachte er in seinen Teller und mußte fast lächeln, als er nun seinen Umstand bedachte, den er mit diesem anscheinend nicht unüblen Mann den ganzen Abend über gehabt hatte.

Als er zum Schluß eine Zigarre ansteckte, seine Behaglichkeit wiederzufinden, holte der andere, der seine Abendmahlzeit andächtig betrieben hatte, seine Pfeife heraus, die aus braunem Holz und gründlich verraucht war. Sie hatten unterdessen noch nichts miteinander gesprochen, nur war dem Mann mit dem Zottelbart mehrmals ein Schatten über seine Stirn gefahren, den er mit der Hand fortwischte. Jetzt lehnte er sich in die hölzerne Lehne zurück, streckte behaglich sein Holzbein aus, tat ein paar blaue Tabakszüge und sagte: „Als der Schaffner Neuhausen rief und der Zug nach Pfullendorf war nicht mehr da, dachte ich: Hallo! Das liegt schon ein Stück auf der Strecke. Ich möchte wetten, der Kamerad hat den gleichen Unsinn gemacht!"

Es war mehr ein Selbstgespräch als eine Anrede; und wenn der

Kamerad nicht gewesen wäre, hätte der Bankprokurist gegen die Feststellung nichts zu bemerken gehabt außer dem Schalkspiel, daß er auf einer Art Flucht vor dem Holzbein mit ihm an den Tisch gekommen war. So fragte er nach einer ziemlichen Weile abwehrend höflich, ob der Herr auch nach Pfullendorf wolle.

„Das freilich!" nickte der Mann und klopfte die Pfeife auf der flachen Hand aus, die Asche zu betrachten, ehe er sie auf den Boden warf, „aber es sind vier Wegstunden, das ist für mein Holzbein zu weit! Außerdem" – er blies den Sud aus, holte den Tabaksbeutel hervor und fing an, die Pfeife wieder zu stopfen – „außerdem wartet keiner auf mich!"

Es schien dem Bankprokuristen Eberhard Stoll, als wollte der andere damit eine Frage herauslocken; aber ihm paßte das Gespräch keineswegs, und er überlegte gerade, ob er nicht das Bett in der kalten Stube vorziehen sollte, als der Mann etwas Merkwürdiges mit derselben Sachlichkeit wie das von den Wegstunden sagte: „Kamerad", sagte er, „ich will deinen Namen nicht wissen, wieviel Geld du hast oder was du sonst Großes bist! Aber nachdem uns der Heilige Abend hier zusammen geweht hat, sollten wir dem Christ für eine Stunde das ganze Gerümpel schenken!"

Der Eberhard Stoll war seit dem Krieg nicht mehr so angesprochen worden. Eine Warnung stieg in ihm auf, daß der Mann geisteskrank wäre; denn betrunken war er gewiß nicht.

„Sie glauben noch an das Christkind?" hörte er sich selber mit einer bemerkenswerten Torheit sagen; und er ärgerte sich, daß er überhaupt auf das Gerede des Mannes einging.

Aber der hob seine Eßgabel, die er im Eifer vom Tisch gewetzt hatte, mit Sorgfalt vom Boden auf und drückte sie in das Wachstuch, daß sie nicht wieder davon spränge. „Seitdem ich in Frankreich mein Bein verlor, schmerzen mich meine Zehen, obwohl sie fort sind: Wem soll ich da glauben, meinen Sinnen oder meiner Vernunft? Wenn an dem Baum da drüben die Lichter noch brennten, sängen wir ‚Stille Nacht', ob unsere Lippen schwiegen. Und wenn wir hinaus unter die Sterne gingen, hätten wir sowieso unseren Verdruß vergessen. Ich meine, Kamerad, es lohne sich nicht, um einen weggefahrenen Zug verdrießlich zu sein!"

Jetzt war es dem Bankprokuristen Eberhard Stoll genug: „Zum Donnerwetter!" sagte er und schlug auf den Tisch: „Ist es vielleicht ein Vergnügen, hier in dem Nest zu sitzen, und meinen Eltern in Pfullendorf ist die ganze Freude versaut!"

Er sagte das mit Absicht so roh, um den Mann zu kränken; aber der sah ihn mit ruhigen Augen an: „Nein, ein Vergnügen ist das nicht!" gab er mit der sachlichen Einfalt zu, die dem Bankprokuristen immer überheblicher schien: „Aber der Ärger ist auch kein Vergnügen! Wenn der Kamerad auf mich hören wollte, ich würde ihm etwas zu Weihnachten schenken!"

„Nein, ich will weder länger auf Ihr Geschwätz hören, noch Ihnen erlauben, mir etwas zu schenken!" brauste der Bankprokurist los, der die hochmütige Einfalt des Mannes nicht mehr ertragen konnte. „Aber ich will Ihnen meine Herzensmeinung über den ganzen Komplex sagen. Ich finde, Weihnachten ist das schlechte Gewissen, das einmal im Jahr alle Menschen sentimental macht. Jeder will jedem was schenken. Die Katzen kriegen Büchsenmilch und die Hunde Konfekt. Alles singt Liebe und Frieden auf Erden; im Krieg taten wir's auch und hatten die Handgranaten dazu noch im Gürtel hängen. An der ganzen Geschichte ist dies nur richtig, daß die Geburt vor zweitausend Jahren ein ganz unmögliches und verlogenes Rührstück war. Die Menschen fluchen, betrügen, stehlen, schlagen einander tot, genau wie zuvor; nur lügen können sie besser, seitdem sie das im Namen der Dreieinigkeit tun!"

Der Bankprokurist hatte sich zunächst nur gegen die Überheblichkeit des Mannes wehren, zugleich aber auch etwas Vernünftiges gegen seine Unvernunft sagen wollen, etwas, das gleichsam einen Strich zwischen seiner Bildung und diesem Stündlisbruder zog; aber er fühlte selber, wie ihm seine Absicht mißriet, daß er die Worte nur raffte, als wären es Steine, den andern zu treffen.

Der hörte sie an, den Kopf in die Hand gestützt, und hatte die Pfeife aus den halbgeöffneten Lippen genommen, als brauchte er den Mund, um zu hören. „Was willst du daheim, Kamerad?" fragte er leise und strich seine Prophetenstirn blank, indessen sein Zottelbart traurig herab hing. Auch ruckte er an seinem Holzbein, als wollte er aufstehen.

Darüber war aber die Tür schon aufgegangen, und ein paar Knechte des Ortes kamen mit ihren Mägden herein, die sonst am Heiligen Abend keinen Raum für ihre Späße gefunden haben mochten. Als das breite Gelach der flachshaarigen Wirtin mit ihnen herein brach, sie zu begrüßen, war der Bankprokurist schon aufgestanden, weil ihm vor Zorn übel war; er hätte die Frau fast umgerannt, so notwendig war es ihm, an die frische Luft zu kommen.

Draußen im Flur sprach ihn der Wirt um etwas an, das er in seinem Zorn gar nicht verstand. „Weg!" wehrte er mit beiden Händen und stürzte hinaus, den Fluch nicht mehr hörend, den der Wirt hinter ihm her schickte.

Der Bankprokurist Eberhard Stoll meinte zunächst, es habe geschneit, so weiß lag das Licht zwischen den Dächern und dem kahlen Astwerk der Bäume; als er in die Landschaft hinaus gestürmt war, sah er den funkelnden Schaum der Sterne. Noch stachen die Lichter einzelner Häuser hinter ihm her, und Stimmen waren noch wach, die hinter Türen verschollen. Weil ein Weg nach rechts gegen den Hügelrand stieg, folgte er dem, der sich ein paarmal zwischen den Äckern hin und her wand, dann aber schnurgerade das letzte Stück nahm, ihn rasch aus der Sehweite des Dorfes zu bringen.

„Es ist zu verrückt!" sagten seine Lippen immerzu, und er schmeckte die Worte salzig, als hätte er geweint. Als er oben war, mußte er lange warten, ehe sein Blut ruhig wurde und sein Atem sich senkte; dann erst begann er die Stille zu spüren, in die er so wild hinein gerannt war: wie wenn seine gerüttelte Fahrt in den Heiligen Abend nur diesen Hügel als Ziel gehabt hätte, darauf er nun stand, mutterseelenallein in der Welt und keinem äußeren Mißgeschick mehr erreichbar.

Soweit er rundum sah, war nichts mehr höher als er, denn auch der Wald hielt sich geduckt an den Hügel, auf dem kein Baum, nur eine hölzerne Bank stand, an der die Lehne zerbrochen war. Er sah das Land weithin wie einen Teller gebreitet, obwohl es mit Bergen und Tälern, dunklen Wäldern und hellen Gründen bis in die flimmernde Ferne seine Vielfältigkeit zeigte.

Er war seit dem Kriege nicht mehr so allein in der Nacht gewesen. Überall sonst hatten Laternen, Straßen und Häuser ihn in der Menschennähe gehalten; und im Gebirge hatte er Wandergenossen gehabt mit Gesprächen. So geschah es dem Eberhard Stoll, der ein Bankprokurist war, als er am Mittag in München abfuhr, daß der Heilige Abend die Augen gegen ihn aufschlug, ihn mit seiner Wirklichkeit zu erschrecken; denn je heller eine Nacht ist, je feierlicher ist ihre Stille, und je stummer stehen die Wälder; und diese Nacht war so hell, daß die Fernen meilenweit standen, ehe sie ihren schimmernden Rand an den Himmel verloren.

Er war zu rasch und zu unbedacht in die Stille gekommen, sie zu ertragen; er mußte die Augen niederschlagen vor ihr, und als er sich auf die runden Hölzer der Bank setzte, sich auf den Augenblick zu besinnen, in den er aus dem Betrieb seines Lebens hierher geweht worden war, hob er die Hände vor sein Gesicht, die Augen ganz zu verschließen.

„Nun mag es zehn Uhr sein!" dachte er, und es war wohl, daß er sich aus dem Verdruß und Schrecken heim flüchten wollte: „Sie haben den Baum ohne mich angesteckt und sitzen nun da, enttäuscht und voll Sorge, daß ich nicht kam, als sie den Zug mit sehnsüchtigen Blicken absuchten!" Und wie er das dachte, konnten seine Gedanken dem Wunder der Sinne nicht standhalten, das sich in seinen geschlossenen Augen begab.

Er sah die kleine Mutter zuerst dasitzen, die verarbeiteten Hände nebeneinander in ihren Schoß gelegt, und ihre Augen starrten zwar in den Kerzenglanz, aber sie freuten sich nicht daran; er sah die große Gestalt des Vaters im Lehnstuhl, den weißen Ruprechtsbart in der Hand, wie immer, wenn er nachdachte; er sah die verhärmte Schwester auf der Fußbank hockend, wie sich die kleine Marie an sie schmiegte, die allein verklärt in den Lichterglanz blickte. Er sah die Gesichter und Hände genau und sah alle Dinge der Stube, die Möbel und Bilder, als könnte er sie mit Händen greifen, als säße er mitten in ihrer Geborgenheit drin.

Lange vermochte er nicht, sich zu trennen, und als ihm der Zauber der inneren Sinne versank, wagte er nicht, die Augen zu öffnen für ihren Außendienst – wie der Versuch eines Spottes es nannte – einen Blick in die unermeßliche Stille zu tun, darin seine leere Wirklichkeit auf einer Holzbank vier Wegstunden weit von Pfullendorf saß.

Und weil er nicht abließ, gelang dem Bankprokuristen Eberhard Stoll das Wunder der inneren Schau zum andernmal. Er sah die

Küche der alten Dame in München, bei der er wohnte. Sie hatte sich schön gemacht, saß mit ihrem weißen Haar im schwarzen Kleid und las die Zeitung; sie saß in der Küche, und er sah den Spalt in der Tür, den er kannte, am unteren Rand, und das halb ausgebrochene Astloch darüber; er sah die blauweißen Fliesen, und der gelbe Kater schlief auf der Fußbank am Herd nach seiner Gewohnheit.

Ihm kam das Wort des Holzbeins dazwischen wie eine böse Störung, das Wort von den Zehen: „Wem soll ich da glauben, meinen Sinnen oder meiner Vernunft?“ Ich glaube meinen Sinnen! trumpfte er auf, da aber wurde sein Blick rückwärts gerissen, weit hinauf in den Norden, wo das Haus der Freundin am Holstentor stand, die ihn sehnlich erwartet hatte, aber er konnte nicht kommen, weil er nach Pfullendorf mußte. Sie las bei der Lampe den Brief, den er ihr schrieb; ein wenig bitter war ihr Gesicht und dennoch entfaltet; nur ihre große Frauenhand mit dem blauen Stein strich über die Lehne des Stuhls, wie sie wohl tat, wenn sie tapfer sein wollte.

Er ließ das Bild versinken aus einem schlechten Gewissen, aber er wagte nun nicht mehr die Augen zu öffnen aus Furcht, die Bilderschau zu verlieren, die schon zu flattern begann. Er sah seinen alten Hauptmann, wie er das einsame Stübchen in Pasing hell gemacht hatte, und sah den Diener der Bank bei seinen Kindern daheim; denn die Frau war kürzlich gestorben, und er hatte ihm selber das Geld gegeben zu einem Schaukelpferd für den Jüngsten; er sah die trübselige Straße, darin sie wohnten, und lief aus ihrer engen Dunkelheit erschrocken zum Stachus hinaus, wo die Lichter und Schatten sich kreuzten zu einem fahlen Gewirr. Er sah die Züge im Hauptbahnhof rauchen, und einer fuhr seine roten Lichter nach Garmisch hinauf, wohin er lieber gewollt hatte. Schon war er droben in Mittenwald und ging über die weiße Straße zur Scharnitz; dann hingen die Berge kalt und verschneit in das enge Tal, und ein Wasserfall wehte hernieder, immerzu in der einsamen Nacht, und er suchte lange den Ort, bis er ihn weit von da im Vorarlberg auf dem Wege zum Lüner See fand.

Als er das Wasser rauschen hörte, machte der Bankprokurist Eberhard Stoll die Augen wieder zur Wirklichkeit auf, so unheimlich war ihm das Bild dieses emsig herab wehenden Wasserschleiers in der einsamen Nacht. Da sah er sich selber so weltverloren, wie der Wasserfall im Brandner Tal war, und die Erde stand rund um seine scheuen Blicke wie ein Teller gebreitet; und die Nacht war so hell, daß die Fernen meilenweit standen, ehe sie ihren schimmernden Rand an den Himmel verloren: Für die Flucht einer Sekunde fiel die Furcht über ihn, daß er der einzige Mensch in der Welt wäre. Nie hatten ihm Fenster tröstlicher geleuchtet als nun, da er rundum im schweigenden Land ihre dünnen Lichter erkannte.

Da endlich hob er den ungewissen Blick auf in den Himmel und sah das helle Band hängen über dem Raum, vom unermeßlichen Troß der Sterne umgeben. „Die Milchstraße!", sagte er glücklich; und ob es nur ein Wort war: das staunende Glück seiner Knabenzeit kam ihm darin wieder, wie er klopfenden Herzens dastand und ein einziger Blick in das Wunder war. „Wir wohnen alle in Höhlen", dachte er schaudernd, „jeder in seiner allein, aber die gleichen Sterne stehen über uns allen!"

Darüber fielen dem Bankprokuristen Eberhard Stoll die Worte des Mannes mit dem Holzbein von neuem ein: „Ich will deinen Namen nicht wissen, wieviel Geld du hast oder was du sonst Großes bist!" Als wollte das Spiel seiner Bilderschau noch einmal beginnen, sah er ihn dasitzen, und er brauchte die Augen nicht einmal zu schließen: wie er die blanke Stirn strich, und sein Zottelbart hing traurig. „So sind wir alle inwendig, wenn wir das Gerümpel unserer Eitelkeit los sind!" dachte er und schämte sich seiner bösen Worte. „Ich muß mein Unrecht wieder gut machen!" sagte er tapfer.

So kam nach der Ewigkeit vieler Minuten ein anderer langsam von dem Hügel herab, als der so blindwütig hinauf gestürmt war.

Als der Bankprokurist Eberhard Stoll durch die Dorfstraße gegen das Wirtshaus zurück kam, war die Nacht so hell geworden, daß der rötliche Lampenschein in den noch erleuchteten Fenstern trübselig aussah. Häßlicher aber als diese Fenster störte das Gegröhl dahinter die nächtliche Stille. Wäre es nicht um den Mann mit dem Holzbein gewesen, so hätte sich der Bankprokurist leise hinauf in sein Zimmer geschlichen. So öffnete er noch die Tür, um sie freilich sogleich wieder zu schließen.

Um denselben Tisch, an dem er mit dem Mann gesessen hatte, saß nun ziemlich ein Dutzend der Burschen und Mägde, auch das breite Gesicht der flachshaarigen Wirtin war darunter; sie hatten in einer Kette die Arme um ihre Nacken verschlungen und gröhlten das Lied von der stillen und heiligen Nacht. Sie gröhlten es, wollüstig hintenüber gelehnt, mit höhnischen Mäulern, zu denen die Bierflaschen und halbleeren Gläser auf dem Wachstuch ebenso paßten wie der Tabaksrauch, der den Raum dick und übel füllte.

Daß der Mann mit dem Holzbein nicht dabei war, brauchte ihm

keiner zu sagen; immerhin war der Bankprokurist enttäuscht, ihn nicht mehr zu finden, und als gerade der Wirt, neue Bierflaschen in den Händen, aus dem Keller herauf kam, fragte er den. „Der Herr sei schlafen gegangen!“ knurrte der, indem er mit Ellbogen und Knie zugleich die Tür zum Wirtszimmer aufstieß.

Vor dem neu heraus brechenden Gegröhl wich der Eberhard Stoll auf die Treppe zurück; und für einen Augenblick vergaß er den Erfragten über dem schmählichen Gegensatz zwischen der stillen, heiligen Nacht und den Mäulern, die ihr Lied sangen. Dann freilich war er erst recht enttäuscht, ohne ein reinigendes Wort in sein Zimmer zu müssen. Schlafen werde ich sowieso nicht können, dachte er, als er die Tür aufmachte, die er nicht einmal verschlossen hatte, trotzdem sein Biberpelz innen daran hing, denn er war ohne Mantel hinaus gelaufen.

Das Zimmer war durch die beiden Fenster erhellt, sodaß er sich ohne Licht zurecht gefunden hätte. Als er aber mißtrauisch die Laken ableuchten und darum die Kerze auf dem Nachttisch anstecken wollte, fiel sein Blick auf das zweite geringere Bett in der Ecke, und kam nicht mehr davon los; denn da lag der Mann, den er unten gesucht hatte, und schien schon friedlich zu schlafen. Er lag auf dem Rücken, hatte die Hände über dem Leintuch gefaltet, und das abgeschnallte Holzbein war unter den Stuhl mit den Kleidern gelegt.

Unter anderen Umständen hätte der Bankprokurist Eberhard Stoll gegen diesen ungebetenen Schlafgast aufbegehrt, jetzt legte er nach der ersten Verblüffung die Streichholzschachtel leise auf den blechernen Kerzenleuchter zurück, den Schlafenden durch das Licht nicht zu stören. Und es hätte sein Vater sein können, der da schlief, so sorgfältig zog er die Schuhe aus, auf den Strümpfen zurück zur Tür zu gehen, die er nun erst verschloß, um sich dann ebenso geräuschlos zu entkleiden und nach einer sehr flüchtigen Waschung vorsichtig ins Bett zu legen.

Als er von dort aus über die Federdecke hinweg nach dem Schlafenden äugte, lag der immer noch regungslos, die blanke Stirn über dem dunkel hingebreiteten Bart, und die Hände auf dem Laken gefaltet.

Fast ist es wieder Krieg, dachte er, daß ich mit einem wildfremden Menschen im Zimmer schlafe; aber ich habe diesmal ein Bett! Und noch während er seine Glieder zurecht rückte, sich der Backmulde anzupassen, als welche es sich sogleich herausstellte, fing er schon an, über dieses unerwartete Ende seiner mißglückten Fahrt in den Heiligen Abend nachzudenken, die ihn zuerst, statt nach Pfullendorf zu den Eltern, in das gereizte Gespräch mit dem Holzbein, dann auf den Hügel mit seiner Bilderschau und nun gar in diese Schlafkumpanei gebracht hatte.

Ich würde auch ohne die Überraschung da drüben vor dem Lärm im Wirtszimmer nicht schlafen können, stellte er fest, als nach der ersten Befangenheit das Gegröhle wieder in seine Ohren kam; aber ich liege doch endlich und kann bis zum ersten Zug ruhen!

Darüber fiel ihm zu seiner neuen Bestürzung ein, daß er sich nicht einmal erkundigt hatte, wann der führe, und ob er überhaupt schon so früh jemand fände, ihn hinaus zu lassen? Das brachte in seine vermeintliche Befriedigung schon wieder eine neue Unbehaglichkeit, und er merkte, daß es ihm fürs erste nicht gelingen würde, eine Ruhe zu genießen.

Am unangenehmsten war, daß er jedenfalls den schlafenden Mann gegenüber sah, ob er die Augen zumachte oder sie geöffnet hielt. Innendienst oder Außendienst, versuchte er schon wieder zu spötteln, ich werde mit dem Faktum nicht fertig!

Und als er auch mit diesem Galgenhumor nichts zur Lockerung seiner Gedanken beigetragen hatte, die doch notwendig war, wenn er die Nacht in dem unbequemen Bett aushalten sollte; als er sich von der rechten Seite auf die linke und wieder zurück auf die rechte geworfen hatte, um sich endlich dem Beispiel des andern folgend flach auf den Rücken zu legen und die Hände auf der Brust zu falten; als aber auch das ihm nicht aus seiner Ruhelosigkeit half, tat er unversehens einen sehr tiefen Seufzer.

Es mochte nach seiner Schätzung mindestens eine halbe Stunde vergangen sein, daß er vergebens die Entspannung suchte, die der andere offenbar einfacher gefunden hatte; um so erstaunter war er, als von drüben auf seinen Seufzer ein Echo kam.

„Kamerad, kannst du nicht schlafen?“ fragte der Mann, und die Stimme klang nicht so, als ob er soeben erst aufgeweckt worden wäre.

„Nein, Kamerad!“ antwortete er kleinlaut und mit einer Folgsamkeit, die ihn selber erstaunte.

Darauf blieb es längere Zeit still; und als er über die Decke auf seinen Füßen hinüber äugte, lag der Mann regungslos wie vorher auf dem Rücken, nur hatte er die Augen – so schien es ihm – nun weit gegen die Decke geöffnet.

„Darf ich dir etwas schenken, Kamerad?“ kam die Stimme wieder herüber; und als der Bankprokurist zum andernmal folgsam antwortete: „Ja, Kamerad!" sagte sie einfach: „Ich will dir das zweite Kapitel des Evangeliums Lukas vorlesen! Ich brauche kein Buch, ich kann es auswendig und ich sage es nur bis zum vierzehnten Vers."

Und während der Eberhard Stoll zunächst erstaunt und nach seiner sonstigen Art doch wieder ein wenig abschätzig zuhörte, sprach der Mann die vierzehn ersten Verse aus dem zweiten Lukaskapitel, die außer der Bergpredigt der schönste Bericht im ganzen Evangelium sind. Er sprach sie mit seiner auch jetzt noch sachlichen Stimme, ohne einmal zu stocken oder sich zu versprechen; und wenn im Anfang der wüste Lärm von unten störte, so wurden die Worte der Verwahrlosung immer mehr Herr, bis sie zuletzt sieghaft über alle Widerwärtigkeit ausklangen.

„Ehre sei Gott in der Höhe und Friede auf Erden und den Menschen ein Wohlgefallen!"

Der Mann wiederholte den vierzehnten Vers nach einer langen Pause, in der unten gerade eine böse Lachsalve losging, mit leiserer Stimme; und dann begann er selber zu sprechen, als ob er wirklich ein Stündlisbruder wäre, aber er sagte: „Es ist allerlei richtig an dem, Kamerad, was du mit bösen Worten gesprochen hast, und ich habe es noch einmal lange bedacht. Auch hat der vermeintliche Lukas die Hirten nicht selber gekannt und die Stimme der Engel nicht selber gehört. Es mag auch sein, daß die Bibelkritiker recht haben, die alles für eine Sage erklären, was im Evangelium steht, außer den Briefen: aber ist es darum weniger Offenbarung? Oder wo steht bewiesen, daß es auf diesen oder jenen Weg der Offenbarung ankommt?

Den Jesuiten wird ein Wort nachgesagt: der Zweck heilige die Mittel! Was für ein Unsinn ist das und was für ein Menschenhochmut, Gott als Zweck einzusetzen! Diese Worte im vierzehnten Vers des zweiten Lukaskapitels sind weder Zweck noch Mittel; und wenn die Vernünftigen spotten, es habe sich garnichts davon erfüllt, als ob sie Erfüllung brauchten: so muß ich antworten, daß sie trotzdem sind, offenbart sind, Kamerad, und daß sie mehr Trost in die Welt gebracht haben als sonst Worte!"

Der Bankprokurist Eberhard Stoll, der nach seiner sonstigen Art zunächst doch wieder abschätzig geworden war, hatte der Stimme des Mannes immer betroffener zugehört. Er erkannte die Lukasverse als einen verschollenen Bestand seiner Muttersprache wieder und wurde zum andernmal von dem Glück seiner Jugend angerührt, wie wenn er noch einmal „Die Milchstraße" sagte. Was aber der Mann hinterher sprach, klang nicht nach Einfalt; und während er den Sinn der Worte zu verstehen vergebens grübelte, lag er in stummer Beklemmung über die Kränkung da, die er seinem Schlafgast angetan hatte, und die ihm so milde vergolten wurde. Ich gehörte mehr zu denen da unten als zu ihm, dachte er, während sich der Wirtsraum offenbar mit einem letzten Lärm seiner unheiligen Gäste entledigte.

„Bist du nicht der Vizefeldwebel Stoll, der im Februar 1916 mit vor Verdun war?" fragte da die Stimme in seine stumme Beklemmung herüber. Und als der Bankprokurist sich vor Staunen fast aufgesetzt hätte, aber er sagte nur leise: „Ja, Kamerad!", sprach der Mann weiter: „Ich habe dich wieder erkannt, als du mir die bösen Worte an den Kopf warfst; denn damals warst du auch böse. Ich mußte dir als Gefreiter einen Bericht bringen, der dir nicht paßte. Es war am neunzehnten Februar, und auf dem Rückwege bekam ich die Granatsplitter in meinen Fuß! Sieben Stücke sollen es gewesen sein. Ich habe damit einundfünfzig Stunden lang in einem Lehmloch gelegen, bis sie mich fanden. Seitdem liege ich auf dem Rücken, wenn ich nachdenken will."

Nach diesen Worten war es wieder sehr lange still, und der Bankprokurist meinte die Atemzüge des Mannes zwischen den seinen zu hören, gleichmäßig und langsam, als ob er nun wirklich schliefe.

„Und du, wie heißt du, Kamerad?" wagte er endlich leise zu fragen.

„Heinrich Schmidt!" gab die Stimme Antwort, und es klang, als lächelte der Mann selber zu seinem Namen: „Du kennst mich nicht; ich stamme aus Franken, Eisenbach heißt der Ort."

Unterdessen war der Lärm der nächtlichen Gäste draußen verschollen, und auch die Schritte im Haus hatten ihren Ort gefunden. Der Bankprokurist, der wie sein Schlafkumpan auf dem Rücken lag und gegen die Decke sah, wagte zuletzt doch noch eine neugierige Frage:

„Und was machst du in Pfullendorf, Kamerad?"

Diesmal hatte die Stimme offenbar einen hartnäckigen Widerstand zu überwinden, ehe sie Antwort gab: „Ich will es dir sagen, Kamerad, weil du mich fragst. Auf dem Kirchhof rechts in der dritten Reihe neben dem neuen Querweg liegt meine Frau begraben mit meinem Kind. Es hieß Katharina, wie sie und war erst zweieinhalb Jahre alt. Sie wollten zu mir ins Lazarett fahren, als mir das Bein abgenommen war. Es gab ein Eisenbahn-Unglück wie so manche im Kriege, dort in der Gegend; sie wurden zwar noch in euer Krankenhaus überführt, wie sie sagen; aber nur vorübergehend: es war ihnen beiden nicht mehr zu helfen."

Wenn ich jetzt nur ein Wort sagen könnte, klagte ein Gedanke in dem Bankprokuristen immerzu; aber er lag auf den Grund der Menschheit abgesunken, wo der Sprache keine Vernunft mehr helfen kann und alle Übung versagt. So war es Minuten lang völlig still in ihrer Schlafkumpanei, bis weit draußen einer der Burschen noch einen blöden Schrei tat. Der klang kaum lauter herein als ein Vogelruf; aber er weckte die Stummheit der Kammer zu einer Tat.

Mit einem Ruck, als wollte er mehr als die Decke von sich werfen, raffte sich der Eberhard Stoll aus dem Bett und tappte auf Strümpfen – die er aus seinem Mißtrauen gegen die Laken nicht ausgezogen hatte – gegen das andere Bett. Er stieß im Eifer gegen das Holzbein, daß es polterte; aber es hätte dieses Geräusches nicht bedurft, weil der Mann sich schon im Bett aufgerichtet hatte. Ihre tastenden Hände fanden sich zu einem Druck, der mehr als alle Sprache des Mundes ist, wenn ihn zwei Männer mit Bedacht tauschen.

Danach legten die beiden ihre Glieder in die Betten zurück; und es schien wiederum lange Minuten, als wäre nichts mehr zu sagen. Bis der Gefreite Heinrich Schmidt doch noch das Wort fand: „Melde gehorsamst", begann er, und sein leise lächelnder Mund war in der Stimme zu hören: „Melde gehorsamst, daß wir um halb sieben Uhr aufstehen müssen, der Zug fährt gegen halb acht. Gute Nacht, Kamerad!"

„Gute Nacht, Kamerad!" gab der Eberhard Stoll zurück und legte sich auf die rechte Seite, wie er gewohnt war, zu schlafen. Aber so leicht geriet es ihm nicht, und die Turmuhr hatte schon zweimal die Viertelstunde geschlagen, als er ganz leise hinüberfragte: „Schläfst du, Kamerad?"

„Nein, ich schlafe noch nicht", tönte die Stimme ebenso leise zurück: „Was willst du mir sagen?"

„Daß ich ein aufgeblasener Bankprokurist bin!" scherzte der Eberhard Stoll und war nun völlig ein Knabe, den die Mutter zu früh ins Bett geschickt hat.

„Du möchtest wissen, wer dein Kamerad ist?" gab die Stimme ebenso scherzend zurück: „Aber ich sage es nicht."

„Kommst du doch, und wen bringst du da?" fragten die Ruprechtsaugen des Vaters am andern Vormittag, als er die beiden vor seiner Tür stehen sah, den Sohn im Biberpelz und den Mann mit dem Holzbein. Aber der Eberhard Stoll war wieder Knabe geworden, der in die Ferien kam: „Ich bin in den Heiligen Abend gefahren“, sagte er fröhlich, „und habe das Christkind gefunden!“

Das Kind aus der Krippe

Josef Martin Bauer

Von den beiden Herren, die da in der Gästestube des Hotels zu den Drei Königen saßen, hätte einer leicht meinen können, sie wären gediegene und feine Herren. Ihre Anzüge waren gut, und halb so gut sogar ihr Benehmen. Wenn das bedienende Mädchen kam, weil wieder ein Glas leer war, deuteten sie mit einer höflichen Handbewegung an, daß noch einmal von diesem Wasserklaren gewünscht wurde, und wenn der Wasserklare kam, sagten sie ihr Danke mit der zurückhaltenden Liebenswürdigkeit von Herren, die sich weit mehr als nur halb so gut zu benehmen wußten. Doch wenn das Mädchen wieder gelangweilt vor einem Serviertisch saß und in den gestapelten Zeitschriften blätterte, trommelte der eine der beiden Herren mit den Fingerkuppen auf der weißgedeckten Tischplatte immer wieder die gleichen paar Takte. Der andere aber, der sich über das nervöse Trommeln zu ärgern schien, bekam dann ein hartes, in den Kiefern gespanntes Gesicht, wie wenn er einen länger gewordenen Zahn festbeißen wollte im Zahnfleisch.

Feine Herren, die wirklich feine Herren waren, benahmen sich doch vielleicht um ein klein wenig anders. Das bedienende Mädchen bat um die Erlaubnis, die schweren Vorhänge vor die Fenster ziehen zu dürfen. Bei dieser Unterbrechung des Gesprächs trommelte der eine Herr aus Versehen ein paar Takte einer Polka mit den Fingerkuppen. Dieser Herr hieß Wolfart, Sigmund Wolfart, der andere aber, der kühler zurechtkam mit seinen Weihnachtssorgen, hieß Ziglarski, Anton Ziglarski. Man hätte dies vielleicht aus ihrer gegenseitigen Anrede erfahren können, doch hörte alle Rede und Anrede auf, sobald das Fräulein dem Tisch nahekam. Die Unterhaltung, soweit sie keine Zeugen brauchen konnte, gab sich sowieso recht schwierig, da Wolfart und Ziglarski an diesem Abend die einzigen Gäste in den DREI KÖNIGEN waren. Eine Unverschämtheit der beiden übrigens, daß sie auf dieser Reise ausgerechnet in den „Drei Königen" Quartier genommen hatten.

„Ich wünsche Ihnen einen schönen Weihnachtsabend", sagte das Fräulein, als es die Vorhänge geschlossen und damit den Heiligen Abend hergestellt hatte. Das war sehr viel Freundlichkeit, denn eigentlich konnte von einem bedienenden Mädchen nicht verlangt werden, daß es den anderswo vielleicht wunderschönen Abend vertat mit dem Bedienen von nur zwei Gästen, denen man lediglich deswegen einige Rücksicht schuldete, weil sie nicht nur hier zu Abend essen wollten, sondern auch zwei Zimmer genommen hatten. In acht Tagen war das mit den Gästen anders. Da waren alle Zimmer belegt, und die Gaststube wie das Nebenzimmer war voll vergnügter Leute, die das Geld nicht erst zweimal umdrehten, bevor sie es auf den Tisch legten für einen üppigen Verzehr.

„Oh, danke sehr für die Wünsche. Auch Ihnen einen schönen Weihnachtsabend!" sagte Herr Ziglarski. Das Fräulein lächelte.

Um halb acht freilich, spätestens um halb acht, mußte Schluß sein mit dem höflichen Lächeln, das man den Gästen schuldete. Um halb acht wurde geschlossen, und die Herren, sofern sie sich nicht in ihre Zimmer begeben wollten, wurden hinausgesperrt in die Nacht, sich dort eine Unterhaltung zu suchen, die am Heiligen Abend wohl nur spärlich ausfiel. Daß an diesem Abend überhaupt ein Mensch anderswo sein wollte als zu Hause? Vielleicht waren die Herren nirgends zu Hause.

Nach einem etwas dürftigen Abendessen, denn um zweier Gäste willen wurde auch die Küche nicht mehr offengehalten, bezahlten die Herren mit ziemlicher Genauigkeit, was sie bekommen hatten.

Leute, die sich das Wechselgeld so genau zurückgeben ließen, waren nicht sonderlich beliebt, doch trug es ihnen zur wortlosen Schmähung ihrer schoflen Art das Ansehen pedantischer Rechtschaffenheit ein, da meist nur die Diebe, Lumpen, Hochstapler oder Angeber das Geld verächtlich hinwarfen, ohne auf das Zurückgeben des Überschüssigen Wert zu legen.

„Was tut man nun hier an so einem Abend?" fragte Herr Wolfart.

„Schlafen", meinte das Fräulein.

„Oder zur Mette gehen", überlegte Herr Wolfart.

„Aber erst um halb zwölf", schränkte das Fräulein diese Möglichkeit bedächtig ein. „Wenn Sie freilich zur Mette gehen wollen, werde ich Ihnen einen Hausschlüssel besorgen, denn hernach gibt es nur verdrießliche Gesichter, falls Sie jemand herausläuten. Ich bringe Ihnen den Hausschlüssel ins Zimmer und zeige Ihnen jetzt gleich, wo Sie die Lichtschalter finden, damit Sie auch mit dem Lichtmachen keinen Lärm schlagen. Es ist dann völlig gleichgültig, wann Sie heimkommen."

Das Fräulein zeigte den beiden Herren die Lichtschalter, brachte ihnen einen Hausschlüssel ins Zimmer und verabschiedete sich dann endgültig. „Es ist nicht schön, ich kann das verstehen, wenn man sogar zu Weihnachten unterwegs sein muß. Gute Nacht und schöne Weihnachten!"

Herr Wolfart und Herr Ziglarski – unter diesen ihren richtigen Namen hatten sie die Meldezettel ausgefüllt – unterhielten sich träge und doch sehr nervös in Wolfarts Zimmer, bis es Zeit war, daß sie zur Mette aufbrachen. Fromme Herren, die Herren Wolfart und Ziglarski, die es nicht unterließen, die Mette um Mitternacht zu besuchen, wenn sie sogar an einem solchen Tag unterwegs sein mußten.

Die Zeit war etwa halb zwölf, als die beiden Herren das Hotel verließen. Das war nun einmal die Zeit, in der sich die Leute in dieser Nacht auf den Weg machten, um auch noch ein wenig unter dem kalten Schneehimmel zu gehen und den Kerzenrauch aus den Lungen zu blasen, mit Bekannten zu plaudern und den Bogen auf die Kirche hin so weit zu nehmen, daß sie ziemlich genau um zwölf bei Beginn der Mitternachtsmesse in die Kirche kamen. Das alles hatte so seine Bräuche und Üblichkeiten, und nicht alles daran war fromm, wenn es auch der Stimmung nach recht aufs Weihnachtliche eingestimmt war.

„Ist es empfehlenswert, daß wir hier auch noch zur Mettenzeit gesehen werden?" fragte Ziglarski Herrn Wolfart. „Es kann nicht schaden", meinte Wolfart, und sie machten ihren Kirchenbesuch schön auffällig und sehr deutlich, denn es erschien ihnen günstig, so sehr aufzufallen, daß sich im Falle der Not hernach jemand an diese beiden Mettenbesucher erinnerte, zum Beispiel diese stattliche Blonde, möglicherweise eine Witwe, der Herr Ziglarski mit eleganter Geste auf der Spitze des Mittelfingers einen Tropfen geweihtes Wasser reichte und mit einem freundlichen Kopfnicken bedankt wurde. Der junge Mann, der während der Mette mit dem Sammelteller herumging, wurde so bedient, daß er sich später ganz bestimmt an Herrn Wolfart erinnerte, denn Herr Wolfart legte einen Zehnmarkschein auf den Teller und ließ sich neun Mark auf den Schein herausgeben, da ja auch die anderen Leute nicht reichlicher gaben. Das Wechseln ging recht umständlich vor sich, Herrn Wolfart fiel sogar ein Markstück zu Boden, das ihm der junge Mann dann mit viel Zuvorkommenheit aufhob. So eine Szene ging im Gedächtnis nicht so schnell verloren. Dafür war sie zu breit ausgespielt.

Gleich darauf aber drängelten sich die beiden quer durch die Kirche, wobei Ziglarski nicht unterlassen konnte, seinen Begleiter in die Rippen zu stoßen und nach vorn zu weisen: „Schau dir bloß diese herrliche Anna selbdritt an! Die würde in jeder Versteigerung achttausend Mark bringen." Wolfart gab ihm mit einem Kopfnicken recht, dann drängten sie sich endgültig nach der Seite des anderen Kirchenportals durch und standen wenige Minuten später in der kalten Nacht draußen, die von einem heftigen Wind durchweht wurde. „Der Wind paßt uns ja ausgezeichnet", sagte Ziglarski, dann gingen sie, die Mäntel eng um die Gestalten geschlagen, eilig von der Kirche weg und standen nach wenigen Minuten auf einem Parkplatz, wo Ziglarski ohne Hast, aber mit viel Gewandtheit, einen Wagen aufschloß, einen geräumigen Wagen, der in allen Türgelenken vor Kälte knirschte.

„Nun steig doch endlich ein!" schnaubte Ziglarski seinen Begleiter Wolfart an. Und Wolfart sagte seinerseits etwas Ungepflegtes. Sie waren, wenn einer sie vielleicht jetzt beobachtete, keine Herren mehr, so groß und vornehm von Marke auch der Wagen war, mit dem sie den Parkplatz verließen und aus der Stadt wegfuhren, viel zu schnell für die heilige Weihnachtsruhe. Zu dem Eindruck von echten Herren, den sie bisher zu machen versucht hatten, paßte es wohl auch nicht, daß sie einen Wagen in der Garage des Hotels zu den Drei Königen stehen hatten und von hier weg mit einem anderen Wagen fuhren, der keineswegs gestohlen war und sicherlich einem der beiden gehörte, aber offensichtlich für eine heimliche Weihnachtsfahrt hingestellt worden war.

„Was haben wir Zeit vor uns?" fragte Wolfart seinen Freund am Steuer.

„Eine Menge."

„Dann fahr auch nicht wie wahnsinnig!"

„Ich fahre, wie ich fahren muß."

„Du fährst so, wie einer fährt, der fürchterlich Angst hat. Die Straße mit dem leicht darübergewehten Schnee ist gefährlich."

„Der Schnee wird uns so und so noch eine Menge zu schaffen machen."

„Denk nicht an den Schnee! Du hast Angst, habe ich dir schon gesagt, klappernde Angst. Wenn du uns an einen Baum fährst, ist alles aus. Alles haben wir dann umsonst vorbereitet. Deine Schuld ist es dann, mein Lieber. Hast du mich verstanden, du Narr?"

„Du schreist ja laut genug. Vor Angst."

Nein, sie waren wirklich keine Herren mehr. Wahrscheinlich aber waren sie noch nie Herren gewesen. Es nützte aber der Sache nicht, die sie vorhatten, daß sie sich anschrien und einander die Angst vorwarfen. Und als sie länger auf der Strecke waren, geriet ihnen die Unterhaltung endlich doch ein wenig sachlicher. Sie rechneten in die Nacht voraus, die anderen Menschen die heilige Nacht war.

„Noch siebzig Kilometer zu fahren, schätze ich."

„Also, auch bei schlechten Straßen, zwei Stunden Fahrt."

„Wenn wir um zwei Uhr dort sind und zwei Stunden benötigen für die Arbeit und dann wieder drei Stunden für die Rückfahrt, kommen wir viel zu früh in den Drei Königen an. Also langsam!"

„Man möchte so etwas eben einmal hinter sich haben."

„Man bekommt es nie hinter sich, wenn man nervös ist. Du mußt dir eins merken: in dieser Nacht denken die Menschen alle an Ruhe und Frieden und eine Umwelt, die den Frieden nicht stört. Man ist in dieser Nacht nicht so mißtrauisch wie sonst. Das macht uns die Sache leichter."

In den Dörfern stapften die Leute von der Mette heim, brave Menschen, wenigstens in dieser Nacht nach Gottes Maß, und im eigenen Frieren hatten sie noch Mitleid mit den Geplagten da, die selbst in einer Nacht wie dieser nicht Ruhe hatten. Was mußten das denn für Leute sein, die noch immer nicht aus dem Werktag ausgestiegen waren und mit dem Frieden nichts anzufangen wußten? Alle Welt atmete in längeren Zügen, weil es den Menschen nicht wie sonst mit dem ganzen Gewicht des Alltags auf Brust oder Rücken lag und alles einengte. Für diese Leute aber wurde wohl nie Sonntag und nie Weihnachten. Aber es mochte jeder Weihnachten feiern, wie es ihm zustand oder gefiel. Möglich, daß es Narren waren, die in dieser Nacht durch die Kälte fuhren wie zu anderer Zeit. Oder mehr als nur Narren? Daran dachte in dieser Nacht niemand, der von der Mette heimging und daheim noch ein wenig den Dingen nachhängen wollte vor dem Schlafengehen, aus denen so eine Nacht völlig anders wurde als jede Nacht sonst.

Als Wolfart sich auf seinem Platz neben Ziglarski am Steuer zurechtsetzte, tat er es deshalb, weil die Fahrt nun zu Ende ging, und das Zurechtsetzen war ein Anspannen der Aufmerksamkeit auf die Dinge, die jetzt nach dem längst ausgeklügelten Plan ablaufen mußten, wenn nicht die ganze Reise ein Unternehmen ins Nichts hinein werden sollte.

Wolfart legte Ziglarski den linken Arm leicht auf den Arm am Steuerrad. „Jetzt nicht zu langsam und nicht zu schnell fahren, nicht so, als interessiere uns hier irgend etwas, und nicht so, daß jemand aus dem Schlaf aufwachen könnte, weil es ihm auffällig wird, daß da jemand anhalten will. Hier geht es auf den kleinen Marktplatz zu. Du weißt ja selbst, wie die Wege verlaufen. Hier müssen wir es uns endgültig überlegen, ob wir den Wagen irgendwo nebenan in einen Feldweg laufen lassen oder ob wir zur Kirche hinauffahren wollen."

„Feldweg."

„Dann also Feldweg. Wir haben starken Wind, siehst du, und bekommen die Spuren schnell zugeweht. Sonst wäre es ungünstig, denn die Spuren auf einem Seitenweg wären verdächtiger als irgendeine Spur auf der Straße zur Kirche. Gut also. Hier geht es rechts hinein, schlecht zu sehen bei Nacht und dem Schneewehen, aber das ist schon der Weg, den du meinst. Den Wagen gleich nach rückwärts in den Feldweg laufen lassen! Den Motor abstellen. Licht weg! Gut. Das hast du ausgezeichnet gemacht."

„Alles schläft."

„Ist ja auch Zeit. Halb drei. Da schlafen höchstens die Kinder nicht vor lauter Nachfreude über die geschenkten Sachen. Morgen werden die großen Leute eine schlechte Nacht haben. Die Wagentür nur zudrücken, ja nicht zuschlagen! Den Weihnachtsfrieden nicht stören!"

Im Weggehen sahen sie sich um. Der Wagen war auf fünfzig Meter schon nicht mehr zu sehen. Eine ausgezeichnete Nacht war das

mit dem lauten Wind und dem dahintreibenden Schnee. In zwei, drei Fenstern war Licht. Der ganze Ort Marktweidach hatte ja kaum hundertachtzig Häuser. Und bedeutend war daran soviel wie gar nichts – außer der prunkvollen Klosterkirche, die längst einer Restaurierung bedurft hätte, und in dieser Klosterkirche vom Weihnachtsabend an bis Lichtmeß die Krippe, Marktweidachs berühmte Krippe mit dem goldenen Kind. Das Kloster von vordem, soweit es nicht ein paar besser erhalten gebliebenen Räumen als Pfarrhof diente, war während des Krieges einige Jahre lang Zuflucht für Kinder aus der Stadt gewesen und hernach mißbraucht worden zum Wohnen für vertriebene landfremde Leute. Aber wie das mit den Palästen und Schlössern und Herrensitzen so ist, mit den Klöstern nicht minder, den Herrensitzen Gottes – die Armen und Elendigen fühlen sich nicht wohl in den zum Erfrieren gebauten hohen Sälen mit viel Gold und zersetzten Deckenbildern und herabfallendem Stuck. Sie fühlen sich, wenn auch nur ein ganz klein wenig Wärme von Tier und Mensch und Liebe die umgebende Ärmlichkeit ausfüllt, eher doch in einem dichtgemachten Stall wohl und verstehen darin ihre Armut besser zu tragen als in verkommendem Prunk, der nur höhnt auf die Obdachlosen. Es war all die Jahre her niemand glücklich in der brüchigen Pracht von einst, und als der Mensch wieder seinen besseren und ihm gemäßen Platz zwischen Stall und Palast fand, wollte niemand mehr so verfallen schön wohnen, so daß die Räume des Klosters, verfallen und kalt, leer wurden und bereit zum endgültigen Verfall.

Wolfart und Ziglarski, die einen möglichst leisen Weg in Richtung auf Kirche und Kloster gingen, wußten das alles, denn mit viel Bedachtsamkeit hatten sie alles ausgekundschaftet, was sich ihnen an günstigen Gelegenheiten zuspielen und an Schwierigkeiten in den Weg stellen würde, wenn sie heute ausführten, was sie mit aller Sorgfalt vorbereitet hatten.

Kamen morgen früh um halb neun die Leute von Marktweidach zum Hochamt, dann fanden sie die berühmten Figuren nicht mehr vor, und in der Johannikapelle stand nur noch die Szenerie von deutsch geträumtem Morgenland mit zinnenbewehrten Burgen auf wildgetürmten Felsen, sie fanden nur noch den Stall, den ein durch Goldglas gefiltertes Licht ausleuchtete bis in die letzte Ecke eines entzückend geschnitzten Verfalls, aber was wirklich zu den Werten dieser Krippe zählte, das fanden die Besucher alles nicht mehr vor, wenn sie von weit und breit an den beiden Weihnachtsfeiertagen anreisten, die Marktweidacher Krippe zu besichtigen.

Was diesen Menschen einer Reise wert war zum Bewundern, das war anderen vielleicht eines stattlichen Brockens Geld wert, um das Bewunderte zu erwerben und dann im eigenen gierigen Besitz zu haben.

Mit dem Reichtum, der sogar an den Christbäumen goldene Nadeln sprießen ließ, war es Brauch und Bedürfnis geworden, heilige Schönheiten zu erwerben und dafür krankhaft viel Geld hinzulegen. Und mit der Sucht nach Besitztümern aus verbliebener alter Kunst war die andere Sucht aufgekommen, die Sucht von solchen Leuten wie Ziglarski oder Wolfart oder wie sie sonst heißen mochten, den vermögenden Herren dienstbar zu sein beim Beschaffen solcher Schätze zum Preis des Risikos und der Gefahr, einem oft sehr hohen Preis, den die reichen Herren mit hohem Zins vergüten mußten, wenn sie teilhaben wollten an den heiligen Kostbarkeiten, deren es nicht sehr viele in dieser Güte gab wie hier in der alten Klosterkirche von Marktweidach, wo der Pfarrer mit ein paar Leuten den ganzen Tag lang gearbeitet hatte, um die Figuren und die Teile der Szenerie aus dem sicheren Verwahr im Pfarrhof hieher zu bringen und so zeitig aufzustellen, daß zur Mettenzeit die ganze Herrlichkeit in der Johannikapelle zur Schau stand.

Der Krippenraub war nur vier Wochen lang im ganzen Jahr möglich, und von den Nächten, die den Dieben am dienlichsten sind, war dies die erste, vielleicht auch die günstigste, weil die entstehende Verwirrung an den beiden Feiertagen längst nicht so leicht zu entwirren war wie an Werktagen mit überall dienstbereiter Polizei.

Die beiden Diebe, die vor ein paar Stunden noch bemüht gewesen waren, sich wie Herren zu geben, hatten sich auf ihren unehrlichen Zugriff gut vorbereitet und sich vortrefflich vergewissert über den harmlosesten Weg in die Kirche, denn die alten, kunstvoll geschmiedeten Schlösser der Kirchentüren sahen nicht so aus, als würden sie ohne viel Widerstand den Zugang zu den Schätzen freigeben. Es gab da aber durch die Fluchten von heruntergewirtschafteten Räumen, in denen vor Jahren heimatlose Leute gelebt hatten, einen verwinkelten Zugang zur Kirche, der freilich nicht ins Kirchenschiff und in die Seitenkapellen führte, sondern ins Oratorium, das einst den Mönchen zum Stundengebet gedient hatte.

Das Einsteigen in die alten Klosterräume war nicht schwierig. Das Hineindrücken eines nur noch schlecht verankerten Fensterflügels verlangte nicht sehr viel Kraft, denn das Holz war morsch, und die schön geschnörkelten Beschläge hingen mit ihren Schrauben nur noch in brüchigen Fensterrahmen. Die Weihnachtsdiebe zählten sich, vom Schneewind dahingeschoben, an den Fenstern entlang und verhielten vor einem Fenster, von dem sie wußten, daß es nur noch ganz wenig Halt hatte. Das zu erkunden, hatte einige Reisen benötigt, aber nun wußte man gut Bescheid. Und für den Fall, daß je ein Mensch hier auf die beiden fremden Männer aufmerksam geworden war, hatten die beiden wohl vorgesorgt, denn sie wohnten ja, mit ordentlichen Fremdenzetteln gemeldet, weit, sehr weit weg in einem netten Städtchen in dem freundlichen Hotel zu den Drei Königen und hatten das Hotel lediglich verlassen, um die Christmette zu besuchen; ihr Wagen – freilich nur dieser eine Wagen – stand in der Garage des Hotels, die am Abend verschlossen worden war.

Das schadhafte Fenster, längst ausgezählt in der Reihe der Fenster im Erdgeschoß, gab auf den Druck zweier kräftiger Hände beim dritten Versuch nach. Die beiden Flügel, schlecht in den Angeln gehend und beim Aufdrücken leicht knarrend, gaben soviel Raum, daß die beiden Männer einsteigen konnten in einen öden, saalgroßen Raum.

Damit sie keinen Wegweiser zu ihrem Tun hinterließen, schoben sie die Fensterflügel wieder zu. Der Wind war hinausgesperrt, und es war ganz gut so, wenn er fortwährend an dem zermürbten Holzwerk rüttelte. Nichts zwang die beiden Diebe dazu, jetzt noch jedes winzige Geräusch zu vermeiden, da die laute Windnacht mit Stöhnen und Knarren alles überdeckte. Eine Taschenlampe blitzte nur dann immer auf, wenn sich die ungebetenen Gäste in einem Korridor oder vor einem Treppenaufgang von neuem orientieren mußten. Sonst geschah nichts Auffälliges in der tiefen Dunkelheit, und es geschah auch dann nichts außer einem hörbaren Aufatmen, als sich nach langen Winkelwegen die Tür zum Oratorium öffnen ließ. Leicht hätte es ja sein können, daß irgendwer auf den Gedanken verfallen wäre, diese Tür abzusperren. Dann wäre alles, aber auch alles umsonst gewesen. Es sah der eine das befriedigte Gesicht des anderen nicht, als sie so weit am Ziel waren, daß sie nur noch aus dem Oratorium hinuntersteigen mußten in den Altarraum der Kirche.

Dafür war längst gut vorgesorgt. Eine Strickleiter aus den Kunstfasern einer so gescheiten Zeit war in der Tasche mitzutragen, ohne daß es bauschte. Ohne Strickleiter ging es nicht.

Eine Viertelstunde später standen sie in der Johannikapelle. Ein dünner Lichtstrahl aus der Taschenlampe zeigte auf eine Hirtengestalt, die sogleich von flinken Händen weggenommen wurde, auf den Schwarzen der drei Könige, und der schwarze König verschwand in einem Tuch, auf die Krippe – und da entfuhr Ziglarski ein Seufzer der Bewunderung. Da lag das Kind, das berühmte goldene Kind, nach dem krönenden Schmuck so benannt, der das Lockenhaupt zierte. Gold, reines Gold, war aber auch alles Stickwerk und die Pailletten des prunkvollen Gewandes. Eigenwillige Künstler waren jene gewesen, die das Kind, anstatt es nackt in die Wiege zu legen, mit schwerem Gold behangen und fürstlich gekleidet hatten. Dabei hatte die Schnitzerei auch allein schon Ruf und Wert genug, um weitum alle Kunstverständigen voll Bewunderung davon sprechen zu lassen.

Der Schönheit des goldenen Kindes erlagen sogar die Diebe, wenn auch nur für einen Augenblick und wenn nur in einer Bewunderung, die eine Rechnung aus der Schönheit machte. Mit sorgsamen Händen nahm Wolfart das Kind aus der Krippe und trug es, schön über die beiden Arme gelegt, zu dem Platz unter dem Ende der Strickleiter, denn erst, wenn alle Figuren hier zusammengetragen waren, konnte daran gedacht werden, mit Sorgfalt alles nach oben zu bringen, von dort oben im Oratorium durch die langen Korridore und die ausgetretenen Treppenhäuser bis zum Fenster, durch das alles ins Freie zu schaffen war, und vom Fenster weg erst noch zum Wagen, der ziemlich weit draußen auf einem Feldweg abgestellt war. Verdammt noch einmal! Ziglarski fluchte, als er schon sechsmal über die Strickleiter nach oben geklettert war. Vor Wutt schnitt er dem heiligen Kind und den Königen und Kameltreibern eine böse Fratze, als er im Schein der Taschenlampe die Menge Figuren rings um sich liegen sah. Um den Wert der gestohlenen Krippe nicht zu schmälern, mußten sämtliche Figuren weggeschafft werden. Die Diebe aber hatten, wie sie erst jetzt einsahen, das Ausmaß der Arbeit unterschätzt.

Langsam, als die Zeit viel schneller als vorausberechnet dahinrann, begriffen sie beide, daß sie sich etwas Ungeheures zugemutet hatten. Noch lag ja die schwierigste Arbeit vor ihnen, und schon waren die zwei Stunden um, die sie voraus eingerechnet hatten für den ganzen Diebstahl. Wieder kam es zu bösen Worten, die sie nicht gerade wählerisch verwendeten, und als sie alles aus der Kirche nach oben geschafft hatten, wurden die harten Worte auch noch sehr laut, weil hier ja wohl niemand hören konnte, was noch geschah, nachdem die Beute aus der Stille der Kirche herausgeholt war.

Es ließ sich nicht ändern, daß die Zeit schneller ablief, als sie es in ihrem sorgfältigen Plan vorausberechnet hatten, und niemand konnte ihnen die weiten Wege abnehmen, niemand die Lasten, die sie sich aufluden, um so schnell wie möglich alles am Ausstiegfenster zu haben. Als sie sich nach Kräften beschimpft und einer dem anderen vorgeworfen hatten, daß der andere schuld sei an der Fehlberechnung, mußten sie sich an die weitere Arbeit machen, die dadurch keineswegs leichter wurde, daß sie draußen im Freien, als sie die ersten Figuren hinaustrugen, von einem heftigen Schneetreiben überfallen wurden. Der Schnee wurde ihnen böse ins Gesicht geblasen, doch sie spürten es nicht, wie kalt die Nacht war, denn längst schwitzten sie von der unerwartet schweren Mühe. Als man draußen war, empfahl es sich, die Schritte leise zu setzen und nicht mitten in der Nacht vielleicht einen dünnen Schlaf in irgendeinem Haus neben dem Weg zu stören. Also mußten sie mit ihren Lasten behutsam gehen, und die Behutsamkeit kostete wieder Zeit, wieder eine Viertelstunde bei jedem Weg mit der Beute vom Klosterbau bis zum Wagen und vom Wagen wieder zurück bis zu dem bewußten Fenster. Der Wind war auch nicht müßig gewesen und hatte über den Feldweg Schnee in Wellen geweht, die dann beim Wegfahren sich aller Eile in den Weg stellten. Gehen mußten sie, die Beute herantragen, ihren Zorn verbeißen, auf der Uhr immer wieder feststellen, daß sie längst zuviel Zeit vertan hatten und noch immer nicht fertig waren. Verfluchte Krippenweihnachten! Am Ende aber war vielleicht kein Käufer zu finden, der eine so kostbare Krippe kaufte.

Fünf Uhr schlug es, als sie zum letztenmal zu ihrem Wagen kamen. Und der Wagen, der wohl einen riesigen Gepäckraum hatte, jedoch zu klein für die ganze Krippe, mußte bis weit über die Fenster hinauf auch zwischen den Sitzplätzen und auf den Polstern beladen werden, so daß beim Tagwerden jedermann sehen konnte, was für eine Fracht da durch den Weihnachtstag gefahren wurde. Die paar Decken waren nötig, um die Krippenfiguren gegen Beschädigungen zu schützen, wenn sie auf der Fahrt durcheinandergerüttelt wurden, also blieb kaum noch etwas übrig, was die Beute geschützt hätte gegen die Neugier, wenn beim Aufkommen des Morgens jemand durch die Scheiben schaute. Zwar ließen die Scheiben mit dem dicken Belag von Reif nur wenig Durchblick für fremde Augen, aber allein die Vorstellung, daß jemand die gestohlenen Figuren sehen könnte, machte die Krippendiebe von neuem streitsüchtig, so daß sie sich eine wüste Szene machten, als sie endlich die Stätte ihres größten Diebstahls verließen und sich in den

Schneeverwehungen übel abmühen mußten, um überhaupt noch aus dem Feldweg auf die besser befahrbare Straße herauszukommen. Was sie dann im Wagen hinter geschlossenen Scheiben einander zu sagen hatten, blieb besser ungehört auch für eine so schneidend böse Nacht, die ihren Wind heulen ließ und hinter anderer Leute Fensterscheiben das weihnachtliche Zusammenleben erst ganz warm und wunderbar geschützt gegen alle Unbill erscheinen ließ.

Die Nacht, so gütig sie zu denen war, die von Weihnachten wußten, ging unbarmherzig weiter für die Krippendiebe, die wie schlechte Spieler ins Streiten gerieten, als sie zu ahnen begannen, daß sie ihr niederträchtiges Krippenspiel verloren hatten. Es wurde mehr und mehr verloren mit jeder Viertelstunde, die verrann, ohne daß sich durch Hast und Drängen etwas zurückgewinnen ließ von der verspielten Zeit.

Andere aber, die noch von Weihnachten wußten, gewannen das Krippenspiel auf eine wunderliche und wunderbare Weise.

Schon war die Zeit sechs Uhr, als der Wagen mit seiner absonderlichen Fracht endlich den Untergrund einer sicheren Überlandstraße mit den Rädern spürte. Aber auch die große Straße, auf der es sich mit der Beute fliehen ließ, war nicht mehr so sicher und schnell wie auf der Herfahrt. Wo immer die Krippendiebe fuhren, hatte der Nachtwind feinen Schnee in Streifen auf den Asphalt geweht, den die Räder zerteilen mußten, während sie zuweilen ein wenig aus der Richtung glitten, so daß der Mann am Steuer daran gemahnt wurde, daß es besser war, langsamer zu fahren, um heil aus dieser Nacht zu kommen, die es wohl nicht leiden wollte, daß sie mißbraucht wurde. Fuhr man aber langsam, noch langsamer als schon bisher, so ging noch vollends jede Rechnung mit der Zeit verloren, jede Rechnung gegen die Zeit, jede Rechnung gegen dieses gewalttätige Fest, das es nicht ertrug und nicht duldete, daß jemand anders tat, als Weihnachten es erlaubte.

„Es ist schon spät, du!"

„Es ist zu spät, falls du es noch nicht begriffen haben solltest."

„In einer Stunde fängt es an, hell zu werden. In zwei Stunden aber werden wir erst zurück sein, bei offenem Tag. Und selbst wenn wir im Hotel den Leuten erzählen wollen, wir seien im zweiten Amt gewesen, selbst wenn sie es uns glauben, weil der Mensch an Weihnachten leichter glaubt, was er sonst nicht glauben würde, wird auf dem Marktplatz der Wagen dastehen, die Spur wird neu sein, und durch einen kleinen Scheibenwinkel wird vielleicht jemand sehen, was wir geladen haben."

„Wir müssen unterwegs irgendwo die ganz Sache abladen und verstecken bis nach den Feiertagen."

„Bei einem Spediteur vielleicht, du Narr."

„Ganz gleich, wo. Einfach verstecken. Mit leerem Wagen zurückkommen. In den Drei Königen so tun, als wären wir in der Nacht in unseren Betten gewesen. Einfach mit leeren Händen da sein, damit es nichts zu suchen gibt."

„Wenn ich bloß etwas von den Drei Königen höre! Ausgerechnet Drei Könige! Das hat ja nicht gut ausgehen können."

„Wir müssen sehen, daß es so gut ausgeht, wie es jetzt noch möglich ist. Glück haben uns die Drei Könige jedenfalls nicht gebracht. Aber wenn wir klug sind, bringen wir die Ware einstweilen in einem Versteck unter, und wenn wir Glück haben, kommen wir im Hotel mit so unschuldigen Gesichtern an, frisch aus der Kirche, daß sich nicht der leiseste Verdacht regt."

„Vielleicht aber haben wir uns schon dadurch verdächtig gemacht, daß wir uns dort einquartiert haben. Ausgerechnet an Weihnachten, wo man ganz allein im Hotel ist und darum viel genauer beobachtet wird! Das war deine Idee, dein verrückter Einfall."

So ging es die ganze Fahrt lang dahin.

Vor den reifbeschlagenen Fenstern, die nur vorne einen beengten Ausblick auf die Straße gewährten, kam der Tag mit einem ersten Dämmern herauf, und es war, wenn die Straße so blieb wie jetzt, noch mindestens eine Stunde zu fahren. Sie durchfuhren ein langes Straßendorf, während es eben vollends Tag wurde und die ersten Kirchgänger schon unterwegs waren. Nach dem Dorf, als die Krippendiebe sich wieder allein fühlten, erschaute Ziglarski an einem Hang, einige hundert Meter von der Straße, vor dem Hintergrund eines Waldstückes eine Feldscheune, und sobald Ziglarski mit ausgestrecktem Arm auf die Feldscheune deutete, hatte Wohlfart den gleichen Einfall: in dieser Feldscheune, wenn der Weg dorthin nicht allzusehr verweht war, ließ sich der ganze Krippendiebstahl verstecken bis lang nach den Feiertagen, bis sich die vom Diebstahl geschlagenen Wellen der Aufregung schon wieder gelegt haben würden. Man stritt nicht mehr, man war sich plötzlich einig, man brachte für den Augenblick alle Sorgen los, wenn man da oben alles ablud, wo sicher bis zum Frühjahr kein Mensch nachsah, denn vor dem Frühjahr brauchten die Bauern ihr Heu aus den Feldscheunen nicht.

Der Weg zur Feldscheune hinauf war eine einzige Mühsal für den Wagen, und die letzten fünfzig Meter mußten die Männer gehend zurücklegen, viermal nacheinander, auf den Rücken jedesmal einen Teil der Figuren geladen. Dann aber lag das goldene Kind im Heu, das strahlende Gesicht überkrönt von dem vielgerühmten Kopfschmuck, und auf Brettern oder Heu gab es ringsum heilige Könige, Kamele und Kamelführer, Joseph und Maria, Gefolgsleute der drei Könige und das selige Tiervolk der Krippennacht. „Schön!" lachte Wolfart, als er noch schnell vor dem Weggehen einen Blick auf die Pracht warf, und selbst Ziglarski lächelte.

Von dem windgetriebenen Schnee stand nicht zu befürchten, daß er die Spuren der Schritte um die Feldscheune und des Autos länger als höchstens zwei Stunden bewahren würde, und wenn der Wind seine Arbeit getan hatte, stand überhaupt nichts mehr zu befürchten, selbst wenn die Krippenfiguren bis in den Februar hinaus hier verblieben.

Um halb zehn am Vormittag, gerade noch zum letzten Segen, der den Würdigen wie den Unwürdigen erteilt wurde, kamen die Krippendiebe, nachdem sie den Wagen recht unschuldsvoll auf dem Marktplatz zwischen anderen Wägen abgestellt hatten, in der Kirche zurecht, um hier noch für ein paar Minuten so zu tun, als wären sie fromme Beter, und in der bieder gespielten Rolle von ehrenwerten Kirchenbesuchern kehrten sie sodann ins Hotel Drei Könige zurück, herzlich dankbar für ein Frühstück und heiteren Gemüts wie alle Menschen am Weihnachtstag. Es wurde ihnen gern geglaubt, daß sie die ganze Nacht lang seit der Mette im Haus geschlafen und zeitig schon das Bedürfnis verspürt hatten, ins Hochamt zu gehen wie alle guten Christen.

Der Wind der Nacht und des Morgens wurde stiller, und die Menschen überall verbrachten den Weihnachtstag zwischen gemütsvoller Baumstube und ein wenig Winterhimmel, weil das so zum Tag gehörte.

Das war überall so, auch in den Dörfern draußen, auch um das lange Straßendorf herum, in dessen Nähe jene Feldscheune stand. Kinder versuchten sich an den Hängen auf Rodelschlitten oder Brettern, die das Christkind am Abend vorher unter den kugelbehangenen Baum gelegt hatte. Diesen Kindern begegnete, weil sie noch ganz Kinder waren, das Wunder von Bethlehem, als sie bis zum Müdewerden auf Hügeln und Hängen das Fahren und das bedächtige Hinfallen im Schnee versucht hatten, in der ganzen armen Herrlichkeit des Stalles. Und das war eine wundersame Begegnung. Nach Bethlehem zu kommen, fiel nicht schwer, wenn man nur die Augen noch kindlich genug hatte, um zu sehen, wo es lag.

Es war nur kindliche Neugier, die das Tun im Schnee unterbrach und das Tor der Feldscheune einen Spalt weit auftat, um drinnen vielleicht sonst gar nichts zu sehen als die eingeschlossene Dunkelheit. Da lag, wenn das Dunkel nicht täuschte, etwas vom Wunder. Kinder schreien in der Begegnung mit dem Wunder furchtsam auf, denn sehr oft kommt es bei unseren Zeiten nicht mehr vor, daß ein Wunder geschieht. Dem ersten Aufschreien gingen andere Kinder nach und schoben mit klammen Händen das Tor der Feldscheune auf, soweit der angewehte Schnee es erlaubte, denn da drinnen mußte etwas Seltsames geschehen sein.

Auf losem Heu, das vom Stock gefallen war, lag wunderschön und in der ganzen prächtigen Armut, die wohl viel Gold und Pracht an sich haben muß, das Kind, das in der letzten Nacht geboren worden war. Die rechte Hand aus dem goldbesäten Wickelgewand gestreckt segnete das Kind die Kinder, die hereindrängten und nicht begriffen, was ihnen geschah. Ein Lächeln weltferner Güte schaute zu den umringenden Kindern auf, die noch Mühe hatten, sich ans halbe Dunkel zu gewöhnen und dann erst sahen, wie hier in der Feldscheune die Geburt des Kindes ganz und vollkommen bei ihnen war, von Ochs und Esel angefangen, die abseits im Heu standen, bis zu den Hirten, die eng zusammenlehnten mit dem verkündigenden Engel, dem der Lobspruch auf Gott in der Höhe aus beiden Händen quoll auf einem fröhlich gewellten weißen Band. Auf den Tennenbrettern kamen, wirr durcheinander, Kamele aus dem Morgenland und Schafe aus einer Gegend, die leicht bei dem langen Straßendorf liegen mochte, zur Krippe gezogen. Zwei Kameltreiber lagen hilflos auf dem Bauch, die drei Könige freilich hatten Haltung genug, nicht auch wie ihre Tierführer im Heu zu liegen, und wenn das auch nicht die Ordnung süßer Bilder hatte, wie jedes Kind sie kannte, so war es wohl erst recht die Ordnung und Herrlichkeit der verwirrenden heiligen Nacht. Es war da gar nicht verwunderlich, daß ein Mädchen sich die Hand hilflos auf die Herzseite legen mußte und mit einem Schrei wie von einem aufgejagten Wintervogel die Anbetung versuchte. Die Hirten damals, als es das allererstemal geschah mit der Geburt des Kindes im Stall, waren ja gewiß auch noch nicht des Textes mächtig zum Glaube-an-Gott, weshalb von ihnen berichtet wird, daß sie sich sehr fürchteten, daß sie, um es anders zu sagen, vor Wunderstaunen aufschrien.

Welches Kind schon hätte es für sich behalten können und nicht sogleich in verzweifelter Glückseligkeit ausschreien müssen ringsum, daß da in der Feldscheune des Gabriellerbauern das Christkind geboren lag auf Heu und schon bewundert von allen, die nach der großartigen Mär gekommen waren zum Anbeten, ohne Verwundern in die Welt blickte und diese Welt mit entzückend kleiner Hand sehr schön segnete. Die Nachricht lief mit wehenden Henkelzöpfen dahinter über Hang und Schneewehen hinunter zum Dorf, das wohl aus dem Gleichmut des Festtages geweckt werden mußte zum Hinaufgehen und zum Schauen, nachdem das ganze Dorf in seiner Schläfrigkeit – oh, du undankbares Bethlehem – zur Nachtzeit den Augenblick versäumt hatte, in dem dies alles hier oben geschehen sein mußte. Die Kinderbotschaft klang so aufgeregt und glaubhaft, daß man die kleinen Überbringer nur für sich wundersüchtige Narren nannte, um dann aber, wenn auch murrend und unter halblaut geäußerten Zweifeln, hinaufzugehen durch oft knietiefen Schnee, genau wie um Bethlehem, zur Feldscheune des Gabriellerbauern, in der das Kind aus der Krippe liegen sollte, ohne Krippe zwar und ohne die Herrlichkeit brüchiger Ruinen um das Geschehnis, aber mit dem ganzen Geleit von Menschen und Tieren, wie es dem Kind Gottes gebührte.

Frauen kommen mit Wundern, da ihnen ja die Gabe geschenkt ist, ihr großes Wunder selbst zu bereiten, leichter zurecht als die Männer, die allzugern, wie der heilige Joseph, um des Wunders willen murren. Während die Männer nur ein tiefes und stöhnendes Aaaah aus der Kehle bringen, wird es bei den Frauen leicht ein helleres Ooooh, bis dann einer die anderen nicht mehr versteht. Sie verstanden sich kreuz und quer nicht mehr und verstanden, als sie zu überlegen begannen, wie sie eigentlich zu Bethlehem gekommen waren oder Bethlehem zu ihnen, das Geschehnis noch weniger, denn daß man im Mai den Herrn überall quer durch die Felder trug, erschien ihnen von der Allmacht her leichter zu begreifen als dieses Kommen des Kindes zwischen die Winterfelder in seiner goldenen Hilflosigkeit.

Aber sie hatten, um klüger nachzudenken, einen Pfarrer, der ihnen anderntags dabei half in der Predigt des zweiten Feiertages, und sie hatten, um über die Welt zu erfahren, daß sie immer noch trotz des golden lächelnden Kindes eine schadhafte Welt ist, ein paar Gendarmen. Ganz nahm ihnen der eine und nahmen ihnen die anderen das Wunder nicht weg aus dem Glauben, und die Kinder waren es vor allem, die den ganzen Winter lang immer wieder hinaufgingen zur Feldscheune, um nachzusehen, ob es nicht noch einmal so geschah für sie mit dem Wunder von Weihnachten.

Mit den beiden Männern aber, sie hießen Wolfart und Ziglarski, ging das, denn sie waren nun einmal Diebe und Krippenräuber, auf folgende Weise zu Ende: Sie wurden wenige Tage später ...

Aber das wäre doch ein ungutes Ende einer Geschichte, in der viel Übles und schließlich ein feines Wunder vorkommt. Man kann, nachdem kein großer Schaden entstand durch ihren niederträchtigen Diebstahl, vielleicht doch ein wenig nachsichtig sein und braucht vielleicht nur dies aus dem weiteren zu erzählen: Sie wurden wenige Tage später dessen gewahr, daß der eine von ihnen in der Tasche aus dem Raub noch ein Schaf der Hirten mit sich trug, das damals übersehen wurde beim Abstellen der Beute in der Feldscheune. Ein Schaf, als sie es genau betrachteten, war es nicht, eher ein Bock. Und es steht nirgends in der großen Mär, daß mit den Hirten und den Schafen nicht auch ein paar Böcke zur Krippe gekommen wären.

Altbayerische Weihnacht

F. X. Rambold.

Auf an goldigen Schimmi
reit 's Christkindl vom Himmi,
hat a Pakl guate Sach'n,
daß die Kinder grad lach'n.

Und der Schnee, der tuat glitz'n
Und die Stern, die tean blitz'n.
Und die Kerz'n im Dunkeln
ganz absunderlich funkeln.

Was hat dös zu bedeuten,
daß die Glockn so läuten
und die Büchs'n so krachen
und a Mordsmettn machen?

Horch! da hört ma was singa
und a Musi tuat klinga:
„O du heilige Nacht,
hast uns 's Christkindl bracht!"

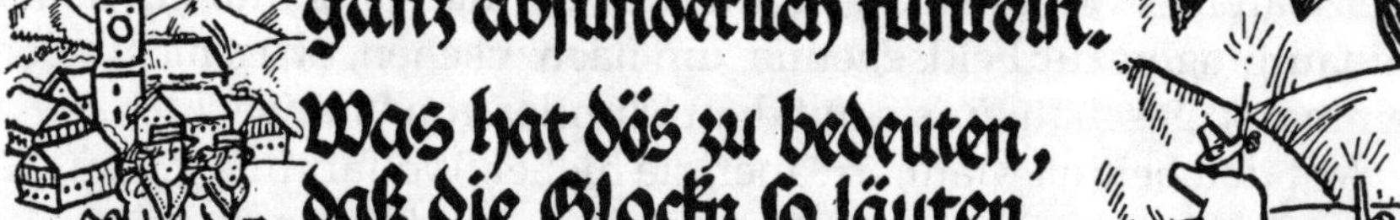

Die Verwandlung

Irma Petzold-Heinz

Lautlose Stille herrschte in den Wäldern über dem Kochelsee. Der Mond stand wie eine große silberne Scheibe über den Tannen. Vom Dorf hallten elf Glockenschläge hernieder.

Unter den tief herabhängenden Tannenzweigen raschelte es. Wolken leichten Schnees stäubten auf, als ein hochgewachsener hagerer Mann hervortrat.

„So a Dreck!" knirschte er, als er eine leere Schlinge aus den Zweigen löste, in der nur einige Haarbüschel hingen. Der Fallensteller bückte sich und suchte nach Spuren im Schnee. Sie führten zum Bach hinunter. Jenseits des Baches war nichts mehr zu sehen.

„Der Lump wird den vereisten Bach hinunter sein!"

Mit langen Schritten eilte Max Talhuber den Steig hinunter dem Dorf zu. Wäre er nicht so sehr mit seinen Gedanken beschäftigt gewesen, hätte er vielleicht den kleinen springenden Schatten am verschneiten Wiesenrain gesehen.

Auf Umwegen gelangte er zu seinem Haus am Dorfrand.

„Na, was bringst?" empfing ihn die Talhuberin.

„Nix!" knurrte der Mann und warf sich krachend auf die Bank am Ofen.

„Bring mir an Enzian!" befahl er.

Die Talhuberin lachte böse.

„Wo der Mann nix schafft, ist das Haus leer!"

Eine Tür knarrte. Karro hob lauschend den Kopf, legte ihn aber gleich wieder auf die Vorderpfoten.

„Was war das?" Der Talhuber war lauschend hochgefahren.

„Was wird gewesen sein? Der Wind", sagte die Talhuberin und hantierte mißmutig am Herd.

Der Mann erhob sich, um in seine Kammer zu gehen. Auf der Treppe machte er Licht. Er beugte sich nieder. Auf den Stufen war der Abdruck nasser Fußspuren zu sehen. Sie führten geradeswegs bis vor die Kammer seines Buben. Leise drückte Talhuber die Klinke herunter. Da lag der Xaver auf dem Strohsack und schlief; oder tat er nur so? – –

Als der Talhuber am andern Morgen in die Küche kam, fragte er gleich nach dem Buben; es war ihm da so ein absonderlicher Gedanke gekommen.

„Der?“ sagte die Talhuberin, „der ist doch scho' längst zum Schulhaus hinunter.“ –

Xaver sprang die abschüssige Dorfstraße hinab. Vor dem Laden des Alois Leinhuber blieb er stehen.

Ja, es war noch da, das Messer mit dem schimmernden Perlmuttgriff. Xaver betrat den Laden.

„Ich möcht' das Messer aus dem Fenster haben, das zu drei Mark.“

Alois Leinhuber holte das Messer aus dem Fenster. Er schaute Xaver über die Gläser seiner Brille hinweg prüfend an.

„Wozu brauchst denn du so ein teures Messer?“ fragte er.

„Des is mei Sach, i zahls.“

Xaver legte das Geld auf den Tisch. Hastig nahm er das Messer an sich und sprang zur Tür hinaus. Er lief bis zur Apotheke. Es war ihm als habe er eine Beute, die er vor Verfolgern in Sicherheit bringen müßte. –

Vom Kirchturm schlug es neun Uhr. Die Schulstunde hatte wohl längst begonnen. Was kümmerte ihn das, – er war selten einmal pünktlich. Es machte ihm Freude, wenn sich alle nach ihm umdrehten und er dem Lehrer eine freche Antwort geben konnte.

An diesem Morgen beachtete ihn der Lehrer gar nicht, als er zu spät in die Schulstube trat.

„Ich wollte euch schon lange eine Geschichte erzählen“, sagte er und begann seine Erzählung, während Xaver sich geräuschvoll setzte.

„Ein alter Wilddieb hatte sich auf das Fallenstellen verlegt“, erzählte er, „denn es war ein einträgliches Geschäft und weniger gefahrvoll, als das Abschießen des Wildes.“

„Stimmt!“ rief Xaver von seiner hinteren Bank.

Einige lachten, aber der Lehrer beachtete es nicht und erzählte weiter. „Der Wilddieb rechnete damit, daß jetzt um die Weihnachtszeit besonders viele Hasen und Kaninchen gebraten auf den Tisch kommen sollten. Er pries bei sich die gute Zeit, wo zu Ehren des hohen Festes so viel Wildpret gegessen würde.

‚Hoffentlich hat mir Gott mein Handwerk gesegnet‘, dachte er, da war er schon bei der ersten Schlinge angekommen. Doch siehe, sie war schon ausgehoben. Fluchend eilte der Wilderer zur zweiten Schlinge, doch auch diese war leer. Er schüttelte seine Fäuste und schwur den zu töten, der ihn so bestohlen habe. Eifrig suchte er nun nach einer Spur und siehe da, er fand ein blaues Sacktuch. Er hob es auf und mußte erkennen, daß es das Sacktuch seines Jungen war, der ein gleiches blaues Tuch mit einem grünen Rand und einem Loch in der Mitte darin hatte. Dem Wilderer zitterten die Hände vor Wut. ‚Wart nur du!' keuchte er und eilte zu Tal. Als er aber nahe beim Hause war, dachte er, es sei klüger, freundlich zu dem Buben zu sein, um erst einmal zu erfahren, was aus dem gestohlenen Wildpret geworden sei. Der Bub hatte die beiden Hasen, die in den Schlingen erstickt waren, in der Scheune versteckt. Das Mondlicht, das durch die Dachluke fiel, hatte ihm dabei geholfen. Die gebrochenen Augen der toten Tiere funkelten ihn böse an, so war es jedenfalls dem Buben erschienen. Schnell rechnete er bei sich aus, wieviel Geld ihm der Trödler für die Hasen bieten würde und was er sich alles dafür kaufen könne . . ."

Draußen ertönte die Schulglocke.

„Morgen erzähle ich euch die Geschichte weiter", sagte der Lehrer. „Nehmt jetzt eure Hefte vor und schreibt die Sätze nach, die ich an die Tafel schreibe!"

„Weihnachten ist das Fest der Liebe", schrieb der Lehrer.

Xaver rumorte unter der Bank und in seinem Schulranzen umher. Er durchwühlte alle seine Taschen. Er wurde bald rot, bald blaß. Es wurde ihm so heiß, daß er sich mit dem Ärmel über die Stirn fuhr.

„Xaver, putz dir deine Nase!" rief der Lehrer. „So ein großer Bub zieht doch nicht mehr die Nase hoch."

„Er hat kein Sacktuch!" riefen die Kameraden und lachten.

Xaver duckte sich unter die Bank, als suche er dort etwas. Am liebsten wäre er davongelaufen. Xaver schrieb und schwitzte. „Auch Tiere sind Geschöpfe Gottes." Da, ein Tintenklex! Xaver zog das neue Messer hervor und radierte an dem blauen Flecken.

„Welch ein schönes Messer!" Der Lehrer war neben ihn getreten und nahm das Messer bewundernd in die Hand. „Hat dir das dein Vater geschenkt?"

Xaver antwortete nicht.

„Du hast ihm gewiß einmal brav geholfen?" Der Lehrer klopfte Xaver wohlwollend auf die Schulter.

Xaver war froh, als die Schulstunde zu Ende war. Hastig packte er seine Sachen zusammen.

„Gleich zu Hause schau ich nach, wo mein Sacktuch ist", dachte er. „Es muß doch da sein."

„Gehst du öfters abends an den Bach?" fragte ihn der Lehrer. Xaver fuhr herum und starrte seinen Lehrer mit weitaufgerissenen Augen an.

„Es ist jetzt um die Weihnachtszeit so schön und feierlich draußen", fuhr der Lehrer fort. „Der Himmel ist voller Sterne und die Erde so fleckenlos rein und weiß, da fühlt man so recht, wie Gott den Menschen jetzt so nahe ist."

Xaver antwortete nicht und drängte sich durch die Kameraden hindurch. Draußen umringten ihn die Buben und sangen: „Xaver hat kein Sacktuch! Xaver hat kein Sacktuch!"

Xaver zitterte vor Wut. Er tastete nach dem Messer in der Tasche. Ehe es sich einer versah, hatte er es gezogen und rannte mit verzerrtem Gesicht auf Veit vom Jochhof zu. Er versetzte Veit einen Stich in den Arm. Dann rannte Xaver, so schnell er nur konnte, zum See hinunter. Er schleuderte das Messer auf das Eis hinaus, daß es über die blitzende Eisfläche sauste und verschwand.

Erschöpft kam er zu Hause an. Er hatte ein Gefühl, als ob er krank würde. Als er in die Stube trat, saß sein Vater am Ofen.

„Wo warst du heut' Nacht?" fragte er barsch.

Zuerst war Xaver wie gelähmt, doch dann faßte er sich schnell. ‚Nur nicht die Wahrheit sagen', dachte er, ‚du hast dich schon aus so mancher Sache herausgelogen'.

„Hab mal raus müssen! Hab ein gewaltiges Bauchgrimmen gehabt", log er.

„So", sagte der Vater.

Als es an das Essen ging, mochte Xaver nichts essen; er sei krank, sagte er. Da er recht elend aussah, brachte ihn die Mutter zu Bett. Xaver war froh, daß er sich so gut herausgelogen hatte. Nun, da er krank war, brauchte er auch nicht zur Schule, und das war gut, denn vor den Lehrer hätte er sich nicht mehr getraut. Wenn er nur wüßte, was der Lehrer mit dem Sacktuch wollte. Vielleicht hatte der Lehrer es gefunden und wußte um die ganze Sache. Wenn er ihn nur nicht mit den toten Hasen gesehen hat? Hoffentlich hielt der alte Trödler den Mund, dem er die Hasen verkauft hat. Und alles wegen des dummen Messers, das nun irgendwo auf dem verschneiten See lag. Xaver kam das Messer gar nicht mehr so begehrenswert vor. Zu dumm, daß er den Veit damit gestochen hatte. Na ja, was braucht er ihn zu narren!

In dieser Nacht fuhr Xaver schreiend aus dem Schlaf, denn ein paar glasig-tote Hasenaugen hatten ihn angeschaut . . .

„Laß die Knödel nicht kalt werden", mahnte die Frau Theres und ging in die Küche. Der Sturm umtoste das alte Schulhaus, daß es im Gebälk ächzte. Die Lampe schwankte unter der Decke. Da war es der Lehrersfrau unheimlich und sie ging wieder in die Stube. Da saß ihr Mann immer noch vor den Knödeln. Sie setzte sich ihm gegenüber und zog den Flickkorb zu sich heran.

„Ich weiß schon, woran du denkst", sagte sie. „Du denkst an den Xaver Talhuber."

Der Lehrer blickte überrascht auf.

„Laß es dir gesagt sein", fuhr die Frau fort und zog einen Strumpf über die Hand, „wo der Großvater ein Wilddieb war und der Vater ein Wilderer ist, da wird aus dem Bub auch nichts; das ist doch so klar wie zweimal zwei vier."

„Eine lebendige Seele läßt sich nicht wie ein Einmaleins errechnen", wehrte der Lehrer ab.

„Ja, ich weiß schon", brummte die Frau. „An das Gute im Menschen soll ich glauben. Aber wo bist du denn geblieben mit deinem Glauben an das Gute?" Frau Theres lachte zornig.

„Habe ich mir nicht Mühe geben wollen?" ereiferte sie sich. „Dir zulieb hab ich den Buben in das Haus gezogen, habe ihn abgefüttert und die Nase geputzt."

Der Lehrer nickte. „Mir zuliebe, aber nicht um des Kindes willen. Was ist das schon für eine Liebe? Das ist weniger als ein Bettelpfennig." Der Lehrer blickte seine Frau scharf an.

„Sag', Theres, hast du nicht heimlich darauf gelauert, daß der Xaver bei dir was anstellt?"

„Soll ich etwa wunders was Großartiges von dem da erwarten? Freilich hab' ich aufgepaßt, daß er keine langen Finger macht!"

Der Lehrer lehnte sich in seinen Stuhl zurück.

„Wenn du Roßäpfel von einem Menschen erwartest, dann wundere dich nicht, wenn du keine goldenen Äpfel erntest."

„Da redest du wieder so hoch daher." Frau Theres hatte eine steile Unmutsfalte auf der Stirn.

„Das ist gar nicht hoch. Wer das Gute nicht glauben will oder kann, der soll das Gute auch nicht ernten."

Der Sturm hatte aufgehört.

„Ich gehe noch einen Sprung zum Herrn Pfarrer hinüber." Der Lehrer erhob sich, langte den Lodenkotzen vom Nagel und ging durch die Küche hinaus.

„So einen Disput wegen fremder Leute Kind", seufzte Frau Theres. Wenn sie es sich auch nicht recht eingestehen wollte, sie verstand ihren Mann schon, nur folgen konnte sie ihm nicht. Warum machte sie nicht einfach mit? Das kam von so vielen Bedenken, die sie immer hatte, gegen die sie aber nicht ankonnte. Ihr Lorenz bedachte nicht Amt noch Stellung. Er hatte seinen Glauben, seine Überzeugung, danach handelte er. –

Pfarrer Jäckel blickte erstaunt auf, als der Lehrer noch zu so später Stunde bei ihm vorsprach. Mit dem feinen Gefühl des Seelsorgers spürte er gleich, daß seinem alten Freund etwas fehlte. Er nötigte ihn in den Lehnstuhl am Ofen.

„Ich hätte da eine Bitte wegen des Krippenspiels", begann der Lehrer. „Den Josef spielt in diesem Jahr der Veit?"

Der Pfarrer nickte. „Das ist der bravste Bub in der ganzen Gemeinde", sagte er.

„Nun möchte ich darum bitten, daß der Xaver Talhuber den Josef spielen darf."

Pfarrer Jäckel sagte zunächst nichts, weil er einfach sprachlos war.

„Das verstehe ich nicht", sagte er. „Hat der Veit etwas ausgefressen, wovon ich nichts weiß?"

Der Lehrer schüttelte den Kopf. „Es ist, weil der Xaver diese Rolle jetzt braucht, um ein anderer Kerl zu werden."

Pfarrer Jäckel lachte kurz. „Der Xaver? Was hab' ich an den nicht schon für Reden gewendet, das war alles verloren."

„Das Reden schon", meinte der Lehrer, „aber ich habe ihn jetzt wegen einer Sache im Feuer, die schmilzt ihn butterweich. Wenn diese Stunde verpaßt wird, dann ist es vielleicht für immer zu spät."

„Wegen einer Sache?“ Pfarrer Jäckel blickte gespannt.

„Ich möchte nicht darüber reden.“ Der Lehrer blickte bittend zu seinem Freund und Seelsorger hinüber.

„Gut“, sagte dieser. „Aber wie haben Sie sich das vorgestellt? Maria und Josef werden immer von den besten Kindern dargestellt; das ganze Dorf würde sich dagegen stellen, wenn der Xaver den Josef spielt.“

„Ich habe Vertrauen in Veit; wenn ich mit ihm die Sache richtig berede, bleibt alles geheim. In der Christvesper steht dann der Xaver oben und spielt seine Rolle. Ich glaube von ganzem Herzen, daß das Evangelium die Kraft hat, das Herz eines Kindes zu wandeln. Die heilige Geschichte von der Geburt ist so wunderbar, daß sie auch Wunder vollbringen kann.“

Pfarrer Jäckel drückte dem Lehrer die Hand. „Ich will mit meiner Fürbitte dahinter stehen. Was ich vermag, das will ich tun.“

Pfarrer Jäckel begleitete den Lehrer bis an die Haustüre. An diesem Abend betete der Pfarrer lange für den Xaver. –

Am anderen Tag nahm der Lehrer den Veit vor.

„Tut dir dein Arm noch weh?“ fragte er.

Veit schüttelte den Kopf: „Nein, das war keiner Rede wert.“

„Freust du dich auf das Krippenspiel?“

Veit nickte strahlend.

Der Lehrer legte den Arm um Veits Schulter. „Ich muß etwas mit dir bereden“, sagte er. „Du bist ein braver Bub, aber nicht alle Kinder haben es so gut wie du, haben so gute Eltern, die ihnen mit einem guten Vorbild vorangehen. Manche Kinder sehen und hören gar nichts Gutes zu Hause, – ich denke da an den Xaver Talhuber. Was soll nun aus so einem armen Buben werden? Müßte man ihm da nicht helfen?“

Veit nickte. „Aber wie kann man das denn?“

„Ich habe mir gedacht: wenn der Xaver einmal so eine heilige Person spielen könnte wie zum Beispiel den Josef! Er würde die Weihnachtsgeschichte lernen, alle die Worte und das Weihnachtswunder in sein Herz aufnehmen. Vielleicht ändert ihn das, denn heilige Worte und gute Gedanken sind wie goldene Samenkörner.“

Veit ließ den Kopf hängen. „Ich soll dem Xaver meine Rolle abtreten? Und Sie glauben, daß der Xaver ein guter Bub werden kann?“

„Ich glaube es, und ich bitte Gott darum, daß er das Wunder an dem Xaver wirkt.“

„Ich tu's“, sagte Veit mit fester Stimme.

Der Lehrer drückte ihm lange die Hand.

„Aber geheim muß es bleiben. Nur du und Bürgermeisters Mariele dürfen davon wissen. Ich kann mich doch auf euch verlassen?"

„Das können Sie ganz gewiß", beteuerte Veit.

„Na, dann lauf!" lachte der Lehrer und Veit stob davon.

„Der Lehrer ist da!" rief die Mutter in die Kammer. Xaver zog die Bettdecke über den Kopf und dachte, der Weltuntergang sei da. „Wilddieb!" würde der Lehrer rufen und ihm die Decke wegreißen.

Der Lehrer tat aber ganz freundlich und sagte:

„Der Veit läßt dich grüßen."

„Hat er es seinem Vater gesagt von wegen dem Arm?" stieß Xaver hervor.

„Nein, er hat niemand etwas gesagt", beruhigte der Lehrer.

„Was wollen Sie denn von mir?" Xaver starrte den alten Mann angstvoll. an.

„Ich bringe dir deine Rolle aus dem Krippenspiel, den Josef."

„Na, das kann ich nicht, ich bin zu deppert", wehrte Xaver heftig ab.

„Der Pfarrer und ich und die ganze Gemeinde will, daß du die Rolle spielst und dann wirst du sie auch spielen", sagte der Lehrer streng. Freundlich fügte er hinzu: „Schau, der Josef ist ja ganz leicht zu spielen. Du brauchst ja nur so dastehen und auf das Jesuskind schauen. Du brauchst ihn ja nur lieb zu haben, den kleinen Gottessohn, der sich später für uns an das Kreuz schlagen ließ, für die Sünder, für die Mörder und Diebe. Einen solchen Gottessohn lieb haben, das ist gar nicht schwer, und dann fallen dir auch deine Verse leicht, die du sprechen mußt." Der Lehrer legte Xaver das Rollenbüchlein auf die Bettdecke und ging. – – –

Xaver war auf dem Weg zum Pfarrhaus. „Ich bin ein Lump und ein Lump kann keinen Josef spielen", sprach er einige Male halblaut vor sich hin. Dieses Mal würde er dem Pfarrer alles sagen. Als er in die Stube trat, war Bürgermeisters Mariele schon da; sie spielte im Krippenspiel die Maria. Xaver drückte sich in eine Ecke.

„Bist kalt, daß du so dahocken tust?" fragte Mariele freundlich. Xaver schüttelte den Kopf. Als der Pfarrer in die Stube trat, sagte Xaver doch wieder nichts. Ja, er war ein Feigling, er, der Xaver Talhuber.

„Kommt, Kinder, wir sprechen ein Gebet miteinander, damit ihr nicht nur die Worte auswendig lernt, sondern recht im Herzen spürt, was die Weihnachtsgeschichte für eine heilige Freudenbotschaft ist."

Pfarrer Jäckel nahm die Hände der Kinder in seine großen warmen Hände und betete recht herzlich mit ihnen. Dann sagten sie ihre Verse. Xaver hub an.

„Maria, weil's anders nit mag sein,
so gehn wir halt zum Stall hinein . . ."

Darauf sprach des Bürgermeisters Mariele:

„O Josef mein,
Mag unser Eingang gesegnet sein."P

Dann wieder der Xaver:

„Wann uns die Menschen haben verlassen,
so neigen sich uns Baum und Tierlein.
Mein Jungfrau, schau:
das Öchslein und das Eselein
sie nicken mit ihrem Häuptlein . . ."

Als Xaver so sprach, kam ihm vor, als sei auch er von den Menschen verlassen und es rollte ihm unversehens eine Träne über die Wange. „Freudenbotschaft", dachte Xaver, „dabei könnt' ich alleweil heulen." –

Als das Krippenspiel in der Christvesper anheben sollte, war es Xaver, als sollte das Jüngste Gericht angehen. Er wartete in seinem langen braunen Josefsgewand hinter dem Altar. Gleich würde er vor die Gemeinde treten. Der Bürgermeister würde ihn gewiß von dem Altar jagen. „Hasenmörder! Wilddieb!" würden alle rufen. O, wie war ihm heiß! Da kam der Lehrer mit dem Kinderchor. Er ließ die Kinder an sich vorüber zur Empore hinaufgehen. Der Lehrer trat zu Xaver und Mariele hinter den Altar. Xaver wischte sich mit dem Ärmel über die Stirn. „Da hast du ein Sacktuch!" Der Lehrer steckte Xaver das Tuch zu. Als es Xaver an das Gesicht hob, stockte ihm der Herzschlag, – es war sein Sacktuch. Xaver fuhr herum und umfaßte den Hals des Lehrers.

„Ich tu's nimmer, nimmermehr!" flüsterte er mit nassem Gesicht.

„Ich weiß!" Der Lehrer strich ihm das Haar zurück.

„Vom Himmel hoch, da komm' ich her!" jubelte der Kinderchor.

Dem Xaver wurde so leicht und frei um das Herz. Er empfand eine Freude wie noch nie. Er spürte plötzlich, daß er ein ganz anderer Kerl geworden war, nicht mehr der alte verlogene Xaver Talhuber.

Die Kinder traten an den Altar. Xaver sang:

„Eia, im Krippelein
auf Heu und auf Stroh,
da liegt es sanft
und friert nit so."

Die Leute steckten die Köpfe zusammen, wunderten sich und sagten: „Singen kann er wie ein Engel." Als aber am Schluß die Gemeinde sang:

„Mit dir selber, mein Befreier,
Will ich halten Weihnachtsfeier;
Komm', ach komm' ins Herz hinein,
Laß es deine Krippe sein!"

da wollte ihm sein Herz fast zerspringen vor Liebe und Dankbarkeit. Jetzt wußte er, wie das war, wenn man Gottes Sohn liebte, wie Maria, Josef und die Hirten ihn geliebt hatten.

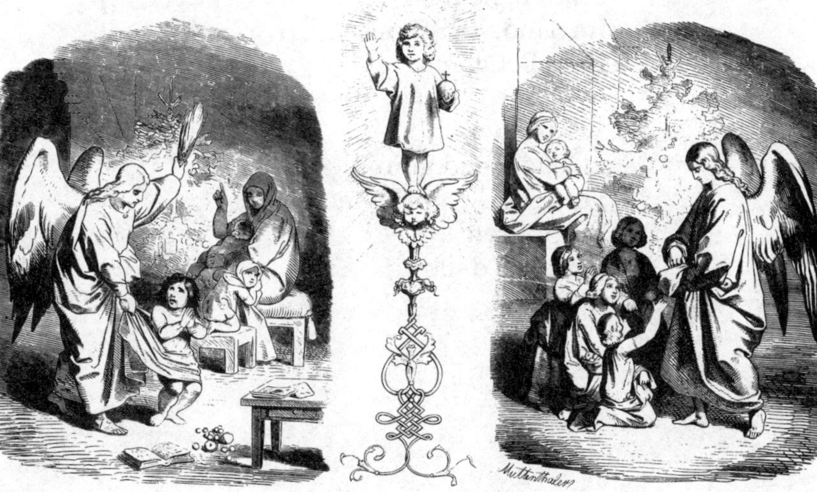

Spuren

Karl Seemann

Spuren,
nach Betlehem,
eingedrückt in den Sand,
in den Schnee.

Zweitausend Jahre,
vergangen, verweht,
Spuren im Sand,
im Schnee
heute
nach Betlehem.

Unterm Neonlicht
der Städte, der Geschäftswochen,
Spuren, heute,
im Sand, im Schnee
nach Betlehem.

Verdeckt
zweitausend Jahre
vom Sand, vom Schnee
die Spuren;
dennoch dauert
das Wort.

Quellenangaben und biographische Daten

Heinz Albers: *„Friedlicher Abend"*
Aus „Die Stimme in der Weihnachtsnacht", Pfeiffer, Lutherisches Verlagshaus, Hamburg o. J.
Heinz Albers wurde 1925 in Hamburg geboren. Nach einer Buchändlerlehre arbeitete er im Verlag und lebt jetzt als freier Schriftsteller in Hamburg.

Josef Martin Bauer: *„Das Kind aus der Krippe"*
Aus „Krippengeschichten" Verlag J. Pfeiffer, München 1963.
Josef Martin Bauer wurde 1901 in Taufkirchen in Bayern geboren. Ursprünglich für den geistlichen Stand bestimmt, war er zunächst Land- und Fabrikarbeiter, ab 1927 Schriftleiter der Lokalzeitung seines Heimatortes Dorfen und seit 1935 freier Schriftsteller. Er starb 1970.

Walter Bauer: *„Der Schnee und die Sterne unten"*
Aus „Und alle wunderten sich", J. F. Steinkopf Verlag, Stuttgart 1964.
Walter Bauer wurde 1904 in Merseburg geboren. Er war Lehrer und nach dem Krieg freier Schriftsteller in Stuttgart. 1952 wanderte er nach Toronto aus. Er war dort an der Universität tätig und starb 1976.

Werner Bergengruen: *„Kaschubisches Weihnachtslied"* (Gedicht)
Aus „Figur und Schatten. Gedichte", Verlags AG Die Arche, Zürich.
Werner Bergengruen wurde 1892 in Riga geboren. Er war zunächst als Journalist und Übersetzer aus dem Russischen, später als freier Schriftsteller in Berlin tätig. Er übersiedelte dann nach München und Zürich und lebte ab 1958 bis zu seinem Tode 1964 in Baden-Baden.

Otto Julius Bierbaum: *„Schneelied zu Weihnachten"* (Gedicht)
Aus „Eia Weihnacht, Gedichte für Schule und Haus", Verlag Julius Beltz, Langensalza 1926.
Otto Julius Bierbaum wurde 1865 in Grünberg in Schlesien geboren. Er studierte Philosophie, Jura und Chinesisch, wurde aber entgegen einer geplanten Konsulartätigkeit in China Journalist, Kritiker und Schriftsteller. Er lebte in Berlin und München und starb 1910 in Dresden.

Erich Brautlacht: *„Der Weihnachtsgang des kleinen Hen"*
Aus „Frohe Fahrt, ein Lesebuch, 3. Bd.", August Bagel Verlag Düsseldorf 1949.
Erich Brautlacht wurde 1902 in Rheinberg bei Dinslaken geboren. Er studierte in Münster, München und Tübingen. Er war später Amtsrichter in Kleve, wo er 1957 starb.

Christa Dohrmann: *„Die Kugel"*
Aus „Achten Sie auf die Briefkästen, Geschichten aus unserer Zeit", Hansa Verlag, Husum 1982.
Christa Dohrmann wurde 1934 in Bremerhaven geboren. Sie war kaufmännische Angestellte und lebt verheiratet in Bremerhaven.

Annette Freiin von Droste-Hülshoff: *„Das Haus in der Heide"* (Gedicht)
Aus „Droste-Hülshoff, Gesammelte Werke in vier Bänden, Bd. II", herausgegeben von Reinhold Schneider, Liechtenstein Verlag, Vaduz, 1948.
Annette Freiin von Droste-Hülshoff wurde 1797 auf Schloß Hülshoff bei Münster geboren. 1844 übersiedelte sie endgültig nach Meersburg am Bodensee. Dort starb sie 1848.

Sophie Eckardt-Jassoy: *„Der Frankfurter Christkindelsmarkt"*
Aus „Unvergängliche Vergangenheit, Erinnerungen einer alten Frankfurterin", Carl Winter Universitätsverlag, Heidelberg 1949, © Universitätsverlag C. Winter Heidelberg GmbH.
Sophie Eckardt-Jassoy wurde 1869 in Frankfurt geboren. Sie studierte Philologie und war später Leiterin einer sozialen Frauenfachschule. Nach dem Tode ihres Mannes führte sie die Buchhandlung in Heidelberg fort. Sie starb 1952.

Paul Eipper: *„Die hohe Zeit des Lichterbaumes"*
Aus „Eine Jugend in Schwaben", R. Riper & Co. Verlag, München 1961.
Paul Eipper wurde 1891 in Stuttgart geboren. Er war Kunstmaler, Graphiker, Verlagshersteller, Buchhändler und Verleger und seit 1926 freier Schriftsteller. Er lebte in Berlin, im Allgäu und zuletzt in Lochham bei München, wo er 1964 starb.

Hans Fallada: *„Das versunkene Festgeschenk"*
Aus „Hans Fallada, Damals bei uns daheim. Textauszug, Das versunkene Festgeschenk" ©Aufbau Verlag Berlin und Weimar.
Hans Fallada, eigentlich Rudolf Ditzen, wurde 1893 in Greifswald geboren. Er übte verschiedene Berufe aus, wurde schließlich Journalist, dann freier Schriftsteller in Berlin, wo er 1947 starb. Zwischenzeitlich lebte er eine Reihe von Jahren auf einem eigenen Landsitz in Mecklenburg, für kurze Zeit auch in Hamburg.

Theodor Fontane: *„Weihnachten auf Hohen-Vietz"*
Aus „Vor dem Sturm", Nymphenburger Verlagshandlung, München 1959 (Kap. 1 u. 3).
Theodor Fontane wurde 1819 in Neuruppin geboren. Er war zunächst Apotheker, später als Redakteur und Kriegsberichtserstatter tätig. Er starb 1898 in Berlin.

Richard Gäng: *„Mettengang im Gebirge"*
Aus „Der unheimliche Mitspieler", Erzählungen, Verlag Herder, Freiburg i. Breisgau, 1960.
Richard Gäng wurde 1899 in Emmeneich im Schwarzwald geboren. Er war seit 1919 im Schuldienst tätig und unterrichtete an Höheren Schulen Südbadens. Er lebte in Freiburg und starb am 10. 8. 1983.

Rita von Gaudecker: *„Die Weihnachtsinsel"*
Aus „Rita von Gaudecker erzählt Winter- und Weihnachtsgeschichten aus Pommern und Ostpreußen", gesammelt von Thea Lönnies, Pommerscher Buchversand Hamburg 1973.
Rita von Gaudecker geb. Freiin von Blittersdorf wurde 1879 in Molstow Kreis Greifenberg geboren. Sie verbrachte ihre Jugend in Pommern, gründete später 3 Kinderheime an der Ostsee. Sie starb 1968 in Ehingen.

Hugo Hartung: *„Es fehlte eine Stimme"*
Aus „Nun geht ein Freuen durch die Welt", Agentur des Rauhen Hauses, Hamburg 1954.
Hugo Hartung wurde 1902 in Netzschkau, Kreis Merseburg, geboren. Er wuchs in Thüringen auf, war nach einem Studium an verschiedenen Orten zunächst Schauspieler und Dramaturg, ab 1931 freier Schriftsteller in München, später Chefdramaturg in Oldenburg und Breslau. Nach dem Krieg lebte er wieder in München, wo er 1972 starb.

Manfred Hausmann: *„Heute noch"*
Aus „Manfred Hausmann, Nacht der Nächte, Ein Weihnachtsbuch", Neukirchener Verlag, Neukirchen-Vluyn, 5. Auflage 1980.

Manfred Hausmann wurde 1898 in Kassel geboren. Er studierte in Göttingen Philologie, Philosophie und Kunstgeschichte. In den Jahren 1924/25 und 1945/52 war er beim Weserkurier in Bremen zunächst als Feuilletonredakteur später als Schriftleiter tätig. Zwischenzeitlich lebte er lange als freier Schriftsteller in Worpswede, nach 1952 in Bremen-Rönnebeck, wo er 1986 starb.

Paul Heims: *„Weihnachtsfeier auf Nr. 16. Möwengrund"*
Aus „Im Rauschen der Wogen, im Branden der Flut", Leipzig 1890.
Paul Heims wurde 1847 in Kopenhagen geboren. Er war Marinepfarrer, Pastor und Kreisschulinspektor. Er starb 1906 in Bleckendorf bei Magdeburg.

Otto Heuschele: *„Landschaft der Weihnacht"*
Aus „Bibliothek der Unterhaltung und des Wissens, 61. Jahrgang", Union Deutsche Verlagsgesellschaft, Stuttgart, Berlin Leipzig.
Otto Heuschele wurde 1900 in Schramberg in Württemberg geboren. Er studierte in Tübingen und Berlin Literatur- und Kunstgeschichte sowie Philosophie, war Lektor der Deutschen Verlagsanstalt und lebt seit 1925 als freier Schriftsteller in Waiblingen bei Stuttgart. 1970 verlieh ihm das Land Württemberg den Professorentitel.

Ruth Hoffmann: *„Der dritte König"*
Aus „Zwölf Weihnachtsgeschichten aus Ferne und Nähe", Lettner Verlag, Berlin 1954, © by J. F. Steinkopf Verlag, Stuttgart.
Ruth Hoffmann wurde 1893 in Breslau geboren. Sie wurde Malerin und Graphikerin. Wegen ihres jüdischen Mannes erhielt sie 1936 Schreibverbot. Sie starb 1974 in Berlin.

Peter Huchel: *„Die Hirtenstrophe"* (Gedicht)
Aus „Peter Huchel, Die Sternenreuse", R. Piper & Co., Verlag, (München 1967.
Peter Huchel wurde 1903 in Berlin-Lichterfelde geboren, verbrachte seine Kindheit in der Mark Brandenburg. Er studierte Philosophie und Literatur in Berlin, Freiburg und Wien, lebte danach in Frankreich, auf dem Balkan und in der Türkei. Zurückgekehrt arbeitete er als freier Schriftsteller in Berlin und Alt-Langerwisch. Nach 1945 wurde er Lektor, Chefdramaturg und Sendeleiter beim Ostberliner Rundfunk. 1971 verließ er die damalige DDR. Er starb 1981 in Staufen / Baden.

Hanns Dieter Hüsch. *„Alle Tannenbäume der Welt und jede Menge Schicksal"*
Aus „Die Welt" Nr. 300, 24. 12. 1990.
Hanns Dieter Hüsch wurde 1925 in Moers geboren. Er studierte Theaterwissenschaften, Literaturgeschichte und Philosophie. Nach 1948 lebte er als Kabarettist und Schriftsteller für mehr als vier Jahrzehnte in Mainz, und heute in Köln.

Kurt Ihlenfeld: *„Der erste Hirte"*
Aus „Ich bin das Licht der Welt, Weihnachtsglocken 1968", 18. Jahrgang herausgegeben von Wolfgang Prehn, Johannes Moritzen und Walter Grützmacher, Sehrohr-Verlag, Rendsburg.
Kurt Ihlenfeld wurde 1901 in Colmar im Elsaß geboren. Er besuchte in Bromberg das humanistische Gymnasium, studierte Theologie und Kunstwissenschaften in Halle und Greifswald, promovierte zum Dr. phil. und wurde Pfarrer. Zunächst war er bis 1945 Redakteur der Zeitschrift „Eckart", Leiter des gleichnamigen Verlages und Gründer des Eckart-Kreises. Von 1945–49 lebte er als Pfarrer in Dresden, danach als freier Schriftsteller in Berlin, wo er 1972 starb.

Erich Kästner: *„Weihnachtliches Dorf"* (Gedicht) und *„Sechsundvierzig Heiligabende"*
aus „Gesammelte Schriften für Erwachsene", 1969 Atrium-Verlag Zürich © Copyright by Erich Kästner Erben, München.
Erich Kästner wurde 1899 in Dresden geboren. Er besuchte ein Lehrerseminar, stu-

dierte später Germanistik und promovierte zum Dr. phil. Ab 1927 lebte er als freier Schriftsteller in Berlin, veröffentlichte aber nach Schreibverbot 1933 im Ausland. Nach dem Krieg lebte er in München, wo er 1974 starb.

Johannes Kirschweng: *„Ludwin sucht das Weihnachtslicht"*
Aus „Johannes Kirschweng, Gesamtausgabe, 9. Band", Verlag die Mitte GmbH, Saarbrücken.
Johannes Kirschweng wurde 1900 in Wadgassen an der Saar geboren. Er studierte und erhielt 1924 die Priesterweihe. 1934 wurde er krankheitshalber beurlaubt und widmete sich ganz der Schriftstellerei. Er starb 1951 in Saarlouis.

Jacob Kneip: *„In der Granenmühle"*
Aus „Bergweihnacht", Paul List Verlag, Leipzig 1937, © Paul List Verlag in der Südwest Verlag GmbH, München.
Jakcob Kneip wurde 1881 in Morshausen im Hunsrück geboren. Nach einem Theologie- und Philologie-Studium war er 20 Jahre lang im höheren Schuldienst an verschiedenen Orten tätig. 1941 übersiedelte er nach Pesch bei Mechernich, wo er 1958 starb.

Karl Krolow: *„Eine Weihnachtserinnerung, die ich nicht vergaß"*
Aus „Überall wird Weihnachten sein", J. F. Steinkopf Verlag GmbH Stuttgart 1977.
Karl Krolow wurde 1915 in Hannover geboren. Er studierte Germanistik, Romanistik, Philosophie und Kunstgeschichte. Ab 1942 lebte er als freier Schriftsteller in Göttingen und Hannover, seit 1956 in Darmstadt. Als Gastdozent hielt er Vorlesungen an den Universitäten Frankfurt und München.

Hans Lipinsky-Gottersdorf: *„Von Daniel, vom Rosenduft und dem Kissen der Zufriedenheit"*
Aus „Stern der Unglücklichen", Vandenhoeck & Ruprecht, Göttingen 1958.
Hans Lipinsky-Gottersdorf wurde 1920 in Leschnitz in Oberschlesien geboren. Er wuchs in Pommern auf, machte auf schlesischen Gütern eine Landwirtschaftslehre durch, um später den Familienbesitz Gottersdorf übernehmen zu können. Nach dem Krieg mußte er als Arbeiter in Köln anfangen. Er begann 1950 zu schreiben, lebte in Köln-Höhenberg und starb 1991.

Wilhelm Lobsien: *„Es rauscht die Flut"*
Aus „Sterne überm Meer", Verlag Martin Warneck, Berlin.
Wilhelm Lobsien wurde 1872 in Foldingbro in Nordschleswig geboren. Er war als Lehrer tätig und starb 1947 in Niebüll.

Karl-H. Löffler: *„Weihnachten im Vogelsberg*
Aus „Weihnachten oder eine Reise in den Vogelsberg" © Kalö/Selim-Verlag, Hannover 1993.
Karl-H. Löffler wurde 1948 in Friedrichsdorf in Westfalen geboren. Nach einer Handwerkerlehre im Elektrofach bildete er sich an einer Berufsaufbauschule sowie an einer Fachhochschule in Sozialwissenschaft und den Universitäten Bielefeld und Hannover in Germanistik fort. Seit 1978 war er als Tonmeister an der Niedersächsischen Staatsoper tätig, heute ist er Leitender Tonmeister am Niedersächsischen Staatstheater Hannover.

Heinrich Luhmann: *„Kaspar Siebensterns Krippenwerk"*
Aus „Heinrich Luhmann, Verwandelte Welt, Geschichten zwischen Advent und Dreikönigstag" 2. Aufl., Aschendorffsche Verlagsbuchhandlung, Münster, 1956.
Heinrich Luhmann wurde 1890 in Hultrup Kreis Soest geboren. Er war Oberregierungsrat und Schulrat und lebte lange in Hamm, wo er 1978 starb.

Inge Meidinger-Geise: *„Die Weihnachtsstadt"*
Aus „In der Weihnachtsstadt", Agentur des Rauhen Hauses, Hamburg 1977.
Inge Meidinger-Geise wurde 1923 in Berlin geboren und wuchs dort auf. Sie studierte Germanistik und Geschichte zunächst in Berlin, später in Erlangen, wo sie promovierte und heute noch als freie Schriftstellerin lebt.

Agnes Miegel: *„Der Dom"* (Gedicht)
Aus „Agnes Miegel, Mein Weihnachtsbuch" Eugen Diederichs Verlag, Köln, 1955. © Rautenberg Verlag, Leer (Ostfr.).
Agnes Miegel wurde 1879 in Königsberg geboren, wo sie auch ihre Kindheit verbrachte. Nach Auslandaufenthalten und Studienreisen war sie als Journalistin in Berlin tätig, ab 1917 als freie Schriftstellerin wieder in Königsberg. Sie starb 1964 in Bad Salzuflen.

Gustav Nieritz: *„Gebirgsleben – Der Weihnachtsheiligabend"*
Aus „Gustav Nieritz, Erzählungen". (Der Bettelvetter oder die drei Bleikugeln, 6. und 8. Kap.) Meidingers Jugendschriften Verlag, Berlin, o. J.
Karl Gustav Nieritz wurde 1795 in Dresden geboren. Nach seinem Examen als Lehrer übernahm er die Schulstelle seines Vaters in Dresden und wurde dort 1841 Direktor der Bezirksschule. Er starb 1876 in seiner Heimatstadt.

Charlotte Niese: *„Hanspeters Weihnachtslied"*
Aus „Deutsches Weihnachtsbuch, Erzählungen und Märchen", Herausgegeben von der Literarischen Vereinigung des Berliner Lehrer-Vereins, Franz Schneider Verlag, Berlin-Schöneberg und Leipzig 1918.
Charlotte Niese wurde 1854 in Burg auf Fehmarn geboren. Sie war als Lehrerin in Rieseby, Eckernförde und zuletzt Altona tätig. Dort starb sie 1935.

Irma Petzold-Heinz: *„Die Verwandlung"*
Aus „Weihnachtliche Welt", Ausgewählte Erzählungen, herausgegeben von Wilhelm Horkel, Agentur des Rauhen Hauses, Hamburg 1950.
Irma Petzold-Heinz wurde 1913 in Düsseldorf geboren. Sie lebte in Düsseldorf-Oberkassel.

Otfried Preußler. *„Die Flucht nach Ägypten durch die Lausitz"*
Aus „Die Flucht nach Ägypten" (Kap. 4 und 1. Abschnitt Kap. 5) R. Piper & Co Verlag, München 1978, © by K. Thienemanns Verlag, Stuttgart-Wien.
Otfried Preußler wurde 1923 in Reichenberg in Böhmen geboren. Nach seinem Studium wurde er 1953 Lehrer, später Rektor in Bayern. Ab 1970 widmete er sich ganz der Schriftstellerei. Er lebt in Stephanskirchen.

Rainer Maria Rilke: *„Advent"* (Gedicht)
Aus „Sämtliche Werke, Band I", © Insel Verlag, Frankfurt 1955.
Rainer Maria Rilke wurde 1875 in Prag geboren. Er besuchte die Militäranstalt in St. Pölten, später die Militär-Oberrealschule in Mährisch-Weißkirchen, die er vorzeitig verließ. Nach Privatunterricht und Abitur studierte er in Prag und München. Er machte zahlreiche Auslandsreisen, lebte zwei Jahre lang in Worpswede und ließ sich nach dem 1. Weltkrieg in der Schweiz nieder. Er starb dort 1926 in Val Mont bei Montreux.

Friedrich Rückert: *„Des fremden Kindes heiliger Christ"* (Gedicht)
Entnommen aus „Deutsches Weihnachtsbuch, Eine Sammlung der wertvollsten poetischen Weihnachtsdichtungen für die deutsche Jugend", herausgegeben von der Literarischen Vereinigung des Berliner Lehrervereins, Berlin-Schöneberg 1909.
Friedrich Rückert wurde 1788 in Schweinfurt geboren. Er studierte Jura und Philolo-

gie in Würzburg und Heidelberg, habilitierte 1811 in Jena. Nach kurzer Lehrtätigkeit lebte er als freier Schriftsteller in Erlangen, Berlin und später Neusess bei Coburg, wo er 1866 starb.

Heinrich Ruppel: *„Das Christkind auf dem Schneepflug"*
Aus „Weihnachtliches Hausbuch", Johannes Stauda Verlag, Kassel o. J., © by A. Bernecker Verlag GmbH. Melsungen.
Heinrich Ruppel wurde 1886 in Neukirchen, Kreis Hünfeld, geboren. Er wirkte später als Taubstummenlehrer in Homberg, Bezirk Kassel. Er starb 1974 in Ziegenhain in Hessen.

Detmar Heinrich Sarnetzki: *„Christmette im Kölner Dom"*
Aus „Die Rheinlande, Ein Heimatbuch", herausgegeben von Dr. Karl d'Ester, Verlag Friedrich Brandstetter, Leipzig 1923.
Detmar Heinrich Sarnetzki wurde 1878 in Bremen geboren. Er lebte später in Köln-Lindenthal und war Zeitungsredakteur. Er starb 1961.

Wilhelm Schäfer: *„Die Fahrt in den heiligen Abend"*
Aus „Novellen von Wilhelm Schäfer", Verlag Albert Langen-Georg Müller, München 1942, © by Jürgen Schweier, Kirchheim/Teck.
Wilhelm Schäfer wurde 1868 in Ottrau in Hessen geboren. Seine Jugend verbrachte er in Gerresheim bei Düsseldorf. Er wurde Volksschullehrer und ließ sich nach Auslandsreisen als freier Schriftsteller in Berlin nieder, lebte dann in Vallendar und ab 1918 zunächst in Ludwigshafen, später in Überlingen am Bodensee, wo er 1952 starb.

Wilhelm Scharrelmann: *„Piddl Hundertmarks Weihnachten"*
Aus „Wilhelm Scharrelmann, Piddl Hundertmark, Geschichte einer Kindheit", (Kap. 8 u. 9 gekürzt), Verlag Carl Ed. Schünemann KG, Bremen.
Wilhelm Scharrelmann wurde 1875 in Bremen geboren. Er war zunächst Lehrer und ab 1920 freier Schriftsteller. 1928 ließ er sich in Worpswede nieder, wo er 1950 starb.

Wolfdietrich Schnurre: *„Die Flucht nach Ägypten"*
Aus: „W. Sch., Als Vaters Bart noch rot war, ein Roman in Geschichten", © Verlags-AG Die Arche, Zürich 1958.
Wolfdietrich Schnurre wurde 1920 in Frankfurt am Main geboren, verbrachte seine Kindheit in Berlin. Nach Besuch des Gymnasiums war er sechseinhalb Jahre Soldat. 1945 begann er zu schreiben und war Mitbegründer der Gruppe 47. Er starb 1989.

Oskar Schwär: *„Die Krippelfuhre"*
Aus „O du Heimatflur" von Oskar Schwär, Unsere heimatliche Lausitz, Heft 3. Verlag von Julius Beltz in Langensalza-Berlin-Leipzig © Beltz Verlag, Weinheim.
Oskar Schwär wurde 1890 in Dürrhennersdorf in Sachsen geboren. Er lebte als Privatlehrer und Schriftsteller in Dresden, wo er 1968 starb.

Karl Seemann: *„Spuren"* (Gedicht)
Aus „In der Weihnachtsstadt" Verlag Agentur des Rauhen Hauses, Hamburg 1977.
Karl Seemann wurde 1928 in Rheine in Westfalen geboren. Er war zunächst in der Sozialversicherung, später im Bankfach tätig. In den 50er Jahren war er Mitarbeiter der früheren Eremiten-Presse. Er lebt in Bad Bentheim.

Heinrich Seidel: *„Eine Weihnachtsgeschichte"*
Aus „Heimatgeschichten" J. G. Cotta'sche Buchhandlung Nachfolger, Stuttgart und Berlin 1922.
Heinrich Seidel wurde 1842 in Perlin bei Wittenburg geboren. Er war zunächst Ingenieur und lebte später als freier Schriftsteller in Berlin. Er starb dort 1906.

Wolf Spillner: *„Weil Weihnachten ist"*
Aus „W. Sp., Taube Klara", leicht gekürzter Auszug, Erika Klopp Verlag, München 1992.
Wolf Spillner wurde 1936 in Herzberg im Harz geboren. Nach einer Glasbläserlehre arbeitete er als Volontär, Bildreporter und Baufacharbeiter. Er lebt als freischaffender Schriftsteller in einem Dorf bei Schwerin.

Karl Stieler: *„Weihnachtsglocken"* (Gedicht)
Aus „Eia Weihnacht, Gedicht für Schule und Haus", Verlag von Julius Beltz, Langensalza 1926.
Karl Stieler wurde 1842 in München als Sohn des berühmten bayrischen Hofmalers Joseph Stieler geboren. Er verbrachte seine Jugend am Tegernsee, studierte in Heidelberg und München Jura. Er wurde 1882 Archiv-Assessor in München und starb dort 1885.

Theodor Storm: *„Marthe und ihre Uhr"*
Entnommen aus „Th. St., Weihnachtsgeschichten", herausgegeben von Ingwert Paulsen, jr., Husum Druck- und Verlagsgesellschaft, Husum 1978.
Theodor Storm wurde 1817 in Husum geboren. Dort war er später als Rechtsanwalt tätig. Aus politischen Grünen lebte er von 1853–1864 zunächst in Potsdam, später in Heiligenstadt. Seinen Lebensabend verbrachte Storm in Hademarschen, wo er 1888 starb. Sein Grab befindet sich in Husum.

Ludwig Tieck: *„Weihnachtsabend"*
Aus „Gesammelte Novellen Bd. 5", Berlin 1855.
Ludwig Tieck wurde 1773 in Berlin geboren. Er studierte in Halle und Göttingen, lebte dann in Berlin, Dresden und wurde später von Friedrich Wilhelm IV. an den Hof zurück nach Berlin gerufen. Dort starb er 1853.

August Trinius: *„Die Schatzkammer Knecht Ruprechts"*
Entnommen aus „Thüringer Erzähler" ausgewählt von Otto Götze, Aus deutschem Schrifttum und deutscher Kultur. Bd. 223/24, Verlag von Julius Beltz, Langensalza-Berlin-Leipzig (dort unter der Überschrift „Im Thüringer Kinderparadies").
August Trinius wurde 1851 in Schkeuditz geboren, wuchs in Erfurt und Berlin auf. Den erlernten Beruf als Kaufmann übte er bis 1883 aus, wechselte dann zum Journalismus über. Ab 1890 lebte er in Waltershausen, wo er 1919 starb.

Hermine Villinger: *„Der Stern zu Bethlehem*
Entnommen aus „Der heil'ge Christ ist kommen" Weihnachtsgeschichten für unsere Jugend, Eugen Salzer Verlag, Heilbronn 1935.
Hermine Villinger wurde 1849 in Freiburg geboren. Sie wuchs in Karlsruhe auf. Nach dem Besuch der höheren Töchterschule dort, war sie für drei Jahre in einem katholischen Mädchenpensionat in Offenburg. Zurückgekehrt, fand sie Kontakte zu literarischen Kreisen und begann zu schriftstellern. Sie starb 1917 in Karlsruhe.

Leo Weismantel: *„Die Krippe zu Bethlehem"*
Aus „Buch der Krippen" von Leo Weismantel, Dr. Benno Filser Verlag GmbH Augsburg 1930.
Leo Weismantel wurde 1888 in Obersinn in der Rhön geboren. Er promovierte zum Dr. phil., war zunächst als Studienrat in Würzburg tätig, dann als freier Schriftsteller und Redakteur. Für einige Jahre war er Zentrumsabgeordneter im bayerischen Landtag. Wegen seiner aktiv katholischen Haltung verfolgt von den Nationalsozialisten, wurde er 1945 zunächst kommissarischer Schulrat in Gmünden, später Professor am pädagogischen Institut Fulda. Er lebte dann in Jugenheim an der Bergstraße. 1964 starb er in Rodalben in der Pfalz.

Ernst Wiechert: *„Die Magd"*
Aus „Das heilige Jahr" © by Albert Langen Georg Müller Verlag GmbH, München „Ernst Wiechert, Gesammelte Werke", München.
Ernst Wiechert wurde 1887 im Forsthaus Kleinort, Kreis Sensburg in Masuren, geboren. Er studierte Naturwissenschaften, Philologie und Philosophie. Er war in Königsberg und Berlin als Studienrat tätig und ab 1933 als freier Schriftsteller am Starnberger See und in der Nähe von Wolfratshausen. Ab 1948 lebte er in Uerikon am Züricher See, wo er 1950 starb.

August Winnig: *„Wie ich das Weihnachtswunder suchte"*
Aus dem Kapitel „Jünglingsjahre" des Buches „Die Hand Gottes" von August Winnig, Friedrich Wittig Verlag Hamburg © 1948/1953.
August Winnig wurde 1878 in Blankenburg im Harz geboren. Er war Maurergeselle, Gewerkschaftsführer, Politiker und Schriftsteller. Er starb 1956 in Bad Nauheim.

Erhard Wittek. *„Fehrt"* (eine weihnachtliche Erzählung)
Aus „Dort hinter dem gläsernen Berge", entnommen der Zeitschrift „Schleswig-Holstein", Dezember 1963.
Erhard Wittek, bekannter unter seinem Pseudonym Fritz Steuben, wurde 1898 in Wongrowitz in Posen geboren. Nach buchhändlerischen Lehrjahren in verschiedenen Städten wurde er Abteilungsleiter im Franckh-Verlag Stuttgart. Er lebte später als freischaffender Schriftsteller in Neustrelitz, Hameln und Pinneberg, wo er 1981 starb.

Joseph Wittig: *„Der Stall von Betlehem"*
Aus „Ihr Hirten erwacht", Verlag Gräfe & Unzer, München.
Joseph Wittig wurde 1879 in Neusorge bei Schlegel in Schlesien geboren. Er studierte Theologie, war zunächst als Seelsorger, später als Professor für Kirchengeschichte, altchristliche Kunst und Literatur in Breslau tätig. Ab 1927 lebte er in Neusorge als freier Schriftsteller und nach 1945 in Göhrde-Forst am Rande der Lüneburger Heide, wo er 1949 starb.

Otto Wohlgemut: *„Stollenweihnacht"*
Aus „Eine seltsame Nacht", Verlag Felix Post, Gelsenkirchen-Buer, 1949, entnommen „Bergmännische Weihnacht", herausgegeben von der Vereinigung der Freunde von Kunst und Kultur im Bergbau, Bochum 1953.
Otto Wohlgemuth wurde 1884 in Hattingen an der Ruhr geboren. Er war Stadtbibliothekar und starb 1965 in seinem Geburtsort.

Der Verlag dankt allen Autoren, Rechtsinhabern und Verlagen für die freundlichen Genehmigungen zum Abdruck der Beiträge und Illustrationen. In den Fällen, wo die Inhaber der Rechte trotz aller Bemühungen nicht festzustellen oder erreichbar waren, verpflichtet sich der Verlag, rechtmäßige Ansprüche im üblichen Rahmen abzugelten.

Verzeichnis der Abbildungen

sowie weitere Holzschnitte, Radierungen, Lithographien und Zeichnungen von Künstlern, die nicht zu ermitteln waren.

Inhalt